BUSINESS ADMINISTRATION CLASSICS　工商管理经典译丛

人大经管
工商管理经典译丛

PROJECT MANAGEMENT

项目管理

管理新视角

（第7版）

杰克·R·梅雷迪思（Jack R. Meredith）
小塞缪尔·J·曼特尔（Samuel J. Mantel, Jr.）　著
戚安邦 等　译

中国人民大学出版社
·北京·

出 版 说 明

随着中国改革开放的深入发展，中国经济高速增长，为中国企业带来了勃勃生机，也为中国管理人才提供了成长和一显身手的广阔天地。时代呼唤能够在国际市场上搏击的中国企业家，时代呼唤谙熟国际市场规则的职业经理人。中国的工商管理教育事业也迎来了快速发展的良机。中国人民大学出版社正是为了适应这样一种时代的需要，从 1997 年开始就组织策划《工商管理经典译丛》，这是国内第一套与国际管理教育全面接轨的引进版工商管理类丛书，该套丛书凝聚着 100 多位管理学专家学者的心血，一经推出，立即受到了国内管理学界和企业界读者们的一致好评和普遍欢迎，并持续畅销数年。全国人大常委会副委员长、国家自然科学基金会管理科学部主任成思危先生，以及全国 MBA 教育指导委员会的专家们，都对这套丛书给予了很高的评价，认为这套译丛为中国工商管理教育事业做了开创性的工作，为国内管理专业教学首次系统地引进了优秀的范本，并为广大管理专业教师提高教材甄选和编写水平发挥了很大的作用。据统计，本丛书现已成为国内管理院校和企业培训中采用率最高、影响最大的引进版教材。其中加里·德斯勒的《人力资源管理》获第十二届“中国图书奖”；斯蒂芬·罗宾斯的《管理学》获全国优秀畅销书奖。

进入 21 世纪后，随着经济全球化和信息化的发展，国际 MBA 教育在课程体系上进行了重大的改革，从 20 世纪 80 年代以行为科学为基础，注重营销管理、运营管理、财务管理到战略管理等方面的研究，到开始重视沟通、创业、公共关系和商业伦理等人文类内容；并且增加了基于网络的电子商务、技术管理、业务流程重组和统计学等技术类内容。另外，管理教育的国际化趋势也越来越明显，主要表现在师资的国际化、生源的国际化和教材的国际化方面。近年来，随着我国 MBA 和工商管理教育事业的快速发展，国内管理类引进版教材的品种越来越多，出版和更新的周期也在明显加快。为此，我们这套《工商管理经典译丛》也适时更新版本，增加新的内容，同时还将陆续推出新的系列和配套的案例教材、教学参考书，以顺应国际管理教育发展的大趋势。

本译丛入选图书，都是世界著名的出版机构，如培生教育出版集团、美国麦格劳-希尔教育出版公司、圣智学习出版公司、约翰威立出版公司等畅销全球的工商管理教材，被世界各国（地区）的著名大学商学院和管理学院所普遍选用，是国际工商管理教育界最具影响力的教科书。本丛书的作者，皆为欧美管理学界享有盛誉的著名教授，他们的这些教材，经过了美国和世界各地数千所大学和管理学院教学实践的检验，被证明是论述精辟、视野开阔、资料丰富、通俗易懂，又具有生动性、启发性和可操作性的经典之作。本译丛的译者，大多是各大学的优秀中青年学术骨干，他们大都曾留学欧美，在长期的教学研究和社会实践中积累了丰富的经验，具有较高的翻译水平。

本丛书的引进和运作过程，从市场调研与选题策划、每本书的推荐与论证、对译者翻译水平的考察与甄选、翻译规程与交稿要求的制定、对译稿质量的严格把关和控制，到版式、封面和插图的设计等各方面，都坚持高水平和高标准的原则，力图奉献给读者一套译文准确、文字流畅、从内容到形式都保持原著风格的工商管理精品图书。

本丛书参考了国际上通行的MBA和工商管理专业核心课程的设置，并充分兼顾了我国管理各专业现行通开课与专业课程设置，以及企业管理培训的要求，故适应面较广，既可用于管理各专业不同层次的教学，又可供各类管理人员培训和个人自学使用。

为了本丛书的出版，我们成立了由中国人民大学、北京大学、中国社会科学院等单位专家学者组成的编辑委员会，德高望重的袁宝华同志、黄达教授和中国人民大学校长纪宝成教授，都给了我们强有力的支持，使本丛书得以在管理学界和企业界产生较大的影响。许多我国留美学者和国内管理学界著名专家教授，参与了原著的推荐、论证和翻译工作，原我社编辑闻洁女士在这套书的总体策划中付出了很多心血。在此，谨向他们致以崇高的敬意并表示衷心的感谢。

愿这套丛书为我国MBA和工商管理教育事业的发展，为中国企业管理水平的不断提升继续做出应有的贡献。

中国人民大学出版社

译者序

我们选择翻译这本《项目管理：管理新视角》的主要原因正如书名所显示的那样，这本书中有很多全新的项目管理内容和观点，是一本从新的管理视角撰写的项目管理教科书。同时，这本书又是为国际学生（International Student Version）撰写的现代项目管理教科书，具有很好的国际化和全球化的视角。另外，书中各章节包含有美国项目管理协会（Project Management Institute，PMI）所定义的项目管理知识体系（Project Management Body of Knowledge，PMBOK）的主要内容，这与我们多年来一直引进、推介和编写的《项目管理学》教材具有很好的兼容性，而且从另外一个视角去组织和使用 PMBOK 的内容，这样就可以使我们的学生和实际项目管理者从不同的角度去学习 PMBOK。另外，本书作者在书中编写了大量的教学辅助内容，如"问题"、"案例讨论"、"指导阅读"、"课堂综合练习项目"等，这些使得使用本书的师生有更多的资料去学习和掌握本书中所提出的项目管理的概念、原理与方法。

本书的翻译工作是由我和我的博士、硕士生们共同完成的，本书的各章分别先由高跃（第 1 章和第 2 章）、杨文宇（第 3 章和第 4 章）、高琳（第 5 章和第 6 章）、韩旭（第 7 章和第 8 章）、张颖（第 9 章）、尤荻（第 10 章和第 11 章）、顾静（第 12 章）、刘广平（第 13 章）完成了初译，然后由张颖同学进行了统稿，我则对全文进行了全面的审阅和修订，我的学生们对每章的细节问题进行了订正，最终我进一步审阅和修订完全文。

虽然我们倾尽全力按照"信、达、雅"的翻译准则完整地保持原文的内容和风格，但是由于水平有限，还是会有不足和错误，敬请读者予以指正。

戚安邦

2010 年 6 月于南开大学园

前 言

观 点

在当今的社会和组织中，我们利用项目和项目管理的技能正日趋成熟。那些通过传统的组织难以达到的目标，通过项目组织的形式就变得有能力去达到。虽然项目管理早在埃及金字塔建造之前就已经产生，但是直到 20 世纪 60 年代才迎来了发展的热潮，比如美国宇航员尼尔·阿姆斯特朗登月项目，每年进行的已经成为冬天结束信号的女童子军饼干项目（今年她们表现得有些乐观）。利用项目管理这一方法来完成社会与组织多种多样的目标的行为正在日益增多。

企业经常在关键的时间限制和有限的资源限制下利用项目管理来完成特定的任务。在经济服务部门，利用项目管理来达成组织目标的行为更为普遍。在项目管理中，许多活动都以项目的方式进行组织，比如：广告活动、选民登记活动、政治活动、家庭夏季旅行，甚至管理研讨会等。在项目管理中出现了相应的新的领域，即利用项目来完成组织变革。的确，许多公司都开始喜欢利用项目来完成它们所承担的事情，并且这些公司的数量正在迅速增长，即使是最乐观的预言家也没有预见到这一领域的高速发展。

伴随着该领域的增长，与其相关的著述也越来越多。其中有关于如何实施项目的“菜谱”，它描述了开展项目所需要的具体步骤，但是并没有告诉我们为什么，或经常谈论的怎么做以及为什么不同的部分能够结合在一起。还有一类书聚焦于一个具体的主题，比如项目经理的重要性，团队建设或进度等。这些书对于团队建设者和计划制定者来说都是非常有帮助的，但是团队建设和进度计划只是项目经理需要面对的所有严肃问题中的两个。有许多书在“讨论”项目管理，但只是偶尔讨论怎样管理项目。另外一些书是关于挣值计算、成本估算、采购、项目管理软件、领导力、信息技术项目以及相近专业或跨专业课题的，这些书对于有经验的管理者来说是非常有价值的，他们能够在专业领域得到先进的教育并从中获益。然而其他人却不能从这些专业资源中学会如何管理项目。还有一种手册，它选择一些学者和顾问的有关项目经理方面的文献，将其集结成册，但手册并不能也不试图囊括项目经理需要知道的全部知识。在项目经理得到了项目管理方面的基础教育后，这些手册常常可以成为对他们有价值的相关读物。

遗憾的是，项目管理好像又回到了我们以为已经经过的阶段——一些专业人士（其中一些是教师）开始争论我们真正需要了解项目管理中的什么。我们需要了解“如何管理人”或者“如何使用计算机和定量方法”吗？不久前，我们收到了一些教师的电子邮件，其中有些人建议我们放弃“所有的数学”并且将注意力放在解决冲突上，还有些人则建议我们减少“对情绪方面的讨论并且将关注点放在重要的事情上，比如说进度和预算”。我们认为洞察人类的行为、对组织问题的认识以及定量方法的技能对于成功的项目管理而言都是必要的（虽然未必足够)，这本书就反映了我们的观点。

我们认为，当前人们急需的是从管理的角度来阐述项目管理的书籍，而不是那些“菜谱”、专业论文或者结构松散的文献、手册之类的读物。项目管理书籍不仅应该将重点放在各种组织项目（政府、企业、工程、信息系统等）的基本管理上，还应该讨论实施这一独特管理方法的特定技术并强调透视问题的洞察力。项目管理书籍所研究的是项目的选择、启动、实施和控制，探讨的是项目经理应具备的各项条件，以及项目经理与母公司的其他相关人员和部门之间的互动关系。项目管理书籍应该涵盖与项目管理相关的各种疑难问题，因为项目管理所涉及的各类人员和组织往往代表着不同的文化背景，相互之间可能远隔万里。最后，项目管理书籍还应该包括对终止项目进行决策的问题。

本书正是立足于管理的视角。之前，有人建议我们删减“资产负债表”，尽管它理所当然地是任何一位项目经理的参考工具（他们不应只注重运算、技术方面的问题或者受到操作规程的严格限制)，他们的理由是“管理是一种常识”。这种说法从表面上看似乎有些道理，“常识”指的是“普遍存在”的知识——亦即所有人都懂得的某种知识，然而遗憾的是，并非每个人都拥有管理的常识。假如人人都懂得管理，斯科特·亚当斯（Scott Adam）的呆伯特（Dilbert）系列漫画也就失去了市场。

本书主要用作大学高年级本科生或硕士研究生的项目管理教材，本书还适用于那些希望与我们分享项目管理领域内种种真知灼见的项目经理或即将成为项目经理的人员。在写作本书的过程中，我们融入了自己过去与项目经理合作的个人体会，并借鉴了那些花费毕生心血、从事实际项目管理工作的朋友和同事们的经验，因此，与我们前面所提到的那些项目管理书籍不同，本书的目的是教授学生如何做项目管理的工作。

作为一本教材，本书还适用于服务管理、生产管理或工程项目管理等课程，我们还发现，参加我们所授课程的信息系统专业的学生认为，本书的内容对于信息系统项目管理来说同样有帮助，因此，我们在本书中也包括了一些信息系统方面的内容，并对信息系统项目与常规企业项目之间的异同进行了探讨。

结构和内容

在管理视角的基础上，我们依据项目生命周期搭建本书的结构，并将其作为基本的组织方针。在第7版中我们稍微对结构做了一些改变，以便更加清楚地区分项目开始之前发生的各项活动。在本书的第Ⅰ篇介绍了项目启动阶段应该完成的工作，第Ⅱ篇介绍了项目计划，第Ⅲ篇介绍了项目实施。我们发现这种框架非常有助于读者的阅读。

本书的第1章是一个介绍性的章节，讨论了项目在我们社会中的角色和重要性，并指出项目管理是胸怀大志的经理人的潜在职业发展机遇。接下来，本书按照项目生命周期的发展顺序，讨论了项目管理过程中的主要内容、可能出现的重大事项和问题。本书的第Ⅰ篇关注的是项目启动阶段的工作，这对项目经理了解自己能否成功实施项目十分关键。这部分首先介绍了如何选择将要实施的项目，一般是基于这些项目与组织的战略和目标之间的关系，还讨论了项目经理的多重角色和责任，他们解决冲突所需的技巧，以及在组织的报告结构范围内开始某个项目的多种途径（其中包括组织项目的不同途径会如何给项目经理及其团队带来不同的问题)。

本书的第Ⅱ篇以项目计划的主要工具作为开端，对项目计划的过程进行了介绍。在介绍完这些工具之后，又介绍了项目预算、项目进度计划和资源在各项活动之间的配置。本书的第Ⅲ篇开始进入实际实施阶段，首先介绍了对活动的监控，这主要是利用信息系统，然后对这些活动进行控制以使项目的结果能够符合预期。在项目的里程碑对项目进行评估和可能的审计往往是独立进行的，这是高层管理者经常采用的一种控制手段。最后，项目必须被终止。

不管采用何种方式来建立知识体系，都必须进行一定的简化并遵循一定的顺序，尽管这在现实中极少出现。我们都十分清楚，各种项目根本不会像我们在这里描述的这样阶段分明、井然有序地进行。对于项目经理来说，应该坚持不懈地为应对变化和不确定性做出努力。我们对此进行了很多论述，介绍了那些会发生在项目生命周期或者项目经理人的职业生涯中的组织、人际关系、经济及技术方面的危机。

最后，我们是按照项目生命周期来安排本书结构的，书中的各章节也包含了项目管理协会（PMI）所定义的项目管理知识体系（PMBOK）中所有重要的内容（见第1章参考文献）。任何人想要对其中某些领域进行深入研究，都可以以本书所涵盖的知识为基础。

教学方法

本书首先是一本教材，因此我们在书中编写了大量的教学辅助内容。和早期的几个版本一样，每章最后都有一个“小结”，小结后面是“关键术语”，对本章所述及的术语和概念进行具体解释。作为对各章知识的复习，每章结尾还有“内容复习问题”和“课堂讨论问题”。此外，还有一些涉及具体概念的“习题”，以拓展学生的视野，促使他们在章节内容之外进一步思考以形成自己的观点。各章末尾还有“有关‘项目管理实践’的问题”。

与以往的版本相同，我们在书中设有“案例讨论”部分，主要是应用本章中所讲授的有关知识进行案例分析，有时也会应用到以前章节中的一些知识和概念。第7版的一个新的内容是增加了“课堂综合练习项目”，以满足一些读者希望进行一些基于具体章节所学内容的实际应用的要求，使得学生通过学习本书能取得进步。在每章最后，我们还提供了“指导阅读”或者“案例”，以及与其相关的问题。

我们发现，许多大学的基础课程，甚至有一些研究生课程都没有预先铺垫的基础知识。我们觉得每个人在开始学习项目管理知识时，具有一定的背景知识是非常有益的，因此，我们在写作时，设想本书的读者应该包括学生和专业读者。首先，我们假定所有的读者都已经研修过管理学的基础课程，或者具备相应的实践经验。那些拥有管理学理论背景或实践经验的读者会发现，项目管理中的很多优秀理论与一般的工商管理理论相同，项目管理和工商管理并非截然不同。其次，我们还假设读者像典型的经理人员一样，对会计学、行为科学、财务学及统计学的相关理论都比较熟悉。考虑到有些读者并不像我们所设想的那样熟悉统计学的理论，因此我们在放在网上（http：//www. wiley. com/go/global/meredith）的附录A中给出了概率和统计方面的内容，作为一种初步指导以唤醒读者尘封在记忆中的相关知识。

本书的创新之处

在这一版中，我们对本书多处进行了微调、补充和更新，包括减少了冲突/谈判那一章（第4章）的案例（似乎没有什么用），应许多人的要求，在审计/评估那一章（第12章）增加了一个案例，在信息系统那一章（第10章）减少了项目管理软件的阅读内容，因为软件更新太快，容易过时。像之前提到的，我们通过对章节的重新编排，对本书的结构做了一些调整，把冲突/谈判那一章的位置提前，在每一章的结尾增加了“课堂综合练习项目”。然而最大的调整是我们尝试简化写作风格，删减了许多引文，包括一些文献、一些实践家和研究者的思想以及一些相反的观点。我们希望这不仅能减少读者对一些问题的混淆和困惑，也能让他们更容易理解书中的基本内容，同时，这也有助于减少本书的篇幅和成本。

当我们在 1980 年左右开始撰写本书第 1 版时，这是该领域的第一本教材，当时介绍项目管理的出版物还不多，因此我们试着记录并描述所有这些出版物。过去的几十年来，我们虽然不堪重负，但是仍然努力在适当的章节注明在该领域主要的新出版物——书籍、论文等。当然，这么做的目的是让学生能够学习到额外的解释和讨论，或者反对的观点，或者达到同一目标的不同方法。然而，自 1980 年以来该领域的出版物太过泛滥，我们认为必须更加有选择地使用，因此在这一版中我们大大删减了相关内容，并且将来有可能做进一步的删减。

Microsoft Project®软件已经成为该领域的主导应用软件，该软件与其最接近的竞争产品的销售比例为 4∶1，因此，我们涉及的软件倾向于以 Microsoft Project®（以及 Crystal Ball®）软件为主，但是也包括对许多附属软件的简短讨论，它们是 Microsoft Project®软件的有效补充。因为 Microsoft Project®软件的多种版本在执行大部分项目管理基本任务时非常相似，所以我们一般没有对这些版本进行区分，而是将其中任何一个版本都称为 Microsoft Project®（MSP）。

我们更新了每章的参考文献，增加了新的习题、新的案例及一些问题，并且在预算这一章（第 7 章）增加了更多的成本定义。在 www.wiley.com/go/global/meredith 网站上为项目管理的教师提供了额外的帮助。

目 录

第 1 章　项目的世界 ······ (1)
1.1　项目的定义 ······ (8)
1.2　为什么要实施项目管理 ······ (11)
1.3　项目的生命周期 ······ (13)
1.4　本书的结构 ······ (18)

第Ⅰ篇　项目启动 ······ (35)

第 2 章　战略项目选择 ······ (37)
2.1　项目管理成熟度 ······ (38)
2.2　项目选择及其标准 ······ (39)
2.3　项目选择模型的性质 ······ (41)
2.4　项目选择模型的类型 ······ (43)
2.5　不确定性分析——风险管理 ······ (56)
2.6　对项目选择信息基础的评论 ······ (65)
2.7　项目组合过程 ······ (67)
2.8　项目建议书 ······ (74)
第 3 章　项目经理的职能 ······ (102)
3.1　项目管理和项目经理 ······ (104)
3.2　对项目经理的特殊要求 ······ (109)
3.3　项目经理的选拔 ······ (120)
3.4　文化差异问题 ······ (124)
3.5　制度环境的影响 ······ (127)
3.6　跨文化的沟通和管理行为 ······ (132)
第 4 章　合作与合作伙伴关系的建立 ······ (153)
4.1　谈判的性质 ······ (155)
4.2　建立合作伙伴关系、制定项目章程以及项目范围变更 ······ (156)
4.3　冲突和项目生命周期 ······ (160)
4.4　谈判的要求和原则 ······ (166)
第 5 章　组织中项目的作用 ······ (180)
5.1　项目作为职能型组织的一部分 ······ (182)
5.2　纯项目型组织 ······ (185)

5.3 矩阵型组织 …… (186)
5.4 混合型组织 …… (190)
5.5 选择组织形式 …… (192)
5.6 两个特例——风险管理和项目管理办公室 …… (194)
5.7 项目团队 …… (201)
5.8 人力资源因素和项目团队 …… (203)

第Ⅱ篇 项目计划 …… (219)

第6章 工作活动计划 …… (221)
6.1 初始项目协调和项目计划 …… (223)
6.2 系统集成 …… (230)
6.3 行动计划 …… (231)
6.4 工作分解结构和线性责任表 …… (237)
6.5 通过集成管理进行接口关系协调 …… (243)
第7章 项目成本和预算 …… (268)
7.1 测算项目预算 …… (270)
7.2 改善成本测算过程 …… (279)
第8章 项目进度计划 …… (306)
8.1 背景 …… (306)
8.2 网络技术：PERT（ADM）和CPM（PDM） …… (309)
8.3 使用Crystal Ball®软件通过模拟对风险进行分析 …… (335)
8.4 使用这些工具 …… (341)
第9章 项目资源配置 …… (351)
9.1 关键路径法——赶工项目 …… (352)
9.2 资源配置问题 …… (360)
9.3 资源负载 …… (361)
9.4 资源平衡 …… (364)
9.5 资源约束下的进度计划 …… (369)
9.6 多项目的进度计划和资源配置 …… (374)
9.7 高德拉特关键链 …… (381)

第Ⅲ篇 项目实施 …… (395)

第10章 项目信息需求 …… (397)
10.1 计划—监控—控制工作循环 …… (399)
10.2 信息需求与报告过程 …… (407)
10.3 项目挣值分析 …… (411)
10.4 计算机化的项目管理信息系统 …… (422)

第 11 章　项目控制 ……………………………………………………………… (434)
11.1　控制工作的基本目标 …………………………………………………… (436)
11.2　控制程序的三种类型 …………………………………………………… (438)
11.3　控制系统设计 …………………………………………………………… (447)
11.4　控制——管理的一项主要职能 ………………………………………… (454)
11.5　对变更和范围蔓延的控制 ……………………………………………… (459)
第 12 章　项目评估 ……………………………………………………………… (480)
12.1　项目评估的目的——系统的目标 ……………………………………… (480)
12.2　项目审计 ………………………………………………………………… (484)
12.3　审计报告的制作和使用 ………………………………………………… (486)
12.4　项目审计工作的生命周期 ……………………………………………… (489)
12.5　项目审计/评估工作的要点 ……………………………………………… (491)
12.6　绩效度量 ………………………………………………………………… (494)
第 13 章　项目终止 ……………………………………………………………… (501)
13.1　项目终止的方式 ………………………………………………………… (501)
13.2　何时终止项目 …………………………………………………………… (505)
13.3　项目终止过程 …………………………………………………………… (510)
13.4　项目最终报告——项目历史记录 ……………………………………… (515)
13.5　最后声明 ………………………………………………………………… (517)

第1章 项目的世界

在过去的几十年中，项目管理作为组织达成目标的一种手段，在实践应用方面得到了长足的发展。以往大多数的项目都存在于组织的外部：建造摩天大楼，设计商业广告战略，发射火箭，但是近年来项目应用方面发展的主要领域是组织内部的项目，如研发新产品，建立分公司，或者提高对顾客的服务质量等。实施组织内部项目与实施组织外部项目一样，可以带来良好的结果，而成功地实施组织内部项目会使人更加满意，因为这可以提高组织的能力，使组织更有效或快速地完成任务。实施组织内部项目的机构或企业在能够更好地为社会做出贡献的同时，也会提高组织自身的竞争力。项目管理为组织提供了有力的工具，帮助组织提高计划、实施和控制活动的能力，同时为组织提供了合理使用人员和资源的方法。

很多人都有这样的疑问："为什么我们不能用经营企业的方法来管理政府?"然而，在项目管理中都是企业和其他组织向政府学习，而不是政府向它们学习。项目管理的技术与实践的发展很大一部分要归功于政府的军工部门，因为军工部门所面临的一系列重大任务，都是无法简单地由传统的组织按照传统的方法完成的。美国海军的"北极星计划"，美国国家航空航天局（NASA）的"阿波罗太空计划"，以及近年来的太空飞船计划和激光制导炸弹、导弹计划，都是针对异常复杂的项目而开发管理方法的应用实例。效法这些项目管理的实例，非军事政府部门、私营行业、公共服务机构及志愿者组织都采用了项目管理方法以提高自身的工作效率。在计算机软件行业，大部分公司通常也以项目或项目群的形式开发新产品。

社会发展的新特点呼唤着全新的管理方式，项目管理方法的出现正是顺应了这一时代潮流。在项目管理发展的诸多推动力量中，主要的三个方面是：（1）人类知识以几何级数增长；（2）对于复杂、尖端和定制化产品及服务需求的广泛增长；（3）在世界范围内产品和服务的生产和消费的竞争市场的发展。这三个方面组合在一起，要求人们利用项目团队去解决过去靠个人解决的问题。这三个方面的组合大大增加了产品和服务生产的复杂性，同时增加了生产过程本身的复杂性，这又需要更为复杂的系统对产出物和生产过程进行管理和控制。

□ 孕育项目管理的各种力量

首先，科技知识的发展使得人们掌握了更多的理论，并将它们应用于解决产品和服务的开发、生产以及分销等方面的问题；其次，我们需要满足人们不断增长的、日益复杂而又定制化的产品和服务需求，这取决于我们将产品设计集成和固化到生产和分销系统中去的能力；最后，市场全球化要求我们必须在管理决策中考虑文化与环境的差异，从而决定如何、在哪里、什么时候生产和销售哪些产品。一个人无论受过多好的教育，拥有多么渊博的知识，也不能掌握所有必备的知识，因此，在这种情况下就要由团队进行决策和采取行动。团队的成员要拥有较强的协调与合作能力，尽管他们可能对这种互动关系还不太习惯。传统型的组织结构和管理系统非常适合于同质商品的大规模生产，但它们根本不适合于完成现在的任务，项目管理则可以做到这一点。

组织对于上述推动力量的反应不能采取过快的方式从原有形式转变成新的形式。为了成功地进行转变，必须进行系统性的改造，但是在大多数企业中这个过程往往是缓慢和曲折的。完成组织的变革或转变是项目管理的一种固有应用，许多公司都建立了各种项目以实现战略和战术转变的目标。

另外一种重要的社会力量来自社会机构（包括营利性机构和非营利机构）之间的激烈竞争，其根源是我们的经济体制促成了诸如“全面质量管理”、“供应链管理”以及现今极为突出的“六西格玛管理”① 等组织变革的新运动。这些竞争带给组织极大的压力，促使组织必须尽可能快地生产出复杂的定制化产品。“上市时间”变得非常关键。组织的反应必须更加迅速，组织的决策必须更加果断，并且必须更快速地取得结果。设想一下通信问题就可以知道，信息与知识正在爆炸性地增长，但是留给人们用来寻找并使用恰当的知识来解决问题的时间却在减少。

此外，这些促进改变的力量在社会中发挥作用建立在技术可以解决一切问题的假设之上，这个假设在自然界的基本法则范围内是合理正确的。问题并不在于假设本身，关键是这个假设会导致社会忽视技术进步所附带的各种经济和非经济成本。只有在发生重大的事情时，我们的注意力才会转移到成本问题上（如切尔诺贝利核事故，埃克森公司 Valdez 油轮原油泄漏事件，全球变暖等）。有时，我们对于技术的热衷会导致我们在实施过程中粗心大意，从而引发各种困难和威胁，比如工业污染等。总体上我们对于技术的变革具有相当的容忍度，如加利福尼亚的农场工人在 20 多年后才对加利福尼亚大学的一个研究项目表示反对，该项目主要致力于开发节省劳动力的农业机械（Sun，1984），人们足足等待了 20 多年才进行了法律上的反击，由此可见人们对技术变革的容忍度很高。我们还可以考虑一下，人们当初多么轻易地就接受了电子邮件和网络购物等新事物。

最后，我们承担的项目的规模正在日益增大。例如，现代广告公司的发展，从平面广告到区域覆盖的电视广告再到个性化的网络广告。每一个新领域都会扩展我们的能力范围，还会产生更多新的需求，这促使我们向更深的领域发展。我们越能干，就会试图做得越多，这也就造成了项目规模不断增大，复杂性不断提高。

备受公众瞩目的项目往往是规模庞大、机构复杂，并跨越多个学科领域的。这些项目通常与以前我们或多或少已经熟悉的项目既有相同之处又有不同之处，它们与过去项目的相同之处为我们提供了一个开始项目的基础，它们的不同之处则使得每个项目充满了巨大的风险。项目的复杂性和跨学科领域的特点要求项目的各个部分综合起

① 六西格玛管理（six-sigma）（见 pande et al.，2000；pyzdek，2003）本身也涉及项目，它通常是对过程的改进，涉及应用许多项目管理工具（第 8 章）、项目团队（第 5 章、第 12 章）、诸如“标杆管理”（第 11 章）等质量工具以及审计（第 12 章）。

来以使主要目标——绩效、时间（或进度计划）和成本——得以实现。

□ 项目的三个目标

尽管那些花费上百万美元、耗时长达五年的项目更能吸引公众的注意力，但是绝大多数的项目规模都是相对比较小的——这些项目对实施者和应用者同样重要，它们包括产出物或者可交付成果，比如为职业篮球队建设的新赛场，为避免特定伤亡损失制定的保险政策，建设一个新网站，为一款四轮驱动面包车设计的驱动器新外壳，一种新型工业地板清洁剂，一所医院专家会诊病情采取的新方法，甚至包括为帮助管理项目而开发的新软件等，这种例子不胜枚举。这些项目与那些大规模项目有许多相同之处，它们具有复杂性、多学科性，并且有相同的主要目标——绩效（或范围）、时间和成本，我们把这些称为直接项目目标。

人们有一种倾向，总是把项目只与其产出（即绩效）联系起来，但是，与获得项目产出物所付出的成本一样，获得项目产出物的时间本身也是整个产出的一部分。一个建筑项目按时、按预算完成，与超出一年完成或超出预算 20%完成是不同的产出物。

事实上，项目绩效或范围的概念本身要比其表面上复杂得多。近些年来许多论著都认为，除了项目时间、成本和范围外，还应该有第四个维度，那就是客户对于项目的期望（Darnell，1997）。一般客户的期望会随着项目的进展而不断提高，这被称为“范围蔓延”（见第 11 章）。有些人会认为客户的期望并不是附加的目标，而是项目范围的一个固有组成部分。然而，如果客户与项目团队对项目可交付成果的性质有着不同的想法，那么客户的期望与项目范围的差别就会导致客户与项目团队之间的法律争端。此外，因为客户与项目团队很少采取协调一致的行动，所以将客户的期望与项目范围分离开来会导致冲突的产生。客户规定了他们期望的产出物，然后项目团队设计并完成项目，之后客户查看项目团队实施项目的结果。抛开这种逻辑不说，在客户的期望与项目团队的设计之间存在差异是常见的，其结果是项目规定的绩效可能不能很好地反映并满足客户的期望。项目自始至终都应该是为达成客户和项目团队的共同期望而努力的一个过程，可是这往往很少能够做到。

根据上述内容，我们把客户的期望、客户期望中模糊的要素包含在项目建议书所陈述的“规定”绩效中，把它们共同作为项目全部“要求的绩效”目标。项目的三大直接目标在图 1—1 中展示出来，各坐标轴分别表示项目的一个具体目标。这表明存在某个项目函数使三者相互联系起来——并且这真的存在！函数在项目与项目间是变化的，而且对于给定的项目也会随着时间的变化而变化，本书将会参考这些关系或平衡去说明这些变化。项目经理最基本的任务就是管理好这些平衡的关系，不仅在三大直接目标之间进行平衡，而且要考虑到第四个维度，即介于直接目标和一系列辅助目标（或过程目标）之间的那个平衡点。

从更加基础的角度上讲，那些项目中的利益相关者（项目经理、项目团队、高层管理者、客户和其他项目利益相关者）都期望项目能够成功。我们将在第 12 章中更加详细地介绍这方面的实证研究（Shenhar et al.，1997）。人们总结了项目成功的四个方面的内容：（1）项目的效率；（2）对客户的影响；（3）对组织业务的影响；（4）为未来开创的新机遇。前两项显然是我们所定义的项目直接目标的一部分，后两项是项目特定的目标，也是项目的直接目标。项目的辅助目标包括：提高组织的项目管理能力和改进项目管理方法，个人通过项目管理获得管理经验，以及其他类似目标。

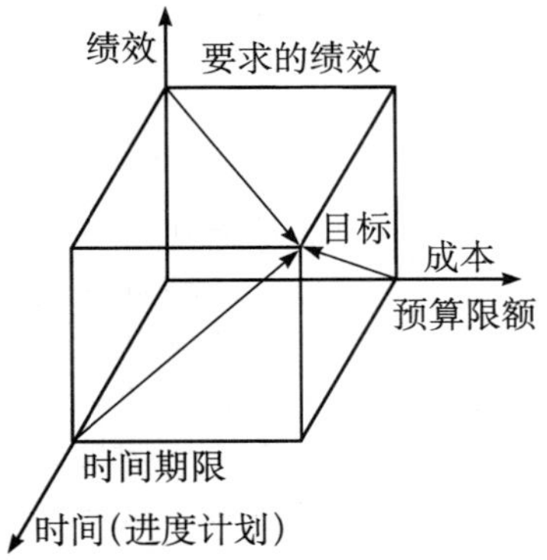

图1—1 项目的直接目标——绩效、成本和时间

虽然没有直接说明，但是实际上还有一点至关重要，那就是项目经理（project manager，PM）在权衡利弊时必须兼顾项目团队和组织其他部门的良好运转。项目经理不能为了达到直接目标而耗尽项目团队的精力，也不能为了实现项目直接目标而破坏组织的职能部门。另一个辅助因素是项目的环境，即独立于项目之外且常常独立于发起组织之外，却能影响项目或被项目影响的人或物，比如环保组织、工会、竞争对手等，我们将在第12章对这个问题进行更详细的讨论。

在早期的项目管理中，时间、成本、绩效这三个直接的项目目标（客户和实际实施项目的组织已就此达成广泛一致）被认为是项目成功或失败的主要决定因素。在过去的25年中，人们又提出了其他的直接或辅助的项目目标，它们并未替代传统的时间、成本和绩效目标，但是被作为相关目标补充了进来。第1章至第11章仍然是以三大传统直接项目目标为主来阐述的。

□ 项目经理

在平衡这些关系时，项目经理应该综合考虑项目的所有方面，确保恰当的知识和资源可随时随地获得，并且最为重要的是确保可在按时和低成本的情况下获得项目的预期结果。

考虑到项目导向型组织数量的迅速增加，项目经理面临的问题会非常复杂，这促进了项目管理的职业化发展。致力于这种职业化发展的主要国际组织之一是建立于1969年的项目管理协会（Project Management Institute，PMI®，www.pmi.org）。截至1990年，项目管理协会已拥有7 500名成员，五年后发展到超过17 000名成员，2007年末在171个国家拥有超过260 000名成员（见图1—2）。这种爆炸式的增长不仅表明项目管理的应用正在迅速增长，而且反映了项目管理协会作为项目管理职业化发展的推动力量所具有的重要地位。该协会的目标是促进项目管理的发展，并且在这一领域建立职业规范。《项目管理杂志》（*Project Management Journal*）和《项目管理网络》（*PM Network*）是由项目管理协会创办的，用以交流项目管理的观点和常见问题的解决方法。项目管理协会的另一个目标是将称职的项目管理者所需要的知识进行整理和编纂，项目管理知识体系（project management body of knowledge，PMBOK®）就是为项目经理教育提供的基本依据（PMI，2004）。为证明项目经理已经理解并能够利用这个知识体系，项目管理协会创建了一个职业认证，叫做项目管理师（Project Management Professional，PMP®），获得这个认证要接受有关的教育、实践和测试等。最近，项目管理协会新增加了两个认证，一个是面向高级项目经理的项目群管理师资格认证（Program Management Professional，PgMP®），另一个是面向初级项目经理的专业助理项目管理师资格认证（Certified Associate in Project Management，CAPM®），这个认证对教育和经验的要求相对较少。项目管理这一职业的蓬勃发展促使许多大学都设置了项目管理方面的课程，有些大学还设置了该领域的专业学位。

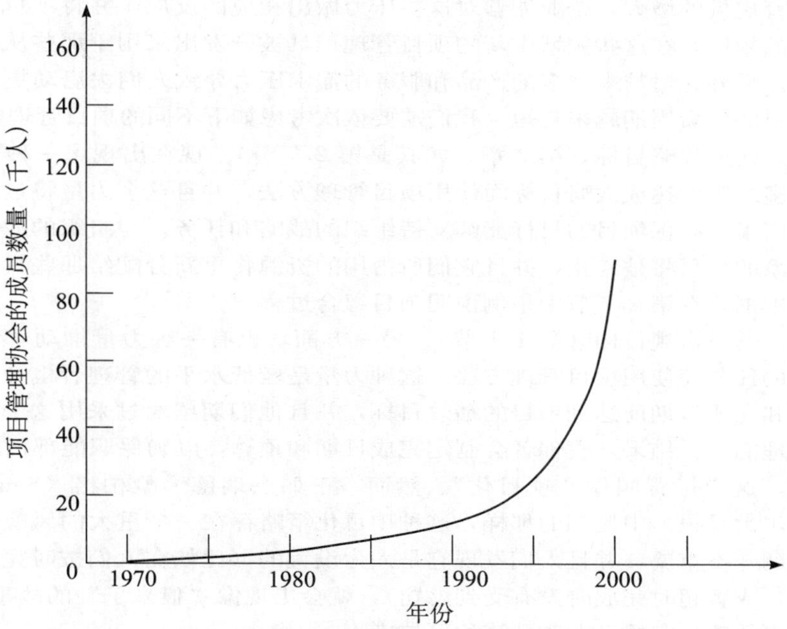

图 1—2　项目管理协会的发展历史

显然，项目经理和项目管理协会成员数量的快速增长，就是实践中项目数量大量增加的结果，而不是其起因。仅软件行业就占据了增长的很大比例。增长的另一个主要原因是在大型组织中控制项目活动的需求增加。随着组织中非常规活动数量的增加，高层管理者对理解和控制这些活动的要求也在增加，包括项目进度、预算、完成日期、风险评估、期望产出以及相关责任人等，而项目管理是满足这种需求的一种方式。这些因素结合起来，促成了项目导向型公司的建立。我们将在第 4 章详尽地介绍项目导向型组织。

如同我们在后面的章节中会了解到的一样，项目经理的工作不是一帆风顺的。项目经理总是处于缺乏完整权限去调动所需资源和人力，却要对整个产出结果负责的尴尬境地。在任何项目中都存在处理利益相关者——高层管理者、客户、项目团队和公众（这些人说着不同的语言且拥有不同的目标）——关系的问题。组织和技术领域内永远存在着这类问题，如供应商最初信誓旦旦，过后却不守承诺而拖延交货期的例子屡见不鲜。这一系列的困难还只是项目管理的冰山一角。

尽管项目管理工作很难做，但大多数项目经理都从他们的职业中获得了极大的快乐和工作的满足感。虽然项目的挑战极多，风险很大，但是项目经理获得的成功回报也颇为诱人。项目经理通常都具有远见卓识，他们的工作具有相当大的变数，并且由于承担了企业的重要任务而享有很高的威望。然而，这个职业并不适合懦弱的人，不敢面对风险和冲突的人不会成为一个快乐的项目经理。那些能够承受项目风险和享受解决冲突这一艺术的人，则能够从他们的工作中获得丰厚的物质和精神回报。

□ 项目管理的发展趋势

快速变化的全球市场、技术和教育领域促使项目管理有了许多新的发展，全球化竞争对价格、反应时间和产品/服务的创新造成了压力。随着计算机、电信技术的发展和教育规模的增大，企业能够对这些压力做出相应的反应，并将项目管理的范围扩展至新的领域，在这些领域中新的项目管理工具被开发出来用于那些从前未曾考虑过的项目。另外，对越来越多的产品和服务的需求压力导致人们去启动更多的项目，而这些项目的生命周期越来越短。我们需要依次考虑如下不同的项目管理发展趋势。

(1) 达成战略目标（第 2 章，尤其是第 2.7 节）。现在出现了一种更大的力量去推动更多组织为达成战略目标而使用项目管理方法，并且这个力量将过滤主要项目中的一些因素以确保项目的目标能够支持组织的战略和任务。与组织的战略和任务没有明确联系的项目将被终止，并且它们所占用的资源将重新分配给那些具有清晰联系的项目。本书将在第 2.7 节中举例说明项目组合过程。

(2) 达成常规目标（第 1.1 节）。另一方面，也有一种力量推动着常规部门为完成自己的任务而使用项目管理方法。这种力量是较低水平的管理者也开始意识到要在预算内和完成日期前达到项目的绩效目标，并且他们期望通过采用这个新工具提高自身的管理能力。结果，管理者会制定完成日期和预算，以确保职能部门完成特定的常规任务，这个过程叫做“项目化”。然而，正如杰瑞德·桑柏格（Sandberg，2007）在《华尔街日报》中提到的那样，这种项目化策略存在一个重大的风险，即如果项目完成日期并不重要，并且人们发现它是人为设置的（比如在人们按时完成时并没有获得奖励，或者超时完成时没有受到惩罚），就会出现像“狼来了”的故事一样的结果，破坏未来的项目完成日期和预算的可信度。

(3) 提高项目效率（第 2.1、2.7、4.6、5.1、5.5、11.2、11.3 节）。不管是战略的还是常规的目标，为了提高项目管理的产出，人们正在进行着各种各样的努力。一个众所周知的成果就是在许多组织中建立了正式的项目管理办公室（project management office，PMO，见第 4.6 节），由它负责在整个组织中成功地启动和完成项目。另一个成果是评估组织的项目管理“成熟度”，或者评估项目管理的能力和经验（第 2.1 节），这也通常是项目管理办公室的职责之一。项目管理办公室的另一个职责是对项目经理进行有关组织辅助目标等内容的培训（在本章前面已经提到）。无论项目经理是否意识到，项目的辅助目标已成为每个项目目标的一部分。通过使用项目的阶段通关（phase gates）（第 5.1、5.5、11.2 节），挣值（earned value）（第 10.3 节），关键比率（critical ratios）（第 11.3 节）和其他方法，人们就可以达到对各项目的更好的控制，这也是当前的一个趋势。

(4) 虚拟项目（第 4.3、10.2 节）。随着全球化的进展，许多项目都需要全球化团队的参与，这种团队中的成员在不同的国家和时区工作，每个人都为项目贡献自己独特的才能。这样的项目被称为虚拟项目，因为这些项目团队的成员也许直到团队解散和另一个团队再组成时也不会和自己团队的其他成员见面。先进的电信和计算机技术为这种虚拟项目的建立提供了条件，从而使团队成员能够控制工作并成功地完成项目。

(5) 准项目（第 1.1 节）。在信息技术/系统部门需求的引导下，如今的项目管理已经扩展到了一个新的领域，在这个领域中人们也许不能理解最终的绩效（或范围）

要求，不知道项目的完成日期，也无法做出预算决策，这类不清楚的项目（我们称作“准项目”）是极难管理的，并且常常需要通过人为设置完成日期和预算来启动这类项目，然后通过“认真研究”所要求的绩效，在满足这些限制条件的基础上完成项目。为这类项目准备的新工具正在开发中——原型（prototyping）、阶段通关和其他方法。尽管都是未知的，但也要帮助这些团队达到满足客户要求的结果。

□ 组织管理方法上的新变化

自本书第1版出版以来的20多年中，组织管理方法的发展已经受到了三个革命性变化的影响。第一，我们看到传统的、等级化的管理方法正在日益迅速地被交互式管理方法所替代；第二，我们正在见证“系统方法”（也叫“系统工程”）被用来解决组织或技术的问题，因为当我们对组织或系统的一部分采取行动时，必然会影响到其他部分；第三，我们已经看到各种组织将建立项目作为最佳方式来实现公司目标。这方面的例子不胜枚举，既有资产数十亿美元的大公司为实现其家居用品全球化扩张而实施数以百计的项目，也有为个别客户专门定制产品和服务的单个项目。在下一章中我们会详细说明组织目标和组织选择实施的项目之间的紧密联系。我们将在第4章和其他地方讨论，越来越多的组织正在使用项目管理的方法，以完成自身所承担的几乎所有非常规的任务。尽管以上三种现象已经存在了很多年，但是它们被广泛认识并被付诸实践还是近年来的事。

《拯救普罗米修斯》（Rescuing Prometheus）（Hughes，1998）一书中写道，科技史学家托马斯·休斯（Thomas Hughes）考察了四个大规模项目，这些项目需要使用非传统的管理方法、组织设计以及解决问题的方法从而达到它们的目标。这些巨型的项目——半自动地面防空系统（SAGE）、阿忒拉斯洲际弹道导弹、波士顿中央干道/隧道工程和美国国防部建立的ARPANET——有一个共同的特点：需要投入内容范围极大的知识和信息。这些项目的规模与技术复杂度都要求大量的独立组织——政府部门、工业企业和学术机构——投入资源。这些组织通常不与其他组织共同工作，它们彼此之间可能是竞争者，甚至是学术上或政治上的对手，而且对整个项目中的一部分所采取的行动，往往会对系统内的很多其他部分产生干扰性影响。

显然，在美国或其他地区，这些项目并不是最早被实施的复杂且规模庞大的项目。比如，曼哈顿计划——致力于原子弹的开发——曾经就是这样一个项目，然而，曼哈顿计划调动了大多数的人员和组织进行全职工作。托马斯·休斯所描述的项目中所涉及的各个组织，大部分还同时承担着很多其他任务。例如，麻省理工学院、五角大楼、IBM公司、贝尔实验室（现在称为朗讯科技）、兰德公司、马萨诸塞州高速公路管理处和其他一些组织，它们在开展自己的正常工作的同时参与到这些项目中的一个或多个部分。使用多个组织（包括发起公司的内部与外部）对一个项目进行分包的做法已经屡见不鲜。跨学科项目不再是人们想象中的东西，而是已经成为现实。

这些对项目管理方法和项目组织的变革与修正将在本书内容中不断出现。比如，我们已经逐渐地相信，采用传统等级型的组织管理方法而不是交互式方法来管理跨组织的项目，会在项目团队成员之间造成更多的冲突。很久以来我们一直认为（现在更加确信），跨学科项目中使用那些只强调自己领域问题的人员，最终会使项目团队成员之间的冲突程度加深，因为他们没有专注于项目的整体问题。在第4章中我们将讨论广泛使用项目方法以完成组织变革的一些问题，就像在本书的第1版中，我们在研究如何解决项目管理问题时，采用了系统的方法一样。

本书列举了项目经理面对的特殊任务。我们考察了项目经理所负责的各种项目的本质，项目管理必须使用的技能和项目经理成功管理各种项目的一些方法。这里我们衡量成功的标准有三个：绩效、时间和成本。在开始具体分析和研究前，我们首先要了解项目管理的本质并明确它与组织实施的其他活动之间的区别。我们也注意了项目管理的一些主要的优点和缺点、长处和局限。在本章的结尾，我们将对贯穿本书的研究方法进行阐述。

1.1 项目的定义

项目管理协会对项目的定义是“为创造独特的产品或服务而进行的临时性的工作”（PMI，2004，p. 5）。在我们的社会中，项目的形式多种多样。尽管有些人会认为建造通天塔和埃及金字塔的工作是最早的“项目”，但实际上史前穴居人收集材料加工猛犸象肉的活动可能才是最早的项目。可以肯定的是，无论从何种意义上讲，建造顽石坝和爱迪生发明灯泡都是项目，然而，我们常说的现代项目管理开始于曼哈顿计划。早期的项目管理主要用于非常复杂的大型研发（R&D）项目，如阿忒拉斯洲际弹道导弹和其他类似的军事武器系统的开发。大规模的建设计划也经常按照项目的方式来组织，比如建造大坝、船舶、精炼厂和高速公路等。

由于项目管理技术日益发展（主要是由军方开发的），项目型组织开始得到广泛的运用。私营建筑公司发现项目型组织对于小型项目有益，比如建造仓库或公寓大楼。汽车公司使用项目型组织开发新的车型。通用电气公司和普拉特·惠特尼公司都利用项目型组织来开发新的喷气式飞机引擎，美国空军也是如此。项目管理还被用来开发新型号的鞋和船只（尽管可能还不尽善尽美）。最近，跨国公司也开始运用项目管理方法，尤其是那些服务型跨国公司，它们在这方面的发展比那些制造型跨国公司更为迅速。广告活动、全球性并购以及资本收购通常都以项目的方式进行，项目管理的方法还进一步渗透到那些非营利的领域，结婚典礼、童子军活动、募集资金、竞选活动、社交聚会和演奏会等活动都在使用项目管理的方法。对项目管理技术应用最为广泛的当属计算机软件开发领域。

我们在讨论项目管理时，往往需要将下列一些术语区分开来，它们是：项目群（program）、项目（project）、任务（task）和工作包（work package）。作为这些术语的发源地，军方通常用“项目群”一词来指代那些大型的长期工作，这些工作可以分解为一系列项目，这些项目可以进一步分解为很多任务，而这些任务又进而可以分解为许多工作包，这些工作包自身则是由多个活动（工作单位）组成的。还有些术语不在此层次的词汇之列。曼哈顿计划被称为一个“项目群”，为了考察大型钢铁公司潜在的发展机会而成立的临时机构被称为“特别任务组”。从最为广义的角度讲，项目是一个需要完成的具体而又明确的任务，其规模的大小和期限的长短都无关紧要，关键的问题是，项目是一个整体，包含了自身独有的一些特性。

□ 重要性

项目最重要的特性在于它在高层管理者的眼中被置于重要的地位，使人们意识到需要打破常规的组织结构另外建立一个特别的组织单位来承接这项任务。如果其他组织部门感觉或者怀疑项目实际上并不那么重要，那么该项目往往必败无疑。项目不被重视经常体现在一些细微之处，如高层管理者很少提起该项目，管理项目的人级别和地位卑微，把项目工作分配给本来就已经超负荷工作的人员，对项目的进展监控不到位，资源短缺也无人过问，等等。

□ 绩效性

项目通常都是一次性的工作，并具有一系列的预期目标和结果（我们在后面还会提到定义含糊的项目或准项目）。项目可以被分解为子任务，只有完成了这些子任务，项目的目标才能实现。项目工作极为复杂，这些项目的子任务也需要在时间安排、先后次序、成本和绩效等问题上进行细致的协调和控制。通常，项目本身必须与项目组织所实施的其他项目协调一致。

□ 带有日期限制的生命周期性

像每个有机体一样，项目也有自己的生命周期，在它们的开始阶段规模较小，逐渐成长到一定的规模并进而达到巅峰，此后开始下滑，最后必然走向项目终结（与有机体一样，项目通常也会抵制最终的结束）。有些项目只要在项目所属组织（公司）中进入正常运营状态就完成了使命。有关生命周期的问题，我们将在第 1.3 节进行深入讨论，该部分内容将会涉及一种有别于成长曲线的特例情况。划分项目的生命周期有不同的方法，我们将在后面的内容中做详细的解释。

□ 相互依赖性

组织中同时进行的各个项目之间往往会发生相互作用，通常体现在对组织稀缺资源的争夺上，这就是第 9 章中重点讨论的内容，即项目在相互作用的同时，也时常与项目所属组织标准的日常运营产生互动关系。尽管组织的各个职能部门（营销、财务、制造等部门）之间会以特定的方式有规律地发生相互作用，但是项目与这些部门之间的相互作用却是变化无常的。营销部门或许会在最开始和末尾（而不是在项目进行过程中间）的阶段牵涉进来，制造部门往往全程参与，财务部门通常在开始阶段发挥作用，而会计部门（会计总监）则在最后才会参与进来，当然在过程中也进行一些定期报告。项目经理必须保证这些相互作用的条理清晰，并与所有外部团队维持适当的相互关系。

□ 独特性

尽管项目成果可能在别的地方产出过，但对项目所属组织而言它是独特的。每一个项目都具有一定的独特性。任何两个建筑工程或者研发项目都不会完全相同。尽管建筑工程项目通常比研发项目更具有常规性，但是在一定程度上各种项目都具有定制化的特点。像我们前面所提到的那样，项目都具有一定的风险，这意味着项目从本质上不可能完全消除不确定性，成为常规性工作。项目经理的重要性在此得以体现，因为作为例外管理的偏好者，项目经理将会发现项目中存在着大量的例外情况需要管理。

□ 资源稀缺性

项目资源是有限的，无论是人力资源还是其他资源。通常预算是粗略的而不是详细的（尤其是人力资源预算）而且受到严格的限制。试图获取额外资源（或任何资源）的过程中，往往派生出项目的另一个特性——冲突性。

□ 冲突性

项目经理所处的工作环境，比其他大多数经理人员都更具有冲突性。项目与职能部门之间为了资源和人员配备而相互竞争。更为严重的是，随着各种项目的蓬勃发展，项目与项目之间在多项目并行的组织内部展开了资源竞争。项目团队的成员几乎总是处在冲突之中，不停地为解决项目问题而争夺资源和领导权。项目经理必须是解决冲突的好手，后面我们还会谈到冲突对项目有利的一面，项目经理要擅长区分冲突的利弊。

在所有的项目中，四个利益相关主体（parties-at-interest）或利益相关者（stake-holders）（客户、项目所属组织、项目团队和公众）对于成功和失败都有不同的定义（见第12章和第13章）。客户需要变革，项目所属组织关注利润，而进行变革往往会导致利润的减少。为项目工作的员工一般要同时向两个上级负责，这些上级往往具有不同的优先事项和目标。项目管理工作本身并不适合胆小懦弱的人。

□ 非项目和准项目

既然我们在上面列出的各种特性可以勾勒出项目的定义，那么有人很可能会问：是否还存在非项目的工作？答案是肯定的。通过流水线作业去制造标准产品就不属于项目范畴，写每周的员工报告和准备学校午餐，递送信件，乘坐Delta-1288号航班从达拉斯飞到杜勒斯，检查你的电子邮件等都是非项目工作。尽管有人或许会认为这些活动在某种程度上也具有独特性，但它们绝不是以独特性而著称的项目工作，而属于常规性的工作，因为它们是一遍又一遍的重复性的工作，所以不是真正的项目。每个项目都是一次性的事件，甚至连建造洲际高速公路的一个路段都是项目工作。任何不同英里的高速公路路段都是不同的，建造高速公路需要在铺设路基时适应各种不同的地基和土质。各种项目都无法完全使用常规的既定方法去进行管理。

除了项目和非项目，还存在一种准项目。听听如下的对话：“比尔，你可否处理一下这件事?”“朱迪，周五开会前我们必须完成这项工作。”“在我们见客户之前你能否处理好?”大多数人都听得出他们正在安排一个项目，似乎提到了“我们”或者“你们”来参与，虽然没有具体描述项目的内容，没有明确的项目预算，也没有提到应该完成项目的日期。这也是项目吗？可以运用项目管理方法来管理吗？答案是肯定的！项目的绩效、进度和预算实际上已经暗含在里面了，虽然看不到诸如“此事”、“会议”和“我们”或“你们”（可能指一组人或一个团队）这样的字眼。在这种情况下，最好尽快把绩效、进度和预算尽可能地搞清楚，但也不要把下达工作命令的人问得火冒三丈。你可能会说如果要我很快做出来就需要额外的帮助或附加的资源。很快又是多快呢？到底需要定义得多么精确、完整和具体呢？类似的反问会接踵而至。

在信息系统领域最常见的准项目往往包括对项目自身范围或自身要求的发掘（也可能是预算和截止期限）和认识。在项目要求的绩效不详的情况下如何计划项目呢？在这种情况下，项目实际上首先是确定要求的绩效（可能还包括预算和截止期限）。如果将“分析”和“实施”一并作为一个项目委托给你，你就要把分析结果当作项目的第一个里程碑，估算项目资源、预算、时限、技能、人员及其他，确定是否满足下一项目阶段的需求。相对而言，客户更乐意在成本加成的基础上付款，他们在看到收益小于支出时就会立刻叫停。

项目管理实践

北京奥运会火炬接力项目

点燃奥运圣火，将2008年奥运会火炬传递到中国北京，这可不是一件轻而易举的事。通常，火炬接力活动在历届奥运会上都进行得漫长而又复杂。这种复杂性产生的根源是，主办国的公民们都认识到奥运会火炬经过自己的家乡，再传递到奥林匹克委员会相应的目的地是一个千载难逢的机会，这可以使他们以一种积极的方式接触到尽可能多的世界人民。

2008年3月24日，在现代奥林匹克运动会的发源地希腊，北京奥运会火炬接力开始了它的和谐之旅。这个全球性的火炬传递项目历时4个月，最终在2008年8月8日的午夜结束于正在举行盛大奥运会开幕式的北京鸟巢体育场内。火炬穿越了137 000千米，是自1936年夏季奥运会开始这项传统项目以来行程最长的一次火炬传递。这次传递在130天内经过了130个城市，并跨越了六大洲。

火炬乘坐的是一架喷涂红、黄色奥运会标识的中国民航A330包机。北京奥运会组委会派遣了30名无武装的服务人员沿途护送，这些来自中国武警部队的人员的主要任务是保证奥运圣火始终燃烧着并协助火炬的传递。可口可乐、三星和联想是火炬接力的主要赞助商。

资料来源：http：//torchrelay. beijing2008. cn/en/accessed 2008－09－13.

1.2 为什么要实施项目管理

启动一个项目的基本目的是实现特定的目标。组织按照项目的方式开展工作的原因在于强调个人或小型团队的责任和权限，并由此达到相应的目标。尽管项目经理在实际工作中常常缺少与其责任相应的权力，但是他们仍然需要协调并集成所有必要的项目活动，以达成项目的目标。特别是项目的组织形式允许经理人员对下列问题做出反应：（1）客户和环境的变化；（2）在项目早期发现并纠正错误；（3）在各种冲突的项目目标之间定期进行协调决策；（4）保证负责项目中各个独立任务的管理人员不能以整个项目为代价去追求个别任务的优化结果，亦即不能只强调局部优化。

项目管理的实践表明（比如开展六西格玛管理项目），绝大多数的组织都在使用这一方法的过程中改善了自己对工作的控制以及与客户的关系（Davis，1974），此外，还可能收获了项目投资回报率的上升（Ibbs et al.，1997）。相当数量的项目使用者还缩短了产品研发周期，降低了成本，提升了质量和可靠性，并增加了边际利润。还有一些项目使用者则发现了另外一些效果，其中包括会使人们更为重视结果，可以更好地协调部门间的关系，以及提高了员工士气等。

从负面的角度讲，大部分组织发现，项目管理给组织造成了更为复杂的局面和情况。很多组织报告说，项目型组织增加了人们违背组织政策的可能性——想想项目经理所要求的高度自治权，就不会使我们对这种负面效果感到惊讶了。有些公司报告说，项目方法使得成本提高、管理难度加大、人员使用率下降等。正如我们在第5章中将会看到的那样，项目管理的种种缺点来源恰恰与其优点是相同的，这些项目的缺点看起来就像是人们为获得其优点而需要付出的代价。总体上讲，如果人们所从事的工作适合于项目管理，那么最终平衡的项目结果还是有利于组织本身的。

多种多样的项目管理应用产生了一种有趣的、通常也是消极的副作用。尽管我们断定所有项目在某种程度上都是独一无二的，但是那些从事某种特定类型项目工作的人们会有一种普遍的倾向，他们认为“软件项目（或者建筑工程、研发、市场营销、设备维护等项目）是与众不同的，不应按照与其他类型项目相同的方式期望我们按照项目进度（或者预算、组织形式、管理方式等）进行”。本书的中心思想就是反对这种对项目给予特殊待遇的要求。所有类型的项目，无论是长还是短，无论是产品导向型的还是服务导向型的，也无论是从属于某一大型计划的一部分还是单独的项目，它们所具有的基本共性都比其不同之处更多。

项目管理确实有一些局限性。例如，项目可能仅仅是在项目所属组织及其经理人员无法通过职能型组织达到所期望目标的情况下才获准开展的，而且冲突的发生看起来也是不可避免的。正如我们所注意到的那样，项目经理往往缺乏与其所承担的责任相匹配的权力，必须依赖与项目所属组织内经理人员的良好关系才能够获得某些必需的资源。当然，如果这种良好关系不起作用，项目经理还可以向项目所属组织内的高层管理者求助，但是这样做反映出项目经理在管理技能上的缺陷，即使能够通过合作解决当前问题，从长远来讲也很可能发生事与愿违的后果。

我们将在后面的内容中再次回到项目组织形式的优势、劣势和局限性等问题上来。现在，我们只是要指出，即便所有事情都一帆风顺，项目管理仍然困难重重。如果事情进展得不顺利，项目经理就只能灰溜溜地去借酒浇愁了！问题是实际上项目型组织是实现特定目标的唯一可行方法。例如，除了使用项目型组织之外，理论上是不可能用其他经济、可行的方法按时设计并建造出一种大型武器系统的。组织内部越强调获得的结果，就越有可能采用某种类型的项目管理方式。使用项目管理的风险可能很大，但是使用其他的管理方式的风险更大。尽管项目管理是一项难度很大的工作，但是我们别无选择——而且它行之有效！

总而言之，项目经理的生活令人激动，报酬丰厚，尽管有时会遇到挫折，但总是在大多数组织中处于中心位置。在大量的公司里，项目经理正在成为人们的一种职业选择，对于那些生命周期超过两年的项目来说尤其如此。在这样的组织中，项目经理可以在很长的时间里持续发挥作用，重要的是，这为他们提供了升职机会。很多大公司普遍对那些比较有发展前途的年轻经理人员进行岗位轮换，在轮换期间他们会管理一个或多个项目（或者项目的多个部分）。这种方法可以很好地考察经理人员协调和管理复杂任务的能力，并检验他们在政策环境不断变化的情况下进行谈判的能力。

1.3 项目的生命周期

大部分项目从开始到结束都会经过相似的历程，我们将这些由项目阶段组成的过程（见图1—3）定义为项目生命周期。一个项目首先被创立（即开始阶段），并安排相应的经理人员，配备项目团队成员和启动所需的资源，以及制定工作计划，然后项目工作就进入正轨，并迅速开展。这期间项目不断取得进展，这种势头将一直持续到项目终结时。对最后的项目工作进行收尾往往会占用大量的时间，这是由于此时大量的项目组成部分需要被组合在一起，而且团队成员可能出于某种原因而"拖后腿"，阻碍项目的最后终结。

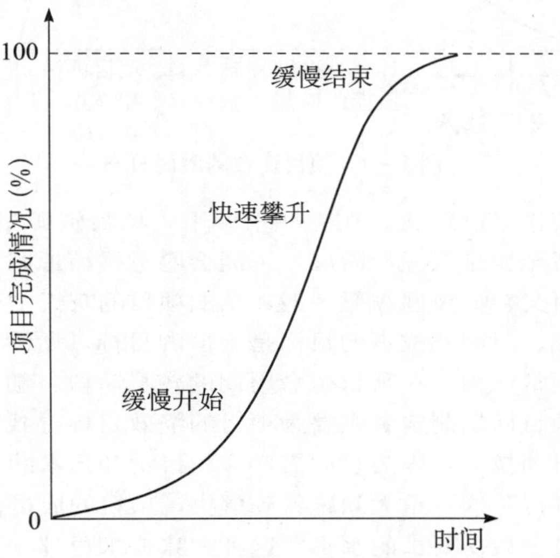

图1—3　项目生命周期

这种朝向项目目标的"慢—快—慢"展开方式是非常普遍的，任何人只要观察过住宅或大厦的建造过程就会了解这种现象，这主要是由于项目在自身生命周期的各个进展阶段所使用的资源数量是不断变化的。图1—4显示了项目资源量随时间变化而变化的情况，其中项目的资源量多以工时或单位时间内的资源耗费量（或服务于该项目的员工人数）来表示。项目开始阶段所需的资源量最小，在此期间人们主要对项目概念进行开发，对项目路径进行甄选（后面我们将会论证在项目生命周期的较早阶段增加资源量可以增加项目获得成功的机会）。一般来说，图1—3显示的项目生命周期进程曲线与图1—4显示的项目资源量变化曲线是相辅相成的，因为项目资源量的投入会影响项目进度（虽然这并不是绝对的），两者之间存在着函数关系（Cioffi，2004）。此外，由于项目资源量曲线通常是不对称的，因此项目生命周期进程曲线自然也就不对称了。

随着计划工作的完成和项目工作步入正轨，各项目活动开始增多，这种状况会一直持续到巅峰状态，然后开始走下坡路，直到项目评估结束乃至项目终结。尽管这种项目资源量的上升和下降必然会发生，但我们还是无法总结出所有项目都具备的典型发展规律，也无法解释项目的开始和终止阶段都会发生减速的情况。如图1—4所示，有些项目结束时不会发生拖延的情况，然而，还有很多项目却像艾略特（T. S. Eliot）所描述的那样，项目的结束"并不干净利索，而是拖拖拉拉"地逐渐减慢，直到人们

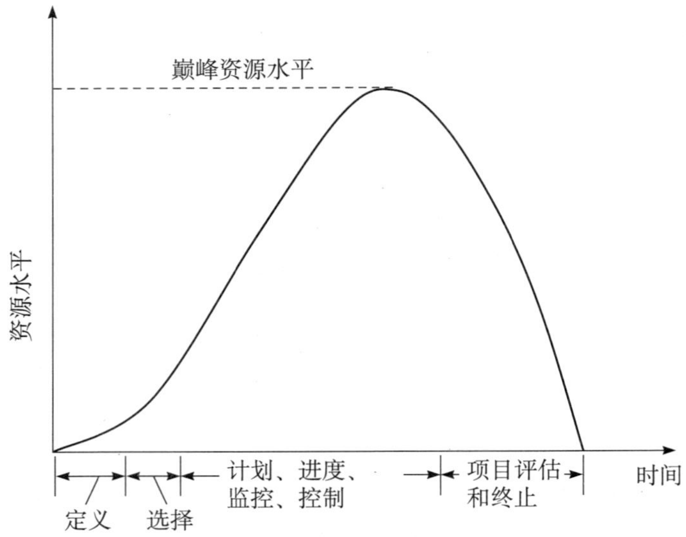

图 1—4　项目资源的时间分布

惊讶地发现项目工作早已终止。在有些情况下，项目资源量可能永远不会减少到零，因为项目团队或者至少是其领导阶层，可能会愿意维持原状以接受下一个可能到来的合适项目。新项目又会如凤凰涅槃一般，从旧项目的灰烬中诞生。

实现项目绩效、时间和成本的目标是永恒的目标，始终在项目生命周期中占有重要的地位。人们通常认为，在项目生命周期的较早阶段，绩效目标占有优先地位。在这一项目阶段，项目计划制定者主要为项目的绩效目标寻找特定的实现方法，我们将这些方法称为项目的技术，因为它们需要应用科学和艺术的方法。

一旦"如何进行"这一重大问题得到解决，项目的成员就可能首先专注于改善绩效，有时甚至超过了最初要求的水平。这种一味追求更佳项目绩效的做法会延误项目的进度，并增加项目的成本。

在对项目技术进行定义的同时，还要对项目的进度进行设计，并对项目成本进行估算。正如在项目生命周期的较早阶段，项目的绩效目标被认为比进度和成本目标更为重要一样，在项目活动的高潮期，成本被提到了首要的位置，而在项目的最后阶段，随着客户不断催促交货，项目进度又变得极为重要。事实表明，这种习惯上的"经验"是站不住脚的。最近的研究表明，在项目的各个阶段，绩效和进度都比成本更重要。在第 3 章我们将对"时间—成本—绩效"的平衡关系进行更为深入的讨论。

图 1—3 显示的是人们对项目生命周期的传统观点，然而，很多项目的生命周期都与图 1—3 的"S"形不同，是与传统的经验曲线相悖的。请记住，图 1—3 是将"项目完成情况"表示为"时间"的函数。如果我们将横轴替换为"资源"，项目生命周期函数不会发生本质的变化。实际上，项目生命周期显示的正是被经济学家称为"投入回报"的东西，亦即项目完成情况取决于时间或资源的投入情况。尽管"S"形的回报曲线反映了很多项目的实际情况，仍然会对很多人造成严重的误导。

以一个人获得学位这一过程为例，通常是通过大部分课程考核积攒学分而得。如果把获得学位的过程用生命周期曲线描述出来，可能是一条阶梯状的曲线，一个台阶代表一个学期，上一个台阶表示完成了该学期的学业并获得了相应的学分，由于包括暑假，代表秋季课程这个学期的曲线自然就会被拉长。关于认证考试，比如注册会计师考试（CPA）、律师资格考试或者电工或管道工证书考试的过程，用图表示出来就是与横轴平行的一条线，直至考试通过为止。由此可见，图 1—4 描述的资源量曲线的形状是多种多样的。

另一种类型的生命周期曲线可能表示的是一种新技术的实施，这种新技术包含多个部分，每个独立的部分会导致不同的利益增长。在这种情况下，组织会倾向于首先去实施那些采取“最省钱方式”的部分，这就会导致项目生命周期曲线在初期明显上升，接下来稍微变慢，并且在其他部分实施后继续减缓，其本质上与经济学家所称的“规模报酬递减效应”的凹形是相同的。当然也许还存在一个“逆 S 形曲线”，即在开始时快速上升，在中期缓慢下降，在末期再次加速上升。

还有一种特别重要的项目生命周期曲线，为了理解它，让我们来考虑一下烘烤蛋糕的过程。一旦各种配料被混合到一起，我们就可以按照指示在华氏 350 度的炉子中将蛋糕烘烤 35 分钟。在烘烤过程中的哪一刻我们可以得到蛋糕成品？有经验的烘焙师都知道，混合的配料从“糊状”（这一技术术语在烘焙师和厨师中间广为使用）转变为“蛋糕”的过程，在烘焙过程的最后几分钟得表现得十分迅速，这一过程的生命周期看上去就像图 1—5 所示的曲线。现实中相当数量的项目都有相似的生命周期，比如一些计算机软件项目或者化学和化工项目。总的来讲，这一生命周期形式的项目通常由很多“子单位”（或子程序）组合而成，这些子单位本身没有什么作用，但是组合起来却有非常大的功效。这一生命周期曲线在那些工作性质类似于化学反应的项目中也很典型，这些项目可以快速地将产出从无用状态转变为有用状态——就像从面糊转变为蛋糕一样。另外一个例子就是本书这一版本的原稿准备工作，我们需要收集大量的信息，还需要收集很多新的素材并进行大量修改，但是直到所有的部分组合成型之前，我们都无法知道最终的结果。

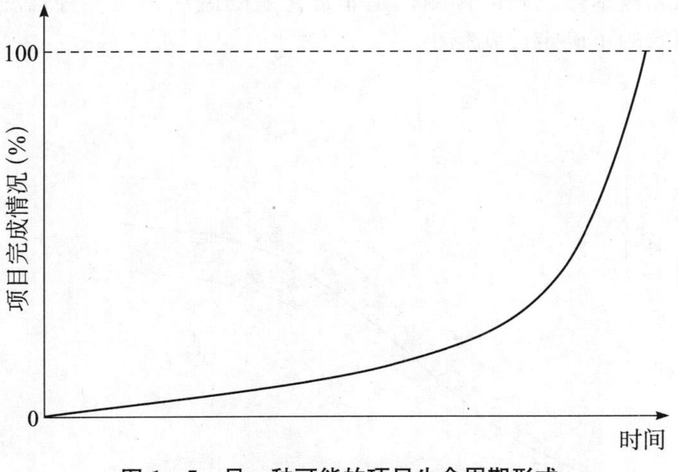

图 1—5　另一种可能的项目生命周期形式

图 1—3 显示，随着项目接近终止，资源和时间的投入呈逐渐递减的趋势——边际收益也不断减少。图 1—5 显示的情况则相反，随着项目接近终止，追加的投入呈逐渐递增的趋势——边际收益不断增加，直到攀升至完全终止。在第 7 章，我们将会看到，这些项目生命周期形式在为项目制定预算和安排进度时具有非常重要的意义。项目经理没有必要估计出自己项目生命周期的精确形状，但是他们必须知道手头的项目应该属于哪一类型的生命周期曲线。

对两种不同的项目生命周期曲线进行比较还有另一方面的意义，在如图 1—3 所示的S形生命周期中，项目完成情况与成本、资源的投入量密切相关，事实上，这就是利用项目“挣值”的基础，在第10章中，我们将对这一用于监控项目进展情况的技术做细致的讲解。图1—5中显示的指数型曲线，表明项目资源投入与项目进程的关联性并不强，至少从最终收益来看是这样。

总而言之，项目生命周期曲线并没有一个整齐划一的模样，而且对于项目生命周期的描述和理解的角度也多种多样。我们可以从控制体系的角度出发来观察项目生命周期，把它作为一种质量控制的手段、一种风险管理的手段，或者一种把小项目集成到大项目乃至更大的项目中的手段。通过各种视角观察项目生命周期，对于项目经理而言都是有帮助的。在后面的章节中我们将继续讨论此话题。

□ 项目生命周期中的风险

如果我们在项目启动时就可以准确地知道将来的绩效、时间和成本目标肯定能够达到，那将是非常惬意的。在某些情况下，比如在常规的建筑工程项目中，我们能够获得较为合理的预测，但是大部分情况下，我们做不到这一点。我们实现目标所需具备的各种能力常常具有很大的不确定性。图1—6中的阴影部分表示的即是项目不确定的部分。

图1—6显示了在项目开始阶段所见到的不确定性。图1—7显示，不确定性随着项目越来越接近完工而不断减低。从项目的开始时刻（t_0）起，表示不确定性的阴影部分不断扩大，直到在项目将近结束时达到最高峰。随着项目的实际开展，有关最终结果的不确定性渐渐降低（请见图中的t_1点），此后在t_2点做出的预测进一步减小了项目的不确定性。在项目生命周期中定期地，或者在达到特定的技术节点时，对项目绩效、时间和成本做出新的预测，是非常普遍的做法。在各种情况下，项目越往前进展，最终绩效的不确定性就越小。

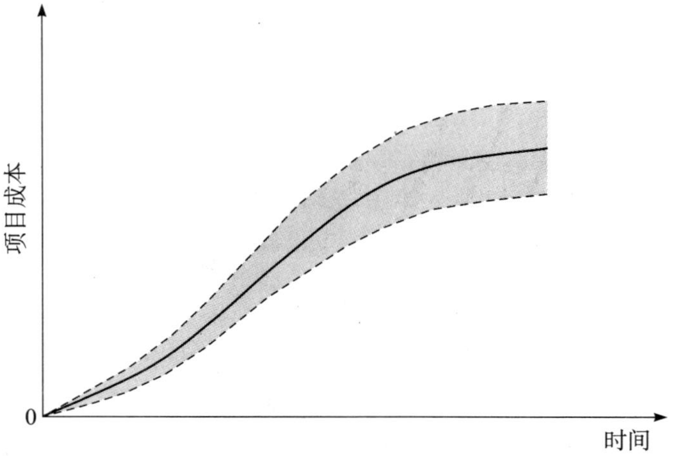

图1—6　项目成本估计：在项目开始阶段进行估计

请注意，图1—6和图1—7的着眼点都是与项目的成本相关联的不确定性——精确地讲，亦即项目成本在特定时点的不确定性。我们需要对两个基准轴做一些改动，这并不会大幅改变曲线的形状。新的图形显示的是在既定的成本水平下与项目的进度相关联的不确定性。项目时间和成本（和绩效）的这种关系是本书自始至终关注的主题。项目经理的主要职责之一就是与围绕这种关系的各种不确定性打交道。

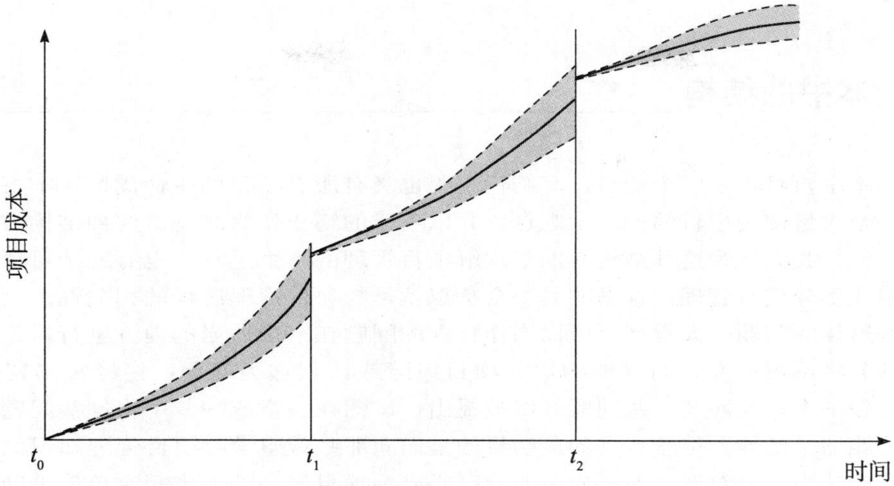

图 1—7　项目成本估计：在 t_0、t_1 和 t_2 时刻进行估计

项目管理实践

安全拆除旧金山的高架桥

旧金山市中心的中央高速公路高架桥（Central Freeway Viaduct）在 1989 年的洛马·普列塔（Loma Prieta）地震中遭到了严重的结构损毁，近期需要进行安全拆除。该项任务非常复杂，因为这种立体交叉的多方向桥梁距离人口密集的建筑物只有六英尺之遥，非常接近空中和地下的各种设施（天然气管道、供水管道、电缆和污水管道），并且穿过的商业区和住宅区都有震动和噪声方面的严格限制。对整个拆除工作进行管理，又要保证当地人口和现有设施的安全，是该项目面临的主要挑战。

实施这样一项精密而又危险的工作所采用的主要工具需要进行详细的计划，并与有关各方进行全面的沟通。这项涵盖广泛的拆除计划包括：

- 《安全作业准则》描述了为工人们准备的个人保护装备，以及这些装备的维护计划；
- 拆除工作的进度计划（工作次序、阶段划分、设备安装、限制条件、安全结构、交通管制）；
- 灰尘控制计划；
- 工时安排计划；
- 噪声水平监控；
- 载荷确定和结构分析。

这项拆除工作的主要方式是对桥梁的上层使用轧碎机，而对桥梁的下层使用粉碎机。首先拆除铁路路基，然后是支架部分，再将所有的残骸推到地面上去，接下来是拆除顶棚、支柱和护栏。在整个桥梁的拆除过程中一直持续这一过程，直到把它完全拆除。在项目进行的过程中，噪声、震动、安全和程序都得到了严密的监控，其间与公用事业公司和所拆除路段的相关方面保持了良好的沟通。通过这种方式，整座高架路桥被顺利拆除，没有发生任何重大的事故或人员伤亡。

资料来源：O. Y. Abudayyeh，"Safety Issuses in Bridge Demolition Projects：A Case Study，" *PM Network*，January 1997，pp. 43—45.

1.4 本书的结构

本书自身也是一个项目，其结构组织也具有所有项目的生命周期。本书开始提出了一个大量使用项目的创新性观点，并以项目的终止作为结尾。这种结构与我们的观点一致，我们认为这种结构有助于理解项目管理的整个过程，也有助于对项目的整体和组成部分进行管理。本书的另一个特点就是与项目管理进程的相关性。例如，项目采购这样的问题很大程度上可以当作独立的问题在书中适当的地方进行讨论，在之后的部分将不再涉及，而其他的比如项目风险或计划这类问题，将经常出现并贯穿全书，在书中只要涉及这些问题就将被提出，试图在一章或一节中将这些问题讲清楚是不可能的。此外，尽管本书的最初目的是面向那些希望学习项目管理知识的学生，但是我们认为本书对那些即将成为或者已经成为项目经理的人也很有价值，同时，那些启动项目并甄选、管理项目经理的高层管理者也会从中获益，因此，我们的兴趣所在常常超越了那些入门阶段的学生关注的基本问题。

大部分实际的项目并不会像我们所着重研究的项目那样规模庞大、结构复杂。尽管我们力求不将自己的落脚点拘泥于那些工程导向型的项目，但是这些项目都是最为复杂的典型例子，并且是项目经理能够一显身手的地方。一些较小且较为简单的项目或许不需要使用很多我们将会讨论到的复杂工具和技术，但是学生和经理人员应该清楚地认识到这些复杂工具的存在。

项目管理实际上是从项目的最初概念开始的，我们认为这一点极为重要，但是它却被多数项目管理的书籍忽略了，因此我们在本书的前面几个版本中包含了两个有关这一领域的附录，在一个附录中，我们讨论了创新和项目理念的产生，在另一个附录中，我们介绍了一些进行技术预测的方法。尽管我们对这些主题的关注程度没有改变，但是我们将这两个附录的位置从本书的末尾转移到了网络上，这两个附录的完整内容现在可以在下面的网址查到：www.wiley.com/college/meredith/（还包括本版前言中提到的其他一些内容）。我们认识到，相对于项目经理而言，这些论题或许对高层管理者具有更为直接的帮助。尽管项目经理或许会略过这些材料，认为已经过去的事情就让它过去吧，但是我们相信历史昭示着未来，明智的项目经理都会希望了解自己项目的启动背景和原因。

在过去的年代中，那些坚持认为项目管理总体上属于计量科学的人和那些认为项目管理属于行为科学的人之间一直存在着争论。现在人们已经清楚地认识到，如果不借助数学和人类行为科学，任何人都不可能成功地进行项目管理。如果认为数学是精确的科学，而行为科学比较“模糊”，那就是忽略了对项目时间、成本和风险进行数量估计的行动也具有极强的主观性，而如果武断地认为“人们实际上根本不必使用那东西（数学模型）”，实际上是用愿望代替了现实。对于那些不熟悉行为科学的人来说，如果不加倍努力地工作，并对这门科学抱有学习的态度，也是不对的。

在旅行之前，先了解一下将要经过的路线是非常有用的。尽管本书中的每一章都在开篇的部分列出了较为详细的内容提要，我们在这里还是要按照三个部分（项目启动、项目计划和项目实施）介绍一下各章的主要内容和结构。在介绍性质的第1章结束后，是关于项目启动内容的第Ⅰ篇。我们注意到，许多教师（和学生）喜欢关注项目管理的基础内容，这些可以直接在书中的第Ⅱ篇中找到，然而，我们认为，如果不理解项目的前后关系——为什么项目能够被选择和批准，项目经理的职责和他们要扮演的多种角色（比如运作团队和为资源进行谈判等），项目管理办公室的重要性，以及项目在组织的层次中所处的位置（和为什么）——项目经理有可能会失败。第 2 章的开始将对项目管理成熟度或复杂性的概念以及在项目管理中企业如何评估它们的竞争力进行描述，然后详细地描述评估和选择项目的问题以及项目选择所需的信息，通过模拟来管理风险和项目建议书的技术细节。通过把项目选择的概念进一步扩展到战略管理的范畴在第 2 章引出了结论，这种扩展的方式是通过战略项目管理八步法（称为“项目组合过程”）对组织实施的项目做出明智的选择。第 3 章的内容是有关成功的项目经理的角色、责任和个人素质，其中还讨论了项目经理在跨文化的环境中面临的一系列问题。接下来的第 4 章介绍了一个对于项目经理来说十分重要的问题，这个问题也常被项目管理忽略，它就是为获取资源而进行的谈判的艺术。这一章还介绍了项目团队成员之间人际冲突的主要来源。第 5 章是对本书第Ⅰ篇的总结，重点讲述建立项目组织并描述了不同组织的形式，以及它们各自的优势和劣势。第 5 章还讨论了项目团队中的工作人员。

本书的第Ⅱ篇讨论了有关项目计划的问题。这一篇讨论了项目计划在活动、成本和进度中的重要性。第 6 章讲述了项目活动计划，并介绍了在各种项目任务的组织和人员编制中有用的工具。这章也包括了对项目的阶段通关管理体系的简略探讨，以及跨学科项目团队合作完成复杂项目所面临的问题的解决方法。鉴于项目预算的重要性，我们将在第 7 章进行探讨。第 8 章讲述有关项目进度的问题，它是项目计划中重要的方面。本章还介绍了一些得到广泛使用的项目进度计划模型，比如项目计划评审技术（PERT）、关键路径法（CPM）和前导图法。作为第Ⅱ篇的总结，第 9 章讲述了资源配置方面的问题。对于单个项目，我们讨论了资源配置问题对于平衡资源以降低资源成本的相关作用；对于多项目的情况，我们将学习的内容是，如何将有限的资源在多个项目之间进行分配，以实现各自的目标。

第Ⅲ篇讨论实际的项目实施的内容。第 10 章考察了项目对于信息资源的需求以及加强管理关键活动的重要性。这一章描述了一些常见的项目管理信息系统（PMIS）。总体来讲，如果不使用计算机化的项目管理信息系统，除了那些最小型的项目之外，我们根本无法实现成功的项目管理。实践中这样的信息系统有很多种，我们简要地介绍了其中的几个，本书中有关应用项目管理信息系统的例子使用的都是 Microsoft Project®（以及微软表格处理软件 Excel®和其他一些可以与 Microsoft Project®和 Excel®兼容的软件），目前它是最流行的项目管理软件。尽管微软公司是项目管理软件开发行业内主要的驱动力量，但是还有很多种类的项目管理信息系统可供使用。我们必须指出，如果想要合理地使用任何一种项目管理软件，使用者都必须理解项目管理的相关原理。第 11 章描述了项目管理的控制过程。这一章介绍了绩效衡量的标准和帮助经理人员进行控制的各种工具。第 12 章主要介绍项目实施过程中和项目终止时所使用的各种项目评估的方法，以及如何识别与项目能否成功有关的各种因素。第 13 章描述了项目终止的各种不同方式，比如完全终止方式、集成终止方式或者附加终止方式等，每一种都代表了项目经理需要面对的一种特定问题。

本书就项目风险管理及其组成部分，包括项目风险管理计划、风险识别、风险评估、风险量化、风险应对和风险监控（PMI，2004）展开了全面的讨论。除了用一章专门探讨项目风险管理以外，由于项目风险和不确定性在项目生命周期中无处不在，项目风险管理的内容随着其他章节的论述贯穿本书的始末。

对项目的风险来源和性质的判断被称为风险识别，在我们看来，项目委员会、项目管理办公室和项目团队本身就应该把项目风险识别当作项目常规分析的一个组成部分随时予以关注。项目风险识别与项目管理是分不开的，因此在第5章讨论项目组织结构时，我们也谈到了项目风险识别的问题。

项目风险分析包括风险量化和制定风险应对计划两部分内容，重点探讨的是如何预测各种项目的不确定性对项目产出会造成的影响这一问题。用来预测和描述项目不确定性的技术随着所面临问题的不同而不同。举例来说，项目风险在项目选择过程中的影响力与项目风险对项目进度和成本的影响力是截然不同的。在适当的时期，人们应该对不同的项目风险进行适当的管理。采用Decisioneering公司风险评估工具Crystal Ball®，大大简化了项目风险分析中的数学问题。

介绍完这些，让我们开始学习吧！我们希望对于项目及其学习的过程都是有趣的和令人愉快的。

小结

本章介绍了项目管理的相关课题，并讨论了它在我们社会中的重要作用。本章对我们常常提及的“项目”进行了定义，讨论了进行项目管理的必要性，并介绍了项目的生命周期。本章的最后介绍了本书的结构，并对以后各章的内容进行了综述。

本章的要点如下：

1. 项目管理协会（PMI）成立于1969年，其宗旨是促进项目管理理论的发展和职业化建设。

2. 当前项目管理在很多组织中已成为一个颇有价值的职业选择，通过从事项目管理，人们在组织中获得了很多有意义的经验。

3. 项目管理最初发源于军事部门，为经理人员提供了有力的计划和控制工具。

4. 影响项目管理的三种主要力量是：（1）对复杂的、定制化产品和服务不断增长的需求；（2）人类知识的飞速增加；（3）全球化的生产—消费环境。

5. 项目管理的三个主要目标是项目绩效、时间和成本，即在项目成本和进度计划内实现特定的绩效。

6. 术语遵循下列次序：项目群、项目、任务、工作包、工作单元。

7. 各种项目都具有下列特点：重要性、绩效的特殊性、明确的生命周期、复杂的相互依赖性、部分或全部区别于其他工作的独特性、资源的稀缺和环境的冲突性。

8. 项目管理尽管还不十分完善，但仍然是实现某些目标的最佳方法。

9. 项目通常启动过程缓慢，然后迅速成长并耗用很多资源，最后逐渐减缓地接近终点。

10. 本书的结构是按照项目生命周期进行组织的。第2章到第5章是项目启动阶段的内容，在这一阶段需要对项目和项目经理进行选择，并开始项目组织和项目计划活动。第6章到第9章是有关项目实施的内容，主要研究制定预算、安排进度、配置资源等方面的问题。第10章到第13章讨论项目实施问题，包括项目活动控制，审计和评估以及项目终止等问题。

关键术语

可交付成果（deliverables）　完成某一项目而必须交付的价值、产出或结果等期望的要素。

相互依赖性（interdependencies）　组织各职能部门间职能或任务彼此相互依赖的关系。

生命周期（life cycle）　对产品或项目过程的标准定义，包括启动阶段、成长阶段、成熟阶段和终止阶段。

利益相关主体（parties-at-interest）　对项目拥有特定利益的个人或团体，通常包括项目团队、客户、高层管理者和特定的公众利益团体。

项目群（program）　通常很难与项目区别开来，往往指围绕某一特定目标的一组相类似的项目。

项目管理（project management）　使用各种方法、技术和概念运作项目并实现其目标。

风险（risk）　产出不能按计划实现的可能性。

利益相关者（stakeholder）　见“利益相关主体”。

局部优化（suboptimize）　在某一职能部门或领域达到最佳，但以整体的更大成本为代价。

任务（task）　一个项目的子集，由工作包构成。

技术（technology）　完成任务的手段。

平衡（trade-off）　降低某一方面（比如绩效）的表现以改善其他方面（比如进度或成本）的表现。

不确定性（uncertainty）　对所处环境或最终产出物只掌握部分信息或毫无所知，这往往是由于含混性和复杂性造成的。

工作包（work package）　工作分解结构中最底层的工作单元，用于分配成本和价值。

问题

内容复习问题

1. 列举并简要描述推动项目管理发展的各种社会力量。
2. 描述项目管理的局限性。
3. 列举并简要描述项目的三大主要目标。
4. 项目群、项目、任务和工作包之间有何区别？
5. 与项目有关的相互依赖性包括哪些？
6. 如何区分项目直接目标和辅助目标？通过项目学习一项新技能属于直接目标还是辅助目标？进入新的市场领域属于哪种目标？

课堂讨论问题

1. 列举一些社会上的实例，不要与本章中已经讨论过的例子重复。
2. 项目生命周期图（见图 1—3）如何协助项目经理做出决策？
3. 讨论项目经理的各种职责。项目经理对于项目的最终成功有何重要作用？
4. 请对项目管理的三个主要目标为什么要相互平衡加以讨论。
5. 如何运用项目管理的方法完成课程作业？
6. 第 1.1 节中列举的项目特性，哪些总是出现，哪些频繁出现？

有关“项目管理实践”的问题

北京奥运会火炬接力项目

1. 火炬接力活动是否属于奥运会的一部分，是不是其子项目之一？
2. 这一项目的生命周期的形状是 S 形还是 U 形的右半部分？还是其他形状？为什么？

安全拆除旧金山的高架桥

拆除项目与更为普遍的建设项目有何不同之处？请从绩效、进度和预算三方面考虑。

案例讨论

布兰卡货运公司

开了几年长途货车之后，乔·布兰卡(Joe Blanka)创办了自己的货运公司——布兰卡货运公司（BTI），在美国中西部地区从事拼装箱货物的运输。他总结了一套很好的

BTI安排车次的办法来满足甚至超过客户的期望，使BTI货运公司以每年15%～20%的增长率发展壮大，但是这种增长速度在不同的BTI分区是不均匀的，有的线路，一个方向上的货运量超大，另一个方向上的货运量又不足。

他注意到，随着时间的变化，这种不均衡的状态很不稳定。连续几个月，一条线路上的货运量匮乏，接下来的几个月又是另一条线路上的货运量匮乏。他计划一方面通过市场的途径来解决这个问题，对于能够平衡货运量的订单给予优惠，另一方面分析和调配线路上的设备组合，他甚至还考虑建立仓库，把订单不紧急的货物先存放一阵子来平衡运量。

乔的儿子是这个家庭的第一位大学生，是某工程院校的高材生，刚刚修完了项目管理课程，在向父亲简单介绍了项目管理的基本概念之后，他建议父亲不妨用项目的方式来解决这个平衡货运量的问题。他认为市场经理和配送经理可合并为“联合项目经理”，再加上一些有经验的老司机帮忙，力争在一年内实现把不同线路货运量不均衡的比率降低75%的目标。

问题：

项目管理的方式对解决这样的问题奏效吗？你有什么其他的好建议提供给乔？

Maladroit化妆品公司

Maladroit化妆品公司的工厂经理必须更新几台已经报废的灌装机，她正准备接受总成本为400万美元的6台机器。这些机器必须按时安装并调试以用于一条计划在6个月内投产的新生产线。因为这一项目非常重要，所以这位工厂经理希望竭尽所能地投入这项工作，但是她现在正忙于其他几个项目。她认为自己有三种选择：(1) 她可以以非正式的形式在工作时间之外处理这个项目；(2) 她可以将这个项目安排给她的一位员工负责；(3) Maladroit公司可以支付与安装成本接近的费用，将这一安装项目交给生产这些设备的公司处理。

问题：

你认为上述三种选择中哪种最好，原因是什么？如果该项目是一台成本为4 000美元的小机器，那么你的答案是否会有所不同？请讨论所需的资本投资与机器设备投资之间的相对重要性。

课堂综合练习项目

在课程中，如果学生能够组成一个项目团队并对项目管理的进程、困难和统计数据进行交流会非常有帮助。教师可以为学生预选出需要做的项目，可以是本地的组织或者学校（学校中存在着许多优秀的项目，比如咖啡馆、停车场、图书馆、咨询处以及课程安排等）中的项目。如果没有预选项目，也可以用以下的项目作为替代。

本项目是为本课程准备“学生学习指南”，预计将在期末考试前的最后一节课（时间要求）中使用。指南的目的是帮助学生学习课程中的材料，让他们通过准备这个指南和使用它来准备期末考试。指南的要求（绩效或范围）如下：

- 专业的外观；
- 按各章节内容编排，做到连贯统一；
- 教师和学生每人一份复印件；
- 提交CD、闪存或其他电子形式的硬件拷贝（由教师检查使用是否正确）；
- 班级中的每个人都要参与，例外情况将在下文指出；
- 如果成立的是若干子团队，那么这些子团队之间的运行不应该是独立的（比如，所有子团队都在做同一章的工作）；
- 项目计划可以手写制作，也可以利用Microsoft Project®或其他软件程序制作（由教师检查使用是否正确）。

另外，将有一名学生被选为“历史记录者”，他的工作是对整个项目的进度进行监控并准备书面报告。书面报告的内容包括需要完成的任务，项目中的项目经理、项目团队或子团队，以及各种利益相关者（团队成员、教师、将来可能使用这本指南的学生）的态度和精神，还包括项目的文化与环境。历史记录者的主要任务是比较实际课程项目和书本上所描述的项目，并在书面报告中指出项目经理和团队成员应该注意的相同和不同之处。历史记录者没有关于项目本身的工作，但是应该出席每次会议，并时常与项目经理以及子团队领导进行谈话，并与教师进行沟通，进行一切有必要的活动从而可以较好地监控任务进度。这个人的作用对于学生来说是非常重要的，他可以让团队成员知道他们的项目与普通项目的典型方法之间的差距，问题出在哪里，以及如何处理这些问题等。这个人在课程开始时就应该被选出来。

项目进行中可能会需要一些费用（预算需求），可以向教师寻求帮助，比如复印费用和旅行费用。这些费用虽然很少，但是也要依照项目来定。当然，在真实的项目中，主要的成本将是团队成员工作的劳动/人事成本，而在这个课程项目中则是免费的。

在接下来的章节中，我们将继续介绍项目的各种要素，比如选择项目经理，组织团队，交付成果以及控制进度等。在真实的项目中大多数时间是用来实施项目特定任务的，但这不属于本书的范围，本书仅包括项目管理的一般任务（根据每个项目的不同技术要求，它们都有不同的任务）。因此，准备所有的项目要素就显得非常重要，尤其是在本书的第Ⅰ篇和第Ⅱ篇，项目任务可立刻开始。当然，如果学生阅读到了本书的第 10 章就再好不过了，第 10 章属于第Ⅲ篇：项目实施。遗憾的是，讲到第 10 章时，课程几乎要全部结束了，到时再开始启动一个项目为时已晚。因此，项目经理和学生必须跳过开头的部分直接阅读课堂综合练习项目，至少是第 2 章到第 10 章的内容，希望他们能够通过阅读，回过头来发现控制项目中各种要素的最佳方法。

现在最为重要的内容将在第 2 章和第 3 章中介绍——这两章分别介绍项目将如何进行以及谁会成为项目经理，这样项目就可以尽快进行。在课程最开始确定这两个要素是非常好的选择，第一个要素可以向教师咨询后进行，第二个要素则需要在教师缺席时进行，当学生们选出项目经理后教师再回到教室。这一过程最好能在 20 分钟内完成，不过大多数都会持续一整堂课。祝好运！

参考文献

CIOFFI, D. F. Personal communication, 2004.

DARNELL, R. "The Emerging Role of the Project Manager." *PM Network*, July 1997.

DAVIS, E. W. "CPM Use in Top 400 Construction Firms." *Journal of the Construction Division*, American Society of Civil Engineers, 1974.

DAVIS, E. W. *Project Management: Techniques, Applications, and Managerial Issues*, 2nd ed. Norcross, GA: AIIE Monograph, 1983.

GIDO, J., and J. P. CLEMENTS. *Successful Project Management, with Microsoft Project 2003 CD-ROM*. Cincinnati: Thompson/South-Western, 2004.

GREY, C. F., and E. W. LARSON. *Project Management: The Managerial Process*. New York: McGraw-Hill/Irwin, 2005.

HUGHES, T. P. *Rescuing Prometheus*. New York, Pantheon, 1998.

IBBS, C. W., and Y. H. KWAK. "Measuring Project Management's Return on Investment." *PM Network*, Nov. 1997.

IBBS, C. W., and Y. H. KWAK, "Assessing Project Management Maturity." *Project Management Journal*, March 2000.

KERZNER, H. *Project Management: A Systems Approach to Planning, Scheduling, and Controlling*, 8th ed. New Jersey: Wiley, 2003.

PANDE, P. S., R. P. NEWMAN, and R. R. CAVANAGH. *The Six Sigma Way*, New York: McGraw-Hill, 2000.

PROJECT MANAGEMENT INSTITUTE. *A Guide to the Project Management Body of Knowledge*, 3rd ed. Newtown Square, PA: Project Management Institute, 2004.

PYZDEK, T. *The Six Sigma Handbook*, rev. ed., New York: McGraw-Hill, 2003.

SANDBERG, J. "Rise of False Deadline Means Truly Urgent Often Gets Done Late." *Wall Street Journal*, January 24, 2007.

SHENHAR, A. J., O. LEVY, and D. DVIR. "Mapping the Dimensions of Project Success." *Project Management Journal*, June 1997.

SUN, M. "Weighing the Social Costs of Innovation." *Science*, March 30, 1984.

指导阅读

下面的文章描述了某人突然被指定为项目经理，却发现自己不能胜任时，通常会出现的情况。基于作者个人的丰富经验和对大量资深项目经理的采访，他们为这些项目经理新人总结了12条指导方针。这些指导方针涵盖了项目的全过程，从项目启动到项目计划，项目实施和收尾工作。这些指导方针中有些是从技术层面上说的，有些属于非常规的认识，还有许多具有哲学含义甚至是政治意义。这些睿智的指导方针不仅对新手，而且对那些经验丰富的项目经理来说也颇有启迪意义。

来自偶然性职业的启示①

J. K. Pinto and O. P. Kharbanda

项目和项目管理是未来商业全球化的潮流。产品和过程的技术日益复杂，新产品投放市场的时间大幅缩短，对跨越不同职能部门的知识和技能的需求不断增加，这都使项目管理成为那些了解其功用的组织手中的一个重要而又有力的工具，但是对这些技术应用的不断增加通常并不伴随着能够胜任的项目经理数目的增加。遗憾的是，也颇具讽刺意味的是，项目管理的盛行向许多组织提出了严峻的挑战。这些组织常常事后才发现，问题出在它们没有足够数量的能够胜任的项目经理，这些人员才是产品或服务得以成功开发的有力保证。很多公司中的高层管理者都承认，项目经理需要通过特别的渠道获得所需的技能，但是他们不知道如何才能更好地培育出足够数量的、训练有素的项目领导人员。

在本文中，我们力求对这一被忽略的问题提出一种独特的观点。有许多人研究如何改进项目管理过程的问题，但是很少有人了解项目经理应具有的各种特定技能和所面临的各种挑战。我们目前对成功的项目经理的了解只是认为他们是强有力的领导者，他们拥有各种解决问题、沟通、激励、建设团队的能力和长远的眼光。波斯纳（Posner，1987）、爱兹德（Einsiedel，1987）和彼得森（Petterson，1991）等人的观点非常正确。项目经理属于一类特殊的人群。项目管理是一项独特的挑战，它需要有自己的战略和方法，可能最为重要的是，它需要人们主动行使领导人的职能。项目经理必须为整个过程制定适当的计划，而且要为自己的团队完成目标提供方法、支持和信心。有能力的项目经理常常不以发号施令者或者独裁者的身份出现，而是以推进者、团队成员和拉拉队长的身份发挥作用。我们在项目经理身上所寻找到的特点多种多样、不拘一格。我们的宗旨是，基于我们自己的经验和对一些高级项目经理——其中大部分是自己艰难摸索得出的经验——的访谈，为那些偶然成为项目经理的人提供一些指导方针。

具有偶然性的项目经理

项目经理在许多公司里的位置非常特殊，往往也很不稳定，他们拥有很少的正式权力，被安排到传统的组织层级之外工作，他们常常很晚（有时也很快）才会了解到自己权力真正的限制。人们常说，项目经理要发挥王者的作用，却不具有王者的权力。他们都是老板，这是事实，但是权力往往得不到明确的界定。事实上，在大多数公司里他们在对自己的下级实施绩效评估并提供奖励时，都会缺乏足够的权力，因此，他们的管理风格必须侧重于说服和影响，而不是强制和命令。

因为项目经理的权力和灵活性有着上述的一些局限，所以项目管理这种职业被不止

① 本部分引用得到了《商界》(*Business Horizons*) 杂志1995年3—4月刊的再版许可。Copyright © 1995 by Indiana university Kelly School of Business。

一位学者称为“偶然性的职业”。被冠以这种称号的原因有两个：第一，很少有正式或者系统的计划是针对这些项目经理的选拔和培训的，即使是那些专门从事项目管理的公司也不例外。公司里缺乏专业的培训，导致负责人员对项目管理所需的专业知识掌握得不够全面。大部分项目经理都是出于偶然才被安排到这一职位上，而不是通过选拔提升上来的。第二，福雷姆（Frame，1987）通过严谨的方法观察到，很少有人从小就梦想成为项目经理。在大多数当代的组织中，项目管理都不是一个定义明确、得到充分认识的职业，这一职位通常都是临时安在某些人身上的，并没有经过慎重的考虑。

我们可以回想一下很多公司里有关项目经理的种种事例。初来乍到的经理人对公司及其文化还没有充分了解，就被安排去完成一个项目，还被附加了很多限制，比如，详细规定的完成时间、预算以及一些绩效方面的要求。只有那些能够迅速吃透这些无穷无尽的责任要求的人才能够获得成功，做不到这一点的人则必须接受失败的结局。这种“成者为王，败者为寇”的做法很容易使那些颇有潜力的项目经理人出现恐慌情绪，他们不断在困难中摸索，常常不是惨遭失败就是在布满荆棘的道路上提心吊胆，而结局往往是：项目失败，与顽固的当权者和强大的派系作斗争，而效益、市场机遇和其他资源则无可挽回地远离公司而去。

尤其令人惊讶的是，这种局面总是一次又一次地在一家又一家公司里重复出现。很多公司不仅不将项目管理看成是一个独特而又有重大意义的领域，不实施正式的培训和选拔计划，反而不断重蹈失败的覆辙，它们总是白交学费而继续盲目地工作。

我们需要在项目经理的征途上点亮一盏灯，照亮他们所经历的种种奋斗、机遇、艰辛、挑战和挫折。这些人每天所面临的很多问题在本质上都属于管理科学和行为科学方面的问题，而不是纯技术性的问题。这种行为学上的挑战往往令人头疼，尽管它们看上去无关紧要，但是它们对于项目的最终成功具有决定性的意义。例如，很多项目经理不需要花很长时间就会清楚地认识到自己所拥有的权力在与组织中的其他部门的互动关系中能发挥多大的作用，因此，我们需要明白，实行一些影响别人的策略和政治活动极为重要。遗憾的是，项目管理新手都很难洞察到那些最重要的信息，等到他们了解一切时总是为时已晚——或许他们通过正常渠道对额外的资源提出过申请，但遭到了拒绝。

让我们来思考一下下面的例子。

- 一家长途电话公司的首席执行官（CEO）非常痴迷于项目团队这一概念——或者称为“完胜工具”，将这一称号安排在那些最具长远影响和战略意义的项目上。很快，全公司的高层管理者和各部门的中层经理就认识到，为自己所钟爱的所有新项目谋取所需资源的唯一途径就是按照“完胜工具”的标准对其进行重新设计。最新的报告表明，有超过 75 个意义深远的“完胜工具”型项目，其经理人直接向首席执行官汇报工作。现在该公司在对各个项目分配研究资源时遇到了非常大的困难，公司里总会出现一些不正常的情况，一些不重要的项目有资金剩余，而另一些非常重要的项目却资金短缺。

- 一家大型的计算机硬件制造商被自己的硬件工程部门的人员牵着鼻子走：所有的新产品设计都来自该部门。当营销人员（被工程部门耻笑为“订单接收员”）被分派工作时，他们的任务早已是既成事实，即将完工的产品按照指令销售出去。营销经理对新产品开发项目袖手旁观，甚至不派自己的代表参加新产品开发团队的会议。

- 一家中等规模的制造公司制定了一项政策：根据项目经理按照时间和预算顺利完成项目的能力对他们进行相应的奖励和惩罚。这些项目经理根本不需要关心项目能否被客户接受，或者能否取得业务上的成功。他们很快就了解到，自己的回报仅仅简单地与满足成本会计的要求联系在一起，因此他们开始偷工减料，做出了很多不利于产品质量的决策。

- 一家大型跨国公司某一分部里的各个项目都按照惯例分派给那些新任的经理人

员，这些新任的经理人员在该公司的工作时间往往还不到一年，他们手头上只有一个项目进度计划软件和一个高级项目经理的电话号码，以备不时之需。在这种情况下，他们被指派去亲自建立自己的团队，并且在没有得到任何正式培训或者没有与重要客户和各职能部门进行沟通的情况下就开始安排进度计划。结果一点也不令人吃惊，最后该公司的高层管理者发现：只有不到30%的新产品开发项目有利可图。大部分的开发项目都耗时过长，或者花费了过多的成本，结果不得不在预计推向市场的时刻到来之前就半途而废，或者根本无法在市场上立足。

这些项目管理的临时性方法——常常同时伴随着在职培训的理念，在人们心中根深蒂固，它的危害性不容低估。在最佳的环境中，项目经理被安排从事领导、协调、计划和控制一整套错综复杂的工作流程和项目团队，并被要求去实现项目的特定目标，但他们往往没有得到足够的培训，被寄予了不切实际的期望，而他们在还没能树立信心并开始步入正轨时，就会遭到不公正的处罚。成功的项目管理是同时迎接人员和技术的双重挑战，它要求领导人员具有长远的战略眼光，并能够灵活地解决每天都会产生的各种冲突和问题。项目经理想要获得职业上的成功，就必须学会洞察并应对项目团队所面临的各种约束条件和团队成员的散漫行为，同时要对最终目标保持清醒的认识。

挑战从何而来

项目管理最令人心动又非常具有挑战性的一个问题是，如何处理项目团队与组织内其他部门之间的关系。除了那些按照矩阵或者项目的结构建立的组织以外，大部分应用项目管理技术的公司都使用某种形式的标准化职能结构。当项目团队被融合进一个组织时，其结构就会发生巨大的变化。绝大多数的项目团队人员在从事项目工作的同时还与自己原来的职能部门保持一定的联系。事实上，他们一般都会在项目和自身的职能性工作之间进行时间上的分配。

大部分项目经理都必须面对项目所具有的临时性特点，以及权力和决策上的种种限制，所有这些对项目管理的顺利进行构成了巨大的挑战。很明显，项目管理区别于职能性工作的种种特点造成了项目经理的工作困难而又复杂的局面。例如：在职能部门里很容易就能找到背景相似的人员，这意味着财务部门由财务领域的人员组成，营销部门由销售人员组成等。大部分项目是由那些跨职能团队的特定人员组成的，这些人员代表了各个相关的职能部门，并带来了各自的态度、时限、才干、以往的经验和对团队的不同认识。即使对那些经验丰富、技巧高超的项目经理来说，将这些不同部门的人组合成一个紧密团结的高效团队也是一项挑战。

究竟什么才是项目的最终目标呢？哪些因素决定了项目的成功？究竟什么样的项目才可以被称为是成功的项目？任何一位经验丰富的项目经理都会告诉你，成功的项目必须按时完成，在成本预算之内，而且绩效符合预期的设想。但是，最近人们对这种项目成功的传统模型开始进行重新的评价。旧式的三种约束条件正在迅速被一种全新的模型所取代，即对项目的成功加进第四种评价标准：客户满意度。现在客户满意度已经构成了对项目经理的一项非常重要的新的约束条件。毫无疑问，各个公司内部也会由此增加对项目经理这一角色的重视程度。

项目经理的锦囊妙计

在过去的几年中，我们对数十位高级项目经理进行了调查，在访谈中我们提出了一个简单的问题："在你认为自己还是一个项目管理新手时，有哪些信息当时没有得到，后来却发现对自己的工作很有助益？"从调查所收集到的数据中，我们总结出了一些最为突出的问题，在表1中列示了出来，并在下面进行了详细介绍。这些内容都是项目经理在实施项目时必须谨记在心的。这12条规则没有任何先后之分，都是帮助项目经理了解自己所面临的挑战的有用工具，也是他们解决问题的重要手段。

表 1　必须谨记的 12 条规则

1. 了解项目管理的背景情况
2. 将项目团队的冲突看作项目进程中的必然现象
3. 了解利益相关者的情况及其需求
4. 接受并运用组织的政治性本质
5. 身先士卒，勇往直前
6. 理解“成功”的含义
7. 建立并维系团结紧密的团队
8. 热情和绝望都具有很强的感染力
9. 向前看远胜于向后看
10. 时刻牢记自己的真正使命
11. 谨记利用时间，否则你将被时间左右
12. 最重要的是计划、计划、计划

1. 了解项目管理的背景情况。成长为一位成功的项目经理所面临的大部分困难来自项目经理对公司内部各种挑战的理解和认识。项目是组织的一种特殊形式，在当今很多政府和私人组织中都占有重要的地位。项目管理作为一种机制，提高了新产品和服务推向市场的效率，它们帮助组织在内部实现高速运转，这一点是大部分公司力所不及的，但是，它们还迫使经理人在传统的、职能化的权力链之外，在一种临时性的环境中工作。从本质上讲，项目管理不是单纯地对项目进行管理，而是一种对项目经理的独特挑战，其特殊环境构成了一种额外的困难。项目游离于组织原有的等级结构之外，这种环境与其说是对项目工作的一种支持，不如说是一种威胁，因为它们总是不断发生各种变化。对于项目经理来说，在慷慨就职的同时，必须睁大眼睛，密切关注自己将要面对的任务所具有的独特性质。

2. 将项目团队的冲突看作项目进程中的必然现象。项目经理对团队冲突的一种普遍反应是恐慌。这种反应可以理解，因为项目经理都认为——通常这种观点也很正确——自己的声誉和职业是与项目休戚相关的。结果，所有他们认为对项目成功有害的事件（比如团队冲突）都会引起他们严重的焦虑。然而，在现实中，这些人际关系的紧张是将不同背景的人员组合起来协调行动的必然结果。冲突作为团队发展的各个阶段的必然现象，通常是团队逐渐成熟的标志。

在各个职能部门进行分工的结果导致在这种环境中不可避免地会发生一些冲突。在发生冲突时，项目经理可能犯的一个重大的错误就是不对其本质进行分析，就立即将其压制下来。尽管很多人际关系上的冲突起因于每个人的个性不同，但是也有一些则可能源于工作性质的不同，需要正面对待。

一旦项目经理对团队成员之间所发生的冲突的性质进行了分析，就可以正确应用多种多样的冲突解决方法，比如回避、引爆或解决问题等。无论选择哪种方法，都不应该像膝跳反射那样仓促地对冲突采取措施。根据我们以往的经验，很多例子表明，尽管可以把冲突遏制在表层以下，但是一旦时过境迁，这些问题就又会滋生出来。这种重复爆发必然会在项目的生命周期中发生，而且会造成比当初更加严重的后果。

3. 了解利益相关者的情况及其需求。项目管理是一种平衡活动，它要求项目经理在众多实力强劲的利益相关者所提出的种类繁多而又相互冲突的要求之间周旋。项目经理可以使用的最佳方法之一是：在项目的早期就进行现实的评估，并且明确各个主要利益相关者的情况和需求。在有些项目（尤其是重要客户或团队的项目）中，利益相关者的数目可能非常大，尤其是在将各种“干扰方”团体也包括进来的情况下。按照科雷兰德（Cleland，1983）的说法，干扰方包括所有那些能够深刻影响项目发展进程的外部团体，比如环保科学家之于核电站建设项目。项目经理应该对利益相关者进行清楚的了解，并与他们发展良好的关系以尽可能减小其影响的力度，这对项目的成功很有帮助。那些只进行被动应付的项目经理则不得不疲于应付各方面提出的始料不及的要求，因为他们没有事先做好充分的准备。

有关利益相关者问题的最后一点需要项目经理时刻牢记，即要满足所有利益相关者的要求是不可能的。各方面的需求具有相互冲突的特点，这表明一方的利益得到满足往往会以另一方的利益损失为代价。项目经理需要知道，自己不可能使所有各方都达到完全满意，相反应该注重维持一种融洽的关系，以尽可能减少工作中的外界干扰。

4. 接受并运用组织的政治性本质。无论人们喜欢与否，我们都生存在一个政治性的世界里，各种公司也不例外。有关资源分配的各种重要决策都需要进行讨价还价和利益交换，那些想要获取成功的项目经理必须学会利用政治系统。这要求项目经理熟练掌握谈判技巧，并运用各种对他人施加影响的技巧，以谋求自身项目目标的实现。

同时，项目经理还需牢记，任何一个可能会带来组织变革的项目都会引起人们的恐慌，因为将来可能在关键部门和人员之间改变权力结构。周旋于这种政治系统之中需要勇于面对现实。成功的项目经理都能够借助个人的声望、权威和影响力，与各个主要的利益相关者保持积极的关系，保证所需资源的供应，并满足客户的各种需求。

保持中等程度的政治敏感性是项目顺利进行的关键。有两种方法都会错误引导组织内部政治力量的走向：过度政治化和强权主义（我们称这类人为“鲨鱼”），以及拒绝任何程度的政治化（即政治“清纯派”）。政治“鲨鱼”和政治“清纯派”同样不利于项目管理工作：“鲨鱼”施行强权政治，并且以自我为中心，这会造成相互不信任的局面；政治“清纯派”则坚持消除一切不和谐因素，即便过高的成本会消耗项目所必需的很多资源也在所不惜。

表2展示了三种类型的政治活动家之间的区别。开发并正确应用政治性技巧的过程意味着将其作为一种最为有效的工具加以使用，即将其视为谈判和讨价还价的基础。政治敏感性是指对重要利益相关者（有形或无形的）保持政治上的敏锐感觉。无论是否合理，利益相关者的要求都是真实存在的，必须得到足够的重视。具有政治敏感性的经理人都需要了解，由于开发新项目而引发任何形式的组织分裂和变革都会涉及公司内部权力的重新分配，这就很可能导致很多部门及其项目经理惶惶不可终日，因为他们开始担心将来的权力关系会发生变化。

表2　各种政治行为的特点

	清纯派	敏感派	鲨鱼派
所持态度	政治令人厌恶	政治是必要的	政治是一种机遇
目的	不计成本地避免	深化部门目标	自给自足，弱肉强食
方法	听之任之	网络、扩展联系、运用系统互补长短	投机、必要时使用欺诈手段
倾向使用的技巧	无——真理最终会取得胜利	谈判、议价	威胁、误导信息、拉帮结派、互相利用

恰当的政治技巧及其具体行动包括：与其他利益相关部门的成员结成联盟、构建网络、相互之间通过谈判为那些表面上看起来无法解决的问题寻找双方都可以接受的解决方案。此外，还需要认识到，大部分的组织活动都需要相互之间通过谈判和妥协才能做出取舍。从事这些政治活动可以帮助项目经理发挥最为有效的影响力，并成功地推进自

己的系统。

5. 身先士卒，勇往直前。人们对项目管理的一个清晰明确的认识就是，项目管理是一种“以领导为主体”的工作。卓有成效的强势领导人即便在面临大量外部的或不可预见的问题的情况下，也能够大大促进项目的成功实施。相反，一位软弱无力的领导人总是会将一些本来能够成功的项目毁于己手。领导人是项目的核心，他们帮助团队凝聚起来，并且通常是与外部的利益相关者保持信息交流与沟通的主要渠道。因为他们的角色非常重要，并且处于核心地位，所以清楚认识并努力培养项目领导人的素质极为重要。

领导力的核心内容在于灵活运用各种方法的能力。这意味着并不是所有的下属和各种情况都会对管理活动产生同样的反馈。在某些情况下，专制的方法十分奏效，而在另外一些情况下，交互式的管理风格则更为适用。卓有成效的项目领导人都能够从直觉上领会这种理念，他们必须针对各种情况随机应变，那种试图找到适用于各种情况的最佳方法的做法必然招致失败。那些不知变通的始终使用同一种管理方法的领导人是最不称职的，这种领导人将所有需要下级辅助的活动都视为对自己的威胁，因此，他们通常会以一种“蘑菇式管理准则”运作项目，也就是说，他们像种植蘑菇那样对待自己的下属——将他们置于黑暗之中，并且只向他们提供一种固定不变的食谱。

灵活的领导行为需要管理人员如实地评价自己的优缺点。毋庸置疑，任何人（包括项目经理）都不可能掌握所有需要的信息和知识，也不可能精通所有的项目工作。成功的项目经理都承认自己的局限性，并充分发挥下属的长处。作为项目的推动者，出色的项目经理所具备的一项重要的能力就是知道到哪里去寻求合适的帮助，以及如何提出正确的问题。显然，言简意赅的提问说起来容易做起来难。我们需要谨记的是，提问绝对不是简单的问话。好的问题是对下属的一种挑战，这类问题都需要做出明确的回答，而不是似是而非，并不鼓励臆断猜测。领导人的工作就是提出问题，要求下属从各个角度和各种可能去考虑问题，并协助他们做出合理的决策。领导人在从事这些工作时，需要具备直接参与的能力。

6. 理解成功的含义。项目能否成功进行已经不再仅仅受传统的三大约束条件制约了。换句话说，过去那种按照预算、进度和绩效三种标准衡量项目的做法已经一去不复返了。在当代的商业社会中，对客户满意度的重视程度日益提高，我们要求项目经理将衡量项目成功与否的标准扩展成四个，即把客户使用效果和满意度也考虑进来。这表明，项目成功的内涵比某些项目经理当初设想的要复杂得多，回报的含义也变得更为重要。在一些经常实施项目的组织中，一种习惯的做法是，在项目实质上刚进行到一半时就给予管理人员奖励。也就是说，在项目得以顺利交给客户使用之前，就对项目经理加以提升和奖励，这种做法目前被广泛使用，并且像枪械提前走火一样对组织的效率形成了严重的损害。

任何项目是否成功都需要通过实践的检验。在最后的评估分析中，如果可交付成果无法正常使用，它就一无是处。因此，所有的工作都必须以保证符合客户的需求为己任，项目经理必须听取客户的意见和建议，并做出相应改善，在项目交付使用时还需要得到客户的首肯，亦即项目的未来使用者才是项目成功与否的决定因素。从传统意义上讲，团队的大部分工作都是以内部为核心的，即围绕团队自己的各项考虑，如预算、时间表等。诚然，项目实施工作的这些方面缺一不可，但是它们不应该喧宾夺主，混淆成功的最终评判因素：客户。

7. 建立并维系团结紧密的团队。很多项目都使用跨职能的团队。建立并维系一种诚挚的团队关系，并且在各个团队之间培养一种健康的气氛，通常是大部分项目经理的分内工作。然而我们对团结紧密的项目团队的最终产出也不能估计过高。如果团队被引导着向项目目标努力，那么团队中的气氛越健康，项目成功的可能性就越大。项目经理的工作就是竭尽所能建立并维系这样一种团队。有些情况下，这种支持性工作可以通过定期检查团队成员对项目实施工作的态度和满意度来完成。在另外一些情况下，项目经理可能就需要使用一些非常规的方法，比如组织聚会或者组织团队郊游等。为了有效地对团队进行管理和支持，项目经理需要扮演各种角色——激励者、教练、拉拉队长、和事佬、冲突调解员等，所有这些职责都非常有助于建立并维持一个高效运转的团队。

8. 热情和绝望都具有很强的感染力。项目领导人另外一个非常有意思的方面是，他们常常需要承担“微型公告栏”的职责，他们需要建立一种代表项目当前状态的形象和态度，以显示大家的决心。团队整体都会从项目经理所表露的态度和情绪上获得暗示。领导人员需要扮演的一个重要角色是激励者和鼓励者。最不称职的项目经理都紧紧地将自己手中的牌攥在手心里，不向外界揭示任何一点有关项目的信息（这又是“蘑菇式管理人员”的表现）。团队成员希望（并且也应该）了解项目的进展情况。我们需要牢记，项目的成败不仅会影响项目经理，而且会影响团队成员。项目领导人与其让谣言来填补信息的匮乏，还不如主动承担起将信息据实相告的职责。当团队成员向项目经理提出建议或者了解最新进展情况时，项目经理必须以诚相待。各种形式的真诚都会得到人们的认同，态度诚恳永远比敷衍了事更能赢得团队成员的感激。

9. 向前看远胜于向后看。最近，一家大型计算机制造商在其一系列商业广告中提出了下列口号作为公司的格言，即永不停歇地提出“如果……那么……”的问题。“如果……那么……”的问题实际上表明，我们永远也不应该满足于项目工作的现状。一项大规模的调查显示，导致项目失败的首要因素就是缺乏解决问题的机制，亦即，没有人会提出“如果……那么……”之类的问题。保持长远眼光可能对某些经理人员来讲非常挠头，但是按照我们的观点来说，这种做法具有非常重要的意义。我们无法控制未来，但是我们能够积极地对其做出回应。

连接英法两国的“英法海底隧道”项目就没有很好地利用这种哲学，从而招致了失败，这个例子很有说服力。尽管这个项目现在已经完全投入运营，但是它能够正式承担交通职能的时间比当初计划的晚了15个月，结果，该隧道工程错过了夏日旅游旺季，损失了大量的收入，同时，最终总成本（150亿英镑）是最初预算的23亿英镑的6倍。最近，在迫于压力而不得不对项目具体投入使用的时间做出回答时，该项目的一位管理人员忧心忡忡地声称：“该项目完工时自然可以投入使用，完工之前自然无法投入使用。”这种说法很发人深省。显然，没有制定恰当的应急计划必然会导致可以预见的结果：人们只能在项目完工时才知道真正的完成时间。

10. 时刻牢记自己的真正使命。不要失去对项目自身目标的认识。有时候，人们很容易陷入工作进程中的各种烦琐小事，终日忙于日常工作，处理成千上万需要立即做出决断的工作。这样做的危险是，项目经理可能无法对最终产品将会是什么样子保持清醒的认识。这再次强调了保持长远眼光的重要性——这不仅是对项目经理而言，也包括整个团队。项目领导人作为一面旗帜，其目标是将团队的工作态度和激励因素保持在正确的方向上。有的时候，提出一项超乎常规的目标会有极大的鼓动作用。项目经理无论使用何种技术手段，都必须让所有团队成员保持对整体目标的清醒认识。了解团队成员是否完全领会项目目标的一个简单做法就是，间断地考察他们对当前状况的认识。他们应该了解自己对于项目整体计划做出了怎样的贡献。他们能否清醒地认识团队其他成员的具体贡献？如果他们不了解这些情况，项目经理就需要花费更多精力去建立他们对目标的共同认识。

11. 谨记利用时间，否则你将被时间左右。时间是一种宝贵的商品。在我们与项目经理交谈时常常发现，无论他们当初付出了多少心血用于制定时间计划，总会发现自己的时间不够用。他们需要在日常工作安排中对“时间杀手”有现实的认识：自己是如何支配时间的？自己所做的事情是否值得花费那么多时间？我们了解到，建立日常工作时间安排日志是保持头脑清醒的一种简单做法。很多项目经理发现，他们将太多时间花费在了无效劳动上：项目团队会议没有制定议程安排，十分拖沓；制定计划的过程中被始料不及的电话打断，“随随便便的闲聊”却不知不觉进行了好几个小时等。富有效率的时间管理——项目得以顺利进行的一个关键因素——是项目经理的必修课。他们只有对日常工作进行了积极的计划，并严格按照时间计划实施，才能使项目高效地运转起来。如果他们只是在问题发生之际才匆忙做出反应，就有可能成为自己所制定计划的奴隶。

高瑟林（Gosselin，1993）开出了一剂灵丹妙药，帮助人们在工作中合理地安排时间和资源，避免浪费时间。他列出了六条建议，这些建议可以帮助项目经理合理地管理自己的工作和项目，而不会发生日程安排顾此失彼的情况。

- 进行现实的时间预测，不要给自己留出过多的余地。
- 确切了解上级或客户的具体要求。
- 准备应急计划（进度顺延，团队关键成员的流失）。
- 在需要时随时修正最初对时间的预计，并提供一系列变通选择。
- 确保各项因素的落实（具体内容、资源情况等）。
- 学会说“是的，并且……”，而不是说“不，但是……”。谈判是解决问题的关键。

12. 最重要的是计划、计划、计划。富有效率地进行项目管理工作的一项重要准则就是尽可能在第一时间就对各类事项做出正确的处理。这些事项包括进度安排、构建团队、明确项目具体内容和制定预算。那些没有进行计划的人实际上是在为失败而制定计划，这是人们公认的一条真理。计划工作在实践中将会遇到的问题之一是，我们中的很多人都将计划工作同项目的其他工作分离开，比如他们总是迫不及待地要求项目经理立即开展工作。

当然，过分注重计划工作也会导致高层和其他一些利益相关者产生“为什么还不采取行动”的疑问，但是，有经验的项目经理都知道，不要因为要向高层管理者展示业绩而仓促完成计划阶段的工作。计划阶段的工作必须仔细完成，这要求项目经理和项目团队花费一定时间去制定恰当的、可行的计划，并以此作为以后工作的基础。将各项任务独立起来并且过分仓促地开始项目工作的做法通常最终会造成很大的浪费，那些仓促完成的阶段性工作通常都需要进行返工。

对所承担的项目进行完整而全面的考察需要花费相当多的时间和精力。我们需要知道，过分精细或复杂的计划也可能对项目产生不利的影响，在我们对机会进行彻底考察时，它可能早已溜走了。我们不断重复强调计划的重要性，但是这种重视在计划的程度和时间上都是有限的。例如，对一些企业家的调查显示，这些企业家中只有28%的人拟定了完整的计划（Sweet，1994）。项目经理从中获得的教训是，与那些被调查的企业家相同，项目经理必须进行计划，但是他们还必须保持足够的清醒，以便随时发现错误并相应修正自己的战略计划。正像以前军队里的一句俗语所说的那样：“计划没有变化快。”

21世纪的项目经理

在我们所从事的研究和咨询工作实践中，我们一贯与项目经理互相取长补短，他们当中那些具有多年经验的经理人员表示，由于他们没有得到对自己所承担的任务和职责的详细说明，所以他们都在各自的组织中遭受过挫折。年复一年，经理人员也一代换一代，各家公司在培训项目经理时仍然犯同样的错误，只是进行一些形式主义的工作。项目经理应该得到足够的重视。《国际项目管理杂志》（*International Journal of Project Management*）的编辑罗德尼·特纳（Rodney Turner，1993）认为：

> 从20世纪90年代到21世纪，基于项目的管理方法将会逐步替代传统的职能型管理理论，（几乎）所有的组织都将采用扁平型的柔性组织架构，以替代

> 旧式的官僚等级机构……新型的组织结构正在替代旧式的……经理人员将会使用基于项目的管理方法，并将其作为布置战略计划和赢得并保持竞争优势的重要手段。

特纳描绘了一个美好的未来：各种组织都能够清楚地认识到当前发生（以及未来有可能发生）的各种变革。在这种充满挑战的环境里，项目管理正在逐渐成为一种工具，在称职的项目经理手中，它能够帮助组织增强自身的竞争能力，并获得最终的成功。

与此同时，人们对项目经理的认识也会发生翻天覆地的变化。将项目经理从本质上看作决策人。专家、老板和主管的旧式观点将让位于一种新的理念，即将项目经理视为领导人、教练和推动者。为了防止读者错误地将这些职责看得很容易，我们需要指出，任何试图承担这些角色的人都会从自己的经验中了解到这些工作有多么困难。作为这一观点的变形，克拉克（Clarke，1993）认为，新生代的项目经理必须具备销售人员的素质，即能够与客户建立起和谐一致的关系，并与利益相关者保持相互之间的信任。项目经理想要获得成功，需要具备一些明显的素质：个人的全力投入、进取精神和工作热情。此外，实践表明，大部分的项目经理都必须主动辅助他人去获得成功。

对于成功的项目经理来说，在技术培训和人力资源这两种需求之间总是会存在一种紧张的关系。然而，我们必须清楚地认识到，在对一种挑战进行评估时，项目经理必须将注意力集中于工作中有关人员的方面。研究和实践都一致表明，项目管理主要是一种人员管理方面的挑战。一本有关项目人员管理方面的书（Horner，1993）就一针见血地提出了这样的观点：

> 像我自己一样，必定会有很多项目经理只具备技术方面的背景，他们会由于缺乏相关的教导而在人员管理方面遇到很多困难。

前沿的研究人员和学者认为，21世纪将会是项目管理一展身手的年代。市场的全球化、欧洲国家经济联盟、对美国本土和海外不断增加的资本投入、东欧和太平洋沿岸国家为了加强基础建设而迅速打开国门，所有这一切都深刻地表明，项目管理作为协助组织改善运作效率和效果的手段，必将日益得到更为广泛的应用。在这种重要的时刻，我们必须对项目管理理论和实践中存在的一些问题进行正确的认识。

项目管理的各种技术应用广泛。在我们能够将项目管理技能培训完全正规化以前，在建立、维持和赢得客户信心方面所存在的各种问题还会不断增加。现在，项目管理正为我们打开机会之窗。过去，项目经理总是需要在实践中艰难地摸索和总结自己的经验，不断面临各种挫折和考验。诚然，实践是学习过程中的重要组成部分，但是，要想成为一位出色的项目经理，仅凭经验是远远不够的。

我们从中能够得出什么样的结论呢？我们已经清楚地了解到，项目管理是一个纷繁复杂、耗时甚多且令人烦恼不已的过程。同时，我们还认识到，项目经理是具备特殊素质的人员，他们需要不断回应各种要求，在各种利益相关者相互冲突的需求之间折中平衡，灵活应对公司内部的各种政治力量，掌握激励下属的基本方法，建立并不断提高自己的领导技能。此外，他们还需要在埋头于成千上万件日常琐事的同时保持对项目最终目标的清醒认识，所有这一切都要求项目经理具备独特的技能和素质。由于他们的任务具有独特的性质，因此优秀的项目经理十分短缺，而且一旦被发现，他们就会被自己的组织视为珍宝。

尽管这些技能很难掌握，但其中大多数还是可以通过学习领会的。项目管理是一项挑战，而不是什么神秘的东西。事实上，我们的目的就是揭开项目管理的面纱，而首当其冲的就是项目管理过程中的关键角色：项目经理。以往存在的问题是，无论是经验丰富的项目经理还是项目管理新手，他们在认识自己所面临的挑战的本质，并学习提高工作效率的方法时，都得不到足够的资源。相当多的组织对甄选、培训和激励团队领导人的工作的付出都少得可怜。这样做的结果就是，促成了一代又一代临时性项目经理的产生，而且这些项目经理只能在挫折与考验之中摸索自己的工作方法。

项目管理是一项挑战，它的战略和方法自成一家。可能最为重要的是，这项工作要求项目经理在团队的方方面面都承担起领导人的职责。我们对项目工作的各种问题进行了研究，其中包括结构因素和人员因素两个方面，这些问题构成了当今各种组织所运作的各种项目的基础。我们希望读者能够在这些内容中获得一定的收益，并将其应用到实践中去。

参考文献

B. N. BAKER, P. C. MURPHY, and D. FISHER, "Factors Affecting Project Success," in D. I. Cleland and W. R. King, eds., *Project Management Handbook* (New York: Van Nostrand Reinhold, 1983): 778–801.

K. CLARKE, "Survival Skills for a New Breed," *Management Today*, December 1993, p. 5.

D. I. CLELAND, "Project Stakeholder Management," in D. I. Cleland and W. R. King, eds., *Project Management Handbook* (New York: Van Nostrand Reinhold, 1983): 275–301.

J. C. DAVIS, "The Accidental Profession," *Project Management Journal, 15*, 3 (1984): 6.

A. A. EINSIEDEL, "Profile of Effective Project Managers," *Project Management Journal, 18*, 5 (1987): 51–56.

J. DAVIDSON FRAME, *Managing Projects in Organizations* (San Francisco: Jossey-Bass, 1987).

T. GOSSELIN, "What to Do with Last-Minute Jobs," *World Executive Digest*, December 1993, p. 70.

R. J. GRAHAM, "A Survival Guide for the Accidental Project Manager," *Proceedings of the Annual Project Management Institute Symposium* (Drexel Hill, PA: Project Management Institute, 1992), pp. 355–361.

M. HORNER, "Review of 'Managing People for Project Success,'" *International Journal of Project Management, 11* (1993): 125–126.

P. R. LAWRENCE and J. W. LORSCH, "Differentiation and Integration in Complex Organizations," *Administrative Science Quarterly, 11*, (1967):147.

M. NICHOLS, "Does New Age Business Have a Message for Managers?" *Harvard Business Review*, March–April 1994, pp. 52–60.

L. O'CONNOR, "Tunnelling Under the Channel," *Mechanical Engineering*, December 1993, pp. 60–66.

N. PETTERSEN, "What Do We Know about the Effective Project Manager?" *International Journal of Project Management*, 9 (1991): 99–104.

J. K. PINTO and O. P. KHARBANDA, *Successful Project Managers: Leading Your Team to Success* (New York: Van Nostrand Reinhold, 1995).

J. K. PINTO and D. P. SLEVIN, "Critical Factors in Successful Project Implementation," *IEEE Transactions on Engineering Management*, EM-34, 1987, pp. 22–27.

B. Z. POSNER, "What It Takes to Be a Good Project Manager," *Project Management Journal, 18*, 1 (1987): 51–54.

W. A. RANDOLPH and B. Z. POSNER, "What Every Manager Needs to Know about Project Management," *Sloan Management Review, 29*, 4 (1988): 65–73.

P. SWEET, "A Planner's Best Friend," *Accountancy, 113* (1994): 56–58.

H. J. THAMHAIN, "Developing Project Management Skills," *Project Management Journal, 22*, 3 (1991): 39–53.

R. TURNER, "Editorial," *International Journal of Project Management, 11* (1993): 195.

问题

1. 作者将项目管理称为"偶然性职业"的理由是什么？文中提到的12条规则没有按照特定的顺序排列，请将它们按照重要性排序，并解释你的理由。

2. 你在表2中怎样为自己定位？

3. 有几条规则需要对项目所具有的重要地位有所理解。你认为哪几条规则与此相关？它们为什么非常重要？

4. 第9条规则中为什么认为思考"如果……那么……"的问题非常重要？

5. 第12条规则不仅对计划不充分提出了警告，而且提醒人们不应在计划方面花费太多的时间。你如何在两者之间划分界限？

第 I 篇 项目启动

Project Initiation

▷▷▷ 第 2 章 战略项目选择
▷▷▷ 第 3 章 项目经理的职能
▷▷▷ 第 4 章 合作与合作伙伴关系的建立
▷▷▷ 第 5 章 组织中项目的作用

如前所述，本书第Ⅰ篇主要关注的是与项目全局有关的项目启动，虽然这部分内容看起来可能和想要学习如何去实际运作一个项目的关系不大，但是仅拥有计划和实施工具而忽略整个项目环境，会造成灾难性的后果，这就像知道如何驾船但不清楚自己作为船长的职责以及航行的目的一样。项目启动开始于对组织所实施项目的明智选择，并将它们与组织总体战略保持一致。第 2 章讲述了如何评估和选择有助于实现组织战略目标的项目，并讨论了这一过程中需要的信息和风险管理，还总结了被称为“项目组合过程”的项目管理八步法，它能使项目组合与项目战略目标保持一致。第 3 章主要关注项目经理在管理过程中起到的作用、应负的责任和应当具有的一些个人素质，讨论了项目经理在一个复杂环境的管理过程中遇到的诸多问题。接下来，第 4 章主要讨论了一个对项目经理很重要却经常在项目管理中被忽略的问题：为获取资源而进行谈判的艺术，还讨论了项目团队成员之间冲突的一些主要原因。第 5 章在总结本书第Ⅰ篇内容的基础上，介绍了许多建立项目组织的方法，并描述了不同的组织形式和各自的优缺点，对项目团队的人员配置也有所论及。

第2章 战略项目选择

当今依靠项目来完成重大任务从而实现目标的公司比比皆是，在日常工作或平时的交谈中，“项目管理”和“项目管理成熟度”这类词语也频频出现，这充分反映了项目管理在当今社会中的蓬勃发展。运用项目管理这一强有力的工具来实现组织目标已成为一股势不可挡的力量。在大量正确使用项目管理的同时，也伴随着大量误用项目管理的实例。正如一批学者（Cleland et al.，1983，p. 155）研究所发现的，项目管理的大量应用意味着：

- 很多项目存在于组织的常规使命之外；
- 很多项目的运行与组织的战略和目标的关联并不紧密；
- 很多项目的投资程度完全视预期的投资回报而定。

25年前的结论现在依然适用。

大量组织使用项目管理早已屡见不鲜，与此同时，多项目并存和相关项目综合管理的情况也在逐渐增加。于是，一个组织如何管理众多项目的问题自然显现出来。难道这些都是项目吗？（有人说，也许80%的所谓项目都不是真正的项目，因为它们不具备项目的三大要素，即目标、预算和完成日期。）我们该不该把它们都当作项目来运作呢？应该选择哪些入手，又如何判断其优先性呢？

当今组织中上百个新项目并存的情况并不罕见。面对众多的项目，那些小型项目自然很难获得足够的资源，甚至很难引起高层管理者的关注。多项目并存的组织中经常面临的问题大多表现在如下三方面：

（1）对共同资源的需求或在技术上存在着依赖关系，造成此项目或彼项目工期延误；

（2）对公司资源的使用不均衡，造成资源使用上的高峰和低谷；

（3）对需要稀缺资源或稀有技术的项目而言，由于资源的获取存在瓶颈或技术输入不充分，导致项目工期延误。

可以预料，项目管理并不总能使组织获得成功。举例来说，有研究表明，30%的项目被中途搁置，半数以上的项目超出预算额高达190%，且延期时间长达220%（Thomas et al.，2001）。该研究还表明，刺激组织改进和扩展项目管理流程的因素往往来源于混乱项目或失败项目、新兴的项目群、应对竞争或保持市场份额的需要等。

那些向咨询公司“购买”项目管理技能的组织通常把项目管理看作一个“商品”，往往把复杂活动或整个项目都外包出去；有些力图在组织内部发展项目管理技能的公司，则往往把项目管理当作自身的一种竞争优势，在这样的公司中，项目管理就演变成为一条通向高层管理的职业发展之路。

在内部培养项目管理人才的公司，尤其是那些倾向于使用项目管理方式来实现组织目标和战略的公司，形成了一股倡导项目管理办公室（PMO）的力量，详情请见第 5 章。项目管理办公室侧重于全方位培养多项目管理的组织人才，并加强项目与项目之间的评估（如资源和技能需求等方面的评估）及项目与公司目标之间的评估。项目管理办公室的作用在于推广那些能够增强公司实力的项目，形成公司的竞争优势，在项目间相互协调，同时避免将资源或技术浪费在公司不想发展的领域内。

当代组织所面临的挑战是如何将项目和公司的目标与战略更加紧密地结合在一起，如何运作日益增加的新项目，如何使项目更加成功，我们将在第 2.7 节对上述问题展开全面的讨论。应对项目增多的局面和如何促使项目成功恰好涉及了“项目管理成熟度”所要讲的内容，即如何发展项目和多项目管理的另一个话题：选择可行项目和应对与之相关的不确定性或风险。

如果组织的使命和战略是既定的，那么就要选择那些与组织战略目标相一致的项目。项目选择就是对单个或一组项目进行评估并选择实施对象从而实现公司总体目标的过程。说到项目，人们首先想到的就是该项目有多重要、需要哪些资源、用多长时间来完成等不确定性，因此，在第 2.2 节我们增加了风险分析的内容。接下来介绍的是项目战略选择的问题，又称为项目组合过程。最后本章还简单介绍了项目建议书，并以此作为结尾。

在具体讨论之前，我们想说的是在项目管理基础论述的篇章中很少论及项目选择、项目组合结构以及项目管理中类似的细节内容。一般来讲项目经理在项目投资决策上几乎没有什么发言权，也很少参与组织战略的讨论，那么我们在这里讨论项目选择又有什么意义呢？答案很简单，却很有说服力。如果项目经理不明白公司对自己所从事的项目有什么期待，就无从下手管理自己的项目并为公司做出应有的贡献。

2.1 项目管理成熟度

由于组织应用了越来越多的项目来实现其目标（常称为“以项目的方式管理公司”），因此高层管理者——还有学者——产生了疑问：公司里的这些项目经理是否具备了胜任项目管理工作的技能呢？多年以来，人们提出了一些不同的方法来衡量“组织的项目管理成熟度”（Pennypacker et al.，2003），比如基于项目管理协会制定的《PMBOK 指南》（PMBOK Guide）（Lubianiker，2000；参见 www.pmi.org/opm3/）或者 ISO 9001 标准（美国质量管理协会）所开展的评估。

大批的咨询公司和学者设计了正规的项目管理成熟度衡量标准，其中有一种衡量标准叫做 PM3®，出自 R. 雷米（R. Remy，1997）。另一个项目管理成熟度模型被设计并推广到四大不同行业的 38 家组织当中（Ibbs et al.，2000），此模型包括 148 个问题，涉及六个过程/生命周期阶段（启动、计划、实施、控制、收尾和项目驱动型组织环境），覆盖项目管理知识体系（PMBOK）的九大领域（集成、范围、时间、成本、质量、人力资源、沟通、风险和采购），此模型将项目管理成熟度分为五级，即混乱级（ad-hoc）、计划级（planned）、管理级（managed）、集成级（integrated）和可持续级（sustained）。

使用哪种成熟度模型姑且不论，大多数组织在成熟度测量方面似乎得分并不高。一方面，大约 3/4 的公司成熟度在二级（计划级）以下，只有不到 6%的公司超过三级（管理级）。另一方面，在 38 家试点公司中，其平均级别仅略高于三级，虽然有个别公司按 5 分制来算得分在 1.8～4.6 分之间。

接下来我们详细介绍项目选择过程，讨论常见的几种选择模型、项目选择所需要的数据库信息以及风险管理。

项目管理实践

利用项目管理工具实施战略行动

因为战略计划通常由高层管理者制定，所以由中层管理者所进行的战略实施行动，通常会由于对组织的能力和高层管理者的期望产生错误的理解而出现问题。然而，自下而上地制定各部门的目标和远景规划，也难免会缺乏对市场和竞争环境的总体认识。在印度最大的软件项目组织中，人们将项目管理的各种手段与组织的战略紧密地联系起来，从而避免了这个问题的发生，这种系统为高层管理者和项目经理提供了一系列规避误解和协调平衡的方法。

负责监管这一系统的是“软件工程处理组”（Software Engineering Process Group，SEPG），它协助高层管理者将其战略目标转换成项目管理绩效、预算和进度方面的指标。这些做法涉及新产品开发、信息系统升级或者确定最佳实践方法、课程学习及未来提升领域等。SEPG 还与项目团队共同工作，帮助他们制定计划，管理各种业务活动，并进行汇报，以使各项活动与公司的战略意图相吻合。

这种系统的主要优点是，组织能够将高层管理者的战略目标转换为任务和活动并加以实施。根据总体的战略计划对于组织行动和资源的不断复审与再评估，使高层管理者有能力制定长远计划，进行跟踪，并根据系统提供的回馈调整战略。

资料来源：Pankaj Jalote，*CMM in Practice*，pp. 22－26，Pearson Education，2000.

2.2　项目选择及其标准

项目选择是对单个或一组项目进行评估并选择实施对象从而实现公司目标的过程。在公司运营的过程中，当需要在多个竞争性方案之间进行选择时，同样可以应用这种方法。比如，一家制造企业可以借助评估/选择技术，确定在部件组装流程中使用哪一种设备；电视台可以选择在每周日晚 7：30 播放哪一部喜剧片；建筑公司可以在一组投标项目中做出最佳的选择；医院可以为新建的住院部大楼确定精神病科、整形外科、产科及其他科室床位的最佳分布组合。每个项目都有各自不同的成本、利润和风险，这些选择很少具有确定性。面对这些差异，从一组项目中选择出一个项目是一项艰难的任务，选择一个项目组合——多个不同的项目则更加复杂。

在以上的讨论中，除假设的建筑公司外其他组织都认为项目发生在组织“内部”，它们通过投资项目为顾客服务；建筑公司则认为它是通过发生在组织外部的一系列潜在的项目为顾客提供服务的。无论发生在组织的内部还是外部，项目都会使用组织的资源，并且这两种类型的项目通常都会争夺同一资源池的资源。

当公司在一系列项目中选择项目进行投资时，项目经理很少会参与这一选择过程，然而非常重要的是，项目经理必须对自己所承担的项目有所了解，明确公司的目标。就像我们所看到的一样，项目经理的大多数决策都将对项目目标的实现程度产生影响，而这些项目目标就是公司对项目的期望目标。我们将不断强调项目经理理解选择投资项目原因的重要性。

在本章随后的部分，我们将讨论协助高层管理者进行项目选择的几种技术性方法。项目选择仅仅是与项目管理有关的众多决策内容之一。为解决这个问题，我们使用模型。我们之所以使用模型，是因为它们能够从产生问题的众多细节中提炼出相关要点——对付问题本身要比对付问题存在的整个母体简单得多。模型使我们可以剥离出问题的本质，将“真正”的相关方面留给我们处理。这种从问题的表象中剔除不必要因素的过程称为问题模型化。

模型代表了问题的结构，即形式。本书中我们会用到很多模型——曲线、类比、图表、流程图和网络图来解决进度问题，还有许多问题用到了符号（数学）模型。

模型可能很容易理解，也可能非常复杂。一般而言，在模型中引入更多的现实因素会使模型变得更难处理。因为模型的输入数据是不确定的，所以我们通常使用概率信息，也就是说，模型是随机的而不是确定的。同时，一般来讲，随机模型更难处理。不了解决策理论基本知识的读者可以参考《管理决策新科学》（The New Science of Management Decisions）（Simon，1977）。赫伯特·西蒙（Herbert Simon）是决策科学的先驱，也是诺贝尔奖获得者。

我们正处在一个知识爆炸的年代。我们经常听到有人议论：“自从阿尔伯特·爱因斯坦发表其独特的相对论以来，我们已经洞悉了90%的物质世界”，“在过去的50年里人类已经发现了80%的人体奥秘”。此外，大量证据表明，知识正以指数级的速度增长。这些都强调了变革管理的重要性。为了生存，企业必须针对资源的开发利用制定出评估和再评估的战略。每种资源的配置都是对未来的一项投资。因为战略具有复杂的特性，所以很多这类投资都被归入了项目范畴。

合理选择投资项目，对每一家企业的生存都至关重要。每天我们都耳闻目睹各种成功和失败的投资决策。在新闻报道中，我们会看到思科系统公司决定购买那些已经开发出价值巨大的通信网络软件的公司，而不是自己研发软件；我们还看到宝洁公司斥巨资建立网上营销体系；以及学校在为学生电脑实验室升级时所面临的问题——应该选择视窗操作系统（Microsoft®）还是坚持传统的做法，选择苹果系统（Apple®）。人们能够理性地做出如此重要的选择吗？一旦决定，还能改变吗？如果能够改变，又将如何改变？这些问题的解决就需要应用到有效的选择模型。

在能力范围之内，这些模型可以用来增加利润，还可以用来在有限的资本条件下选择投资项目或者提高组织的竞争地位。就像在项目决策时进行评估一样，这些模型还可以用来对项目进行持续性的过程评估，因此它们对配置和重新配置组织稀缺资源非常重要。

在公司挑选项目选择模型时，桑德（Souder，1973）提出的下列标准是非常重要的。

1. 实用性

模型应该真实反映管理者的决策环境，包括企业和管理者的多重目标。没有统一的衡量标准，不同项目之间不可能直接进行比较。项目选择模型应充分考虑企业设备、资本、人力资源等方面的局限性，还应涵盖项目风险因素，如绩效、成本、时间、客户反应和实施等技术与市场风险。

2. 功能性

模型的完善程度应该适合相关因素：项目内部和外部在多个时期的各种情况（如罢工、利率变动等）。

3. 灵活性

模型应该根据企业可能遇到的各种情况给出恰当的结果。模型应该具有易于调整或自我调节的能力，以适应企业环境的变化，比如税法变动、技术进步等因素都会改变风险水平，更重要的是，组织自身的目标也会发生变化。

4. 易用性

模型应该易于使用和理解，不需要花费大量时间去实施。模型应该不需要做出特殊的说明，数据易于获得，不需要过多的人员或难以得到的设备。

5. 成本

数据收集和建立模型的成本应该低于相应的项目成本，而且必须低于项目的潜在收益。这需要考虑所有的成本，比如数据管理成本和模型使用成本。

此外，我们还需要增加第六项标准。

6. 易于实现电算化

信息必须能简单方便地汇集和存储在计算机上，并且模型数据能在应用广泛的标准化电脑程序包上使用，如 Excel®。

在本章中，首先，我们分析项目选择模型的基本类型和各类模型的特征。其次，我们分析项目选择模型的局限性、优点和缺点，包括在挑选项目选择模型时所应当考虑的相关因素。接下来，我们讨论在面临产出、成本、进度或技术难度不确定的情况下，项目选择工作中的种种问题，以及与不确定性相联系的风险管理方法，并对项目选择所需具备的信息基础的一些特殊方面进行讨论。之后，我们把关注点放在如何选择项目组合来实现公司目标这一问题上，阐述项目组合过程技术。最后以讨论项目建议书作为本章的结尾。

2.3 项目选择模型的性质

在任何有意识的决策中都会隐含某种类型的模型，项目的选择也是如此。在两个或多个备选项目中做选择时就需要参考一些目标，也会参考一些有可能是主观的“模型”。自 20 世纪 50 年代中期计算机发展和运筹学作为一门学科建立以来，对于协助制定决策的正式数学模型的使用变得非常广泛。很多模型使用诸如利润和现金流等财务指标来衡量管理决策的正确性。项目选择决策也不例外，将满足组织财务目标的程度作为主要的衡量标准。在接下来的部分，我们将看到这种在财务目标上施加的过度压力，使组织极大地排斥了其他标准，从而给营利性和非营利组织都造成了严重的问题。

项目选择模型有两种基本类型：数学模型和非数学模型。两类模型的使用都比较广泛。许多企业同时使用这两类模型，或者使用这两类模型的组合模型。非数学模型就像其名称所示，不用输入数据。数学模型需要输入数据，但是数据的测量标准可以是主观的，也可以是客观的。记住下面两点非常重要：项目的质量可以用数据表示；主观的数据测量并不比客观的数据测量用途更小或者缺乏可信度（具体内容详见第2.6节）。

在具体介绍这两种基本类型的模型之前，我们先要明确究竟希望模型为我们做些什么，同时千万不能忘记两个至关重要却经常被忽视的事实：

（1）是人而不是模型在做决策。是管理者承担决策的责任，而不是模型。管理者“委派”模型进行决策，但是管理者不能放弃自己的责任。

（2）所有的模型，无论多么复杂，都只能部分地描述所要反映的现实。现实比任何模型所反映的那一小部分内容都要复杂得多。因此，模型只有在限定的条件下才能对决策进行优化。

我们希望借助模型进行项目选择决策。模型应该具备上面提到的种种特征，最重要的是，模型必须根据项目满足企业目标的程度来对项目进行评估，因此，要构建评估/选择模型，就需要准备好公司自己的目标清单。公司的目标清单应该由最高管理层制定，其内容应该包括：在特定市场上保持市场份额，继续发展与特定客户或竞争对手的关系，进入新的商业领域等。

准备好目标清单以后，需要进行一项细化工作，就是给清单中的每一项具体目标确定权重。每一项具体目标之所以能够列入目标清单，是因为它代表了企业成功的一种贡献因素，但是每一项目标的贡献程度并不完全相同，权重反映的就是每一项目标对完成一组目标的不同贡献程度。

确定目标清单之后，还有一项工作要做，即必须估计出每一个项目对每一项具体目标的可能贡献。一个项目被选中或者被否决，是因为项目一旦得到实施，都会形成一定的产出，而人们期望这些产出会促进总体目标的实现。如果预计目标完成水平很高，这个项目就会被选中。

一般来说，评估项目所需要的信息种类可以列在产品、市场营销、财务、人员、行政以及其他类别下。表2—1列出了影响这些信息的各种积极或消极因素。为了更清楚地理解表2—1，我们假设讨论的项目是用新的生产流程替代旧的流程。这张表是用来举例说明的，当然没有穷尽所有的影响因素。显然，没有一个单独的项目决策需要包括所有这些因素，这些因素的重要性也不相同。

阿斯特博（Astebro，2004）在最近发表的论文中对500多个研发项目进行了研究，发现有四个项目特征可以对项目的商业成功进行很好的预测：（1）期望利润；（2）技术机会；（3）开发风险；（4）独占性。这一发现极为重要，因为在项目的成功与失败的研究中，这一实验设计避免了常见的明显偏见。模型正确地预测了大约80％的项目失败和大约75％的项目成功。

一家大型咨询公司认为（Booz，Allen，and Hamilton，1966），导致研发项目失败的主要原因是在支出资金前对项目建议书没有进行充分的评估。对于研发项目适用的问题对于其他类型的项目也适用，并且可以确定的是，如果在设计流程中考虑使用者的需求和满意度，产品开发项目就会更加成功（Matzler et al.，1998）。在建筑行业中，对潜在项目的仔细分析是盈利的必要条件。许多企业都有过惨痛的教训（Meredith，1981）：它们没有对时间、成本和涉及的中断进行充分分析，就着手安装计算机信息系统。

我们需要再次强调的是，许多组织依据利润模型来排斥非财务成本和利益的倾向是严重的错误。新产品或新流程的“轻微副作用”对公司的影响并不常见。请再次看表 2—1，考虑有多少个因素能够影响公司，这些因素常常是不列在与潜在新产品、流程、服务、市场营销战略等有关的直接成本和费用中的。项目常常倾向于改变组织的基础结构——扩展工程软件以包含新的分析方式，或为员工的学龄前子女设置日间看护所——对工人的士气和生产力带来巨大的积极作用。此外，利用新技术代替工人可能会改善财务状况，但也可能会因为挫伤了士气和生产力而导致利润的大幅降低。

表 2—1　项目评估因素

生产因素	财务因素
1. 安装前的准备时间	1. 盈利能力，投资的净现值
2. 安装过程意外中断时间	2. 现金流的影响
3. 学习曲线：达到预计操作熟练程度所需的时间	3. 付款周期
4. 损耗和废品影响	4. 现金需求
5. 能源需求	5. 达到盈亏平衡点所需的时间
6. 工具和设备要求	6. 要求的投资规模
7. 生产安全	7. 季节和周期变化的影响
8. 其他技术应用	**人力资源因素**
9. 单位产品成本变化	1. 培训需求
10. 原材料更新	2. 劳动技能需求
11. 原材料的可得性	3. 劳动技能的获得
12. 要求的开发时间和成本	4. 现有劳动力的抵制程度
13. 现有供应商的影响	5. 劳动力的规模变化
14. 产品质量变化	6. 团队内部和团队之间的沟通需求
市场营销因素	7. 工作环境的影响
1. 产品潜在市场容量	**管理和其他因素**
2. 产品市场份额	1. 满足政府的安全标准
3. 达到预期市场份额的时间	2. 满足政府的环境标准
4. 现有生产线的影响	3. 信息系统的影响
5. 消费者接受过程	4. 股东和证券市场的反应
6. 消费者安全的影响	5. 对专利和商业秘密的保护
7. 预计产品寿命	6. 客户、供应商和竞争者的影响
8. 项目分拆的可能性	7. 对新技术的理解程度
	8. 指导和控制新流程的管理能力

在本章的后面部分，我们将讨论在项目产出不确定的条件下如何进行项目评估。在开始研究这一问题之前，我们将先介绍几个不同的评估/选择模型，并分析它们各自的优缺点。在本章中，我们还将介绍如何对项目模型进行选择的问题。

2.4 项目选择模型的类型

在两种基本项目选择模型——数学模型和非数学模型中，非数学模型历史悠久，简单易用，一般只需要考虑几个模型。我们首先研究非数学模型。

□ 非数学模型

1. “神圣”（sacred cow）

在这种情况下，项目由组织中高层权威人士最先提议。通常，项目是从简单的评论开始的，如“如果有机会，你为什么不研究……”，然后是有关新产品的初步设想、新市场的开发、全球数据库和信息系统的设计和应用或者其他需要公司投资的项目。老板这种看似平淡的评论直接导致了项目的产生。从这个意义上说，项目是“神圣”的，在得到满意的结论之前，或者在老板个人意识到该想法是失败的并进而终止它之前，这个项目将会一直存在下去。

2. 经营需要

假如洪水正威胁着工厂，修建防洪堤的项目就不需要过多的正式评估。XYZ钢铁公司在评估潜在的项目时就使用了这条标准（和下一条标准）。如果项目是为了维持系统正常运行，那么首先要考虑的是：在项目的预计成本下，系统是否值得保留？如果答案是肯定的，就要对成本进行测算，确保以尽可能低的成本使项目获得成功，但项目最终还是要获得投资的。

3. 竞争需要

利用这一标准，XYZ钢铁公司在20世纪60年代后期在芝加哥附近着手重建了一个钢筋厂。显然，对于XYZ公司的管理者而言，公司要想保持在芝加哥地区的竞争地位，其钢筋厂就需要实现现代化。该项目的计划过程非常复杂，进行项目投资的决策是根据维持公司市场竞争地位的需要做出的。

类似地，许多商学院都在重新调整工商管理本科和硕士的教学规划，以保持与更多的领先院校竞争的能力。在很大程度上，这项调整的促成因素是，自费学生数量不断减少，而吸引这些学生就需要提高竞争实力。

对经营需要类的项目进行投资比对竞争需要类项目进行投资更为重要，但两者都不必使用那些缜密的数学分析——它只适用于那些对公司的生存不十分迫切和重要的项目。

4. 拓展产品线

在这种情况下，对开发和生产新产品的项目进行评估的依据是，看该项目可否在一定程度上适合现有产品品种、填补品种空白、加强薄弱环节，或者可以在新的领域拓展产品品种。有时，我们不需要详细计算项目的获利能力，决策者往往依据增加新产品可能对整个系统产生的影响来判断是否实施该项目。

5. 比较利益模型

在这种情况下，假设公司有很多备选项目，也许多达几十个，公司高层管理者打算选择能使公司受益最大的项目，但这些项目要进行比较似乎并不容易。比如，有些项目关注潜在的新产品，有些项目需要进行一项研究并为政府机构开发项目，有些项目关注生产方法的变化，有些项目关注数据记录的电算化，还有些项目则涵盖了不容易划分的大量内容（如提议为有婴儿的员工设立托儿所）。虽然公司没有正式的项目选择方法，但项目选择委员会成员认为，有些项目要比另外一些项目对公司更为有利，即使缺乏准确的方法来定义和衡量利益。

比较利益的概念（如果还不是正式的模型）被广泛应用于项目选择决策。许多社会组织使用这一概念对需要投资的社会项目进行选择，然后由主管投资的高层管理者再对所有被推荐的项目进行分析，以便排列出最适合组织目标和预算要求的项目组合。

在许多项目排序方法中，Q-排序（Helin et al.，1974）是最为直接的一种。首先，根据每个项目的相对优点，将各个项目分为三组——好、中和差。如果某一组内有 8 个以上的项目，就可以进一步细分为两类，如中上和中下。当每一类别只有 8 个或少于 8 个项目时，每类下面的项目就按从“最好”到“最差”的顺序进行排列。需要再次强调的是，排序是依据各个项目的相对优劣进行的。评估人员可以采用特定标准对每一个项目进行排序，也可以简单地采用整体判断的方法进行排序（见图 2—1）。

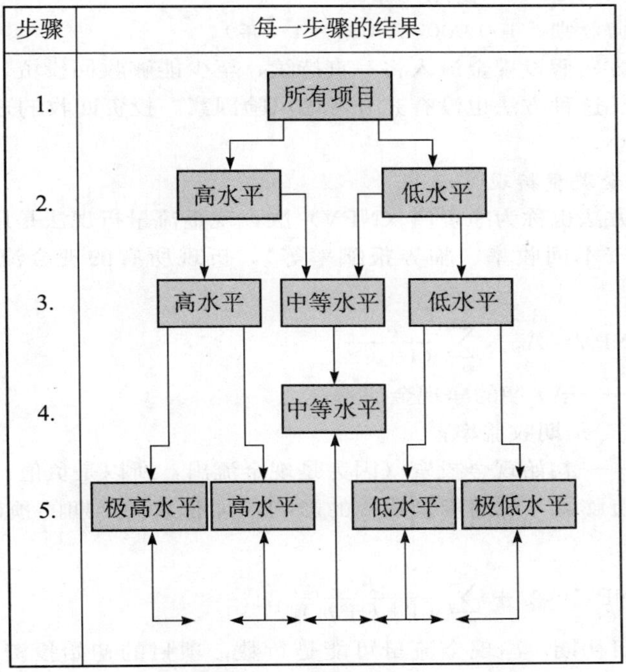

图 2—1　Q-排序方法

资料来源：*Souder* 1983.

上面提到的排序工作可以由负责项目评估/选择工作的个人来完成，也可以由负有同等责任的委员会完成。如果由委员会负责，委员个人排序可以按照不记名的方式进行，然后由委员会根据多数人的意见确定最终排序。通常个人之间的排序结果会存在一定的差异，但一般不会相差太远，因为委员会的成员对于什么项目对公司最适合的看法一般差别不大。按照排列的优先顺序可以进行项目的选择，尽管在最终选择前，项目通常还要进行财务评估。

此外，还有一些用于选择项目的非数学模型与之类似。非数学模型容易被人们以不科学为由而摒弃，但这种随意的轻视也是不可取的。显然，这些模型都是以组织目标为导向的，它们直接反映了组织的主要利益。需要特别指出的是，“神圣”模型还有一个特征：“神圣”项目明显得到权威的支持。高层管理者的全力支持是项目成功的一个重要因素（Meredith，1981）。没有这样的支持，项目成功的可能性就会大大降低。

□ 数学模型：利润/盈利能力

我们前面已经说过，大多数公司在使用项目评估/选择模型时把利润/盈利能力作为接受项目的唯一衡量标准。我们首先讨论这些模型，然后讨论更多的复杂模型。

1. 回收期

项目回收期等于项目最初的固定投资除以每年预计的现金流入，这个比率就是项目收回固定投资的年限。比如，假设项目投资成本为100 000美元，如果每年产生的净现金流入为25 000美元，那么

回收期＝100 000/25 000＝4（年）

这种方法假设现金流入将一直持续，至少能够收回投资，没有考虑回收期之后的现金流入。这种方法也没有充分考虑风险因素。投资回收的速度越快，公司面临的风险也就越小。

2. 现金流量折现

这种方法也称为净现值（NPV）法，现金流量折现法是用预期收益率（也被称为最低预期资本回收率、临界报酬率等），折现所有的现金流量，计算净现值，公式如下：

$$\mathrm{NPV}=A_0+\sum_{t=1}^{n}\frac{F_t}{(1+k)^t}$$

式中，F_t——第 t 期的净现金流量；

k——预期收益率；

A_0——初始现金投资（因为是现金流出，所以是负值）。

考虑到通货膨胀（或通货紧缩）的影响，p_t 代表第 t 期的预期通货膨胀（通货紧缩）率，那么

$$\mathrm{NPV}=A_0+\sum_{t=1}^{n}\frac{F_t}{(1+k+p_t)^t}$$

在项目初期，净现金流量可能是负数，项目的初始投资 A_0 是主要的现金流出。如果项目是成功的，那么现金流量将为正数。如果项目的预期现金流量之和的净现值是正数，那么该项目就是可以接受的。举一个简单的例子，在前述例子中，投资为100 000美元，8年中每年净现金流入为25 000美元，预期收益率为15%，每年通货膨胀率为3%，那么

$$\begin{aligned}\mathrm{NPV}&=-100\ 000+\sum_{t=1}^{8}\frac{25\ 000}{(1+0.15+0.03)^t}\\&=1\ 939\ (\text{美元})\end{aligned}$$

因为现金流入的现值大于现金流出的现值，也就是说，净现值是正数，所以该项目可以接受。

3. 内部收益率

如果我们有一组预期的现金流入数据和现金流出数据，内部收益率就是使现金流入现值等于现金流出现值的折现率。如果 A_t 是第 t 期的现金流出，R_t 是第 t 期的现金流入，满足下面方程的 k 就是内部收益率（请注意：该等式中 A_0 是正数）：

$$\begin{aligned}&A_0+A_1/(1+k)+A_2/(1+k)^2+\cdots+A_n/(1+k)^n\\&=R_1/(1+k)+R_2/(1+k)^2+\cdots+R_n/(1+k)^n\end{aligned}$$

一般可以用试错法来计算 k 值。

4. 盈利能力指数

也称成本—收益比率，盈利能力指数是未来预期现金流量的净现值除以初始现金投资（有些公司在计算时不对现金流量进行折现）。如果该比值大于1，项目就可以接受。

5. 其他盈利能力模型

上述模型还有许多变化形式，这些变化形式可以划分为三类：（1）把净现金流量进一步细分；（2）将风险因素（或不确定性因素，也被视为风险）考虑到模型之中；（3）分析项目对公司经营活动和其他项目的影响。

下面我们对利润/盈利能力数学模型作一个简要的评论。首先介绍它们的优点：

- 非折现模型简单易用，容易理解；
- 都可以使用容易获取的财务数据来确定现金流量；
- 公司决策者非常熟悉模型输出的形式；
- 除个别例外情况之外，模型的结果都是确定的利润或盈利能力值，可做出明确的“接受”或“拒绝”决策；
- 有些利润模型考虑了项目风险。

这些模型的缺点是：

- 忽视了风险以外的非货币因素；
- 非折现模型忽视了现金流量的时间性和货币的时间价值；
- 把现金流量折算为现值的模型偏重于短期分析；
- 回收期模型忽略了回收期之后的现金流量；
- 内部收益率模型可能会产生多个可行解；
- 所有模型都对项目初期的数据差错非常敏感；
- 所有的折现模型都是非线性的，各种变量或参数变化（或错误）对决策的影响并不明显；
- 所有这些模型都需要输入现金流量，但是对于如何根据评估项目的目的定义现金流量并不十分明确。

在任何有关财务管理的工作标准中都能找到关于利润/盈利能力模型的介绍（见Ross et al.，2008）。通常，净现值模型优于内部收益率模型。尽管这些财务模型使用广泛，但是在收益和成本报表中很少包括非财务数据。在研究公司项目管理的财务价值时（即选择采取项目管理的项目），吉森斯（Githens，1998）指出，传统的财务模型“不能记录企业以过程为导向的复杂性和增值过程”。

常见的术语“投资回报”，又称为ROI，并不表示某种特别的计算方法，它常与净现值（NPV）或内部收益率（IRR）的计算结合在一起，同时，我们发现它常与非折现回报率模型相关联，有时还（错误地）与回收期模型相结合。

根据我们的经验，回收期模型（偶尔也使用现金流量折现的方法）是最常用的评估项目和其他投资机会的模型之一。管理者常常认为回收期短可以减少因时间带来的不确定性。这种说法当然是正确的，但我们倾向于使用现金流量折现模型来评估项目，并考虑其中的特定风险来直接处理不确定性因素。抛开回收期模型作为一种现金预算的工具不谈，回收期模型的一大优点就是简单明了。

6. 实物期权

实物期权是近来基于财务市场的一个新概念而形成的一种项目选择模型。在投资时，我们对未来实物资产的选择权进行定价。经济学家认为其他机会的损失就是投资这个机会的“机会成本”。

有人提出，如果迟一些启动项目，可能净现值就会高一些。以同样的金额，晚一些投资比早一些投资损失要小。更进一步来说，延期投资项目，不确定性会有所降低，投资额可能会随着时间价值增加（或减少）。如果项目自身贬值，也就不必进行什么筛选了；如果项目增值了，盈利自然就提高了。实物期权法就是为了减小技术和经营的双重风险。若想更多了解此方法并用其作为战略选择的工具，请详见利赫尔曼的论述（Luehrman，1998a and 1998b）。雅各布等人（Jacob et al.，2003）也描述了一个很有意思的利用实物期权法选择医药研发项目的事例。多科特等人（Doctor et al.，2001）对实物期权加蒙特卡洛模拟和多方案评估/选择法进行了比较。

心理陶瓷科技公司

心理陶瓷科技公司（PsychoCeramic Sciences，Inc.，PSI）是一家大型裂纹器皿制造商，目前正在考虑安装一个新的市场销售软件包，希望能够对放置人造鲜花的花瓶和花罐的库存、销售和供货提供更准确的销售信息。

信息系统（IS）部门提交了一份项目建议书，预计投资需求如下：初始投资125 000美元作为给 Pottery 软件公司的预付款；追加 100 000 美元定制和安装该软件；另 90 000 美元用于将新系统整合到现有的信息系统当中。交货和安装大约要一年的时间，整合还需要一年时间。此后，IS 部门预计软件更新从第四年开始，每两年一次，每次花费在15 000美元左右。当然，在软件寿命期的最后一年不会再有软件更新。

项目计划要求在第三年开始获利，当年末达到计划要求。预计在运营的第一年因销售信息及时和准确反馈而使利润总额增加 50 000 美元，在第二年达到最大值 120 000 美元，以后几年的情况如下表所示，呈逐年下降的趋势。

从项目开始计算，预计该项目寿命期为 10 年。10 年后该信息系统在应用部门停用并被新软件取代，但是该系统仍可安装在 PSI 的另一个小部门中使用，预计系统的残值为 35 000 美元。PSI 要求的最低预期资本回收率为 12%，估计在项目生命周期内通货膨胀率为 3%。假设初始投资发生在年初，其他收入支出发生在年末，我们绘制了净现值分析表（见下表）。

净现值分析表

年份	流入（美元）	流出（美元）	净流量（美元）	折现率	净现值（美元）
A	B	C	D=（B−C）	1/（$1+k+p)^t$	D（折现后）
2006*	0	125 000	−125 000	1.000 0	−125 000
2006	0	100 000	−10 000	0.869 6	−86 957
2007	0	90 000	−90 000	0.756 1	−68 053
2008	50 000	0	50 000	0.657 5	32 876
2009	120 000	15 000	105 000	0.571 8	60 034
2010	115 000	0	115 000	0.497 2	57 175
2011	105 000	15 000	90 000	0.432 3	38 909
2012	97 000	0	97 000	0.375 9	36 466
2013	90 000	15 000	75 000	0.326 9	24 518
2014	82 000	0	82 000	0.284 3	23 310
2015	65 000	0	65 000	0.247 2	16 067
2015	35 000		35 000	0.247 2	8 651
总计	759 000	360 000	399 000		17 997

* 在 2006 年初 $t=0$。

该项目的净现值是正数，因此可以接受这个项目（如果项目的最低预期资本回收率为 14%，该项目就会被拒绝）。

经计算，项目的总现金流入为 759 000 美元，或者说 10 年中平均每年现金流入为 75 900美元。项目所需总投资为 315 000 美元（忽略每两年的维护支出）。假定采用直线折旧法，10 年中每年折旧为 31 500 美元，则回收期为：

$$回收期 = \frac{315\ 000}{75\ 900 + 31\ 500} = 2.9(年)$$

具有这样的回收期的项目很有可能是值得投资的。

项目管理实践

虚拟项目团队战略

为支持全球化的软件开发，越来越多的组织开始实施虚拟项目团队战略。然而，这些项目团队不得不在由距离造成的限制因素下工作，这使得团队中的成员在工作中并不总能进行有效的协调，见面的机会少，也不能进行有效的沟通和合作。如果想成功地实施和管理这样的项目团队，就必须在不同地点区别对待。

互联网、电子邮件的出现以及国际电信的发展及成本的降低都促进了虚拟项目团队的发展，导致了全球化软件开发的布局。这就使组织不是外包程序开发和维持与第三方机构的合作关系，就是在低成本经济体中建立自己的子公司。

然而，由于软件开发的复杂性，外包并不是一项简单的任务。在外包过程中会遇到一些困难，比如：对需求的理解问题和对系统的测试问题等。困难还包括文化背景和语言的不同，缺乏沟通，与顾客距离较远，流程的成熟程度不同以及测试工具、标准、技术能力和经验不同。管理全球性的软件开发项目是一项非常困难和复杂的任务。

为了应对这种困难和复杂性，虚拟团队需要实施有效的项目管理、知识管理和软件开发过程，另外应该使用沟通工具并进行技术合作。虚拟项目团队必须服从组织的战略目标。因此，在下列情况下，虚拟项目团队需要进行评估：

- 陈述全球化软件开发布局这个战略概念带来的益处。
- 软件开发知识要考虑到以人为本这个概念并且与组织的活动背景和对工作绩效等级的评定联系在一起。
- 为了开发符合要求规格和功能的高质量软件产品，开发团队成员需要将创造性的能力结合起来。

资料来源：Valentine Casey & Ita Richardson, *Uncovering the Reality within Virtual Software Teams*, Proceedings of the International Workshop on Global Software Development for the Practitioner, Shanghai, China, pp. 66 - 72, 2006, and, Marcus Goncalves, *Managing Virtual Projects*, McGraw-Hill, 2005.

□ 数学模型：评分

为了克服利润/盈利能力模型（尤其是那些只考虑单一决策标准的模型）的一些缺陷，人们开发了使用多个标准来评估项目的评估/选择模型。这些模型在复杂性和信息要求等方面差别较大，下面我们用一些例子来介绍不同类型的数学评分模型。

1. 非加权 0—1 因素模型

管理者在事先准备好的表格里填入一组相关的因素指标，一个或多个评分者就每一因素根据项目是否符合某一标准为项目打分。这些评分者由高层管理者挑选，并且大部分来自管理高层。这些评分者的选择标准是：(1) 明确了解组织目标；(2) 熟悉公司潜在的项目组合。图 2—2 就是用非加权 0—1 因素模型进行评分的一个例子。

把图 2—2 中的每一列汇总，合格项达到一定数量的项目即被选中。这一模型的主要优点是在选择过程中可以使用多个评估标准，主要缺点是在假设所有标准都同等重要的前提下，不能反映某一具体项目满足不同标准的程度。

项目____________________

评估人______________ 日期______________

	满足条件	不满足条件
不增加能源需求	×	
以货币表示的潜在市场规模	×	
以百分比表示的潜在市场份额	×	
不添加新设备	×	
不增加新的专门技术		×
不降低最终产品质量	×	
现有人员管理项目的能力		×
不需要调整组织结构	×	
对工人生产安全的影响	×	
对环境标准的影响	×	
盈利能力：		
税后报酬率高于 15%	×	
预计年利润在 250 000 美元以上	×	
在 3 年内达到盈亏平衡点	×	
需要聘请外部顾问		×
与现有产品经营协调		×
对公司形象的影响：		
客户	×	
行业		×
总计	12	5

图 2—2 项目评估表样本

2. 非加权评分模型

通过为项目满足列表中每一标准的程度建立简单的线性测算方式，就可以克服 0—1 因素模型的缺点。图 2—2 中的“×”可以用数字代替。数字通常采用 5 分制的计算方式，其中 5 表示非常好，4 表示好，3 表示一般，2 表示差，1 表示非常差（常见的还有 3 分制、7 分制、10 分制），这样就不需要图 2—2 中的第二栏了。将各项分数相加，那些总分超过规定值的项目就可以被采纳。这一选择过程可以多次运用，依次选择那些得分最高的项目（假定这些项目的得分都超过规定值），直到这些项目的估计成本等于资源限定值，但是关于标准被假定为同等重要的前提依然存在。

使用离散数值表示指标被满足程度的做法得到了广泛的认同，下面我们介绍如何用该方法评估项目。首先选择一个标准，比如“预计每年利润（美元）”指标。对于这一标准，可以确定5个绩效范围，使得随机选取的任一项目落在各区间内的机会都相等（换种说法描述就是：根据过去选择的大量项目确定5个预计的利润水平，不管它们是成功还是失败，使得每一个区间内都有1/5的项目落在其中）。这种方法通常会使区间范围不等，这与我们的对称观念相违背，但是对我们的工作影响不大。这种方法可以确保每一个绩效测量标准都利用到全部可能值，它是绩效测量的一个理想特征。

考虑下面两个例子。利用上面介绍的“预计每年利润（美元）”指标，我们可以这样划分区间：

分值	绩效水平
5	高于1 100 000美元
4	750 001～1 100 000美元
3	500 001～750 000美元
2	200 000～500 000美元
1	低于200 000美元

如前所述，在确定这些范围时应该保证在每一个区间内，都有20%考虑中的项目。

以“不降低最终产品质量”为标准，按照5分制划分，结果如下所示：

分值	绩效水平（最终产品质量）
5	重大而又明显的提高
4	重大提高，但对于购买者并不明显
3	没有重大变化
2	重大降低，但对于购买者并不明显
1	重大而又明显的降低

与利润指标划分标准相比，这种划分标准主观因素（预测的）比客观因素所起的作用会大一些。

3. 加权因素评分模型

当加入了反映各个因素相对重要性的权重后，该模型就成为加权因素评分模型。一般地，其形式如下：

$$S_i = \sum_{j=1}^{n} s_{ij} w_j$$

式中，S_i——第i个项目的总得分；

s_{ij}——第i个项目第j个标准的得分；

w_j——第j个标准的权重。

权重w_j根据公司决策者认可的方法产生。有多种方法可以确定这些权重，最有效和最常用的方法是德尔菲（Delphi）在20世纪五六十年代提出的（Dalkey，1969），它是一种确定数值的方法，相当于对确定相对值进行主观、口头和文字的描述。

另一个经常使用的方法是由萨提（Saaty，1990）提出的层次分析法（analytic hierarchy process，AHP）。涉及财务、销售、采购的一个延伸的例子可以参考图尔班等人的著作（Turban et al.，1994，pp. 306-316）。这个例子也介绍了Expert Choice®的应用，这是一个应用到层次分析法的软件包。米德等人（Meade et al.，2002）开发了一种更为综合的层次分析法，叫做网络过程分析法（analytic network process，ANP），他们在论文中论述了一个在研发领域应用ANP进行多项目选择的例子（这个例子再一次提醒我们在项目评估时应关注技术风险。如果没有时间或成本的限制，那么任何项目的技术成功的概率都是百分之百，因此，技术上成功与否要与时间或成本的局限性结合起来看，否则就毫无意义）。

最后，朱莉（Jolly，2003）通过对技术组合方案进行权重分级，进一步验证了利用专家意见给出权重是个很好的方法。

数值权重确定后，再按一定比例确定权重是非常有用的（但不是必需的），这样，每一标准的权重就是“特定标准在总权重中的百分比”。

$$0 \leqslant w_j \leqslant 1 \quad j=1,\ 2,\ 3,\ \dots,\ n$$

$$\sum_{j=1}^{n} w_j = 1$$

需要特别说明的是，这类模型可能包括大量的标准。由于确定评分比例和制定权重的工作并不困难，收集和处理所需信息的工作也比较容易，因此容易将不重要的标准和重要的标准罗列在一起。这种做法不足取！为重要因素设置权重之后，我们通常需要把剩余权重在其他因素之间进行分配，结果是，非重要指标的变化对评估结果的影响无足轻重。根据实际经验的做法，可以忽略权数小于0.02或0.03的因素（忽略这些因素，如果仍然希望使$\sum w_j=1$，就必须重新调整权重，使权重之和等于1）。对于线性模型来说，使用者应该注意，模型中的元素都被假定是独立的，而评分模型就不会产生这类问题，因为它们通常是在“稳定状态”的体系中进行评估的，未考虑状态之间的变化情况。

如果使用加权评分模型来辅助项目选择工作，这个模型也可以用来帮助改善项目工作，认识到这一点是非常有用的。对于任何给定的标准来说，该标准的得分与该标准可能得到的最高分之差，乘以该标准的权重，就是这一标准被改善后项目得分的潜在增加值。这种项目改善可能是行不通的，或者要比计算出来的改善结果付出更大的代价，然而，这种方法会得出有价值的分析结果，即项目改善后的比较利益，这就是项目的敏感性分析。我们经常通过项目敏感性分析和增加资源投入，来提高项目评分。本书将应用到一些敏感性分析方法，这是一项非常有用的管理技术。

在电脑上用Excel®或其他标准的计算机电子制表软件建立电算化加权评分模型并不难。在第13章中，我们将讨论项目终止决策的电算化评分模型的例子，该模型实际上就是一个项目选择模型，通过项目选择模型进行终止决策是很直观的。假设给定目前状态到项目完成时所需的时间和资源，在这一前提下，我们是否要对项目进行投资？如果答案是肯定的，我们就应该立即从那些尚未开始或已在进行中的项目里将该项目挑选出来予以投资。

就盈利能力模型而言，评分模型有自己的优点和缺点。其优点如下：

（1）这些模型可以使用多个标准进行评估和决策，包括利润/盈利能力模型以及一些有形和无形的标准；

（2）结构简单，容易理解和应用；

（3）直接反映管理政策；

（4）容易修改以适应环境或管理政策的变化；

（5）加权评分模型允许一些标准具有不同的重要性水平；

（6）容易进行敏感性分析，多个标准的平衡关系一目了然。

这些模型也存在一些缺点：

（1）结果是相对的，项目得分结果并不代表与之相对应的价值和效用，也不能直接表明项目是否应该得到支持；

（2）一般来讲，评分模型是线性模型，它假设模型中的要素都是独立的；

(3) 这些模型的易用性有利于在模型中包含大量的标准，但其中许多标准的权重非常小，以致它们对项目的总分没有什么影响；

(4) 非加权评分模型假设所有标准同等重要，这与实际情况相反；

(5) 从某种程度上说，评分模型中的利润/盈利能力是一种基本要素，该要素同样有前面提到的盈利能力模型的各项优点和缺点。

4. 机会分析

在产品的早期开发阶段，除了产品的技术可行性之外，我们对其他情况一无所知。取得一项新技术并不必然意味着这一新技术适合应用或值得投资。从根本上说，开发新产品或新流程的投资决策，取决于对革新成功所产生的现金流量或其他收益的估算数值，而这在大部分情况下都是难以估算的。传统的做法是，先把新技术投入运行（或者试运行它的一个模型版本），然后考察是否满足实用性和经济性的标准。这是一个事倍功半的做法，因为它假设该项革新将会成功，而实际上往往并非如此。

给定一些关于新产品或新流程的观念，我们就可以改变传统的做法，即在研发项目开始运作之前，尝试确定这项新技术的成本水平和绩效要求（再就是对革新进行机会分析）。机会分析方法简单易懂。比如，给定一种可能的生产工艺，详细分析现行生产工艺，记录将会受到革新影响的每一个要素，搜集当前工艺的基准数据（比例或倍数）。如果预先估算出革新的经济影响，做出是否启动开发项目的决策就相当简单了。应用这种方法的例子请见埃文斯等人（Evans et al.，1985）和曼泰尔等人（Mantel et al.，1985）的著作。

选购汽车

与其举一个复杂的例子来对使用加权因素评分模型（以下简称“评分模型”）选择投资项目进行说明，不如举一个许多读者都会遇到的简单例子，如选购汽车。这个问题比较适合使用加权评分模型，因为买车时购买者总是力求满足多个目标，而且有多种不同车型可供选择。

我们的模型必须包括下列因素：

(1) 判断任意备选车价值的一组标准；

(2) 对每一标准的相对重要性（权重）进行数值估计；

(3) 制定衡量标准，据此对每一标准的性能或价值贡献进行度量或评分。

标准的权重和性能的测量必须采用数字形式，但是这并不意味着它们必须是“客观的”和“数量化的”（如果对此迷惑不解，请重读本章的前一部分和本章第2.6节“对测量的评论”）。标准的权重很明显是主观的，它反映了决策者对标准的重要性的看法。在我们的例子中，性能的测量更容易处理，稍后我们将进行介绍。

在评估中我们选定了如表A所示的标准和权重。① 权重表示10分制下标准的相对重要性水平，括号里的数字表示每一标准占总权重的比例（四舍五入后总和为0.99）。对决策工作而言，初始的权重分数和与之相对应的百分比一样有用，但后者更能让决策者对各个标准的重要性一目了然。

① 本例中的各项标准和权重选择比较武断。因为这是一个典型的个人或家庭决策行为，所以无须使用德尔菲或连续比较等技术。

表 A　　购车标准和权重

外观	4	(0.10)
刹车	3	(0.07)
舒适度	7	(0.17)
运行成本	5	(0.12)
买价	10	(0.24)
操作	7	(0.17)
可靠性	5	(0.12)
总计	41	0.99

在考虑性能标准和选定标准的信息来源之前，我们不禁要问："对于将要购买的汽车，还有其他必须包括到考虑因素中（或放弃）的特性吗?"在本例中我们假设，可以接受的汽车必须不是绿色的，有空调，必须能坐至少四个成年人，至少有 10 立方英尺的行李箱，价格必须低于 34 000 美元。如果任一条件不能满足，该车就立即被淘汰。

对于每一个标准，我们需要一些方法测定备选车的性能。本例中，我们使用了表 B 所列的测量方式。我们的目的是把备选车满足标准的程度转化为一个得分 S_{ij}，也就是备选车按照具体标准在效用或价值上的总体评估。值得注意的是，我们需要准确界定标准，明确信息的来源。

表 B　　汽车的选购标准、测量信息和数据来源

外观	主观判断，个人
刹车	刹车距离，0～60mph，汽车杂志[a]
舒适度	主观判断，30 分钟道路测试
运行成本	年保险费加汽油费[b]
买价	经销商价格，汽车服务成本[c]
操作	标准障碍赛的平均速度，汽车杂志[a]
可靠性	消费者报告的评分，修理频率数据（前 2 年的平均数据）

a. 很多汽车杂志对新车进行标准的运行测试。
b. 年耗油成本的计算值为 4.259 美元/加仑（17 500mi/DOE ave. mpg）。
c. 经销商成本数据有不同的来源（如 AAA，它提供每一款车的估价信息）。

表 C 是转化为 5 分制后每项指标的得分情况，它满足我们评估工作的需要。

表 C　　汽车运行测试结果打分

标准	分数				
	1	2	3	4	5
外观	很差	差	一般	好	很好
刹车距离	>165	150～165	140～150	130～140	<130
舒适度	很差	差	一般	好	很好
运行成本*	>2.5	2.1～2.5	1.9～2.1	1.6～1.9	<1.6
买价*	>32.5	26～32.5	21～26	17～21	<17
操作	<45	45～49.5	49.5～55	55～59	>59
可靠性	很差	差	一般	好	很好

* 成本和买价数据以千美元计。

利用表C的性能值，我们可以选出的备选车有：Leviathan 8，NuevoEcon，Maxivan，Sporticar 100和Ritzy 300。每一款车的各个指标的得分如表C所示。表C中的每一性能值乘以指标的权重，得出的结果列入表D的相应位置。最后，每一款车各指标的得分汇总起来得到加权总分。

通过比较，我们更倾向于选择Ritzy 300，它的得分远高于Leviathan 8和Maxivan，比Sporticar100的得分高8%，比NuevoEcon的分数多0.13分或者说高4%。如果我们对于Ritzy舒适度或操作标准高估1分，那么结果将会颠倒过来（假设买价是准确的）。在这样的评分基础上，我们在决策之前可以增加一些标准，再进一步比较这两种汽车（如带小孩的方便性、身份象征、气囊或ABS等安全装置）。

总之，如果决策者有明确的目标，能测定对标准的满足结果，那么评分模型就是非常有用、灵活的工具。如果标准没有得到准确的定义，得到的结果与标准不相关，并被粗心或错误地测量，那么评分模型就建立在错误的基础上，它也只能得到错误的结论。

表D　　备选车每一选择标准的评分表

备选车	权重和标准							$\sum s_{ij}w_j$
	外观	刹车	舒适	运行成本	买价	操作	可靠性	
	(0.10)	(0.07)	(0.17)	(0.12)	(0.24)	(0.17)	(0.12)	
Leviathan 8	3×0.10 =0.30	1×0.07 =0.07	4×0.17 =0.68	2×0.12 =0.24	1×0.24 =0.24	2×0.17 =0.34	3×0.12 =0.36	2.23
NuevoEcon	3×0.10 =0.30	3×0.07 =0.21	2×0.17 =0.34	5×0.12 =0.60	4×0.24 =0.96	2×0.17 =0.34	4×0.12 =0.48	3.23
Maxivan	2×0.10 =0.20	1×0.07 =0.07	4×0.17 =0.68	4×0.12 =0.48	3×0.24 =0.72	1×0.17 =0.17	3×0.12 =0.36	2.68
Sporticar100	5×0.10 =0.50	4×0.07 =0.28	3×0.17 =0.51	2×0.12 =0.24	2×0.24 =0.48	5×0.17 =0.85	2×0.12 =0.24	3.10
Ritzy 300	4×0.10 =0.40	5×0.07 =0.35	5×0.17 =0.85	2×0.12 =0.24	1×0.24 =0.24	4×0.17 =0.68	5×0.12 =0.60	3.36

□ 选择项目评估模型

对项目评估模型的选择取决于管理层的理念和愿望。利博拉托尔等人（Liberatore et al.，1983）调查了《财富》500强中29家公司的40位高层管理者。80%的被调查者使用一个或多个财务模型对研发项目进行决策。尽管他们的样本规模较小而且是非随机的，但是他们的调查结果与作者的经验是一致的。

我们偏爱加权评分模型有三个基本理由：第一，它们允许在项目选择的重要决策中包含所有组织的多个目标；第二，评分模型容易适应管理理念或环境的变化；第三，它们不受采用现金流量折现方法的盈利能力模型所固有的短期效应的影响。这不是对折现方法的偏见，当然也不是反对在选择时包含利润/盈利能力这一重要因素，而是反对没有包含那些非财务因素，这需要用长期的观点来看待项目的成本和收益。海耶斯等人（Hayes et al.，1980）对这一观点进行了更为具体的讨论。

非常有意思的是，利博拉托尔等人（Liberatore et al.，1983，p.969）发现，与从外部获取少量资金的公司相比，从外部获取巨额合同资金的公司经常使用评分模型筛选项目。他们还发现，具有较高外部融资水平的公司很少使用回收期模型。

加权评分模型结构简单，优点很多，但是实际使用并不像看起来那么容易。决策者必须做出艰难的选择，他们必须减少自己对特定文字和数字的模糊认识。多特征、多人的决策并不简单（对这一方法的有趣讨论，可以参考 Irving et al.，1988)。

2.5 不确定性分析——风险管理

在过去的几年中，对项目固有的风险进行管理已引起了人们越来越多的关注。这一观点第一次出现在项目管理协会 1987 年版的《PMBOK 指南》（PMI，2001）中，并在 PMBOK 中普遍出现。如同上面强调的一样，虽然可以将 PMBOK 中的一些知识领域作为单独问题看待，比如采购就可以用一章或一节进行阐述，但是风险却与其不同。因此，只要出现与风险相关的问题，本书就会对其进行强调。在后面的第 5.6 节和第 6.1 节，以及第 10 章和第 11 章，都将对风险进行讨论。

多数情况下，风险主要是指项目工期、成本的不确定性。不确定性困扰着项目工作的方方面面，并存在于项目生命周期的每一阶段。因为不确定性影响着项目的选择过程，所以在这一节我们将讨论它。知识的不完整对项目的组织方式、项目预算和项目进度的影响将在后面的章节里讨论。

在进一步学习之前，我们有必要弄清“风险”和“不确定性”的区别。任何决策的结果都取决于两个条件：（1）决策者的行为；（2）环境影响——环境指的是外部因素，它与决策者的行为相互作用产生决策结果。如果决策者知道每一环境因素和每一结果发生的概率，就可以得出每一个备选行动方案的预期值。一个方案的预期值就是每一行动结果乘以其发生的概率所得之值。决策者可以选择预期结果最好的行动方案，这就是风险条件下的决策。

如果决策者的信息不完备，而且不知道也不可能收集到足够的信息来确定环境因素发生的概率，就不能得到每一行动方案的预期值，这种情况下做出的决策就是不确定性条件下的决策。如果不改变问题的环境因素，就没有办法解决带有不确定性的问题。决策者可以通过估计、猜测或“心灵感应”来推断每一已知环境因素可能发生的概率，然后将其作为一种风险来处理。如果决策者只保留自己认为最有可能发生的环境因素，而忽略其他因素，然后假设有且只有一个可能的结果发生，那么这种情况下做出的决策就是确定条件下的决策。最后，决策者可以假设对手控制着环境因素，这种情况下可利用博弈论来解决冲突条件下的决策问题。

在项目管理实践中，经常要对完工时间、成本等进行估算，这时认为用于估算的信息是确定的。有时，项目人员会有意增加时间、夸大成本，并减少某些具体要求，目的是抵消老板会武断地做出削减预算和缩短工期的决定，并增加要求的可能，这种做法就是在将老板看作对手的冲突条件下做出决策。

实际上，项目管理过程中的绝大多数决策都是在不确定性条件下做出的。通常我们持有这种看法：在风险条件下做出的决策是最好的。这就要求我们估计各种结果可能出现的概率。如果使用的方法恰当，我们就可以运用自己的知识来解决项目决策问题。我们不可能总是正确的，但是应该力争做得最好。这类估计被称为“主观概率”，在大多数关于概率和统计的基础课程中都有介绍。概率并不仅仅是猜测数据，它们也可以是完全根据经验确定的概率。在项目管理中，合理地猜测数据总比没有数据强。下面我们研究不确定性对项目选择的一些影响。

有时候，公司会在信息匮乏的条件下评估项目，研发项目有时就具有这样的特征。然而，即使在比较秘密的研发活动中，其结果也是可以分析的。正如前面提到的，是否可以开发一种产品、实行一种生产流程或推广一项服务实际上并没有较大的不确定性，而何时能够成功以及需要多少成本却是值得考虑的不确定性内容。

如同研发项目一样，其他类型项目的完工时间和成本也常常是不确定的。当公司着手从事不熟悉的项目时，比如，安装计算机网络、投资于陌生的商业领域、从事国际贸易以及对许多组织来说都很普通但对个别组织却很少见的项目，一般存在三种截然不同的不确定性：第一，关于项目的时间安排和预期现金流量的不确定性；第二，关于项目结果的不确定性，也就是项目将实现什么样的目标；第三，关于项目负效应的不确定性，即不可预见的结果。

典型的做法是通过编制预算来降低不确定性。预计损益表、盈亏临界图就是其中的两个例子。除非图表中的数据反映了不确定性的数量，否则其结果难以令人满意。如果项目的投入和产出关系非常复杂，就可以使用蒙特卡洛模拟法来处理这类不确定性问题，即通过模拟项目运作得出可能的结果。风险分析法就建立在这样的基础之上。借助计算机和界面友好的软件（如 Crystal Ball®），这些模拟法得到了广泛的应用。

□ 风险分析和模拟

如前所述，当风险分析技术与手头的问题存在相关性时，分析技术就派上了用场。与项目选择有关的信息大多带有不确定性，因此进行风险分析显得尤为重要。在介绍分析技术之前，我们有必要先了解风险分析的本质。

项目活动历时长短、整个项目共需多少资源，所有这些问题以及项目的其他方方面面都带有不确定性。尽管项目经理可以尽量减少不确定性，但不确定性本身是根本无法避免的。当信息的不确定性使得局面混沌不清时，明智的决策非常关键。风险分析不能避免这种混乱局面的发生，但是它可以透视问题的本质，向决策者展示各种不确定性的存在。

在进行风险分析时，我们要先估测辅助决策的关键参数和变量的概率分布，据此来进行风险特征的描绘并估计几个方案的概率分布情况。解析法和蒙特卡洛模拟都可以处理类似的问题。当决策涉及多个参数和变量时，模拟法比需要大量计算的解析法更为适合。模拟软件（本书推介的是 Crystal Ball®、Excel®嵌入软件），可以用数学模型代表各种决策方案，然后对每一个变量的分布进行抽样。软件把各样本参数输入数学模型进行模拟，并找到决策的结论。加利福尼亚 SmartOrg 公司的总裁戴维·迈斯森（David Matheson）认为，“模糊的术语会导致决策失误。你必须成功地定义可计量的术语，令每一页上的术语意义相同……你必须确定讨论不确定性的量化标准时可能使用的语言”（Gale，2007）。为风险确定货币价值并使其与项目盈利、项目组合（见第 2.7 节）相平衡，管理者就拥有了进行项目选择决策的方法。模拟是做这件事情的最好工具！

这一过程重复进行，各种方案结果的统计分布情况逐渐明朗。模拟过程的目的就是向决策者展示各种方案结果的分布。风险特征和其他因素（比如战略思想、社会/政治因素、对市场份额的影响等）结合在一起，用来衡量决策成本。以本章研发项目为例，通过对输入数据和假设条件的实质进行分析，我们可以真实地看到 Crystal Ball®（CB）软件是如何辅助项目选择决策的。我们将在第 8 章展示 CB 模拟的其他应用程序，以决定在不同时间项目实施的可能性，并在第 9 章介绍项目事件“关键链”的模拟。

项目管理实践

模拟加利福尼亚堤坝的溃堤

位于加利福尼亚州圣弗朗西斯科东部绵延2 600米的堤坝被认为是美国最令人担忧的基础设施——它被一些人称为“定时炸弹”，如果溃堤，造成的经济损失将高于卡特里娜飓风。堤坝保护了500 000的人口，4 000 000英亩的农田以及加利福尼亚南部的大部分饮用水。为了帮助决定投资哪些方面以保护该堤坝，使用了一个巨大的威胁评估模拟软件程序，它是在卡特里娜飓风发生后由300名顶级的科学家和工程师开发的，它可以利用152台计算机模拟波浪和洪水，它模拟的风暴可以吞没整个新奥尔良。这个软件测试出加利福尼亚最大的威胁就是地震，而加利福尼亚拥有的堤坝长度是新奥尔良的七倍，可见堤坝的条件之恶劣。

资料来源：A. Aston and M. Arndt. “If the Levees Fail in California,” *Business Week*, August 20 & 27, 2007.

□ 通用模拟分析

在对那些尚处于概念阶段的研发项目进行评估时，我们也可以采用模拟与敏感性分析相结合的方法。例如，当我们采用净现值方法进行评估时，如果某一研发项目的现金流量（包括初始现金投资）净现值是正数，并且表明资金处于最佳使用状态，我们就会支持该项目。当出于分析的目的而对现金流量进行估算时，我们最好避免使用完全成本的概念，因为当采用完全成本法对现金流量进行估算时，需要在计算中包含间接费用——按照定义，间接费用不受产品或流程变化的影响，因此与项目决策不相干，唯一相关的成本是那些随着新产品或新流程的实施而发生变化的成本。

确定这类成本并不简单。如果相关成本涉及了新流程，就需要查阅采用新流程的流程表或操作工序表。按照操作顺序逐步进行，对采用了新流程的每一步骤所需的时间和成本是否发生变化提出疑问，只有在答案为肯定之时，我们才需要对预期的变化程度进行三点估计（乐观的、最可能的、悲观的）。这些单独的生产成本和时间的预期变化，以及可能导致上游或下游时间和成本的变化（如产品生产方法的局部变化也可能会改变最终产品的检查成本），可以作为现金流量法所需的信息——假定节约的时间已被合理换算为成本。在第8章中，我们将详细介绍这一估算方法。

这种模拟分析说明了将会受到影响的成本和时间的各种可能变化，以及与每一单个要素相联系的种种不确定性。模拟过程可以显示出获取各种不同节省水平的可能性。对模拟分析模型的研究可以在最终的成本分布中揭示出不确定性的主要来源。

那些缺乏模拟方法经验的人们应该慎重使用这一工具。模拟软件无法排除与客观实际相反的假设，也不会考虑使用者对不可能发生的统计分布区域所做的规定。在这些情况下，非常容易误导使用者粗心地将模拟结果视为对实际的准确估计。

□ 再谈心理陶瓷科技公司案例[①]

面对项目选择中的不确定性，进行风险分析有着重大的意义。再次回到心理陶瓷

① 本小节内容可以跳过不读而不失全书的连贯性。

科技公司的例子，案例中我们解决了分析和折现项目现金流的问题。假如利用 Excel® 对该问题进行演算，结果就更加直接了，表 2—2 让人一目了然。使用 Excel® 的另一个优点就是我们能够简单地使用 NPV 函数计算净现值。然而出于教学的目的和一致性的要求，我们将继续使用之前的计算方式。该项目满足了 12％的最低预期资本回收率的可接受标准，项目周期净现金流稍低于 400 000 美元，按最低预期资本回收率加 3％的年通货膨胀率计算，现金流的净现值为 18 000 美元。通货膨胀率以单独的一列表示，是因为它是风险分析中的又一个不确定变量。

表 2—2　　心理陶瓷科技公司单点式现金流估算表

	A	B	C	D	E	F	G
1 2 3	年份 A	流入 （美元） B	流出 （美元） C	净流量 （美元） D＝（B－C）	折现率 $1/(1+K+p)^t$	净现值 （美元） D×折现率	通货 膨胀率
4	2006*	0	125 000	－125 000	1.000 0	－125 000	0.03
5	2006	0	100 000	－100 000	0.869 6	－86 957	0.03
6	2007	0	90 000	－90 000	0.756 1	－68 053	0.03
7	2008	50 000	0	50 000	0.657 5	32 876	0.03
8	2009	120 000	15 000	105 000	0.571 8	60 034	0.03
9	2010	115 000	0	115 000	0.497 2	57 175	0.03
10	2011	105 000	15 000	90 000	0.432 3	38 909	0.03
11	2012	97 000	0	97 000	0.375 9	36 466	0.03
12	2013	90 000	15 000	75 000	0.326 9	24 518	0.03
13	2014	82 000	0	82 000	0.284 3	23 310	0.03
14	2015	65 000	0	65 000	0.247 2	16 067	0.03
15	2015	35 000		35 000	0.247 2	8 651	
16							
17	合计	759 000	360 000	399 000		17 997	
18							
19							
20							
21	公式						
22	D4 单元格＝（B4－C4）复制到 D5：D15						
23	E4 单元格＝1/（1＋0.12＋G4）^0						
24	E5 单元格＝1/（1＋0.12＋G5）^1						
25	E6 单元格＝1/（1＋0.12＋G6）^（A6－2005）复制到 E7：E15						
26	F4 单元格＝D4＊E4 复制到 F5：F15						
27	B17 单元格 Sum（B4：B15）复制到 C17，D17，F17						

＊$t=0$（2006 年初）。

现在让我们假设本案例项目已经和外部客户在合同中确定了项目支出额，因此现金流出不存在不确定性，当然现金流入的不确定性是始终存在的。表 2—3 显示了现金流入的情况，包括最可能估计、悲观估计（最小估计）和乐观估计（最大估计）（在第 7 章和第 8 章中，我们将详细解释此类估计的方法）。三点估计值作为模拟变量的方法，同样适用于 β 分布和三角统计分布，只不过 β 分布更复杂一些而且不直观，因此，我们选用三角统计分布来考察现金流入变量的分布情况。

表 2—3　　心理陶瓷科技公司项目对现金流的悲观的、最可能和乐观的三点估计

年份	悲观估计 流入（美元）	最可能估计 流入（美元）	乐观估计 流入（美元）
2008	35 000	50 000	60 000
2009	95 000	120 000	136 000
2010	100 000	115 000	125 000
2011	88 000	105 000	116 000
2012	80 000	97 000	108 000
2013	75 000	90 000	100 000
2014	67 000	82 000	91 000
2015	51 000	65 000	73 000
2015	30 000	35 000	38 000
合计	621 000	759 000	847 000

公司的最低回报率是固定的，剩下唯一的变量就是与折现率有关的通货膨胀率。假设通货膨胀率为3%且呈±1%的正态分布（即三个标准差为1%）。

需要注意的是，有些模拟方法只选用最可能值作为变量，这种模拟多少带有确定假设的成分。我们这里介绍的是不确定性模拟，其优点是考虑到变量的各种可能值，通过分布来如实反映可能值的范围（使估算师看到更真实的一面），而不是只选用单点式的最可能值。同样，模拟结果也是通过分布来体现的，这就比单点式输出更加真实地预测了未来的不确定性。有经验的分析人员都知道，季度报表显示每股收益为0.50～0.58美元比单纯显示每股收益为0.54美元要更可靠得多。总之，确定的估测往往是错误的。

利用CB软件进行蒙特卡洛模拟要求我们在Excel®电子表格中定义两类单元格。含变量或参数的单元格定义为假设单元格。对于心理陶瓷科技公司的案例而言，表2—2中的B列和G列单元格即为如此，现金流入和通货膨胀率均属于变量。模拟计算输出的单元格被称为测算单元格，如表2—2中的单元格F17。测算单元格多用公式表示，因为它与单个假设单元格相互关联。一个模拟可以包括多个假设单元格和测算单元格，至少要分别包括一个。

我们以单元格B7（2008年现金流入估算）为例，对定义假设单元格的过程进行描述。从表2—3得知，悲观估计值为35 000美元，最可能估计值为50 000美元，乐观估计值为60 000美元，另外我们假设所有现金流入呈三角分布。

在表2—2中，一旦原始数据输入单元格，那么假设单元格的定义和乐观与悲观估计都会自动生成，此过程包括6个步骤①：

（1）选中B7定义为假设单元格；

（2）在屏幕顶端“Option”功能项下选择“Cell”；

（3）在下拉菜单中选择“Define Assumption”，CB软件嵌入的分布图（如图2—3

① 建议读者亲自验算此过程。假如你的电脑中已经安装了Crystal Ball®软件但尚未激活，可在Excel®中选择“Tools”功能的“Add-Ins”选项，点击“CB”然后点击“OK”。如果你的电脑中没有安装CB Add-In，请参照Excel®手册安装此软件。

所示）即可显示在屏幕上；

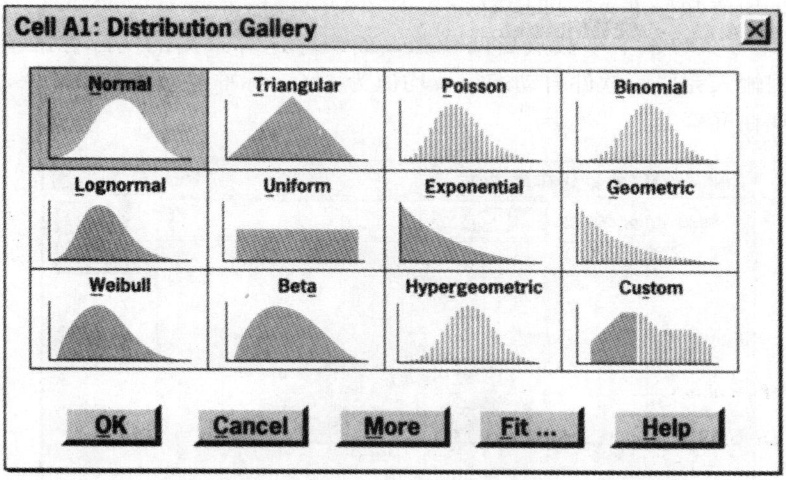

图 2—3　Crystal Ball® 的分布图

（4）CB 提供了多种分布类型供选择，双击选择“Triangular”（三角分布）；

（5）CB 的三角分布对话框如图 2—4 所示，在顶端“Assumption Name”（假设名称）一栏中输入文字说明，例如“2008 年现金流入”，然后，分别在悲观估计、最可能估计和乐观估计一栏中输入悲观估计值 35 000 美元，最可能估计值 50 000 美元，乐观估计值 60 000 美元；

（6）点击“OK”，此步完成后，单元格 B7 的值从输入的最可能估计值转换为三角分布的均值，即（悲观估计值＋最可能估计值＋乐观估计值）/3。

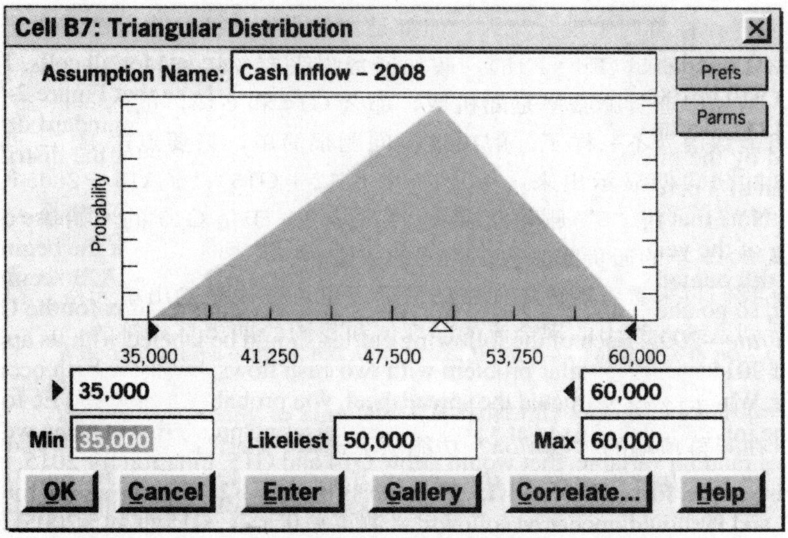

图 2—4　三角分布下 Crystal Ball® 软件生成的数据输入对话框

继续对其他假设单元格（B8：B15）重复进行第 1～第 6 步，原始数据输入见表 2—3。

结束对现金流入一列的运算之后，对假设单元格 G4：G15 重复进行第 1 步至第 6 步，但是此运算要选择正态分布模型，且各单元格要输入相同的数据。前面我们已经定义了，通货膨胀率为 3%加上±1%的标准差，呈钟形正态分布，均值居中。

再将均值加减三个标准差，使分布范围覆盖99%的数据。如图2—5所示，在空格内输入均值和标准差，即均值为0.03（3%），标准差为0.0033（1%的1/3）（注意：图2—5只显示了小数点后两位数，而程序运算采用的实际标准差是0.003 3）。一旦数据输入完毕，软件自动运行，均值为3%，标准差范围在2%～4%的正态分布图便呈现在屏幕上。

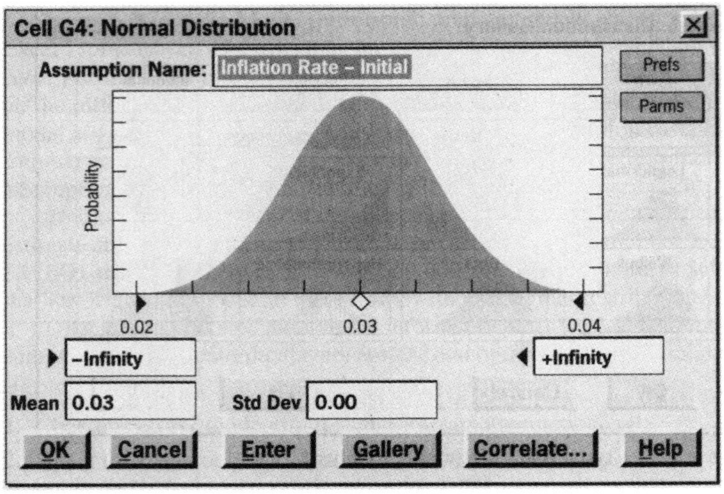

图2—5 正态分布下Crystal Ball® 软件生成的数据输入对话框

我们发现2006年有两笔现金流入，年初一笔，年末一笔，年初时不存在折现的问题，因此填写单元格G4没有实际的意义，但是CB要求填写，那填上就是了。“假设名称”一栏：在G4单元格填写2005年的通货膨胀率。数据的输入都要注明年份。2015年同样存在着两笔现金流入，但都是在年末发生的。在电子表格上，我们可以复制单元格E6至E15（E6：E15）。假如通货膨胀率各年相同都是3%，这样复制就没有问题，但如果通货膨胀率是随机数，那么G14和G15，虽然同是2015年的通货膨胀率，可能数值就不一样了。解决这类问题很简单，只要点击E15，再点击F2功能键，E15的公式便显示出来：＝1/（1＋0.12＋G15）^（A15－2005）。将光标移到G15的“5”上，将“5”删除并输入“4”即可。于是G15的原始输入被删除，系统自动默认2015年的通货膨胀率是相同的数值。①

现在我们再来看看测算单元格的情形，也可以说是输出单元格。在这个案例中我们希望看到系统运算出的现金流的净现值和我们的期望是相符的。定义测算单元格包括五个步骤：

（1）选中F17定义为测算输出单元格；

（2）在屏幕顶端的“Option”功能项下选择“Cell”；

（3）在下拉菜单中选择“Define Forecast...”；

（4）CB的“Define Forecast”（定义测算单元格）对话框如图2—6所示，在顶端“Forecast Name”（测算名称）一栏输入文字说明，如“净现值预测”，然后再输入货币单位，如美元；

---

① 你可能会问：为什么我们要在这些细节上花费这么大的工夫？原因很简单，当你处理过此类问题之后，一旦在现实生活中再遇到类似的问题，你会发现其实分析原理都是一样的，就不会被这些问题难住了。

（5）点击“OK”，即完成一个单元格的定义，假如有若干测算单元格，依次处理即可。

当所有输入完成后，表 2—2 的数据就转化到表 2—4 上，接下来就可以进行模拟了。CB 软件按我们定义的分布模型对假设单元格内的数据随机提取，然后自动测算输出单元格的净现值。模拟重复多次，我们就得到了可能的输出范围的分布图。

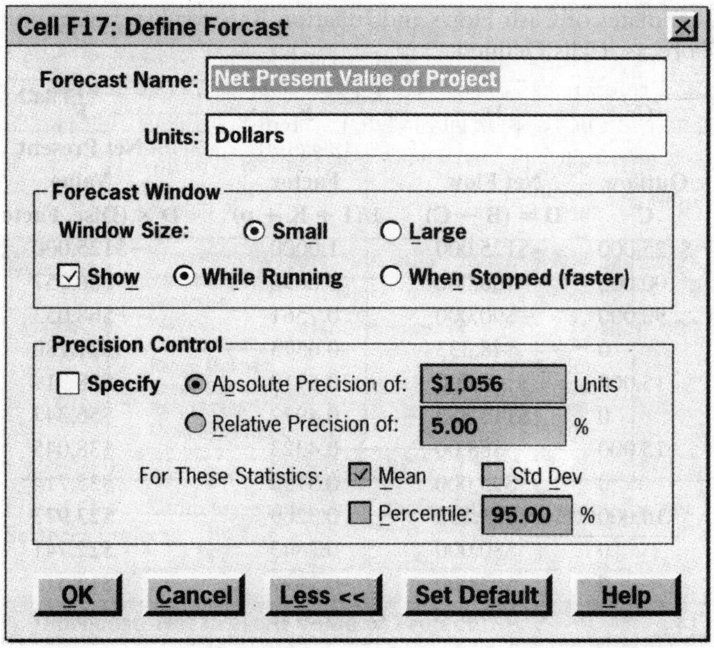

图 2—6　Crystal Ball® 软件生成的定义测算输出单元格对话框

表 2—4　　心理陶瓷科技公司现金流和通货膨胀率的三点估计数据表

	A	B	C	D	E	F	G
1 2 3	年份 A	流入 （美元） B	流出 （美元） C	净流量 （美元） D=（B−C）	折现率 $1/(1+K+p)^t$	净现值 （美元） D×（折现率）	通货 膨胀率
4	2006*	0	125 000	−125 000	1.000 0	−125 000	0.03
5	2006	0	100 000	−100 000	0.869 6	−86 957	0.03
6	2007	0	90 000	−90 000	0.756 1	−68 053	0.03
7	2008	48 333	0	48 333	0.657 5	31 780	0.03
8	2009	117 000	15 000	102 000	0.571 8	58 319	0.03
9	2010	113 333	0	113 333	0.497 2	56 347	0.03
10	2011	103 000	15 000	88 000	0.432 3	38 045	0.03
11	2012	95 000	0	95 000	0.375 9	35 714	0.03
12	2013	88 333	15 000	73 333	0.326 9	23 973	0.03
13	2014	80 000	0	80 000	0.284 3	22 741	0.03
14	2015	63 000	0	63 000	0.247 2	15 573	0.03

续前表

	A	B	C	D	E	F	G
15	2015	34 333		34 333	0.247 2	8 487	
16							
17	合计	742 333	360 000	382 333		10 968	
18							
19							

* $t=0$（2006年初）。

假如我们需要按定义的模型模拟1 000次，就在屏幕顶端菜单上“Run”功能项下选择“Run Preferences”，在“Run Preferences”对话框内输入最大试算次数为1 000，然后单击“OK”，再次回到菜单上“Run”功能项下选择“Run”即可启动模拟运算。CB软件在模拟过程当中不断变换模拟输出图形，图2—7显示了其中一个静态图形作为示例。

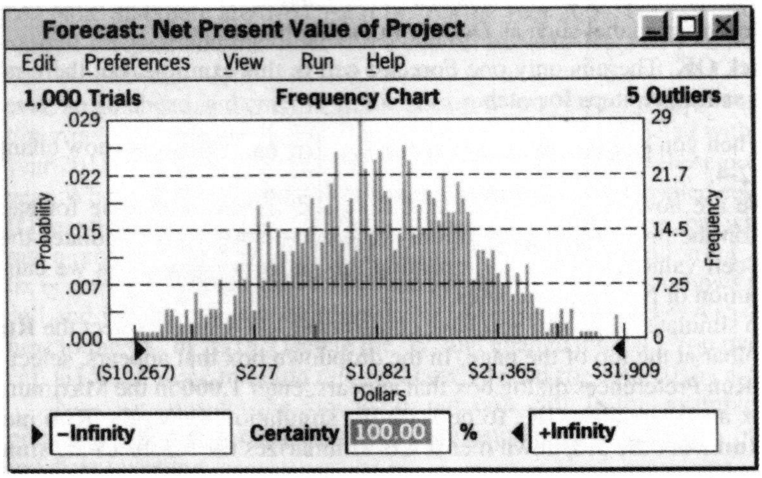

图2—7　心理陶瓷科技公司项目净现值模拟输出的频次图

除了模拟图形以外，CB软件还能显示出测算单元格的其他重要信息，包括百分比、汇总统计、累计图、反向累计图等。例如，我们想看测算单元格的汇总统计，可以选择功能键“View”，然后从下拉菜单中选取“Statistics”即可。基于图2—7的数据而生成的汇总统计图如图2—8所示。

图2—8包含的信息非常有价值。模拟所得均值和终值均为正，且大于12%的最低预期资本回收率。另有一些模拟只是负数，小于最低预期资本回收率。那么项目回报超过最低预期资本回收率的可能性到底有多大呢？利用CB软件很容易回答此问题。见图2—9，删除左下角的“-Infinity”，键入“＄0”（或“＄1”）后按回车键，图2—7即转化成图2—9的形式。图2—9的下方显示出给定通货膨胀率和假设值情况下的测算结果，即该项目产出等于或大于12%的最低资本回收率的概率在90%以上。

即便是如此简单的一个案例，也足以体现项目选择过程中存在的不确定性。项目经理常常会思考这种不确定性到底有多大，使用CB软件后分析各个层面上的不确定性就变得简单易行了。假如我们将现金流入测算范围从最可能值转移到悲观值或乐观值的范围，把通货膨胀率提高或降低，模拟运行的结果可以让我们清楚地看到输出值（测算值）相对于输入值的敏感性如何。总而言之，模拟运算可以帮助我们把精力放在关键风险上，而不是放在那些对决策影响不大的轻微风险上。

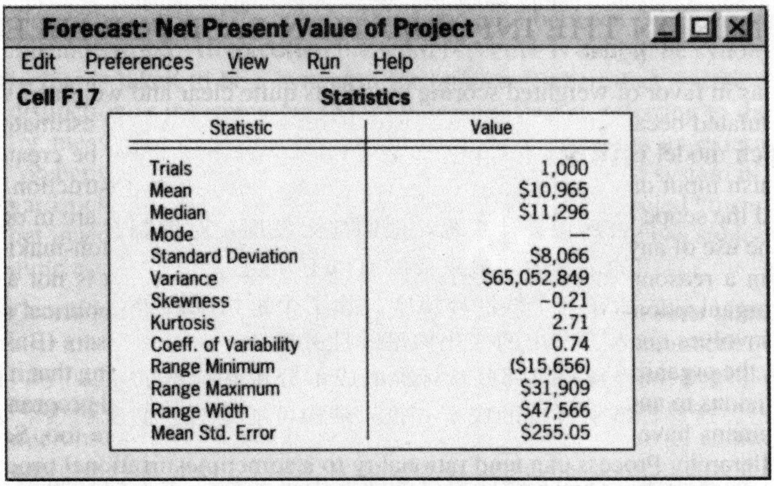

Statistic	Value
Trials	1,000
Mean	$10,965
Median	$11,296
Mode	—
Standard Deviation	$8,066
Variance	$65,052,849
Skewness	−0.21
Kurtosis	2.71
Coeff. of Variability	0.74
Range Minimum	($15,656)
Range Maximum	$31,909
Range Width	$47,566
Mean Std. Error	$255.05

图 2—8　心理陶瓷科技公司项目净现值模拟输出的汇总统计图

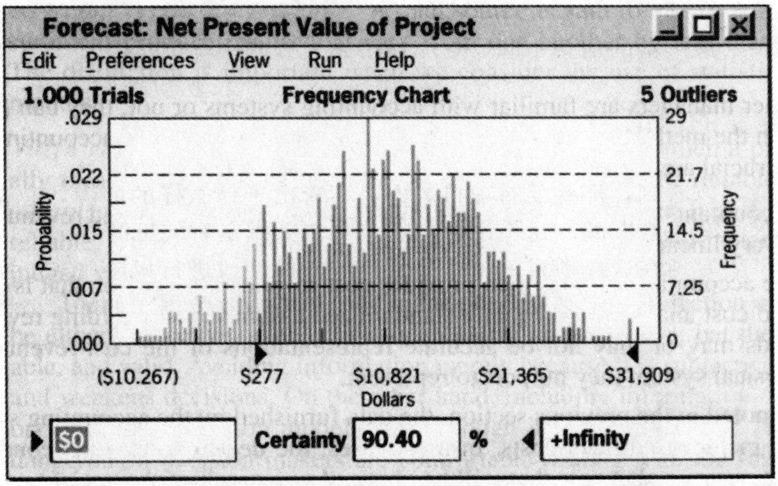

图 2—9　心理陶瓷科技公司项目净现值模拟输出大于等于最低资本回收率的概率图

2.6　对项目选择信息基础的评论

很明显，我们比较赞成加权评分模型，是因为对评分和权重的估测都可以用模拟来实现，但是，不管项目选择使用何种模型，我们都必须建立并维护相应的数据库，以便为模型提供输入的数据。有关数据库构建工作的指导内容超出了本书的范围，我们只对这项任务进行一些评论。

人们在使用任何项目选择模型时，都假设决策程序发生在理性的组织环境中，但事实并非完全如此。在有些组织中，项目选择工作好像是行政程序的结果，有时候涉及值得怀疑的伦理道德，难免既有赢家又有输家（Baker et al.，1995）。还有一些组织，其决策方法非常严格，试图将所有的决策过程都变为一种规则程序，希望依靠预先确定的程序进行选择，以至于组织人员很少参与，相应的责任也很少。萨提的层次分析法（Saaty，1990）可以给那些有时非理性的程序增加一些理性。在一份有趣的研究报告中，胡博（Huber，1981）研究了组织环境对决策支持系统产生的影响。

本节其余部分介绍在项目选择模型中影响数据使用的三个特殊问题。

□ 对会计数据的评论

不论管理者是否熟悉会计系统，他们都会发现，对编制会计数据的方法和假设进行思考是相当有用的。其中，最重要的有以下几点：

（1）会计师生活在一个线性环境中。除了个别情况之外，他们一般假定成本和收入数据的变动与投入、产出的变化均呈线性关系。

（2）会计系统经常提供那些从标准的成本分析和标准的收入假设中得出的成本—收入信息。这些标准所体现的成本—收入结构可能是对它们所代表的物质系统的准确或不准确的反映。

（3）如前所述，会计系统所提供的数据中可能包括或不包括间接费用。大多数情况下，决策者只关注与项目结果有关的成本—收入要素。因此，在决策中使用会计数据时，我们必须增加分析工作，多加小心。间接费用的确定通常随意性很强。会计系统是组织中最丰富的信息来源，它应该得到充分利用，但是需要谨慎和详细了解。

□ 对测量的评论

经常可以看到，那些反对项目的人，不管出于什么样的原因，总是抱怨支持项目的信息都是“主观”的。这个说法似乎意味着数据是有偏见的，因此也是不可信的。

为了更好地在选择项目的工作中使用评分模型或进行风险管理，我们需要以数字形式表示，但并不一定必须收集每项指标的预期绩效数据。如果绩效不能直接用数字进行测算，用文字表示也是非常有用的，我们可以通过一种文字和数字的转换，用带有文字特征的数字作为模型的输入数据。

1. 主观和客观

主观和客观的区别常常被人混淆。“客观”常被认为是“事实”的同义词，“主观”则被认为是“看法”的同义词——事实＝正确，看法＝错误。在计量学的理论中，两者的区别明显不同，它与测量标准的位置有关：由利益相关者根据外部标准进行的测量是“客观的”，根据系统内在的标准进行的测量是“主观的”。一把码尺，被错误地分为100份，称其为“1米”，这是客观但不准确的测量（1码＝0.9144米）。一位经验丰富的法官做出的判断是主观的，但可能是十分准确的。

2. 定量和定性

定量和定性的区别也经常被混淆，它们的区别与数字和非数字的区别不同。数量和质量都可以用数字衡量。本页字数是一个定量指标，红玫瑰的颜色是一个定性指标。两者之间真正的区别是，加法法则适用于定量指标但不适用于定性指标（Van Gigch，1978）。例如，水有体积指标和密度指标，前者是定量指标而后者是定性指标。两个一加仑的容器装满水，将这些水倒进一个更大的容器中，我们得到两加仑水，但是水的密度没有变化，仍为每立方厘米1.0克。

3. 可信和不可信

如果重复测试产生的结果波动范围小于预先设定值，那么数据来源就是可信的。在项目选择模型中，在使用统计数据时，考虑可信与不可信两者之间的区别非常重要。

4. 有效与无效

一条信息是否有效，是通过衡量其实际表达内容与其应该表达内容的相符程度来决定的。一组测量数据可能是可信的，但不一定是有效的。假如我们把 36 英寸视为 1 米，并且一直这样使用，那么测量结果就是可信的，但是，如果不坚持使用，即使这样的测量结果完全与其他米尺的规定相一致，也是无效的。

在以前的项目选择模型中，令人满意的是，无论测量数据是主观的还是客观的，是定性的还是定量的，它们都必须是数字的、可信的和有效的。仅仅因为信息是主观的或定性的就排除使用这些信息是一种错误，它削弱了决策的效果。如果在选择模型中包含了那些在可信性或有效性方面值得怀疑的信息，尽管这些信息是数字形式的，也仍然很危险。如果决策者放心地使用选择模型，而没有觉察到输入数据的可疑特征，那就更加危险了。这样，我们的一位同事所宣称的 GIGO* ——无用输入、有用输出——就会盛行起来。

□ 不确定性信息

在有关加权评分模型的部分，我们讲述了一些关于如何对口头描述而非数字描述赋予分值和权重的方法。对于风险分析模型的数据估测也可以采用同样的方法。事实上，第一次使用德尔菲技术（Dalkey，1969）是为了做技术预测——预测在什么时间段内某些技术能力得以获取。当项目成员必须就某事达成一致时通常采用这样的办法，比如说技术变更的重要性、现金流估算、经济波动的预测，以及未来环境下类似的不确定性事件的发生。

在第 4 章中我们将讲述组织风险分析活动和针对不确定性进行决策的问题，但并不涉及模拟法和解析法等技术。接下来，我们就项目选择过程中的案例展开讨论，详细介绍如何改进组织项目管理成熟度和如何把项目与组织目标相结合的八个步骤。

最后，不论使用了何种方式进行项目评估和选择，选择模型的输入内容必须随时间的变化而变化，因为世界是不断变化的！昨天可以通过的项目也许今天就是失败的项目——昨天失败的项目今天可能就变成了成功的项目。我们将在第 10 章更多地讨论这个话题。

2.7 项目组合过程

通过正规的分析方法，如众所周知的 SWOT 分析（优势、劣势、机会和威胁），组织的使命、目标和战略得以识别和定义，而组织的目标和战略又构成了项目组合过程（project portfolio process，PPP）的重要输入。假如不具备这一前提，那么任何将项目与组织目标结合的尝试都是徒劳的，且项目组合过程也失去了其应有的价值。Deloitte 咨询公司（McIntyre，2006）发现，在所调查的组织中，仅有 30%的组织了解在项目批准前与组织战略相结合的价值。不恰当的项目组合的特征包括：

（1）项目数量高于管理预期；

（2）对利润的计算不一致，包括重复计算；

（3）竞争性项目；

---

* 即 garbage in，gospel out 的简称。——译者注

(4)“有趣”的项目对组织战略没有贡献；

(5)项目的成本大于它的利润；

(6)项目的风险比组合中其他项目的风险大得多；

(7)缺乏对计划的跟踪，至少要每季度进行一次。

在目标和战略清晰定义的情况下，PPP具有如下功能：

(1)识别项目议案是不是组织所需的项目，还是可以由其他过程另行处理的项目；

(2)对现有的项目进行优先排序；

(3)有意缩减全部项目的个数突出重点项目，确保其所需资源和重视程度；

(4)识别最适合组织目标和战略的项目；

(5)识别支持组织目标的项目，带动其他相关项目的发展；

(6)排除带有过度风险/成本开支的隐患项目；

(7)排除未经正式筛选过程就立项，且因自身风险/成本的原因无法给组织创造收益的项目；

(8)避免组织可获得资源的透支；

(9)按真实需要平衡资源；

(10)平衡短期、中期和长期投资回报。

PPP意在将组织项目与组织目标和战略直接挂钩，这种意图不仅体现在项目的启动和计划阶段，还体现在项目逐步实施和管理过程当中，因此，PPP也可以说是一种监督和控制组织战略项目实施的手段。有时候PPP也意味着对风险过大、成本超过预期收益的项目在其完成之前予以取缔，从而确保其他（或新的）更加切合组织目标的项目的发展。值得注意的是，绝大部分PPP的管理工作可以由项目管理办公室(PMO)来承担，我们将在本书第5章中对项目管理办公室的概念加以解释。

此过程的实施步骤基本遵从朗曼等人（Longman et al.，1999）以及英格伦等人(Englund et al.，1999)的理论。

项目管理实践

Décor Cabinets公司利用项目组合达到100%按时送货

Décor Cabinets公司是加拿大的一个定制橱柜制造商，它的战略目标是达到100%按时送货，获得长期的客户忠诚度，创造附加值，从而提高公司的盈利能力。有了这个明确的目标，公司便将组建项目组合的注意力只放在这一点上，虽然这样会使公司拒绝一些客户要求的看似有利可图的项目设想，因为对于产品要求的提高会对产品的运送目标造成非常严重的负面影响。在来自公司不同方面的压力下，很难去支持各种类型的项目，公司的首席执行官认为：“你很容易就会失去关注点。有时当投资回报率（ROI）成为项目决策的主导时，我们就会失去对宏观局面的控制。”

资料来源：S. F. Gale, “The Bottom Line,” *PM Network*, August 2007.

□ 第1步：成立项目委员会

项目委员会的主要目的是为那些跨越内部和外部组织结构，比如跨部门、跨合作伙伴的项目，订立统一的战略方向。因此，项目委员会中高层管理者扮演着重要的角色。没有高层管理者的承诺，PPP 是无法实现其主要目标的。项目委员会还负责决定对支撑组织目标的项目的投资，并监控其资源和技能的分配情况。

除了高层管理者以外，项目委员会成员还包括：

（1）主要项目的项目经理；

（2）项目管理办公室负责人（假如设有此职能部门）；

（3）相关的部门经理；

（4）识别组织所面临的机会和风险的负责人；

（5）在未来 PPP 实施中有可能持反对意见的人。

□ 第 2 步：判定项目类别并定义标准

在此步骤中，把各个项目归类，确保所投资的项目组合切实落在辅助组织目标的业务区域内。此外，在每一个项目类别中，还要建立辨识良好项目和最佳项目的标准，并对各项标准赋予权重以显示其相关重要性。把项目归类不仅是为了让不同的组织目标都能够有的放矢，也是为了避免类别混淆造成项目与项目之间盲目竞争的局面。

此步骤的第一环节就是列出当前项目或提议项目的目标——项目的使命和目的。项目委员会将项目的目标与组织的整体目标和战略进行对比，判断项目是否符合组织的目标。上文也曾提到过一些项目定位的内容，在此我们讨论另一种定位方法，即按产品线和流程的变化（特别针对产品/服务的开发项目而言）来划分项目类别。

惠尔赖特等人（Wheelwright et al.，1992）开发了一个叫做“整体项目计划”的矩阵，提到了这种变化，如图 2—10 所示。根据产品线和流程的变化，他们将项目归为四大类：

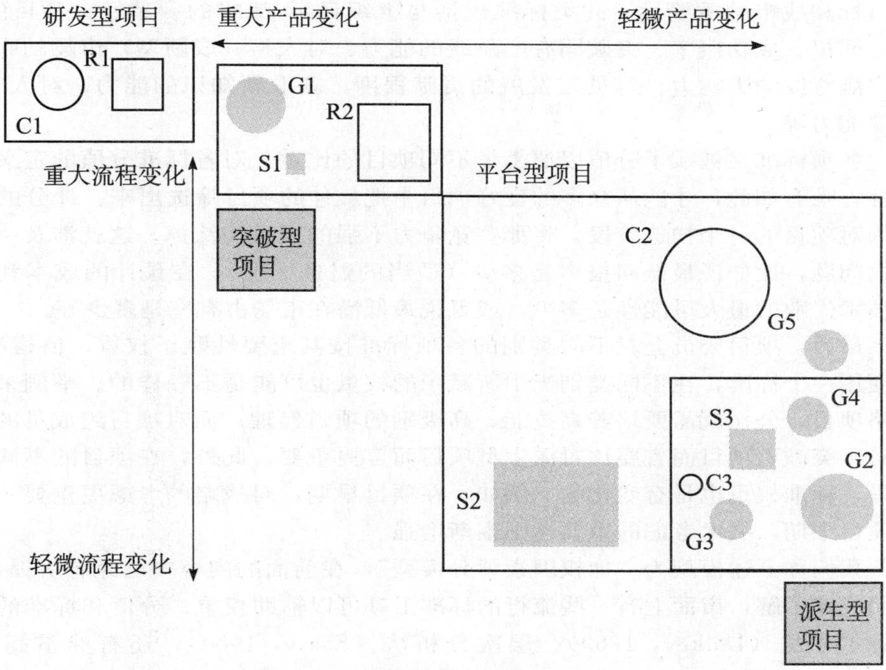

图 2—10　整体项目计划示例

（1）派生型项目。项目目的和可交付成果与当前业务有着明显的区别。该项目的建立往往是为了取代或更新现有的产品和流程（例如成本优化或升级版本）。

（2）平台型项目。计划的项目成果与当前项目的产品或流程有着本质的不同。该项目为组织产品和流程的更新换代奠定了基础，例如新款汽车或新的保险产品。此类项目是派生型项目的基础平台，各派生型项目在此基础上将新一代产品和流程向各个方向发展壮大。

（3）突破型项目。与平台型项目相比，此类项目与其的典型区别在于它包括新的技术。新技术可能来源于业界的新发现，或者对组织现有的产品和流程极具冲击力的新挑战。光缆数据传输、现金余额养老金计划和混合燃料汽车都是此类项目的典型例子。

（4）研发型项目。该类项目应用新开发的技术，或对现有技术进行新的应用，属于一种为实现未来愿景而做的尝试性努力。项目本身也可能带有获取新知识或开发新技术的目的。

项目的规模是指其对资源/范围的需求。项目的类型是指项目的另一些方面，比如内部/外部，长期/中期/短期，或对其他一些因素的表示。项目的排序是指项目启动的次序或时序，必要时，也可以对不同的项目类别分别排序。

整体项目计划的目的有以下几点：

（1）从不同视角（方面）观察项目组合；

（2）在各类别或类型之间分析和调整项目组合；

（3）按项目规模、时序或次序调配组织资源；

（4）找出项目在类别、要素、规模和时序上存在的差距；

（5）为项目经理拓展潜在的职业发展道路，比如派生型项目组成员发展为平台型项目组成员，派生型项目组成员发展为突破型项目组成员等。

接下来项目委员会需要针对各个项目类别制定标准和成本限额，以考察项目对组织目标和战略的重要性。此类标准包括与组织目标/战略的一致性、项目的风险度、财务回报、成功概率、突破固有产品线的能力、对大型（或新型）市场的吸引力、对客户满意度的影响力、对员工发展的贡献程度、获取新知识的能力、对人工/资源的获取能力等。

各项标准又被赋予分值以便衡量不同项目的比重。对各标准分值的定义要带有挑战性，唯有如此，才能从众多的良好项目中把最佳的项目筛选出来。评分的过程也可视为对项目的一个初选阶段，将那些竞争力不强的项目淘汰掉。这就涉及一个低标准线的问题，比如说最低回报率是多少（适当的财务标准），在预计的成本和进度范围内技术失败的最大可能性是多少，或者说最低潜在市场占有率是多少等。

最后，项目委员会对不同类别的各项标准按其重要性赋予权重。值得注意的是，即便用一个标准，在不同类别当中所赋予的权重也可能是不一样的。举例来说，面对战略项目，公司就需要培养高技能、高级别的项目经理；而对项目组成员的培养，也许对于突破型项目而言要比对派生型项目而言更重要。此外，在项目的不同生命周期阶段，标准权重也是有变化的。例如，在项目早期，对战略的考虑更重要一些，而到了项目中期，战术考虑的重要性则逐渐增强。

我们称上述模型为“加权因素评分模型”，在前面的内容中已经有所提及。此外，我们应该了解，市面上有一些流行的标准工具可以辅助权重、分值和标准的订立，例如德尔菲法（Dalkey，1969）、层次分析法（Saaty，1980），还有弗雷姆（Frame，1997）的AHP简化版，Expert Choice®专家分析软件也是其中之一。对于联合项目或联合项目委员会而言，通常越精准的方法越有效，尤其是利用计算机软件自动处理项目的分值和排序。

□ 第 3 步：收集项目数据

根据各类别的标准收集现有或提议项目的数据，并保证数据随着项目的运行随时更新，而不要用以往评估时所用的现成数据。关于成本数据，选用“基于活动的成本会计数据”（见第 7.1 节），比选用增量成本更加有效。对于任何数据都应本着精益求精的态度加以确认，并让相关人员对数据的有效性进行验证，比如邀请客户对（市场收益）数据进行验证等。时间数据也是验证对象之一，包括预期收益和资源投入的日期和周期。利用项目计划、项目活动进度表、以往的经验、专家的意见等任何能够收集到的信息对数据进行有效的估测不失为一种办法，但是要将假设部分记录下来以备日后在项目进程中加以验证。假如项目是一个从未接触过的新项目，人们总是期望通过适当的投资就可以验证各种假设并确定项目产品或流程议案的可行性，然后把大量的投资留给未来的项目实施。此外，这一过程中还包括验证哪些项目可以推迟启动，哪些项目与其他项目有顺序上的依赖关系，哪些项目是用来辅助其他项目的或者必须与其他项目联合起来进行，哪些项目可以外包出去等方方面面的信息。

接下来就是按最低标准分值对项目进行筛选，排除那些不合格的项目，比如考察项目成本是否超出了预期的最低收益标准，组织目标的变化是否会造成项目收益的递减，最新介入的竞争对手是否削弱了项目的优势，有无新的（或其他的）项目攀升到主导地位压制了原项目在收益和加强组织目标方面的势头。与此同时，有些项目的引入是不需要深思熟虑的，比如法律和法规强制的项目，迫于竞争必须开展的项目，人事或环境要求必须进行的项目，等等。当然，对项目的分析和比较越简单，项目委员会的工作越轻松。

□ 第 4 步：评估资源可获取性

不论是内部资源还是外部资源的可获取性都要进行评估，评估其资源类型、提供者和供给时间。注意对人力资源的需求估测要保守一些，将休假、私事、疾病、公共假日等因素考虑在内，特别是项目人员担当的常规工作（项目以外的工作），一定要加以考虑。在考虑了诸多因素之后，还要预留大约 10%的富余量，用于人们合理的工间休息和其他私事的处理。资源可获取的时间尤为重要，随着项目生命周期阶段的变化，所需要的资源类型甚至可能发生根本的变化。本来很有前途的项目也许会因为在同一时间点上与其他项目争夺资源而毁于一旦。久而久之，项目委员会起到了调配资源使用时间、总体平衡项目资源需求的作用，可见时间是资源需求和可获取性的一大关键。本书第 9 章将重点讨论此问题。

□ 第 5 步：优选项目和标准

此步骤进行的是多重筛选，力争减少相互竞争项目的个数。上文提到，初步筛选是根据项目对组织目标的辅助作用来判断的。这里介绍一些其他的筛选标准：

（1）组织内部是否具备所需资源或能力；

（2）项目产品是否有市场；

（3）项目产品的可盈利性如何；

（4）项目风险程度有多大；

(5) 有无潜在的合作伙伴协助项目进行；

(6) 所需资源是否可以如期配给；

(7) 项目是否适应组织对技术/知识的需要；

(8) 项目是否发挥了组织的优势，或者依赖了组织的劣势；

(9) 该项目与其他重点项目是否有相互促进的作用；

(10) 该项目是否被其他项目或项目议案所支配而处于被动局面；

(11) 自上次评估之后项目是否偏离了期望值。

鉴别项目是否相对其他项目处于主导地位有一种方法，那就是排除无差异标准，只考察相同标准在各个项目上的变异系数。此技术将同一标准在不同项目上的差异放大，排除占有相同地位的项目，同时把在评估当中相对于各项目无差异的标准分离出来，具体见雷兹的文献（Raz，1997）。

此步骤的结果可能导致一些项目被取消或被新的更有希望的项目所替代，但是切记，不要盲目夸大新的、未经验证的项目的好处，而忽视了根本的一点，即现在项目所经历的问题和障碍只不过是任何项目都必经的自然过程。

□ 第6步：在同一类别中排列项目优先性

在各类别中依据分值和标准的权重对项目进行排序。允许对有些难以衡量的标准进行主观评价，比如风险或新知识的拓展等。利用德尔菲法或其他方法仍然可以将主观评价纳入加权因素评分模型进行量化处理。值得注意的是，像风险程度这类标准往往是一种复合标准，是不同领域中各个独立风险的协同体现，新知识的拓展能力标准也如此。

检查此步骤的结果，调换次序，先考察项目收益，再考察资源成本，将项目重新评估一遍。当项目收益很难估计时，其他项目评估标准可能会导致项目排序交替，这样一来，是否终止项目的决断就变得生死攸关。有待决策取舍的项目往往在成本—收益比方面得分差不多，即使“误判”，造成的严重后果也相差不大，这恰恰是应用敏感性分析的大好时机。

此时项目委员会可以核算项目给组织带来的回报，但是这种核算要视项目类别而定，而不是针对单个的项目，因为不同项目创造的收益是不一样的，很难等价比较。例如，研发项目可能就不能像派生型项目那样以货币形式体现其价值，假如仅仅因为该项目不能满足这一（不适合评估此类别项目的）标准就将其淘汰掉，显然是一种愚蠢的行为。

□ 第7步：选择投资项目并进行资源预留

此步骤的第一个环节很重要：从各类别（也可以是项目因素）和时间范围当中选取项目进行组合。同时，记得为组织资源保留一定比例（通常是10%～15%）的储备，以应对新的项目机会、偶发的项目危机、预测错误的后果等。接下来，按照既定的项目组合要求将项目按顺序投放到各个类别当中。与此同时，在各类别当中保留一部分组合计划外的零散项目也别有用意，适当的时候它们可以辅助日后的再次选择，有助于知识的拓展，或在新的领域内进行尝试等。

总而言之，项目组合的目的就是保障少数重点项目，对其进行充分的投资供给，确保其顺利完成。假如有些项目因未按时完成而被整个推迟，或者资金被抽离，一定要将原因原原本本地记录在案。前文提到有一种故意被推迟的项目，我们称之为计划外项目（相对于已经被纳入组合计划的项目），详见英格伦等人的文献（Englund et al.，1999）。计划外项目是指有希望获得那部分 10%～15%资源储备的支持，有可能被正式启动的项目。

此步骤的结果展示在图 2—11 的规划记录当中（PPP 大多如此）。图中罗列了不同类别的项目配比，给出了项目的优先性和资源需求量，以及项目在 PPP 周期（假设为 6 个月）中的时间（进度）与资源供给的平衡，计划外项目也显示在图中，最后给出了组织的全部资源储备量。

类别	优先性	项目	资源	5月	6月	7月	8月	9月	10月
衍生									
50%配比	1	R	500						
	2	K	800						
	3	M	300						
总计			1 600						
可得			(1 800)						
外部									
20%配比	1	S	500						
	2	V	150						
	计划外	LT							
总计			650						
可得			(720)						
战略									
30%配比									
	1	A	600						
	2	W	370						
	计划外	SB							
总计			970						
可得			(1 080)						
整体总和			3 220						
未用			380						
储存10%			400						
总计可得			4 000						

图 2—11　规划记录

□ 第 8 步：落实组合过程

最后一步的第一个环节是对 PPP 的结果广而告之，包括有些项目被取缔、推迟或淘汰的原因。此时高层管理者必须明确表示对 PPP 及其结果的全力支持，有时还需要派一名 PPP 代表事先与高层管理者进行良好的沟通。当项目议案提交者理解了 PPP 的结果和重要性之后，他们的建议就会日益向组织投资方向靠拢。在这种情况下，项目委员会应该对那些争抢组织有限资源的项目议案的可靠性和准确性进行谨慎处理。

对于选中的项目，高层管理者应当鼎力相助，决不可忽视 PPP 和项目委员会的劳动成果以及战略项目的重要性，武断地把项目预算消减 x%。有鉴于此，项目委员会应该懂得如何应对复杂的人际关系和激烈的部门竞争。在一些组织中，员工固守着既定的时间表，从不关心委员会和流程之类的运作（他们认为委员会根本没什么影响力），导致项目实施的最佳时机白白流逝，甚至动用政治势力来破坏其他人长期的劳动成果。假如有类似情况发生，说明组织内部存在着严重的问题，这类问题不解决，PPP就根本无法正常进行。

当然，PPP须定期进行，项目委员会有权决定此过程实施的频次和深入程度，这取决于组织内外变化的速度。对于不断变化的行业，也许一个季度进行一次比较合适；对于相对稳定的行业，也许一年进行一次就可以了。

最后，PPP应该是一个灵活的、不断加以改进的过程。该过程中产生差异可能导致过程的变化，使之更加适应竞争环境或者更加符合组织目标。如果有必要，该过程的类别、标准、步骤、任务次序等都可以做相应的调整。

在结束对PPP及其管理的话题之前，我们最后提请大家注意，当谈论将项目进行组合时，我们把项目默认为独立的或者可以单独应对的假想体。一旦项目被纳入项目组合，它就不再是独立的个体了。狄金森等人（Dickinson et al.，2001）论述了为波音公司开发的关联产品改进项目的优化组合模型，该模型包括了风险和成本/收益分析。

2.8 项目建议书

项目建议书和投标建议书的主题与PMBOK知识领域9中的采购内容高度相关。对于采购的进一步介绍将在本书的第5.2节和第6.5节中出现。

在对项目选择模型进行了一番研究之后，我们现在开始对项目评估工作需要哪些文件进行讨论。所提交的一整套项目评估文件就是项目建议书，它可以非常简略（1页或2页），也可以比较详尽，其形式是否正规也无关紧要。各家公司（特别是航空、建筑、军事、咨询公司）在编制项目建议书时一般都会面临几个问题，这些问题包括：

（1）应该竞投哪个项目？

（2）应该如何对项目建议书的编制工作进行组织和配备人员？

（3）投标建议书的编制工作应该花费多少？

（4）投标价格应定为多少？投标策略是什么？是否符合职业道德？

通常这些决策是根据综合的预期价值做出的，就像评分模型反映的那样。与需要提交给外部客户或机构（如国防部）的投标书相比，由个人直接向公司高层管理者提交的内部项目建议书不需要详尽的内容。对于美国国防部而言，投标书的结构必须符合官方的项目邀标书（request for proposal，RFP）或报价邀请书（request for quotation，RFQ）的要求——更具体地说，必须满足项目邀标书或报价邀请书中的技术要求（technical proposal requirements，TPR）。

提交给政府或其他外部投资者的项目建议书，其内容和编制工作不在本书的讨论范围之内。柯纳森（Knutson，1996a，1996b，1996c）在他的文章中对此有着完整的论述。他首先讨论了有关对是否寻找新的商业机会进行决策的问题，然后介绍了建议书编制人员的构成，以及对建议书编写、定价和提交工作的相关看法。最后我们应该注意的是，与项目建议书有关的惯例、实践、规则和法规在各国之间都是不尽相同的（参见Jergeas et al.，1997）。

所有的项目建议书都要从简短的摘要开始（项目摘要），以最少的专业术语介绍该项目建议的性质和预期的总收益。所有的项目建议书都应有一份说明函。罗曼（Roman，1986，pp. 67－68）强调，项目建议书是一种重要的营销文件，值得人们关注。除了项目摘要、封面与附函之外，每一份项目建议书还应该回答四个具体问题：（1）技术问题的性质和解决方法；（2）在得到采纳的情况下，项目的具体实施计划；

（3）项目的后勤保障和管理计划；（4）公司实施该项目的意愿和以往的经验。

项目建议书的内容组织形式通常遵照如下要求：技术要求或投标邀请书中的规定、出资人的具体规定、公司的习惯格式，偶尔还有编写者的想法。与大多数产品的情形一样，如果建议书在形式和内容上能满足买主的期望，建议书被采纳的可能性就很大。有时存在这样一种倾向，认为“非技术性”项目（意味着项目不涉及物理科学或者物质产品）可以不必介绍问题的解决办法和项目的实施计划——包括项目里程碑、进度计划和预算的详细情况。轻率地处理非技术项目是非常愚蠢的，并且会使人们对建议者按计划完工的能力产生怀疑（对于与艺术、音乐、戏剧、计算机软件的开发工作有关的项目以及其他一些非技术领域的项目，经常会忽略对项目产品或服务、完成日期和成本做出明确的规定）。如果建议书针对的是同一组织的另一个机构或部门，那么该建议书的技术要求就不会很严格，但仍然要求有技术措施和实施计划，即使不太正规。

□ 技术措施

项目建议书首先应对需要解决的问题或着手实施的项目进行概述。如果问题或项目比较复杂，就要列出各个主要子系统以及相应的措施。这时的描述应该充分、详尽，能够使具有相关知识的读者理解建议者的意图。其次要列出解决关键问题的一般方法。如果存在几个子系统，还应有衔接措施。

另外，要说明客户的特殊要求，并提出相应措施。项目建议书中还应包括所有用来保证绩效、质量、可信度，以及满足特定要求的测试和检验程序。

□ 实施计划

项目实施计划包括对所需时间、成本、原材料的估算。成本估算要细化到各个主要子系统，将其累加得到项目总成本，并按成本类别进行汇总。计划中要列出工时和原材料用量（以及工资和材料单价），还应有设备费用清单、间接费用和管理成本清单。

根据公司的意图和项目的需要，可以采用时间表、网络图、甘特图等方法和技术对子系统或整个系统进行项目任务进度估算（有关时间表、网络图和甘特图的详细内容，请参见第 8 章）。为保证项目在限定的资源范围内实施，可以分阶段地对所需人力、设备和其他资源进行估算。可采用里程碑的方法突出主要活动事项。应特别注明意外事件的应对计划。对于所有关键的设备，也要事先准备安装时间表，以保证这些设备及时到位。

□ 后勤保障和管理计划

项目建议书应包括对建议者处理项目日常事务能力的介绍，包括日常设施、设备和技能等。制作精美的透视图、制作特殊标识、提供会议室、进行速记、复制大尺寸文件、制作计算机图表、进行文字处理、召开电视电话会议，以及其他许多不寻常的手段便是这种能力的体现。实际上，如果没有这些手段，确实非常令人恼火。注重项目建议书的计划细节内容能够增加项目成功的可能性，并能打动那些可能的出资人。

项目建议书的一个重要内容就是阐述项目的管理方法，特别是说明如何对分包商进行控制，包括如何保证分包商达到适当的绩效并对其进行评估。此外，建议书中还应说明进度报告、预算报告、审计报告、评估报告的性质和编制这些报告的时间计划，以及为项目产品的使用者准备的最终文件。建议书还应包含项目的终止程序，明确指出在项目结束时，如何对项目人员、材料和设备进行安排和处置。

一个经常被忽略而又应该在建议书中的管理部分详细说明的重要事项是，如何处理变更订单以及如何对相应的成本进行估算。变更订单是实施项目的组织和客户产生摩擦（或诉讼）的一个重要根源。客户很少能够理解，一个看似简单的变更可能会给项目带来很大的混乱。更糟糕的是，提出项目建议的组织似乎有一种误导潜在客户的倾向，使客户相信在项目实施过程中较小的变更是容易处理的。对变更订单的控制管理将在第11章中介绍。

□ 以往的绩效

所有的项目建议书都可以用专门的一部分来介绍建议者以往的绩效，以使项目建议书更具说服力。这一部分内容包括主要项目人员名单以及他们的职位和资历。对于外部客户来说，还应该附上每一位主要负责人的详细简历。在编制项目建议书时，投标者应该记住：文件的主要目的是使可能的出资人确信，这个组织和这个项目是值得支持的。项目建议书也应该从这一角度来写。

小结

本章是讨论项目管理过程的开宗篇，主要介绍项目评估和选择程序。首先，我们简要介绍了通过项目实现组织目标的战略思想，以及如何通过项目组合过程来实现这一目标和战略。接着介绍了项目选择模型的标准和这些模型的一般性质，又介绍了这些模型的类型和各自的优缺点。考虑到许多项目中存在不同程度的不确定性，本章专门讲述了如何进行项目风险和不确定性评估。最后，我们对数据的要求和模型的使用进行了评论。本章的最后一部分通过介绍项目建议书，讨论了如何编制评估/选择的程序文件。

本章的要点如下：

1. 项目在实现组织目标和战略的过程中承担重要的角色。

2. 项目组合过程的八步法是结合组织目标管理项目的有效手段。

3. 模型选择的主要标准是现实性、实用性、灵活性、易用性和成本。

4. 使用模型的准备工作：(1) 确定公司目标；(2) 权衡各个目标；(3) 确定项目对公司竞争力的可能影响。

5. 项目选择模型大致分为数学模型和非数学模型两种；数学模型又可细分为盈利能力模型和评分模型。

6. 非数学模型包括：(1)“神圣”；(2) 经营需要；(3) 竞争需要；(4) 比较利益。

7. 盈利能力模型包括：(1) 回收期；(2) 平均收益率；(3) 现金流量折现；(4) 内部收益率；(5) 盈利能力指数。

8. 项目管理成熟度测量是考察组织保障项目成功的能力的一种方法。

9. 评分模型包括：(1) 非加权0—1模型；(2) 非加权评分模型；(3) 加权因素评分模型；(4) 附带约束条件的加权评分模型。

10. 处理不确定性：(1) 编制预算报表；(2) 风险分析；(3) 模拟加敏感性分析。

11. 在使用项目选择模型的数据时要特别小心，应关注会计数据、数据的测量和获取方法，以及技术冲击的影响。

12. 项目建议书通常包括：(1) 技术措施；(2) 实施计划；(3) 后勤保障和管理计划；(4) 以往的绩效。

下一章我们将会介绍如何确定合适的项目经理人选以及该职位的重要特征。我们还将介绍项目经理的特殊作用，以及对这一关键职位的要求和相应的责任。

关键术语

决策支持系统（decision support system） 辅助管理人员制定决策的计算机程序包和数据库。它包括模拟程序、数学程序和决策规则。

德尔菲法（delphi） 一种集体决策方法，有利于充分利用专家的知识。

确定性（deterministic） 预定的、没有出现其他结果的可能性，与随机性相对应。

专家系统（expert system） 一种计算机程序包，汇集某一领域专家的知识，能根据决策规则和输入的数据做出推论。

成熟度（maturity） 组织从事多种项目的能力和经验。

模型（model） 一种看待现实的方法，其目的是提炼和简化现实，使现实在特定的环境中易于理解。

网络（network） 由一些普通的机制连接起来的一组事件。

项目组合（portfolio） 一组具有不同特征的项目。

预计报表（pro forma） 计划的或预期的报表，通常适用于财务数据，如资产负债表和损益表。

编程（programming） 利用计算机解决特定类型复杂问题的一种数学方法。

项目组合过程（project portfolio process） 通过选择、实施和评估项目实现组织战略目标的八个步骤。

风险分析（risk analysis） 利用输入数据及其概率的分布情况研究不同产出的分布和概率情况。

敏感性分析（sensitivity analysis） 研究模型或程序中参数或数据变化对结果的影响。

模拟（simulation） 模仿一个过程的技术方法，通常会被实施许多次，以便更好地理解某一过程，并测定在不同政策条件下的结果。

随机性（stochastic） 可能性或不确定性。

问题

内容复习问题

1. 技术建议书包括哪四个部分？

2. 比较竞争需要模型和经营需要模型。它们的优缺点各是什么？

3. 请举例说明项目选择的Q－排序过程。

4. 定量指标和定性指标的区别是什么？

5. 利润/盈利能力模型的优缺点是什么？

6. 比较风险和不确定性。描述机会分析的方法。

7. 简述成熟度的定义。

课堂讨论问题

1. 对于项目管理成熟度比较低的公司而言，项目组合过程的多个目的中哪一个是最重要的？

2. 盈利能力模型和评分模型的真正区别是什么？请举出一个同时满足两种类型的模型。

3. 讨论下列模型在实际中的应用：(1) 采用现金流量折现的方法研究投资问题；(2) 模拟模型。

4. 能否将不确定性模型归入盈利能力模型、评分模型或其他类型的模型？

5. 比较主观性和客观性。举例说明在评估项目时，正确使用这两种测量方法。

6. 项目管理成熟度关注的是多个项目的改进还是单个项目的改进？

7. 识别在竞标中可能出现的一些职业道德问题。

8. 参照图2—9，如何计算大于20 000美元的净现值的概率？

9. 图2—10的整体项目计划中做了哪些

重要的比较？

有关“项目管理实践”的问题

利用项目管理工具实施战略行动

1. 项目案例中采用的项目管理方法是自下而上法还是自上而下法？

2. 从项目体系中你还希望获得哪些利益？

虚拟项目团队战略

1. 为什么说全球化的软件开发是一项困难而复杂的任务？

2. 在实施分散式项目时，虚拟项目团队需要评估和再评估什么其他的因素？

模拟加利福尼亚堤坝的溃堤

你认为应当采取何种程序来分析模拟结果？

Décor Cabinets 公司利用项目组合达到100%按时送货

有人说 ROI 并不重要，你认为呢？

习题

1. 一家新成立的公司面临着两个因特网项目。项目 A 的投资成本为 250 000 美元，预计年现金流入额为 75 000 美元。项目 B 的投资成本为 150 000 美元，预计年现金流入额为 52 000 美元。该公司非常关注项目的现金流量。请利用回收期法，从现金流量角度分析哪个项目更好。

2. 有一个为期 4 年的项目，4 年的净现金流量依次为 20 000 美元、25 000 美元、30 000美元、50 000 美元。投资成本为 75 000美元。如果要求的回报率是 20%，请使用现金流量折现方法计算其净现值。

3. 计算问题 2 的盈利能力指数。

4. 参见下表（见表 1），假设每年的现金流估算呈三角分布，最低回报率为 20%。

（1）利用 Crystal Ball® 软件分析预期净现值；

（2）项目回报率超过 20% 的概率是多少？

表 1 **某项目净现金流量** 单位：美元

年份	悲观估计	最可能估计	乐观估计
1	14 000	20 000	22 000
2	19 000	25 000	30 000
3	27 000	30 000	36 000
4	32 000	35 000	39 000

5. 使用加权评分模型选择三种方法（A，B，C）来资助发掘主要竞争对手的工作。每一标准的权重如下表（见表 2）所示。1 代表不利，2 代表可行，3 代表满意。

表 2 **权重标准**

种类	权重	三种方式		
		A	B	C
咨询成本	20	1	2	3
获取时间	20	2	3	1
冲击能力	10	2	1	3
文化差异	10	3	3	2
技术冗余	10	2	1	1
实施风险	25	1	2	3
基础设施	10	2	2	2

6. 尼娜正在从4家购物中心为自己的时装精品店挑选店址。这些购物中心，有的迎合高收入客户的需求，有的位于商业街，有的拥有较大的客流量，当然，这些地方的租金差别较大。基于精品店的性质，尼娜认为客户的类型是最重要的考虑因素。其次，她必须考虑费用情况，租金是一个主要问题，其重要性相当于客户因素的90%。商业街中的精品店能够节约租金，但是这样的商店约70%的销售额来自闲逛的过路者和橱窗销售，因此，她认为其重要性相当于租金因素的95%。最后，较大的客流量意味着更大的潜在销售额，她认为客流量因素的重要性相当于租金因素的80%。

为帮助自己做出决策，她制作了下表（见表3）。“好”的评分为3，“一般”的评分为2，“差”的评分为1。请使用加权评分模型帮助尼娜进行决策。

表3 **尼娜的决策表**

	位置			
	1	2	3	4
客户类型	一般	好	差	好
租金	好	一般	差	好
商业街	好	差	好	差
客流量	好	一般	好	差

7. 一家网站准备更新服务器，把Unix平台转换为Windows平台。三个关键成本值将决定这两种平台的选择：硬件成本、软件移植成本和员工培训成本。公司技术部分析了三个成本状况并制作下表（见表4）。

利用Crystal Ball® 软件，假设成本呈三角分布，模拟此问题1 000次。列举模拟信息并讨论决策方案。

表4 **三个关键成本状况** 单位：美元

	Windows			Unix		
	悲观	最可能	乐观	悲观	最可能	乐观
硬件成本	100 000	125 000	200 000	80 000	110 000	210 000
软件移植成本	275 000	300 000	500 000	250 000	300 000	525 000
员工培训成本	9 000	10 000	15 000	8 000	10 000	17 500

案例讨论

波尔蒂略公司

波尔蒂略公司（Portillo）是一家生产家用电器和厨房用具的小型公司。在首席执行官约翰娜·波尔蒂略（Johanna Portillo）的带领下，她的团队开发了一个用于选择产品线上新产品的评分模型，此模型同样适用于决定哪些产品该退出产品线。该模型包括了财务和非财务两方面的主观和客观估测值。约翰娜设立了一个评分委员会负责利用此模型对新旧产品进行选择。

波尔蒂略女士对模型的使用感到满意，她认为此模型包括了新旧产品选择的各种因素，同时，她对下属定义的各因素的权重也感到满意。回顾历年来评分委员会的评分结果，波尔蒂略发现，原来有些下属在估测成本和收益时犯了严重的错误，仔细研究后她发现，产品的发起人往往高估收益而低估成本，其他经理则刚好相反。

她对自己的研究产生了怀疑，根本不敢肯定她的判断是否正确。即便是正确的，她也不清楚到底该如何应对。

问题：

波尔蒂略应该如何去验证她的发现是否正确？一旦她的怀疑得到证实她应该采取哪些措施？

L&M 能源公司

在未来的两年里，一家大型市政煤气公司必须新建煤气储存设施，以适应联邦能源管理委员会放松煤气产业管制的第636条政策。负责新项目的副总裁认为，该公司有两个选择：一是建造地下深层储存设备(UDSF)，一是建造液化天然气设备(LNGF)。副总裁设计了一个项目选择模型，希望使用该模型对项目进行选择，然后向总裁汇报。她收集了下列信息：

项目评估因素

	启动成本（美元）	运营成本/Cu. Ft.（美元）	预期项目周期（年）	残值（%）
UDSF	10 000 000	0.004	20	10
LNGF	25 000 000	0.002	15	5

副总裁具有较好的财务背景，她认为最好的模型是财务模型，即净现值分析。

问题：

你愿意使用该模型吗？为什么？请根据桑德（Souder）提出的5项标准进行回答，并利用这些标准评估该模型。

课堂综合练习项目

请选择一个与本课程相适应的项目。考虑设定项目固定截止日期、利用有限的资金达到人力资源效用最大化、获得财务回报以及课堂外的人脉关系，并考虑项目成功的可能性等问题。如同第1章介绍的一样，在大学校园中存在着许多优秀的项目，如宿舍、图书馆、食堂以及医务办公室等。在评估这些潜在项目的情况时，请考虑同学们是否有较好的内部沟通能力以支持该项目，能否较容易地获得数据，组织或部门中一次应该拥有多少学生，项目的范围有多大，问题/机遇是否明确，什么时候需要答案以及其他类似的重要问题。

参考文献

ÅSTEBRO, T. "Key Success Factors for Technological Entrepreneurs' R & D Projects." *IEEE Transactions on Engineering Management*, August 2004.

BAKER, B. "The Fall of the Firefly: An Assessment of a Failed Project Strategy." *Project Management Journal*, September 2002.

BAKER, B., and R. MENON. "Politics and Project Performance: The Fourth Dimension of Project Management." *PM Network*, November 1995.

BOOZ, ALLAN, and HAMILTON, Inc. *Management of New Products*. New York: Booz, Allan, and Hamilton, Inc., 1966.

CLELAND, D. I., and W. R. KING. *Project Management Handbook*. New York: Van Nostrand-Reinhold, 1983.

DALKEY, N. C. *The Delphi Method: An Experimental Study of Group Opinion* (RM-5888-PR). Santa Monica, CA: The Rand Corporation, June 1969.

DICKINSON, M. W., A. C. THORNTON, and S. GRAVES. "Technology Portfolio Management: Optimizing Interdependent Projects over Multiple Time Periods." *IEEE Transactions on Engineering Management*, November 2001.

DOCTOR, R. N., D. P. NEWTON, and A. PEARSON. "Managing Uncertainty in Research and Development." *Technovation*, February 2001.

ENGLUND, R. L., and R. J. GRAHAM. "From Experience: Linking Projects to Strategy." *Journal of Product Innovation Management*, Vol. 16, No. 1, 1999.

EVANS, J. R., and S. J. MANTEL, Jr. "A New Approach to the Evaluation of Process Innovations." *Technovation*, October 1985.

EVANS, J. R., and D. L. OLSON. *Introduction to Simulation and Risk Analysis*. Upper Saddle River, NJ: Prentice-Hall,

1998.

FRAME, J. D. *The New Project Management: Tools for an Age of Rapid Change, Corporate Reengineering, and Other Business Realities*. San Francisco: Jossey-Bass, 1997.

GALE, S. F. "The Bottom Line," *PM Network*, August 2007.

GITHENS, G. "Financial Models, Right Questions, Good Decision." *PM Network*, July 1998.

HAYES, R., and W. J. ABERNATHY. "Managing Our Way to Economic Decline." *Harvard Business Review*, July–August 1980.

HELIN, A. F., and W. E. SOUDER. "Experimental Test of a Q-Sort Procedure for Prioritizing R & D Projects." *IEEE Transactions on Engineering Management*, November 1974.

HUBER, G. P. "The Nature of Organizational Decision Making and the Design of Decision Support Systems," *MIS Quarterly*, June 1981.

IBBS, C. W., and Y. H. KWAK. "Assessing Project Management Maturity." *Project Management Journal*, March 2000.

IRVING, R. H., and D. W. CONRATH. "The Social Context of Multiperson, Multiattribute Decision-making." *IEEE Transactions on Systems, Man, and Cybernetics*, May–June 1988.

JACOB, W. F., and Y. H. KWAK. "In Search of Innovative Techniques to Evaluate Pharmaceutical R & D Projects." *Technovation*, April 2003.

JERGEAS, G. F., and V. G. COOKE. "Law of Tender Applied to Request for Proposal Process." *Project Management Journal*, December 1997.

JOLLY, D. "The Issue of Weightings in Technology Portfolio Management." *Technovation*, May 2003.

KNUTSON, J. "Proposal Management: Analyzing Business Opportunities." *PM Network*, January 1996a.

KNUTSON, J. "Proposal Management: Generating Winning Proposals, Part 1." *PM Network*, February 1996b.

KNUTSON, J. "Proposal Management: Generating Winning Proposals, Part 2." *PM Network*, March 1996c.

LIBERATORE, M. J., and G. J. TITUS. "The Practice of Management Science in R & D Project Management." *Management Science*, August 1983.

LONGMAN, A., D. SANDAHL, and W. SPEIR. "Preventing Project Proliferation." *PM Network*, July 1999.

LUBIANIKER, S. "Opening the Book on the Open Maturity Model." *PM Network*, March 2000.

LUEHRMAN, T. A. "Investment Opportunities as Real Options: Getting Started on the Numbers." *Harvard Business Review*, July–August 1998a.

LUEHRMAN, T. A. "Strategy as a Portfolio of Real Options." *Harvard Business Review*, September–October 1998b.

MANTEL, S. J., Jr., J. R. EVANS, and V. A. TIPNIS. "Decision Analysis for New Process Technology," in B. V. Dean, ed., *Project Management: Methods and Studies*. Amsterdam: North-Holland, 1985.

MATZLER, K., and H. H. HINTERHUBER. "How to Make Product Development Projects More Successful by Integrating kano's Model of Customer Satisfaction into Quality Function Deployment." *Technovation*, January 1998.

MCINTYRE, J. "The Right Fit," *PM Network*, November. 2006.

MEADE, L. M., and A. PRESLEY. "R & D Project Selection Using the Analytic Network Process." *IEEE Transactions on Engineering Management*, February 2002.

MEREDITH, J. "The Implementation of Computer Based Systems." *Journal of Operations Management*, October 1981.

PENNYPACKER, J. S., and K. P. GRANT. "Project Management Maturity: An Industry Benchmark." *Project Management Journal*, March 2003.

PROJECT MANAGEMENT INSTITUTE. *A Guide to the Project Management Body of Knowledge, 3rd ed*. Newtown Square, PA: Project Management Institute, 2004.

REMY, R. "Adding Focus to Improvement Efforts with PM^3." *PM Network*, July 1997.

ROMAN, D. D. *Managing Projects: A Systems Approach*. New York: Elsevier, 1986.

ROSS, S. A., R. W. WESTERFIELD, and B. D. JORDAN. *Fundamentals of Corporate Finance*, 8th ed. New York: Irwin/McGraw-Hill, 2008.

SAATY, T. S. *Decision for Leaders: The Analytic Hierarchy Process*. Pittsburgh: University of Pittsburgh, 1990.

SIMON, H. *The New Science of Management Decisions*, rev. ed. Englewood Cliffs, NJ: Prentice Hall, 1977.

SOUDER, W. E. "Utility and Perceived Acceptability of R & D Project Selection Models." *Management Science*, August 1973.

SOUDER, W. E. "Project Evaluation and Selection," in D. I. Cleland and W. R. King, eds., *Project Management Handbook*. New York: Van Nostrand Reinhold, 1983.

THOMAS, J., C. L. DELISLE, K. JUGDEV, and P. BUCKLE. "Mission Possible: Selling Project Management to Senior Executives." *PM Network*, January 2001.

TURBAN, E., and J. R. MEREDITH. *Fundamentals of Management Science*, 6th ed. Homewood, IL: Irwin, 1994.

van Gigch, J. P. *Applied General Systems Theory*, 2nd ed. New York: Harper & Row, 1978.

WHEELWRIGHT, S. C., and K. B. CLARK. "Creating Project Plans to Focus Product Development." *Harvard Business Review*, March–April 1992.

案例

下面这个案例描述的是一家欧洲企业对由不同负责人引领的若干项目进行艰难的投资抉择的过程。这些项目所需的资金远远超出了公司所能提供的资金数额，因此最终锁定的投资项目议案必须是对公司最重要且最有价值的项目。为了做好投资决策，大量的财务、战略和其他相关数据信息摆在了董事会的面前以供参考。

泛欧食品公司[1]

C. Opitz and R. F. Bruner

1993年1月上旬，泛欧食品公司高级管理委员会召开会议草拟新一年的财政预算。11个主要项目所需的资金总额超过2.08亿ECU（埃居），但是董事会给新的年度投资预算规定了8 000万ECU的上限，这样的投资额对于总资产为6.56亿ECU的一家企业而言已经很不错了。对于泛欧食品公司的高管来说，最头疼的事情就是如何在以下诸多吸引人的项目之间分配资金：新产品推介、采购、市场拓展、提高效率、预防性维护、安全和污染控制。

公司背景

泛欧食品公司总部设在比利时的布鲁塞尔，是一家生产高品质冰激凌、酸奶酪、瓶装水和果汁的跨国公司，它的产品行销斯堪的纳维亚半岛、英国、比利时、荷兰、卢森堡、德国西部和法国北部（公司的市场区域见图1）。

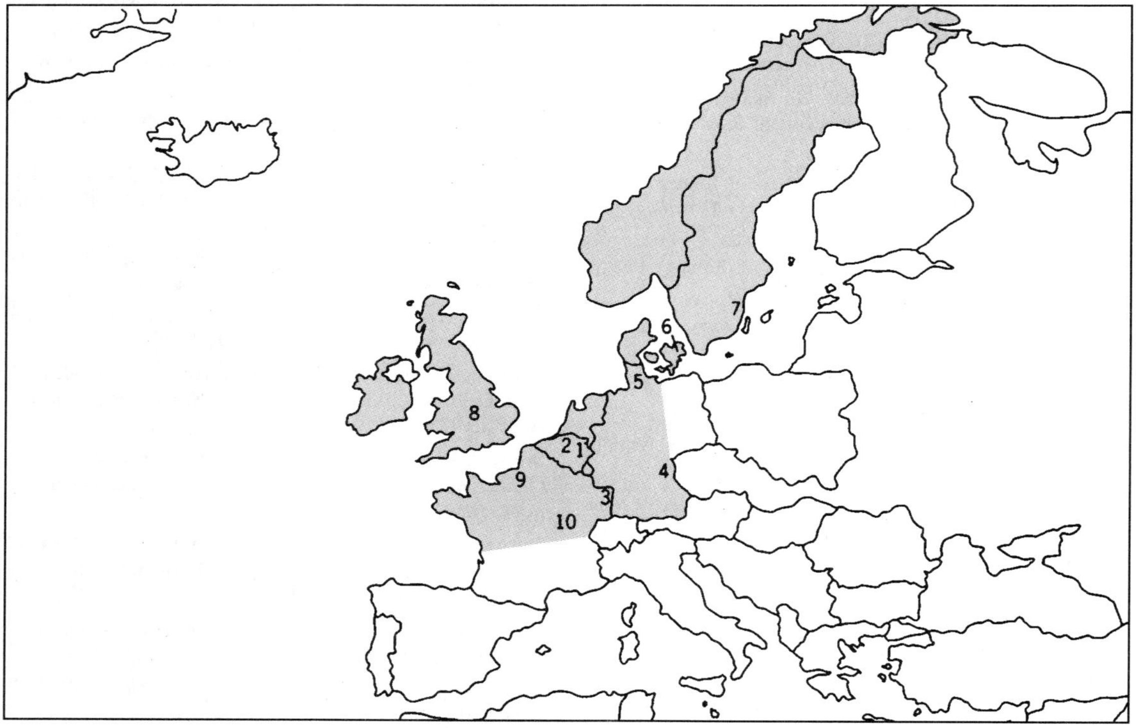

图1　泛欧食品公司的市场区域

说明：地图中的阴影部分显示了泛欧食品公司产品的主要分布区域。重要设施部署如下：

1. 总部，比利时布鲁塞尔；
2. 工厂，比利时安特卫普；
3. 工厂，法国斯特拉斯堡；

---

① Copyright © 1993 by the Darden Graduate Business School Foundation, Charlottesville, Virginia. Reprinted from *Journal of Product Innovation Management*, Vol. 16, No. 1, pp. 58－69, 1999.

4. 工厂，德国纽伦堡；

5. 工厂，德国汉堡；

6. 工厂，丹麦哥本哈根；

7. 工厂，瑞典 Svald；

8. 工厂，英国 Nelly-on-Mersey；

9. 工厂，法国卡昂；

10. 工厂，法国墨伦。

公司于1924年由一个名叫西奥·维丹（Theo Verdin）的比利时农夫创立，成立伊始是作为其奶制品业务的一个分支。由于西奥·维丹对产品发展的热切关注和精明的市场营销，该分支业务稳步增长。公司于1979年上市，1993年开始在伦敦、法兰克福以及布鲁塞尔的交易所挂牌交易，到1992年，泛欧食品公司的销售额接近11亿ECU。

冰激凌的销售额占到了公司总收入的60%，1982年开始生产的酸奶酪大约占20%，剩下的20%销售额由瓶装水和果汁瓜分。泛欧食品公司的主打品牌是“泰迪熊”，它的标志性图案是一只画在农夫衣服上的正在跳舞的肥肥的熊。公司的主打产品冰激凌拥有一批忠实的客户，他们争相购买公司生产的各种冰激凌，比如高脂的、有大块巧克力的、水果味的、含有坚果的和各种原味的冰激凌。

泛欧食品公司的销售额从1990年以来一直停滞不前（见表1），管理层把这一点归结于北欧地区的低人口增长率和有些地区的市场渗透，然而，一些外界的观察家却认为这是公司最近在推介新产品方面失利的结果。大部分管理层成员都想扩大公司的市场范围并推出更多的产品来刺激销售，他们希望借扩大市场份额和增加的销售额来提高公司的市场价值。泛欧食品公司的股票市盈率现在已经达到了8倍，但其股价仍低于账面价值，该市盈率低于其他同类公司的贸易增长倍数，但是它已经为稳固公司的各个品牌做出了一些贡献。

表1　　财务综合报表（除每股收益外，单位为百万ECU）

财政年度截至12月31日

	1990年	1991年	1992年
毛利	1 076	1 072	1 074
净收入	51	49	37
每股收益	0.75	0.72	0.54
股息	20	20	20
总资产	477	580	656
股东权益（账面价值）	182	206	235
股东权益（市值）	453	400	229

资源分配

泛欧食品公司的资本预算每年由一个高级经理委员会商讨决定，并提请董事会批准。这个委员会由五名董事、总裁和财务总监组成。一般情况下，总裁做资金预算时会要求管理人员提供建议书。这些投资建议书必须包括项目概述、财务分析和有关战略或其他特性的论证。

作为一项政策，任何一项投资计划在泛欧食品公司需要通过两项财务审核：回收期和内部收益率（IRR）。这两项审核是在1991年由管理委员会制定的，并根据项目类型的不同而有所差异（如表2所示）。

表2　　回收期和内部收益率

项目类型	最低可接受内部收益率（%）	最长可接受回收期（年）
新产品或新市场	12	6
产品或市场拓展	10	5
提高效率	8	4
安全类或环保类	不在预测范围内	不在预测范围内

1993年1月，泛欧食品公司的加权平均资本成本（WACC）大约为10.5%。为了描述资本预算的过程，财务总监特鲁迪·劳夫说："我们把不同等级的内部收益率测算作为一种用于识别各类型项目风险差异的方法。对于公司需要承担更多风险的项目，我们期待的是更多的盈利。回收期测算表明我们并不准备为了收回成本而等待很长时间。"

债权人和投资者的所有权和观点

泛欧食品公司的12名董事包括3名维丹家族的成员、4名管理层董事和5名外部董事，他们都是卓越的管理者或者北欧地区的知名人士。维丹家族的董事持有公司20%的股份，公司各级主管持有10%的股份，维纳斯资产管理公司（一家伦敦的共同基金管理公司）持有12%的股份，比利时荷兰银行持有9%的股份，并在董事会占有一个席位，剩下的49%的股份由广大小股东持有。公司的股票在伦敦、布鲁塞尔和法兰克福挂牌交易。

由于资产负债率高达125%，泛欧食品公司比欧洲消费食品行业的同行具有更大的杠杆效应。在过去的几年内，公司明显依赖于举债来获得资金，并以此在自己发起的价格战中维持公司的资本支出和股利分红。现在，随着价格战的结束，支持泛欧食品公司的银行（以比利时银行为首）强烈要求制定一个大胆的减少债务的计划，在任何事情上，银行都不准备在现有的水平上加大投资力度。比利时银行的总裁在最近一次的董事会议上做了简短的发言：

> 当前最紧迫的任务就是充分发挥资产负债表中右半边各科目的作用。任何资产扩张都必须在偿债之后流动资金允许的条件下进行，直至负债比率趋于平衡。如果有重要的投资项目不能按此方式进行，就必须削减股利分红！

由于维持了8倍的市盈率，泛欧食品公司普通股的价格低于同行业其他公司的平均倍数，也低于在交易所挂牌的所有公司的平均倍数。这些都是最近的价格战的结果，这场价格战已经削弱了公司的盈利能力。上述与其他公司的差距也是由于最近公司的一次众所周知的投资失败造成的，即推出的一款加了味道的矿泉水并没有成功地占领市场并扩大市场份额。1992年1月以来，所有主要的证券公司都向持有泛欧食品公司股票的投资者发出了"卖出"的建议。维纳斯资产管理公司在此期间积累了一些股份，希望公司能够有一个大的转折。在最近的董事会议上，维纳斯公司的一位资深经理发表了如下讲话：

> 减少分红是有欠考虑的，因为它将发出一个信号，即公司对自己的未来缺乏信心。以低价格卖出股票也是欠考虑的，因为它将打击现有股东的积极性。投资者希望公司有一个大的改进，如果无法达到这种改进，或者情况更糟，那么公司股份很可能会落入像伯尼德蒂或弗里克兄弟①这样的侵袭者手里。

最近董事会做出的决定中有一项就是董事会一致通过将1993年的资本支出限定在8 000万ECU以下。

高级管理委员会的成员

资本预算由泛欧食品公司的七位高层经理商议决定。为谨慎起见，每一个项目都由他们中的一位分别主持。通常，决策过程包

① 米兰的德·伯尼德蒂（De Benedetti）和慕尼黑的弗里克（Flick）兄弟都是近来的敌意收购者的代表。

括一个讨论期，然后从四个资本预算方案里选出两个来。负责项目的各责任人彼此之间都很熟悉：

维赫米娜·维丹（Wilhelmina Verdin），比利时人，总裁，现年57岁。她是公司创始人的大女儿，也是维丹家族在公司董事会的发言人。她的全部职业生涯都是在公司度过的，在品牌管理方面具有丰富的经验。1982年，由于她成功地引进了低脂酸奶酪和冰激凌，并第一次大批量生产这两种产品而入选“欧洲年度营销者”名单。她渴望使公司获得长期的利润增长，同时对最近出现的困难有着清醒的认识。

特鲁迪·劳夫（Trudi Lauf），瑞士人，财务总监，现年51岁。1982年从雀巢公司跳槽过来负责公司的财务控制和系统的现代化工作。他曾经是降低资产负债表杠杆的有力支持者。

海因茨·克林克（Heinz Klink），德国人，分销部经理，现年49岁。兼管运输、员工福利和公司里的一些常规活动。损耗、运输成本、出售股票和财务控制系统都是他所面临的长期挑战。

马丁·雷登（Maarten Leyden），荷兰人，生产和采购部经理，现年59岁。他负责管理公司14家工厂的生产工作，他还是一个受过专业训练的工程师，一位强硬的谈判代表，在与各类协会和供应商的谈判中的表现尤为突出。他坚守生产成本控制的原则，曾经对质疑债权人和投资者对公司的义务的做法表示过支持。

麦考·庞蒂（Marco Ponti），意大利人，销售部经理，现年45岁。他负责监管250名销售代表和在区域销售覆盖方面的调整。他是高级管理委员会中对快速扩张最有力的支持者。他认为有几个机会可以改善公司现在的区域定位。麦考·庞蒂于1985年从联合利华跳槽来到这里，负责改革公司的销售系统，在这个方面，他取得了很大的成功。

法比恩·莫林（Fabienne Morin），法国人，市场营销部经理，现年41岁。他负责营销调研、开发新产品、广告和品牌管理。他是最近发生的价格战的倡议者，这场价格战，尽管遭遇了经济上的困难，却使公司认识到了市场份额能带来的稳定利润。他已经察觉到了一个面向生产和市场扩张的“机会窗口”并且准备支持定向增长计划。

尼格尔·哈姆伯特（Nigel Humbolt），英国人，战略规划经理，现年47岁。两年前从一个知名的咨询公司跳槽来到这里为公司建立了战略规划基础。他深知自己会被问及有关泛欧食品公司核心业务所面临的难题和挑战，即公司的偿债期和收益率，因此他全力支持公司积极致力于增长和抢占市场的方针。他曾经在1992年提出过几个激进的建议，但是没有一个被接受。他认识到自己在公司里缺乏影响力，有一种挫败感。

有关费用支出的建议

接下来的会议将考虑表3中的议题。

表3　会议议题列表

项目	支出（百万ECU）	主管经理
1. 重新购置并扩大卡车队	22	克林克，分销
2. 一家新工厂	30	雷登，生产
3. 工厂的扩建	10	雷登，生产
4. 开发和推介人造酸奶酪和冰激凌	15	莫林，市场营销
5. 工厂自动化和运输系统	14	雷登，生产
6. 四个工厂的污水处理	4	雷登，生产
7. 向东扩展市场	20	庞蒂，销售
8. 向南扩展市场	20	庞蒂，销售
9. 开发小食品	18	莫林，市场营销
10. 仓库和营销点的网络和电脑存货控制系统	15	克林克，分销
11. 获取一个烈酒品牌和相关的设备	40	哈姆伯特，战略规划

1. 重新购置并扩大卡车队。海因茨·克林克建议购买100辆新冷冻运输车，1993年和1994年各购进50辆，借此机会，公司可以出售60辆已经完全折旧超过两年的旧车，出售的总价值将达到120万ECU，这项交易将在两年之内使公司的卡车队增加40辆卡车。每一辆新冷冻车都将比原来的旧车大，它们将在每一条运输线路上多承担15%的运输量。当然，新车将耗费更多的燃料，但是能保持高效率。卡车数量的增加将使时间安排更加具有弹性，并使车队的日常安排和服务效率比现在大幅提高，同时，将缩短运货的时间，使减少库存成为可能。此外，它还可以让公司更加频繁地往自己的主要市场送货，由此减少由于缺货而造成的销售损失。最后一点，扩大车队可以长期支持公司拓展销售区域的战略。如表4所示，2 000万ECU用于购买卡车的投资，由此增加的工作成本、燃料成本、工人工资以及200万ECU的存货将有望在未来七年内使得总成本节约并使销售额增加770万ECU，由此产生的内部收益率估计将达到7.8%，略低于一个富有效率的项目所要求的8%的内部收益率。有些经理认为这个项目更应归为效率类型，而不是扩张类型。

2. 一家新工厂。马丁·雷登注意到泛欧食品公司的酸奶酪和冰激凌在东南部市场的销售有可能会超过设在法国墨伦的生产和包装工厂的能力。现在，公司有些订单是由公司最先进、最有效的设备通过水上运输来完成的，运输基地设在法国的斯特拉斯堡，水上运输的距离很远，运输费用昂贵。此外，一旦市场没有分支机构作支持，有些销售额肯定就要损失掉。雷登建议在法国的第戎建立一家新的生产和包装工厂，地点设在现在泛欧食品公司市场区域的最南边，这座工厂将担负起原来设在墨伦和斯特拉斯堡的工厂的任务。

这座新工厂将耗资2 500万ECU，启动资金需要500万ECU，价值1 400万ECU的设备将在未来7年内分期偿还，整个工厂所需的贷款将在10年内还清。通过增加销售额和加速折旧以及减少运输成本，这家新工厂在未来10年内将拥有2 375万ECU的税后流动资金和11.3%的内部收益率。这个项目可以被归为市场扩张类型。

3. 工厂的扩建。需要提高泛欧食品公司设在其销售区域东南部工厂的生产能力，因为设在德国纽伦堡的工厂已经达到了最高生产能力，这给常规的设备维护和保养造成了很多麻烦，同时使设备使用期限问题浮出水面。该工厂拥有公司的两台高度自动化机器中的一台，这两台机器承担着泛欧食品公司整个瓶装水、矿泉水和果汁的生产任务。设在纽伦堡的工厂主要供给中欧和西欧市场(其他的工厂，比如在丹麦哥本哈根附近的工厂负责泛欧食品公司的北欧市场)。

纽伦堡工厂的能力可以提高20%，达到1 000万ECU，其设备（价值700万ECU）可以使用7年，工厂寿命在10年以上。增加的产能可以使工厂每年多产出150万ECU的产值，使内部收益率达到11.2%。这个项目可以被归为市场拓展类型。

4. 开发和推介人造甜品合成物冰激凌。法比恩·莫林注意到，最近的人造甜品合成物的开发为食品饮料生产者节约成本创造了良机，同时，这也刺激了对低卡路里产品的需求，所面临的挑战是如何创造出一种适当的口味或者添加何种其他原料。对于冰激凌生产者来说，使用天然甜味剂并使之保持良好口味是件困难的事情，人工合成甜味剂则可以轻易地创造出那种美好的口味。

试验证明，运营酸奶生产线需要1 500万ECU。该成本包括购买一个定制的生产设备的费用、启动资金和产品推介所需的费用。所有这一切活动的内部收益率在17.3%左右。

莫林强调，尽管这个建议在现实的层面上还不稳妥，但是可以将其当成是一种保护公司现有市场份额的途径，因为其他正在进行同样调查的生产高品质冰激凌的厂商可能会抢先推介这种产品，如果“泰迪熊”这个牌子没有人工合成甜味剂生产线却让竞争对手抢了先，那么“泰迪熊”品牌势必遭到损失。莫林还注意到研发人工合成甜味剂和公司过去在推介低脂产品方面的成功经验存在着相似之处。这个项目可以归为新产品开发类型。

表 4　　　　　　　　　　　　**项目现金流分析①**　　　　　　　　　　　　单位：百万 ECU

项目	1 扩大卡车队伍③	2 新工厂	3 工厂的扩建	4 开发人造甜品合成物	5 自动化和运输系统	7 向东扩展市场⑤	8 向南扩展市场⑤	9 开发小食品	10 存货控制系统	11 获取战略⑥
投资：										
1. 产权	20.00	25.00	10.00	15.00	14.00			15.00	15.00	30.00
2. 营运资金	2.00	5.00				20.00	20.00	3.00		10.00
年份	预期自由现金流④									
0	(11.40)	(30.00)	(10.00)	(5.00)	(14.00)	(20.00)	(20.00)	(18.00)	(12.00)	(15.00)
1	(7.90)	2.00	1.25	(5.00)	2.75	3.50	3.00	3.00	5.50	(20.00)
2	3.00	5.00	1.50	(5.00)	2.75	4.00	3.50	4.00	5.50	5.00
3	3.50	5.50	1.75	3.00	2.75	4.50	4.00	4.50	5.00	9.00
4	4.00	6.00	2.00	3.00	2.75	5.00	4.50	5.00		11.00
5	4.50	6.25	2.25	4.00	2.75	5.50	5.00	5.00		13.00
6	5.00	6.50	2.50	4.50	2.75	6.00	5.50	5.00		15.00
7	7.00	6.75	1.50	5.00	2.75	6.50	6.00	5.00		17.00
8		5.00	1.50	5.50		7.00	6.50	5.00		19.00
9		5.25	1.50	6.00		7.50	7.00	5.00		21.00
10		5.50	1.50	6.50		8.00	7.50	5.00		59.00
非折扣合计	7.70	23.75	7.25	22.50	5.25	37.50	32.50	28.50	4.00	134.00
回收期（年）	6	6	6	7	6	5	6	5	3	5
最长回收期（年）	4	5	5	6	4	6	6	6	4	6
WACC 为 10.5%的 NPV	−1.92	0.99	0.28	5.21	−0.87	11.99	9.00	8.95	1.16	47.97
最低 ROR 的 NPV	−0.13	1.87	0.55	3.88	0.32	9.90	7.08	7.31	1.78	41.43
最低 ROR	8.0%	10.0%	10.0%	12.0%	8.0%	12.0%	12.0%	12.0%	8.0%	12.0%
IRR	7.8%	11.3%	11.2%	17.3%	8.7%	21.4%	18.8%	20.5%	16.2%	28.7%
差额	−0.2%	1.3%	1.2%	5.3%	0.7%	9.4%	6.8%	8.5%	8.2%	16.7%
等价年金②	−0.02	0.30	0.09	0.69	0.06	1.75	1.25	1.29	0.69	7.33

① 此表不包括污水处理计划。

② 项目的等价年金是指在最小需求回报率的情况下，10 年的等额年金的净现值（NPV）。在同一时期的各种项目要进行年金纠正。比如项目 5 只持续了 7 年，NPV 是 32 万 ECU，折合到 10 年的净现金流量是每年 5 万 ECU，利用 8%（最低回报率）的折现率计算 32 万 ECU 的 NPV。在等价年金基础上排名相同的项目，较多的年金比较少的年金创造更大的投资价值。

③ 此项反映了 1 100 万 ECU 初始和第一年结束时的流向。

④ 自由现金流＝税后增加利润或节约成本＋折旧－固定资产投资和运营资金。

⑤ 特许经营将逐渐解除执行应收账款和存货的负担。

⑥ 第一年将花费 1 500 万 ECU，第二年为 2 000 万 ECU，第三年为 500 万 ECU。

5. 工厂自动化和运输系统。马丁·雷登要求增加 1 400 万 ECU 来改善公司的六条旧生产线，这有利于提高生产效率、减少生产事故、降低产品的报废以及生产的局限性。公司有两个工厂建立了不需要工人操作的起重运输系统，该系统减少了工人发生工伤的几率，而在六条旧的生产线上，公司在过去的两年里平均每年有 75 个工作日由于工人在起重机的操作中扭伤而停工，如果按照每小时支付 14ECU 来计算薪酬，公司每年要损失 15 万 ECU，而且发生各种其他的工伤和法律纠纷的可能性一直存在。这个项目每年节约的成本和折旧总额是 275 万 ECU，期望可以达到 8.7%的内部收益率。这个项目应该被归为提高效率类型。

6. 四个工厂的污水处理。泛欧食品公司

设在墨伦和斯特拉斯堡的工厂对各种新鲜水果进行预处理，这个过程的第一个步骤就是将水果清洗干净和消毒。以前污水直接通过排水沟进入塞纳河和莱茵河，最近，欧盟呼吁对任何含有轻微化学有毒物质的废水应在其源头就进行处理，并要求工厂在四年内自觉完成。作为一个环境项目，它是在正常的项目财政预算之外的。雷登注意到，现在购买污水处理设备将花费400万ECU，预计在四年后购买同样的设备——也就是欧盟将要采取强制手段时——将会花费1 000万ECU。在整顿阶段，公司将承担欧盟会缩短整顿时间或者公司的污染记录将被公开从而损害公司在客户心目中的良好印象的风险。这个项目应该归为环境类型。

7. 向东、南方向扩展市场。麦考·庞蒂建议公司向东扩展市场，包括德国、波兰、捷克斯洛伐克和奥地利，同时向南扩展市场，包括法国南部、瑞士、意大利和西班牙。他相信是时候从地域上扩大冰激凌的销售了，也许还包括酸奶酪的销售。理论上讲，公司在这两个方向的扩展可以同时进行，但是实际上，庞蒂怀疑销售和分销部门能不能同时进行这两个扩张。

每一个地域扩张都有其利益和风险。如果公司向东扩张，面对的将是对日常冷冻食品有大胃口的广大人群，但是也将面对来自当地冰激凌生产厂家的激烈竞争。此外，德国、波兰和捷克斯洛伐克的顾客的购买力没有欧洲南部的顾客那么大。向东扩张需要依靠纽伦堡、斯特拉斯堡和汉堡的工厂来供货。

如果向南扩张，情况就会倒过来：购买力更强、竞争更少，但是人们对冰激凌和酸奶酪的兴趣也更小。向南扩张需要建立客户对高品质的酸奶酪和冰激凌的兴趣。如果建立工厂的建议（比如说建议2和建议3）被接受，那么向南扩张就需要在墨伦、斯特拉斯堡和鲁昂的工厂来供货。

任何一个建议都需要2 000万ECU的启动资金。这个项目所需的大量资金将由公司的资金分配来解决，但是，在未来的十年里，被分配者将逐渐接管进货和存货的运输任务，这两个建议都需要租用合适的仓库和运输设备。向东扩张的税后现金流可望达到3 750万ECU，向南扩张的税后现金流可望达到3 250万ECU。

麦考·庞蒂指出，向东扩张可能意味着会得到更高的内部收益率，而向南扩张的风险更小。向东和向南扩张的预期内部收益率分别为21.4%和18.8%。这些项目可以归为新市场战略类型。

8. 开发小食品。法比恩·莫林建议，使用公司在比利时安特卫普的处理调味品和坚果的设备的富余生产能力建立一条干果生产线以测试比利时、英国和荷兰市场。她注意到了“泰迪熊”品牌在这些国家的影响力及其他已经涉及小食品和饮料的公司取得的成功。她说，这样一条干果生产线将提升泛欧食品公司生产健康、优质食品的声誉，这种声誉和新产品的结合也许将促进公司的其他产品在那些具有健康意识的顾客中增加销售额。

这个项目的设备和启动资金总额估算分别为1 500万ECU和300万ECU。设备可使用7年以上。如果市场测试取得成功，那么所获得的现金流可以支持在其战略位置的工厂的扩张。内部收益率可望达到20.5%，远远高于一般新产品项目平均12%的内部收益率。

9. 仓库和营销点的基于网络和电脑的存货控制系统。海因茨·克林克为建立一个一流的电脑控制的存货系统工作了三年，遗憾的是他失败了，如果这个系统能够建成，将把各个销售代表、发货方、司机、仓库甚至各个零售商连接在一起。这个系统的好处在于能够缩短按照订单发货的时间、控制订单进程、更好地控制存货、减少损失以及更快捷地确认客户要求的变化。克林克无法将这些好处量化，因此存货的数量有些是适中的，有些是庞大的。今年，他第一次做了一个现金流预测，然而，得到的结果就是这个系统将花费1 200万ECU，还不包括下一年补充新设备所需的300万ECU。整个系统带来的好处就是折旧率减少、纳税诚信度增加、用于仓库的成本减少以及存货量的减少。他对这些好处的预测是以三年为期限的。这个项目的内部收益率将达到 16.2%。这个项目可以被归为效率类型。

10. 获取一个烈酒品牌的相关设备。尼格尔·哈姆伯特建议购进设备以推进公司的一些成熟的核心业务，这样做需要利用公司品牌管理的技巧。他考察了与食品相关的六个行业，认为兴奋型饮料和利口酒能够为利润增长创造实实在在的机会，与此同时，能通过品牌的影响来保护市场。他选出了四个有着良好利口酒品牌基础的小厂商作为公司获取烈酒品牌的备选项。考察后，他与这四家厂商分别进行了交谈，发现只有一家厂商可以在短期内收购进来，这是一家位于慕尼黑的拥有欧洲领先技术的私人酿造烈酒的公司。

这个建议的实施需要付出高昂的代价：1 500万 ECU 用于收购公司，2 500 万 ECU 用于彻底翻新公司的设备，还需要把公司的影响力扩大到区域市场。可望从中得到的回报也是巨大的：税后现金流可望达到 1.34 亿 ECU，内部收益率为 28.7%。这个项目可以归类为新产品战略项目。

结论

每一个参加会议的管理委员会成员都希望就泛欧食品公司 8 000 万 ECU 的预算分配提出自己的建议和观点。表 4 显示了各个项目的自由现金流和投资绩效标准。

问题

1. 从战略上讲，泛欧食品公司应该采取哪些行动才能避免成为恶意收购者的对象？表 1 中，哪一项或哪一类别对 1993 年来说至关重要？假如泛欧食品公司现在赢得了价格战，接下来它应该做些什么？应该由谁来引导泛欧食品公司的发展？

2. 利用 NPV，对各投资方案进行财务分析和优先性排序，在三组 NPV 当中应当选择哪一个？为什么？提出一个方法来评估被淘汰的项目。

3. 哪些项目因素可能会导致项目排序结果的逆转？我们应该如何就资金的时间价值、项目生命周期的差别、风险和规模对各项投资进行调整？

4. 重新审视被评估的项目：

(1) 在各非数值类型项目中，是否存在着“必须”进行的项目？

(2) 哪些项目因素可能造成更大的或更小的风险？

(3) 项目之间有无可以整合之处或者冲突之处？

(4) 在评估中应该考虑哪些非量化的收益或者成本？

5. 综上所述，你建议采取哪种选择方式/因素来缩小项目选择的范围？对不同的选择方式/因素你建议采取哪些标准来评估？是否有个别项目由于在一些因素的评分上得分比较极端而被淘汰？

6. 将项目按项目组合过程分成四类：派生型、平台型、突破型和研发型。制作一个整体项目计划，将各选择项目排列到计划表上。

7. 根据如上所有信息，判断管理委员会委员应该向董事会建议哪些项目。

指导阅读

下面的文章介绍了惠普公司如何考察项目与公司战略目标的关联性。文章不仅描述了此过程，同时介绍了一些技术手段，比如整体项目计划、项目计划记录以及相应的计算机辅助软件。此外，作者还加了一些注释，提醒大家注意此过程中的不足之处，使读者清楚地意识到在使用该方法时应该注意的问题。

经验之谈：将项目与战略结合

R. L. Englund and R. J. Graham

一个公司的成长往往来源于一些推出的新产品、服务或流程的成功项目。管理者越来越重视通过公司内部和公司之间的合作来促进项目成功的问题。项目经理经常抱怨项目的产生太随机了，似乎与整体战略毫无关系，人们无从知晓项目的个数或者范围，因此，人们常常感到他们只是在毫无目的地做着一些不必要的项目工作或者泛泛地运行着某个项目。有针对性地选择与组织战略重点相关的项目有助于解决这种问题，并将杂乱无章的局面梳理有序，创造一个有助于项目成功的良好环境。

本文介绍了一系列将项目与战略相结合的步骤，任何实施者都可以按照这些步骤开展工作。文中还给出了一些行动上的建议，并指明了在实施过程中可能会遇到的阻力。对过程工具的介绍向读者展示了确定项目优先程度的方法。文章内容来源于历史悠久的一些著名公司的经验以及惠普公司资深员工的经历。惠普公司拥有4 000亿美元的资产，其中2/3的收入归功于近两年来推出的新产品。

高层管理团队合作的重要性

在公司各部门之间达成合作需要高层管理者就项目本身采取一种系统的方法，这就意味着他们需要把各个项目看成是一个关联、整体配合从而实现公司总体目标的网络体系，而公司的总体目标又是为实施公司的整体战略而设计的。通常来说，公司内所有的项目都是由一个共同的资源来支持的，因此，它们紧密相连共享相同的资源。可见，项目体系本身就好比这个大项目中的各项子活动结合在一起，构成了项目目标。

任何高层管理团队缺乏合作都会波及整个公司。假如高层管理者自己没有起到带头作用，则很难指望公司里的员工能够做到这一点。高层管理者之间缺乏合作还会影响到项目团队的建设，项目经理不可能独立解决整个组织层面的问题。

惠普公司推出了项目委员会的概念，以此作为一种机制统一指导不同职能部门中运行的各种项目。项目委员会可以是长期的，也可以是临时的，它的存在是为了处理与战略相关的事宜，因此，项目委员会多由高层管理者参加。通常，它的作用是明确方针政策、管理多个项目或系列项目，协助组织的跨职能合作。本文将通过举例来说明项目委员会开展的工作。

借助这种综合的、系统的方法，高层管理者对于成功完成项目来说有着广泛而深远的意义。越来越多的公司成立了项目组合选择委员会，这也是我们的建议之一，希望公司能够通过委员会的形式与项目经理配合，从而更好地实现公司的战略目标。项目委员会对未来愿景进行规划、与项目经理一起商讨、了解项目经理对实现战略目标的想法和需要、仔细聆听他们的心声、给予项目经理足够的尊重、鼓励他们全身心投入到项目中去。借助这种方法，高层管理者和项目经理之间达成了对实现战略目标的共同理解。

项目选择过程和优先权

一旦高层管理团队建立起来，他们便开始进入一个为实现公司目标而选择项目组合的过程。他们有权在公司各部门之间分配优先权。图1显示了这一过程的构建模型，通过四个步骤形成了一个切实有效的系统方法。该模型是通过大量研究公司为解决各种难题所采取的方法之后得出的，它的概念简单却行之有效。作者将此模型看作一个很好的培训工具，同时是一个指导管理团队实施项目选择过程的系统方法。

1. 组织应该做些什么以及何时采取行动。首先，要确定的是哪些人在领导整个过程以及哪些人应该编入管理团队。值得注意的是，不要忽略那些重要但是不显眼的人，他们以后也许会掌握话语权，或者会危及整个计划。这个团队可以仅仅由高层管理者组成，也可以包括项目经理、总经理甚至客户，

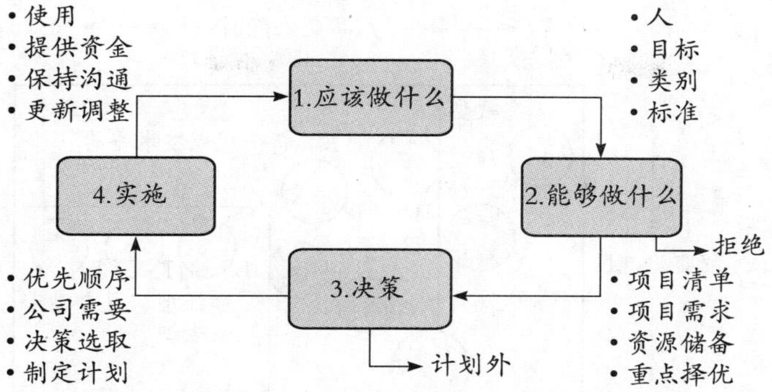

图 1 项目选择系统方法

该团队还可以包括那些能够很好地把握机会和处理公司所面临的风险的人物。从理论上说，该团队应该能够控制资源并能对所有的项目活动进行决策。管理团队需要从所有实际参与项目工作的人那里得到明确的承诺，并在做出任何决定时需要参考相关的计划行事。我们特别强调组织行为的重要性，因为它关乎项目的命运和项目成员的发展。如果管理活动不谨慎进行、不考虑员工所关切的问题，那么不确定性和疑虑将无处不在。

这支队伍开始投入工作，他们将公司内部运行的所有项目列成一个清单。很多时候，这个步骤总是会带来新的反响。通常的反应是“我怎么没有意识到我们还有这么多的项目正在进行中”。这样做的目的是调查工作范围和整合公司资源，以避免纠缠在个别项目细节的讨论中。

管理团队需要了解并研究这些项目所期望达到的目标。有一点值得注意，那就是不要局限在现有的能力上。假如总是强调“我们不知道怎么做”，团队就会受到影响而改变自己的行动路线，不再深入发掘公司是否应该寻求这样一个目标或沿着这个方向发展，并尝试去获取这种能力。更确切地说，在此阶段所进行的讨论多围绕着公司的目标、愿景和使命，这是一个决定性的步骤，关系到整个项目选择过程的成功。根据作者的经验，只有那些对组织应该做什么有着清晰明确认识的公司才有可能快速地向前发展。任何项目团队的成员对公司愿景缺乏理解或承诺都有可能导致项目中止、失败和崩溃。因此，项目团队就公司目标和战略达成一致是组建团队实施项目的前提。

将项目归类可以使得接下来的决策过程变得更容易一些。维尔怀特和克拉克（Wheelwright and Clark）建议使用矩阵表作为辅助工具。表的数据轴分别表示产品变化范围和过程变化范围。这种做法的好处是将所有现实的项目和潜在的项目集合在一张矩阵表上予以通盘考虑，观察项目间的差异、所面临的机会以及项目的整体战略的协调程度，这也是鼓励发挥创造性思维对工作流程进行创新的一个具体表现。召开创新讨论会是为了分析公司的核心竞争力、竞争优势和一系列影响力，从而将项目进行合理的归类。项目的类型大致可以分为：

（1）加强型或者派生型——持续的、增长的、加强的；

（2）技术平台型——新一代产品，尖端技术；

（3）革命型或者突破型——新核心产品、过程或业务。

图 2 显示了当前产品按照字母顺序在市场上的定位。尽管本图显示的是回顾性的概况，但它仍然详尽地表现了将项目和产品排序的战略。图中 A 属于突破型产品组合；B～E是加强型产品组合，它们仍处在转向技术平台型之前的阶段；F～H，产品的结构逐步翻新直至形成了新的产品家族 L，这时，战略规划开始面临新的挑战，即一个计划新产品组合的学习机会由此产生。图中的项目是均匀分布的，当项目规模扩大时，数量就相应减少一些，形成了一种平衡的布局。

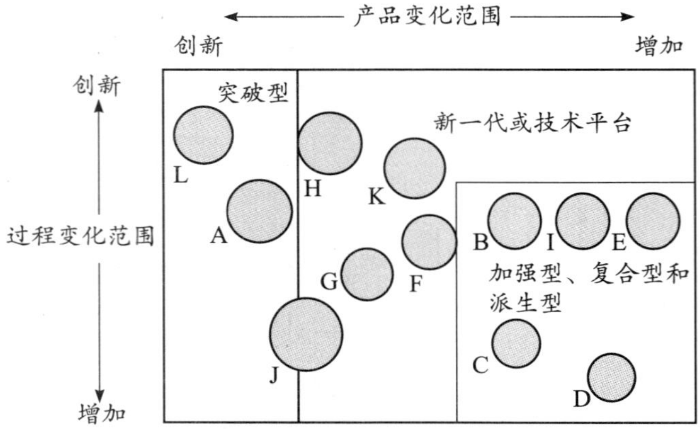

图2　惠普公司产品矩阵泡点图

说明：泡点大小表示项目规模。

将项目进行战略分类的另一个目的是更好地认识公司所形成的业务类型。几乎每个与作者合作过的组织都有过类似的遭遇，即用"或"的决断代替"和"的灵活。在试图开展过多的项目而最后不得不在项目之间进行权衡时，人们的决策往往是做这个或者做那个。事实上，大部分公司需要的是一个平衡的投资组合，只有这样才能为客户创造一个完整的解决方案——不仅需要做这个也需要做那个。达到这个目的的方法是为每一个项目类别设定一个界限，然后在每一个类别中分别选择最佳的项目组合。所有类别中的项目集成到一起就形成了组织级项目矩阵，从而将公司的不同业务进行一个完整的规划。各类别项目在整体组合中所占的比重是由项目委员会集体定夺的，必要时还可以通过实验的方式来确定。随着时间的推移，公司可能会摸索到最佳的组合，这要靠公司上下一致的努力。

在每个项目类别当中设定一个衡量标准，用以评估项目的优劣或可供选择的适合程度。标准就是优胜劣汰的判断依据和决策的基础。因为不同类别的项目的目标各不相同，所以需要为每个类别设定不同标准，或者设定一个核心标准而后在此基础上进行量身定制。很多团队从来都没有体会到设定和理解标准的重要性，而是在设定标准之前即开始对项目进行讨论，事实上，先出标准后选项目才是更有效的办法。

致力于研究和发展项目选择的著作提供了一套内容丰富的标准。书中的范例涉及战略定位、成功概率、市场规模和人员储备等多个领域。最重要的一点是，对公司有着重要意义的标准，越少才越有效。当然，在确定少数的几个重大标准之前，团队往往需要对若干标准进行反复讨论。

各项标准的用途在于比较不同的项目，而不是对项目进行说明。能够量化比较项目与公司整体战略的匹配程度的标准才是我们所需要的关键标准。举例来说，一位总经理曾经介绍了一个可以对惠普业务的影响力进行分层的标准，在1～10分的比例模型中，影响力小的得2分，影响力大的得6分，直接关乎一项业务成功的得8分，直接关乎多项业务成功的得10分。一般来说，任何一个被提及的项目议案对公司都是有价值的，而设定标准就是为了从中筛选出最优秀的一个或一批项目。

有些公司用叙述的方式解说每个项目为实现公司的愿景所做出的贡献程度，还有一些公司用数字评分来辨别项目的重要程度是等同、稍好还是更优。设定标准的界限或阈值有助于项目的计划活动，便于公司将资源投放到重点项目上。

针对各项标准制定一份详细的说明有助于理解衡量过程中都需要哪些数据和信息。在惠普公司，一个由三四个人组成的团队花费五天时间制定了一套辅助决策的相关标准。这只不过是个开头，接下来他们又邀请客户一起对标准达成一致认可，然后才开始按此标准对项目进行筛选。当人们发现他们错误地假定了某件事，比如对包装的理解是一致的，不由得发出一声"原来如此"的感叹，事实上，有些人给包装下了比其他人更广泛的定义，这种误解只有通过集体讨论才可能发现。在被问到团队在选择项目的过程中是否遇到过挫折时，团队的领导者回答说："假如说选择结果不尽如人意，那也通常是标准制定得不到位的缘故。"遗憾的是，目前还有大部分的管理团队没有预先制定标准的耐心和保障团队走向成功的纪律。

在开展下一步工作前，管理团队还要评估各项标准的重要性，为每一项标准设定一个加权因子。所有的标准都是重要的，但是有些比其他的更重要。图3列举了某个团队通过头脑风暴讨论出的四项标准，而后整个团队又分成不同的小组分别进行评分设定了权重。与设定阈值不同的是，他们选用了"行/不行"的控制方法，所有项目都必须在某种程度上满足标准之后才可放行。为标准设定权重是出于择优的目的。该团队的另一个发现是，在开发有效的衡量标准的过程中，权重的设定比"行/不行"的判断复杂得多。

作者凭经验认为，大家都期待着有标准可依，可是现成的标准通常并不存在或者没有正规化。有效的标准可以规范组织的行为。假如人们知道选择项目的评分法则，他们就会以一种积极的方式提出更有效的建议方案来。不利的一面是也会有人利用标准做文章来实现个人的目的。这时团队的领导者有责任去辨别真伪，提醒人们以公司的利益为重。制定标准时，公司的主要精力应放在规范决策者的行为上。我们警告大家，这是一个敏感的、需要做大量说服工作的棘手问题。

2. 公司能够做些什么。管理团队下一步需要做的是收集有关项目的数据。为了使项目评估过程更容易进行，在描述每一个项目时需要使用相同的数据。鼓励大家进行广泛的分析，并且就每个项目的主要特征进行辩论。在这期间，可以对产品、项目类型以及如何使项目组合多元化等基础问题进行提问。重新审视客户的需求、未来的发展趋势、商业契机和新的潜在市场。汇总数据的人应该对项目利润和成本进行复核而不是简单地接受提议者的假设。团队的每一个成员都应该对数据的质量负责任，考察数据的来源和收集数据的技术。在汇总成本数据时，建议使用基于活动的成本核算法，而不是基于设备、劳动力或者管理费用的传统方法。基于活动的成本核算法包括了沟通、公关、间接人工等成本，这也是一个项目获得成功所必不可少的因素。

管理团队依据标准进行选择逐步减少项目的数量。对运行中的项目，其成本支出已经超出了原始预测的项目，要加以取缔、压缩或者重新审视，因为一旦有具有竞争力的对手进入市场，游戏规则也就随之改变了。选择过程有助于整顿那些当前经营战略已经不再需要且消耗过多资源的项目，这些项目都是在从前的业务规划基础上构思的。先将那些必须实施的，或者通过简单的行/不行分析即可做出判断的项目识别出来，这样可以大大缩短团队的讨论时间。例如那些与法律、人事或环境条件有关的项目，可以略过选择过程，直接进入资源配置阶段。接下来是识别哪些项目可以延期，或者等到资源到位之后再启动。另外需要考虑的是能否从供应商或者承包商处直接获得项目可交付成果从而避免内部制造的麻烦。邀请客户参与到讨论中来是一种明智的做法。此外，各项目与组织总体目标的相符程度需要进行定期的评估。

没有必要过于强调评估标准的一致性。事实上，不同的项目类型采用不同的标准评估反而更加有效。同样，随着项目进入不同的生命周期阶段，应当考虑调整标准的权重值。库马尔等人（Kumar et al.）的研究表明，项目初期最重要的评估标准是"项目目标与公司的全球战略思想协调一致"。其他标准，比如科学技术的可获得性，则是到了后期商业评估阶段才逐渐凸现出来的。有些团队在经历了多次失败之后才猛然发现，他

客户满意度（28%）	员工满意度（7%）
● 提高服务水平 ● 信息/交易更准确、更连贯 ● 保证交付预期服务	● 丰富员工知识 ● 提高员工工作效率 ● 改善工作/生活平衡问题 ● 正确引导员工调查的积极性 ● 平衡工作强度
商业价值（46%）	**过程有效性**（19%）
● 抓住机会取得成功 ● 降低实施和可持续发展的风险 ● 加强与合作伙伴的关系 ● 在两年内实现正的投资回报率 ● 促成商业目标的实现	● 指导员工一次做对 ● 加大服务性产品的技术含量 ● 减少手工操作和非增值活动 ● 加强员工自律性

图3　惠普公司某团队开发的选择标准、子标准以及权重

们屡屡陷入困境是因为把精力放在了项目的技术含量和财务因素上，而不是先重点考虑项目与组织战略目标的相关性。

库柏（Cooper）（在他之前也有其他人）认为，运作良好的公司在做项目组合计划时并不使用财务模型，而是使用战略投资管理的方法对项目进行选择。这个话题如今仍然是一个争论的焦点，尤其是对那些以净现值作为唯一标准的人而言更是如此。决策的难点在于标准中含有多少带有假想成分的预测数据。作者的经验是，运用集体的智慧，并对战略目标进行有形的验证，能够获得更好的结果。简单依赖计算机财务运算往往会导致对计算方法的争论和对数据可靠性的怀疑，增加团队的无效劳动。

收集数据的下一部分是为每一个潜在的和已存在的项目估算时间和它们所需的资源。这些数据可以从过去的项目、统计资料或者模拟中得到。惠普项目管理办公室通常强调自下而上从工作分解结构和进度计划中层层获取公司数据的方法，同时把条件假设记录在案，以便在日后的运行过程中加以对比。对新的或者未经历过的项目，估测时要做好充分的准备，从最初的调研阶段着手，储备资源以应对项目的灵活性。一旦有更多信息在手，团队就可以核查这些预估的数据。不断地对实际数据与预测数据进行跟踪，积累经验，可大大提高估算的准确度。

接下来，管理团队开始分析公司内外部的资源能力，探讨项目实施的可行性。分析时要根据资源来平衡项目与非项目工作，结合其他的项目需求、假期、会议、个人任命等诸多干扰因素进行综合分析。

提示：聪明的人对资源的计划用量往往不超过资源储备的50%。

考核项目组合质量的另一个维度是对淘汰的项目进行分析。惠普公司创始人比尔·休利特（Bill Hewlett）有这样一个故事，据说他曾经建立了一种评估管理者绩效的方法，专门考核那些被抛弃的意见。他解释说，如果被抛弃的东西都足够好，那么留下来的自然就是非常优秀的。

开展项目选择各步骤活动为的就是选出特别重要的少数项目。团队可以用一种方法进行多次筛选，也可以用不同方法进行一次筛选，根据不同的标准把合适的项目列成清单。图4表示的是一种筛选后的结果，其中筛选1是一次粗糙的筛选，考察的是项目对战略目标的影响力。在获得更多数据之后，运用其他标准还可以进行1次至n次的再评估。任何有助于评估的数据都可以被反复使用，直到团队对筛选的结果感到完全满意为止。筛选的步骤实际上为很多项目节省了时间，因为如果所有可能的项目都能顺利通过筛选，那么接下来用于分析的时间就大大缩短了。

通常在完成以下步骤之前有必要经过几个确认的程序：高层管理者提出项目目标，

项目团队向高层管理者提供初始成本估算、进度安排和所需的资源预测，高层管理者对此不满意，于是对成本进行调整，周而复始。这是一个艰难的谈判过程，但是唯有如此才能使项目更现实地开展下去。

3. 分析和确定项目。此步骤将预计所需要的资源和现有的可用资源进行比较。一份电子数据表对于描述如何根据项目优先性分析来分配资源是很有帮助的。

有一部分分析是定性的：要注意那些临时的、机会主义的或者构思不充分的项目可能会分散公司的资源，从而阻碍日后对战略目标更有益的项目的开展。同样，需要克服忽视现有项目中的棘手问题而天真地认为"新"主意会更好的念头。有些人缺少处理在完成项目过程中的细节问题的毅力，总想着凭借从最先进的科技中得到的微弱希望寻求新的解决方案，这是一剂害人的处方。同样，也要注意在重要的项目和那些紧急但不是那么重要的需求之间做平衡。

将所有的发现和支持数据以文本的方式记录下来，通过统一的方法对其进行描述以便于对不同的项目进行比较，例如利用"项目章程"标准模式记录各项目的信息，包括项目的投资人和项目的主要特征等。

接下来管理团队就可以调配保留项目的优先程度了。在考虑项目成本之前，请先考虑项目所能带来的利润，这样做的优点是能使每个项目都得到最周全的考虑。然后再来考虑成本，看如何将有限的资源应用到最恰当的地方。计算全部收益时要通盘考虑整个项目组合，而不是单从某个项目出发，因为有些项目也许会带来比金钱更大的战略利益。要求每个项目都能带来高额利润实际上会削弱公司内部的合作。同样，随着时间的推移，项目的收益仍需要不断优化以保持其连贯性或持续性。一旦现行的项目无法继续创收，就需要及时将潜在的项目补充到项目组合中来。

通过使用事先定义好的标准和权重值，团队可以在各个类别中对项目进行比较，即用每一项标准反复衡量每一个项目。此过程可参见本文后面介绍的层次分析法(AHP)。这时可以考虑使用计算机软件来统计结果——制作每个类别的项目清单。当项目成员展示这份按优先顺序排列的项目清

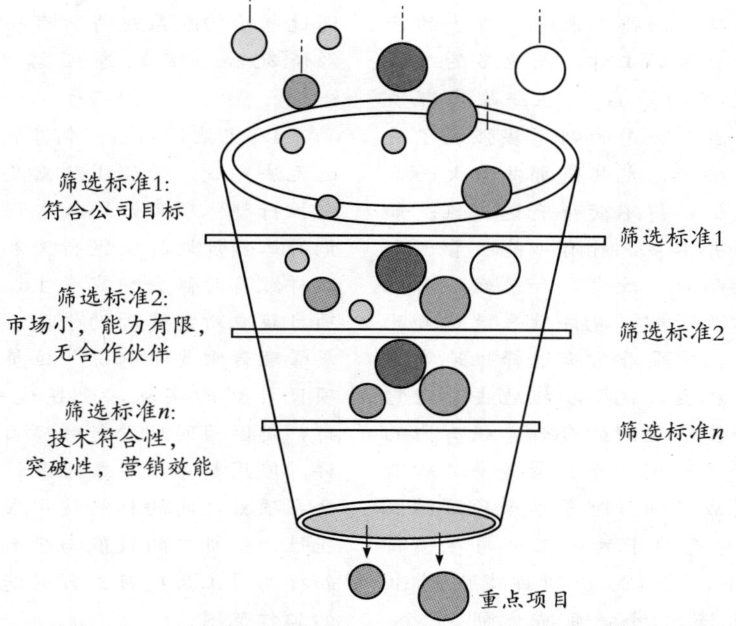

图4　按标准进行筛选，从多个项目中选择公司能够完成的重点项目的过程

单时，有可能会造成团队成员的恐慌，他们会关心自己所从事的项目被排在清单上的位置。由此可见，不同类型的项目应该分门别类进行比较和排列，将高回报率产品项目与内部研发项目进行比较显然是不公平的。

最后，团队将要实施什么项目最终决定下来，于是开始对被选中的项目进行充分的准备，并且要保证所需的资源都已经到位。此外，也要保证整体项目组合与业务战略的一致性，比如50%是平台型项目，20%是派生型项目，10%是突破型项目，10%是合作型项目。大家可能注意到项目的总和加起来只有90%，借鉴金融投资的一些经验，我们得预留一部分资金来保障项目的多样化。我们也许不能确定哪个市场或技术会增长，因此，要准备一些资金，用来做一些小投资来调查它的可能性。除了预留资金供试验性项目专用外，保留一小部分发展资金用来应对潜在的危机和突发事件也是大有必要的。

维尔怀特和克拉克赞扬一家公司把自己的项目从30个减少到11个的行为："这些变化给人留下了深刻的印象……生产力的发展因减少了2/3的项目而得到改善。更少的产品事实上意味着更多的工作，而更多的工作意味着生产出更多的产品。"在一次内部项目管理会议上，惠普公司的副总裁强调了关注少数项目的重要性，尤其是那些重大而复杂的项目："我们不得不变得有选择性。如果你手头的项目并不多，就有可能去管理那些跨职能的复杂项目。反之，如果我们有很多这样的项目需要管理，也许结果就是顾此失彼。首先，我们需要非常有选择性地审视机会，一旦抓住机会，就要积极地去管理它们。这就意味着团队之间的合作、强有力的项目管理和领导力、同一个愿景等——所有这些加在一起促成了项目群或单个项目的成功。"鉴于此，惠普旗下的一家公司在项目委员会的倡导下，将120个项目减少到30个。另一家公司将50个项目减少到17个。这种减少在数据上是直观的，通过优化和更慎重的项目选择，公司顺利完成的项目实际上更多了。

图5详细展示了项目选择的过程，记录了得到资金的完全支持（在计划中的）的项目，而将来要考虑的（在计划之外的）项目被列在了另外一个独立的表格或者文档中。不仅是记录项目，对于推迟进行或者减缓投资的项目也要说明原因。记录计划（plan of record，POR）在惠普的各家公司中既是一种流程也是一种工具，用来跟踪所有记录在案的项目的状态。该计划记录了公司运行当中的和正在考虑中的所有项目。如果一个项目已获得了资金和各种资源，就被归为计划中的状态；如果项目处在被推迟的边缘或者还没有被提到日程上来，则被归为计划外状态。此表将项目进行了分类并按公司需求进行了组合。

惠普公司的项目经理认为，使用记录计划可以分析资源需求与现有资源之间的差距。由于诸多可变因素的存在，记录计划过程将所有人员都纳入了沟通的范围。如果有人想添加项目，管理团队就需要考虑删减哪些项目来应对。这一过程可以帮助彼此协作的两个部门就优先性问题达成一致，而不是各行其是。同时，作为一种工具，记录计划通过电子信息系统将所有项目经理掌控的资源情况和项目状态汇总到一个控制系统当中。

4. 实施计划。任何事情只要不去做就永远无法完成。管理团队需要向公司里的所有人推行整体项目计划或者记录计划来指导他们的工作计划、决策行为和项目落实。尽管这样做有时候会喧宾夺主，但这是一种保障项目获取所需资源的手段。项目团队或者高层管理者需要争取每一位员工的承诺来保障项目计划的实施，现在这一点变得切实可行，是因为同期进行的项目已经减少了。同样，使用整体计划或记录计划也可以分析机会在项目之间的杠杆作用或者流程再造的可能性，使员工的技能与项目类型相匹配，从而提高员工为项目工作的能力，并扩大他们的工作范围。

管理团队或者项目管理办公室需要将整体计划保存在一个中心位置，比如项目办公

编号	战略类别	优先性	项目名称	项目人员
1	平台型项目(40%)			
2	计划内	1	F	2
3		2	G	2
4		3	H	4
5		4	J	5
6		5	K	3
7	计划外		Next Step	
8				
9	加强型项目(20%)			
10	计划内	1	B	2
11		2	C	1
12		3	D	1
13		4	E	2
14		5	I	1
15	计划外		Fat City	
16				
17	研发型项目(30%)			
18	计划内	1	A	7
19		2	L	5
20				
21				
22				
23	计划外		Blue Sky	
24				
25	基础型项目(10%)			
26	计划内	1	Bus. Plan	1
27		2	Portfolio	1
28		3	Update	1
29				
30				
31	计划外		Corner Office	

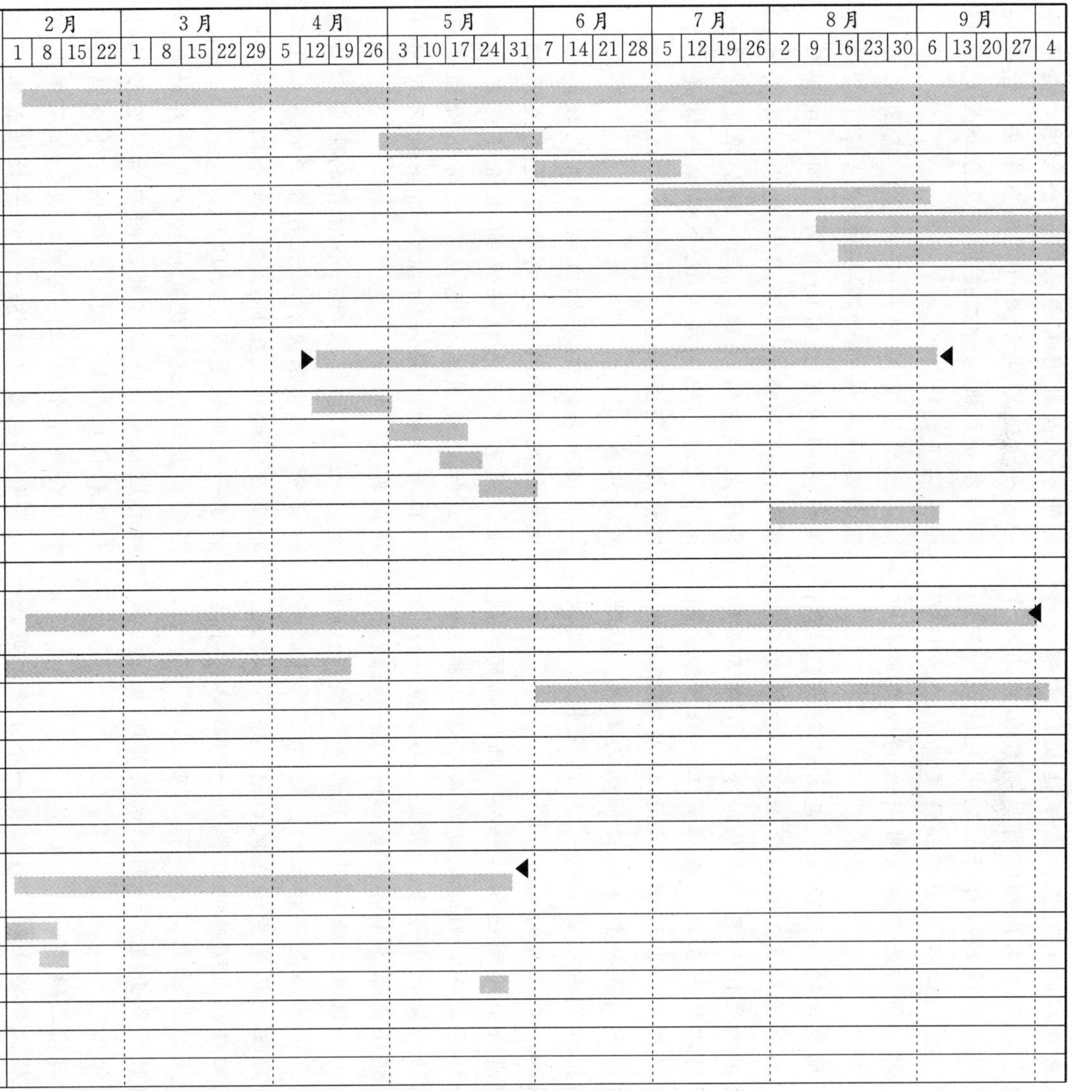

图5 一个记录计划(POR)的例子,显示了各项目的优先性及其时限

室或者在线的网页上。在不违反信息保密的原则下，让公司内部所有与项目相关的人员随时了解和获知项目计划的进展情况。假如针对计划的过程、步骤和结果的沟通力度不够，那么所有为实施项目所做的努力都有可能归于零。

制定计划的人往往也是对计划进行定期更新的合适人选，这种更新可以按季度或者应需求的变化而定。收集每个项目对资源的需求可以使用在线数据库等工具来实现。数据库不仅可以用来收集数据辅助项目计划，也可以用来支持整体项目计划的更新。这里我们把计划看成是一个“活的文档”，是对现状的一个实时的反映。

惠普公司和众多其他公司所面临的挑战是一样的，即“随时创新又要确保实施……在无情的变化中重复、重复、再重复……矗立在顶峰意味着要在混乱和时间的边缘保持平衡……这些边缘地带就是需要调整行为的地方。局面总是不稳定的。这种不稳定性意味着经理们总是生活在风口浪尖上”。对此，我们的建议是明确的：作为一个战略指导方针，计划是独立的，但是不要沉迷于计划，要随时准备去适应计划，也要随时准备去应对变化！

过程工具

层次分析法（AHP）是一个用来辅助决策过程的工具。由于很多因素交互作用会影响一个复杂的决定，因此在做出决定之前要分析哪些因素是重要的以及它们对决策的影响程度。层次分析法可以将复杂的局面梳理清楚，依据标准将有形的或者无形的因素加以识别，用一种简单的方法衡量各因素之间的相互影响，并综合所有的信息来判定各因素的重要性。接下来，还可以用成本收益分析对重要性进行考察以最终决定对项目的取舍。层次分析法将感觉和直觉有逻辑地结合在一起，按照一定的结构推导出最终的决定——它有助于在一个复杂的局面当中剥离各个不定的变量来识别事物的本质。在同一时间个人或者团队遵从同一个标准，并将其一步一步运用到方案的实施当中去。惠普公司的各分支机构都在使用层次分析法的过程中获得了益处。

这里还有另外一个例子：某团队需要就向客户提供哪种服务进行选择。被选方案多得超出了公司的能力范围。在详细了解了公司战略和产品目标之后，首要的任务就是为决策过程订立一套标准。在多次讨论之后，他们决定这个标准应该是客户满意度、商业价值、过程的有效性和员工的满意度。

接下来，这些标准被两两比较，根据优先程度进行排序。哪个是更受关注的标准，是客户满意度还是商业价值？是过程有效性还是员工满意度？是商业价值还是过程有效性？每一对组合都会被问到同样的问题。

之后，按标准对每个潜在的服务项目进行评分，以此来决定在现有资源的基础上哪个项目将被列入项目组合。这个团队同样制作了一份类似于图5的POR。

要想详细说明优先性评分和排序的电脑操作过程是一件非常复杂的事情，它涉及特征值和特征向量，因此，使用一个合适的软件包会使整个过程变得更容易。如果不具备此条件，也可以制作一份电子数据表来规范数据的结构。

虽然过程比较复杂且需要分析，但是当由计算机软件来运算时，管理团队只需专注于对运算结果的比较，那就变得简单易行了。计算机对决策过程的辅助是全面的，无论是感性的还是理性的因素，都将被彻底地应用到所有项目的运算当中。有人拒绝使用这样的决策过程，认为它需要引入太多的分析，可见这个系统不见得对所有人都适用。

使用该过程的重要利益在于它加强了管理成员之间的对话。在惠普公司经历过该过程的一些团队中，多数人都认为他们取得了比自己想象的要大得多的进步。人们承认他们开始对层次分析法着迷了，毫不犹豫地购买了相关软件。层次分析法的使用是灵活的，适用于为生产线选择产品、为项目组合选择项目，或者为一项工作选择最好的供应商或分包商。事实上，讨论比分析更有价值。案例中涉及的这种决策过程为对话提供了基础。

图 6 提供了另一个名为“简单层次法”的决策模型，它将选择标准在侧面和顶部重复列两次。假如侧面的标准比顶部的标准贡献更大，就在格子里写上 1。如果在顶部的标准是首选，就在格子里写上 0。在同一标准进行自身比较的格子内画对角线。在对角线下面的格子里，写上与对角线上面的格子里的数字相反的数（即上面的格子中是 1，这里就写 0；上面的格子中是 0，这里就写 1）。然后各行横向相加排列顺序。惠普公司的一个团队在使用这个模型时，用 18 个项目成员给定的实际数据来代替 0 或 1，然后，他们把横行相加，排出了先后顺序，并且给出了权重比值（见图 6）。

	商业价值	客户满意度	技术领先	员工满意		总分	%
商业价值	***	16	16	18	=	50	46
客户满意度	2	***	13	15	=	30	28
技术领先	2	5	***	14	=	21	19
员工满意	0	3	4	***	=	7	7

图 6　惠普公司所采用的对标准赋予权重的简单层次法

简单层次法特别适用于给标准赋予权重的模型。按照同一个标准给项目排序时可以使用这种方法，而在使用多个标准衡量多个项目时这种方法就难以奏效了。

实施中遇到的障碍

现在我们谈谈实际考察的情况。本文中描述的模型是完整的，它将主观和客观数据结合在一起。一旦该讨论的都讨论过，该分析的都分析过之后，也许人们的决定又会发生变化。有时，原因是一种预感、一种本能或者仅仅是想尝试不同事物的一种渴望。有时人们偏爱一个项目，只是用这个过程来突出它的位置，明明怀着不可告人的目的，却又不得不给周围同事一个说法，因此就为了自身利益而操纵项目的重要性。政治是不容忽视的，它无处不在。管理者在决策过程中有必要让自己的技能变得娴熟起来。任何想人为改变项目与战略关联性的行为都应遭到反对，这个道理人人皆知，但是要将它渗透到公司所有员工的灵魂深处就是另一回事了。有时候一些正义的行为暂时会与企业的文化相对立，造成合理的做法得不到公司规范的认可。决策之路上荆棘遍布。假如人们不尊重事实，也不尊重结果，那么决策过程就失去了存在的价值。

有些人反对是因为决策过程引入了太多的分析成分，有些人认为决策不过是一种互动的、直觉的或者少数人的行为。假如公司面临紧急情况，或者问题亟待解决，自然不可能从头至尾经历完整的决策过程。在没有战略、战略不明确或者人们不认同这个战略时，反对意见就会出现。有时候当人们意识到为了将项目与战略目标相连接尚有很多工作要做时，项目反而陷入了停滞状态。假如不是因为现状所带来的这种痛苦如此之大，人们也不会尝试着改变了。

一旦人们感觉到领导者没有真正奉行诸如目标、过程或者工具等要素时，就会满心疑问、毫无热情地去追随。当领导者言行不一致时，员工就算有所行动，也不可能竭尽全力使项目创造出富有意义的结果。

有效实施项目的方法

假如领导者善于提出问题、倾听相关人员的意见并尽力给予支持以使人们感觉到他们在行动过程中起到主导作用，就能顺利地带领人们走过这个实施过程。一个灵活的过程比一个呆板的过程更容易让人接受。有信心、有毅力推进过程的人才是公司的生力军。相信变化是可能的。

在付出了足够的努力之后，相信一定能找到一条收获硕果的道路。假如你在工作中正面对一个比较复杂的问题，那么尝试使用决策过程的理念吧。怀着对公司愿景的坚定信念，同时抱着足够的耐心和坚持，一步一步来实现组织的目标。这里所介绍的决策过程是分层次的——它可以支持一个或多个项目的决策，也可以运用到公司上下各层组织结构当中。

对于那些发现自己尚未采用任何办法将项目与组织战略相关联的人，笔者力劝这些团队或个人"先着手做起来"。主观条件的些许变化可能就会带来巨大的变化，成功或小规模的胜利就会出现。假如公司已开始采用这种做法，即使在项目过程中才开始应用也来得及，然后慢慢向前推进，直至扩展到整个公司。顺便提一下，一个像惠普项目委员会这样的机构可以帮助此类决策过程方法的推广。我们在此介绍惠普的案例，就是为了传播和共享成功的经验。

长期以来，我们相信一个遵循类似本文中描述的决策过程的公司会成功，这是因为在人们争论的过程中团队使用系统的方法，利用可信的数据，往往可以取得比个人判断要准确得多的结论，公司对项目的认知更客观，对话和决策的质量也有所提高。使用与战略紧密相连且被公司里的每个人都熟知的标准进行决策，就是为了对人的行为给予结构化的指导，从而减小主观臆测带来的影响。建立一个决策过程，将其推广使用并随着时间的推移对其进行优化更新，这也意味着人们通过自我学习和指导他人，为创造一个学习型的组织做出了贡献。

参考文献

1. Brown, S. L., and K. M. Eisenhardt. *Competing on the Edge: Strategy as Structured Chaos*. Boston: Harvard Business School Press, 1998.
2. Collins, J. C. and J. I. Porras. *Built to Last: Successful Habits of Visionary Companies*. New York: HarperCollins, 1994.
3. Cooper, R. G., S. J. Edgett, and E. J. Kleinschmidt. *Portfolio Management for New Products*. Reading, MA: Addison-Wesley, 1998.
4. "Expert Choice," Pittsburgh, PA: Expert Choice Inc. (see *www.expertchoice.com*).
5. Frame, J. D. *The New Project Management: Tools for an Age of Rapid Change, Corporate Reengineering, and Other Business Realities*. San Francisco: Jossey-Bass Publishers, 1994.
6. Graham, Robert J. and Randall L. Englund. *Creating an Environment for Successful Projects: The Quest to Manage Project Management*. San Francisco: Jossey-Bass Publishers, 1997.
7. Kumar, V., et al. "To Terminate or Not an Ongoing R&D Project: A Managerial Dilemma." *IEEE Transactions on Engineering Management* 279 (1996).
8. Martino, J. *R & D Project Selection*. New York: Wiley, 1995.
9. O'Toole, J. *Leading Change: Overcoming the Ideology of Comfort and the Tyranny of Custom*. San Francisco: Jossey-Bass Publishers, 1995.
10. Saaty, T. L. *Decision Making for Leaders*. Pittsburgh, PA: RWS, 1990.
11. Stacey, R. D. *Managing the Unknowable: Strategic Boundaries Between Order and Chaos in Organizations*. San Francisco: Jossey-Bass Publishers, 1992, p. 62.
12. Turtle, Q. C. *Implementing Concurrent Project Management*. Englewood Cliffs, NJ: Prentice Hall, 1994.
13. Westney, R. E. *Computerized Management of Multiple Small Projects*. New York: Dekker, 1992.
14. Wheelwright, Stephen and Kim Clark. "Creating Project Plans to Focus Product Development." *Harvard Business Review*, March–April (1992).

问题

1. 为什么说成功项目对于惠普公司来说如此重要？

2. 当一个评估团队试图评价项目对公司使命和目标所做的贡献时，应该评估到什么程度？

3. 惠普公司在开发评估标准时匠心独具，这些衡量标准能否简化项目选择过程，是否还有其他目的？

4. 整体项目计划和记录计划向高层管理者提供了哪些信息？

5. 在什么时候应该考虑将计划外项目纳入项目组合范围？

6. 你认为惠普公司的项目选择过程对若干候选项目的影响力如何？你认为惠普公司的项目管理成熟度应该评几分？

7. 新型项目选择过程是如何处理非数值项目的？风险在哪里？此新型项目选择过程是如何改变惠普公司新项目议案的？

第 3 章 项目经理的职能

第 3 章和第 4 章将讨论与 PMBOK 知识领域 6——人力资源管理有关的问题。上一章我们对项目评估和项目选择工作进行了介绍。在项目开始下一步工作之前，必须任命一名项目经理（PM）。任命项目经理（项目“领导者”）不仅对于启动项目是重要的，而且与项目团队、资金、物资以及任何其他的投入相比，项目经理也许是投入项目的主要资源，因此在这里我们要做详细讨论。作为领导者，项目经理在启动项目之后，将会承担起计划、实施以及完成项目的责任。实际上，启动项目的方式就是召开一次会议。我们将在第 5 章讨论项目启动会议，因为这是项目计划过程的第一步。

一旦选择了投资的项目，或者在此前高层管理者认为比较合适的任何一个时点，就可以选择并任命一位项目经理。如果项目经理在项目选择之前就得到了任命，或者项目是由项目经理发起的，那么一些通常的项目启动工作就可以得到简化。有时项目经理是在项目生命周期的后期任命的，这种情况通常是替换另外一名即将离开项目、担任其他工作的项目经理。例如，一家大型的农产品公司通常由资深的科学家来担任项目经理，在项目的技术问题得到解决、产品通过检验以后，市场营销已成为项目的关键问题，此时公司就会用一名市场营销方面的中层经理来替换这位科学家（按照公司发言人的说法，过渡工作是比较困难的，结果有时也并不令人满意）。

通常情况下，高层管理者会向项目经理简要介绍项目的基本情况，这样项目经理就会了解该项目在公司总体规划框架中所处的位置，并且了解该项目相对于系统中的其他项目和组织的日常运营工作所具有的优先次序。项目经理最初的工作任务通常包括：编制初步的项目预算和进度计划，选择项目团队成员，了解客户（内部的或外部的），确保所需的设施已准备就绪，确保项目生命周期早期所需供应品在需要时可用，以及密切注意维持项目运行的日常事务。

随着新的人员不断加入项目，计划和进度不断得到完善。在项目整个生命周期中，项目管理工作的细节内容是逐渐清晰起来的，这种情况甚至持续到项目工作最终完成，制定项目终止计划的时候。

项目中需要建立一定的机制，以方便项目经理与高层管理者、职能部门以及客户进行沟通。随着计划工作的深入，项目经理需要召开会议以确保所有将会影响项目或被项目影响的人员提前做好准备，以便在项目实施时满足所需。

在这一章中，我们将会讨论项目管理的特性以及项目管理与职能管理的一些不同。我们的重点是项目经理的职能和责任。我们将把注意力集中在对项目经理的要求上，特别是对项目经理的独特要求。例如，一名项目经理必须在软件程序里添加安全/保密字段，而另一名项目经理必须为一家国际化学品公司设计和应用全球性的数据库，他们所面临的挑战是不同的。然后我们识别出项目经理需要具备的技能，并把这些技能与项目经理所面临任务的性质联系起来。

在介绍项目经理工作的过程中，最好将其工作与关于项目性质的一些假设和项目运行所在的组织联系起来。我们假定公司是职能型组织，该公司在进行日常运营活动的同时正在实施许多项目。我们还假定这是一个规模相当大的公司，项目拥有一些技术部分，而最终成果交付给一位与其有正常交易关系的客户。显然，并不是所有的项目（甚至可能不是大多数项目）都在这样的环境中运行，但这样的环境对项目经理的要求是最高的，我们所介绍的是项目经理有可能面临的最难的问题。那些小型的简单项目可能并不需要使用我们将要介绍的工具，但是此类项目的项目经理应当知道这些工具的存在。我们所说的“技术部分”不只包含硬件，任何一家有着一套明确的完成使命方法的公司都有技术部分。例如，在大多数信息系统项目中，系统分析和功能要求陈述均包含在技术部分中，就像“尽职调查”文件是安全工作的技术部分一样。

到目前为止，我们对项目经理所应具备的正常、合理的技能，以及在正常、合理的环境下开展的工作已经有了一些概念。在这一章的最后三节，我们将会讨论与项目经理有关的一个重要的复杂问题——在跨文化的环境中实施项目管理工作。我们强调“跨文化”并不仅指那些成员组织在地理位置上超越国界的项目，实际上，重要的不是超越国界的问题，而是文化上的差异。进一步说，重要的不仅是文化上的差异，还应当包括项目运行环境之间的差异，比如经济、政治、法律和社会技术环境。跨文化项目是项目经理面临的重要挑战，但这种项目也具有获得更令人满意和更大回报的潜力。为了清楚起见，我们将会推迟到第 3.4 节来讨论这些问题。

在这一章要特别注意两个条件，它们都对项目成果有着深远的影响，而且都不在项目经理的完全控制之下，尽管在项目生命周期早期，项目经理可以通过努力在很大程度上影响这两个条件。第一个条件涉及项目在多大程度上获得高层管理者的支持。如果支持是广泛而又强有力的，项目就有更大的成功机会（Pinto et al.，1989；Zimmerer et al.，1998）。

第二个条件涉及项目团队成员的总体导向。如果他们高度地以个人职能所涉及的专业为导向，而不是以项目本身为导向，项目的成功就将受到威胁。相反，如果他们倾向于以项目为导向（即以项目中所涉及的问题为导向而不是以专业为导向），项目成功的可能性就会大大增加。正如托马斯·休斯（Thomas Hughes，1998）对赛其防空系统（SAGE）和宇宙神系列运载火箭（Atlas）项目所描写的那样：

> 工程师、技术人员和科学家组成的团队倾向于以问题为工作中心，而不是以专业为中心，结果是超越专业的全新组织形式主导了系统建设的项目，而不是由受专业约束的部门来主导。这种超越专业组建团队的方法即使在近半个世纪以后仍被认为是前沿的管理方式。

3.1 项目管理和项目经理

□ 职能经理与项目经理

解释项目经理独特角色的最好方法是将其与掌管公司某一职能部门的职能经理做比较，比如市场营销、工程或财务部门的职能经理（见图3—1）。这些部门的领导通常是其所管理领域的专家。作为专家，他们是以分析为导向的，知道他们所负责部门的每一个工作细节。当他们的部门在技术上遇到困难时，他们知道如何分析和解决这些困难。作为职能经理，他们的管理职责是确定如何做、谁来做，以及投入什么样的资源以完成任务。

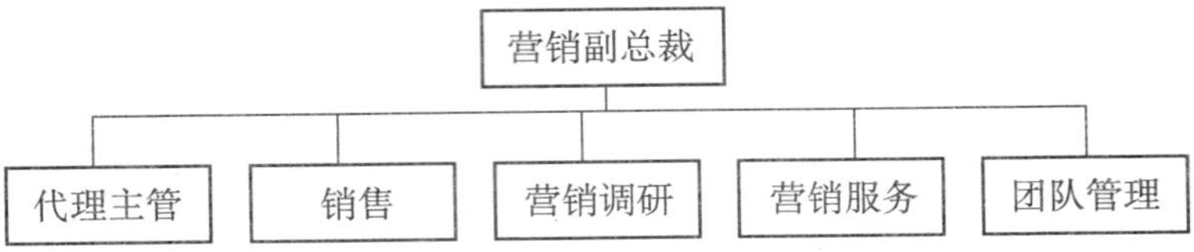

图3—1 职能型组织结构图：保险公司的营销部门

项目经理通常是作为某一领域的专家开始其职业生涯的。他在毫不知情的情况下收到高层管理者的通知，将他提拔为项目经理，负责"刻不容缓"的项目。现在他必须化蛹为蝶，由技术专家转变为多面手（如果想得到这种变化过程的卓越指导，参见Matson，1998）。项目经理，不管是新手还是经验丰富的老手，都必须监督许多职能领域的工作，而每一个领域都有其自身的专家（见图3—2）。因此，项目经理必须具备把一项任务的许多组成部分整合为一个整体的能力，也就是说，项目经理应当更善于综合，而职能经理应当更善于分析。职能经理使用分析（分解）型的方法，项目经理则使用系统（集成）型的方法。

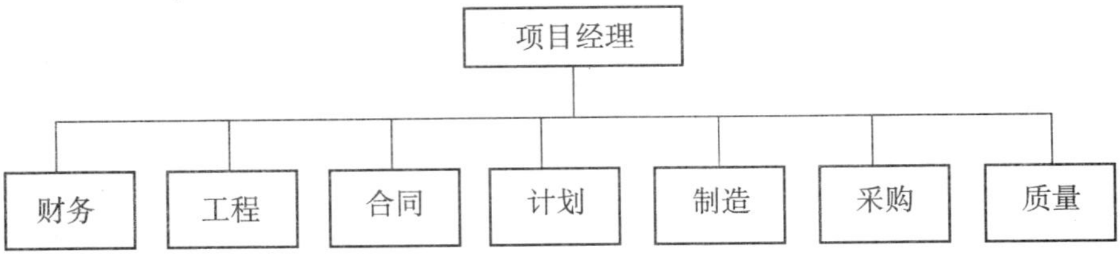

图3—2 项目管理组织：项目经理的责任

我们需要暂时偏离一下主题来简单描述一下"系统方法"是什么意思。系统可以定义为有目的地接受输入及产生输出的一组相互关联的元素。这个简单陈述的含义要比其字面上的意思复杂得多。第一，"有目的"一词将我们的注意力限制在系统要以某种方式涉及人的因素。机器是没有目的的，只有人才有目的。第二，"输入"和"输出"的概念暗含了系统中获得输入和产生输出的界限，这个界限将系统与其环境区分开来。第三，系统元素之间相互关联的性质决定了系统的结构。

分析方法致力于将系统的组成部分分解为越来越小的元素。我们并不是说这种方法是错的，但是它对于理解复杂系统而言是不够的。例如解剖青蛙的工作，不管解剖者的技能如何或者青蛙被解剖到何种程度，解剖仅仅能让我们了解青蛙这种动物的一部分。系统方法认为，要想了解组成部分就必须了解组成部分所在的系统，而要想了解系统，就必须了解系统所在的环境（或者更大的系统）。约翰·范吉格（John van Gigch，1978）在他所写的一本关于系统方法的优秀著作的开头引用布雷斯·帕斯卡（Blaise Pascal）的话说："我发现，如果不了解整体就不可能了解部分，如同不了解具体部分就不可能了解整体一样。"

采用系统方法对项目经理来说至关重要。项目经理如果不了解项目所在的项目群、项目群所在的组织以及组织所在的环境，就不能了解，也不能管理这个项目。你可以考虑一下下面的这个项目管理问题：该项目主要的工作是开发一种能够创建并维护数据库的软件，你承担了这项任务，但对将要应用该数据库的决策支持系统、包含决策支持系统的电脑操作系统或者对数据库中的信息做何用处等一无所知。关于系统方法的文献非常多，博尔丁（Boulding，1956）、丘奇曼（Churchman，1979）、范吉格（van Gigch，1978）和斯坦福·比尔爵士（Sir Stafford Beer，1985）的著作都是这一领域的经典。

我们对项目经理与职能经理之间的比较揭示了两者之间的另外一个重要区别。职能经理是一个直接的技术上的管理者，项目经理则是项目的推动者和全面负责人。这种简单的说法虽然是正确的，却容易让人误解。两者都需要具备专业技术知识。职能经理的知识一定是其所管理领域中的技术知识，项目经理则必须掌握项目管理科学（Sahlin，1998；Zimmerer et al.，1998）。这还不够，对于项目中开展的一些工作，项目经理也必须具备一定的技术知识。然而，研究人员对项目经理应该具备何种程度的技术知识存在着较大的分歧。对这一问题的相关研究，可以参考相关文献（Grant et al.，1997）。然而这些分歧并没有削弱项目经理作为项目推动者的重要作用。我们认为，强有力的证据证明项目经理应当既是全面负责人，又是项目推动者，同时应当具备项目管理科学中相当丰富的技术知识。我们在后面讨论项目经理需要具备技术可靠性时会再次讨论这个问题。

在进行综合这项工作时项目经理面临三个主要问题：需要做什么、必须什么时候做（如果不想项目被延迟）和如何获得工作所需的资源。尽管项目经理要对项目负责，还要取决于项目的组织方式，但职能经理仍有可能做出一些根本性和关键性的项目决策。例如，他们通常会选择从事项目工作的具体人员，会在技术上设计项目完成方案的细节内容，经常会影响项目资源的具体配置。需要再一次强调的是，职能经理对于项目结果不承担什么责任，或者不承担直接的责任，当然这取决于项目的组织方式。本章后面（以及第5章）会提到，虽然职能经理的这些做法可能有助于成功完成项目，但这种职能经理和项目经理权力的分割也是两者颇感不适的原因之一。在这里需要注意，项目经理负责项目的组织、人员配备、预算、指导、计划和控制工作。换句话说，项目经理管理着项目，但是职能经理可能会对项目拟使用技术的选择以及将要做这项工作的具体人选产生影响（项目经理与职能经理进行协商以指派实施特定项目工作的具体人选，这种情况很常见）。关于这种安排是符合逻辑还是不合逻辑的争论没有任何意义。项目经理不允许职能经理篡夺对项目的控制权，若篡夺了控制权，职能工作很可能凌驾于项目工作之上，项目将会受到损害。同时，职能经理不会允许项目经理接管职能领域技术决策的权力，或者控制职能领域人员的指派。

有时高层管理者（经常是项目经理的直接上级）将会通过对项目经理的每一项行动实施极其密切的监督而实际上接管项目经理的工作，或者干脆直接指挥项目经理该怎么做。所有对项目经理的正常授权被收回了，项目经理的老板运行着整个项目，这种情况称为微观管理*。微观管理扼杀了项目经理或项目工作者的创造力和主动性，打击了与项目有关系的几乎所有人，即便项目没有失败，其绩效通常也是平庸的。高层管理者认为这种控制是合理的，他们的说法通常是“项目终究是我的责任”，或者“你必须理解这个项目对公司来讲有多么重要”，或者“大老板期望我密切注意这里发生的一切”。这些胡言乱语听起来合乎情理，却经不起分析。第一种说法否定了授权的好处，第二种说法假定除了讲话人之外其他人都很愚蠢，第三种说法是对妄自尊大的一种好听的说法。坦率地说，我们不知道如何纠正或者防止微观管理，只有对其同事缺乏信任而必须控制所有事情的人才会这样做。微观管理者对任何试着帮助他们的人来讲一点也不讨人喜欢。我们对处于微观管理活动中的项目经理提出的慎重建议是：请求调离该岗位。

与之相反的一种情形是：项目经理、职能经理、项目团队和项目经理的上级之间的关系具有和平共处的特征，这个组织完全由有识之士组成。在这样的组织中，冲突被减少到最低限度，合作是行为准则，没有人特别关心谁得到了功劳，项目成功的可能性很大。在这一章后面的部分以及其他章节中我们还会进一步介绍如何建立和维护项目团队。有效的团队往往在和平共处的模式中运行。然而，值得注意的是，平庸之辈之间的和平共处将会导致项目失败——即使项目团队成员总是笑容满面。

□ 项目职责

项目经理的职责非常广泛，主要可分为三个各自独立的领域：对公司的职责、对项目和客户的职责以及对项目团队成员的职责。对公司的职责包括：对资源的妥善保护、及时准确地进行项目沟通以及对项目精心而有效的管理。在第10章讨论项目管理信息系统时，我们会正式讨论项目沟通的作用，在这里必须强调一点：使公司的高层管理者充分了解关于项目的地位、成本、时间安排和前景的信息是非常重要的。高层管理者应当知道项目未来可能发生的问题。项目经理应当向高层管理者说明发生超预算或工期延误的可能性，同时要说明减少这些可怕事件发生可能性的可用方法。如果项目经理想要保持其信誉，使公司避免承担较大的风险，以及使高层管理者能够在必要时参与调停工作，那么其报告就必须是准确、及时的。最为重要的是，项目经理绝不能让高层管理者感到意外！

项目经理对项目和客户的职责是：尽管对项目拥有合法权益的许多当事方提出的要求有冲突，但一定要确保维护好项目的整体性。比如，市场营销部门响应客户的意见向工程部门提出变更建议，工程部门却拒绝了，此时项目经理就必须对工程部门进行协调。与此同时，合同管理部门声称，如果没有提交正式的变更要求指令，客户就没有权利要求变更。生产部门则声称，如果不彻底进行重新设计，市场营销部门的建议在项目中根本无法实施，对此争论毫无意义。

项目经理身处这种混乱局面的中心，必须能够从误解中寻求理解，化解矛盾，平衡利益，满足客户的需求。我们应该牢记的是，在费力地应付这些问题的同时，项目经理保证项目按时完工、不超预算、符合规范的责任一点也没有减轻。

尽管有些人（也许有许多人）在项目中“为项目经理工作”，但项目经理没有直接的下属也是很寻常的，这个问题在第5章就会很明白了。这些人组成了我们所称的

* 也叫事必躬亲式的管理。——译者注

项目团队。尽管人们被吩咐为一个不是他们老板的人工作有点怪，项目经理与项目团队的关系可能要比人们预料的紧密得多，尤其是当项目团队成员花费大部分或者全部的时间来从事项目工作时。

项目经理对项目团队成员的职责是由项目本身的暂时性和团队的专业性决定的。因为按照定义，项目是一项临时性的任务，必定有结束的一天，所以项目经理必须关心项目团队成员的未来。如果项目经理没有考虑如何帮助项目工作人员回到他们原来的职能部门或者加入一个新的项目，那么随着项目临近结束，项目工作人员将会越来越多地关注如何保护他们自己未来的职业生涯，而较少地关注项目的按时完工。在第13章中我们会更详细地讨论这些问题。

许多年前，有人曾建议，那些受教育程度高的研究人员需要"特殊类型"的管理方式。在一家大型的研究机构中，如果一位科学家提出了一个非常有前景的主意，这位科学家就被任命为项目经理，公司高层管理者认为该科学家（项目经理）不应当被保证进度和控制预算这样的烦琐细节所搅扰，结果导致该科学家对这些信息一无所知，而一名与项目没有正式联系、对项目实质性内容知之甚少或一无所知的局外人却拥有所有成本和时间方面的数据。过去的很多事例都表明，这样做的结果是项目的预算和工期总会大大超过计划。

这种类型的管理后来被称为"花呢外衣式管理"。这个概念建立在两个有趣的假设之上：第一，所有做研究的科学家都穿花呢外衣（很可能在肘部还缝有皮革）；第二，接受正规教育的程度越高，日常生活的能力就越弱。就我们所知，没有任何证据支持这两个奇怪的假设。像大多数人一样，科学家似乎对关爱式的、支持性的管理风格反应积极。如果明智的高层管理者提出要求，他们似乎也能做好诸如成本和时间等数据的记录。

□ 项目经理的职业发展

许多公司同时实施着不同类型、不同规模的多个项目，其中有许多项目并不非常大或者特别复杂，不需要专职的项目经理。许多项目经理同时负责几个项目。例如，经常有这种情况：一家中型或者大型的公司承担一个使书面记录计算机化的项目群，其中可能包括几百个项目。为了确保工作的一致性和内部数据传输的便利性，这个项目群通常由计算机软件开发小组所在的部门来管理，而不是将其分散到编制或者使用特定记录的部门中去。整个项目往往要花上好几年的时间。

在进行计算机化项目的同时，该公司也许正在计划设立一家新的工厂（3年），正在承担着数十个研发项目（1～7年），正在美化莫什特区（Mussent Point）工厂周围的景观（2个月），正在考虑收购另一家公司（6个月），正在更新一家工厂的设备（2年），正为公司在各城市的办公室购买艺术陈列品（1年），正在计划召开年度股东大会（3个月），以及正在进行大量其他的事情，上述许多事情都是按照项目的方式来组织的。

是谁在管理这些项目？公司从哪里找到能够管理如此众多项目的人才？在第1章，我们曾经提到项目管理的职业化及其快速发展，提到了PMBOK，也提到了该领域的大学课程和学位项目的发展。尽管受过学校教育的项目经理的比例正快速增长，但是还有许多项目经理没有受过这一领域大学程度的教育。越来越多的私人咨询公司提供项目管理方面的指导，以及提供培训帮助个人为项目管理协会（PMI）创办的项目管理师（PMP）考试做准备。

那些由经验丰富的项目经理来管理的大量规模较小、期限较短的项目，除了项目本身的产出物外，这些项目还为新的项目经理提供了一个非常好的培训环境，可以使他们参与小型项目的某项重要工作，为做好项目经理工作做准备。许多企业（如宝洁公司）经常给管理实习生分配一些项目管理工作，比如，通过测试程序确保一种新款的化妆品不会对使用者产生有害影响。这些经历可以使实习生学到许多东西，比如，有组织的计划工作对于达到目标的重要性，“坚持到底”的重要性，与合作者协商的重要性，以及对于组织政治现实所具有的敏感度的重要性等。即使是一个小型项目，仍然可以通过管理项目而获得技能和经验，只是相对于管理大型项目而言规模减小了。因此，项目工作为未来管理人员的成长和组织管理技能的发展提供了很好的环境。

关于这个问题最后需要注意一点，如果我们介绍的项目管理过程给你以有序、有条理的印象，我们向你致歉。如果能用一个词来描述项目管理工作，那么这个词会是“杂乱无章”。在一篇优秀的论文中（任何对管理实践感兴趣的读者都应该阅读这篇论文），考特（Kotter，1982）认为，一般的管理者并不像大学生所认为的那样条理分明、刻板严谨。毫无疑问，项目经理也是如此。管理中缺乏组织性和结构性这一基本点使得项目经理必须做好计划工作，并发挥良好的组织技能，否则项目将难以管理。

项目经理的职业发展通常是从参与小型项目开始的，然后是参与较大的项目，直到开始负责小型项目，然后负责较大的项目。例如，项目经理的职业发展路径可以是：小型项目U的设备安装经理，更大型项目V的项目工程师，大型项目W的生产经理，大型项目X的副项目经理，小型项目Y的项目经理，大型项目Z的项目经理。

建立通往组织高层管理者的多种职业发展路径，是一项说起来容易做起来难的工作。除非一厢情愿，否则除了极少数例外①，我们想不出哪些具体的职业发展路径可以让项目经理升迁到CEO的职位上。然而在许多公司中，作为项目经理的经历确实是在公司内部获得升迁所必需的或者最好应具备的一个条件。这种观点的逻辑是很明显的，项目经理在不借助法定权威的情况下，在一个即使不混乱也不确定的环境中完成项目目标的能力，可以清楚地表明一名项目经理是否具备高级管理岗位所需的能力。

项目管理实践

丘吉尔成为一名项目经理

温斯顿·丘吉尔（Winston Churchill）被公认为是20世纪最伟大的领导人之一。当他在1940年5月成为英国首相时，第二次世界大战的形势急转直下，他采取了哪些措施？他是怎样改组内阁以扭转危险局面的呢？不管是身处1940年的丘吉尔，还是今天的商务人士，都要在企业、业务部门、项目层面对其组织进行变革。

---

① 例如，礼来制药公司（Eli Lilly and Co.）发现新药开发项目经常会持续8～12年的时间，没有一个项目经理愿意管理耗时那么长却没有升职机会的项目，因此礼来公司为其项目经理建立了可能通向公司高层管理者的职业发展路径。该公司已经建立了通过“行政管理”或“研发”成为高层管理者的职业发展路径，并且已经证明了这两种路径的可行性。

项目经理需要具备项目选择、启动、定义、计划、风险管理、资源管理、预算、沟通、追踪问题和进展状况以及评估绩效等方面的经验。丘吉尔拥有丰富的管理大型项目的经验，他曾经参加过海军备战、制定加利波利战役计划、协调战争物资和坦克的生产以及运作国家资金等工作。

除了经验之外，项目经理还需要具备业务、技术、行动能力，当然也包括在领导技能方面具有很强的能力。丘吉尔的情况是：

（1）他比任何人都了解国家面临的挑战。他从第一次世界大战中吸取了许多教训，使得他能正确决定1940年5月优先考虑的事情。当时最重要的是缺乏一项核心政策以破坏敌人的后勤补给，从而延长英国的抗战时间。

（2）他很清楚技术的作用，非常重视应用技术所带来的优势。例如，在1915年，虽然是海军大臣，但他资助了最初的坦克设计工作。1938年他支持了雷达的开发。尽管他会参与技术上的讨论，但是会把决定权留给他信任的副手——一个他认为能够胜任此项工作的人。

（3）他在领会人们的行为方面非常精明，知道如何激发他身边的团队。沟通管理是他在1940年所实施策略的基石，他与各方面进行沟通（内阁、政府、人民）以避免任何意外情况。

当65岁的丘吉尔在1940年成为“项目经理”时，他必须找到领导国家前进的力量，走出最危险、最黑暗的年代，最终打败顽强的敌人。丘吉尔已经为此做好了准备，他一直认为自己注定要领导这个国家。当接任首相一职时，过去的经历使他很明白自己承担的责任，并且能够从棘手的国际谈判或者激烈的政治斗争中借鉴经验。他准备得非常充分，这使得他在采取实际行动时没有浪费时间。

在第二次世界大战期间，作为一名历史学家，丘吉尔很早就知道了将要发生什么事情。他善于最大限度地利用收集到的有价值的信息以促进项目工作。他认识到项目经理的主要目标之一是将人们团结起来共赴一项事业。要做到这一点需要相当大的可信度，而这种可信度是通过自信、坚定、勇气和对事业的忠诚得来的。

当今的企业需要密切关注经营环境所发生的变化，并且做好应对最坏情况的准备。像未来情景规划这样的技术使得企业有能力在一系列事件恶化时通过实施一个项目来应对。在当今世界，变化引发了项目。应对变化需要非常迅速，因此项目、愿景、范围需要经过仔细考虑并准备就绪，同时各方要充分了解计划的应对方案。迅速应对变化也要求项目团队根据备选项来选择所实施的项目。丘吉尔被认为是一个具有信念的人，他能够选择一项事业并坚持下去。在领导项目的同时，他的才干也随之增长。

资料来源：Mark Kozad-Holland，“Churchill as Project Manager”，series published in PM World Today，Vol Ⅷ，Connecting the World of Project Management. Also Mark Kozak-Holland’s website：www. lessons-from-history. com，accessed 2008-09-13.

3.2 对项目经理的特殊要求

这一节我们首次讨论沟通——PMBOK知识领域7。这个问题在第3.4、第3.6、第4.3和第4.4节还会作进一步讨论。

对项目管理工作有许多独特的要求，项目经理的成功很大程度取决于他满足这些要求的能力。这些特殊的要求可以按如下标题进行分类。

□ 获得充足的资源

前面已经提到，项目最初预算的资源往往不足以完成任务。部分原因是项目建议人通常乐观地认为，可以投入相对少的资源完成较多的任务，有时候是由于有意少报资源要求以确保项目能够被接受从而获得投资，有时候是由于项目巨大的不确定性所导致的。许多资源采购和使用的详细内容只有在项目经理明确地知道在什么时候需要什么资源的情况下才能确定。例如，如果我们要到九个月后才会确切地知道什么型号的离心机才是最有用的，那么现在购买离心机就毫无意义。

一名好的项目经理知道需要考虑资源的权衡。一名熟练的机械师可以凑合着使用不精密的仪器来制造所需的部件，但是一名新手却不能。分包可以弥补计算机编程人员数量的不足，但是项目经理却不得不认真地指导分包商了解承包商的需求，这样做不仅成本较高而且有可能导致工作延误。在发生危机时，需要获得一些通常情况下没有提供给项目经理的特殊资源。

所有这些问题给那些本可以顺利进行的项目带来了一些麻烦。为应付这些麻烦，项目经理必须抢夺资源、寻求帮助、加班加点、“诱骗、威胁”，甚至为保证项目按时完工而采取任何必要的手段。有时额外要求的资源会改变项目的成本—收益比，导致项目不再有利可图。显然，项目经理试图避免这种情况的发生，但有些事情是项目经理所不能控制的。这个问题将会在第13章进行详细论述。

一种现象的出现加重了项目的时间和预算问题，这种现象长期以来被人们怀疑是否存在，直到20世纪80年代中期才被证实（Gagnon，1982；Gagnon et al.，1987）：负责实施和完成一项任务的人有时会高估所需的时间和成本，此人的顶头上司经常会对工作人员的悲观估计打一个折扣，但是如此一来可能会低估时间和成本；随着管理层次的提升，每提高一个等级通常会再次降低对时间和成本的估计，并且对下属用更少的资源完成同样的工作这一情况变得更加乐观，或者可能更容易忘记自己过去的一些亲身经历。作者通过非正式的手段观察了这种现象在各种组织中的发生情况，并且听取了有关于此的种种抱怨。我们怀疑这种现象反映了管理者的一种天性，即倾向于为其下属安排具有挑战性的工作，并要求他们高效地完成。仅仅认识到这个问题并不能防止其发生。上级管理者对抱怨通常会报以大笑，轻拍一下下属的后背，然后说：“我知道你能做到，你是我最好的项目经理，并且你能够……”。在第3.3节我们将会介绍在高估或低估资源需求和项目进度中的道德规范问题，以及其他的道德规范问题。

另一个问题可能会使项目经理获取资源的问题变得更加复杂。项目经理和职能经理两者都认识到可用的资源是受到严格限制的，他们面临的是“非赢即输”的局面。在这种情况下，“胜利者”可能是那些与高层管理者有着稳固政治关系的管理者。通常情况下，在项目生命周期中的某些时候，项目的成功或者生存可能依赖于项目经理与公司高层领导中的支持者或者“资助者”的“友谊”（Pinto et al.，1989）。例如，1994年一个纪念委员会在芝加哥成立了（PMI，2005），该纪念委员会要修建一个四层楼高、花费100万美元的纪念碑以纪念爱尔兰马铃薯饥荒150周年。该项目经理依靠一名教会资助者来支持项目的建设，然而在1999年这名支持项目建设的教会资助者去了另外一个城市，于是教会停止了对该项目的支持。这个例子表明，如果资助者中途离开，项目将会面临困难，需要经过长期、多年的努力才能解决。

项目管理实践

一名令人惊叹的应对卡特里娜飓风的后勤主任

梅尔文·威尔逊前一天还只是密西西比电力公司的一名市场营销经理，该公司规模较小，仅拥有1 250名员工，位于密西西比州的格尔夫波特，但是第二天，在卡特里娜飓风袭击了新奥尔良和格尔夫波特之后，他突然成了该公司应对飓风的后勤主任，负责在12天之内恢复195 000名用户的电力供应。尽管密西西比电力公司总部的主供电中心被毁坏了，但还有一个后备的供电中心。然而，当威尔逊赶到那里时，发现那里也被淹了，于是他把他掌管的小组转移到了第三个地方——一间陈旧的服务办公室，没有电，也没有自来水。尽管电话不通，他们仍设法将需求写成文字传递给外界。几天内，来自24个州以及加拿大的11 000名维修人员赶来帮忙。为了安置这11 000名工人，他们需要房子、床、食物、干净的水、淋浴设备、洗衣房、推土机、5 000辆卡车、每天140 000加仑燃料、8 000支破伤风注射疫苗以及成百上千的其他诸如此类的物品。指挥像恢复电力供应这样大规模的项目远远超过了该小组的经验范围，但是他们成功了，电力在12天之内恢复供应给每一位用户。

资料来源：D. Cauchon，"The Little Company That Could，" *USA Today*，October 9，2005.

□ 人员的配备与激励

项目经理面临的一个主要问题是项目所需的大部分人员都是"借来"的。除了极少数例外，人员都是从职能部门借来的。项目经理必须与职能部门的经理就希望得到的人员进行协商，如果成功了，再与这些人员本人进行协商以说服他们承担这些富有挑战性的临时性项目任务。

当项目经理前来寻找项目精英人选时，大部分职能经理是合作的，但是这种合作是有限度的。项目经理希望得到两种类型的人所提供的服务，而这两种人也是职能经理最需要和最珍视的。第一种人员所拥有的技能是组织所必需的，同时又非常稀缺；第二种人员是最好的生产者。项目经理和职能经理都很清楚，项目经理不想要那些从来不曾有过出色表现或者曾经有过出色表现但已今非昔比的人，以及那些现在和将来都不会有出色表现的人。对个人能力的认识可能会有差别，但是项目经理总是会试图借走那些职能经理最想留住的人。

另一个问题可能会使职能经理在项目经理寻找合适人选时表现得不那么配合。有时职能经理可能会感到项目工作比其职能工作更有魅力，能够获得更大的管理荣耀，职能经理因此可能会对项目经理产生一点嫉妒或者怀疑，而项目经理可能对职能部门的日常工作没什么兴趣，即使日常职能工作是组织生存所必需的。

从表面上看，激励精干人才参与项目好像并不困难，因为项目最需要的是那些天生被项目工作内在的挑战和变化所吸引的人。实际上，若职能经理希望留下的人员与项目经理想要的人员不是同一个人的话，就不困难。一名职能部门的员工因为受到项目的吸引而离开职能部门稳定的工作，他可能会被委婉地提醒：职能经理仍控制着他的人事评鉴、薪金发放以及职位的晋升（对于这些一般规则的例外情况将会在第5章进行讨论），甚至会有这样的评论：当一个人"不在身边"时，他是多么容易失宠或者被忘记。

除非项目经理能够雇到那些能力已得到证明的外部人员，否则集中精干人员这项工作并不容易，一旦集中起来，还必须激励他们努力工作。由于职能经理控制了这些人员的工资和晋升，因此项目经理能够承诺的仅仅是工作本身的挑战性。幸运的是，正如海兹博格（Herzberg，1968）主张的那样，这往往就足够了（另见 Pinto et al.，1989）。许多项目人员都是各自专业领域的专家和能手，鉴于此，再加上他们心甘情愿地为项目工作，有一种设想就是他们一定要被“体贴”地管理。

长期以来人们认为要想确保专业人员的创造性，专业人员需要得到最低限度的监督、最大限度的自由，几乎不用控制。威廉·桑德（William Souder，1974）指出，事实上，研发实验室的产出与实验室里人员的自由程度没有关系。这个发现非常重要。最有可能的解释是科学家个人对于自由和控制具有独特的要求。一些科学家想要在工作中得到相当多的指导，另一些科学家则认为缺乏自由会扼杀创造力。那些想要自由的人倾向于在有很大自由空间的组织中工作，而那些想要得到指导的人则被吸引到提供指导的组织中。

对于日常的重复性项目（例如建设和维修项目），或者作为组织（即使是较大组织的一部分）中唯一的活动而实施的项目来说，激励问题常常并不严重。在这种情况下，项目经理可能对薪金发放和职务晋升有着相当大的实际影响。通常情况下，这些项目的骨干分子认为他们会长时间地从事相似的项目。如果他们认为项目是临时的、有风险的并且很重要，那么项目经理能够提供给他们的全部几乎就是从事富有挑战性、高清晰度任务的机会，人们感到“被需要”，在相互支持的气氛中开展工作。对于大多数人来讲，这足以促使他们加入项目。

当被问到“你怎样激励航天员”时，一名 NASA 的代表回答说：“我们并不激励他们，但是，我们关心选择了谁。”如何激励人们加入项目并为项目创造性地工作，这一问题与被邀请加入项目的人属于哪种类型紧密相关。那些最有成效的团队成员具备一些共同的特点。最重要的一些特点如下所示，但是在一般的选择过程中通常只考虑第一个特点。

1. 高水平的技术技能

团队成员应当能够在不寻求外部援助的情况下解决大部分的项目技术问题。尽管相关的职能部门已经为项目提供了技术方面的专业人员，但技术的具体应用方式通常需要由项目团队进行适应性调整。此外，大量技术上的小难题总是会引起麻烦，需要迅速处理。在这种情况下，如果这些难题必须反馈到职能部门，并且不得不与职能部门自身的问题一起（或在其之后）排队等待解决，那么项目进度将会受到影响。

2. 政治敏感性

显然，项目经理需要有高水准的政治技巧。尽管相对不太明显，但高级项目成员也需要政治方面的技巧，并且需要对组织保持政治敏感性。就像我们多次指出的那样，项目的成功依赖于公司高层管理者的支持，这种支持取决于权力在项目部门和职能部门之间以及项目与项目之间保持微妙的平衡，这种平衡可能会被那些不谙政治的人破坏。

3. 强烈的问题导向

早在休斯（Hughes，1998）的研究成果发布 25 年以前，皮尔（Pill，1971）进行的一项研究已经表明，一个包含多种专业的项目如果其团队成员是以问题而不是专业为导向的，其成功的机会将大大增加。皮尔指出，问题导向的人倾向于学习和使用任何看起来对解决问题有用的方法，而专业导向的人倾向于从他们专业的角度看问题，忽视了该问题在其所学专业知识的狭窄范围之外所涉及的方面。这当然与我们在这一章前面的观点是一致的，即项目经理应当在项目管理工作中采取系统方法。

4. 强烈的目标导向

对于那些注重行动而不注重结果的人来说，项目没有给他们提供一个舒适的工作环境。项目的工作很不规律，对于专业人员来说，每周工作 60 个小时司空见惯，可有时候看起来又无事可做。“混时间的人”不会成为成功的团队成员。

5. 高度的自尊

正如我们前面所指出的那样，对于项目（同样也适用于整个组织）的一条基本原则是：永远不要让老板感到意外。如果项目团队成员向项目经理隐瞒了自己的失败，哪怕只隐瞒了有可能失败的重大风险，项目都有可能迅速陷入麻烦之中。项目团队中的每一个成员都应该具备高度的自尊，他们不会害怕承认自身的错误或者指出他人工作可能导致的问题。他们必须坦然承担起个人工作成果的责任，并且在面对项目产出的巨大不确定性时，能够保持高度的道德标准。必须有很强的自尊，这样所有的人才能够自由地分享荣誉、分担责任。我们确信，项目经理知道“枪毙带来坏消息的信使”将会立即阻止任何负面信息从下面传上来——尽管不好的消息可能经常是从上面传下来的。

□ 障碍的处理

> 我需要的是一份我们将会遇到的未知问题的清单。①
>
> ——某经理

所有项目都具备的一个特点就是独特性，这个特点意味着项目经理将不得不面对和克服一系列的危机。这些危机，比如要求达到的项目绩效发生变更（通常称为“范围蔓延”），不仅会影响项目而且会影响项目经理，以及项目经理保持项目正常运行所需的权衡能力。这个问题将在后面做进一步讨论。项目从开始到结束，很多危机都会毫无征兆地到来。计划制定得越好，危机就会越少，但是无论怎么制定计划也不能顾及所有在项目环境中可能发生的大量变更。从职业角度而言，成功的项目经理就像是一名“救火队员”。

在项目的初始阶段，危机往往与资源有关。为完成项目而制定的技术计划已转换为预算和进度计划，并按管理等级逐层上报或者交给客户批准。在前面的章节中，我们提到有些预算和进度计划在每一级都被削减了。每当这种情况发生时，预算和进度计划的削减必定要转化为技术计划的变更。测试程序可能会被压缩，供应商方面从订货到交货的时间可能被缩短，所需的成本和进度计划到处有小规模的调整。对于那些受到影响的人而言，这就产生了危机。正如我们将在第 7 章提到的，摆脱这些危机的一个明显的方法就是在最初提交预算时多加一点。这缺乏职业道德，是一个坏主意，并且总的来说带来的麻烦要多于可解决的问题。

项目经理从经验中摸索学习，而聪明的项目经理从别人的经验中学习。项目经理

---

① 1988 年中期，作者在电子邮件中收到了许多类似的“管理引文”，它们来自一些杂志文章和“真实经理”的话，它们被放在独特的方框图案中以便于识别。

所参加的每一个项目（无论他在其中是否担任项目经理）都是其学习的源泉。其他项目经理的战斗故事和可怕遭遇是间接经验，这些间接经验与直接经验结合在一起形成了一个知识体系，为将要遇到的麻烦提供预警信号。这些知识也可以为当前的麻烦提供很多解决措施。

为了使经验派上用场，我们必须对其进行概括和组织。管理一个项目很像管理一家企业。企业经常会建立专门的日常程序来处理各种类型的危机。催交人员、订单登记人员、采购代理、调度人员、发货人员以及其他类似的人员使这个系统从订货到发货保持正常运转。人力资源管理部门帮助解决人员的问题，就像工程部门帮助解决机械上的问题一样。为了使危机得到最有效的解决，我们需要进行很好的组织，这样才能够尽早察觉并识别出危机，并将危机分配给专门处理特定类型危机的项目团队成员。尽管这一程序不能够消除危机，但确实减少了处理危机所带来的痛苦。

对解决危机的迫切需要引发了另外一个问题，我们在这里简单介绍一下。有些人热衷于处理危机，他们被称为“肾上腺素过剩者”。如果项目经理发现在所从事的项目中有这样的人在制造危机，那么该项目经理应当意识到这个人可能是故意为之。聪明的项目经理将会密切关注那些看起来对发生危机兴高采烈的人。

当项目临近结束时，障碍往往集中于两个问题：第一个问题是最后时刻进度计划和技术的变更，第二个问题是项目结束时，由项目团队成员所面临的不确定性带来的一系列问题。这两个问题截然不同，与项目经理在项目生命周期早期所面临的问题也有很大的不同。解决最后时刻进度计划和技术变更的方法是“竭尽所能”。虽然知道这种变更将会发生，并且会对项目产生中断性的影响，但除了做好“奋斗”的准备之外，项目经理别无选择。解决项目结束时面临的不确定性是一个不同的问题，这个问题将在第13章进行更详细的讨论，在这里提一下这个问题，因为这肯定是项目经理必须克服的一个障碍。解决这个问题的关键是沟通。项目经理应当与团队成员进行开放式的沟通，并且团队成员有优先发言权。“开放式沟通”的概念要求对情感、感觉、担心和疑虑进行交流，也包括实际的信息。

□ 对项目目标进行平衡

项目经理必须在项目成本、时间、绩效等目标之间进行平衡，也必须在项目的进展和过程之间进行平衡，也就是说，在技术和管理职能之间进行平衡。第一种类型的平衡用来保持项目时间、成本和绩效目标之间的平衡。传统经验告诉我们，平衡的确切性质在项目生命周期的不同阶段是不同的。在项目生命周期的开始阶段，项目还处于筹划之中，此时项目绩效被认为是最重要的目标，成本和进度计划可以为项目的技术要求做出让步。在接下来的设计阶段，项目的发展势头得以积累并不断增长，维持在巅峰状态。因为在这个阶段，成本以最快的速度积累，所以成本目标被认为优先于项目绩效和进度计划目标。最终，当项目临近结束时，进度计划成为最先考虑的目标，成本目标（或绩效目标）就会受到损害。研究表明（Kalu，1993），尽管这些设想看起来好像挺合理，但其实并不正确。

在项目生命周期的设计或形成阶段，项目经理对这三个目标的重视程度并没有明显差别。表面上看这一发现的逻辑是基于这样的假定，即所设计的项目应当满足客户设置的所有目标，如果必须做出妥协，那么每一个目标都可以改变。有的时候，从客户的角度而言，适度降低成本和进度计划目标以换取更高的技术绩效水平是值得的。例如，一个计算机软件项目要求信息系统能够在3秒钟内答复查询，而公司设计的这个系统能够确保在1.5秒钟内做出回应。通过采用这个比客户的要求更为严格的额外标准，就可以达到指定的标准。

进度计划是项目增进阶段决定性的目标，比绩效目标重要得多，而绩效目标又比成本目标重要得多。科罗蓬博格等人（Kloppenborg et al.，1990，p.127）猜想，这是因为进度承诺是在增进阶段做出的。进度计划和绩效目标在项目生命周期的主体阶段差不多同样重要，两者都比成本目标重要得多，尽管在增进阶段和主体阶段之间的某些时期，成本目标的重要性会有所增加。在项目最后的收尾阶段，绩效目标要比进度计划重要得多，而进度计划又比成本目标重要得多。表3—1显示了在项目生命周期的每一个阶段，各个目标的相对重要性。

表3—1　　项目生命周期不同阶段中项目目标的相对重要性

生命周期阶段	成本	进度计划	绩效
形成阶段	1	1	1
增进阶段	3	1	2
主体阶段	3	1	1
收尾阶段	3	2	1

注：1=最重要。
资料来源：Kloppenborg et al.，1990，p.78.

第二种类型的平衡涉及的内容包括：为了保证技术进展而牺牲项目团队运转的流畅性。在项目临近结束时，我们有必要强调的是，各个团队成员都要从事许多他们并不熟悉或并不喜欢的工作，比如复制或整理最终的报告等。项目经理通过注意观察团队成员对此类工作的反应，就可以很好地了解团队成员的士气。这当然是项目经理应当选择具有强烈问题导向型的团队成员的另一个原因。专业导向的人想要一直做那些他们已准备好的和已被指派的任务，而问题导向型的人则会毫不犹豫地帮助完成任何工作，从而使项目按时、按规范在预算范围内完成。

项目经理同样有责任进行其他类型的平衡工作，这些平衡工作可能在项目管理文献中很少提到。如果一名项目经理同时管理着不止一个项目，就必须在几个项目之间做出平衡。正如我们前面所指出的那样，在这种情况下避免出现偏袒是非常关键的。因此我们强烈建议，如果项目经理管理着两个或更多的项目，务必确保各个项目的生命周期是不同的，以避免这些项目在同一时间要求同样的有限资源，项目经理被迫在项目之间做出选择。

除了要在同一项目的各个目标之间以及在不同项目之间进行平衡外，项目经理还要在项目目标和公司目标之间进行平衡，这种情况很普遍。实际上，这种平衡的必要性是项目管理的内在性质。项目经理对项目工作的热情——对于成功实施项目的基本需求，可以轻易地促使他做出缺乏职业道德的决定：（1）高估项目的收益；（2）低估项目完工的可能成本；（3）忽视实现所要求绩效的技术困难；（4）做出的平衡决策明显偏向于对项目有利，而与公司的目标背道而驰。类似地，这种热情可能会导致项目经理承担那些没有必要的风险。

最后，项目经理必须在项目、公司以及他自身的职业目标之间做出平衡决策。对职业生涯的考虑可能使得项目经理承担很多不适当的风险，或者回避某些适当的风险，这取决于项目经理对待风险的态度。

□ 失败、失败的风险以及对失败的担心

在第13章，我们将会研究一些与项目的成败有联系的特点，但是有时候要确定项目是失败了、部分失败了，还是成功了是非常困难的。实际上，在项目生命周期的某一点上看起来是失败的，在另一点上看起来则可能是成功的。如果根据对项目的理解程度将所有项目分成两个大类，我们就会发现，在实施项目时所感觉到的困难在性质和时机上存在一些有趣的差别，这种感觉对项目经理有相当大的影响。

假定第一类项目是那些通常易于理解的常规建设项目，第二类项目则正好相反，令人难以理解，具体应该完成的目标具有很大的不确定性。项目开始时，第一类项目看起来非常简单，然而随着项目的进展，自然发生的各种事情将会带来问题，大自然一贯不太友好。这些问题在项目生命周期中出现得越晚，保持项目的时间和成本计划就会越困难。在第一类项目中，时间和成本的意外事件所造成的困难，在预算和进度计划中都有所考虑，但是除非项目预算和进度计划都有相当大的富余量（这种情况不太可能出现），对在项目生命周期后期出现的问题我们几乎无能为力。从工程师到室内装修人员，每个人都知道，往往在最后的设计得到具体确定之后，又会收到变更通知单。然而第一类项目很少会因为项目延期或超预算而遭到失败，尽管延期和超预算通常都会发生。这类项目失败是因为没有准备好应对意外的危机和偏离计划的方案，或者没有合适的技术专家来完成这些工作（Pinto et al.，1989）。

第二类项目显示出一些不同的问题。在这类项目的生命周期早期就会发生许多困难，这些困难大部分都是计划问题。总的来说，这些问题有的是因为不能谨慎地确定使命造成的，有的则是项目使命没有得到客户的认同造成的。不能确定项目使命会带来许多后续问题（例如，不能制定合适的进度计划，不能找到有能力解决技术问题的合适人员，不能处理在项目生命周期后期出现的危机）（Pinto et al.，1990）。这些失败看起来常常是起因于人们不能处理项目的技术问题，事实上，之所以会失败，是因为项目的要求和规范定义得不完善，不能有效处理总会发生的技术问题（对此的进一步讨论，请见第12章）。

也许这些技术问题所造成的更严重的影响在于精神方面。技术问题的出现和解决，往往会造成所有项目成员产生普遍的悲观或乐观情绪。毫无疑问，这些情绪对于项目绩效具有破坏性的影响。项目经理必须能够处理高昂和绝望情绪的不断交替，而这项任务并不简单。当团队成员变得非常兴奋时，项目绩效将是最好的，但是当他们不管发生什么事情都假定"最后一切都会变好"时，绩效就没那么好了。绝望情绪更加有害，因为项目团队中将会弥漫着这样的态度——如果注定要失败，为什么还要尝试呢？

使项目团队成员保持一种平衡而又积极的看法是一项细致的工作。考虑到墨菲法则，在制定预算和进度计划时要留有足够的余地，但也不要多到引起使高层管理者对成本和时间产生怀疑的程度，这也是一项细致的工作。谁说项目经理的工作非常简单呢？

□ 沟通的广度

和其他经理人员一样，项目经理大多数时间都在与那些对项目感兴趣的团体进

行交流（Mintzberg，1973）。运作一个项目需要不断地推销、再推销，并且需要把项目解释给外部人员、高层管理者、职能部门、客户和许多其他的项目利益相关者，以及项目团队成员本身。项目经理是项目与外界的联络员，但他也必须能够解决实验室里的问题，能够实地处理危机，能够威胁或诱导分包商，能够减少项目团队成员之间的人际冲突，并且所有这些可能都需要在一天内完成——有人戏称为“典型的一天”。

在某种程度上，每个管理者都必须应对这些特殊的要求，但对于一位项目经理来说，这些要求更频繁，而且尤其严重。好像这些还不够，项目经理必须理解和处理一些特定的基本问题，以使这些要求可以得到很好的处理。第一，项目经理必须知道项目存在的原因，也就是说，项目经理必须充分理解项目的意图。项目经理必须清楚成功和失败究竟是如何确定的。在做出平衡时，很容易偏离轨道，去追求那些高层管理者事实上并不希望达到的目标。

第二，任何经验丰富的项目经理都有过失败的经历。在每一个商业领域都正确的一点是，有能力的管理者很少会被一次失败击垮，但反复的失败常常是没有能力的一种表现。有时，一名项目经理会被要求接管一个正在进行之中却看起来快要失败的项目。项目经理是否可以拒绝这样一个值得怀疑的荣誉，取决于不同情况下的很多特殊因素：项目经理与项目群经理的关系，组织对项目的绝望程度，项目经理处理类似项目的资历和记录，以及其他一些因素，也包括机会出现时项目经理的把握能力。成功管理此类项目是很困难的，一般来说，我们建议项目经理不要主动承担一个失败概率很高的项目。

第三，获得高层管理者的支持是非常关键的（Pinto et al.，1989）。如果支持程度很弱，项目的未来就会被不确定性的阴云笼罩，并且如果这是个研发项目，就更有可能被终止（Green，1995）。例如，假定市场营销副总裁对项目的基本概念不是很支持，那么即使所有的设计和制造工作都已经完成，市场营销部门也不会全力以赴地推动该产品的销售，在这种情况下，只有首席执行官才能强制推动工作的实施。对项目经理来说，寻求首席执行官的帮助以压制对项目不积极的副总裁是要冒很大风险的。如果副总裁在这种情况下勉强同意了，而产品却遭到了失败（在这种情况下成功的可能性又在哪里呢），那么项目经理看起来就像个傻瓜。如果首席执行官没有推动工作的实施，副总裁就胜利了，项目经理可能会失去工作。正如我们前面指出的，政治敏感性对项目经理来说是必备的品质。对于项目经理工作的描述应该包括“与职能部门的领导建立并保持联盟关系”。

第四，项目经理应当建立并维持一个稳定的信息网络。了解项目内外发生的情况是非常关键的。项目经理必须知道客户的抱怨以及部门领导的批评，知道谁友好地支持本项目，卖方打算什么时候变更价格，或者供货商所处的行业近期是否有可能发生罢工。信息的不充分会使项目经理对刚出现的危机毫无察觉，而过多的信息则会使项目经理降低对早期预警信号的敏感度。

第五，项目经理必须在项目的整个生命周期中，在尽可能多的方面、对尽可能多的人、尽可能多的活动保持灵活性。项目经理主要的管理模式就是在资源和各种绩效标准之间进行平衡。项目经理所做的每一个决定都会限制未来的决策范围，但不做出决策又会使项目立刻结束。即便在这里，我们也要做出一种平衡。最后，不管压力有多大，项目经理都需要中层和中高层管理者的支持。

项目管理实践

英法海底隧道

英法海底隧道是历史上最大的由私人投资建设的工程项目之一。修建海底隧道的梦做了大约两个世纪。海底隧道于1995年年中投入运营，50.45公里长的隧道将英国和欧洲的其他国家连接了起来，使得这个古老的梦想终于得以实现，而且海底隧道是欧洲高速铁路系统中的一条关键的连接线。

英法海底隧道包括三条隧道。火车从位于英格兰东南部肯特郡的福克斯通站和位于法国北加莱海峡地区的加莱站进入隧道。海底隧道的铁路系统包括穿梭于两个站点之间的短程列车，以及连接法国和英国国家铁路网的直达列车。在其中的两条隧道中，曾经建造过的最宽敞的列车（4.2米宽、两层高的庞然大物）以接近160公里/小时的速度快速行驶。

这个项目涉及建造庞大的基础设施，包括巨大的机器设备，以及海底隧道系统的控制系统。这条隧道在英吉利海峡海床以下50米处将英国和法国连接在一起，全长50.45公里的隧道中有38公里在海平面以下。三条1.5米厚的混凝土制隧道从法国的科凯勒开挖，穿过英吉利海峡的白垩纪地层，一直修到福克斯通——在多佛的白色悬崖后面。三条隧道彼此相隔30米，在英吉利海峡岩石地层中开挖，这些岩石地层平均深度为海床以下45米（最深为50米）。两条较大的隧道（直径为7.6米）都包含有一条单轨的铁路线。较小的工作隧道（直径为4.8米）作为通风、维护和安全通道之用，这条隧道位于两条较大的隧道之间，并且配备了一个有线系统用来为专门设计的工作隧道车辆提供引导。这三条隧道每375米就通过一个交叉通道连接在一起，一旦发生紧急情况，另两条隧道就能够与工作隧道相连。交叉通道也作为通风和维修通道之用。两条铁路隧道每200米就通过活塞释压管道连接在一起，使得隧道内的空气能够流通，从而减少列车以近160公里/小时的速度通过隧道时遇到的空气阻力。这三条隧道的内层都是混凝土制的。铁轨由连续焊接的轨道组成，这些轨道被放置在橡胶垫上，橡胶垫则固定于各个混凝土石墩上。这些混凝土石墩被浇铸在混凝土制的铁轨地基上，使得列车能够安全而平稳地运行。

大约13 000名工程师、技术人员和工人参与了隧道的建设。工程地质调查是在英国的莎士比亚峭壁和法国的桑加特实施的。海底地质变化的特点是，在海床以下深50米处，有白垩纪沉积岩层、白垩泥灰岩层和黏土质地层。地球物理学勘察数据提供了地质方面的信息，这有助于确定隧道的路线。为了最大限度地利用有利的地质条件，除了在法国一侧有3公里长的一段外，全部隧道都是在白垩泥灰岩层开挖的。特殊隧道掘进机（TBM）被设计用来挖掘白垩泥灰岩层的岩石。除了在桑加特和位于科凯勒的终点站之间有一段是在上白垩纪地层挖掘的之外，在干燥和稳定的白垩泥灰岩层，施工条件总体上是良好的。对于11部TBM来讲，这是一个挑战，因为隧道有相当长的一段位于海平面以下，施工计划要求高速掘进，并且很有可能遇到出乎意料的施工条件。以下的事实表明了TBM的工作绩效，以及所有参与这项非凡工程的工程师和工人所取得的成就：

- 驱动装置数量（隧道挖掘）：海底6～12部，地下6部；
- TBM数量：海底6～11部，地下5部（一部法国TBM开挖了两条陆地以下的隧道）；
- 掘进速度：日最高75.5米；周最高428米；月最高1 719.1米（英国TBM）；
- 掘进速度：日最高56米；周最高292.6米；月最高1 105.7米（法国TBM）；
- 重大突破日期：海平面以下工作隧道——1990年12月1日，海底北铁路隧道——

1991年5月22日，海底南铁路隧道——1991年6月28日；

- 隧道动工日期：1987年12月1日；
- 已完工隧道直径：铁路隧道7.6米，工作隧道4.8米。

在法国，海底隧道的建设开始于北加莱海峡海岸线上的桑加特，距离位于科凯勒的终点站仅3公里。深度为70米，直径为55米的圆形竖井通道被开凿出来，并且内层衬砌混凝土结构。在巨大的建筑工地的中心位置，修建了一个工棚以遮蔽该竖井通道，同时在此修建了一些办公室和一个衬砌块制造厂。

所有的材料、工人和设备都通过该竖井通道运送到深达47米的工作平台，在这里掘进机可以在干燥的条件下装配起来。三部隧道掘进机从该处开始在海床以下挖掘位于海平面以下的铁路隧道和工作隧道，一直到英国的肯特郡。有两部掘进机在内陆地区的地面以下朝着终点站开始挖掘。这些掘进机中有一部随后被重新装配用于挖掘第二条隧道，这样在法国一侧只需要使用5部掘进机。

在英国一侧，建筑施工是从位于莎士比亚峭壁脚下的一个平台上开始的，这个地点位于肯特郡海岸上，处于福克斯通和多佛之间，1974年曾经试图在此挖掘隧道。原先的隧道坑被用做通往地下隧道巷道的两个进口竖井之一。设备和材料通过一个机架来运输，一直运送到位于地下的整理场区。6部TBM在一个大洞穴区被分别装配起来，这个大洞穴有20多米高，并且装配有桥式吊车以吊起挖掘机的部件，洞穴最初可容纳直径为8.6米的挖掘机。从莎士比亚峭壁平台以下的这一地点开始，三条位于海平面以下的隧道朝着法国方向挖掘，而位于地面以下的隧道则朝着位于福克斯通的终点站挖掘。在英国和法国两侧用于挖掘工作隧道的挖掘机要先于挖掘两条铁路隧道的挖掘机开始工作。在用于挖掘工作隧道的挖掘机上装有探测器，它们可以对恶劣的施工条件发出预警，并且收集到的数据可以为更大的隧道驱动装置提供有关校直和环境方面的信息。

福克斯通终点站的修建工作开始于1988年，首先进行的是一个大型的土地填埋工程项目，以使得站点所在区域与铁路运输系统处于同一高度。在位于加莱附近的科凯勒选择的终点站场地，需要进行大规模排水，数以百万吨计的泥土被铺开并压实，为占地480公顷的终点站建筑群打好地基。

英法海底隧道大约于1995年年中开始运营，其成本超过了100亿英镑。英法海底隧道项目本身问题不断。项目在开始时就遇到了财务和技术上的困难，进度计划严重滞后，而且管理该项目的英法欧洲隧道公司和其承包商之间的争斗已经非常公开化了。在项目实施的过程中，存在着严重的成本超支和超工期的现象。项目的总成本在1987年预计为49亿英镑，而项目完工成本超过了100亿英镑，而且隧道预计完工日期被数次推迟。私人投资于如此一个具有复杂基础设施的项目，其规模是空前的。首笔4 500万英镑股本是由英法海底隧道集团/法国-芒什（CTG/F-M）投入的，随后向私人机构配售2.06亿英镑股本，通过在报纸和电视上登广告以公开招股的方式筹集了7.7亿英镑，银行联合贷款和信用证安排共计50亿英镑。以1985年价格水平计，总投资为26亿英镑，全部为私人投资，而在1994年完工时，实际成本以1985年价格水平计是46.5亿英镑，成本超支了80%。成本超支部分是由提高了的安全、保卫和环境需求导致的。财务成本比预期高出了140%。

英法海底隧道集团包括两家银行和五家建筑公司，对应的法国公司——法国-芒什，包括三家银行和五家建筑公司。银行的作用是对融资提出建议以及履行贷款承诺。隧道的设计和建造由英法海底隧道集团/法国-芒什的这十家建筑公司完成。位于法国的终点站和从桑加特开始的挖掘工作是由合资企业集团GIE所属的五家法国建筑公司承担的，而位于英国的终点站和从莎士比亚峭壁开始的挖掘工作是由合资公司Translink所属的五家英国建筑公司承担的。这两家公司由一个英法两国组成的项目组织——TransManche Link (TML) 联系起来。欧洲隧道公司雇用了 Maître d'Ôeuvre 公司作为工程监理机构，该公司根据特许权的条款对项目活动进行监理，并向政府和银行汇报情况。

资料来源：http：//www.itc.nl/～ingeokri/newsletter/summer98/newpage1.html.

□ 谈　判

项目经理为了达到对其工作的要求——获取足够的资源、安排并激励员工、处理障碍、在项目目标之间进行平衡、应对失败和对失败的担忧、保持适当的沟通方式等，必须具备高超的谈判技能。项目经理的工作中，几乎没有哪一方面不直接依赖于这一技能。在前面的部分，我们已经指出了谈判的必要性，在后面的部分还要反复指出其必要性。这一问题非常重要，在第4章我们还要进行专门讨论。

3.3　项目经理的选拔

项目经理的选拔是与项目有关的两三个最重要的决策之一。在这一节，我们指出为了提高项目成功的概率，项目经理应当具备的一些技能。

下面列出了在选拔项目经理时，人们最普遍考虑的一些品质、技能和素质：

(1) 较强的技术背景；

(2) 强硬的管理风格；

(3) 成熟的个性；

(4) 可以立即投入工作；

(5) 与高层管理者有良好的关系；

(6) 可以使项目团队成员保持乐观的情绪；

(7) 曾经在不同部门工作过；

(8) 可以举重若轻。

这些选拔项目经理的理由，与其说是错了，还不如说是"不对"，因为它们没有包括关键的标准。最重要的是，最好的项目经理都是那些可以完成工作的人！正如任何高层管理者所了解的那样，努力工作的人很容易找到，而难以找到的是那些全力以赴完成一项困难工作的人。在项目经理所需要具备的所有特点中，具备完成任务的驱动力是最重要的。

考虑一下本章前几节的内容，我们就可以得出这样的结论：项目经理需要具备下面内容将要描述的四种主要的技能，如果项目经理候选人对完成项目任务具有强烈的愿望，这些技能就可以作为选拔项目经理的关键性标准。进一步讲，项目经理仅仅具备这些技能是不够的，还必须让其他人感知到项目经理具备这些技能。事实和对事实的感知同样重要。

□ 可信性

项目经理需要具备两种类型的可信性。第一，项目经理必须具备技术上的可信性。项目经理必须得到客户、高层管理者、职能部门和项目团队成员的认可，认为他具备足够的技术知识来管理项目。项目经理是否具备适当的技术能力关系到项目能否成功，具备适当的技术能力也被项目团队成员认为是“正面的”领导特征（Ford et al.，1992；Zimmerer et al.，1998）。（我们提醒读者，“技术可信性”中的技术知识涉及的专业领域包括：会计、法律、心理学、人类学、宗教、历史、剧本创作、希腊语和大量其他非技术专业学科。）项目经理不必具备很高的专业水平，或者比其他项目团队成员知道得都多，或者能够与各个职能部门的专家水平相当。很简单，项目经理必须对项目所依赖的基础性技术有正确的理解，能够向高层管理者解释项目的技术内容，并且能够将客户（和高层管理者）提出的技术要求向项目团队作出解释。同时，项目经理也需要聆听项目团队的呼声，给予充分的理解和有效的帮助，适时向高层管理者汇报沟通。

第二，项目经理必须具备管理上的可信性。项目经理有许多重要的管理责任，解决问题时必须游刃有余，其中一项责任是针对客户和高层管理者的——保证项目在预算范围内按照进度计划完工，还要保证项目报告准确、及时。有时这可能会使项目经理处于一种尴尬的境地。另外一项责任是针对项目团队的——保证原材料、设备和劳动力能够满足工作需要。还有一项责任是代表项目各方（项目团队、管理人员、职能部门和客户）的利益。项目经理是一位真正的“中间人”。最后，项目经理有责任为项目工作做出艰难的平衡，并且必须表现出具有一贯的成熟判断力和工作勇气。

□ 敏感性

我们在前面的内容中多次谈到了项目经理需要具备政治敏感性，这里不再重复讨论这个问题。除了要具备良好的政治敏感性，项目经理还应该能够觉察到项目团队成员之间或者项目成员与外部人员之间的人际冲突。成功的项目经理不会回避冲突，相反，他们很早就会发现这种冲突，然后在冲突升级成为部门之间和部门内的斗争之前，就正视并解决这些冲突。

项目经理必须使项目团队成员保持冷静，要做到这一点并不容易。和其他人类群体一样，竞争、嫉妒、友谊和敌对必定存在于项目团队之中。项目经理必须说服人们开展合作，不要过分考虑各自的感觉，将个人的喜好放在一边，集中精力实现项目的目标。

最后，项目经理需要拥有一套敏感的技术探测手段。遗憾的是，那些原本有能力而且非常诚实的项目团队成员通常也会试图隐瞒自己的失败。不能在压力下工作的人最好不要参加项目组织。在压力很大的项目生命周期内，失败是很有威慑力的。请记住，项目团队中全都是任务导向型的人员，这种类型的人可能无法容忍自己的失败（尽管他们对其他人的失败很少会表现出同样的不宽容），他们情愿将失败隐藏起来而不愿承认。项目经理必须能够察觉那些暗中发生的事情，以及那些进展不正常的事情。

□ 领导能力、道德规范和管理风格

领导能力曾被定义为“为了实现特定的目标，在特定的情景中发挥的，通过沟通过程实现的一种人与人之间的影响”（Tannenbaum et al.，1957）。关于人与人之间的影响是如何产生的，以及领导特点对团队绩效的影响，已经有多人论述过了（比如 Jiang et al，1998；Scott et al，1998；另见参考文献）。

除了我们提到的所有技能和品质之外，还要加上热情、乐观、精力旺盛、坚韧、勇敢和个性成熟。对领导能力做出清晰的解释是非常困难的。我们倾向于通过事实来认识它，而不是纸上谈兵。我们可以说这个人或那个人做得像个领导，这样就可以对领导能力做出定义。项目经理必须能够利用人们的优势，回避他们的弱点；知道什么时候该亲自负责，什么时候又该由团队成员自己完成工作；清楚什么时候进行惩罚，什么时候又需要奖励；明白什么时候该进行沟通，什么时候应保持沉默。最重要的是，项目经理必须知道如何使项目成员分担起项目的义务。总之，项目经理必须是个领导者。

项目经理领导能力的另一个重要方面是强烈的道德感。最近一段时间，新闻媒体对这一问题给予了大量的关注，既有好的一面也有坏的一面。例如，企业向恐怖分子交纳保护费就引发了严重的道德问题。又如，烟草行业长期以来一直公开否认吸烟有害健康。尼克森（Nixon，1987）定义了商业领域中一些相对比较常见的道德性过失：

(1)“内部”竞标和合同行为（已经事先确定好了中标者）；

(2)“大宗买进”（出低价以图将来讨价还价，或者迫使做出随后的合同变更）；

(3) 回扣行为；

(4) 包庇项目团队成员（拉帮结派）；

(5) 走捷径（以达到最终期限和预算要求）；

(6) 使用低标准材料；

(7) 牺牲安全性；

(8) 违反标准；

(9) 顾问人员（如审计师）的忠诚度有问题（对雇主、客户或者公众）。

项目经理（特别是在公共部门中）可能很容易就卷入道德问题，比如污染、公共安全、工业厂房选址、公共土地的使用等问题。项目管理协会在1982年的一次项目管理研讨会上制定了一套《项目经理道德准则》（A Code of Ethics）（Ireland et al.，1982），并在1989年和1995年进行了修订，2006年又进行了一次修订。2006年版的准则是经过广泛的讨论之后制定的，其篇幅大致上是先前版本的8倍（包含附录）。任何人都可以通过项目管理协会的网站（www. PMI. org）得到这一准则。这一问题引起了人们越来越多的关注。几年前，项目管理协会的杂志《项目管理网络》（*PM Network*）（Phillips，1995）刊登了一篇有关这一主题的有趣文章，但是收到了许多读者愤怒的来信，他们好像无法确定是否应该严肃对待这篇文章（cf. “From Our Readers,” *PM Network*，January 1996）。

任何真正想要从事项目管理职业的人都应该学习这一新的准则。这一准则针对一些行为，这些行为能够使项目经理、项目团队成员、高层管理者、客户和其他利益相关者之间建立起高度的信任。标题为“诚实”的章节应当反复阅读。我们将会在本书几乎每一章中再次讨论有关诚实和信任的问题。

曾经有人建议对非营利组织进行“道德审查”（Schaefer et al.，1998），而我们的建议是对所有的公司都应该进行类似的审查。在这里我们无法涵盖这一主题的全部内容，但幸运的是，很多优秀的著作都讨论了这一主题（Barry，1979；Blanchard et al.，1988；Pastin，1986）。在罗布的著作（Robb，1996）中包括了一份关于商业道德问题的简明参考书目。

尽管有关项目经理需要或应该具备的领导能力之特性已经有了很多著述，但是关于什么才是项目经理适当的管理风格的著述却相对较少。人们通常假定那些对于一般管理者有益的管理风格对于项目经理来说也是有益的，但我们和大部分其他作者一样对此感到心虚。一种有点不太正式的“参与式管理”受到人们的普遍青睐。当然，每一种专业（信息技术、建筑、医药、科技领域的研发等）在用到项目管理中所面临的问题时必定会有明显不同，并且更加困难，因此他们认为，这些专业领域需要较少进行管理控制。

申哈（Shenhar，1998）用两种尺度对项目进行了分类，并得出结论认为，管理风格应该根据不同类型项目的某些不同之处而做出调整。这两种尺度是：（1）技术不确定性水平；（2）系统复杂性水平。从低技术水平到中等技术水平、高技术水平，最后到非常高的技术水平，不确定性是不断增加的，其适当的管理风格也应该从固定、强硬、正式到适度固定，适度灵活，最后到高度灵活。随着系统的复杂性不断升级，管理风格也应该从非正式的内部关系发展到正式的总承包商/分包商的关系，最后发展到高度正式的远程关系。一些管理实践（比如项目管理工具的使用）也在不确定性和复杂性方面有明显的不同。

□ 处理压力的能力

在本章和本书的其他一些章节中，我们已经指出，项目经理的生活很少是风平浪静的。尽管我们没有对这一问题进行过科学的研究，但随意观察一下就可以使我们相信，项目的基本环境与项目所属组织的环境之间没有什么根本性的差别。有些组织中的生活是非常忙乱的，这些组织所实施的项目也往往同样忙乱。

生活中有许多因素会产生压力，项目经理和其他人一样，都处在这些压力之下。然而，项目管理工作中似乎有四种造成压力的主要原因：第一，有些项目经理从来没有为自己所管理的工作建立过一套具有相当连贯性的工作程序和技术；第二，有许多项目经理要做的事情实在太多；第三，有些项目经理强烈要求成功完成那些总是要失败的项目；第四，项目所属组织正处于巨变之中。

本书主要用来帮助项目经理处理第一类压力来源。对于第二类压力来源，我们提醒项目经理在制定项目计划时将自己也看作一种“资源”。如果一个项目计划对某项资源的使用要求超出了限度，几乎所有的项目管理软件包都会向计划者发出信号（见第9章和第10章）。至少在与相应的高层管理者讨论工作负荷时，这种信号为项目经理提供了一些证据。

对于第三类压力来源，斯利文（Slevin，1989）指出，如果对一个人的要求超过了其能力，压力就会产生，特别是当这个人对于成功有着强烈需求时。显然，高层管理者会把那些最艰巨的任务交给自己最好的项目经理，而正是那些最艰巨的任务才最有可能被某些无法解决的问题所困扰。解决此类压力的方法很明显，而高层管理者却一意孤行。

最后，在这个机构重组和裁员日益流行的时代，现代组织中的人们由于对自身未来的担忧而产生压力是一种常态。有关如何处理和减轻这些压力以及日常生活中产生压力的问题，超出了本书的范围，也不在本书作者的专业范围之内。幸运的是，任何一家书店都有很多书籍完整讨论了压力和缓解压力这一主题，我们建议读者去读一读这些书。

3.4 文化差异问题

在本节及后面的两节中，我们会提出许多困扰某些项目的问题。这些项目有时要求来自不同国家的个人或团队合作共事，有时要求来自同一个国家不同行业或者同一公司不同部门的个人或团队合作共事。然而，重要的不是地理或者组织上的差异，而是文化上的差异。进一步说，重要的不仅是文化上的差异，还包括项目实施环境的差异，正如我们在本章开始时所提到的那样，其中包括经济、政治、法律和社会技术环境等。

接下来我们将会详细讨论一些问题，必须强调的是，文化和环境的差异并不局限于所谓的“国际项目”，这一点应该明白。不同的行业有不同的文化和环境，特定国家内不同地区的公司也是一样。此外，同一地理区域的不同公司以及同一公司的不同部门都有不同的文化和环境。虽然这种差异所带来的冲击在国际项目中最为显著，但只要是不同组织（包括同一组织的不同部门）的人员在一个项目中合作共事，这种差异就会在某种程度上存在。

由此推论，如果一名项目经理必须面对不同的文化和不同的环境，就意味着该项目涉及了不止一个组织。这一事实本身就使问题复杂化了。贯穿本书，我们始终强调项目经理必须能够处理和减轻项目各利益相关者（项目团队成员、客户、高层管理者和公众）之间的冲突。我们应该读一下休斯（1998，pp. 197 ff.）的著作中有关波士顿中央地铁的内容（这一章的标题被贴切地定为“应对复杂局面”），从而更好地理解这个问题。如果各利益相关者代表的是不同国家、不同行业、不同公司的利益，那么项目所面临的问题将会大大增加，特别地，在各方之间保持沟通的问题虽然在概念上很简单，事实上却会发展到极为复杂的程度。

“文化”一词是指一群人的整体生活方式，它包括了生活的每一个方面，对所有的文化而言有四个因素是相同的：技术、制度、语言和艺术（The World Book，1997）。

文化的技术因素包括人们使用的工具、制造和使用的物质资料、准备食物的方式、技能以及对待工作的态度，包括了人们物质生活的所有方面。

文化的制度因素构成了社会的结构。这一类别包括了政府组织、家庭的性质、宗教的组织方式和教义的内容、劳动的分工、采用的经济体制类型、教育体系以及志愿者组织得以形成和维持的方式。

语言是文化的另一个组成部分。文化中的语言总是独特的，因为它既是文化的表达方式，又是文化的一部分。将一种文化的语言翻译成另一种文化的语言很少能够做到尽善尽美。文字所包含的不仅是字面的含义，而且包含很多外延的含义。英语单词“apple”可能指苹果，也可能指健康（“让医生走开”）、贿赂（“对老师来讲”）、纽约城、一种颜色、一种计算机、一种舞蹈（20世纪30年代末）、宠爱（“对于眼神而言”）以及许多其他的意思。

最后，文化中包含的艺术或审美观念，在交流中与文化中的语言同样重要。如果交流能够将文化黏合在一起，那么艺术就是最有效的交流方式。审美观念决定了人们认为什么是美的和令人满意的东西。如果一个社会能被称作有自己的风格，那么这种风格的来源就是文化中的审美观念。

□ 文化与项目

一个国家的文化会从很多方面影响项目，最明显的方面是，在不同文化中人们看待时间的方式。在美国和其他一些西方工业国家，时间被视为一种重要的资源(Smith et al.，1993)。我们说，“时间就是金钱”。时间当然不是金钱，但这种措辞是对延迟和迟到行为不耐烦的一种表达方式。拉丁美洲人对时间的看法则完全不同。一种文化与另一种文化的生活节奏有很大的差异，人们对待家庭和成功的价值标准也会因文化的不同而不同。在南美洲实施一个建设项目的项目经理将会发现，参加一个项目会议迟到半个小时就已经很“准时”了。在日本，迟到是很丢面子的事情。在一些文化中，工作完成的质量被认为比及时完成工作重要得多。在美国，人们高度重视时间，美国人对于拖延的厌恶使得很多人认为美国的管理者“很没有耐心”。

在不同的文化环境下，选择项目成员的基本理念有很大的差别。例如，在拉丁美洲，裙带关系使得管理者在雇用员工时倾向于选择亲戚和朋友。[①] 美国的管理者认为，这种做法是拉丁美洲的公司缺乏效率的主要原因。事实上，这种看法是缺乏证据的。一项对美国和拉丁美洲几家化工公司进行的非公开研究表明，美国和拉丁美洲的化工公司在管理上的差别，在总体上要远远小于美国的化工公司和服装制造公司在管理上的差别。

几乎所有的非美国人都持有一种观点：美国的管理者了解有关技术的所有知识，对人却一无所知（例如，Smith et al.，1993)。这一观点显然来自美国人“专心于工作”的愿望，而许多外国文化——当然包括亚洲、中东、拉丁美洲和南欧——把“了解你的人品”作为为取得令人满意的工作关系所需建立信任的前提。在很多文化中，管理者被认为应该关心下属的个人生活、拜访下属的家庭、对下属家庭成员的成功满怀兴趣、对下属抱有关心的态度，而美国的管理者通常得到的建议是“不要干涉自己雇员的个人事务”。显然，美国的项目经理常常被要求尊重文化的多样性，而他们的外国同行却往往做不到这一点。下面是刊登在《华尔街日报》上的一篇文章[②]：

不同国家的多元文化问题

重视文化的多样性是一个独特的美国式观念，这种观念在其他国家不一定行得通。

在美国电话电报公司（AT&T）的要求下，纽约的咨询顾问科尼利厄斯·格劳夫和维拉·哈勒维尔对该公司海外工作地点存在的种族和性别歧视问题展开研究。据格劳夫先生说，他们发现“在美国存在的推动多元化的价值观，在国外不一定存在”。

在与 AT&T 公司管理者会谈的基础上，两位咨询顾问在报告中指出，其他社会都把种族差异看作分配工作角色的恰当基础。例如，在墨西哥，美国的管理人员不要指望本土的印第安人会担任管理职务，坐在这些位置上的都是那些欧洲人的后裔。哈勒维尔先生称，在日本，一位 AT&T 公司的管理人员花了好几个

---

① 我们很清楚，裙带关系是由扩展的家庭成员组成的关系网，远比这个简单例子中所表明的复杂。

② Reprinted by permission of *The Wall Street Journal* © 1994 Dow Jones & Company. Inc. All Rights Reserved Worldwide.

月才使日本的管理人员开口与那些承担重要工作的东印度雇员谈话。

在《工作中的文化多样性》这份时事通讯中，咨询顾问建议美国的海外管理人员要重视平等问题，而不要对文化规范做出评判（Wynter，1994）。

我们强烈建议美国的项目经理读一下迈克尔·克里奇顿（Michael Crichton，1992）的小说《升起的太阳》（Rising Sun），虽然我们没有证实书中有关日本文化和政治的描述是否准确公正，但这本书中充满了各种微妙的和不太微妙的文化冲突的例子，并且很好地描述了一个国家的文化中技术、语言、制度以及审美观念对人的行为和交流的影响。

□ 微观文化与项目

许多年来，管理学家一直在就“公司文化”问题发表著述，我们称其为“微观文化”，以区别于我们已经谈到的范围更广泛的国家或地区文化。尽管不太明显，但我们确实能够观察到微观文化随着行业以及公司的不同而不同，正如文化随着国家的不同而不同一样。在一个行业（比如汽车批发行业）完全允许采用的销售方法，到了另一个行业（如商用机器行业）就可能引起公愤和法律诉讼事件。在不同的商业领域，承诺行为有着不同的含义。没有人会严肃对待软件应用项目“已承诺”的最后完成日期，但会重视一个房屋改造承包商做出的完工日期承诺，或者，也会重视作者对出版商做出的在最后期限或在此之前交稿的承诺。

行业之间、公司之间以及公司内部微观文化的多样性对项目经理有着重大影响。或许与其他管理者相比，项目经理更依赖于人们做出的各种承诺。无论是公司内部人员还是外部人员，都不具备对项目的忠诚信念，也没有理由对项目经理忠诚。项目经理没有权力上的威信，因此，项目经理必须知道，究竟哪些人的承诺可信，而哪些人的承诺不可信。

项目经理甚至不能指望人们对于应承担责任的简单认可（Dodson，1998），也不能指望对授权概念或者以客户为导向的质量观的简单认可（de Macedo-Soares et al.，1995）。在一个对50个跨国项目进行的较大范围的研究中，豪普特曼等人（Hauptman et al.，1996）发现，一个产品开发团队能否完成任务，取决于他们处理双向沟通和解决问题的技能，以及他们对处理含糊不清和不确定性信息的意愿。项目团队处理这些领域中文化差异的能力是成功的关键。莱文森等人（Levinson et al.，1995）从积极的角度清楚地指出了形成国际联盟的各个团队进行“跨组织学习”的几个步骤（另见Fedor et al.，1996）。

项目管理实践

为什么项目经理需要具备当地知识

尽管全球正快速走向一体化，但许多国家还在同时使用着不同的历法和时间，而且未来也会是这样。现在的商务活动要想彻底改变几个世纪的历史是不可能的。项目经理在制定项目计划时要知道当地的知识和细微差异。例如，对于印度卡纳塔克邦和安得拉邦的人来说，阴历新年开始于同一时间，但是对于泰米尔纳德邦和古吉拉特邦的人来说却是不同的，因此，一个人即使身处另外一个邦，也可能还会按照家乡的时间来庆祝新年。

在印度城市里实施的大型建设项目，大部分工人来自这个国家不同地区的村庄。许多工人与他们的村庄有着非常紧密的文化联系，因此，这些建筑工人在村里过节或者庄稼收割时会返回村里，而他们返回的时间因他们所来自地区的不同而不同。因为大部分节日是根据阴历日期来过的，与公历日期会不一致，所以他们返回的日期必须查询当地的历书才能确定。在确定项目可交付成果时，需要考虑的其他细微差别包括以下几个例子：

1. 大部分工人在一天当中被称为 rau kala 的不祥时间段内不会工作，而这一时间段在一个星期当中的每一天是不同的，而且会随着地理位置的不同而不同。从当地的历书上可以查询到这一时间段。与此相似的是，重要的工作不会在星期二开始，因为星期二被认为是不吉祥的。

2. 来自拉贾斯坦邦的木工每两周休假一天，并且在朔日或望日不工作。

3. 来自比哈尔邦和拉贾斯坦邦的泥瓦匠以工作时间长和效率高而闻名。从印度教的礼拜日开始，工人们将近有一周不使用工具，具体时间取决于他们所来自的地区。在那一周，他们装饰和敬拜他们赖以生财的工具。

与此类似的是，尽管项目的有关事项会以公历标记，但许多社会的、个人的，甚至专业的事项有可能以当地的日历标记，后者中有一些事项包含了根深蒂固的信念和传统，就像以上例子中所表明的一样。违背这些信念和传统是非常忌讳的，而要想不违背这些信念和传统，就要具备当地的知识，而其中的一些知识即使对于当地人来说也是很难记住的。

项目经理想要顺应所有的历法几乎是不可能的，但是这一问题也有其有利的一面。坚持一种历法（尽管与西方国家使用的历法不同），通常会反映对社会行为准则的遵循和对核心价值观的坚定信奉，这对项目经理来说是至关重要的。工人在特定的一天或一天当中特定的时间不工作将会是一件麻烦事，与此同时，在一个吉利的时间开始项目工作可能暗示项目一定能按时完工。为了赢得雇员心理上的承诺和雇员的满意而牺牲项目的开工日期和时间是否值得？项目经理能否在与地方环境协调一致的同时又不至于对项目总体目标做出妥协？

资料来源：Arkalgud Ramaprasad and A N Praksah，*Emergent Project Management：How Foreign Project Managers can Leverage Local Knowledge*，International Journal of Project Management，Vol. 21，pp. 199－205，2003.

3.5　制度环境的影响[①]

在一般的系统理论中，系统的环境被定义为该系统之外从系统接受输出或者向系统提供输入的所有事物。对每一个项目来说，文化制度就是其环境的一部分。

□ 社会经济环境

一名项目经理可能会发现，在所有的国家中，项目经理与政府和政府代表沟通的必要性，在美国可能要比在其他国家都小得多。如果不考虑究竟是政府控制了产业还是产业控制了政府这一问题，这种说法就是正确的。在国际项目中，项目经理（或者

① 本小节内容可以跳过不读而不失全书的连贯性。

项目经理的高层管理者）可以预期，自己将会与几个不同层次的政府机构（即本地的、区域性的和国家政府的官员）打交道。

与流行电影和电视剧中的情节相反，美国以外的政府及其官员很少有邪恶的意图。外国政府通常致力于通过影响公司行为来保障当地居民得到很好的待遇，确保国家财富不受损失、最大限度地提高国内就业率、部分利润再投资于本国、没有违反安全规定以及阻止其他非计划的开发活动。有时候很多规章制度可能来自古代的传统——在伊斯兰教国家，人们不能消费酒精饮料；在以色列，人们不能消费猪肉制品；而在一些南美洲国家，大家都要避免做出“OK”的手势，尽管这并不是一项规章制度。

对项目经理工作的描述应当包括如下职责：获取工作所需的项目实施所在国文化方面的知识。项目的实施应该尽可能以一种尊重东道国规范的方式进行。然而，为了做到这一点，经常会使组织产生一些管理问题。一个令人不快的事实是，许多国家的文化都不会对女性项目经理表现出与对男性项目经理同等的尊重。这样，高层管理者常常会面临尴尬的选择：要么违反自己反对性别歧视的原则，要么显著增加项目失败的风险。在阿拉伯国家选用一位犹太人作为项目经理，或者在土耳其选用一位美国人作为项目经理，都可能会产生同样的问题。

□ 法律环境

美国可能是全世界最喜欢打官司的国家。这并不意味着在其他国家或地区中分歧较少，只是它们会较少地求助于法院，更多的是通过谈判来解决冲突。马丁（Martin，1993）考察了在国际环境下谈判过程的本质，指出了文化差异对谈判过程的影响，并特别关注了社会的体制结构和沟通模式。他的结论是：不了解谈判行为所处国家环境的一方将会在谈判中处于极为不利的地位。同样的结论也显然适用于微观文化。

许多学者（如 Gogal et al.，1988）都曾经指出，信任在商业关系中具有重要的地位。信任对项目管理的影响，以及信任的建立取决于其他人履行义务的能力和意愿，这都是非常明显的。在拉丁美洲，裙带关系所起的决定性作用也体现了信任的重要性，只要与大家族的成员达成一个总协议就可以了（比如为项目委托一位供应商），而在美国，即便是对那些关系密切的供应商来说，也需要签署非常详细而又明确的合同。

最后，人们有时会忘记，每个国家的法律都是其历史的产物。法律产生于人们企图通过有规则的程序来减少冲突。因为一个国家的冲突部分反映了其独特的文化，所以一个国家的法律也是独特的。例如在美国，传统上对通过有关监管法律来限制贸易的阴谋会受到人们强烈的谴责，但法律是不断变化的，通过简单的收紧预算的方法，监管机构行使的权力在政治上就受到了限制。

近些年来，即便在美国，竞争者之间某些类型的合作也迅速增多（Rosegger et al.，1990）。在美国，美国半导体制造技术联合体（SEMATECH）是一个由半导体制造商组成的联盟，其目的是在这一领域联合开展研究项目；汽车复合材料协会（Automotive Composites Consortium）是一个由克莱斯勒、福特和通用汽车联合建立的合作集团，其目的是研究汽车制造中塑料工艺技术的使用。这只是被1984年通过的《国家合作研究法案》（National Cooperative Research Act）所允许的多项合作中的两个案例。欧洲国家也支持成立研究联盟。1961—1983年日本成立了60多家研究联盟，有些联盟的成员超过了 40 个（Lynn et al.，1988）。

开展合作项目的潮流也是跨国界的。空中客车公司是一家由英国、法国、德国、西班牙合资成立的公司，其运营得到了这几个国家的财政支持，并且在商用飞机开发和制造方面取得了令人瞩目的成功。类似的例子还有：美国通用电气公司和法国斯奈格马公司（Snecma）联合成立的 CFM 国际公司，以及美国普拉特惠特尼公司（Pratt & Whitney）、英国劳斯莱斯公司、日本航空发动机公司、德国 MTU 公司和意大利菲亚特公司联合成立的国际航空发动机公司（International Aero Engines）。

国际项目的大量存在是因为这些项目所需要的某种资源在东道国无法轻易获得，这种资源最普遍的就是技术知识。[①] 许多拥有自己的专有知识而被邀请加入项目的公司都发现，在项目完成以后，这些公司的知识已不再是专有的。信息技术领域有许多这样的事例，两家或更多的公司联合开发的软件在所有权问题上常常会引发激烈的争议。在美国，这样的事例通常由法院来解决。在涉及两个或更多的国家时，解决这个问题就不那么简单了，因为每个国家的专利法各不相同，而且每个国家对专利权的态度也是不同的。当美国公司增加外购制造项目的数量时，保护专有知识的问题将会变得更加困难。

如果专业知识是有价值的，那么项目经理和高层管理者就应该采取足够的保护措施。我们手头的这个例子对如何完成这一工作具有一定的启发作用。《北美自由贸易协定》（NAFTA）对三个签约国（美国、加拿大、墨西哥）公司的知识产权提供保护。在《北美自由贸易协定》下，所有的技术领域都受到了专利的保护，这是第一个除了著作权和专利权之外，还保护商业秘密的国际协议（Chopra，1993）。

所有这些论述的要点是，商业法规以及所有那些能够影响商业活动的法律在各个国家不尽相同。对项目经理而言，适当的法律所提供的支持是无可替代的。

□ 商业周期环境

项目经理应当了解项目东道国所具有的总体商业条件。尽管各个经济发达国家的商业周期通常都会一起进入繁荣期和萧条期，但它们很少会完全合拍。一个国家所处商业周期的深度可能会比另一个国家大得多。一个国家的商业周期可能会比另一个国家开始或结束得早。有时候，某个国家可能会完全逃过商业周期的萧条期。因此，不同地区对本地繁荣和萧条程度的感觉各不相同。这些感觉的不同将会通过人们对投资和就业的积极或消极态度反映出来。在各个国家中，与项目相联系的种种风险也各不相同，甚至连对合适的项目时间表的看法也会受到影响。

在失业率相对较高的时期，许多国家会设置一些制度障碍，以减慢或阻止那些可能会对本国国际贸易平衡产生负面影响的项目。这些障碍可能采取以下形式：强制项目延期、否决项目投资、不同意返还收益、“无法”提供必要的稀缺资源（人员或资本）、当地官员进行审批时严重“拖后腿”、缺少所需的资本设备以及大量其他形式。上述几乎所有的形式都影响到了某中东国家的一个大型建设项目，在试图阻止一个他们不想要或认为不合时宜的项目时，那些官僚（我们对这个词的使用没有贬义）的创造力是无穷的。

---

① 进入迄今仍未开放的外国市场是实施国际项目的另一个常见原因。这当然是成立 CFM 国际公司和国际航空发动机公司的一个主要因素。

据报道，当被问及美国和日本的贸易逆差时，罗伯特·索洛（Robert Solow）的回答是，逆差对任何一个国家都不重要。他指出，对他的理发师来说，他自己总是存在着“逆差”，对他的管工和当地杂货店老板来说想必也是如此。尽管这位诺贝尔经济学奖获得者对于他的理发师等人的看法无疑是正确的，但是应当指出的是，对他的雇主（麻省理工学院）和他的咨询客户来说，索洛存在着巨大的“顺差”。进一步讲，尽管索洛教授的理发师和杂货店老板不大可能成为他的客户，但日本显然是美国许多商品和服务的潜在消费者。我们不想争论比较优势的概念，但该经济概念假定，商品和服务在国家之间从进出口两个角度讲都有很大的自由，而这看起来与日本从国外进口商品的情况是不一致的。阿霍（Aho，1993）对美日贸易冲突进行了有趣的讨论——与当前的美中贸易失衡相比，这只是一个小冲突。

大部分国家在处理这种问题时，采用的方法与私人公司采用的方法如出一辙，它们实行商业互惠。在美国，通过实行特殊的互惠手段来限制贸易是违法的，但许多公司都设法从可以提供互惠的客户那里购买所需的投入品。项目经理可以从东道国的卖主那里购买商品和服务，以及雇用称职的该国员工，这样就会获得有价值的善意表示。事实上，在许多情况下，雇用该国员工是东道国对项目提出的条件之一。最重要的是，项目经理应当对东道国的经济问题保持敏感，并且愿意尽最大可能适应当地商业习惯。

□ 技术环境

尽管一国的技术状况事实上并不是一个“体制”环境，但在这时提出这个问题也是恰当的。要想获得项目的成功，项目经理常常需要在进行项目计划工作时，采取一种与东道国的可用技术相协调的方式。通过格雷厄姆等人（Graham et al.，1988）的著述和下面的事例，我们可以认识到这一点。

运筹学理论先驱罗素·艾科夫（Russell Ackoff）曾经讲过这样一个故事，有一次他被邀请到印度做政府顾问，在附近的乡村进行了一次观光性的“考察”旅行。他发现，许多人用水桶在公路一边的灌溉水渠中打水，然后穿过公路将水倒入公路另一边干燥的水渠。于是他就问一位政府官员，如果在路的下面装一条管道，将路的两边连起来，那么只需一道闸门就可以控制水的传输，而这道闸门只需要一个人操作就可以了，由此可以节省劳动力成本。这位官员礼貌地听完，然后问：“这样的话，那些替换下来的人将如何供养自己的家庭呢?”

任何国家所使用的技术一般都是生产要素相关成本（供给）的一个函数——通常会根据相关的传统、政治和法律条件做出一定的调整。

下一章我们将会讨论虚拟项目，这些项目都是跨部门的，在地理上也可能是分散的。根据定义，跨文化的项目属于虚拟项目。近些年来，虚拟项目的沟通问题通过电子邮件、因特网、电话会议和视频会议得到了很大的解决（Dodson，1998）。尽管过多使用电子邮件会使项目经理不胜其烦，但在与其他组织进行必要的沟通时，电子邮件还是很有用的。当然，这些技术并不降低对项目经理在文化敏感性方面的要求。对于一个跨文化项目的项目经理而言，谈判的技术是非常关键的，尽管这不是一个电子化的技术。多森（Dodson，1998）写道：

> 项目管理从根本上讲是一种期望管理。有效地对期望进行管理需要用到谈判的技巧，这种技巧远胜于对数量进行“测度”的技巧。项目获取成功的程度只取

决于项目经理是不是一位有效的谈判家……

对于世界上至少 3/4 的人口来说，关系比其他一切都更重要：胜过时间、预算和规范要求。精明老练的项目经理都了解这一点，并且知道自己应该随时注意平衡各种情况下的需求。例如，日本人对按期完工的严格要求，拉丁美洲人倾向于以一种更为随意的方式对待他人（Dodson，1998）。在下一章我们将详细讨论谈判问题。

项目管理实践

处于巴西动荡时期的项目管理

里约热内卢政府需要为每年的节庆活动建造一个永久性的设施，于是启动了一个特殊的项目，他们决定建造一个由学校和狂欢节体育场组成的混合建筑，以便为每年 3 月来参加大斋节前四天举行的游行和节日庆祝活动的人们提供活动场所。体育场必须可为 70 000 名桑巴舞迷提供座位，全部设施可以用来举办人数达 200 000 万人的摇滚音乐会或类似活动。一年中的其他时间，这座建筑将成为容纳 4 000 名学生的学校。因为每年庆祝活动所用设施的费用为 1 000 万美元，而项目的成本仅为 1 500 万美元，所以可以很快收回成本。该项目必须在下一个大斋节之前完成，只有 4 个半月的时间了。

要在这么短的时间内完成这么大的项目是一项挑战，使问题更严重的是恶劣的项目环境，其中包括政治上的不确定性、恶性通货膨胀、政府的官僚作风以及当地承包商的政治倾向，但是来自公众的巨大压力和项目参加者及时完成项目的强烈愿望最终使得项目成功完成，不仅按时、高质量，而且成本控制在预算范围之内。此外，这么短的时间期限实际上反而在某种方式上有利于项目的成功完成，具体情况我们可以从下面了解到。

政治上的不确定性

该项目是在一个希望在短期内见效的巴西新政府的主持下开始的。一般来说，新政府往往会对经济政策做出重大的改变——冻结资产、锁定价格、改变税率、改革银行体系、改变货币汇率（甚至更换货币）——来纠正前任政府的错误，使经济走上正轨，避免那些即将出现的问题。同时，联邦项目的优先地位常常会因为国内的问题或削减资金而突然改变。这种不确定性催生了经济中的观望态度，抑制了所有的交易和项目行为。

恶性通货膨胀

经济不确定性带来的一个特别困难之处在于，在通货膨胀呈螺旋式上升时，人们很难判断“合理的”成本究竟是多少。人们需要建立一些系统来检查供应商和承包商的定价行为以及各种商品的真实成本。这样，人们可以采用复杂的指数计算系统来帮助提供成本指数，但这种做法并不完美，尤其是对那些没有跟随其他商品涨价的商品来说。另一个复杂的问题是，人们很难确知付款将在何时进行。在一个每月通胀率为 25%的时期里，政府在付款上耽搁一星期，就会把一个有盈利的项目变成亏损的项目。因此，在开出首张发票之后以及在消费者付款之前，人们往往会开出另外一张发票来做出一定的“提价”。当然，如果付款没有如期进行，那么这张发票也将会受到通货膨胀的影响！

政府官僚作风

有关公共项目投标的政府法律非常广泛，对每个人都形成了沉重的官僚负担。另外，官僚主义的拖延和表格、批件以及其他一些程序问题都可能会使项目遭到延误，并且会使项目成本无限上升。在这个项目的例子中，政府做出了特殊让步，特别设立了简单的投标和采购程序，并且作为单独个案，项目工作可以直接到达最高层的机构和官员，从而绕开了官僚主义的层层障碍，使整个项目的进展得以加快。

当地承包商的政治倾向

即使是当地承包商的政见也可能会带来一些问题，因为他们可能会声称项目不可能按期完成而拒绝参加项目工作，于是，政府选择了两家国外的承包商来实施这个项目。在此之后，当地的承包商经过重新考虑以后终于参加了进来，并且获得了30%的项目工作合同。

资料来源：P. C. Dinsmore and J. O. Brizola, "PM Under Rampant Inflation," *PM Network*, December 1993.

3.6 跨文化的沟通和管理行为[①]

语言的重要性无论怎么强调都不过分。几乎每一位作者在讨论国际项目（或者在另一个国家管理一个企业）的管理问题时，都会建议管理人员学习东道国的语言。通常来讲，项目经理不必做到流利地使用东道国语言（尽管这总是很有助益的）。在需要进行准确沟通时，项目经理可以通过一位熟练的翻译来进行，但是，如果项目经理能够使用东道国语言，即使不太熟练也能让当地人产生好感。

语言是词汇、手势、符号、身体的动作以及姿势、图像、声音、公式和对象的复杂组合，我们用它来和其他人进行沟通。我们使用沟通要素的方式，以及发出和接收信息的方式，都是沟通的组成部分。媒介是信息的一部分，这是马歇尔·麦克卢汉（Marshall McLuhan）的著名论断。就连信息的发源地和目的地也有可能改变其意义。同样的词语所传达的意义可能有很大的差别，这取决于词语所存在的语境，或者取决于该词语的说者和听者分别是什么人（请考虑以下词句的意义：一个年轻人在约会结束时对一位年轻小姐说"我会打电话给你"）。

因为沟通行为不可能与沟通者分开，所以项目经理的管理行为和个人行为，都应当与沟通程序更为一般化的一些方面联系起来进行讨论。

□ 沟通的结构和风格

几年前，美国的钢铁工业在印度资助了一个培训年轻工程师的项目。这个项目是美国对苏联援助印度建设钢铁厂和提供有关设备所做出的反应之一。基于美国钢铁工业的管理和生产方法远远优于苏联的这一（正确的）假定，人们对培训工程师的项目做出了这样的安排，让这些工程师成为克利夫兰和匹兹堡钢铁工厂的一线主管，与此同时，还让他们在这些城市的大学接受有关美国商业运作和技术方面的理论培训，结果产生了一些问题。

所有这些工程师都可以非常流利地用英语写作和交谈，他们所接受的培训是由美国的钢铁公司以现场沟通的方式进行的。好几个月过去以后，才有一位美国学者（他没有参与该项目的计划）指出，印度的钢铁工厂中只有17%的工人识字。这使得工程师培训所使用的那些精心设计的沟通系统无法使用，因为该系统主要依靠书面的备忘录和指导说明。人们可能会问，为什么那些印度的工程师不让教授他们沟

① 本小节内容可以跳过不读而不失全书的连贯性。

通课程的人了解这一事实呢？原因在于，在亚洲国家，老师（和一般的高级官员）会得到高度的尊重，对他们提问或者纠正他们的错误是不礼貌的，甚至几乎是不可想象的。

文化差异会造成另外一个问题。美国的钢铁工业（其他行业也一样）在培训管理人员时，通常会向他们传授一些关于生产方式的实际操作经验，而那些年轻的印度人则认为，让他们在鼓风炉旁挥动铁锹有失他们的身份。为了说服这些工程师继续进行这方面的培训，而又不会招致不满，就需要有一位职位很高的美国管理人员在现场做示范。

这些类型的跨文化问题在国际项目中是普遍存在的。在美国，授权是首选的管理风格。权力一经分配，信息就会从被授权者传递到授权者。工人向主管汇报，而主管又向中层和高层管理者汇报。在那些高度集权的文化中，挖掘信息成为项目经理的责任（Smith et al.，1993）。在本书的几个不同地方，我们都曾经敦促项目经理永远不要让老板感到意外，这是我们所提出的项目管理方法的一条基本宗旨。一个国际项目的项目经理不应该指望他的下属会主动把有关现有问题和潜在问题的信息汇报给自己。高格等人的研究（Gogal et al.，1988）和格雷厄姆等人所做的一项小样本调查（Graham et al.，1988）都对中国目前的项目管理实践进行了考察。他们没有考察那些跨文化的项目，而是研究了由中国的管理人员和工人实施的项目，尽管如此，他们的研究还是很有指导意义的。显然，中国的管理方式是独裁式的，并且谈判工作（主要是与政府谈判）与其他文化中的谈判一样也是非常重要的。在那些涉及中国的跨文化项目中，谈判工作的重要性非但不会下降，反而有所提高。

□ 管理行为和个人行为

我们已经了解到美国式项目中那种自下而上的信息流与独裁的管理风格下那种自上而下的信息流之间的差别。对于那些只拥有美国式经验的项目经理来说，还存在其他一些可能会导致问题的文化差异现象。在一篇引人入胜的论文中，格林伯格等人（Grinbergs et al.，1993）比较了瑞士和美国经理人员/工程师的管理特点，他们都具有同样的年龄、受教育程度和薪酬水平，并且都在从事着软件项目。

这些比较中有一些显示出管理和人际关系风格在文化上的差异。这项研究发现，瑞士管理者相互之间的关系远比美国人更为正式。这反映了人际关系风格和语言的相互作用。许多语言都有正式和非正式的对话方式。例如，正式德语中的“Sie”（您）和法语中的“vous”（您）对应于非正式的“du”（你）和“tu”（你）。如果一个美国人在德国对一个德国人使用“du”，这当然能听懂，但可能也传达了一种粗鲁的暗示。

贯穿全书，我们一直都在强调计划工作的重要性，由此我们发现，瑞士人和美国人在计划方法上的差别特别有意思。

> 美国的调查对象认为，完整的计划和长期的战略不是启动项目的绝对先决条件……尽管两个国家都很重视办事效率，而瑞士公司则更重视长期战略（Grinbergs et al.，1993，p. 24）。

除了这些方面，瑞士人和美国人在项目管理工作的其他许多方面都有所不同。瑞士人表现出更强的职业道德，更抗拒变革，更规避风险，更能接受官僚作风，更注重质量。美国人则更有团队精神，更愿意尝试和创新，时间观念更强，沟通方式更为开放。

如果要在一个亚洲国家实施项目，那么来自美国的项目经理在批评当地下属工作时就必须非常小心。在东方文化中，丢面子是一个非常严重的问题。

在一个具有高度结构化阶层的社会中，要实施一种参与式的管理方式是非常困难的。显然，人们会有一个内在的假定：那些接受过良好教育的高层管理者的权威将会因为使用参与式的管理而遭到贬低（有趣的是，我们不必离开美国就能看到这种基于文化的特征在起作用。在许多美国公司中，管理方式是非常独裁的，并且管理人员和工人之间的社会鸿沟与那些阶级意识更为明显的社会一样大）。一个国家的社会体系层次越多，其直接的管理沟通往往就越少。在北美洲，高层管理者与一线主管，甚至与蓝领或白领工人直接进行沟通是很平常的事，信息很容易在各职能部门的权力链上得到沟通，而在世界上其他大部分国家里，沟通都更为间接，并且倾向于按照组织章程的规定逐层进行。

丁斯莫尔等人（Dinsmore et al.，1993）为那些即将参与跨文化项目管理工作的项目经理提出了五种必须特别加以考虑的因素。我们曾经提到过这些因素中的一部分（例如，语言和文化的重要性，应对东道国政治和政客的必要性，项目经理必须使用本地人员的事实，投入品供给和技术方面出现问题的可能性，遵守当地法律和习俗的必要性）。另外，他们还指出了另外两个可能会给项目经理带来问题的事实。第一，存在其他的风险因素，比如绑架、疾病、不完善的医疗保障等。当然，在许多国家，项目工作人员面临的犯罪风险要小于美国，同时他们也更容易得到医疗保障。第二，丁斯莫尔等人（Dinsmore et al.，1993，p. 458）指出，项目经理可能需要在身体上和心理上帮助那些被派遣到东道国的人员，这些人员可能会因为必须生活在一个“习俗和生活方式不同的奇怪国度”里而感到不适应，他们将其称为“流放的生活方式”。

然而，我们必须提醒项目经理，在适应外国文化方面不要做过头。为接受当地人的风俗习惯而放弃自己的并没有太大帮助。我们所认识的一位奥地利经济学家曾谈道：“那些来到这里的美国管理人员，穿着皮短裤，带着滑稽的帽子，样子非常可笑，没有人会把他们当回事。”

□ 对跨文化项目的最后评论

对于一个想要从事国际项目管理工作的项目经理来说，不在东道国文化和语言方面做好充分的准备是很不明智的。准备不足就容易导致文化冲击，使项目受挫，并且通常会导致项目全面失败。这种情况是无法取得项目成功的。如果组织内部没有任何资源可以用来为向不同文化过渡做好准备，就需要借助外部咨询人员的知识和教学技能（注意：公司目前的雇员中那些碰巧具有那个国家国籍的人员并不是实施培训工作的合适人选）。外国语言课程是必修的，即使语言培训并没有扩展到专业性的术语。在大多数情况下，在社交场合和日常事务中欣然使用东道国的语言——如果不是为了进行技术讨论——将会受到东道主赏识，并且赢得项目团队中当地人员的好感。

最后，研究表明维护项目团队的社会心理方面具有非常重要的作用。“实际上，这一发现表明，项目团队成员喜欢同团队中的其他成员协同工作，并且将从事项目工作视为有价值的，这一点是非常重要的”（Pinto et al.，1991，p. 17）。这一点对跨文化的项目尤其重要，对那些移居国外从事项目工作的人员更是如此。他们背井离乡，很大程度上依赖于自己的同胞来满足社会心理需求。面临这种文化上的孤独感，项目工作成了他们补偿心理和社会感情的重要来源。项目经理往往过分强调工作成果，但也应该确保这些需求能得到满足。

所有人好像总是从他们自身文化的角度来看待其他文化的价值观念，因此理解并在另一种文化中惬意地开展工作需要付出很大的努力。大部分美国人看起来都在技能和敏感性方面低估了自身管理国际项目的能力。美国人认为，可以说多种语言，能够像许多其他国家的居民一样，意味着对另一种文化的接受和敏感。只要看一下巴尔干半岛或中东地区的情况就知道这种看法是不正确的。如果一名来自多伦多的项目经理可以管理魁北克的一个项目，或者一名来自波士顿的项目经理可以管理阿尔布开克的一个项目，那么一位美国南部的浸礼会教徒就能够在以色列实施任务，或者一位来自得克萨斯州科珀斯克里斯蒂的墨西哥人就可以在柏林有效地完成工作。跨文化的管理工作确实需要付出加倍的努力，但这是能够做到的。

小结

本章讨论的主题是项目经理。我们首先讨论了项目经理在组织中的地位，以及他对组织和项目团队成员所承担的责任。我们还描绘了项目经理的常规性职业发展道路。接下来，我们详细说明了对项目经理的各种特殊要求，并且介绍了项目经理的选拔工作。最后，我们对文化及其对项目沟通和项目成功的影响进行了讨论。

本章的要点如下：

两个因素对项目的成功至关重要，即高层管理者的支持和项目团队成员是问题导向（而不是专业导向）的。

与职能经理相比，项目经理更是一位通才而不是专才，更是一位综合者而不是分析者，更是一位推动者而不是监管者。

项目经理对公司、项目本身和项目团队负责。项目经理必须满足下面七个方面的特殊要求：

1. 获得充足的物质资源；
2. 配备并激励员工；
3. 处理各种障碍；
4. 对项目目标进行平衡；
5. 维持项目团队成员观点的平衡；
6. 与各方进行沟通；
7. 谈判。

效率高的项目团队成员所具有的最一般特点包括：

1. 高水平的技术能力；
2. 政治敏感性；
3. 强烈的问题导向；
4. 高度的自尊。

为了有效满足项目的各种要求，项目经理必须理解项目的基本目标，获取高层管理者的支持，建立并维持一个固定的信息网络，在尽可能多的方面保持灵活性。

最适合做项目经理的人员必须能够圆满地完成工作。

对项目经理很有价值的一些技能包括：技术和管理方面的可信性、政治敏感性、促使其他人从事项目工作的能力以及领导能力。

文化对项目管理工作的影响包括如下一些要点：

1. 文化要素是指人类群体的生活方式，包括技术、制度、语言和艺术等方面。

2. 项目环境包括经济、政治、法律和社会技术等方面的内容。

3. 会产生困难的几个文化问题，包括团队的时间观念和为项目配备人员的方式。

4. 语言对项目而言是一个非常关键的文化问题。

下一章我们将会讨论谈判工作以获取实施项目计划和项目工作分解结构所需要的资源。

关键术语

分析方法（analytic approach） 将问题分解为各个组成部分，以便更好地理解其构成，并进而解决问题。

成本—收益比（benefit-cost） 用以评价行动计划的一个比率。

倡导者（champion） 首先提出一种观念或行动，并在整个组织中进行“推销”的人。

应急计划（contingency plan） 在期望的结果没能实现时所采取的替代性措施。

文化（culture） 人类群体的生活方式。

学科（discipline） 专门知识领域。

环境（environment） 处于系统之外，向系统提供输入或者从系统接受输出的所有事物。

推动者（facilitator） 能够帮助他人克服技术或人际关系问题的人。

职能（functional） 一种标准的组织划分方式，比如财务、营销、会计或运营等。

微观文化（microculture） 组织或项目内部的“企业文化”。

系统方法（systems approach） 一种用来处理多方面之间相互关系的广泛的综合性方法。通常与分析方法相对应。

技术（technological） 与完成某些事情有关的方法和技巧。

平衡（trade-off） 用一方面的损失换取另一方面的改善。

花呢外衣式管理（tweed coat management） 是指那些受教育程度较高的人员（比如工程师）需要一种特殊类型的管理方法。

问题

内容复习问题

1. 项目工作在项目经理的职业生涯中怎样扮演铺路石的角色？

2. 请讨论项目经理对项目团队成员所承担的责任。

3. 效率高的项目团队成员所具有的本质特征有哪些？

4. 在项目生命周期的各个阶段中，哪些项目目标是最重要的？

5. 请逐一描述文化的四种要素。

6. 请对文化、微观文化和跨文化的概念进行比较说明。

7. 请指出五种需要加以特别考虑的跨文化因素。

课堂讨论问题

1. 请对项目中最重要的原则“永远不要让老板感到意外”和公司中的格言“坏消息永远不会往上传”进行比较说明。

2. 项目中有合法利益的各方之间注定会产生的冲突有哪些？

3. 为什么你认为在项目形成阶段之后，成本目标的重要性会有所降低？

4. 假设根据委托合同有一位天才科学家暂时性地为你工作，工作完成后她将回到自己的常规工作中去。尽管在合同期间，你可能不需要她的帮助，但你碰巧了解到，她将会因为其常规工作岗位的工作量不足而遭到解雇，而且她的个人财务状况很差。你认为，把她留在公司很重要，尽管根据合同留住她将会增加一些不必要的开支。这一决定是出于商业考虑还是道德考虑？为什么？如果让你做出决定，你将会如何行事？

5. 通过艺术进行沟通与通过语言进行沟通有何区别？

6. 如果说雇人用水桶运水有助于经济的发展，那么为什么不改用羹匙以使更多的人得到工作？对此那位印度官员该如何作答？

有关“项目管理实践”的问题

丘吉尔成为一名项目经理

项目经理应当具备的品质和技能是什么？

一名令人惊叹的应对卡特里娜飓风的后勤主任

你认为威尔逊为什么会被任命为后勤主任？

英法海底隧道

1. 在英法海底隧道项目实施过程中项目经理扮演的角色是什么？项目经理需要具备什么特殊技能或经验？

2. 成本超支和进度拖延被避免了吗？如果避免了，他们是如何做到的？

为什么项目经理需要具备当地知识

1. 为什么对项目经理来说仔细考虑当地知识和文化的细微差别是非常重要的？

2. 一名外国项目经理如何了解那些会影响项目可交付成果的当地风俗和文化？

处于巴西动荡时期的项目管理

“提价”是如何起作用的？提价是否被允许？

案例讨论

史密森公司

凯斯·史密森是一家中等规模的私人计算机服务公司——史密森公司（Smithson）的首席执行官。这家公司有20年的历史，到目前为止一直在快速增长。史密森先生认为，公司近来的问题与亚洲的经济衰退密切相关。

六个月前，史密森公司雇用了布利亚娜·史玛特斯作为公司的计划主管。在考察了公司近几年的绩效和财务状况之后，史玛特斯女士得出结论认为，经济形势并不是问题的真正所在，它只是加剧了真正的问题。她认为，在这个因特网时代，史密森公司的服务正在变得过时，而公司各部门的领导在应对信息技术所带来的威胁和机会时还没有开展有效的合作。同时她认为，僵硬的职能型组织妨碍了人们为补救这种情况所采取的行动。因此，她建议史密森先生设立一个新职位——特别运营经理，以推广和使用各种项目管理技术。这位新的经理将会以项目经理的身份处理一些关键性的项目工作。

史密森先生对这个想法丝毫不感兴趣。他认为，自己的职能部门都是由能干的专业人员进行管理的，为什么这些高水平的管理人员不能更有效率地协同工作？史密森先生认为，一个好的办法就是给这个团队一定的指导（做什么，何时做，谁来做），然后让那些与需要解决的问题联系最为密切的职能经理来掌管团队。他设想，只需由自己轻轻推动一下（就像刚才描述的那样），就足以“使项目运转起来”。

问题：

在得到这一解释之后，史玛特斯女士更加确信，必须设立一位独立的非职能部门项目经理。她的看法是否正确？如果你是史玛特斯女士，你将会如何说服史密森先生接受自己的观点？如果设立了这个新职位，还应当做出哪些改变？

纽卡斯尔疗养康复中心

纽卡斯尔疗养康复中心（NNRR）是一家有135张床位的疗养院。该中心正在考虑改建有着36张床位的主楼侧翼楼，专门服务于需要呼吸机救助的病人。

侧翼楼的房间面积比适合呼吸科病人的最佳标准面积稍小一些，但也超过了规定的最小面积。加大房间的面积是件很不划算的事情。大体上，改建工程需要增加电线，为氧气压缩机提供电力，从房间空气中提取纯度为95%的氧气；需要配备便携式呼吸机，以一定的压力向病人供氧，帮助病人呼吸；以及需要小型的电动机驱动的吸痰器把病人呼吸道里多余的黏液抽取出来。此外，这些房间必须连接应急供电设备，如果主电力供应失效，这些设备可以自动启动并供应电力。最后，每部呼吸机都必须安装压力传感器，连通位于走廊的报警装置。一旦呼吸机压力锐减，这些装置就会发出刺耳的报警信号，走廊的警示灯也开始频闪。除了与呼吸机有关的电力需求，还需要安装一些插座，以便连通药品和营养液配送器、网络视频设备、无线设备和娱乐设施。每张病床也需要一个插座，给床垫压力泵供电。因为每个房间放两张病床，所以要配备两套插座系统。

当病人在病房里时，上述设备要随时供电。只有健康状况较好的病人才能每天进入配有大屏幕电视和桌椅的日间休息室。大部分病人活动时必须带着便携呼吸机、氧气机或者氧气瓶。身体状况足够好的病人在日间休息室吃饭，相互交流，以及会见客人（这些社交活动是一个很安静的过程，因为绝大多数病人都插着氧气管呼吸，不能够大声说话）。

高级主管史蒂夫·墨菲决定将扩建工程作为一个项目来完成，他正在物色项目经理的人选。他接受的是商务方面的培训，而不是医院设计。他觉得一位注册护士或者持证执业护士可能是合适的人选，同时他觉得一位呼吸治疗师也可能是不错的选择，因为他们负责使用主要的电力设备。最后，他认为插座的设置和安装最好由电力承包商来负责，这位承包商必须要实施病房改造的主体工程。

问题：

墨菲先生应该选择谁做项目经理？为什么？

国际微电路公司

梅根·贝丁是国际微电路公司（International Microcircuits Inc.）主管销售的副总裁，她很高兴公司能够成为受邀参加一项竞标活动的少数几家公司之一。这次竞标可以使该公司的一种主要产品在这个小国家赢得一个大型的工业客户。在该地区的首席销售代表打电话给她，告诉她在这个国家做生意可能遇到的特定“期望”：

1. 占产品价值至少50%的当地材料必须以互惠的方式购买；

2. 当地的政客希望该公司持续对其政党进行大量捐助；

3. 当地的工业客户在从国际微电路公司这样的供应商那里购买商品时，通常要收取40%的回扣（而国际微电路公司的边际利润率只有20%）。

得知这一新消息后，梅根无法确定是否继续这一投标活动。如果撤销投标，以前所付出的许多努力就全都浪费了，同时会在国际市场上失去一个立足点，但如果继续下去，自己如何才能通过既合乎法律又合乎道德的方式来满足这些期望呢？

问题：

请设计一种方案来解决梅根的问题。

课堂综合练习项目

班级现在的任务是选拔一名项目经理。对此我们提出的建议是，最好的项目经理应该是“能够圆满完成工作”的人，而不是正好“可用”的人。对一个班级项目来说，这是一个特别危险的陷阱，因为班级中每个人都很忙，没有人希望领导一个大项目。不要期望指定两个人共同作为项目经理——这种方式行不通，除非这两个人在以前的项目中曾经合作得非常好。如果指定两名项目经理，那么没有人会知道他们各负责哪一方面，工作任务可能会脱离正轨。理论上，如果项目被组织得很好，并且运行良好，那么项目经理的工作应该不比班级中其他成员的多，甚至可能还要少。项目经理的主要职责（可能与子团队的领导共同合作）是做好项目的组织工作，做好工作任务的进度计划，并且随时了解工作的进展情况。然而，如果突然出现问题，或者仅仅是人员个性不合，项目经理将会发现他的职责比预想中耗费的时间要多得多。在项目经理最终选定之后，对于整个班级，特别是对子团队的领导（如果存在的话）来讲，重要的是要全心全意效力于项目经理，完成分内的工作，承担起他们同意接受的工作责任。同时要牢牢记住，班级中也许会有一个或者更多的人将要做多于他们被公平分配的工作，因为未预期的问题在此期间会突然出现。

参考文献

AHO, C. M. "America and the Pacific Century: Trade Conflict or Cooperation?" *IEEE Engineering Management Review*, Winter 1993.

BARRY, V. *Moral Issues in Business*. Belmont, CA: Wadsworth, 1979.

BEER, S. *Diagnosing the System for Organizations*. New York: Wiley, 1985.

BLANCHARD, K., and N. V. PEALE. *The Power of Ethical Management*. New York: Morrow, 1988.

BOULDING, K. E. "General Systems Theory—The Skeleton of Science." *Management Science*, Vol. 2, No. 3, April 1956.

CHOPRA, K. J. "NAFTA: Implications for Project Management." *PM Network*, November 1993.

CHURCHMAN, C. W., *The Systems Approach*, rev. ed. New York: Delta, 1979.

CRICHTON, M. *Rising Sun*. New York: Knopf, 1992.

DE MACEDO-SOARES, T. D. L.v. A., and D. C. LUCAS. "Empowerment and Total Quality: Comparing Research Findings in the USA and Brazil." *Technovation*, October 1995.

DINSMORE, P.C., and M.M.B. CODAS. "Challenges in Managing International Projects." In P. C. Dinsmore, ed., *The AMA Handbook of Project Management*. New York: AMACOM, 1993.

DODSON, W. R. "Virtually International." *PM Network*, April 1998.

FEDOR, K. J., and W. B. WERTHER, Jr. "The Fourth Dimension: Creating Culturally Responsive International Alliances." *IEEE Engineering Management Review*, Fall 1997, as reprinted from *Organizational Dynamics*, Autumn 1996.

FORD, R. C., and F. S. MCLAUGHLIN. "Successful Project Teams: A Study of MIS Managers." *IEEE Transactions on Engineering Management*, November 1992.

FOTI, R. "Today's Project Manager." *PM Network*, April 2003.

GAGNON, R. J. *An Exploratory Analysis of the Relevant Cost Structure of Internal and External Engineering Consulting*, Ph.D. dissertation. Cincinnati: University of Cincinnati, 1982.

GAGNON, R. J., and S. J. MANTEL, Jr. "Strategies and Performance Improvement for Computer-Assisted Design." *IEEE Transactions on Engineering Management*, November 1987.

GOGAL, H. C., and L. R. IRELAND. "Project Management: Meeting China's Challenge." *Project Management Journal*, February 1988.

GRANT, K. P., C. R. BAUMGARDENER, and G. S. STONE. "The Perceived Importance of Technical Competence to Project Managers in the Defense Acquisition Community." *IEEE Transactions on Engineering Management*, February 1997.

GRINBERGS, A., and A. H. RUBENSTEIN. "Software Engineering Management: A Comparison of Methods in Switzerland and the United States." *IEEE Transactions on Engineering Management*, February 1993.

GREEN, S. G. "Top Management Support of R&D Projects: A Strategic Leadership Perspective." *IEEE Transactions on Engineering Management*, August 1995.

HAUPTMAN, O., and K. K. HIRJI. "The Influence of Process Concurrency on Project Outcomes in Product Development: An Empirical Study of Cross-Functional Teams." *IEEE Transactions on Engineering Management*, May 1996.

HERZBERG, F. H. "One More Time: How Do You Motivate Employees?" *Harvard Business Review*, January–February 1968.

HUGHES, T. P. *Rescuing Prometheus*. New York, Pantheon, 1998.

IRELAND, L. R., W. J. PIKE, and J. L. SCHROCK. "Ethics for Project Managers." *Proceedings of the 1982 PMI Seminar/Symposium on Project Management*, Toronto, Ontario, Canada.

JIANG, J. J., G. KLEIN, and S. MARGULIS. "Important Behavioral Skills for IS Project Managers: The Judgments of Experienced IS Professionals." *Project Management Journal*, March 1998.

KALU, T. C. U. "A Framework for the Management of Projects in Complex Organizations." *IEEE Transactions on Engineering Management*, May 1993.

KLOPPENBORG, T J., and S. J. MANTEL, Jr. "Trade-offs on Projects: They May Not Be What You Think." *Project Management Journal*, March 1990.

KOTTER, J. P. "What Effective General Managers Really Do." *Harvard Business Review*, November–December 1982.

LEVINSON, N. S., and M. ASAHI. "Cross-National Alliances and Interorganizational Learning." *IEEE Engineering Management Review*, Fall 1997, as reprinted from *Organizational Dynamics*, Autumn 1995.

LYNN, L. H., and T. J. MCKEOWN. *Organizing Business: Trade Associations in America and Japan*. Washington, D.C.: American Enterprise Institute for Public Policy Research, 1988.

MARTIN, M. D. "The Negotiation Differential for International Project Management." In P. C. Dinsmore, ed., *The AMA Handbook of Project Management*. New York: AMACOM, 1993.

MATSON, E. "Congratulations, You're Promoted" and "Project: You." *Fast Company*, as reprinted in *Engineering Management Review*, Winter 1998.

MEDCOF, J. W., J. HAUSCHILDT, and G. KEIM. "Realistic Criteria for Project Manager Selection and Development." *Project Management Journal*, September 2000.

MINTZBERG, H. *The Nature of Managerial Work*. New York:

Harper & Row, 1973.

NIXON, M. A. "Legal Lights: Business Ethics." *Project Management Journal*, September 1987.

NORRIE, J. and D. H. T. WALKER. "A Balanced Scorecard Approach to Project Management Leadership." *Project Management Journal*, December 2004.

PASTIN, M. *The Hard Problems of Management*. San Francisco: Jossey-Bass, 1986.

PATTERSON, N. "Selecting Project Managers: An Integrated List of Predictors." *Project Management Journal*, June 1991.

PHILLIPS, R. C. "How to Build a Low-Cost Black Box: Practical Tips for Owners." *PM Network*, October 1995.

PILL, J. *Technical Management and Control of Large Scale Urban Studies: A Comparative Analysis of Two Cases*, Ph.D. dissertation. Cleveland: Case Western Reserve University, 1971.

PINTO, J. K., and S. J. MANTEL, Jr. "The Causes of Project Failure." *IEEE Transactions on Engineering Management*, November 1990.

PINTO, M. B., and J. K. PINTO. "Determinants of Cross-Functional Cooperation in the Project Implementation Process." *Project Management Journal*, June 1991.

PINTO, J. K., and D. P. SLEVIN. "The Project Champion: Key to Implementation Success." *Project Management Journal*, December 1989.

PROJECT MANAGEMENT INSTITUTE. "Slow Motion," *PM Network*, April 2005, p. 1.

ROBB, D. J. "Ethics in Project Management: Issues, Practice, and Motive." *PM Network*, December 1996.

ROSEGGER, G., and S. J. MANTEL, Jr. "Competitors as Consultants: Collaboration and Technological Advance." In J. Allesch, ed., *Consulting in Innovation: Practice, Methods, Perspectives*. Amsterdam: Elsevier, 1990.

SAHLIN, J. P. "How Much Technical Training Does a Project Manager Need?" *PM Network*, May 1998.

SCHAEFER, A. G., and A. J. ZALLER. "The Ethics Audit for Nonprofit Organizations." *PM Network*, March 1998.

SCOTT, S. G., and R. A. BRUCE. "Following the Leader in R&D: The Joint Effect of Subordinate Problem-Solving Style and Leader-Member Relations on Innovative Behavior." *IEEE Transactions on Engineering Management*, February 1998.

SHENHAR, A. J. "From Theory to Practice: Toward a Typology of Project-Management Styles." *IEEE Transactions on Engineering Management*, February 1998.

SLEVIN, D. P. *The Whole Manager*. New York: AMACOM, 1989.

SMITH, L. A., and J. HAAR. "Managing International Projects." In P. C. Dinsmore, ed., *The AMA Handbook of Project Management*. New York: AMACOM, 1993.

SOUDER, W. E. "Autonomy, Gratification, and R & D Output: A Small-Sample Field Study." *Management Science*, April 1974.

TANNENBAUM, R., and F. MASSARICK. "Leadership: A Frame of Reference." *Management Science*, October 1957.

The World Book. Chicago: Field Enterprises, 1997.

VAN GIGCH, J. P. *Applied General Systems Theory*, 2nd ed. New York: Harper & Row, 1978.

WHITTEN, N. "Attributes of the Successful Project Leader." *PM Network*, June 1996.

WYNTER, L. E. "Business and Race." *Wall Street Journal*, January 1, 1994.

ZIMMERER, T. W., and M. M. YASIN. "A Leadership Profile of American Project Managers." *Project Management Journal*, March 1998.

案例

下面这个案例涉及一名项目经理，借助一个偶然的机会，他接手了一个公共项目。该项目开始时是一个样，最后却演变成了另外一个样。该项目面临的主要困难是获得充足的资源，同时竞争也带来了一些麻烦。该项目雇用了一名顾问来主持两项调查，以收集更多的信息，并根据调查给出建议。这个案例显示了一名成功的项目经理所必须具备的各种技能，以及一些项目所具有的各种机会或困难。

国家爵士乐名人堂

Cornelis A. de Kluyver，J. Giuliano，J. Milford，and B. Cauthen

国家爵士乐名人堂的创立者罗伯特·鲁特兰先生一边听着一些老爵士乐录音一边给自己倒了一杯饮料，考虑着自己将要做的决定。国家爵士乐名人堂（National Jazz Hall of Fame，NJHF）创立于一年前，已经在当地取得了很大的成功，但是还没有得到全国性的认可。鲁特兰先生想知道在全国有多少人支持他们，国家爵士乐名人堂应该向什么人提供什么样的服务，以及这些服务该收多少钱。他也仔细考虑了其他爵士乐名人堂以及它们给国家爵士乐名人堂的启发。尽管他已经雇用了一名独立顾问去寻找答案，但是问题仍然悬而未决。

爵士乐

“爵士乐”这个词，根据佛罗里达大学的语言学者戴维·法里斯博士的解释，其最初的意思是性交，后来用来指一种音乐类型。在葬礼音乐的发展进程中，爵士乐出现于20世纪初的新奥尔良，它综合了黑人灵歌、非洲节拍和卡金音乐的特点，迪克西兰爵士乐成为新奥尔良之声。后来，爵士乐从新奥尔良这个主要的贸易中心沿着大河、乘着舟船流传到了圣路易斯、堪萨斯城、孟菲斯、芝加哥和纽约。这些城市里的音乐家发展出了当地的爵士乐流派，这些流派都保持了个人即兴表演的成分，而且旋律复杂。多年来，爵士乐涌现出了很多类型——摇摆爵士、大乐队、上乘爵士、融合爵士和其他一些类型，这显示出爵士乐的不稳定性和变化多样。爵士乐音乐家们发展出了自己的风格，并为他们的音乐才能和作曲才能得到承认而相互竞争。爵士乐的多样性使得我们很难给它下一个简单的定义，舆论在关于爵士乐到底是什么的问题上仍然没有取得一致的结论。然而，我们也很难去争论路易·阿姆斯特朗（Louis Armstrong）的论断——“如果你一定要弄清楚爵士乐是什么，你永远都不会得到答案”——的对与错。

国家爵士乐名人堂的起源

鲁特兰先生是位于夏洛特维尔的弗吉尼亚大学的一名历史学教授，他发现这个城市对于历史区的修缮计划把一个当地的地标性建筑——派拉蒙剧院排除在外了。这座派拉蒙剧院修建于20世纪30年代，曾被用作一个表演中心，后来又被用作影剧院，它在20世纪70年代就关闭了，现在有损毁的危险。看到人们对修缮派拉蒙剧院明显缺乏兴趣，鲁特兰先生开始寻找机会修缮并最终再次使用该剧院。对于他而言，最有吸引力的选择是建立一个爵士乐名人堂，这将使剧院成为一个博物馆和表演中心。他还沿用了剧院原有的名字，因为在20世纪三四十年代的纽约有一个派拉蒙剧院，它是一个著名的爵士乐音乐厅。鲁特兰先生向他在夏洛特维尔的几个朋友说起了这个想法——建立一个爵士乐名人堂以拯救剧院。这几个朋友对这件事也充满了热情，于是他们几个人一起合作创立了国家爵士乐名人堂，并在1983年初成立了董事会。一些著名的爵士音乐家像本尼·戈德曼（Benny Goodman）和奇克·柯利（Chick Corea）加入了国家爵士乐名人堂的全国顾问团。国家爵士乐名人堂的目的是在夏洛特维尔建立并维护一座博物馆、档案馆和音乐会中心，从而达到赞助爵士音乐节、爵士乐工作室和提供奖学金的目的，同时还发起其他一些活动来纪念伟大的爵士音乐家，为爵士乐爱好者提供服务，教育公众了解爵士乐在美国文化和历史上的重要性。

第一年的成效

在决定合作以后，董事们立刻开始寻找资金以拯救派拉蒙剧院，建立国家爵士乐名人堂。不久他们就遇到了两个难题。慈善组织拒绝给他们提供资助，因为在董事会里没有任何人有在像国家爵士乐名人堂这样的机构里工作过的经历。此外，政府机构像国家艺术捐赠会和国家人道捐赠会认为只有开展业务两年以上的组织才有资格获得他们的援助。但是，来自一些爵士乐爱好者的小笔捐赠却源源不断，他们在《公告牌》（*Billboard*，一本音乐杂志）和夏洛特维尔以及里奇蒙德当地的报纸上看到了国家爵士乐名人堂的事情。

到1983年年中时，董事会发现要拯救派拉蒙剧院至少需要60万美元，这个数字对他们来说太大了。他们认为除了拥有对爵士乐的热爱，还应该继续努力工作以在夏洛特维尔建立国家爵士乐名人堂。

尽管经受了这么多挫折，鲁特兰先生和其他董事仍然相信第一年的工作还是颇有成效的。国家爵士乐名人堂在当地的高级中学举办了三场音乐会，这些音乐会以演奏爵士乐大师马克西恩·苏利文（Maxine Sullivan）、巴蒂·里奇（Buddy Rich）以及乔恩·亨德里克斯和坎潘尼（Jon Hendricks and Company）的作品为主，每一场音乐会都吸引了500多名听众。尽管每场音乐会都是赔钱的，但是他们相信这些音乐会在推广国家爵士乐名人堂的知名度方面相当成功。

此外，夏洛特维尔当地的一家俱乐部向国家爵士乐名人堂捐赠了2 000美元，鲁特兰先生也因此得以创办国家爵士乐名人堂业务通讯。博物馆的收藏品也增加了，路易·阿姆斯特朗和杜克·艾灵顿（Duke Ellington）去世后出版的一些作品在这一年也被收藏进国家爵士乐名人堂。一年过去后，董事们的热情依然高昂，他们相信国家爵士乐名人堂肯定能够生存下去，即使是以较小的规模生存。

夏洛特维尔的国家爵士乐名人堂

鲁特兰先生相信在夏洛特维尔设立国家爵士乐名人堂是能够取得成功的，虽然设在其他城市乍看起来会更合适一些。每年有超过50万名游客（1980年的人数是40 000人）到夏洛特维尔来参观托马斯·杰斐逊在蒙蒂塞罗的故居、詹姆斯·门罗在阿什罗恩的故居、弗吉尼亚大学的圆形大厅和大草坪，该校有着16 000名在校学生，杰斐逊先生设计了这座圆形大厅和大草坪上的建筑，并且监督了建造过程，弗吉尼亚旅游局现在将这些标志性建筑用作城市的两个会议中心。如果说夏洛特维尔看起来不太适合建名人堂，那么在鲁特兰先生看来，在纽约州的库珀镇建棒球名人堂和在俄亥俄州的坎顿建职业足球名人堂也不太适合。他认为，在像纽波特、罗得岛、弗兰茨里克和印第安纳这样的不同地方成功举办爵士音乐节表明了地点对于爵士乐来说相对不太重要。此外，夏洛特维尔当地的一家电台新开了一档叫做“纪念雷恩”的广播节目，播放弗兰克·西纳特拉、帕蒂·佩吉、米尔斯兄弟、格伦·米勒乐队和其他一些爵士乐队的经典作品。这家电台播放了许多爵士乐，也因此赢得了夏洛特维尔当地爵士乐迷们的衷心支持。“纪念雷恩”的成功使鲁特兰先生认识到，夏洛特维尔社区居民对国家爵士乐名人堂有爱好的基础，最重要的是，鲁特兰先生相信，这使得取得国家爵士乐名人堂的成功有了保证。

其他城市的名人堂

尽管没有全国性组织的成功运作，根据《公告牌》杂志的报道，有几个地方性组织都宣称是爵士乐名人堂。

Billboard，1984年4月28日

哈勒姆名人堂

(Sam Sutherland and Peter Keepnews)

哥伦比亚唱片公司和哈勒姆基督教青年会已经参与到建立一座名人堂的活动中。奠基典礼将于5月14日在阿弗里·费舍大厅举行，届时将举行一场音乐会，演奏拉姆西·刘易斯、赫伯特·劳斯、伦·卡特和其他一些爵士乐明星的作品。这场音乐会的收入归哈勒姆基督教青年会。

谁将是第一个入选对象？怎样才能被选上？官方文献宣称将由“一个由爵士乐社论撰写人、乐评家、作曲家和受人尊敬的鉴赏家组成的有威信的小组”来主持选评，提名权还是由公众来决定。爵士乐爱好者们受邀提出六名音乐家的名字，三名在世的，三名已经去世的，提名投送地址为：纽约，NY 10030，哈勒姆基督教青年会爵士乐名人堂。投送截止日期是5月1日。

Billbocrd，1984年5月19日

一个，两个，还是很多名人堂？

(Sam Sutherland and Peter Keepnews)

周一晚上将举行哈勒姆基督教青年会爵士乐名人堂的正式发布会，哥伦比亚唱片公司也积极参与了这个项目。名人堂的第一批入选者将在一场在阿弗里·费舍大厅举办的音乐会上公布，沙拉·弗格曼和布兰福德·马萨里斯将在这场音乐会上献艺。

这个项目被认为是第一个爵士乐名人堂，这种说法没有考虑过去一些类似的却没有成功的项目。不管是不是历史上的第一次，哥伦比亚唱片公司和哈勒姆基督教青年会的优秀人才显然都加入到了这场角逐之中。

根据一个叫做JAMA的出版物Listeners/Musicians爵士乐简报的说法，迪兹·基勒斯皮，哈勒姆基督教青年会爵士乐名人堂委员会的成员之一，“答应在密苏里州的堪萨斯城寻求音乐家的帮助，以在那个城市建立一座国际性的爵士乐

名人堂”。这份简报引用了基勒斯皮的话，并且将他形容为“拟建名人堂的名誉主席”，他将争取那些为爵士乐所鼓舞的音乐家——其中有斯迪威·旺德（Stevie Wonder）、昆西·琼斯（Quincy Jones）和保罗·麦卡特尼（Paul McCartney）——为堪萨斯城的项目提供经济上的帮助。正如这个伟大的鼓吹者所预想的，该项目将包括一座爵士乐博物馆、教室和表演区域。

这两个爵士乐名人堂有发展空间吗？参与纽约项目的人了解堪萨斯城的项目吗？反之又如何？（很明显，基勒斯皮是了解的，但是其他人呢?）还记得纽约爵士乐博物馆吗？还记得第52大街人行道上的纹章吗（哥伦比亚唱片公司的又一个智慧结晶）?

关于纪念伟大的爵士音乐家的想法是一个盛举，但是，如果爵士乐团体的努力浪费在很多相同的项目中将成为一种耻辱——遗憾的是，这种情况在过去经常发生。

Billboard，1984年5月26日

另外请注意：哈勒姆基督教青年会爵士乐名人堂的第一批入选者名单已经公布了。已经去世的入选者包括，意料之中的路易·阿姆斯特朗、杜克·艾灵顿、考特·贝希、查理·帕克，也许有些意外的是玛丽·卢·威廉姆斯。仍然在世的入选者包括罗伊·埃德里奇、迪兹·基勒斯皮、迈尔斯·戴维斯、埃拉·菲茨格拉德和阿特·布莱奇。

纽约爵士乐博物馆（1984年5月19日的文章中提到）建立于20世纪70年代早期，但是很快就由于资金匮乏而衰落，几年后就关门了。60年代早期，在新奥尔良也建立了一座爵士乐博物馆，也是由于缺少资金，只保留了路易·阿姆斯特朗纪念公园，每年夏天在那里举行爵士音乐节。图兰和卢特格斯大学分别收藏有数以千计的留声机唱片、磁带、海报、书籍、杂志、报纸以及其他历史遗迹和纪念物，然而，这两所大学都不认为自己建立了爵士乐名人堂。

其他的名人堂

在美国更著名的名人堂是垒球、职业橄榄球、大学橄榄球和乡村音乐名人堂。这些名人堂以及许多其他的名人堂主要通过收集和展示纪念物、搜集唱片和每年吸收新成员来保存历史。

鲁特兰先生参观了大部分其他的名人堂，了解到它们通常都是得到了崇拜者的捐助才得以建立的。比如乡村音乐名人堂，一些乡村音乐家同意录制一些乡村歌曲并将演出收入捐赠给这个组织。

鲁特兰先生对乡村音乐名人堂尤其感兴趣是因为乡村音乐和爵士乐之间有很多相似之处。就像爵士乐一样，乡村音乐在美国有着丰富的文化历史，而且这两种音乐在美国都不是最流行的。

乡村音乐名人堂于1967年在纳什维尔成立，由这个城市的艺术家和赞助商共同创立。到1976年，乡村音乐名人堂已经有了一个博物馆、一个档案处、一个图书馆和一个礼品店。1983年有50多万人参观了乡村音乐名人堂，部分原因是附近的乡村大剧院（Grand Ole Opry）——首个乡村音乐厅，也是乡村大剧院有线广播公司最初建立的地方。在乡村音乐名人堂每年210万美元的预算中，85%来自入场费，10%来自礼品店的销售和邮购收入，5%来自捐赠。在过去的两年里，乡村音乐名人堂已经组建了乡村音乐歌友会，现有2 000多人每年捐赠25美元，他们能收到一份乡村音乐季刊，并得到以折扣价格购买乡村音乐名人堂商品的优惠。

国家爵士乐教育者组织

鲁特兰先生不能确定能从国家爵士乐教育者组织得到多少、何种类型的支持。这个组织拥有5 000名成员，主要是协调和推广爵士乐教育项目。

通常音乐系都会设置表演课程，大部分高中和大学都有自己的乐队，演奏各种爵士乐曲目。乐队主唱一般都有重点大学的音乐专业学位，而且是国家爵士乐教育者组织的成员。

在全美国的学校中开设的爵士乐欣赏课程，大部分都把爵士乐当作一种流行艺术形式、社会的晴雨表，而不是对它本身感兴趣。有些教育者认为一些伟大的爵士音乐家（像路易·阿姆斯特朗和杜克·艾灵顿）不应该被当作爵士音乐家来尊崇，而应该作为像乔治·格什温（George Gershwin）和理查德·罗杰斯（Richard Rogers）那样的作曲家来尊敬。实际上，一个著名的爵士乐历史学家告诉鲁特兰先生，爵士乐应当减少爵士乐艺术家和作曲家之间的区分，而不应过多地强调它。

全国性调查

为了找到若干问题的答案，鲁特兰先生聘请了一位独立顾问来主持两项调查：第一个是一个全国性的调查，第二个是一个关于旅游者的调查。关于全国性调查，这位顾问设计了一份问卷以评估调查对象对爵士乐和国家爵士乐名人堂的兴趣，以此确定调查对象的人口统计特征。1 300份问卷被寄往美国各地。邮寄名单取自华盛顿特区 Smithsonian 机构，包括了那些通过 Smithsonian 杂志刊登的广告而购买经典爵士乐专辑的人的名字和地址。在这1 300份问卷中，440份寄往弗吉尼亚，860份寄往其他州，这样就能得到地区和全国的数据了。寄往其他州的问卷大多集中在主要城市，根据每个城市对爵士乐感兴趣的程度进行分配，这个程度参考一份爵士乐杂志 *Downbeat* 发行量的统计数据。在寄往其他州的860份问卷当中，芝加哥88份，底特律88份，纽约83份，旧金山60份，宾夕法尼亚州56份，华盛顿特区56份，洛杉矶52份，夏洛特46份，迈阿密46份，达拉斯45份，亚特兰大42份，休斯敦42份，丹佛30份，堪萨斯28份，新奥尔良28份，圣路易斯28份，波士顿27份，西雅图15份。寄出的1 300份问卷回收了12.7%，共165份。

从表1可以看出，79%的调查对象年龄在35岁及以上，73%为男性，大部分人为受过良好教育的专业人士，年收入都在50 000美元以上。有意思的是，75%的调查对象平均每年都要向不同的非营利组织捐赠200美元或者更多。调查问卷还包括为数众多的年龄在50岁及以上的唱片购买者，这位顾问的调查结果与从美国音像业联合会得到的年龄数据相结合，使得调查结果能够代表所有的爵士乐唱片购买者。

表1　　调查结果：调查对象统计分布表

人员分布	占调查对象的比例（%）	占所有唱片购买者的比例（%）*	人口普查数据（%）**
年龄：35岁及以上	79	37	43
性别：男性	73	82	49
受教育程度：大学毕业及以上	54	24***	31
工作：专业人士	57	26	22
收入：5万美元及以上	50	23	7
向非营利组织捐赠200美元/年或者更多	75		

*资料来源：Consumer Purchasing of Records and Pre-recorded Tapes in the U. S.，1970—1983，Recording Industry Association of America.

**资料来源：U. S. Department of Commerce，Bureau of the Census，1982.

***资料来源：Simmons Market Research Bureau，1982

表2显示，摇摆爵士是最流行的爵士乐形式，接下来的是迪克西兰爵士乐，然后是一些更为传统的爵士乐形式。这位顾问由此得出结论，怀旧的形式应该得到所有年龄段的爵士乐爱好者的支持，随后国家爵士乐名人堂才可以推动更加现代的爵士乐形式。

表2 调查结果：不同类型爵士乐偏好情况表

兴趣类型	占调查对象的比例（%）	占调查对象的加权比例（%）
一般兴趣	62	71
迪克西兰	62	70
摇摆爵士	87	81
传统音乐	63	66
即兴表演	41	48
爵士摇滚	25	47
融合爵士	15	9
流行爵士	27	53
古典爵士	68	73

至于服务项目，从表3可以看出，大部分调查对象都想要一个表演中心或者音乐厅。博物馆和研讨会也是受欢迎的选择。这位顾问对于人们对爵士乐唱片资料那么感兴趣感到非常惊讶，因为调查对象基本上并没有购买许多唱片。让鲁特兰先生感到最高兴的是调查对象愿意平均每年捐赠20～30美元给国家爵士乐名人堂，加权平均金额为23.4美元。

表3 调查结果：对提供服务类型的偏好情况表

服务类型	占调查对象的比例（%）	占调查对象的加权比例（%）
表演中心	70	83
音乐厅	66	79
艺术家研讨会	50	62
夜总会	52	57
博物馆	57	57
旅游中心	42	48
视听展览	57	55
艺术圣地	55	52
教育课程	48	51
唱片资料	71	69
历史研讨会	38	54
会员讲习班	25	34
休息厅	37	45
财务支持：		
10美元/年	17	13
20美元/年	30	26
30美元/年	—	—
捐款人数量	62	64

旅游者调查

除了进行全国性的调查，这位顾问还设计了一份调查问卷（见附录），在蒙蒂塞罗附近的西弗吉尼亚观光中心和大约100名来夏洛特维尔旅游的游客进行了面对面的交谈。每年大约有14万名游客在该中心逗留。

调查对象来自美国各地，大部分都旅行一天以上。大约有70%的游客说他们喜欢爵士乐，主要是迪克西兰爵士和大乐队爵士，有60%以上的人说愿意去参观一个爵士乐名人堂，他们建议的门票价格为平均每人3.5美元。

顾问的建议

这位顾问针对这两项调查的结果提出了自己的建议。关于在其他城市建立一个国家爵士乐名人堂的努力是否会使得夏洛特维尔的项目变得不可行，这个问题最终还是没有解决。然而，在一次私下的会谈中，该顾问暗示说："如果其他的努力都如此前已经做过的尝试一样粗陋，那就没什么可担心的了。"他认为采取专业的方法来进行这个项目的时机已经成熟。特别地，他还提出了以下三点建议：

（1）发起一场直接给在Smithsonian爵士乐通讯录上的10万人发信的活动。这些信的重点是，由一位像本尼·古德曼这样的伟大的爵士音乐家发出呼吁，号召人们成为创立国家爵士乐名人堂的捐助者。他估计这次活动将花费25 000～30 000美元，如果每个调查对象平均捐助25美元，那么只要有2%的人回应就能够使得国家爵士乐名人堂做到不盈不亏。

（2）任命一个全职的执行主管负责管理邮寄信件开销之外的资金。这位执行主管的主要职责就是组织和协调筹款活动，建立一个表演中心和博物馆，以及协调收集各种纪念品和其他工艺品。

（3）将国家爵士乐名人堂战略性地设立在夏洛特维尔的周边地区，以吸引游客和其他观光客。西弗吉尼亚旅游者中心在他看来是这个项目的首选地点。他估算如果每年有50 000名游客平均每人花费3美元，就会给国家爵士乐名人堂的运营和维护提供充足的资金。

这位顾问同时指出了他所认为的该计划得以成功实现的几个关键性因素：第一，国家爵士乐名人堂应该为爵士乐爱好者提供专业性的服务和交流；第二，执行主管应当有过筹款和发送直接邮件方面的经验，他应当热爱爵士乐，并且具备管理技能和创造力；第三，国家爵士乐名人堂应当经常与那些创始捐助人进行交流，以保持他们对爵士乐的兴趣和热情；最后，为了确保政府官员、当地商人和夏洛特维尔社区的合作热情，他认为国家爵士乐名人堂争取在当地有更高的知名度是必不可少的。

国家爵士乐名人堂——梦想或现实

看完顾问的报告，鲁特兰先生开始考虑该如何实施这些建议。虽然他的设想得到了全国的认可，他自己也很受鼓舞，但是他不敢肯定董事会能否实施这些建议。银行账户上只有不到2 500美元了，他们去哪儿筹集到必要的资金来完成这个计划呢？他知道，如果想将这个梦想变为现实，就必须做出一些艰难的决定，而且必须得抓紧。

附录

您好，我的名字叫__________。我是弗吉尼亚大学的一名学生，正在做一个调查。我能问您几个问题吗？

我们正在为一个夏洛特维尔本地的团体做问卷调查，他们正在考虑创建一个国家爵士乐名人堂。我们想从您这里得到一些您游览夏洛特维尔以及还打算去游览地方的信息。

1. 您从哪儿来？__________

离夏洛特维尔有多少英里？

0～50 ____　　50～150 ____

150～300 ____　　300以上____

2. 您以前到过夏洛特维尔吗？

是____　否____

3. 您准备在这里待多久？

一个小时____　　半天____

过夜____　　更长____

4. 您是去别的地方才路过这里的吗？

是____　否____

5. 您准备游览夏洛特维尔的什么地方？

蒙蒂塞罗____ 阿什罗恩____

米奇酒店____ 弗吉尼亚大学____

市区____ 城堡山____

山脉____ 其他地方____

现在，我想问您几个关于您喜欢听的音乐的问题。

6. 您喜欢什么类型的音乐？

流行音乐/排名前40位的____

古典音乐____ 轻音乐____

摇滚乐____ 乡村音乐____

灵歌/迪斯科____

思乡音乐____ 爵士乐____

其他____

7. 您对爵士乐感兴趣吗？

是____ 否____

8. 如果感兴趣，您经常听爵士乐吗？

很少 经常

1 2 3 4 5

9. 如果感兴趣，您最喜欢的爵士乐类型是什么？

迪克西兰____ 大乐队____

传统爵士乐____ 即兴演奏____

爵士/摇滚____ 融合爵士____

流行/爵士____

10. 您参观过名人堂吗？

是____ 否____

11. 那些考虑在夏洛特维尔建立一座国家爵士乐名人堂的人计划修建一个建筑，用以收集纪念品，举行视听展览，还有一个出售杂志、书籍和唱片的礼品店，也许还会有一个表演艺术中心。您有兴趣去参观这样一个地方吗？

是____ 否____

12. 如果有兴趣，我们想知道名人堂的位置是否会影响您的参观兴趣。您愿意去参观一座名人堂，它位于离游览中心：

超过10分钟的路程？

愿意____ 不愿意____

5～10分钟的路程？

愿意____ 不愿意____

不到5分钟的路程？

愿意____ 不愿意____

13. 最后，您认为参观以上提到的那种国家爵士乐名人堂的消费应该是多少（美元/人）？

1 2 3 4 5 6 7 8 9 10

问题

1. 鲁特兰先生正在试图管理一个什么项目？该项目一直保持不变吗？

2. 识别该项目的各利益相关者，包括竞争对手。

3. 就本章介绍的项目经理所需技能，该项目最需要的技能是什么？为什么？

4. 鲁特兰先生的可信度如何？他是一位领导者吗？

5. 该项目涉及哪些文化因素？描述该项目的环境。

6. 鲁特兰先生应该做什么？包括如下各项：

(1) 预算：获取充足的资源，

—慈善机构； —政府部门；

—捐赠； —会员； —游客。

(2) 预算：支出（考虑派拉蒙剧院）。

(3) 绩效：提供的服务/活动。

(4) 竞争。

(5) 进度计划：截止日期、阶段日期、里程碑。

指导阅读

下面这篇文章集中了对优秀项目经理要求的两种观点，一种观点关注研究项目经理的个人品质和管理特点，以及他们领导一个团队的能力，而不考虑具体的项目背景，另一种观点则关注与项目相关的各种关键问题，以及项目经理解决这些问题所需具备的相关才能。本文首先描述了一项调查工作，然后根据该调查的结果识别出项目的各种关键问题。接下来，根据接受调查人员的回答资料，本文对项目经理所需具备的各种技能进行了详细说明。最后，本文将这些技能与项目的各种关键性问题联系起来，提出了一位成功的项目经理所需具备的综合素质。

如何成为一名优秀的项目经理①

B. Z. Posner

选择一位优秀的项目经理可不是一件轻松的工作。作为一位出色的项目经理，必须时刻接受各种挑战。项目管理工作具有复杂的特点，其工作内容涉及方方面面，识别那些优秀的项目管理人才，以及培养和锻炼这些出色的项目管理人员的能力，都是非常困难的。对于项目经理所需具备的条件，有两种看起来截然相反的观点。

一种观点指出了项目管理工作所需要的一整套个人素质特点。这些个人素质包括进取、自信、镇定、决断、果敢、创业精神、坚韧、诚信、多才多艺，以及具备跨学科的知识和快速思考问题的能力。

丹尼尔·罗曼（Daniel Roman）认为，只有非凡的人才可能同时具备所有这些个人素质。他建议，更为实际一点的做法是，首先确定需要解决的关键问题，然后再结合这些困难去挑选合适的人才。迈克尔·巴达维（Michael Badaway）等人则认为，上述第二种观点的缺点在于：项目经理所面临的主要问题往往不属于技术范畴。迈克尔指出，项目经理在项目管理工作中遭遇失败的原因是，他们缺乏关键性的组织和管理技能。

罗曼和巴达维等学者以及很多项目管理从业人员实际上提出了不同的观点：一方面，优秀的项目经理都能够理解他们所面临的关键问题，并且做好了应对的准备；另一方面，要想做好项目管理工作，管理人员需要具备一定的特殊素质和技能。这两种观点难道真的无法统一起来吗？在本项研究中，我们发现它们无非是同一个问题的两个方面！

对项目经理所面临的问题以及所需具备技能的研究

我们在全国范围的项目管理系列研讨会上，向很多项目经理发放了调查问卷。参加这些研讨会的项目经理来自很多不同技术领域的组织。对调查问题所做的回答都出于自愿，并且保密工作做得很好。

我们收集到的都是有关受访者本人和他们所从事项目的信息。结果显示，典型的项目经理应该是一位37岁的男性，有9个人向他汇报工作，在一个矩阵型结构组织中负责一个小型或中型项目。更具体地讲，样本中包括189位男性和98位女性（N=287），他们的年龄从22～66岁不等（X=37.4，SD=8.3）。56%的人表示，他们的正式工作就是项目经理，他们所直接领导的项目团队在规模上从2人到超过100人不等（中值=8.9）。59%的人表示，他们主要负责小型项目（涉及的人员或职能较少，期限也较短），相对来讲负责大型项目（涉及的人员或职能较多，期限也较长）的人员较少。超过63%的人表示，他们在一个矩阵型组织中工作。我们没有收集有关他们项目的任何特殊信息（例如新产品开发、研发、管理信息系统等）。

问卷中提出了两个可以自由回答的问题（顺序是随机的）：第一个问题是关于成功的项目经理所必须具备的技能，第二个问题是调查项目管理工作中最可能遇到的问题。我们对这些问题的答复都采用内容分析法进行了分析。内容分析法是一种系统化的数据分析方法，既能得到定性评价，也能得到定量信息。对每个调查对象的意见首先进行编码，然后多次重新编码，直到可以明显分析出调查对象的模式。这两个问题是：

1. 在管理一个项目时，什么样的因素或变量最可能给你带来麻烦？

① "What It Takes to Be A Good Project Manager." *Project Management Journal*, March 1987.

2. 成为“高于平均水平”的项目经理需要具备什么样的个性、品质或技能？“高于平均水平”的项目经理会采用什么样的特殊行为、技术或策略（或比其他人使用得更好）？

项目管理中的问题

对于什么样的因素或变量会在项目管理工作中造成问题，差不多有900条陈述。大部分陈述可以归纳为表1中的8个类别，资源不足是最常被提到的。“无论你的项目属于什么类型，包含什么样的范围，”一位工程项目经理写道，“如果项目获得的资源不足，要想获得成功就只能期盼奇迹出现了。”常常有人抱怨，无法得到项目所需的预算经费和人员，而且只要人们对项目资源缺乏的问题产生哀叹，一般都会提到时间这一特殊资源的问题。时间问题的典型表述为：“不得不去满足完全不现实的工程期限要求。”

表1　项目管理中的问题

1. 资源不足（69）
2. 满足（“不现实的”）期限要求（67）
3. 不明确的目标/方向（63）
4. 团队成员不负责任（59）
5. 计划工作不充分（56）
6. 无法沟通（54）
7. 目标或资源发生变更（42）
8. 职能部门之间发生冲突（35）

说明：括号中的数字代表做出此类回答的项目经理人数占比（%）。

资源不足是由许多因素造成的，其中一个就是：资源通常都是有限的，并且通常代价不菲。即使是老练的项目经理也总是会对这些问题感到头疼——“毕竟资源总是不够的”——考察造成这一问题的原因是非常重要的。受访者指出，资源分配问题通常是由于高层管理者没能明确项目目标，而这又导致了计划工作的不充分。这两个问题——缺乏明确的目标和有效的计划——被超过60%的受访者特别提到过。显然，模糊的目标和计划工作不充分导致了项目经理所需的资源遭到错误分配。

在劳伦·希区柯克（Lauren Hitchcock）的一项研究中，负责研究、开发和工程工作的一线主管报告了三个最主要的问题，这些问题与本项研究中项目经理所提到的问题相类似。劳伦发现，“自上而下的政策传达过程模糊不清，人们不理解目标、预算和人员安排的具体政策”，这是一线管理人员所面临的主要问题。高层管理者需要对项目工作如何实施、如此实施的原因以及对项目人员的期望都作出清晰的解释。

如果项目的目标不很清楚，那么项目的计划工作就很难有效实施（如果不是不可能的话）。缺乏计划会直接导致资源分配、进度安排与现实脱节，使承担项目工作的人员不能专心于项目本身。与项目在技术或组织结构（例如矩阵型结构）方面产生的问题相比，以上所提到的各种问题可能会使项目工作人员失去责任心（或对激励反应迟钝）。

无法进行沟通工作（这是在项目生命周期内发生的问题）常被人们称为是“无法避免的”。这种无法进行沟通的现象是由项目的模糊环境造成的，也可能是由于对多种观点和性格进行协调和整合面临太多的困难。项目经理所面临的挑战不是在沟通问题出现之前做出相应的预言（并加以控制），而是在这种问题出现时及时处理。

受访者频繁地将沟通问题和解决冲突的工作联系在一起，这充分证明了项目经理所面临的各种问题之间存在着密切的关系。这两个问题之间的联系一般由一些类似下面的陈述反映出来：“我的问题是，当我们对工作优先次序产生不同意见时，能够有效地沟通”，“沟通上的主要问题会造成部门之间的冲突”。部门之间的冲突同时与目标模糊和计划工作不充分等问题有关。

对变更（例如目标、规范要求、资源等方面）进行管理是一件非常令项目经理头疼的事情。通常这被称为“墨菲法则”，它强调了项目管理工作所发生的背景或环境。计划工作不可能准确考虑到将来的各种可能性（或许变得更好）。有趣的是，项目经理中不足1/10的人直接提到技术因素或变量会对他们的项目管理工作造成同样严重的问题。

项目经理的技能

调查中的第二个问题是，哪些项目管理技能——品质、特征、素质、行为、技术——对成功的项目经理是至关重要的。大部分受访者都归纳出了4～5项自己认为对成功的项目经理非常重要的内容，最后总共收集到了近1 400条关于技能的回答。这些观点可以归纳为表2所示的6个领域，其中每个领域都强调了多种因素。

表2　　项目管理技能

1. 沟通技能（84）	（2）精力旺盛
（1）倾听	（3）长远目光（大局观）
（2）说服	（4）善于授权
2. 组织技能（75）	（5）积极乐观
（1）计划	5. 处事技能（59）
（2）目标设定	（1）灵活性
（3）分析	（2）创造性
3. 团队建设技能（72）	（3）耐心
（1）共鸣	（4）毅力
（2）激励	6. 技术技能（46）
（3）团队精神	（1）经验
4. 领导技能（68）	（2）项目知识
（1）表率作用	

说明：括号中的数字代表做出此类回答的项目经理人数占比（%）。

84%的受访者提到，“做一位好的沟通者”是项目经理必须具备的一种关键技能。对项目经理来说，拥有说服别人的能力（或称推销自己的观点）这一特点也常常被提到。许多人也提到了接受信息（或者做一位好的倾听者）的重要性。正如一位系统工程师所说的那样：“优秀的项目经理不应总是坐在办公室里纸上谈兵，而应当亲自出去进行调查。”

组织技能代表了第二类重要能力。这一类技能包括具有计划和目标设定的能力，以及进行分析的能力。确定工作优先次序的能力（被称为“思路清晰”和“时刻以项目目标为大局”）也被认为是非常重要的。

虽然成功的项目经理被认为是优秀的问题解决者，但真正将他们与那些平庸的项目经理区分开来的还是发现问题的能力。因为他们具有特殊的沟通能力、清楚的目标和计划，所以高效的项目经理在问题出现之前就能够发现它们，从而使自己避免因为没有预计到的事件造成问题而严重偏离轨道。

建设团队的重要技能包括：与项目团队中其他成员培养感情关系、对他人的需求保持关注、能激励别人、构建强烈的团队精神。这些技能被认为对实施有效的项目管理非常重要。一位计算机程序员这样写道：“最好的项目经理在描述项目工作时，会大量使用‘我们’这样的表达方式。”清楚了解项目目标，并且能够将项目分解开来（例如进度），可以帮助项目参加者理解他们相互之间的依赖关系和协同工作的重要性。

很多不同的品质和行为被归类为领导技能，包括：发挥表率作用、拥有全局眼光、满怀热情、态度积极、勇于创新、信任他人。拥有全局眼光和目标明确（这被包括在组织技能中）是紧密相连的。这种领导才能被一位金融分析师贴切地描述为“通过树木看见森林的能力”。经常有人抱怨，项目管理工作中唯一不变的东西就是变化，成功的项目经理需要拥有处理或管理压力的技能。受访者指出，有效地应对变化，需要既灵活又有创造性，同时要有耐心和毅力。项目经理所承受的压力很大，缓解压力的方式（“重压之下，泰然自若”）会大大影响他们最终的成败。

最后一种技能带有技术性的特点。成功的项目经理被认为具有项目所需的直接经验或知识，但是项目经理很少被认为是技术专家。事实上，专家意见反而被认为是有害的，因为它会减少灵活性以及发散性思维。项目经理确实需要精通技术，以便提出正确的问题，正如一位高级军官曾经指出的那样：“你必须能够知道，人们何时会向你喷云吐雾。”

技能和问题：基本的相互联系

理论界有人认为，高效的项目经理需要具备特定的技能。还有人认为，高效的项目经理必须能够处理各种特定的问题。这项研究的结论表明，这两方面其实并不矛盾，而且从根本上讲是相容的。当我们把项目经理所需具备的技能与他们所面临的关键性问题联系起来考虑时，这两者之间的互补性就很明显了。表3可以说明这一点。

表3　技能与问题：在项目管理工作中相互联系

沟通	沟通中断
组织	计划不足 资源不足
团队建设	团队成员不负责任 单位之间协调不力
领导能力	目标/方向模糊 人员之间冲突不断
处事	处理变更
技术	满足（“不现实的”）最后期限要求

不必争论哪一个更重要，显然：(1) 项目经理需要具备特定的技能以有效地处理那些最可能造成问题的因素；(2) 因为项目经理最可能遇到某些特定问题，所以他们需要具备特别技能来处理这些问题。

尽管表3中一一对应的做法显然将项目管理工作的动态性质过分简单化了，但是这种做法有其内在的逻辑思想。既然无法进行沟通的问题最有可能给项目经理造成困难，高效的项目经理就必须培养自己的沟通（说服和倾听）技能。那些具备良好组织技能的项目经理更有可能有效地完成计划以及分配资源的工作。除非项目经理有能力建立高效的项目团队，否则他们就无法摆脱团队成员不负责任以及部门冲突等各种问题。如果项目经理的领导风格协调一致，那么项目的目标可能更容易得到团队成员的理解。如果项目经理设定了明确的绩效标准，并且对其他人员表现出了信任和尊重的态度，人员之间的冲突就会大大减少。如果项目经理能够冷静地处理那些必然会发生的变更，并且能够保持高度的灵活性和创造性，这些变更就不会造成那么多问题。最后，如果项目经理具备了发现问题的能力，并且拥有使工作回到正轨的能力，那么工期和进度方面不现实的安排所造成的各种问题就都会尽可能得到减少。

以上的种种发现强调了这样一种主张：项目经理最重要的问题不在于技术领域，而是与人密切相关的。改善项目经理技术技能的做法，只有在有助于增强项目经理的沟通、组织、团队建设、领导、从容面对变更等方面的技能时，才是大有助益的。对于那些技术型经理人员（或者那些从技术岗位上转型到管理岗位上的人员）而言，真正的挑战在于：他们需要认识到人际关系技能的重要性，并且在需要时不断培养自己在这方面的能力。

参考文献

1. ARCHIBALD, R. D. *Managing High-Technology Programs and Projects*. New York: John Wiley & Sons, 1976; Kerzner, H. *Project Management for Executives*. New York: Van Nostrand Reinhold, 1982; Stuckenbruck, L., "Ten Attributes of the Proficient Project Manager." *Proceedings of the Project Management Institute*, Montreal, 1976, 40–47; and Thamhain, H., and Wilemon, D., "Skill Requirements of Engineering Project Managers." *Twenty-Sixth IEEE Joint Engineering Management Conference*, 1978.
2. ROMAN, D. D. *Managing Projects: A Systems Perspective*. New York: Elsevier Science Publishing, 1985.
3. BADAWAY, M. *Developing Managerial Skills in Scientists and Engineers*. New York: Van Nostrand Reinhold, 1982.
4. HITCHCOCK, L. "Problems of First-Line Supervisors." *Research Management* Vol. 10, No. 6, 1967, 385–397.

问题

1. 与大多数平庸的项目经理相比，那些非常成功的项目经理具备哪些不同的基本特征?

2. 请将表3中的各项技能同各种问题联系起来。为什么那些排位靠前的技能无法与那些主要的问题匹配起来?

3. 表1中哪些问题与项目的设置工作(可能发生在选拔项目经理的工作之前)有关，而哪些问题又与项目经理的技能有关?

4. 表1与本章讨论的内容有何联系?

5. 表2与本章讨论的内容有何联系?

第4章 合作与合作伙伴关系的建立

本书曾经多次谈到冲突问题，这一章是专门讨论冲突问题的，同时对谈判——解决大多数冲突的办法进行了阐释。也许有人会问，为什么项目中会存在如此之多的冲突呢？其中一个原因是从事同一个项目的人对如何实现项目目标产生了分歧。分歧因何而来？有无“一个最佳方案”？或许最佳方案是存在的，究竟哪个方案是最佳的尚不确定。大部分冲突本身就具有不确定性，而谈判是管理由此产生的风险的一种方法。因此，这一章还会涉及风险管理的问题，即如何应对由不确定性引发的冲突。

我们在第6章将会谈到，制定项目计划的过程通常需要许多人投入其中。即使项目相对较小、较为简单，计划的制定也会涉及组织中几乎所有部门及其人员之间的互动，这些互动过程中几乎不可能没有冲突发生。当冲突发生时，如果存在缓解或解决冲突的对各方来说均可接受的办法，将会是有益的。

冲突有时被定义为“当一方察觉到另一方已经或将要阻挠他所关心的某件事情时所开始的过程”（Thomas，1976，p. 891）。尽管冲突可以由信念、感觉或行为等问题引起，但本章中我们关心的主要问题是当个人或团队追求的目标与其他个人或团队追求的目标不同时所引起的目标冲突（Raiffa，1982，Chapter 12）。当阻挠的程度降低到某一点上，即冲突的一方无论是现在还是将来都不再考虑针对另一方采取任何行动时，冲突的一方就会得到满足，如果冲突的所有当事方此时都得到了满足，就可以说冲突已经解决了。

解决冲突的方法当然有许多种，历史上曾采用野蛮暴力和君主专制统治的方法，而法治是现代社会选择的方法——尽管有时也会出现偏差。解决冲突是法律的终极目标。

组织建立了复杂的规章制度以解决组织自身和与之相互作用的个人、团队之间的争议。企业与其供应商、工会和客户之间签订合同以指导潜在冲突的解决。不同的利益方（利益相关者）并不总是对法律含义或合同条款保持一致的意见。无论多么详细，任何协议都不能涵盖各种错综复杂的关系中可能出现的所有情况，比如复杂工业设备的买方和卖方之间、工程咨询服务的使用者和提供者之间、计算机程序的编制者和用户之间等，潜在的冲突是无穷无尽的。拥挤不堪的法院即是冲突广泛性与多样性的见证。根据纽约州法律协会的网页显示，美国大约有85万名律师，数量占到了全世界律师总数的25%～35%，他们中的绝大多数受雇于冲突中的当事方以帮助解决分歧。

谈判是一种减少或解决项目中经常发生的各种冲突的手段，在这一章我们将考察其性质。在我们开始讨论之前，必须澄清的是，本章的内容不是指导如何进行谈判，有关如何谈判的教程不在本书的范围之内（有关此方面的资料见参考文献），本章关注的是项目管理中谈判的作用和应用。同时要注意，我们极少关注组织和外部供应商之间的谈判。根据我们的经验，这种类型的谈判有时由项目经理来实施，有时由项目工程师来实施，但最经常的是由组织采购部门的成员来实施。不管何种情况，雷法（Raiffa，1982）对买卖双方之间的谈判进行了很好的讨论。

对某一合理技术方案的争论经常会产生一个比起初建议的所有解决方案都好的合作性方案。冲突经常会教育个人和团队理解组织中其他个人和团队的目的或目标，从而满足价值颇丰的双赢谈判的先决条件（见第4.3节）。实际上，参与双赢谈判的行为正是这种冲突解决方法所产生积极成果的一个例证。

在第3章中我们曾经指出，谈判是项目经理必须具备的一项重要技能。如果没有经过谈判方面的培训，项目经理就不应该试图在项目管理领域执业。在这一章，我们描述了那些要求项目经理必须具备这项技能的项目管理领域。除此之外，我们还会讨论一些适当的或不适当的谈判方法，同时讨论由该领域专家建议的或从我们的经验中总结出来的成功谈判方法的几个特征。我们也会指出谈判中涉及职业道德方面的问题。与项目管理的其他方面相比，也许解决冲突以及谈判时在职业道德上出现失误的机会更多。与其他章节不同，我们将使用相对较少的例子来做说明。成功的谈判是实际情况的特有产物，简短的例子对“从理论到实践”的指导作用甚微。我们在本章的末尾提供了一篇小短文，该短文改编自实际生活，为保护利益相关者（如无辜者和罪犯）的隐私，我们对其中的人名进行了更改。

项目管理实践

将新区号“卖”给不想要的消费者

在对区号问题分析了一段时间以后，贝尔南方公司（Bellsouth）于1994年12月从相关机构和组织那里获得许可，将南卡罗来纳州的区号一分为二，并在该州最西北地区设置新的区号864。此项目任务十分巨大，所有设备、数据库及相关系统的转换必须在12～18个月内完成。

姑且不论高要求的技术挑战，项目团队面临的最困难的任务是：南卡罗来纳州的电话用户绝对不想要这种转换的麻烦。然而，传真机、手机、传呼机、新增住宅电话、因特网服务以及其他新近技术创新的爆炸性增长，要求必须设置新区号以便这些业务能正常运转，这就形成了一个基本冲突：将区号“卖”给那些需要更改区号以便能够使用所购新技术的民众。

由于缺乏时间让民众参与决策制定过程和选择可用方案，因此问题变得更加严重。可用的选择方案包括：改变区号区域的边界，在同一区域使用多个区号，将区号区域一分为二并增设一个新的区号，以及其他几个方案。贝尔南方公司采用了多种措施向其客户传达设置新区号的必要性：

（1）发起了一场地区性广告活动；

（2）派送促销手册；

（3）在客户账单里夹送宣传单；

（4）聘请当地电信营销公司处理电话询问并提供信息；

（5）告知所有接触客户的雇员如何向客户解释这种需要；

（6）建立一条“南卡罗来纳地区区号帮助热线”。

当新系统在1996年5月1日开始运行时，转换非常顺利，没有发生任何事故，这不仅是对项目团队技术能力的肯定，也是对他们高超营销技能的称颂。当然，客户在这件事上并没有什么选择的余地，但是假如事先没有安排好，说不定他们就会阻挠这一进程，最终延误项目时间。

资料来源：M. W. Strickland，“‘Mission Possible’：Managing an Area Code Relief Project，” *PM Network*，March 1997，pp. 39－46.

4.1 谈判的性质

解决冲突的良好技巧是谈判。谈判是什么？沃尔（Wall，1985，preface）把谈判定义为“两个或更多当事方为了交换他们拥有或控制的事物而寻求一个可以接受的价格的过程”。由于对这个定义并不满意，他花了半章的篇幅来扩展和讨论这个概念，但并没有什么改善。科恩（Cohen，1980，p. 15）认为“谈判是一个需要知识并付诸努力以取悦我们有所需的人的行为”。其他人虽然对谈判有不同的定义，但并没有显著地扩展科恩的定义。尽管没有一个定义能够完全契合我们标示为“谈判”的所有活动，但我们确实承认诸如调解、安抚、讲和、达成一致、解决分歧、缓和、仲裁、调停争端、妥协、讨价、还价之类的术语代表了某些情况下的“谈判”（Roget's International Thesaurus，1993）。

大多数涉及组织与外部人员的冲突都与产权和合同义务有关。在这种情况下，谈判双方视对方为对手。组织内部产生的冲突也可能涉及产权和合同义务，但通常与外部冲突相比有一个重要区别：就公司而言，内部冲突是同盟者之间而非对手之间的冲突。沃尔（Wall，1985，pp. 149－150）清楚地说明了这一点：

> 组织（比如集团）是由一些具有自身价值观、利益、观念和目标的相互依赖的部门组成的。每一个部门都力图完成自身特定的目标……组织的有效性依赖于每一个部门成功地完成其专业任务。与完成各自任务同样重要的是各部门活动的整体化，以使得每个部门的活动能够辅助或者至少不与其他部门的活动发生冲突。

组织促进这种整体化的方式之一是建立“横向联系，使决策在制定时能够听取各横向设置的部门的意见”（Wall，1985，p. 150）。由于每个部门都有自己的目标，对两个或更多部门活动的整合必然会产生沃尔认为不应该发生的冲突。然而，如果存在一个解决方案，冲突就可以通过谈判获得一个对所有当事方都有利（或将损失降到最低）的方案来解决。雷法（Raiffa，1982，p. 139）为有两个利益相关者的冲突确定了一个帕累托最优解决方案，并讨论了为达到最优所需的讨价还价过程的本质。这是一个既困难又耗时的过程。尽管假设的冲突双方不一定具有真实世界中、项目管理中以及多人多问题冲突中的复杂权衡关系，但总的目标是找到一个解决方案，使得一方的获益必须以另一方承受相应的或更大的损失为代价——即帕累托最优方案。

“帕累托最优解决方案”这一概念十分重要。用希望打败其他当事方而赢得胜利来处理项目间的冲突是不适当的。项目经理必须记住，未来他将会与项目的利益相关者谈判许多次。如果他进行了一个非赢即输的谈判并且对方输了，从那以后他将面对一个一心想打败他的坚定对手，这显然是有害无益的。这类谈判的正确结果应该是按照整体组织目标进行优化的结果。尽管如何做到这一点并不总是很明确，但谈判显然是正确的方法。

在谈判进行期间，经常会出现值得探讨的职业道德方面的问题。假设某个企业要求一个外部承包商开发一个软件包以实现某项功能，当企业要求实现某一特定目标时，经常并不知道这究竟是一项重要工作还是很小的任务，因为它缺乏那方面的技术能力，因此，承包商有机会对其客户进行误导，或者夸大某一极小任务的成本，或者极度淡化某一关键任务的影响，以便获取合同并随后提高成本。这种情况下职业道德要求谈判中的一方要对另一方诚实，甚至在很清楚双方之间不会再有进一步合作的情况下也应如此。

4.2 建立合作伙伴关系、制定项目章程以及项目范围变更

项目工作为项目经理提供了许多发挥其谈判技能的机会。通常在项目中有三种情况需要项目经理发挥其最高水平的谈判技能：使用分包商，使用两个或更多职能部门来设计和发展项目使命，以及项目实施过程中可交付成果或优先次序的变更（de Laat，1994；Hughes，1998）。第一种情况大概比项目的所有其他方面更容易引起法律诉讼。以作者的经验来看，后两种情况是到目前为止项目经理遇到的最常见和最麻烦的问题。

□ 建立合作伙伴关系

近年来，项目的外包数量一直在稳定增长（Smith，1998）。项目的组成部分越来越多地由外部供应商完成，既包括有形的产品和服务，也包括无形的知识和技能。除了避免诉讼之外，企业之间建立合作伙伴关系有许多原因，例如分散技术风险、避免资本投资、减少跨国项目的政治风险、缩短项目工期以及实现知识互补等（Beecham et al.，1998，p.192）。

一般而言，开展项目的组织和为项目工作的分包商之间的关系最好描述为对手关系。项目所属公司的目标是以尽可能低的成本尽快获得可交付成果，而分包商的目标是用最小的努力获得可能的最大利润来生产需交付的成果。这些冲突的利益可能导致双方在一个互相怀疑和敌对的氛围中工作。实际上，双方对可交付成果本身的确切性质几乎总是持有截然不同的观念。“合作伙伴关系”这一概念用合作和互助的氛围替代了原来的氛围，但本质上的敌对关系使得合作即使在最好的情形下也是困难的（Larson et al.，1997）。

考文等人（Cowen et al.，1992，p.5）对合作伙伴关系的定义如下：

> 项目合作伙伴关系是将合同关系转变为团结合作的项目团队的方法，该项目团队拥有单一的一套目标和及时有效地解决争端的确定程序。

他们给出了一个建立项目合作伙伴关系的多步骤程序。第一，项目所属公司必须对合作伙伴关系有所承诺，挑选同样愿意做出承诺的分包商，建立共同的项目团队，并为项目制定一个章程（下一节将描述这种章程）。第二，双方必须在就下列四个方

面达成一致后实施建立合作伙伴关系的过程：（1）项目进展情况的联合评估；（2）解决任何问题或分歧的方法；（3）接受联合项目持续改善的目标（也叫全面质量管理，TQM）；（4）来自双方高层管理者对合作伙伴关系的持续支持。最后，双方承诺在项目完成时对项目实施情况进行联合审查。比彻姆等人（Beecham et al.，1998，p. 194 ff）指出了几件能使合作伙伴协议遭受灭顶之灾的事情，也提出了几项获得成功的建议。合作伙伴关系旨在降低分包风险。通过上文列举的几个步骤的实质内容，我们可以清楚地看到，每一个步骤都需要特定的风险管理。

上述过程的每一个步骤必然伴随着谈判，而且谈判必须是非敌对的。"合作伙伴关系"的整个概念牢牢地植根于合作各方互相信任这一假设前提，同时这一假设也要求非敌对的谈判。最后，这些文章着眼于在不同组织的成员之间建立合作伙伴关系。我们认为，即使合作各方来自同一组织的不同分支或部门，这些问题的重要程度都是一样的：必须使用相同的假设，采取相同的措施，并且当事方之间必须达成协议以使合作伙伴关系成功。

然而，建立合作伙伴关系的概念远不限于买卖双方签订双边协议或者对项目开展跨部门的合作。建立多方联合体以求达到技术研究目标的方式是很普遍的。例如，克莱斯勒、福特和通用汽车公司于 1989 年成立了汽车复合材料协会以开发汽车制造过程中使用的塑料处理技术。1984 年美国专门通过了《国家合作研究法案》（National Cooperative Research Act），明确允许此类竞争者之间的合作方式，使得该协会免于受到美国反托拉斯法的起诉（Rosegger et al.，1990）。

竞争者之间成立了许许多多的此类团体从事合作性的研究以及其他合作性的活动（不包括操纵价格或其他非法活动）。此类团体存在于世界各地，成员经常来自多个国家。例如，三家闻名的航空集团：空中客车公司（英国、法国、西班牙和德国）、CFM 国际公司（美国和法国）和国际航空发动机公司（美国和英国）就是如此。

不仅空中客车公司是由来自四个不同国家的私营公司组成的联合体，而且这四个国家还为它们各自的私营公司提供资助。该项目很明显是为了扶植一家欧洲公司以与美国波音公司竞争，最终该公司成功进入了商用飞机市场。

然而，建立合作伙伴关系从来都不是一帆风顺的。毫无疑问，那些从未经历过建立合作伙伴关系的人低估了其难度。合作伙伴关系的建立需要合作各方高层管理者强有力的支持，还需要对项目目标和合作协议的持续支持（Moore et al.，1995）。最重要且最困难的是，合作伙伴关系要求伙伴之间坦率而诚挚地沟通。尽管存在这些问题，合作伙伴关系的建立仍会产生足够大的收益，足以弥补为使其正确地发挥作用而必须付出的努力（Baker，1996；Larson et al.，1997）。

□ 制定项目章程

努力建立合作伙伴关系的团体之间签订的协议经常被称作章程。项目（项目群等）章程仅仅是项目经理、高层管理者和承诺为项目（项目群等）提供资源和/或人员的职能经理之间签订的书面协议。请牢记章程可能有许多不同的形式。章程通常详细描述了预期的项目可交付成果，经常包括进度计划、预算和资源承诺。它证明了这一事实，即所有相关组织的高层管理者以及职能经理和项目经理"坐在了一起"，他们就要做什么、何时做以及以多大成本做等方面达成了一致。请注意，如果有这种协议，就意味着没有任何一方会单方面地改变协议，或者至少在没有事先与对方协商的情况下不会那样做。大多数项目没有章程，这也是为何多数项目未能按规范要求、按时间、按预算完成的一个原因。

在第6章中，我们将会描述制定项目行动计划的一个多次反复的过程，其中负责某一任务或子任务的个人制定完成该任务或子任务的行动计划。我们注意到，在制定项目行动计划的过程中做出承诺的个人或团队在其承诺上签字是很普遍的，特别是当高层管理者已在总使命书上签字，计划的所有当事方都认可其可作为章程时，已签过字的项目计划或一组行动计划可以构成项目章程。

考文等人（Cowen et al.，1992）列举了一个有点不具体的项目章程，在该章程中，合作伙伴关系团队中不同的成员签署了如下承诺：

（1）满足设计意图；

（2）完成合同而不引致诉讼；

（3）按进度计划完成项目：

—及时解决问题；

—管理联合进度；

（4）成本增长幅度小于2%等。

当然，为了达到章程的根本目的，即使是这些较不具体的条款也假定已在设计意图、进度计划和成本上达成了一致。

□ 项目范围变更

变更项目的范围或者绩效、期望的问题是项目管理的一个主要问题，构成了PMBOK知识领域2。这个主题我们将会在第6.1节讨论计划制定问题时做简短讨论，然后在第11.3节和第11.7节讨论项目控制问题时做更详细的讨论。不管一个项目计划得多么仔细，在完成前几乎肯定会发生变更。尽管在开始时定义得相当仔细，大部分项目的范围仍具有较大的不确定性。项目变更有三个基本原因。有些变更是因为计划者最初评估时在如何实现指定的结果方面犯了错误，或者在选择项目的适当目标方面犯了错误。技术的不确定性是引起这两个错误发生的基本因素。例如，一座建筑物的地基必须进行变更，因为初步的地质研究没有揭示出建筑物所在地的地层结构弱点。一个研发项目必须进行变更，因为金属工艺实验结果显示应该采用另一种方法。项目团队了解了一项新近的革新技术，能够以更快、更省钱的方案来组装一种新型计算机。

另一种变更是因为客户或项目团队了解到更多有关项目可交付成果的本质及其应用背景的知识。客户或项目团队知识的增加或者更加老练是引起变更的主要因素。例如，一个计算机程序因为用户提出了软件的新用途而必须扩展或重写。为了安置容易受到感染的一个病人，内科医生要求医院的重症监护室（ICU）必须配备空气层流控制装置，否则就不能接纳这个病人。喜欢听音乐唱片的“发烧友”升级了系统规格使之包含非常高的频率范围，连他的狗也能听音乐了。

变更的第三种原因是强制性的要求。这是项目实施环境的变更，不受项目经理的控制。例如，通过了一项新的法律，政府监管部门颁布了一项新的政策，行业协会制定了一项新的标准，客户的公司实行了一项新的采购准则。换句话说，实施项目的规则被修改了。州政府批准的污染控制系统必须被每一个化工炼制项目采用。州政府要求所有新的保险单都必须符合一项新修订的法律，其中规定必须向潜在的购买者提供特定的信息。有时强制性的要求只影响优先次序，某一项强制性的要求也许将一位非常重要的客户转移到某些稀缺资源或服务名单的首要位置上。

在一定程度上，风险管理技术可以应用于范围变更。技术的不确定性可以通过仔细分析所涉及的技术来减小，包括使用技术预测。由客户知识增长引起的范围变更风险只能通过改善与客户的前期沟通以及建立处理变更的正式程序来加以管理。有关这一点的更多讨论参见第 11 章。最后，大多数强制性要求是无法预测的，只能通过在项目预算和进度计划中增加一定的灵活性来进行管理。接下来的两章将要讨论做到这一点的明智方法。

正如希腊哲学家赫拉克利特所说："除了变化之外，没有任何事物是永恒的。"项目也是如此。不论变更的本质是什么，可交付成果的规范都必须进行更改，并且进度计划和预算也必须重新计算。很明显，项目的利益方将会要求进行谈判以制定新的协议。这些谈判很困难，因为大多数利益相关者会有维持现状的强烈愿望。如果提议的变更使客户受益，并提高了项目的成本，生产者会努力通过增收费用以抵消增加的成本来减少客户的潜在收益，客户当然就会反对。所有当事方必须再次寻求一个帕累托最优方案，而这总是一项很困难的任务。

强制性的要求引起的变更还导致了另外一个问题。当强制性的要求得到系统的全面关注时，不仅项目的可交付成果、预算和进度通常会发生改变，其他项目的优先次序一般也会发生变化，即使这种变化只是暂时的。突然之间，项目经理丧失了对关键资源的控制，因为其他地方非常迫切地需要这些资源。项目的关键人物拒绝参加会议，或者不能保证已承诺的任务交付日期。十分常见的情况是，项目经理对这种状况的反应是气恼或垂头丧气，这两种反应都是不恰当的。

> 这个项目如此重要，我们不能让更重要的事情干扰它。
>
> ——佚名

在与项目经理和高层管理者讨论过优先次序后，我们已经很清楚，大多数企业实际上只有三个层次的优先次序（不论设置项目优先次序的程序看起来多么花哨）。第一是高优先权项目，即正在受到支持的项目。一旦高优先权项目当中出现资源冲突，通常优先考虑工期最紧的项目（在第 9 章中将详细介绍）。第二是低优先权项目，即"在我们有时间和有资金的时候愿意去做"的项目。第三是偶然出现的紧急项目。例如，"客户 A 的项目必须在本月底前完成"，"必须在 6 月 30 日前符合本州法律的规定"，其他的事情都被搁置起来以确保完成紧急项目。正如上文指出的那样，我们将在第 11 章对这个主题做更多探讨。

虽然项目章程和合作伙伴关系肯定会帮助项目经理处理项目中自然发生的各种冲突，但使用章程和合作伙伴关系的频率仍然很低，尽管项目外包增长得很迅速。面对高度不确定的未来，说服高层管理者做出项目章程中所包含的坚定承诺，其困难可想而知。职能经理出于完全相同的理由也不愿做出此类承诺。客户由于清楚自己并不了解项目结果将在多大程度上满足其需要，也对承诺抱有谨慎态度，即使存在一个协商变更的工作程序也是如此。

合作伙伴关系是一个新近发展起来的概念。在我们这个充满诉讼的社会里，任何要求当事方放弃诉讼的冲突解决系统都令人非常怀疑。实际上，我们发现大量的组织鼓吹团队建设、全面质量管理以及雇员参与，但并不将它们所鼓吹的事情付诸实践。对每一个你找到的具有参与意识的经理，很多都是事必躬亲的"微观经理"，而对每一个愿意分担责任的团队成员，很多都是替罪羊。项目章程和合作伙伴关系的时代即将来临，但还未到来。

4.3 冲突和项目生命周期

本节我们在对项目生命周期进行简短讨论后，将对项目发展过程中频繁发生的冲突进行分类，接着会阐述这些冲突的本质，最后，我们将把项目生命周期与基本的冲突类型联系起来，并揭示各种类型的冲突与项目生命周期的不同阶段的密切关系。有了这些知识，项目经理可以对风险的性质进行更快速、更准确的诊断，从而减少由于处理无效而导致冲突升级的可能性。

□ 关于项目生命周期的进一步讨论

不同的作者对项目生命周期有不同的定义（见图1—3、图1—4和图1—5）。两个最常引用的定义是塞姆海恩等人（Thamhain et al.，1975a）和亚当斯等人（Adams et al.，1983）的定义。前者采用一个四阶段模型，即把项目形成、项目增进、项目主体和项目收尾作为项目生命周期的各阶段。亚当斯等人也把项目生命周期分解为四个阶段：概念、计划、实施和终止。

就我们的目标而言，有关项目生命周期的这两种观点没有什么显著的不同。在第一阶段，高层管理者尝试性地、有时是非正式地批准项目初步计划。管理层在做出这种认可之前通常会做一些严格来说非正式的私下工作来验证概念的可行性：着手进行初步的计划制定工作、选定基本的目标体系，还可能剔除项目。第二阶段一般进行详细的计划制定、编制预算、制定进度计划以及资源汇总。在第三阶段，完成项目的大部分实际工作。在生命周期的最后阶段，工作全部完成，产品被移交到客户或用户手中。这一阶段也包括项目资产和人员的安置，甚至可以包括为接下来另一个相关项目的第一阶段所做的准备工作。

□ 冲突的类型

项目生命周期的所有阶段看起来都会伴随着各种冲突。在本章我们讨论了一些有关人的因素，要求项目经理具备缓解人际紧张关系的技能。在本章我们也介绍了塞姆海恩等人（Thamhain et al.，1975a，1975b）在项目冲突研究方面的工作。冲突集中于诸如进度计划、优先次序、职员和劳工要求、技术因素、行政管理程序、成本估算等方面，当然还包括个性冲突（Afzalur，1992）。塞姆海恩等人收集了有关项目生命周期中每一阶段每一类冲突的频率和重要程度的数据，将频率与衡量冲突重要程度的指标相乘，并根据项目经理的报告对每类具体冲突的比例进行调整，推导出了对冲突强度的估算（见图4—1）。

通过对这些数据的检验，看起来各种冲突可以归为三种基本不同的类型：

（1）为项目工作的各个团队可能制定了不同的目标和预期；

（2）关于谁有权限制定决策存在很大的不确定性；

（3）项目中分属不同利益方的人员之间存在人际冲突。

有些冲突反映了这样的事实，即项目的日常工作通常由组织中许多不同的部门开展，这些部门经常在目标和技术判断方面存在分歧，结果导致了这些部门对项目及其成本—收益、相对重要性、完成时间等方面存在不同的预期。有关进度计划、不同项

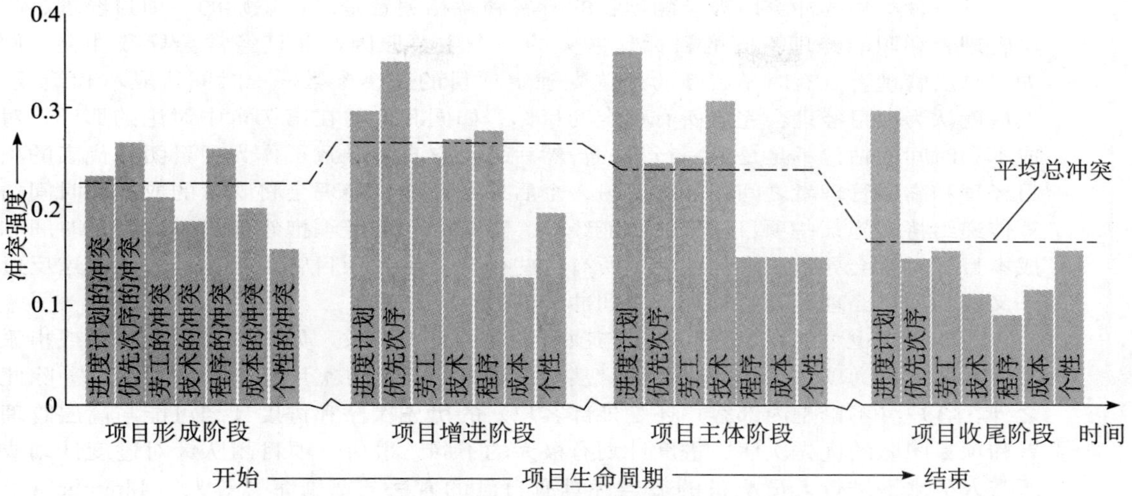

图 4—1　项目生命周期中的冲突强度

资料来源：Thamhain et al.（1975a）.

目之间及项目内部之间的优先次序、成本估算和员工时间的冲突往往属于这一类型。在根本上说，它们是由项目经理和职能经理具有完全不同的目标造成的。项目经理关心的是项目，而职能经理关心的主要是职能部门的日常运营工作。

其他一些冲突反映了这样的事实，即技术和行政管理程序同样都是项目管理的重要方面。由于在制定决策的权限上存在不确定性，导致了项目经理和其他当事方之间的冲突。这些决策涉及资源配置、行政管理程序、沟通、技术选择和所有其他对项目有影响的因素。简单地说（也是正确的），在矩阵型组织中职能经理控制那些为项目工作的人员，并制定技术决策，而项目经理则控制进度和工作流程。在实际工作中，由于身处忙乱的项目工作环境，项目经理和职能经理每天同样都要面对无数的危机事件，这些权限很难界定。

最后，有些冲突反映了这样的事实，即人是所有项目整体的组成部分。在一个依赖于许多人相互合作的环境中，某些个性冲突似乎是不可避免的。另外，在项目和客户之间，或高层管理者和项目之间的冲突中，由于项目经理是项目的化身，项目经理总是冲突的当事方之一。

我们可以把这些冲突分为目标分歧冲突、权限不确定性冲突以及个性冲突等类型。冲突的相关类型及其利益相关者见表 4—1。

表 4—1　项目冲突类型与利益相关者

利益相关者	冲突类型		
	目标	权限	人际关系
项目团队	进度计划 优先次序	技术	个性
客户	进度计划 优先次序	技术	
职能经理和 高层管理者	进度计划 优先次序 劳动力成本	技术 行政管理	个性

这三种类型的冲突所涉及的项目的所有利益相关者是可以识别的。项目经理、高层管理者和职能经理不同的目标是冲突的一个主要原因，并且经常会导致冲突。例如，高层管理者（有时是武断的）首先确定项目的三个参数——时间、成本和绩效，然后就认为项目经理会完成所有预定的目标。如同我们将在第7章中讨论的那样，对成本和时间的估计不足是这一行为的自然后果，它直接导致了作为项目团队代表的项目经理和高层管理者之间的冲突。另一个后果是，项目经理会将吃紧的成本和时间估算传递给将实施某些项目任务的职能经理。当某个职能经理抱怨他们不能满足时间和成本目标时就会导致更多的冲突。所有这些往往会导致项目管理工作的失败，这反过来又成为项目经理和高层管理者之间冲突的另一个来源。

职能经理也可能在下列问题上与项目经理意见不一致，如项目的优先次序或指派某一具体人员为项目工作的必要性，甚至是将既定技术方案用于项目的适用性。除此之外，客户（不论是内部客户还是外部客户）的优先次序和进度计划可能与高层管理者和项目团队的优先次序、进度计划有极大的不同。最后，项目团队针对进度计划或所需人员水平进行人员配备的适当性具有自己的看法。塞姆海恩等人（Thamhain et al.，1975a）的数据显示，这些目标类型的冲突发生于项目生命周期的所有阶段，尽管在早期阶段特别严重（见图4—1）。不考虑时间因素，在许多情况下很难确定到底哪一方提出的优先次序应占主导地位。

当然，有许多解决项目之间以及项目内部优先次序冲突的方法。通常，用来批准项目投资的项目选择模型会产生一组按某种测量值排列的项目。由高层管理者来决定不同项目之间的优先次序也很常见。某一单个项目中不同任务的相对重要性由项目经理来确定，他根据进度要求、任务难度、资源的可获取性以及其他类似情形来分配稀缺的资源。这些解决优先次序冲突的方法彼此间并不相干，因为项目经理和职能经理有强烈的倾向使他们各自的利益最大化，而很少考虑整个组织的利益。

在矩阵型组织中，权力中心特别不明确。权限界定的冲突是矩阵型组织中的项目所特有的。项目团队和客户倾向于关注技术程序、争论项目的合适方法或者解决项目任何阶段可能发生的某个问题。高层管理者则另有他图，他们不仅要坚持主张项目经理采用和保持一套符合组织和法律标准的行政程序，而且十分关心谁向谁报告以及需要谁的许可来采取什么行动。敏锐的读者会注意到，这种关心对矩阵型组织的项目而言并不完全合适。与高层管理者讨论后，我们得出了一个明显的结论，即高层管理者普遍想追求效率以及矩阵型组织的其他优势，同时又试图维持传统等级结构的管理优势，这肯定会引致冲突的发生。

建立合作伙伴关系和制定项目章程这两种方法解决冲突的潜力是十分明显的。这两种方法都不能阻止冲突的发生，但会极大地降低冲突的强度，并会提供一个解决冲突的框架结构。这两种方法甚至能形成一个环境，项目经理和职能经理在其中能够采取支持整个组织的立场，而不仅是局部最优化一个项目或者一种职能。

项目经理经常会发现他们正与职位比自己高几个层次的职能经理争辩有关进度计划制定和资源优先次序的问题。职能经理和项目经理都不十分清楚到底谁有什么权限（读者会回想起，单纯的项目型组织形式可能造成反常的行政管理行为，而矩阵型组织的特征是上级和下属的混淆）。项目经理经常抱怨：“我不得不承担责任，但我根本就没有权力。”

大多数情况下，人员问题产生于项目团队内部，尽管职能经理可能与项目经理发生冲突——前者指责后者“急于求成”，后者指责前者“拖后腿”。根据我们的经验，大多数项目团队的个性冲突起因于解决问题的技术方法或观念的分歧，以及用来实施项目的方法的分歧。当然，某些个性冲突很有可能引起技术冲突。任何类型的冲突初看起来都可能是个性冲突。

接下来我们将结合项目生命周期的各个阶段来分析这些冲突。

□ 项目形成阶段

在项目生命周期的初始阶段，大多数冲突都围绕着在矩阵型管理环境下设立项目所固有的混乱而发生。在该阶段，与项目或其管理方法有关的任何问题都还没有确定，即使是项目的技术目标也没有进行清楚的定义或确定，只是在最一般意义上的了解。从这种半混乱的状态进展到相对有序的增进阶段是很困难的。为了实现这种过渡，必须解决四个基本问题，但不一定要按这里给出的顺序。

第一，项目的技术目标必须足够具体，使得增进阶段的详细计划制定得以完成。第二，高层管理者和职能经理已经同意做出提供资源的承诺。第三，项目与所属公司中其他项目相比较的优先次序必须确定，并且进行了沟通（我们在第 4.2 节的结尾对优先次序进行了评论，我们认为项目的优先次序必须在项目生命周期尽可能早的阶段确定。尽管它不大可能使项目免于强制性要求所导致的延误，但为职能经理提供了一个重要的政治信号，即在发生资源冲突时哪一个项目具有优先权）。第四，必须建立项目的组织结构，使其能够为项目生命周期的下一阶段编制工作分解结构（work breakdown structure，WBS）、线性责任表或类似工具提供充分的基础。

这些条件还是不充分的，却是解决项目形成阶段典型冲突的绝对必需的条件，至少是在一个合理的水平上解决冲突，而不是简单地将这些冲突转移到增进阶段造成进一步恶化。

如果项目经理在这一阶段回避冲突，到了下一阶段就会招致灾难。上面提到的四个基本问题解释了以下几个关键环节：需要哪一个职能部门来完成项目任务？每一个职能部门应该参与到什么程度？这个项目与其他项目之间出现资源或设施使用的冲突时如何解决？项目工作与职能部门日常运营工作之间出现资源或设施使用的冲突时又该如何解决？谁有权来解决将要发生的技术、进度、人员以及成本问题？最重要的是，公司优先次序的变更如何与参与的每一个人进行沟通？

需要注意的是四个基本问题中的三个问题——界定技术目标、获得管理层承诺、确定项目的相对优先次序。不管项目选择何种组织形式，都必须加以解决。同时应当注意，选择什么样的组织结构对处理冲突的方式会产生重要影响。矩阵形式越强（极限是纯项目型组织），项目经理所扮演的角色就越有权威性；矩阵形式越弱（极限是职能型组织），职能经理所扮演的角色就越有权威性。项目经理和职能经理的权力/影响力/权威划分的不明确是引起涉及技术决策、资源配置和制定进度计划冲突的主要因素。

□ 项目增进阶段

塞姆海恩等人（Thamhain et al.，1975a，p. 39）指出，在项目增进阶段发生的冲突中“有关项目优先次序、进度计划、行政程序的冲突看起来是前一个项目阶段的延伸”。在这个阶段中，项目从一个笼统的概念变为（或应该转移为）一组非常详尽的计划。如果项目的组织形式是强矩阵型，项目经理便从职能部门那里寻求人员承诺。如果项目的组织形式是弱矩阵型，项目经理便从职能部门那里寻求工作承诺。在任何一种情况下，项目经理都从职能经理那里寻求承诺，而职能经理除了要应付部门的日常工作外，还要承担为其他项目提供支持的压力。

由于项目计划更详细了，有关技术问题的冲突再次产生，项目经理和职能部门的冲突占主导地位。职能部门掌握的专业技术知识通常比项目经理更多，而项目经理只是一个杂家。然而，有些项目经理也是专家，在这种情形下，职能经理和项目经理之间关于最佳技术方案的讨论经常会导致冲突发生。冲突的总水平在这个过渡时期达到最高点。

□ 项目主体阶段

尽管与进度计划相冲突的最直接原因通常不同于早期阶段的原因，但进度计划仍然是项目生命周期主体阶段中一个主要的冲突来源。项目计划已由所有参与人员制定完毕并得到批准（尽管也许是勉强的），实际的工作已经开展。假设某项活动在实施中肯定会遇到困难并延迟完成，那么依赖于这项活动的各项任务活动也会被延误。如果延误得太久，并且没有得到补救，其中的一些活动将会延误整个项目。

为了避免产生这种后果，项目经理必须努力使进度回到正常的轨道上来，但赶工远比误工困难得多。赶工要求额外的资源以满足职能团队赶工的需要，但项目经理也许并没有这些资源。

项目越复杂，追踪和估计所有这些延误造成的影响就越困难，并且需要消耗越多的资源使得这些活动重新符合进度计划的要求。项目经理的最终任务就是管理时间、成本、绩效之间的平衡关系，本书对问题的探讨自始至终都以此为参照。保证项目的进度正是管理这种平衡关系的一项活动。究竟是增加项目的成本，还是降低项目的技术水平以节省时间呢？只要有任何其他可行的替代方案，项目经理就不会左右为难了。项目经理做出权衡的能力经常受到诸如合同、公司政策和职业道德等因素的制约。实际上，做出权衡决策是极为困难的。

像进度冲突一样，技术冲突在项目主体阶段也经常发生并造成严重后果。同样，技术冲突的原因与较早阶段相比也有所不同。就像计算机和打印机必须正确地连接起来才能正常工作一样，项目的各个组成部分也是如此。在项目中，有些连接叫做接口或界面，接口或界面的数量随着项目的增大而迅速增加，即随着系统复杂程度的增加而增加。接口数量增加了，接口出现问题的可能性也就随之增加。管理这些接口并纠正不相容性是解决项目主体阶段技术冲突的关键。

□ 项目收尾阶段

与在项目主体阶段一样，进度是项目收尾阶段的主要冲突来源。如果在项目主体阶段发生了进度延误（很有可能如此），在这个项目最后的阶段肯定会尝到苦果。在项目收尾阶段，描述具有固定期限的项目所处环境的最佳词汇是“手忙脚乱”。项目经理、项目团队和职能团队经常联合在一起为按时、按规范要求完成项目全力以赴地工作——如果成本超支不是特别多，还是可以容忍的。

在项目收尾阶段，技术问题相对较少发生，因为大多数技术问题已经在前几个阶段解决或回避了。同样，工作界面也已建立并实施。如果项目涉及在某一外部客户的系统中实施某项技术，也许会引起技术冲突，但通常并不强烈。

塞姆海恩等人（Thamhain et al.，1975b，p. 41）指出，个性冲突是项目收尾阶段排名第二的冲突来源。他们把这些冲突归因于项目完工压力引起的人际关系紧张，以及项目成员由于即将离开此项目被指派到另一个项目，或者回到职能部门而自然产生的焦虑。除此之外，我们还观察到，有些冲突集中于项目结束时项目资本设备和供应品的分配上，这种冲突有时是非常尖锐的。冲突有时也产生于正在收尾的项目和刚刚开始的项目之间，特别是如果后者需要前者正在使用的资源或者稀缺人才时。

塞姆海恩等人认为冲突是由目标或期望的分歧、权限的不确定性和人际关系问题引起的，这种观点未包括项目团队中专业导向型和问题导向型的团队成员之间发生的冲突。回忆一下我们有关休斯（Hughes，1998）和德拉特（de Laat，1994）的讨论，我们并不认为塞姆海恩等人的观点不对，仅仅是认为他们的分类没有特别地包括我们感觉发生得很频繁也很重要的一类冲突。我们认为在第 6 章讨论计划制定时发生的许多冲突，是由于个人在专业导向或问题导向上的分歧引起的。派尔德等人（Pelled et al.，1994，p. 23）在进行关于多职能设计团队冲突的研究时所做的一次访谈记录可以清楚地证明这一点。一个团队成员在谈到另一个团队成员时说："他将会做任何他认为是正确的事情来完成他（自己）的工作，而不管是否对公司或别的人有好处。"联系上下文可以很清楚地看到，这个冲突发生在问题导向型的个人和专业导向型的个人之间。

结论很简单，就像我们在第 1.1 节中指出的那样，冲突是项目的固有特征，项目经理经常受到冲突的困扰。减少和解决冲突以支持达到项目目标的能力是项目经理成功的首要条件。解决和减少冲突的主要工具就是谈判，在项目形成阶段建立的冲突处理方法将会为在整个项目过程中解决冲突确定基调，因此，项目经理采用的谈判风格是非常关键的。

有关冲突解决方面的研究文献非常多。伯克（Burke）所写的一篇关于冲突解决方法的经典文章附在本章最后，作为"指导阅读"。下一节将要讨论的双赢谈判与面对问题解决方法非常相似。

项目管理实践

项目实施中废料的处理

英国希思罗机场是世界上最繁忙的国际机场。航空旅行的增长使得希思罗机场当前的吞吐能力趋于饱和，需要对其进行扩建。5 号航站楼是欧洲最大的建设项目之一，包括 16 个主项目和 147 个子项目，它每年能够为 3 000 万名旅客提供服务。

此项目一个重要的成就是在项目实施阶段，项目启动人英国航空管理局（British Airports Authority，BAA）与项目承包商和供应商共同协作，能够回收或再利用超过 97%的废料。能够做到这一点是由于在 5 号航站楼的设计、建造以及运营时考虑了废料的利用。

设计团队采取了标准化设计、预构造和模块化的原则，显著地减少了建造阶段产生的废料，并且最大限度地提高了物料的使用和配送效率。5 号航站楼的建设采用了革新性的"实时"（just in time）物流策略，并且采用诸如指定仓储区域、隔离机动车道与人行道等现场工地管理方法，以确保物料不用在工地储存就被及时送到所需的工作地点，这就减少了在工地上的物料损耗数量，从而也就减少了废料。积极的物流策略也减少了物料的过量订货。

英国航空管理局与供应商合作以减少运送到 5 号航站楼工地的包装材料数量。为了确保采购环节不出问题，针对供应商成立了资源可持续利用工作室，专门致力于减少包装废料。为了从一开始就减少废料，还采取了其他措施：

（1）鼓励所有的供应商尽可能减少包装材料，同时选择可重复使用的材料作为产品的包装。

(2) 如果包装不可避免，就鼓励供应商取回其提供的包装材料以重复使用。

(3) 与电缆供应商签订协议使得电缆卷筒能够归还供应商以供重复使用。

(4) 为产品（比如涂料）制定标准规格使之能够大批量订货，这样就会减少废料并且能够归还大量包装材料。比如，将多乐士涂料桶归还给供应商就属于这种情况。

使用垃圾压实机和卷筒包装机对废料进行现场压实，虽然没有减少废料的重量，但明显地减少了运出工地的废料体积，同时减少了运输车辆往返的次数。在建造过程中对危险材料的压实明显地减少了这些材料的运输量。

对于一般性的、木质的、金属的和硬纸板废料都放在指定的废料桶里以便于分离和回收利用。电缆废料和石膏板也被分离出来以回收利用。在办公室，通过设计一个桌面回收箱以收集纸张。一般性的废料由废料承包商做进一步的处理和分类，通常经他们处理的废料中有87%能够回收利用。

项目团队在工地上将危险废料分离出来，并将气溶胶、涂料、溶剂和其他危险废料分离到指定的危险品废料桶中，这些废料由危险品废料承包商负责收集，并且在此之前要对其进行现场分类和压实。

经验教训

与承包商和供应商共同协作使得项目启动人能够卓有成效地使废料减至最少，回收利用水平的提高需要现场所有人都为之努力。在5号航站楼建设过程中的许多创新，从员工建议及实施的局部创新（自下而上），到物流的战略管理方法（自上而下），都为5号航站楼废料管理所取得的成就做出了贡献。指定一个团队负责协调废料管理，与废料承包商密切合作，提升团队工作以及采用废料管理解决方法，这些都提升了工作绩效。

资料来源：Case Study，Constructing Excellence，www.constructingexcellence.org.uk.

4.4 谈判的要求和原则

“谈判”一词能引发人们的许多联想：审议联邦年度预算时的美国总统和国会，关贸总协定会谈中的“乌拉圭回合”，球员经纪人和美国国家橄榄球联盟（NFL）俱乐部的老板，房屋的买卖双方，夫妻离婚诉讼中的律师，正在忙于劳资协定交涉的工会和管理层，正在安卡拉市场上讨价还价的游客和小地摊摊主。正如我们在本章开始所指出的那样，上述的形象中没有一个完全适合于我们在前面章节讨论的必须解决各种冲突的项目经理。

理解项目管理中谈判性质的关键在于：我们要认识到几乎没有任何项目冲突与是否实施某项任务或完成某个可交付成果有关，相反，项目冲突与可交付成果的设计以及如何实现这些设计（由谁设计、何时设计以及成本如何）有关。隐含的意思很明显：项目任务必须完成。如果项目当事方之间的冲突升级，以致谈判破裂、工作停止，那么每个人都输了。项目经理所使用的减少或解决冲突方法的一个要求就是：采用的冲突解决方法不能对项目目标造成不可弥补的伤害。

进一步考察律师代理离婚案件的情形，就会清楚地得出项目经理在项目利益相关者之间协调冲突的另一个要求。夫妻双方（也可以是地摊小贩和游客）可能在谈判过程中使用了不道德的手段并且没有被发现，其中一方会以牺牲另一方的利益为代价从中获利，但是律师代表丈夫或者妻子这样做的可能性要远远小得多，特别是当这个律师在固定的社区执业时更是如此。律师知道他们在将来还要代理别的案件，任何可能滋生不信任的行动都可能使未来的谈判非常困难，甚至有可能使谈判无法进行。换成地摊小贩和游客，估计小贩不会再与这位游客做其他交易了，良知是他们道德的唯一监督者。项目经理使用的解决或减少冲突方法的另一个要求是这些方法要允许（和促进）谈判双方真诚相待。

项目冲突的利益相关者既不是敌人也不是竞争者，而是盟友——有着强烈共同利益的联盟中的成员。因此，对冲突各方共同的要求是：寻求的冲突解决方案不仅要满足他们自身的需求，而且要满足冲突中其他当事方的需求，同时要满足项目所属公司的需求。用谈判的术语来讲，这是一个“双赢”的方案。进行谈判以取得双赢的方案是项目管理冲突解决的关键所在。

费雪等人（Fisher et al.，1983，p. 11）开发的一种谈判技巧可以满足这三个要求，他们称之为“原则性谈判”，也就是双赢。这种方法很简单，主要包括以下四点：

1. 将利益相关者和问题分开

冲突的各方一般都比较冲动，他们对事情有不同的看法，尤其对分歧感觉强烈，情绪和客观事实相混淆，以至于分不清哪个是哪个。冲突各方倾向于相互攻击，而不是针对问题。为了将冲突演变为人际关系冲突的可能性降至最低，应认真确定实质性的问题，每个人都应针对问题而不是针对人开展谈判。

2. 注重利益而不是立场

当项目经理对职能经理说“我需要在 11 月 15 日之前获得此部件”时，针对立场的讨价还价就发生了，职能经理回答：“我们团队在年底前开不了工，我们可能在 2 月 1 日前交付这个部件。”这几句对话听起来好像是游客和商贩在讨价还价。一句简单的“让我们谈一谈这个部件的进度问题”就足以展开讨论了，否则，各方都会强烈地以自我为中心，谈判也就永远不会集中于冲突当事方真正的利益和关心的问题——冲突的中心问题。这种交流方式导致了一系列立场妥协的恶果，使得任何一方都不满意，并且双方都觉得失去了一些重要的东西。

在基于立场的谈判中，立场是对直接要求的声明，并假定环境是静态的。考虑一下这些立场性的声明：“对这项资产我最多支付 25 万美元”，或者像刚才提到的“我们可能在 2 月 1 日之前交货”。第一种立场假定出价者对未来资产价值的估计是准确的，而第二种立场假定团队目前的工作量（或者所需材料的短缺）将不会改变。当谈判集中在利益上时，谈判者必须确定对方所关注的潜在问题。虽然表明了前面提到的立场，但是个人真正的利益或关心所在或许是从投资某项资产中获取一定的收益，或者在不能保证按期交货的情况下不对工作交付做出承诺。了解了对方的利益就可以使谈判者提出的解决方案满足对方的需要而无须同意双方的立场。

3. 在试图达成一致以前寻求双方受益的选择方案

冲突各方通常在进行谈判前就知道他们想要什么样的结果，因此，他们无视其他结果，而且尤其缺乏创造性。尽管如此，实质性的问题一经阐明，就应尽力寻找各种可能的解决方案（或者要素）以提升冲突各方的共同利益。若能成功找到使双方都受益的选择方案，将肯定会增加实现双赢谈判的可能性。如科恩（Cohen，1980）讲述的一个夫妻间冲突的例子：丈夫想去爬山，而妻子想去海边，一个创造性的双赢解决办法就是他们双双去了太浩湖（Lake Tahoe）。

4. 坚持使用客观标准

在谈判过程中，不应针对采取的立场争执，而应将注意力放在寻找能够用来衡量谈判结果质量的标准上（例如，市场价值、专家意见、法律、公司政策）。这样做可以减少谈判过程中双方相互比拼意志力和固执己见的情况。如果职能经理想采用一种高成本的工序测试一种部件，那么项目经理提出如下问题是职能经理可以接受的：该工序是为了确保部件满足规定的质量标准所必需的吗？

在哈佛（商学院研究生院）的谈判项目中，费雪等人（Fisher et al.，1983）的方法取得了很大的成功，采用他们的方法增加了找到双赢解决方案的机会。

关于谈判的书有很多，本章的参考文献中列举了一些，其中大部分针对的是对抗双方之间的谈判，并不适合项目经理的思维模式，但是所有这些书中都包含了有用的策略性建议。沃尔的书（Wall，1985）是这一领域的优秀学术著作。费雪等人（Fisher et al.，1983）清楚地阐明了“原则性谈判”，其中包含了许多与项目经理有关的内容。另外，赫伯·科恩（Herb Cohen）的《你可以谈判任何事情》（You Can Negotiate Anything，1980）为双赢谈判提供了出色的指导。谈判的重要性已经开始得到项目管理业界的认可（Dodson，1998；Grossman，1995；Long，1997；and Robinson，1997），但是这一主题还没有纳入 PMBOK。

大多数有关谈判的著作所论述的谈判策略都是作为谈判新手的项目经理需要知道的。例如，如果谈判对手想追求非赢即输的结果，一个想追求双赢结果的谈判者该怎么办？如果对手为了给你制造强大的心理压力而让你坐的位置面对很强的光线，你该怎么办？如果对手为了给你施加强大的时间压力而拒绝谈判以迫使你接受他们提出的解决方案，你该怎么办？你如何解决在你看来是纯粹的技术争端？你如何应对威胁？当你试图与一位职能经理就一项任务的时间安排和技术达成协议时，他却越过你寻求你老板的支持，转而要求你接受一项你并不满意的方案，这时你该怎么做？你如何应对一个你估计会不喜欢你的人？

几乎每一本有关谈判的书都强调理解谈判对手利益的重要性。正如上文所指出的，只有了解立场背后的利益和关心所在，才能真正了解谈判者所采取的立场。例如，要求5月15日实施的测试却声明要到6月2日才能进行，这可能仅仅意味着必要的测试材料只有在6月2日才能交货。如果项目经理能在5月15日的期限之前从别的地方取得供应材料，那么测试就能按计划进行了，但能够这样做的前提是你知道测试为什么被拖延了，如果谈判继续保持对立场的争论，那么项目经理将永远不会发现测试本来是可以按时进行的。当谈判者表明立场时，找到其利益和关心所在的关键是问一问“为什么”。

下面的一篇短文展示了非立场性谈判是怎样的一种风格。这篇短文取材于一个真实的案例，是由案例中的一个当事人向本书的作者讲述的。

项目管理实践

策略性谈判

人们在谈判时最先考虑的是如何对付策略性、立场性的谈判者。在应对这种状况时会出现这样的问题，即立场（我们想要什么和要多少）成为主要考虑的事项，而利益（我们为什么想要某物）却成为次要的了。如果立场成为最重要的事项，情绪问题也就产生了。当被强烈的情绪控制时，我们做事就开始针对人，而不是问题了。谈判各方锁定各自的立场，并且越来越坚定，最终陷入“一切为我”的竞标战之中。

如果情绪使你思绪纷乱，一项策略可以帮你保持清醒。

在此之前有几件事可以做（比如准备工作），这在谈判之初可以有助于减少策略手段的使用。准备工作是非常重要的，因为它有助于确定满足利益需要的途径，同时会使谈判者考虑对方的利益需要。考虑一下谈判对手的个性（如果你认识他们），以及他们可能会如何对待谈判，同时考虑一下谈判对手可能想要什么。例如，你也许想要与谈判对手合作解决一个问题，然而，他们的兴趣也许仅仅是以低于某一标准的价格带回一项交易协议，这样就会赢得老板的青睐并给老板留下深刻的印象，或者他们认为他们提出的解决方案是唯一正确的。这要用到两种完全不同的方法。

制定计划的另一个非常重要的方面是预测如果未达成协议将会发生什么。在对付策略性的谈判者时，采取后退的立场是非常关键的。如果这种立场是坚定的，谈判者总是会说："看起来我们不能达成对双方都适用的协议了，因此我们将在内部承担此项目。"在必要时离开，尤其在感觉到对方必定会做出让步时，这将会传达非常强有力的信息。这应当是最后时刻采取的手段，并不是一种策略。

在谈判结束后，策略性的谈判者往往不会担心谈判双方的关系问题。清楚了解两个组织相互之间的关系（不断发展的，或者短期内看情形）可以指明最有效的方法。

了解对方的利益对于取得谈判的成功是至关重要的。使谈判回到正轨、重提利益问题，以及远离个人问题或者关于立场的争执，这些方面的能力是一名谈判者拥有的最强技能，这需要谈判者具备优秀的倾听和提问技能。

理解并向对方陈述谈判的目标：高效率地达成对双方都公平的协议，在解决问题之后能够继续保持双方的关系是你应优先考虑的事。如果对方对此不感兴趣，你也许会问，谈判还有必要吗？

你只能集中精力应对这一特定的情况，认识到这一点极为重要。你不能将注意力转移到其他人身上。专心致志以确保这次谈判紧跟目标，不要训练对方的谈判技能。

当对方使用计谋、采用心理计策、采取策略，或者变得有控制力时，我们能做些什么？

许多能干的策略谈判者已经多次使用过这种方法，认识到这一点是非常重要的，他们深谙隐藏其真实策略之道。实际上，也许一切看起来进展顺利，然而谈判进程突然就改变了，这时候控制情绪以及全神贯注于谈判进程的能力就变得至关重要了。

面对这种情况的谈判者被迫进行两个谈判：正在谈判的问题以及谈判进程。就谈判进程的产生方式进行谈判是应对对方策略的一种方法。

当一项策略正在被实施时，你必须有所察觉。不要在讨论策略的运用时对对方进行人身攻击。谈论策略本身，而不是人。重新提及谈判双方都关心的利益问题。

一个例子：一家保险公司的CEO和其地方公司代表要会见一家重要的代理机构，要求其限制签发一种特定类型的保单。虽然这很有必要，但这位CEO知道这样做将会使这家代理机构陷入尴尬境地，因为这家保险公司已经成为强加类似限制的最后一批运营商之一。

这家代理机构的领导人性格非常有主导性和操控性。他的会议室里有一张很长的长方形桌子，并且在最前面有一张更大的椅子，这是他性格的写照，他不喜欢被告诉该怎么做，他知道保险公司代表要见他的原因。

这家代理机构要求来访者前往这间会议室，而不允许他们进入总经理办公室。公司代表们被领到这间会议室，约好的时间是9：30。到了9：45，他们还在等，该代理机构的领导人于9：50到达会议室并开始会议，没有进行任何道歉。

来访的CEO说："我们这么晚才开始太糟糕了，今天上午我只有1个小时来和你谈这个问题，因为我们还有其他的预约。现在只剩下40分钟了，我希望我们能在剩下的时间里达成协议。"

注意这里使用的策略，讨论时没有进行人身攻击（尽管保险公司一方很有情绪，因为这位 CEO 也有主导性的性格），但他们能待的时间并没有变。

例如，突然取消会议，没有准时到场，强迫你坐在一张不舒服的椅子上，或者在达成协议后要求“再做出一些让步”。

策略和计谋的分类：

1. 心理博弈和人身攻击：指责你的正直、贬低你的人品、不舒适的环境以及威胁（“如果你不这么做，我将取消我的账户！”）就是例子。

2. 不如实地陈述信息，或者彻底欺骗。

3. 位置权力：使用策略以迫使你自己与自己谈判，做出不必要的让步，甚至在达成协议后再做出让步。

资料来源：David A Wachtel，President，Hautacam Consulting Inc，available at http：//www. negotiations. com/articles/negotiation-tactics/accessed 2008－09－14.

小结

本章探讨了作为解决项目冲突工具的谈判的必要性。我们讨论了谈判的性质及其在组织中的作用。我们也描述了冲突的不同类型并将它们与项目生命周期联系起来。接着我们确定了谈判的许多要求和原则。最后，我们给出了一篇小短文以示范实际的谈判情景。

本章的要点如下：

1. 企业内部的谈判应该以为组织获取最佳的结果为目的，而不是为了获胜。

2. 传统上冲突分为三类：针对目标的、以权限为基础的，以及人际关系的冲突。

3. 冲突来源传统上也分为三种，即项目团队本身、客户，以及职能经理和高层管理者。我们还增加了项目工作人员的问题导向或专业导向作为冲突的另一个来源。

4. 项目形成阶段要处理的关键问题是：界定技术目标、获得管理层承诺、确定项目的相对优先次序以及选择项目的组织结构。

5. 冲突的总水平在项目增进阶段达到最高点。

6. 进度计划冲突和技术冲突在项目增进阶段和主体阶段发生得最频繁、最严重，进度计划冲突在项目收尾阶段尤其严重。

7. 项目的谈判要求是，冲突的解决不会造成永久性的损失；解决方法有助于培养诚实；解决方案必须同时满足个人和组织的需要。

8. 一个有前景的符合项目谈判要求的方法叫做“原则性谈判”。

在下一章，我们将会讨论项目经理的首个任务——项目组织工作。届时我们不仅会讨论各种不同的组织形式（比如职能型、项目型以及矩阵型等），还会讨论项目办公室的组织工作。项目组织工作包括项目团队的组建，以及项目中对人员的管理。

关键术语

接口（interfaces） 指部门或职能之间的边界。

横向关系（lateral relations） 具有相同权限的人员或部门之间的沟通。

帕累托最优方案（Pareto-optimal solution） 指一方的获益必须以另一方承担相应的或更大的损失为代价。

立场性谈判（positional negotiation） 在假设环境静止不变的条件下说明直接的要求。

原则性谈判（principled negotiation） 以实现双赢为目标的谈判过程。

双赢（win-win） 指结果对当事双方都有利。

问题

内容复习问题

1. 讨论在项目形成阶段潜在冲突的四个基本问题。

2. 确定项目增进、项目主体和项目收尾各阶段可能发生的冲突类型。

3. 描述原则性谈判的四个要点。

4. 冲突的四种类型是什么？

课堂讨论问题

1. 总结本章中的小短文“策略性谈判”采用的谈判技巧。评论“埋藏”成本的适当性及其道德方面的含义。

2. 如果一个双赢型的经理和一个非赢即输型的经理谈判，结果会怎样？如果他们都是非赢即输型的，结果又会怎样？

3. 项目经理非常关心项目接口。随着项目规模的扩大，这些接口以什么速度增加？

4. 给出冲突中帕累托最优方案的一个例证。

有关“项目管理实践”的问题

将新区号“卖”给不想要的消费者

为什么贝尔南方公司不得不更换所有的区号，而不仅仅是为新设备使用新的区号？

项目实施中废料的处理

1. 基于这个案例研究，达成共识的方法给整个社会带来的最大好处是什么？为什么？

2. 通过采用自下而上或自上而下的方法能够成功实施废料分级吗？

策略性谈判

当对方开始使用计谋、采用心理计策、采取策略，或者变得有控制力时，你该怎么对付他？

案例讨论

普里恰得肥皂公司

萨曼莎·卡尔德伦是负责普里恰得肥皂公司（Pritchard Soap Co.）的礼品型“伊丽莎白女王”系列肥皂香料添加新工艺的项目经理。新方法将使产品的香型增加并大大提高其销售量。项目本来进行得非常顺利，但是近来拖延了几个星期，主要是香料供应商史蒂芬·玛克斯公司由于“野猫式”的罢工*而不能及时供货。

在一般情况下，这不会引起什么麻烦，但是这个项目的评估研究花了很长时间，现在有可能错过圣诞节的销售旺季。主要的进度问题与该公司的毒性实验室有关。实验室主任凯尔·李在“伊丽莎白女王”香料毒性测试的进度方面给予了积极的配合，他曾特地重新安排自己的计划来配合萨曼莎的项目。然而，由于玛克斯公司的罢工，萨曼莎无法及时提供香料以按照计划进行测试，即使是李提供的新的毒性测试日期也不能保证新产品能在圣诞节前下线。萨曼莎怀疑如果高层管理者早就知道新产品不能在圣诞节前面市，该项目很可能不会被批准。

问题：

项目变更的原因是什么？变更对该项目的优先次序有哪些影响？萨曼莎有可替代的办法吗？她应该怎么做？

萨顿电子公司

艾瑞克·弗兰克正在为被提拔为萨顿电子公司（Sutton Electronics）的销售项目经理而沾沾自喜，该公司主要为汽车旅馆、办

---

* 指未经工会批准的罢工。——译者注

公室和其他大型场所生产火灾警报系统。艾瑞克的第一个项目涉及为萨顿公司革新性的新型警报系统制定销售计划，该系统具有复杂的电路，能够对大量的危险气体以及烟雾和高温进行检测和识别。这一装置是研发副总裁艾拉·麦基的杰作，他是一个技术奇才，为萨顿成功地开发了许多产品。

对于像艾瑞克这样年轻又相对缺乏经验的雇员来说，让他管理如此重要的项目是很不寻常的，但是他在处理几项日常且复杂的销售任务时却表现出了自己的老练。另外，艾瑞克的技术背景可以使他充分理解麦基所提议的气体探测系统的好处。

项目开始四个星期后，艾瑞克越来越担心了。他曾几次试图召开一个关于项目组织和计划制定的会议，无论他什么时候安排会议，制造部门的经理杰基·贝肯都会缺席。后来艾瑞克只得同意制造部门可以由年轻的比尔·鲍威尔代替经理参与这个项目。比尔·鲍威尔是贝肯的手下，刚刚从大学毕业来到萨顿电子公司，艾瑞克怀疑他对项目起不了什么作用。

当鲍威尔完全错过了第一次计划制定会议并且直到第二次会议将近结束时才出现时，艾瑞克的忧虑越发增加了。鲍威尔似乎感到很抱歉，并指出车间里的危机事件使他错过了两次会议。项目现在已经历时5个星期了，比销售的主计划几乎延迟了3个星期，艾瑞克正在考虑向麦基寻求帮助。

问题：

你认为艾瑞克应该在此时去找麦基吗？如果这样做，你预计会有什么结果？如果不这样做，他应该怎么办？

课堂综合练习项目

在班级项目中，谈判会在两种情况下出现：当项目经理试图给班级成员分配任务却遇到他们的抵制时，以及当项目经理或者班级在与老师或系主任协商争取资源时。显然，冲突可以在任何时候、任何情况下出现。在所有这些情况下，最好回想一下谈判的原则（或者快速查阅一下本章）。当冲突和讨价还价在项目进行过程中出现时，应当引起注意，同时要注意这些冲突和讨价还价的性质及解决方法。

参考文献

Adams, J. R., and S. E. Barndt. “Behavorial Implications of the Project Life Cycle.” In D. I. Cleland and W. R. King, eds., *Project Management Handbook*. New York: Van Nostrand Reinhold, 1983.

Afzalur, R. M. *Managing Conflict in Organizations*. Westport, CT: Praeger, 1992.

Baker, K. R. “Measuring the Benefits of Partnering.” *PM Network*, June 1996.

Beecham, M. A., and M. Cordey-Hayes. “Partnering and Knowledge Transfer in the U.K. Motor Industry.” *Technovation*, March 1998.

Cadbury, G. A. H. “Ethical Managers Make Their Own Rules.” *Harvard Business Review*, September–October 1987.

Cohen, H. *You Can Negotiate Anything*. Secaucus, NJ: Lyle Stuart Inc., 1980.

Cowen, C., C. Gray, and E. W. Larson. “Project Partnering.” *Project Management Journal*, December 1992.

de Laat, P. B. “Matrix Management of Projects and Power Struggles: A Case Study of an R&D Laboratory.” *IEEE Engineering Management Review*, Winter 1995, reprinted from *Human Relations*, Vol. 47, No. 9, 1994.

Fisher, R., and W. Ury. *Getting to Yes*. Harmondsworth, Middlesex, G.B.: Penguin Books, 1983.

Grossman, J. “Resolve Conflicts So Everybody Wins.” *PM Network*, September 1995.

Hughes, T. P. *Rescuing Prometheus*, New York: Pantheon, 1998.

Larson, E. W., and J. A. Drexler, Jr. “Barriers to Project Partnering: Reports from the Firing Line.” *Project Management Journal*, March 1997.

Long, A. “Negotiating the Right Decision.” *PM Network*, December 1997.

Moore, C. C., J. D. Maes, and R. A. Shearer. “Recognizing and Responding to the Vulnerabilities of Partnering.” *PM Network*, September 1995.

Pelled, L. H., and P. S. Adler. “Antecedents of Intergroup Conflict in Multifunctional Product Development Teams: A Conceptual Model.” *IEEE Transactions on Engineering*

Management, February 1994.

RAIFFA, H. *The Art and Science of Negotiation*. Cambridge: Belknap/Harvard Press, 1982.

ROBINSON, T. "When Talking Makes Things Worse!" *PM Network*, March 1997.

ROGET'S International Thesaurus. New York: Thomas Y. Crowell, 1993.

ROSEGGER, G., and S. J. MANTEL, Jr. "Competitors as Consultants: Collaboration and Technological Advance." J. Allesch (Ed.), *Consulting in Innovation: Practice-Methods-Perspectives*, Amsterdam: Elsevier, 1990.

SMITH, M. B. "Financial Constraints on Service and Outsourcing Projects." *PM Network*, October 1998.

THAMHAIN, H. J., and D. L. WILEMON. "Conflict Management in Project Life Cycles." *Sloan Management Review*, Summer 1975a.

THAMHAIN, H. J., and D. L. WILEMON. "Diagnosing Conflict Determinants in Project Management." *IEEE Transactions on Engineering Management*, February 1975b.

THOMAS, K. "Conflict and Conflict Management." In M. D. Dunnette (Ed.), *Handbook of Industrial and Organizational Psychology*, Chicago: Rand McNally, 1976.

WALL, J. A., Jr. *Negotiation: Theory and Practice*. Glenview, IL: Scott, Foresman, 1985.

指导阅读

下面的经典文章描述了谈判和解决冲突的一系列方法。作者介绍了从回避到强迫的各种有效和无效的方法，每一种方法又用若干实例加以说明，最后，描述了最有效的方法——面对问题解决方法的诸多特征。

解决人际冲突的方法[①]

R. J. Burke

许多作者撰文建议应该采用创造性的、有效的方式管理冲突，而不能采用压制或放弃的办法。关于如何解决不同程度的冲突和如何管理分歧的建议也很多，这些方法中的大多数还未经过实验的评估。鉴于冲突在人类事务中所起作用的重要性和必然性，学习以最有效的方式解决冲突就显得至关重要。

本项研究的目的

在以前的问卷调查中，伯克（Burke，1969a）收集了74位经理的答案。这些经理描述了处理与他们的上级冲突的方式。他们在调查中将由布莱克和莫顿（Blake and Mouton，1964）最早提出的五种解决冲突的方法（即回避、缓和、妥协、强迫、面对问题解决法）与上下级关系的两个主要领域联系起来，这两个领域是：（1）建设性地利用争论和分歧；（2）上下级关系中工作目标计划和绩效衡量的几个方面。

总的来看，结果显示回避和强迫的行为与这两个领域总是负相关的；妥协法与这两个领域不相关；缓和法与它们的相关关系不确定，有时是正相关的，有时是负相关的；只有面对问题解决法与它们一直是正相关的，也就是说，使用面对问题解决法能够建设性地利用分歧，并且能够有效利用处理上下级关系的各种方法。

本文具有双重的研究目的：一是更准确地确定面对问题解决法的特征；二是应用不同的方法重复以前的研究（Burke，1969a）。

方法

调查对象：答卷人是来自不同组织的经理，他们在一所大学中参加与职能管理有关的行为科学概念的课程学习，他们的工作经验在1～30年及以上不等。

步骤：要求每个答卷人描述他们在处理人际冲突时感觉特别好的（或特别坏的）经历。具体问题如下：

"考虑你们在处理人际冲突或意见分歧（比如上下级之间、同事之间等）时所采用的解决方法，你什么时候感觉特别好（或者特别坏）？这可能发生在你目前的工作中、其他工作中，或者在工作之外的环境中。"

---

① Methods of Resolving Interpersonal Conflict. Personnel Administration，July－August 1969.

“现在尽可能详尽地描述这个时刻以使读者了解冲突和分歧的解决方式。”

这些说明印在一张白纸的上半部分。

几乎一半的答卷人先描述了他们感觉特别好的实例，然后描述感觉特别坏的实例。剩下的答卷人描述的顺序正好相反。顺序对结果几乎没有影响，因此本文将两者合并进行研究。

结果

最后得到了53个有效解决冲突（感觉特别好）的实例和53个无效解决冲突（感觉特别坏）的实例，它们是由57个人提供的，有些人只提供了一个实例，回应率占总人数的70%左右。

之后将这些实例与布莱克和莫顿（Blak and Mouton，1964）提出的五种解决冲突的方法对号入座。

1. 回避法——在争论中克制比收回以前的话更容易，沉默是金。“勿观恶行，勿听恶语，勿进谗言”。

2. 缓和法——求同存异，不讨论可能引起分歧或伤害感情的问题。

3. 妥协法——剖析差别，讨价还价，寻求中庸之道，聊胜于无，没有人输也没有人赢。

4. 强迫法——非赢即输的情形，参与者之间是敌手、对手，而不是合作者；固定的立场，两极分化，制造一个胜利者和一个失败者。

5. 面对问题解决法——双方充分交流信息，通过研究解决分歧，达成对双方都有利的方案，实现双赢。

表1将解决冲突的方法分为有效方法和无效方法两类。“有效的解决方法”一栏表明，面对问题解决法是最常见的有效方法（58.5%），接着是强迫法（24.5%）和妥协法（11.3%）。面对问题解决法作为有效的方法和早期的研究成果是一致的（Burke，1969a），但是强迫法的价值却比预期的高。将强迫法的13个案例集中起来看，其中11个案例的描述表明当事者从强迫中得到了利益。强迫法被胜利者视为解决冲突的有效方法，但是失败者却不这么认为。

表1　有效的和无效的冲突解决方法

	有效的解决方法		无效的解决方法	
	（N=53）	百分比	（N=53）	百分比
回避法	0	0.0*	5	9.4*
缓和法	0	0.0	1	1.9
妥协法	6	11.3	3	5.7
强迫法	13	24.5*	42	79.2*
面对问题解决法	31	58.5*	0	0.0*
其他（尚未解决，不知如何解决，与调查内容无关等）	3	5.7	2	3.8

* 各组之间的百分比差别在5%的置信水平上十分显著。

再看表1的“无效的解决方法”一栏，强迫法是最常见的无效方法，接着是回避法（9.4%）。绝大部分对强迫法进行书面描述的答卷人是强迫行为结果的失败者或牺牲品。

总体来看，冲突解决方法中有效方法和无效方法的主要区别是：（1）在有效的案例中，面对问题解决法使用得明显较多（58.5%对0.0%）；（2）在有效的案例中，强迫法使用得明显较少（24.5%对79.2%）；（3）在有效的案例中，回避法使用得明显较少（0.0%对9.4%）。

当强迫法成为有效的方法时，这些实例的陈述者一般是非赢即输冲突中的胜利者；当强迫法成为无效的方法时，陈述者一般是非赢即输冲突中的失败者。至于作为冲突之外的组织成员是否认为强迫法解决冲突确实有效（也就是说，客观上被认为是有效的），是否与胜利者的观点一致，这一点还有待进一步的研究确定。

有效的冲突解决方法

下文提供了一些有效解决冲突的实例，以强调说明面对问题解决法的特征。以下内容直接取自答卷人的书面描述。

例1 这个例子强调了提出具有共同利益问题的重要作用——抓住最早的机会满足期限要求（当问题被发现时）。上级表现得很虚心，主动寻求帮助。

"我曾负责管理一组制定关键路径进度计划的技术人员。我花费了一些时间试图组织并融入这支队伍，但我感到了明显的敌对情绪，还有与之相伴的冷嘲热讽。在这一天临近结束时我还一事无成。

"第二天，我便召集所有成员，告诉他们我们已经落后了，让他们帮助我找到解决的办法。摆脱了最初的不信任，成员们提出了许多关于工作分配、办公室的安排、筹划和技术等方面的好意见。我告诉他们，大家达成一致的意见将马上付诸实施，他们的回答是我们将在3天内摆脱落后的局面，并保证这种情况不再出现。

"3天后我们赶了上来，大家合作得很好。在以后的6个月内，我掌控了局面，进度计划总能提前完成。"

例2 这个例子强调了事实在确定冲突解决最佳方案中的作用。双方都深信自己的方案是最好的，但是当事实表明一方的方案为最佳时，另一方心甘情愿地转换到了对方的立场上。

"在一个高速公路立体交叉道项目中，我和项目工程师就某些成本估计的方法不能达成一致。我们互不相让，后来我通过数学证明说服了他，最终我们都很满意。"

例3 如例2一样，这个例子强调了事实和一种信念，即通过不断挖掘，真理就会被发现。上级对"旧"系统（他思考后的产物）具有既得利益，讨论始终没有做到人性化，也就是说，这不是你和我的问题，而是两个系统、两个概念、两种意见的比较。

"大约一年前，我开发了一个工厂废弃物资的存货核算系统，按我的估计，这将使我们的操作和控制变得更简单，并能为公司节约不少资金。

"当我带着这个系统去找老板时，他立即予以了否决，因为他已经开发了现行系统，并觉得目前的系统是最好的，但是我确信我的新系统优于现有的系统，于是我说服他与我一起来对两者进行一个比较分析，找出两者的优缺点。经过一段时间对多种不同意见的评估，我所开发系统的优势得到了证明并马上投入使用。"

例4 这个例子强调了这样一个事实：双方都可以通过解决问题受益。双方并没有相互妥协，而是对问题进行讨论，直至发现使双方都感到完全满意的解决方案。通常这个方案比各方开始时钟情的方案都好。

"在教育董事会中有8名视察员和4名督导员。去年2月，这些视察员负责制定1968—1969学年的教师在职培训计划。这些视察员又把这项任务交给其中3位视察员，要求他们在下次视察员会议上提供一份报告以供讨论。我不是计划委员会中的一员，但在与委员会成员的谈话中，他们透露计划每月从每个学校（大约有85个学校）选出2名教师进行数学方面的培训，历时1年。我觉得这远远不能满足近2 000名教师的需要。

"后来，我制定了一项计划，每月利用两个星期四的上午进行专门的教师培训，这样就可以保证每年每人有一次机会接受与其所选择的课程相关的培训。在视察员会议上，计划委员会汇报了他们的计划。一番讨论过后，我也介绍了我的计划。这两份计划明显抵触，并且看起来我的计划将会被否决，最后主席先生建议将两份报告都上报，由督导员审定。

"在督导员会议上，我们分别对计划进行了汇报。经过会议的反复讨论，对两项计划均有取舍，没有否决一项而接受另一项。本学年在前8个星期四的上午进行数学课程培训（集中实施他们的计划），在接下来的8个月内的第二个和第四个星期四实行我的计划。最后，我们都发现，同时采纳两项计划是最优结果，因为它比任何一项单独的计划都完善。"

无效的冲突解决方法

下文例5、6、7介绍了强迫解决冲突的

方法。在非赢即输的情况下，往往是上级获胜。拥有更大权力的人将会获胜（一个个人化的分歧），而不是拥有更多事实证据的人获胜。

例5 “以前，我在一家大型的管理咨询公司做咨询师，此间，我参与了一项历时四个月的任务——采用模拟技术，使用确定的量化标准来评估最优的投资决策。在工作的最后，我发现两种可选方案中的一种比另外一种稍好一点，但是在后来的敏感性测试中，通过技术分析不能表明一种方案要好于另一种方案。

“因此，我写了一份‘技术上诚实的’报告以说明我们的分析不能提供最好的可选方案，但是经理认为，我们有义务推荐一个‘最佳’方案，以掩盖我们所采用方法的局限性。

“我们不能达成一致，结果我的意见未被采纳。最终经理自己炮制了一份‘技术上不诚实的’报告送交给客户。修改过的报告中指出了‘最佳’方案。”

例6 “最近，我公司的管理层要求所有技术人员接受一项秘密合约，但没有只字的介绍和解释，只是递给我们并要求我们签字。我们大多数人都发现了合同的某些条款存在问题，但是有关管理层人员说这份合同在法庭上可能并不具备效力，他们还说这是来自美国总公司的意见，不是他们的意思，雇员们仍表示不愿接受。

“副总裁把大家召集起来，告诉大家如果不签字谁也休想再有发展，结果是每个人都签了字。”

例7 “老板安排我负责这样一个项目：在预定的时间内做出安排装配线上人员的最优决策。这个方案将提供最佳效率，它包括以下两个变量：(1) 以小时计算的各种生产率（例如周一为100人/小时，周二为200人/小时），这意味着装配线上操作员的数量随着时间的变化而变化；(2) 不同的产品型号（电机）。生产过程中以小组为单位进行奖励。

“经过充分的研究和讨论，系统被设计成流动的装配系统（为了避免操作过程中的瓶颈现象，操作员可以在岗位之间流动）。这套系统运转得很顺利。然而，就在这时，老板却通知我，他和工长已经决定使用固定的装配系统，这意味着传送带按固定的速度运行，并在传送带上印上标记，生产过程中将各部件放在传送带上的相应记号上，操作员不能流动。

“我对此坚决反对，因为我曾考虑过这种方案，并放弃了它。我赞成正在实施的方案，但我被命令必须接受他们建议的方案，根本没有对方案进行讨论或论证的余地。”

例8 下面的例子是典型的采取回避方法的冲突解决方案。很显然，问题没有得到解决。

“经过长时间的艰苦努力，我出色地完成了某个项目，受到了我的顶头上司和他的上司——负责生产的副总裁的表扬和感谢。他们保证在下一次薪水审核时给我大幅加薪。

“在公布下一次薪水审核结果时，我和我的顶头上司薪水都增加了，但是我的加薪数目只是他的1/3。我感到很委屈，觉得被骗了、被伤害了，公司太轻视我了。

“于是我找到副总裁理论，要求得到更多的报酬。他采取了一种迂回的策略——他觉得整个公司的工资发放标准应该修改，我的职责范围应该扩大。他说希望在给员工加薪前让他们‘证明自己’，他还提出了再次进行薪水审核的建议。我很失望，觉得自己被敷衍了，但还是同意进行薪水审核。

“一个月过后什么都没有发生。我感到非常失望，于是开始有意地消极怠工。

“又一个月过去了，依然如故。我对公司大失所望，并考虑寻找别的工作。几个月后，依然如此，我辞去工作到了另一家公司。”

无力解决冲突

这些无效的解决案例表明，相当多的利益相关者都因此终止或改变了在某一职位上的工作（53人中就有19人，占26%），案例大致可分为两种类型。

例8属于第一种类型。雇员因为无望得到满意的结果而决定辞职。强迫往往是与自愿放弃相联系的。

第二种类型是无力解决冲突，于是“有问题的雇员”(冲突的代表者)被炒了鱿鱼。

例9　接下来的例子说明了这一点：“这个例子与我们办公室的一位18岁的打字员小姐有关。她不太成熟，但也没有太大的问题。她无论在服饰上还是观点上都特爱赶时髦。

“我总认为这个姑娘是一个潜在的优秀职员，但是公司突然决定解雇她，理由是她缺乏对工作的正确态度。他们不肯多花一点时间努力一下以引导她成为优秀的职员，而是采用了简单的办法，打发她走了。”

还有其他两个“有效的”冲突解决方法的实例，都导致了员工主动离职。在这两个例子中，都采用了强迫的方法，失败的一方很快辞职。我们还发现这些案例都是由那些“胜利者”提供的。在另一个将强迫法作为有效解决冲突方法的例子中，“失败者”被解雇了。

结论

这个调查的结果与早期的研究(Burke, 1969a)，以及劳伦斯和劳什(Lawrence and Lorsch, 1967a, 1967b)的研究数据是一致的，它们都证实了面对问题解决法的价值。例子中60%的有效方案使用了这种方法。没有任何一个无效的案例采用这种方法。效果最差的应该是强迫法，这种方法占无效冲突解决案例的80%，只占有效冲突解决案例的24%。

后面的结论似乎与劳伦斯和劳什的发现不太一致，即从组织的有效性角度看，强迫法是对面对问题解决法很好的补充手段。事实上，早期的研究(Burke, 1969a)表明这两种方法的使用是负相关的，管理者往往厚此薄彼。

面对问题解决法的特征

现在让我们更具体地考虑最有效的解决冲突的方法即面对问题解决法的特征。当前调查的结果和其他人的著作是相关的，例如：布莱克、夏皮罗和莫顿(Blake, Shepard and Mouton, 1964)，迈耶(Maier, 1963)，迈耶和霍夫曼(Maier and Hoffman, 1965)。下面就是这种方法的具体特点：

1. 当事双方都对结果具有既定的利益(如例1、例2、例3和例4)。

2. 利益相关者都抱有一个信念——他们有能力解决冲突，并能从合作中得到更好的方案。

3. 大家都认同冲突或问题发生在个人关系之间而不是单独每个人身上。如果冲突存在于个人关系之间，它需要由相关关系人来确定。如果要寻求解决方案，那么方案就应该由那些有责任确保方案有效并且使关系持续的人提供。

4. 目标是解决问题而不是融合不同的观点。这个过程找出了处于冲突和分歧中的各方保留意见、怀疑和误解的原因。其他有望解决问题的方法也被实验证明(如例2和例3)。

5. 利益相关者是问题导向型而不是解决方案导向型的，他们的立场是“可变的”而不是“固定的”。双方共同寻找导致分歧的问题所在。通过共同努力，识别出需要解决的问题并最终给予解决。

6. 双方都意识到争论的观点都有潜在的长处和不足，很少出现一方完全正确，而另一方完全错误的情况(如例4)。

7. 在问题解决之前，应该从他人的角度，从识别和满足真实或合法需求的角度去努力理解冲突或问题。对方的完全接受是很关键的。

8. 应该采用客观的而不是个人化的方式来看待冲突，这一点非常重要(如例3)。

9. 在人际关系出现问题之前，需要检查自己的个人态度(有无敌对或对抗情绪)。

10. 对不那么有效的冲突解决方法(如非赢即输、讨价还价等)加以理解也是很关键的。

11. 每个人都需要“保住面子”。改变观点并不意味着示弱或屈服。

12. 需要最大限度地降低诸如地位差别、戒备心理和其他妨碍人们开展有效合作的障碍的影响。

13. 在攻击对方的观点和推销自己的观点时，明白自己的局限性是很重要的。攻击对方观点的行为常常刺激对方寻找对他们更有力的证据（加剧极端化），另外，这还会导致有选择地只听对方意见中的不足，而不去试图理解对方的立场。

态度、技巧和创造性

有两个相关主题贯穿这些特点，一个涉及态度，另一个涉及技巧（人际关系技巧和解决问题的技巧）。就像迈耶和其助手的研究所表明的一样，分歧和争论往往会带来创造和创新，而不一定是不满和不悦。关键因素之一就是领导者对待分歧的态度。对那些持不同观点的人，尤其是下属，在不同的领导者眼中，他们可能是有问题的雇员和麻烦制造者，也可能是创新者。

总有一些人一生都在推销自己的主意，设法让别人做他们不想做的事。他们设置了一系列非赢即输的情况，并想从中渔利，很多人达到了他们的目的。还有一些人更关心他们工作的效率和质量，总有创新的欲望，心胸开阔，很愿意向别人学习（并且诲人不倦），善于和别人合作。

人际关系的技巧与互助关系的建立密切相关，包括相互信任和尊重、坦诚的沟通，以及了解别人的需要。问题解决技能的关键是找到并表述问题，寻求可以替代的方法，探索并测试新方法，选择最好的方案。从成功解决问题和失败的努力中获取知识和见识，对于发展人际关系技能是非常有价值的。

需要做的进一步研究

另外还有两个方面的问题亟待进一步研究。第一个问题是，有必要从组织和个人两种角度探讨解决冲突的观念。劳伦斯和劳什的研究表明，从组织的角度而言，强迫法是面对问题解决法的一种有效的替代方法，因为它毕竟使事情得以进行。从我们对两组独立的调查来看，强迫法对被强迫者即“失败者”而言是令人很不满意的，往往还会导致适得其反的结果。

第二个问题是，对有效的冲突解决原则（面对问题解决法及其更为具体的态度和技巧）的应用，从而实现更加建设性地利用分歧。利用角色扮演来模拟冲突解决的初步试验结果表明，掌握这些解决冲突的原则并加以实践，能够大大提高个人建设性地利用分歧来获取高质量的解决方案的能力，并能降低卷入“有限战争”* 的倾向（Burke，1969b）。

参考文献

BLAKE, R. R., and J. S. MOUTON. *The Managerial Grid*, Houston: Gulf Publishing Company, 1964.

BLAKE, R. R., H. A. SHEPARD, and J. S. MOUTON. *Managing Intergroup Conflict in Industry*, Houston: Gulf Publishing Company, 1964.

BOULDING, K. “A pure theory of conflict applied to organization.” In R. I. Kahn and E. Boulding (eds.), *Power and Conflict in Organizations*. New York: Basic Books, Inc., 1964, pp. 136–145.

BURKE, R. J. “Methods of managing superior-subordinate conflict: Their effectiveness and consequences.” Unpublished manuscript, 1969a.

BURKE, R. J. “Effects of limited training on conflict resolution effectiveness.” Unpublished manuscript, 1969b.

KATA, D. “Approaches to managing conflict.” In R. L. Kahn and E. Boulding (eds.), *Power and Conflict in Organizations*. New York: Basic Books, Inc., 1964, pp. 105–114.

LAWRENCE, P. R., and J. W. LORSCH. “Differentiation and integration in complex organizations.” *Administrative Science Quarterly*, 1967a, 12, 1–47.

LAWRENCE, P. R., and J. W. LORSCH. *Organization and Environment*, Boston: Division of Research, Harvard Business School, Harvard University, 1967b.

MAIER, N. R. F. *Problem-Solving Discussions and Conferences*. New York: McGraw-Hill, 1963.

MAIER, N. R. F., and L. R. HOFFMAN. “Acceptance and quality of solutions as related to leaders’ attitudes toward disagreement in group problem-solving.” *Journal of Applied Behavioral Science*, 1965, 1, pp. 373–386.

MCGREGOR, D. *The Professional Manager*. New York: McGraw-Hill, 1967.

SHEPARD, H. A. “Responses to situations of competition and conflict.” In R. L. Kahn and E. Boulding (eds.), *Power and Conflict in Organizations*. New York: Basic Books, Inc., 1964, pp. 127–135.

* 指目标不在彻底击败敌方的战争。——译者注

问题

1. 在表1中，哪一种是次优的冲突解决方法？哪一种是最差的方法？你从中可以得出什么结论？

2. 按照你的观点，在有效解决冲突的四个例子中，哪一个是最好的？为什么？

3. 在无效解决冲突的例子中，你认为哪一个是最差的？为什么？

4. 总结或归纳面对问题解决冲突法的13个特征。

5. 本文的结论是：冲突并不一定是坏事。请将这一观点与本章中的双赢谈判方法进行比较。

第5章 组织中项目的作用

一家公司如果经营得成功，就会吸引更多的资源和人才，建立起自己的组织结构，不断发展壮大。通常，组织结构建立的核心是人力资源的专业化。只要公司的组织结构足以应付必须完成的任务，它就会持续下去，然而，一旦这种组织结构开始阻碍公司的发展，要求重组公司组织结构的各种压力就会产生。这种组织结构重组的过程依然会遵循专业化的原则进行，只不过专业化的实质内容将会发生变化。

任何一本管理学的基础教材都会涉及专业的基本知识。除一直流行的职能型组织结构之外，公司还可以按照生产线、地理位置、生产流程、客户类型、分支机构、时间，以及横向或纵向一体化的各种因素等进行组织。事实上，大型公司经常在不同的层次上按照不同的方式进行组织。例如，某公司的高层机构下辖各分支机构，各分支机构按照产品类型划分，负责下一级的客户部门，再下一级，又可以分解成不同的职能部门，并进而划分为各个生产流程区段，即按照“三班倒”的方式组织生产的基本单位。

在过去的十多年中，一种新的组织结构理论出现并迅速发展起来，即项目组织，也称“企业项目管理”（Dinsmore，1998；Levine，1998；Williams，1997）、“项目组织管理”、“项目导向型公司”等。这些组织通常被描述为应用“贯穿整个企业的项目管理实践工具”（Levine，1998）。这些组织可能起源于软件行业，因为长期以来，软件行业都是将主要的软件应用程序分解为一系列相对较小的软件项目，这些小型项目完成后，就会被集成为一个完整的应用系统。目前，大量的企业（无论是软件企业还是非软件企业）都采用了这样一种系统。在系统内，企业的传统业务依然按照传统方式进行，但是对任何变革的处理都是将其作为一个项目来实施。例如，一家医院一方面要按照传统的方式经营原有的业务，一方面还要支持大量新项目的运作，如开发新型保健产品、改革医药和管理标准方法等各个方面。

项目型组织迅速成长的原因有很多，大致可分为四大类。第一，速度和市场反应已经成为竞争制胜的绝对法宝。依照传统的方法去开发新产品和推行新的服务已远远不能满足竞争的需要，过去新产品要经过各个职能部门的反复推敲之后，才能投入生产、进入销售领域（参见第5.3节关于克莱斯勒公司如何缩短新车型的设计、生产周期的描述）。抢先进入市场会带来巨大的竞争优势。更进一步说，为不同的客户定制产品已成为许多行业普遍的做法（而且是必需的做法）。例如，护发用品和化妆品的供应商依照不同的购买方式、顾客的类型、当地商店的偏好等，提供不同的产品组合。

第二，开发新的产品、推行新的流程或开展新的服务总是需要各种不同领域的专业知识。遗憾的是，适用于某种产品或服务的设计和开发的专业组合，往往很少会适用于另一种产品或服务。专家团队在完成特定的使命之后，随即解散，这是整个过程的典型体现。

第三，技术因素在企业各个领域的迅速增长也在动摇着组织的结构，比如通信、娱乐、银行、消费品制造和销售、汽车、飞机制造、重型电子设备、机械工具等行业，凡此种种，无穷无尽。兼并、裁员、重组、剥离、开辟新的营销渠道等诸如此类的影响因素都需要整个组织进行系统的反应。现有的传统机制无法成功应对如此大规模的变化，项目组织却可以做到这一点。

第四，与电视、电影、小说和其他故事中所讲的不同，大部分高层管理者都不确信，自己对机构中的大量活动能否完全理解和控制。前面提到的那家医院不得不转变成一个项目型的组织，就是因为医院新来的首席执行官深深地意识到，除了那些传统的繁文缛节之外，他根本就不可能对医院的各项事宜都做到很好的理解、评价和控制。通过将那些非日常性的事务变革转变成为各种项目，新来的首席执行官确保了责任机制的建立，各个项目得到了很好的计划，并与其他活动整合，其进度也能得到按时报告。

要想在非项目环境中，将那些仅采用项目管理方法完成特定任务的公司转变成为一个完全成熟的项目型组织，需要公司的高层管理者实施一种极为艰难的变革。限于篇幅，本书无法对这一问题进行全面的阐述，在此仅略做一些解释。这种变革非常耗费时间，即使具备了各种所需资源，高层管理者也全力以赴，变革仍然是一个漫长的过程。根据以往的经验，即使一切顺利，这一变革过程也不会少于三年。在科特（Kotter，1997）发表的一篇关于在复杂的组织中引导基础性变革的优秀文章中，列举了实现成功变革的八个步骤，其中大部分变革取决于高层管理者积极的领导风格。

无论一个公司是偶尔实施项目，还是完全属于项目型组织并且从事着很多项目工作，一旦一个项目着手进行，就会立即产生三个有关组织方面的决策问题：第一个决策问题是如何将项目和项目所属公司结合起来；第二个决策问题是如何组织项目本身；第三个决策问题是项目活动如何与其他项目中类似活动相结合。

在第 3 章，我们讨论了如何选拔项目经理，并描述了项目经理这一角色所面临的困难和责任。本章重点论述项目与公司的关系（例如，如何将项目作为公司的一部分组织起来）。在本章的后半部分，我们讨论如何组织项目，这一讨论在下一章还会继续。

首先，我们研究项目组织的三种主要类型、每种类型对项目所属组织的适合性。在分析各种类型的项目组织的优势和劣势的同时，我们来讨论指引我们选择其中某种项目组织类型而非其他类型的关键因素是什么。然后，我们介绍由这些基本项目组织类型组成的一些复合型组织及其应用。接下来，我们讨论组织项目团队的一些细节问题，并描述项目团队成员的不同角色，进而谈到两大组织团队的构成和运行，即风险管理团队和项目管理办公室，这两个组织所具备的组织管理能力、工作执行能力将会对项目及实现目标产生重大影响。我们还列举了任何项目团队都会面临的一些组织行为学方面的问题。最后，我们讨论了在项目导向型公司中，各种不同的项目组织形式对项目间冲突的影响。

据我们所知，项目经理对组织和项目之间的接口的影响是微乎其微的，对接口的选择通常是由高层管理者做出的。项目经理的工作明显被项目组织形式所左右，它要求项目经理充分理解其运作模式。有经验的项目经理似乎能够按照自己认为最理想的方式设计项目的组织形式。我们认识的一位项目团队成员曾经提到，两个项目（都是矩阵型组织）在不同项目经理的主持下工作迥然不同。项目经理对项目组织结构的微妙影响，值得行为科学研究人员广泛关注。

5.1 项目作为职能型组织的一部分

给项目定位的一种方法是，将它作为公司具体职能部门的一个部分。图5—1为辛辛那提大学（一家职能型组织机构）的组织图。如果辛辛那提大学承担了一项设立项目管理学硕士（或称项目管理硕士——MPM）专业的计划，那么该项目会被置于高级副校长和教务长的联合监督之下，还要接受商学院（或工程学院）院长的具体监督，同时要接受具有运营管理专业特长的高级教务人员的直接管理（还有可能被置于研究生教学和科研副校长及院长的联合监督之下）。拟建一个新的泊车车库或为校园内所有计算机架设局域网的项目，应该归属于主管商务的副校长的管理之下。对于按职能方式组织的项目，该项目将会被分配到最热心于项目的成功并最有助于项目实施的职能单位。像我们在设立项目管理硕士（MPM）项目的案例中所看到的那样，公司可以有多种选择。

如果项目被置于职能型组织的一个职能部门中，该职能部门也很适合来操作这个项目，那么由它来管理项目有其优势和劣势。其主要优势是：

（1）在使用员工方面具有很大的灵活性。一旦确定某职能部门负责项目，那么该职能部门就成了该项目所需相关专业人员的主要管理部门，这些专业人员被临时抽调到项目中，完成要求的任务后，又立即返回到自己原来的工作中。

（2）专家个人可以胜任许多不同的项目。职能部门拥有广泛的技术人员基础，这些人员可以相对容易地在多个不同项目之间往返效力。

（3）部门专家可以编组工作从而实现相互之间知识和经验的共享。这样，项目团队就可以很容易地获得职能部门的专业技术知识。这种对知识的深入掌握，将是提出创造性、协调性方案以解决技术性难题的重要保证。

（4）当个别人员决定离开项目甚至离开项目所属公司时，职能部门成为保证技术连续性的重要依托。与保证技术连续性同样重要的是，当项目由项目所属公司某一特定职能部门负责实施时，程序、管理和总体政策的连续性就得到了保证。

（5）最后不应忽视的是各职能部门为本职能领域内的专业人员创造了良好的成长环境。项目的成功对参与者来说是一种光荣，而其相应的职能部门是他们职业发展和成长的基地。

按照职能型组织方式管理项目有上述的各项优势，同时也存在着下面的一些劣势：

（1）项目的各种活动和相应考虑都不是以客户为中心进行的。职能部门各司其职，往往会将自己的工作置于项目任务之上，因此可能会忽视客户的利益。

（2）职能划分容易导致部门偏重于各自的工作而往往不以解决项目问题为出发点。

（3）在职能型组织的项目中有时没有专人全面负责整个项目。这种情况往往会导致项目经理只对项目的某些部分负责，而其他人要担负起另外的职责。不言而喻，这将造成合作效率低下和混乱的局面。

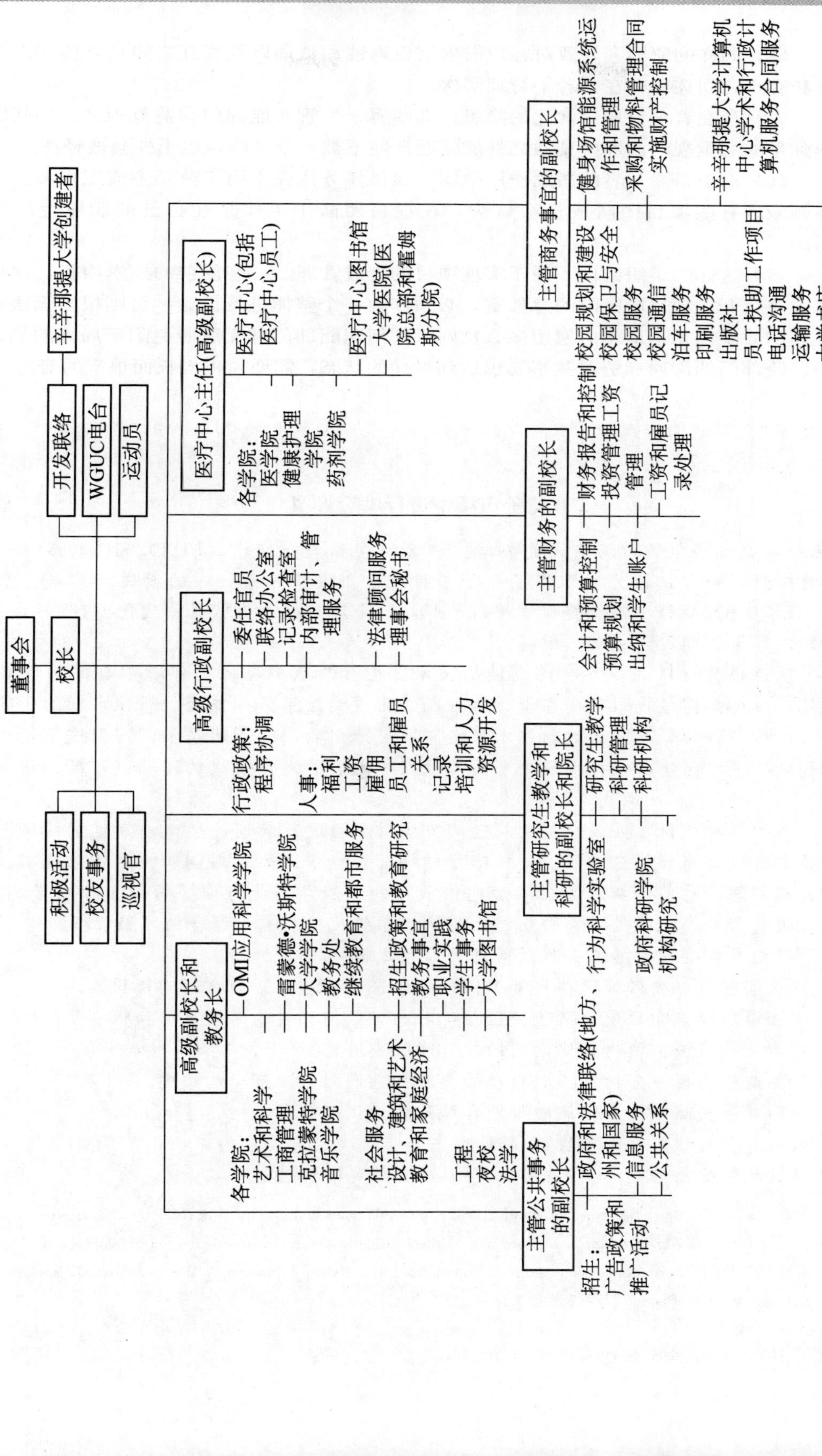

图5—1 辛辛那提大学组织图

(4) 同样的原因会导致对客户需求反应迟钝和被动以及相互之间缺乏协调。在项目和客户之间往往存在着若干管理层次。

(5) 存在着项目局部优化的隐患。那些属于主管职能部门利益范围之内的问题会得到足够的重视，而那些利益之外的问题即使不被完全忽略，也至少会被轻视。

(6) 对项目参与者的激励作用很弱。项目任务往往不属于公司主流工作和主流利益领域，有些项目团队成员会认为，在项目团队中工作是在自己的职业生涯中走弯路。

(7) 这样的组织结构不便于实现项目的集成管理。一些复杂的技术项目，比如喷气式飞机开发项目或医院的急救室，必须作为一个整体进行设计，否则根本无法收到良好的效果。无论最初的愿望多么良好，任何职能部门都无法避免陷于局部的利益之争。跨部门的沟通和资源共享要想达到最佳的状态，需要付出漫长而艰辛的努力。

项目管理实践

在竞争市场中进行风险管理

Tenovis是德国电信市场最大的公司。该公司在私人交换机（PBX)、IP电话等电信领域都有广泛的参与。该公司承担了一个项目，旨在提供一个统一的集成工具来为管理Tenovis现有PBX的服务人员提供支持，因此，这个项目被称为工具一致化项目。从1999年末开始，项目的期限为一年。

这个项目将会用新的、具有挑战性的技术。在客户服务器应用环境中会采用网页技术，此外，目标导向型技术将会在设计和推广方面得到应用。一方面，新技术增加了项目的复杂性；另一方面，期望通过新技术来提高项目产出物。除了新技术，还引进了新的开发程序和新的项目组织，包括由三个不同的地点和时区的人员组成的团队（印度、法国和德国)。

在项目的早期阶段，并没有按照规范的方式对风险进行管理，然而，靠直觉的风险管理已经不适合电信市场的企业了。电信市场的特征是竞争激烈、对创新技术需求旺盛、产品的创新周期短，这些因素通常会增加电信项目的风险，因此与该公司的其他项目相比，这个项目被认为是高风险的，需要引进明确的、系统化的和基于经验的风险管理。

以下是组织需要学习的有关风险管理的经验之谈：

1. 风险管理应与项目管理和日常工作相结合来培育这些活动之间的协同性。
2. 风险识别应该在预先定义项目里程碑时或者任何必要的时候自动获得安排。
3. 风险监控应该在两次会议之间的短暂间隔中进行。
4. 风险监控需要充分讨论控制行动的实施和它们对风险产生的影响。
5. 培训对于提高参与者对风险管理和风险的意识很重要。
6. 风险管理过程应该由项目经理负责。
7. 项目经理的承诺是最重要的，必须从项目开始就保证这一点。

资料来源：Bernd Freimut, Susanne Hartkopf, Jyrki Kontio, Werner Kobitzsch, "*An Industrial Case Study of Implementing Software Risk Management*", Proceedings of the 8th European software engineering conference held jointly with 9th ACM SIGSOFT international symposium on Foundations of software engineering, Vienna, Austria, Session: Experiences and case studies, Pages: 277-287, 2001.

5.2 纯项目型组织

组织的另一种类型是纯项目型组织。项目从其所属公司中分离出来，它拥有自己的技术人员和行政管理机构，依靠阶段性的项目进度报告与项目所属公司保持薄弱的联系，成为独立自主的单位。有些组织对项目单位的行政、财务、人事和过程控制等方面给出具体的规定，有些组织则完全任由项目团队依据其最终的责任权限自行掌握，在这两者之间又存在着各种中间状态。图5—2给出了纯项目型组织的示意图。

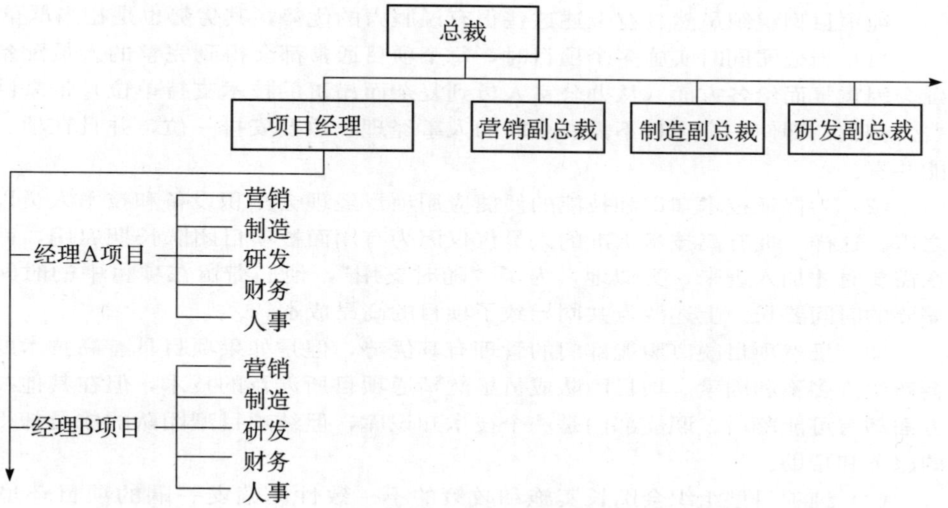

图5—2 纯项目型组织

与职能型组织相比，纯项目型组织具有自己独特的优势和劣势。其优势包括：

(1) 项目经理对项目拥有绝对的领导权。虽然项目经理也需要向其上级汇报，但是有完整的项目工作团队归其直接领导。项目经理在实施项目管理的过程中，其位置与公司首席执行官相类似。

(2) 项目团队的所有成员直接对项目经理负责。这其中没有职能部门的领导，因此在进行技术决策之前，也就没有向这些领导申请审批的过程。项目经理是项目工作的真正领导人。

(3) 当项目从职能部门中移植出来以后沟通的渠道就缩短了。绕过整个职能结构，项目经理可以直接与公司高层管理者取得联系，这就使上下级之间的沟通更为快捷，并减少了失误的机会。

(4) 如果连续进行几个相似项目则纯项目型组织会培养出一些有特长的专家来。事实表明，这一专家库的存在对客户具有吸引力。例如，洛克希德公司（Lockheed）著名的“臭鼬工厂”（Skunk Work）就是这样一个能够解决各种工程难题的专家组，这个小组的名字来自李·阿普纳（Li'l Abner）的连环漫画，这也充分显示了小组成员的自豪感、诙谐感和强烈的认同感。

(5) 项目团队如果有强烈的认同感，其成员就会迸发出强烈的责任心。有关强烈的进取心及对促进项目任务完成的效果，我们已经在第3章讨论过了。

(6) 由于权力集中，进行快速决策的能力便得到加强。整个项目组织能够对客户的需求和上级的要求做出更为迅速的反应。

(7) 命令具有统一性。尽管这一特殊的组织原则很容易被过高估计，但是毫无疑问，如果每一位下级都有且只有一个领导，那么这些下级的生活质量就会得到进一步提高。

(8) 从结构上看纯项目型组织非常简单并富有灵活性，也更便于理解和实施。

(9) 项目组织结构保证了项目决策从整体着眼。系统解决问题的方法在第3章中有简单的描述，对于那些不采用系统方法将会出现的问题，我们将在第5.3节中提及。过分注重项目的子系统而忽视整个项目的观念是导致很多项目产生技术性失败的主要原因。

纯项目型组织虽然具有上述这些很有说服力的优势，其劣势也是相当严重的：

(1) 当公司同时实施多个项目时，每个项目通常都会得到完整的人员配备，这无疑会因重复而给各方面（从办公室人员到复杂而昂贵的技术支持单位）带来巨大的浪费。例如，即使一个项目不需要全职的人事经理，也要安排一位，并且在项目之间不能共享。

(2) 为保证技术知识和技能的便捷应用项目经理会囤积设备和技术人员以备不时之需。这样，拥有高技术水准的人员仅仅因为有用而被项目团队长期雇用，而不是只在需要时才加入进来，类似地，为了“随时支用”，他们滞留在项目中的时间比实际需要的时间要长。上述两点共同导致了项目的高昂成本。

(3) 虽然项目脱离职能部门的管理有其优势，但是如果项目具有高技术的特点就会产生许多不利因素。项目团队成员虽然精通项目所涉及的技术，但在其他技术专业方面却有可能落后。职能部门是一个技术知识库，但纯项目型团队的成员却得不到它的服务和帮助。

(4) 纯项目型组织会助长实施和政策的不一致性。偏安一隅的项目环境便于项目团队对客户或紧急技术问题立即反馈，但管理方面的“擦边球”现象也普遍发生，“他们不理解我们的问题”已成为项目人员“将在外，军令有所不受”的方便借口。

(5) 在纯项目型组织中项目遵循自己的生命周期发展。项目团队成员有一种强烈的项目归属感，于是，一种被称为“项目病”的现象开始蔓延。区分你我的强烈意识扭曲了项目团队成员和同一组织内部协助单位人员之间的关系，友好的竞赛变成了恶意的竞争，不同项目团队之间的政治斗争司空见惯。

(6) “项目病”的另一种表现是“项目结束后个人的出路”问题。确实，谁也无法预料项目结束后将会发生什么。那些普遍的担心包括：团队成员是否会被解雇？他们是否被大材小用？他们所掌握的技术是否过于陈旧而无法重新集成到其他项目中去？我们的团队（我的那些老伙计）是否会被遣散？

5.3 矩阵型组织

为了将纯项目型组织的优势与职能型组织的长处结合起来，并摒弃各自的劣势，矩阵型组织应运而生。实际上，纯项目型组织和职能型组织代表两个极端，而矩阵型组织是两者的结合，它将纯项目型组织融入到了项目所属公司的各个职能部门中。

作为纯项目型组织和职能型组织的结合，矩阵型组织可以根据自己的情况，在两个极端（纯项目型组织和职能型组织）之间做出多种具体的选择。“项目型”或“强矩阵型”通常代表纯项目型组织，“职能型”或“弱矩阵型”通常代表职能型组织，而“平衡矩阵型”则介于两者之间。实践中，在这两种极端的情况之间几乎有无限多种选择，这些形式的主要区别在于项目经理和职能经理的相对权威和决策权力的大小。

首先，我们来谈谈强矩阵型组织，因为它更接近纯项目型组织，比较简单。矩阵型组织与纯项目型组织不一样，不是一个独立的单位，不脱离组织。我们来看一下图 5—3，项目 1 的项目经理 PM_1 要向还负责其他一些项目的项目群经理汇报，该项目有 3 个人来自制造部门，1 个半人来自营销部门，半个人来自财务部门，半个人来自人事部门，4 个人来自研发部门，此外可能还包括其他没有列出来的人员，这些人有的是全职的，有的是兼职的，主要是根据项目的需要。应该强调的是，这些人在什么时候做些什么是由项目经理决定的，而职能经理则决定参加项目的人选和技术。

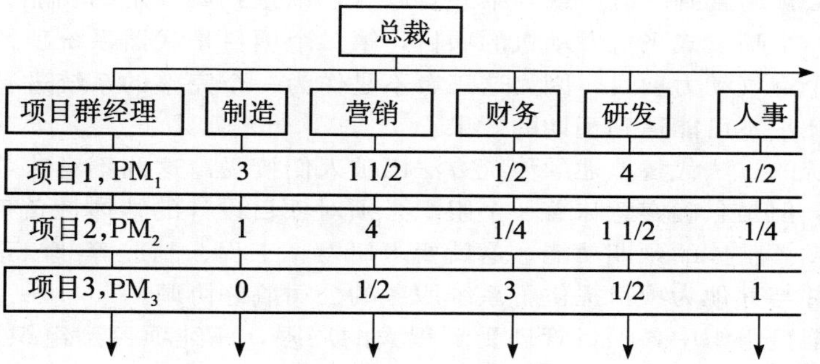

图 5—3　矩阵型组织

从参与人员来自制造和研发部门的人数看，项目 1 可能与设计和推行一种全新的制造工艺有关。项目 2 可能涉及新产品或营销调研方面的问题。项目 3 可能涉及全新电算化财务控制系统的安装。所有这些并不影响各职能部门的日常活动。

项目经理需要报告的领导并不是唯一的。如果一个项目只是某一特定项目群中的若干项目之一，那么项目经理通常要向项目群经理汇报。有时，项目经理也需要向与项目有关或对项目感兴趣的职能部门经理汇报。例如，美国海军研究局（Office of Naval Research，ONR）同时开展多个有关数学的研究项目，它通常就需要项目经理向海军研究局负责数学问题的部门领导汇报。在一些只有少数几个项目的小型企业中，项目经理通常直接向高层管理者汇报。

矩阵型组织的另一种类型是职能型或弱矩阵型组织。在这样的组织中，项目可能只有一个全职人员——项目经理，各职能部门尽全力为项目提供服务而不是只派出个别人员，此时项目经理的主要任务就是协调相关职能部门的工作。例如，项目是为了建立一个全新的人力资源数据库，项目经理就会请求行政部门的系统分析小组进行基础设计，于是，有关人力资源库的任务就被列入系统分析小组的日常工作中。该设计任务的优先安排权，得通过高层管理者的指定，或者由项目经理和系统分析小组的领导协调决定。在某些情况下，系统分析小组的工作报酬也要经过协商确定。这一任务甚至可被分包出去。

在这些极端的组织类型中间的是平衡矩阵型组织，其典型特点就是保持平衡。项目责任和职能责任相互交叉的方式多种多样。如果项目经常需要职能团队的参与，那么通常会将这个团队作为一个职能单位进行管理，而不是将团队的人员调到项目中去。例如，化妆品公司的毒物研究部门、多产品制造企业的质量保证部门、出版公司的计算机制图小组等，都是按各自职能划分的，并且像外部承包商那样承担项目工作。这种安排会削弱项目经理的控制作用，但项目中的问题随时都可以由该团队内有关专家解决，同时，该团队还可以保持其技术上的整体性。

企业在运作高技术项目时，需要将多种职能性的专业服务集成到一系列项目中去，同时安排兼职的专家到不同的项目中去，这就形成了对矩阵型组织的需求。此外，项目对技术的需求常常导致对系统方法的需求。在早期，如果高技术项目由一家公司承担，则项目开始于公司的研发部门，最初的概念形成后被转移到工程部门，在这里有时需要重新论证，之后再被转移到制造部门，在那里同样需要重新论证以保证产品能够被企业目前的机器设备生产出来。所有这些都需要大量的时间，而最终的结果也许会与最初的设计有很大的区别。

同时，另一家企业也许在为该顾客的另一个项目进行着同样的工作。这两个项目也许后来会被组合到一起，或与第三者联合，以达到其预定的功能。例如，第一个项目可能是一个喷气式飞机发动机的项目，第二个项目是武器系统项目，第三个项目则可能是一个空气动力项目，因为这三者不是作为一个完整的系统进行设计的，所以其综合结果几乎不可能达到预期的效果。

用系统的方法代替上述的传统方法已被人们接受。这并不意味着同一家公司什么都得生产，但是它确实意味着一个组织必须对项目设计的整体性负责——保证各部分兼容，并发挥整体的预期功能。这就要求研发、工程、制造等部门紧密团结，密切联系客户，并与其他为项目提供子系统服务的公司搞好协调。

在职能型组织中，项目管理受到很大的局限，而纯项目型组织虽然效率比较高，但成本高昂，原因是同时实施多个项目时，需要的技术人才投入会加倍。矩阵型组织成为解决这一矛盾的途径，它使项目经理在需要时，可临时获得专业技术的支持和其他相关职能的帮助。克莱斯勒公司 LH 轿车系列（还包括该公司的小型轿车“彩虹”，以及运动汽车“蝰蛇”）的成功设计并推向市场便是系统方法的成功体现。LH 的设计应用了一种被称为“并行”或“同步”的设计生产流程，即从项目开始，营销、工程、制造、设计、质量保证和其他一些部门就共同工作。这一方法不仅创造出出色的设计，而且将产品上市的时间缩短了 18 个月。除了设计的成果之外，时间的节省还带来了巨大的经济效益。这种效益来源于两个方面：其一是减少了设计的劳动投入，其二是产品尽早上市能够更快地收回投资。关于克莱斯勒公司是如何利用设计团队进行产品开发的，详见雷纳尔（Raynal，1992）的文献。

前面我们讨论了专业导向和问题导向两类人员的不同之处，并发现后者更适合成为项目团队的成员。德·拉特（de Laat，1994）和卡鲁（Kalu，1993）都认为专业导向团队成员倾向于坚持自己的专业范围，有时甚至对整个项目产生副作用。这种综合力量的冲突是对项目经理处理冲突能力的考验。我们将在第 5.8 节中对这些冲突的本质进行更为详尽的论述。

同样，矩阵型组织也有自身的优势和劣势，其优势包括：

（1）项目是问题的核心。由项目经理一人专门承担项目管理的责任，负责在预算成本的范围内、按照合同工期和规范要求实施项目。在这一点上，矩阵型组织和纯项目型组织是相同的。

（2）因为项目型组织覆盖了整个职能部门，所以项目能够从各部门临时调动所需的人员和专家，理所当然地能够充分利用所有职能部门的技术知识库。当实施多个项目时，职能部门的专家可为所有的项目提供服务，这大大降低了纯项目型组织对人员的重复需求。

（3）与纯项目型组织相比在这种组织结构下团队成员不会对项目结束后个人的去向问题担忧。即使他们对项目有强烈的归属感，也会感觉到与职能部门大本营的亲近关系。

（4）对客户需求的反应速度像纯项目型组织一样快且同样具有灵活性。对项目所属公司内部的需求，矩阵型组织会做出类似的灵活而迅捷的反应。毕竟，项目栖身于一个运作中的公司之内，必须适应公司的需求。

（5）在矩阵管理方式下项目中会有项目所属公司的行政部门派出的代表或与他们保持着密切的联系，这样就能够保证在政策、实践、程序方面与公司一致。同时，这还解决了一个通常被忽视的问题，那就是取得公司对项目的信任。

（6）在同时实施多个项目的情况下矩阵型组织较好地平衡了资源在公司内部的分配，并能保证各个项目在时间、成本、绩效等目标上达到最优。这种满足组织总体需求的把握全局的方法使得各个项目能够按照系统优化的原则进行人员分配和进度安排，并避免出现为完成一个项目而牺牲其他几个项目的情况。

（7）纯项目型组织和职能型组织是组织类型的两个极端，矩阵型组织填补了两者之间的大段空白。根据职能型组织对项目的支持程度，是只选派个别人员还是全力以赴，矩阵型组织又从强到弱进行了分类。显然，有些职能部门只有个别人员参与项目，而其他一些部门则可能是全力以赴。因此，精确地讲，这种组织方式具有很大的灵活性——都是在基本的矩阵型结构范围之内，能够适合多种多样的项目，并根据公司的需求、能力和愿望进行取舍。

矩阵型组织的优势非常显著，但是其劣势也不容忽视。下面的所有劣势都涉及冲突的问题——其中大部分是职能经理和项目经理的冲突：

（1）在职能型组织中职能部门无疑是决策的核心。在纯项目型组织中，项目经理是项目的核心。在矩阵型组织中，权力得到了平衡，但是这种平衡也是相当微妙的。当责任不太明确时，项目本身将受到损害。当项目取得成绩时，往往会出现争名夺利的情况；当项目受挫时，又纷纷相互推卸责任。

（2）矩阵型组织虽具有在多个项目之间平衡时间、成本和绩效的能力，但也会带来负面作用。首先，监控这一系列的项目就是一项令人头疼的工作。其次，为满足不同的进度要求，资源需要在不同项目间进行调配，也会引起不同项目经理间的明争暗斗，他们更关心如何使各自的项目获得成功而忽视如何使系统实现组织的整体目标。

（3）对强矩阵型组织，项目终止问题的严重性几乎和纯项目型组织一样。由于个人因素的存在，项目终止很难进行。即使在矩阵型组织中也存在着严重的“项目病”。

（4）在矩阵型组织的项目中项目经理拥有管理权，职能部门经理控制技术的决策权。这种权利和责任的划分写在纸面上很容易，但是在实施中却很复杂。项目经理对所有事情，从资源到技术支持以及确定任务完成日期等，进行谈判的能力是项目成功的关键一步。缺乏谈判艺术的项目经理很难使项目获得成功。

（5）矩阵型组织对统一指令的管理原则是一个挑战。项目中的员工都有两个老板，一个是职能部门的经理，另一个是项目经理，对由此产生的问题没有有效的办法解决。身临其境的人都明白其中的苦衷，而局外人只能抱怨由此带来的麻烦。套用柏拉图关于民主的评论，矩阵型组织就是“一种迷人的管理形式，它充满了变数和无序”。

□ 虚拟项目

虚拟项目是项目团队跨越了时间、空间、组织和文化的界限而在一起工作的项目。虚拟团队可以在不同的时区、地域工作，在不同的组织工作，或者在不同的文化氛围中工作。互联网和其他通信技术的应用为虚拟项目的增加提供了便利。在虚拟项目中，项目团队经常按照矩阵式结构进行组织而不是职能式或项目式，卡鲁（Kalu，1993，p. 175）更进一步定义了虚拟职位，即在项目和职能组织中，“其绩效需要全体成员的共同努力的任务过程”。当复杂的组织实施项目时，由于项目通常需要不同职能部门的投入，虚拟职位是很典型的。由于职能经理和项目经理共同承担项目的实施责任，产生了二者在工作上交叉和重叠的责任。有些更为狭义的表述认为，只有在项目团队成员在不同的地域工作时才会存在虚拟职位（Adams et al.，1997）。

当组织必须使用地理上分散的虚拟项目团队来实施某些项目时，格拉顿（Gratton，2007）提供了一些成功的原则：

（1）只在有挑战性和趣味性的项目中采用虚拟团队，但是也要确保这个项目对于公司和团队而言是有意义的。

（2）尽可能多地征集志愿者——他们更有热情，更乐意为项目的成功做出贡献。

（3）在这个团队中包含一部分已经互相认识的成员，确保 1/6 或者 1/7 的人作为“跑合者”（boundary spanners）与外界进行联系。

（4）为团队成员创造网络资源，以帮助他们互相学习（尤其是他们喜欢怎样去工作）、合作、头脑风暴和激发灵感。

（5）鼓励频繁的沟通，但不是交际应酬（不管怎么说有时这也会发生）。

（6）尽可能将项目工作划分成地理位置上互相独立的模块，这样一个地区的进程就不会由于其他地区的延误而受到阻碍。

5.4 混合型组织

正如在本章开始时论及的那样，组织划分是将庞大而单一的组织分解为更小、更灵活的单位的一种方法。这能够使组织既有小规模单位的便利，也具有较大规模机构的优势。

按产品来组织项目就是将每种产品作为一个相对独立的项目，并把它们整合为整个组织的组成部分，同时像工程、财务等一些主要职能也融入产品的项目。这种方法常见于软件的生产。软件项目通常可以分解为若干服务于整个软件的子项目。从这个角度组织整个生产能够保证各个部分的协调，甚至可以提高整个项目的综合水平。

假设有一个生产草坪设备的公司，该公司按照塑料制品和铝制品进行了部门划分，每条生产线都有专业人员。假设现在有两个新设计的设备，一种是塑料的，一种是铝的，于是每一种便成为相关部门的一个项目（如果新产品是由塑料和铝组合而成的设计，那么纯项目型组织的形式就必须先解决部门间的矛盾）。

类似地，按地域划分的组织对那些全国性的组织更有吸引力，使企业规模在实质上或者地域上得到扩张，其产品也具有了一些地方特色。如生产女士外衣的企业。如果项目的目的是满足不同客户的需求，那么项目组织自然也会采用跨越不同客户部门的方式，这时客户的偏好比地域活动或产品活动更具现实意义。例如，客户和制造商之间，民用产品和军用产品之间都是这种实质差别的体现。

一种在制造企业常见的特殊项目组织方式随着项目在生产工艺部门的开展而得以形成。如果项目与研究一种新的制造方法有关，那么机器设备部门很可能只负责其中研究金属分离的新方法。该项目也可以由机器设备部门负责，但还应包括研发部门的人员，从而形成由职能型和矩阵型组成的混合型组织。

纯职能型和纯项目型组织可以在同一企业中共存，这便形成了图 5—4 所示的混合形式。图示是经过简化的形式，这种形式很普遍。所要做的就是把一些庞大的、成熟的项目剥离出去成为分支或独立的部门。很多公司都是在原有部门的庇护下，孕育那些不够成熟的项目，直至时机成熟才将它们分离出去，最终在公司中以项目组或分公司的形式存在。例如，得州仪器公司对自己雇员开发出来的“说话和拼写”玩具就采取了这样的方法。

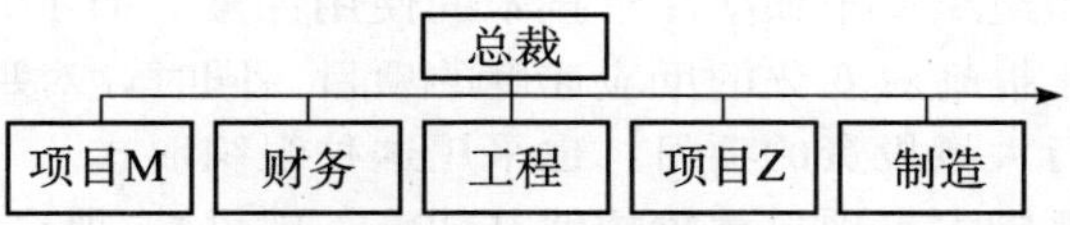

图 5—4　混合型组织

混合型组织具有很大的灵活性，能使企业根据不同的情况调整组织结构，但是这种混合也包含了许多危险。同一组织的不同团队因兴趣不同必然会导致重复或摩擦，同时会导致职能经理和项目经理的冲突。

图 5—5 给出了另一种解决项目组织形式问题的普遍做法。这家公司在标准的职能型组织之上，增加了一个专门管理所有项目的部门，这就将职能部门从管理上的问题中解脱出来，专门使用它们技术上的才能。在一家大型的专用化学品企业，这种项目组织形式发挥得如此出色以至于项目团队成为职能齐全的公司下属部门的雏形。这个部门的唯一目标就是管理项目，曾有许多关于“项目管理办公室”的评论，与这种部门的结构相类似。在第 5.6 节我们还将再次讨论项目管理办公室这一问题。

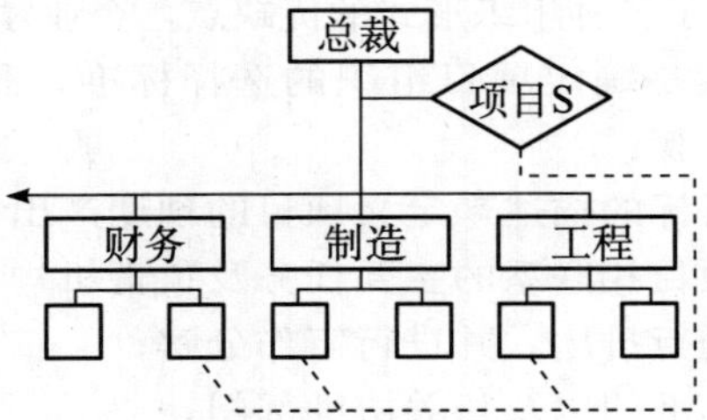

图 5—5　参谋型组织

在很多方面，这种混合组织形式与矩阵管理相同，但它通常被应用到规模小，周期短的项目，并取得了标准矩阵形式所难以达到的作用。这种形式具有矩阵型组织的许多优缺点，但是由于项目的周期短，往往能够避免项目的通病。随着项目数量的增加或规模的扩大，它就会朝矩阵型组织转变。

虽然公司管理项目的组织形式多种多样，但是大多数公司都采用矩阵方法。在这个基础上，针对特殊的情况，公司偶尔也引进纯项目型组织、职能型组织、混合型组织管理项目。矩阵型组织所带来的管理困难不是它所具有的低成本和广泛的技术支持优势所能弥补的。

5.5 选择组织形式

项目组织形式的选择不向项目经理汇报也不会完全遵循项目经理的意见，需要向高层管理者汇报。很少有项目经理能够对项目与公司的结合方式做出选择。事实上，项目经理很少被要求参与项目结合方式的选择。即使是那些经验丰富的决策者也很难选定适合企业的项目组织形式。这一选择是根据具体情况决定的，即使如此，有时也要靠直觉。在这方面存在一些可接受的设计原则，没有为决定采用何种结构以及如何建立这种结构做出详细说明的步骤程序，我们所能做的便是认真分析潜在项目的性质，各种组织形式的特点及优势和劣势，企业的文化倾向，以及所能做出的最佳折中方案。

总之，职能型组织适于那些注重技术的使用深度，而不是关注成本最小化、满足特定的进度要求、提高对变化的反应速度的项目。同时，对那些通常由职能部门使用的设备和场所进行大量投资的项目，也采用这种组织形式。

如果公司从事的大量项目都较相似（如施工项目），那么纯项目型组织便是首选。这种形式一般适合完成一次性、独特性的并需要周密控制的任务，但对于像开发新生产线这样单一职能领域的任务就不适用。

如果项目的开展需要多个职能部门的协调并涉及复杂的技术问题，但又不要求技术专家全日制参与的话，矩阵型组织是唯一令人满意的选择，尤其是在若干项目需要共享技术专家的情况下作用更加明显，不过它的复杂性对项目经理是一个挑战。

如果要对项目组织结构进行选择，首先要确定项目性质，这需要制定一份项目初步的、严密的计划。首先是确定项目目标，其次是列出与项目目标相对应的任务，对每一项任务要明确应负责的职能单位，这是开展项目的基本要素。问题的关键是如何组织它们，如何使它们更好地、一致地工作。然后考虑的是项目实施人（项目团队）、个人素质、技术因素、服务的对象、职能部门间的关系、公司的文化背景等，公司的内外部因素也应考虑进去。理解了各种组织形式的优缺点，企业才能选择更有效的组织形式。

既然本章的目的就是确定项目组织的选择标准，我们将用一个例子说明这一过程。该例子采用如下步骤：

（1）通过对项目目标的描述来定义项目的预期产出；

（2）确定与每个项目相联系的主要任务及负责机构；

（3）对关键任务进行排序，并进行工作分解；

（4）确定工作实施部门以及相关协助部门；

（5）列举特性和项目条件，如技术水平、持续时间、项目规模、人员问题、不同部门之间的政治分歧以及其他相关问题，包括公司在用不同的组织形式管理项目方面的经验；

（6）结合以上各项，通过掌握各种组织形式的优点和缺点，最终选择一种结构。

项目管理实践

Trinatronic 公司

项目目标：设计、制造、销售多功能便携式计算机，具有 32 位和 64 位处理器，1G 内存，至少 240G 的硬盘，3.0GHz 以上的处理速度，17 英寸显示器，内置 56Kbps 的调制解调器，模拟数据语音同传，可读\写CD\DVD驱动器，10/100Mbps网卡，配内置802.11g天线，至少IEEE1394接口，256兆内存，ATI兼容图形加速器，电池的使用时间至少7个小时，机器的售价为1 500美元以下。

主要任务	职能单位
A. 制定规范	营销部和研发部
B. 设计硬件，并进行初试	研发部
C. 进行工程设计	工程部、制造部
D. 建立生产线	工程部、制造部
E. 小批量生产，进行质量和稳定性测试	制造部、质检部、执行副总裁
F. 编写操作系统	软件部
G. 测试操作系统	质检部、执行副总裁
H. 编写应用程序	软件部
I. 测试应用程序	质检部、执行副总裁
J. 编写说明书以及维修和用户手册	技术文档编写组（工程部和软件部）
K. 设立提供手册和零件的服务系统	技术文档编写组（工程部）和技术部
L. 筹划营销计划	营销部
M. 准备营销说明	营销部

如果不考虑任务的顺序，上述工作可以分为四类：

1. 设计、制造和测试硬件。
2. 设计、编写和测试软件。
3. 建立生产、服务和维修系统。
4. 设计营销活动，包括演示、手册和说明书。

基于以上分析，项目的进行需要下列要素：

1. 软件和硬件的设计团队。
2. 软件和硬件的测试团队。
3. 硬件生产系统的工程团队。
4. 营销计划的设计团队。
5. 文件和手册的编制团队。
6. 此外，千万不可遗漏的是，综合管理团队。

这些子系统代表了至少三个主要部分以及公司的五六个部门。设计硬件和多用户操作系统的团队必须紧密配合开展工作。测试部门可以独立地开展工作，但如果能与软硬件的设计人员共同合作效果会更好。

Trinatronic公司拥有开展这一项目的人力资源。依目前的技术水平，可以设计出符合要求的软硬件，但是要以1 500美元及以下的零售价格销售，则需要在技术设计上进行改进。该项目大约需要18～24个月的时间，是该公司有史以来投入最多的项目。

通过以上的简单描述，我们发现，职能型项目组织不是很适合这个项目。部门间的互动和配合需要一种使每个人都感到方便的组织形式，由此看来，纯项目型组织或矩阵型组织是比较灵活的，要选择的话，如果额外增加人员的费用不太高，可以采用纯项目型组织。如果项目需要非全职的专家，可以考虑采用矩阵型组织。如果这只是由普通员工参与的项目之一，也可以选择矩阵结构。

资料来源：S. J. Mantel，Ⅲ. Consulting project，2005.

5.6 两个特例——风险管理和项目管理办公室

本书至此所有的论述都是建立在项目组织已经成立，并获得了足够的技术、知识和资源来完成项目各项活动的假设之上，但假设并不总是正确的，就像我们平常看到的那样。项目经理的首要任务就是获取资源，获取技术，获取知识，获取一切项目所需，这项工作绝非易事，要想获取项目的技术资源完全要靠项目经理的谈判技巧（详见第4章）。

即使项目经理已经获得了所需的资源，仍然面临着两大难题：其一，从项目启动的那一天到现在这一刻，项目活动可能从没有按时完成过，不确定性就是项目经理的家常便饭；其二，项目的成功实施靠的是综合管理技能，包括计划、预算、进度以及使用项目经理并不熟知的控制工具等。此外，还包括合同谈判、行政管理、上报财务状况、跟踪客户需求、落实项目所属公司中的各项规章制度。

对不确定性进行管理也就是我们通常所说的风险管理。第2章谈到项目选择的不确定性时我们曾经涉及了这个话题。要想成功地应对不确定性，公司就必须有合适的方式方法。为了使项目的行政管理和公司的行政管理条例完好地融合在一起，不少公司成立了项目管理办公室。本节旨在研究如何开展风险管理和项目管理，从而取得有实效、高效率的并保持高度一致性的绩效和成果。

□ 风险管理

项目管理协会出版的《PMBOK 指南》（第3版，2004）中将风险管理定义为“识别、分析和应对项目风险的系统过程”①，它包括如下六个子过程，在这里我们还特意增加了第七个子过程。

（1）风险管理规划——决定如何进行规划和实施项目风险管理活动。

（2）风险识别——判断哪些风险会影响项目，并以书面形式记录其特点。

（3）定性风险分析——对风险概率和影响进行评估和汇总，进而对风险进行排序，以便随后进一步分析和行动。

（4）定量风险分析——就识别的风险对项目总体目标的影响进行定量分析。

（5）风险应对规划——针对项目目标制定提高机会、降低威胁的方案，并付诸行动。

（6）风险监控——在整个项目生命周期中，跟踪已识别的风险、监测残余风险、识别新风险和实施风险应对计划，并对其有效性进行评估。

（7）生成并维护风险管理数据库——对风险识别、减缓或解决风险问题的方法、风险管理活动落实结果的历史记录。

---

① 读者回想起“风险”一词有两种含义是非常重要的：一种含义指的是一个事件将要发生的可能性，这种含义与决策理论联系在一起（参见第2.5节）；另一种含义与危险或威胁有关。该词合适的含义由上下文决定。

项目管理实践

澳大利亚的风险分析和预算/进度要求

澳大利亚悉尼的 M5 东隧道是在严格的预算和进度要求下建设完成的，但是结果造成了大量的交通拥堵，阻碍了上下班交通，这可能是因为需求被大大超过了。由于使用了高错误率的廉价电脑系统，隧道的安全监控器经常失效，这就导致了由于对事故、火灾、隧道内部过度污染的反应能力不足，需要操作员关闭隧道。隧道是按照每天 70 000 辆车进行建设的，但是现在每天达到 100 000 辆车，因此任何故障都会引起交通事故。管理上的风险分析，包括对过度使用所带来风险的分析，本可以预测到这些问题。如果考虑到失败的成本，该项目就会使用更可靠的电脑系统了。

资料来源：Project Management Institute. "Polluted Progress," *PM Network*, March 2005, p. 1.

沃德（Ward，1999）为实施 PMBOK 的六个子过程定义了一种直接的方法，包含一份关于风险管理的报告（如果不是建立风险数据库的话）。在我们看来，一般公司进行风险管理或者非完全正规的风险管理时普遍存在着两个问题：首先，根本不重视第七个子过程；其次，在日常风险识别过程中未对项目的外部环境加以考虑，且只重视围绕着风险的灾害性进行分析而忽略了风险所带来的机会的一面。

假如不把风险管理体系记录下来，那么风险识别活动简直不可思议。对风险体系的记录——哪怕是体系中个人记忆也是至关重要的，但是，指望个人的记忆有很大问题，一旦个人有职务变动，漏洞自然又显现出来。因此，为了及时应对风险，我们必须要建立实时的风险管理体系数据库，数据库的内容多种多样，并不局限于如下例子：

（1）识别影响项目的各种因素。

（2）识别初期项目计划所依据的各种假设，这些都可能成为导致项目失败的根源。

（3）风险管理小组对所有风险进行识别，估测风险对项目的影响程度和发生的可能性。

（4）用"关键词"和"类别"将风险、假设和环境因素进行分类，列出完整清单，供不同的风险管理小组评估以往的风险管理工作。

（5）详细记载对各项风险、各种环境因素、各类项目假设所做的定性和定量分析，并简单地描述分析预测所用的方法。

（6）保存风险管理小组的会议纪要，记载为了应对和减缓某项风险所采取的措施，包括对某项风险暂不理睬的决策。

（7）记录风险预测的结果，以及实施应对和减缓措施后的结果。

以上所有收集的数据不仅对单个项目有用，而且对整个公司也有参考价值，这个风险数据库应该让项目中所有接触风险管理的人都有权限访问。任何一个风险管理小组对任何一项风险所做的工作都应该记录在数据库当中。此外，要对风险进行分类，把项目所处的不同环境加以区分，同时对应对、加强或减缓风险的方法分别进行描述。

用"关键词"或"类别"将项目风险分类非常重要，因为风险信息往往被不同行业、不同背景的项目经理所采用。一个组织机构在同一时间内开展着很多项目，假设每一个项目的风险管理小组都需要从零做起，而没有其他项目历史数据作参考，那么可想而知，项目管理的成本将非常高，还要花费漫长的时间，而结果却不一定理想。即便是参照了历史经验，我们也不敢说风险管理就不会再出状况。缺乏经验，出错的机会就会增多。遗憾的是，很少有论著涉及风险管理记录这一领域（不过罗耶（Royer，2000）当属一个特例，最新版的 PMBOK 也提到了这一点）。

识别可能造成严重后果的风险的方法有许多种，下述方法是简单易懂的并且得到了广泛的应用，尤其是在工程分析领域。

1. 通过失败模式与效应分析进行风险识别

失败模式与效应分析（failure mode and effect analysis，FMEA）（Stamatis，2003）是一个评分模型，类似于第 2 章介绍的项目选择评分模型，该模型通过六个步骤对风险进行分析：

(1) 列出项目有可能在哪些方面遭遇失败；

(2) 分析各种失败对项目的危害程度（S），以 10 分计算，“1”表示失败对项目没有危害，“10”表示失败对项目整体的危害非常严重；

(3) 造成失败有多种原因，分析每种原因发生的可能性（L），以 10 分计算，“1”表示“不太可能发生”，10 表示“几乎肯定要发生”；

(4) 基于每种原因估测洞察失败的能力（D），以 10 分计算，“1”表示在常规监控系统之下“完全可以觉察”，“10”表示很可能无法及时觉察并实施规避和降低风险的措施；

(5) 计算“风险优先系数”（risk priority number，RPN），$RPN=S \times L \times D$；

(6) 基于每种失败的原因，对 RPN 高的风险，制定降低危害程度 S，减少发生可能性 L，提高洞察力 D 的措施。

2. 对风险识别的几点补充

项目所面临的风险取决于项目本身的技术特征，以及项目所处的环境（“环境”是指项目体系之外影响着或受到项目体系影响的方方面面）。事实上，风险管理过程如何开展要视一个或多个环境因素对项目的影响而定。举例来说，公司整体文化即项目环境之一。在公司再三强调要削减成本的文化背景下，风险的识别和管理可能会集中在人员和资源的分配领域。请注意，我们这里提到的风险管理是指风险管理的过程——包括六个或七个风险管理的子过程，并非单纯的风险识别。

近来几乎所有关于风险管理的文章都会提到项目要考虑各个环境因素的影响。重视项目内部环境的情况比较典型，例如技术和人际关系等，但对于外部环境比如市场风险等，有时候就被项目忽视了。有关信息系统和软件项目风险管理的文章就特别强调了这一点，姜等人（Jiang et al.，2001）的一篇文章就是其中较有代表性的一篇，他们开发了一个对信息系统项目的风险管理进行数字化度量的模型，该模型特别针对信息系统项目的客户群和此类项目的共同特点进行了研究，但未考虑竞争对手、信息系统市场、用户行业、法律法规和其他项目环境因素。

3. 风险管理的组织

风险管理的一系列活动要求项目中要有专人或者专门的部门来承担风险管理工作。各家公司从事的项目千差万别，技术不同、面向的市场不同、适用的政府法规不同、利益相关者不同，不是一个风险管理部门就能够解决所有项目的风险问题。比如日常设备维护保养项目（假设项目规模和范围大同小异），可以由一个风险管理部门管理多个项目的风险，但通常来讲，不同的项目应该设立自己的风险管理机构。

项目风险管理机构中设置什么职务要视项目的特性来决定。假如项目的目的是开发一个新产品（或产品系列），风险管理机构的成员可能包括：(1) 产品技术方面的专家一名；（2）能够预测市场规模和销售量，分辨在研产品对公司其他产品的影响，并能够识别潜在竞争对手的市场专家一名；（3）能够预见公司（或分包商）在生产能力和产品质量方面存在的风险的制造专家一名；（4）能够预见公司供应链方面风险的采购专家一名；（5）可以预见在生产领域的风险的安全生产专家一名，公共关系人员一名，协助处理针对公司的安全诉讼事件的律师一名；（6）应对侵权风险的专利律师一名；（7）了解公司项目设置和洞察项目间相关利益和冲突的综合项目管理负责人（项目群经理）一名；（8）能够分析多项目之间人力、资源、进度等对所从事的项目的潜在威胁的负责人一名，可以是同一名综合项目管理负责人，也可以另外安排一人负责此工作；（9）懂得产品生产和产品发布涉及哪些政府批文和行业牌照的政府关系专家一名。显然，上述人员可能只是列席风险识别和风险应对计划的讨论会而已，他们可以按照本书第2章所探讨的市场风险预测法对产品的潜在市场机会进行调查研究。

假如我们选择的是另一个项目，如过程改进项目，那么风险管理机构的组成人员可能有些是如上这些专家，有些就是从事另外一些工作的人了。举例来说，能够控制风险、在生产线安装新设备期间保证生产进度的工业工程师、测算影响现金流的风险因素的财务专家、大气和水污染处理方面的专家，以及其他潜在的受到该过程影响的人。

项目的风险管理工作在项目的生命周期中越早开始越有利。不了解项目的有关风险就无法进行项目的选择。因此，在项目立项之前就要进行项目风险的识别，并启动项目风险计划，一旦项目被列入备选名单，项目风险管理机构就应该就位了。

项目最初阶段，风险的识别可能比较宽泛——大多围绕着业界的技术发展等与项目息息相关的外在因素和相关行业的商业环境。应对外部风险的办法是跟踪项目环境的变化预测项目在各种条件下生存的机会。接近项目计划阶段，与项目技术手段、进度、预算和资源分配等相关的风险开始暴露出来。第6章我们将专门讨论风险管理规划的内容。

风险管理常涉及分析技术，有些没有受过专业训练的项目经理可能对此项技术并不了解。有些公司还特意在项目管理办公室中聘请了风险管理专家协助各项目风险管理活动。若想研究在一个重点项目中如何成功地管理风险，可以参照克里斯滕森等人（Christensen et al.，2001）的著作——关于丹麦桥梁建筑项目风险管理的著作。

4. 处理危机

很久以来，我们主要将注意力集中在那些任何公司承担项目时都通常考虑的风险上。我们通过应用"期望值"方法进行成本—收益分析，已经处理了这些风险，正如第2章中"心理陶瓷科技公司"的例子一样，也即与风险性的产出物有关的预期损失（或收益）会使将要发生损失（或收益）的概率加倍。我们可以将具有风险的预期损失与减小或避免风险的成本相比较，如果预期损失的减少大于减小或规避风险所耗费的成本，那么我们会在风险规避方面进行投资。

当损失非常巨大，甚至无法承担时，虽然这种情况发生的可能性很小，例如银行遭劫，主要供应商罢工，在建项目遭遇洪水，建筑物遭到恐怖组织的袭击，或者在复杂的药物成分中发现一种物质可能导致有毒的副作用等，将会是怎样的情况？在很多这样的情况下，风险的代价是巨大的，但是发生的可能性很小以至于灾难的预期成本远远小于很多更小、更普通但是更有可能发生的风险。

有一本很精彩的书——《活力企业》（The Resilient Enterprise）（Sheffi，2005），对很多不同类型的灾难的风险管理做出了处理，这本书详细阐述了创新型企业曾经采用的处理对其设备、供应链、客户基础、生存等产生灾难性影响的事情的方法。书中所涉及的内容更复杂，我们极力推荐这本书，它是一本很好的读物。

□ 项目管理办公室

现代组织中项目的角色越来越多样化，推动组织沿着“用项目管理公司”的道路向前发展。如何辅助这些快速增长的项目顺利实施，已成为当今组织日益迫切的需要。有鉴于此，项目管理办公室（PMO）应运而生。项目管理办公室又叫项目办公室、综合项目管理办公室、项目支持办公室等。不同组织对项目管理办公室的需求不同，这导致项目管理办公室的组织形式多种多样。有些项目管理办公室所处的组织阶层比较低，有些项目管理办公室是直接向最高层管理者汇报。最好的项目管理办公室（Baker，2007）有很多共同的特征，包括：具有像最好的企业一样运作的特征（商业计划书、聚焦、注重结果），享有强大的行政支持，成为未来导向的学习型组织，提供组织内最好的项目领导者。

项目管理实践

运输安全管理部门采用项目管理办公室的成功案例

运输安全管理部门（TSA）需要在3个月内建成一个13 500平方英尺的调度中心，包括在不同领域同时工作的300个交易者，预算是2 000万美元。项目管理办公室对于该项目的成功十分关键。项目管理办公室加速了进程，在某些过程中节约了一半的时间，他们安排了一个团队领导者，一个统筹规划者，一个财务经理，一个操作专家，一个土木工程师以及管理项目建设各个方面的专家，使得项目在预算之内，在97天内完成，由于项目管理的成效和整个调度中心的质量，这个工程获得了国家工业和办公房产协会的奖励。

资料来源：Project Management Institute. “PMO Speeds Success for Transportation Facility,” *PM Network*, May 2004, p. 1.

1. 项目管理办公室的目的

在讨论由项目管理办公室提供的服务和作用之前，参考由布鲁克等人（Block et al.，2001）报告的如下统计数字：当被问及建立项目管理办公室的原因时，几乎2/3的调查对象都认为建立相应的项目管理标准和方法是必要的，项目管理办公室是按照高层管理者的意向建立的；大约一半的被调查者认为很有必要减少项目延迟和更正不良项目计划；不到40%的人希望提高项目绩效，降低整体运营成本；最后，大约1/4的被调查者认为他们希望提高客户满意度。

项目管理办公室的一个主要贡献就是建立选择、启动、计划、预算、进度方面的项目管理程序，以及作为智囊团为项目计划、预算、进度和资源分配过程服务。项目管理办公室通常报告风险管理、项目审计、评估、历史等方面的情况，所有这些在下一章都会提到。

项目管理办公室能够提供很多服务（后面会详细阐述）。正如在上面建立项目管理办公室的原因中所阐述的，78%的调查对象认为项目管理办公室建立和维持着标准的项目过程，64%的调查对象认为项目管理办公室对项目提供咨询帮助，58%的调查对象认为项目管理办公室提供培训和监督服务（Block et al.，2001）。大约有一半的项目管理办公室对项目实行了跟踪，并且在一定程度上较少使用组合管理，只有28%的项目管理办公室为未来的项目需求维持着一支稳定的项目经理队伍。

各组织成立项目管理办公室怀有各种各样的目的。总体的目的可以向项目管理办公室交代得很明白，但有一些特定的目的是与项目管理过程本身相结合的，无法用一两句话表述清楚。举例来说，正如第 2 章所述，项目管理办公室要保障公司的项目组合能够支持公司总体目标和战略的实现，在这种情况下，项目管理办公室无形之中就成了公司战略管理与项目管理的纽带。另一个重要的目的是，项目管理办公室要逐步将良好的项目管理经验传播到整个公司，形成项目管理的标准化，不仅要将公司从职能型向项目型组织结构转换，还要形成一种以项目为核心的公司文化。

如上述提到的项目管理办公室的角色，就好比是项目的促成者和推动者，并不是项目的实施者。高层管理者不会让项目管理办公室纠缠在技术细节上，比如进度、预算等项目实施的具体问题，因为这是项目经理的职责。尽管项目管理办公室也偶尔参与项目活动，那也不过是为了站在管理的角度来推动项目的运作，而绝对不是替项目团队来开展项目活动。

2. 项目管理办公室的任务

为了实现上文所述的目的，项目管理办公室通常肩负着如下各项任务（Block，1999）：

（1）建立和改进项目管理过程，如招投标过程、风险分析过程、项目选择过程、项目进展报告、合同实施过程和软件挑选过程等；

（2）评估并提高组织的项目管理成熟度；

（3）开发并改善公司的项目管理体系；

（4）提供项目管理培训，协助项目经理通过专业认证；

（5）发现、培养和教育项目经理，维护一个稳定的项目经理队伍；

（6）向公司各项目经理提供咨询；

（7）向项目经理提供具体管理的方式方法，如项目进展报告的模板；

（8）建立风险预测和分析过程；

（9）确定新项目是否适应变化成长中的公司；

（10）识别下游（市场、机构）的持续变化及其对项目的影响：该项目是否还有存在的必要？是否需要调整项目范围？项目成本有没有受到影响？

（11）评估并管理组织中项目风险组合，适当时减少项目的个数或淘汰失控的项目；

（12）进行项目评估或审核，尤其是在各项目生命周期之初，根据组织目标汇报项目的进展情况；

（13）维护并保存项目文档；

（14）建立项目资源库并对其进行管理；

（15）做追求卓越项目管理的倡导者，鼓励开展项目与公司价值的讨论；

（16）作为项目经理的大本营，加强项目经理与项目管理办公室的双向沟通；

（17）收集并发布项目评估技术和信息报告，促进项目管理实践经验的共享；

（18）协助项目的终止活动。

上述目标并不是一蹴而就的。短期来看，或者说在正式启动的几个月，项目管理办公室也许只能从组织内正在运行的项目中汲取经验，并对单个项目进行评估。中期来看，项目管理办公室可以对项目管理过程和流程进行标准化，协助单个项目进行风险分析和行政管理，或者开展当前各项目的战略组合分析。长期来看，或者说在成立一年以后，项目管理办公室可以承担更为综合的管理工作，比如资源库的整合、项目经理的培训、项目的审计和对各个项目的咨询等。

我们认为，要求项目管理办公室把握以上所有问题是很难做到的，更确切地说就是对项目选择过程的大量控制和对相关因素的管理，维护项目记录和文档，进行风险管理，对项目经理进行培训。一位经验丰富的咨询师告诉我们：

> 最近我在旅行中所遇到的大部分公司都是项目管理办公室在确定项目选择过程的方法中起主要作用，为高层管理者提供决策支持。项目管理办公室对所有按照公司目标提出的设想进行评估，估算成本，如果初步设想获得了资金支持则计算投资回报率。一旦项目被选定，项目管理办公室将精力主要集中在确定项目是否满足了所有的目标。当项目进行时项目管理办公室很少或者不会直接做出项目管理支持，但是项目管理办公室进行了很多项目的重要评估，包括在项目生命周期中和项目结束以后，观察是否达到了在选择项目时所要达到的目标。

3. 项目管理办公室的形式

针对项目管理办公室在不同阶段面临的不同任务，肩负着同样使命的项目管理办公室在组织形式上也可能千差万别，也就是说，有些组织将项目管理办公室局限为一个信息发布中心，负责汇报项目进展情况、检验项目管理成熟度。再进一步，项目管理办公室可能还负责项目管理过程和实践、传播以往项目的经验教训、维护风险分析数据库、在项目行政管理上协助各项目经理，甚至可能负责提供项目管理的培训。到了最高层次，项目管理办公室可能会维护一个共享资源库，监控项目与项目之间的关联程度，管理整个项目战略组合，从而保证组织目标的实施，并审计项目，定义各项目的优先性，最终形成整个项目管理体系。

项目管理办公室的另外一种组织形式视其汇报层级而定。假如高层管理者想从一个比较低的层级上来验证项目管理办公室的作用，那么他们可能会将项目管理办公室设在某一职能部门当中，例如信息技术工程部，在这种情况下，项目管理办公室的职能就是协助部门项目经理开展各项目。假如项目管理办公室被定位在业务层面上，那么它就担负着传播优秀项目管理经验，可能还包括提供项目管理基础培训的职责。假如项目管理办公室被放在组织层面上，那么它的作用就更加广泛，不仅在战术层面，还要涉及战略层面的管理。对于试图逐步提高组织实施项目能力的公司，这种定位形式存在着一定的风险，原因很简单，项目管理办公室虽说无法挽救一个濒临失败的工程项目，但是绝不意味着项目管理办公室处理的都是一些琐碎问题，这样一来它不可能对公司做出重大贡献。

4. 项目管理办公室的运转

正如我们以前讨论的那样，要想让项目管理办公室能够良好地运转，最好的办法就是将其视为一个项目来运作并运用先进的项目管理流程来进行管理。此外，鉴于项目管理办公室的特殊角色，我们建议在未曾得到组织高层管理者的完全许可之前，不要轻易推行项目管理办公室的概念。此外，项目管理办公室的成功还要依靠高层管理者自始至终的支持和领导。启动项目的一个方式就是在项目管理办公室项目倡导者责任范围之内开展“领航计划”。一个项目完成之后，要对其进行评估，纠正项目存在的错误，并将其优秀经验在整个组织中共享。随着项目管理办公室经手或参与的项目越来越多，它给公司带来的利益也就越来越明显。刘等人（Liu et al.，2007）认为项目管理办公室对具有高度不确定性任务的项目有重要的积极影响。随着任务的不确定性降低，项目管理办公室的积极影响降低了。

遗憾的是，并非所有的项目管理办公室都运转得很成功。根据坦南特（Tennant，2001）的调查，项目管理办公室所面临的首要问题是，项目管理办公室的创办人自己往往对项目管理实践并不了解，因此，他们对项目管理办公室的预期是不现实的，譬如说给各项目提供临时帮助，降低正在运行中的项目的成本等。项目管理办公室并不能使将要失败的项目起死回生，它的主要作用在于从长远的角度促进项目管理过程的改进。

项目管理办公室也不是用来解决高层管理的问题，比如不正确的项目目标、对项目支持的力度不够、项目资源匮乏等。有趣的是，近年来在项目型组织中，将项目管理办公室这一职能外包出去的趋势越来越明显。有些人怀疑这一举措是自讨苦吃，有些人则认为这是管理者对自身管理知识有限的清醒认识。

5.7 项目团队

> 团队合作就是一组人按照我说的去做。
>
> ——某企业家

我们考虑到项目团队的构成方式和不同项目对人员的需求有很大的不同，我们将一些问题与管理团队成员结合起来，最后，我们处理一些管理团队的行为问题。

为了使我们对项目团队的讨论更加具体，我们用软件工程项目的例子来说明如何组建一个项目团队。假设我们虚构的项目相当庞大，除了项目经理之外，项目团队还需要以下关键成员：一定数量的系统工程师、工程师、检测师、文秘等。这个例子能够被应用到建筑工程项目、药品研发项目或者其他广泛的各种类型的项目中，项目的名称可能发生变化，但是项目成员的角色大同小异。

(1) 系统工程师。负责产品的设计和开发，同时负责功能分析、规范编制、图纸规划、成本估算、质量/可靠性控制、工程变更以及文件制作。

(2) 开发工程师。负责按照项目工程师的产品或流程设计要求有效地组织生产。具体负责生产流程、设计和实施程序编码、元件检测、生产进度控制以及其他与生产相关的任务。

(3) 检测工程师。负责在产品交付给客户后的安装、测试和服务保障工作。

(4) 合同管理者。负责有关文案工作，跟踪标准承诺（包括质量、可靠性等）、客户的变更要求、票据、问询、投诉、法律事项、成本，以及其他与项目合同相关的事务谈判，有时，还负责项目日志和文档工作。

(5) 项目控制者。每天关注的是预算、成本变动、劳动力费用、项目供应以及资本设备的状况等。控制者也定期进行报告，并与项目经理和公司控制者保持密切联系。

(6) 支持服务经理。主要负责生产保障、分包商管理、数据处理、采购、合同谈判、综合管理等支持性职能工作。

在上述项目人员中，系统工程师和项目控制者直接向项目经理汇报是至关重要的（见图 5—6），这有利于对项目的两个主要目标进行控制：技术和预算（项目经理通常自己控制项目进度）。在一个大型的项目中，所有的六种项目成员都可以越过项目办公室直接向项目经理汇报。

为组建项目团队，项目经理根据项目生命周期对人员的需求进行考虑，这需要借助一些特殊的图表来完成。首先，需要准备工作分解结构（WBS）来决定项目任务的实质内容（详见第 6 章）。通过对完成任务所需的技术要求进行评估以及对相关的技术进行汇总来决定人员需求。值得注意的是，WBS 的建立通常需要高级程序员和检

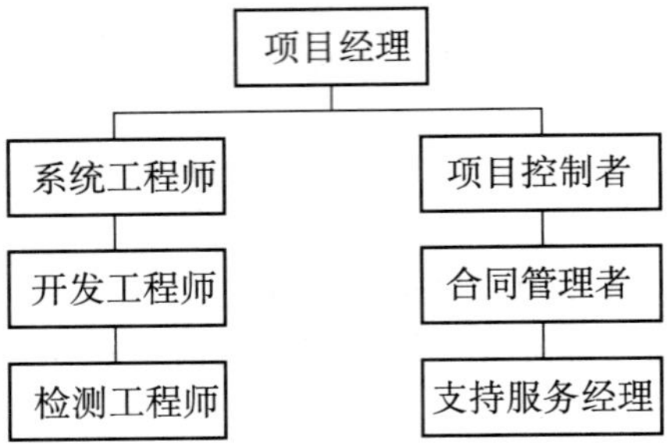

图 5—6　软件项目的典型组织形式

测员的协商，项目经理需要理解、计划、密切监督这些协商对当前项目产生的影响。高级程序员和检测员被从岗位上拉走去处理 WBS 中其他部门的计划危机是很常见的。在此基础上，与职能部门进行协商来选择合适的人员。

有时，某些任务需要进行分包，这主要是因为相应技术人员无法到位，或者分包商可以以更低的成本运作，或者企业无法提供项目需要的特殊设备。当企业需要减小规模时，分包的需求便会增强。如果在企业中有合适的人员（或设备），项目经理通常必须从本部门获得所需的服务。很多企业还是尽可能坚持使用内部资源，在资源可得的情况下，保证更好地控制资源的使用和质量。典型的做法是，项目经理必须与部门领导人和员工谈判，以项目工作所带来的挑战和乐趣来打动员工，以让员工加入项目团队符合其部门领导人的最大利益来说服部门领导人。

另外还有一些人对项目的成功起着更关键的作用，他们需要向项目经理或其副手直接汇报（通常是系统工程师）：

（1）与项目保持长期联系的项目团队高级成员。

（2）项目经理需要经常与其保持联系的人员。

（3）具有项目成功所需特殊才能的人员。

谨记，项目经理必须找到理由来说服部门领导人提供对项目有价值的人员。部门领导人如果认为他们在项目中并无多少利益可以分享，那么自然就没有合作的动机。再次强调，项目的成功就像需要团队的技术才能一样需要政治才能。

在以往的例子中我们已经介绍了强矩阵型组织的情况。近几年来，弱矩阵的使用变得越来越频繁。在许多企业中，当项目经理被问及有多少人直接向他们进行报告时，回答“一个都没有”的情况并不少见。对于我们来说最常见的是，矩阵型组织一般有一个项目经理，一个或者两个可能是全职的关键技术人员，很多公司的职能部门向项目提供服务或者生产能力。在公司项目群的研发子项目中，这种弱矩阵型组织结构并不鲜见。例如在制药项目中，公司只是选派一两名高级科学家和实验室技术员到项目中去，比如毒性测试、效果检测、记录产品添加物等工作都是由职能部门以可交付成果的形式提供的，而项目组织不再直接安排人员负责这部分工作。

弱矩阵型组织的项目经理必须为项目团队能多争取到几个人而讨价还价，其谈判技巧显得尤为重要。弱矩阵型组织的成功往往依赖于直接委派到项目中的少数技术专家。项目经理争取技术专家和获得其他职能部门提供及时服务的谈判能力是成功的关键。

项目管理实践

大型企业使用流动的跨专业团队

《星球大战》是卢卡电影公司的第一部影片，由内部人员和特约的外部人员组成快速行动、灵活的、跨专业的团队，来实施生命周期较短的、迅速形成并继而解散的项目。标准的项目管理方法对于这种项目来说太缓慢了，他们需要快速集结团队来实施特定职能然后重新集合去进行下一个阶段的项目。为了完成这个目标，卢卡电影公司将不同的单位搬进一个价值 3.5 亿美元的同在一个屋檐下的建筑，以便于他们在需要时能够互相配合。项目经理没有固定的办公地点，工作分散到整个大楼，这取决于下一个项目所需要的才能。由于项目面对更高的绩效、更紧张的进度和预算方面的残酷压力，这个模式可能成为项目管理组织和领导的发展趋势。

资料来源：B. Hindo，"The Empire Strikes at Silos，" *Business Week*，August 20 & 27，2007.

5.8 人力资源因素和项目团队

除了项目经理应该具有高度的政治敏感性之外，我们还要讨论其他管理项目团队的因素，应该记住，一些好的普遍管理原则和实践同样适用于项目管理。我们是从项目经理的角度来讨论这些问题的，他们在处理人际关系的同时，必须面对项目中的成功和挫折。

既满足项目进度要求又要控制成本，并且保证项目质量，这对于项目经理而言似乎是一个技术问题。实际上这并不完全是技术问题，也是一个与人有关的问题——更确切地说是一个含有人的因素的技术问题。项目专业人员往往追求完美。通常情况下完成项目任务是很困难的，而当项目专业人员为了追求职业荣誉感而不断改进（因此改变）产品时，任务变得几乎不可能完成。项目变更会导致项目延期。在整个项目过程中，项目经理必须时刻强调按时完成进度的重要性，如果在项目之初便建立项目技术变更程序，就能够有效地控制突发事件和变更频率（项目经理认为每个人都自觉地遵循这个程序是不明智的）。在第 6 章和第 11 章我们还将讨论这个问题。

另一个问题是鼓励团队成员完成项目任务。正如在第 3 章对矩阵型组织的讨论中谈到的一样，项目经理在物质奖励和项目人员晋升方面的权力很小。在弱矩阵型组织中的确如此，但这并不意味着项目经理无法激励他的队员。弗雷德里克·赫兹伯格（Frederick Herzberg）研究发现，激励项目团队中的诸如工程师、科学家、专家之类的技术人员的方式有认同、成就、工作本身、责任、创新、学习新的知识（见 Herzberg，1968）。项目经理有责任保证这些激励因素在项目中受到了充分的重视。研究发现，项目经理对那些给予项目多方面支持（提供有能力且能胜任的人员和高效率的生产）的职能经理善用感谢之词是一种有效的激励方式，当然，这对相关人员同样有效。同时对做错事的情况千万不要滥用表示不满意这种方式，偶尔的表示不满意也是有效的方法。

参与式管理也是一种激励方式。这不是什么新理论，它始见于 20 世纪五六十年代阿基里斯（Argyris）、里克特（Likert）、麦克格雷格（McGregor）的著作。这个理论提倡个人或团队应该在决定采用何种方式实现预期目标和寻求更好的途径完成任务方面起到重要的作用。较早建立的推动参与式管理的机制是目标管理（management by objectives，MBO），该理论认为可以允许工人在一定的可控范围内对项目设计和实施负一定责任。近些年来兴起的六西格玛管理、员工参与（employee involvement，EI）和全面质量管理（TQM）理论对目标管理有了新的改进。除了六西格玛、TQM、EI等，还有持续改善团队（continuous improvement teams，CIT）以及不断发展的自我指导团队（self-directed teams，SDT）、自我指导工作团队（self-directed work teams，SDWT）和自我管理团队（self-managed teams，SMT）等。这些团队除了在组织结构上略有差别，或在决策和自主程度上有所不同之外，都是为了提高工作绩效、改进生产方法和提高产品质量。

采用上述方法可以强化团队（以及团队的成员）实现项目目标的责任意识，强化项目团队责任意识有以下优势：

（1）它激发成员完成任务的潜能，激励团队寻找更好的解决问题的途径；

（2）专业人员不愿意接受特别具体的管理，参与式管理不会具体规定他们如何工作，而是给定目标，允许他们设计自己的工作方法（通常情况下是附加权限设置的）；

（3）团队成员都明白他们对项目的成败负有责任；

（4）为集思广益提供了很好的途径；

（5）能够及时反馈团队成员的绩效；

（6）为项目经理提供了一个评价团队绩效的方法。

上述各项都可以有效地激励项目团队成员。与许多项目经理进行非正式讨论后，我们得出了同样的结论，但是自我指导工作团队（以及其他形式的团队）的成功最终还要依赖于对团队目标、任务完成时间、成本等有一个明确的表述。为了充分发挥项目团队的优势，高层管理者必须“尽量明确细致地描述项目目标、责任、权力等内容”（Ford et al.，1992，p. 316；Nelson，1998，p. 43）。最后需要牢记，把项目交给项目团队时，不能放弃相应的项目管理技能。

在第6章中，我们将具体讲述项目计划的过程，并强调从目标管理中借用的行动计划或者工作分解结构（WBS）的应用，这是一个直接使项目目标达成的详尽计划和进度控制技术，项目经理与团队成员共同工作，通过这个过程形成一套综合的书面计划。这个文件不仅是一份计划，还是一种控制机制。由于制定这种计划的机制是开放式的，它使团队成员对整个计划中的相应部分负起责任并起到激励他们的作用，同时清楚地表明成员间相互依赖的程度。计划过程的这一作用的重要性在有关团队建设的文献中被忽视了。

将人们聚集在一起，即使他们属于同一组织或为同一目标努力，也并不意味着他们可以像一个团队那样工作。在组织团队时使成员们意识到他们是如此的依赖，会真正使一组人形成一个团队。项目的成功是和团队工作分不开的，项目的失败只能证明成员间的合作不像是团队。如果团队成员大多数是问题导向型的（见第3.2节），则形成一个高效的团队的可能性会大大增加。第伯特（Tippet et al.，1995）对此进行的深入研究表明许多公司在组建团队上是很失败的，具体表现为缺少有效的奖励、个人和团队绩效反馈机制不健全、个人和团队目标不明确等（Tippet，1995，p. 35）。最后，林西欧尼（Lencioni，2002）写了一本篇幅很短但是很精彩的团队建设方面的书，他称其为“领导童话”，如果要阅读关于团队方面的书，那么这本书是首选。

另外需要项目经理考虑的行为问题是人与人之间的冲突，项目团队成员之间、项目成员与外部人员（包括客户）之间的冲突无处不在，对于项目来说是十分常见的事情。我们强烈地体会到，如果项目经理不擅长解决这些冲突，那么项目注定要失败。正如我们前面提到的那样，谈判是项目经理解决冲突的首要工具。同时，我们再次提醒各位读者，冲突也可能转化为创造力的源泉，尤其是当一名精干的项目经理通晓如何引导冲突时。

1975 年，塞姆海恩等人（Thamhain et al.，1975）出版了一本关于项目中冲突的焦点和性质方面的权威著作，我们发现他们当初的见解当前仍具有指导意义。基于塞姆海恩的观点，表 5—1 列举了项目生命周期的各阶段冲突的焦点，表中同时列举了解决方案。项目一经确立，项目优先性评估、实施程序步骤、进度计划等都可能成为冲突的焦点。在项目增进阶段，项目优先性比其他任何冲突都更为明显，在此之前，程序步骤已经建立起来了。在项目主体阶段，项目优先性已经确定，进度又成为问题的焦点，随之而来的是技术上的争论。获得充分的支持也是很重要的问题。在项目结束时，按时完工是最重要的，但是从项目开始以来被忽视的人际关系也随着项目进行到最后几个星期而突显出来，对岗位重新调整的担忧使局面更加严重。表 5—1 和表 5—2 都列举了项目生命周期不同阶段的冲突类型和来源，表 5—2 还列举了不同来源和不同阶段冲突爆发的频率。

研究表明，项目团队中的大部分冲突是由于人们从各自专业角度和各自部门角度出发审视项目的结果（de Laat，1994；Hughes，1998；and Pelled et al.，1994）。不属于问题导向型的成员很难提高团队的效率。杜赫斯特（Dewhurst，1998，p. 34）将一组相互独立工作的人员定义为“名义上的团队”（name-only-team，NOT），如果团队合作对于项目的成功是至关重要的，那么这种“名义上的团队”带来的后果只能是 2＋2＝3，或者更少。如果一些专业导向型的成员将冲突带入团队，大多数成员将之视为“带有政治色彩”。如果项目经理的决定受到冲突的干扰，那么可能会导致项目失败（de Laat，1994；Pinto，1997，p. 31）。

解决冲突的方法有若干种，但是有一点是确定的，那就是逃避冲突的人不可能成为成功的项目经理。有时，妥协是有效的，但是大多数情况下，还是应该直面冲突。现在已经有很多的文献论述如何解决各种冲突，我们必须注意到项目经理将非赢即输的局面转变成双赢局面的能力是解决冲突的关键，如果不注意到这一点，对这些文献的概括总结就没有必要了。

表 5—1　　项目生命周期各阶段冲突的主要来源

项目阶段	冲突的主要来源和减小冲突影响的措施	
	冲突来源	措施
形成阶段	优先性	确定明确的计划。与有关各方协商、咨询、决策。强调项目对公司目标的重要性
	程序步骤	建立详细的管理操作程序 获得主管者的一致同意 制定项目章程或达成共识
	进度计划	在项目实施之前提前约定进度顺序 预测其他部门的任务优先性和对项目的影响
增进阶段	优先性	根据项目计划和对需求的预测与相关支持部门达成一致
	进度计划	与职能部门合作分解项目工作包（项目单元）
	程序步骤	就重大管理事项制定应急方案

续前表

项目阶段	冲突的主要来源和减小冲突影响的措施	
	冲突来源	措施
主体阶段	进度计划	持续监控 与有关各方沟通 预见问题并制定措施 识别需要密切监督的潜在危机
	技术	技术问题的早期解决 就进度和预算问题与技术人员沟通 重视早期充分的技术测试 重视早期对最终设计的协议
	人员	尽早了解人员需求 与职能部门和员工达成优先使用资源的一致性
收尾阶段	进度计划	停止进度监控 考虑将有关人员重新安置到重要岗位避免进度拖延 迅速解决影响进度的技术问题
	人员	制定人员安置计划 保持与团队和支持部门的持续协调性，舒缓紧张的工作气氛

资料来源：Thamhain et al.，1975.

表 5—2　　样本项目的冲突次数

项目阶段				冲突来源
开始	早期	主体	后期	
27	35	24	16	项目优先性
26	27	15	9	管理程序
18	26	31	11	技术平衡
21	25	25	17	人员
20	13	15	11	支持成本估计
25	29	36	30	进度计划
16	19	15	17	个人因素

资料来源：Thamhain et al.，1975.

项目管理实践

南非成功的抢修团队

南非的一家重要的煤炭、化工、原油厂萨索尔（Sasol）的二氧化碳再生罐发生起火事故，将它修复好是很重要的。这个长达 231 英尺、宽 19 英尺的容器必须移开进行维修，才能使设施得以重新使用，最关键的是时间问题，维修时间只有 40 天。

为了完成这个艰巨的任务，制定了几条特殊原则：

（1）该项目时间第一，不计成本；

（2）该项目毫无浮动时间；

（3）尽量减少时间；

（4）不要计较投入资源的限制；

(5) 时时保持沟通顺畅;

(6) 注意安全;

(7) 保证质量。

另外,项目团队还在减少用时上做了其他的特殊努力。首先明确表示将视个人和团队绩效进行奖励,同时还时时考虑对"软环境"的管理:搞好员工的衣食住行、避免超时工作、对每个人的优点进行表扬(口头、电话、书面等),设立通告板一天两次通报进度,尤其是公布每人节约时间情况。还要进行一天两次的换班会,由上一班向下一班交代进度情况,要进行一天两次的计划会议,主要是对以后两天的工作进行安排,详细到每分钟。

团队这样的安排引起了很大的轰动,大家为节约时间积极献策,甚至想办法节约 5 分钟的时间,节约时间成了主导文化。结果,项目提前了 15 天,以 25 天的时间完成,而实际成本也比预算的 8 500 万美元降低了 2 100 万美元。

资料来源:I. Boggon,"The Benfield Column Repair Project," *PM Network*, February 1996, pp. 25-30.

小结

本章讲述了各种项目组织形式及其特点,介绍了选择最佳组织形式的程序步骤。接着讨论了风险管理和项目管理办公室的作用。然后讨论了项目团队本身,介绍了项目管理办公室、项目成员和项目经理将会面临的人力资源问题,诸如激励和冲突。

本章的要点如下:

如果项目要置于职能型组织中,就应放置在一个对项目成功最有兴趣或能提供最大帮助的部门。这种组织形式虽然有很多优势,但劣势更加明显。

纯项目型组织有其优势和劣势,劣势虽然不像职能型组织那么严重,但还是很明显。

矩阵型组织综合了职能型组织和纯项目型组织两者的优点,它虽然取得了很大成功,但还有其特有的劣势。纯项目型组织有多种变化形式,特殊的混合型组织是为了解决特殊的问题。具体项目采用何种形式最好考虑项目的特点并与每种组织形式的优缺点进行比较。

选择项目组织形式的步骤是:

1. 识别特定的项目目标;

2. 确定实现项目目标的关键任务和承担这些任务的公司的职能部门;

3. 将关键任务排序,并按照逻辑关系进行工作分解;

4. 确定工作实施部门,分步骤协助该部门;

5. 识别将会影响到组织项目形式的企业和项目的特点、限制条件及问题;

6. 将上述问题与各种组织形式的优缺点结合考虑后再做出最后的决定。

每个项目都应有项目管理办公室,即使是与其他项目共有。

更大型、更复杂的项目除了有项目经理外,还应该包括系统工程师、开发工程师、现场经理、合同管理者、项目控制者、支持服务经理。如果一个组织进行多个项目,那么项目管理办公室是很必要的。

在团队中,除了系统工程师和项目控制者要向项目经理直接报告外,还应该有:

1. 与项目保持长期关系的团队高级成员。

2. 项目经理需要时常与其保持联系的人员。

3. 具有对项目成功至关重要的特殊才能的人员。

完美主义、激励、冲突是项目经理面临的主要行为问题。目标管理对前两项是有效的工具，直面问题是解决冲突的好办法。

初始阶段项目冲突的来源是优先性和政策问题，主体阶段是技术和进度问题，进度和人的问题出现在项目接近终结阶段。

下一章我们将从组织问题转移到项目计划任务的研究。我们将讨论协调、接口管理、系统工程，也将提供一些有用的概念和工具，例如工作分解结构和线性职责表等。

关键术语

行动计划（action plan） 关于什么时候做什么的具体计划（论述和示例详见第6章）。

并行/同步工程（concurrent/simultaneous engineering） 最早是指采用包含了设计和制造工程师的设计团队进行设计，后来发展为包括质量控制、采购及其他部门人员。

职能管理（functional management） 指工程、营销、采购等不同专业的组织的标准部门。

全局观念（holistic） 从整体而不是从某个角度出发。

目标管理（management by objectives，MBO） 在20世纪60年代颇为流行的一种管理方法，它鼓励经理给下属更大的权力以达到项目的目标。

矩阵型组织（matrix organization） 一种既注重职能监督又注重项目监督的方法。一个强矩阵型组织的运作接近纯项目型组织，而一个弱矩阵型组织更接近职能型组织。

混合型组织（mixed organization） 既有职能组织又有项目组织的组织机构。

项目所属组织（parent organization） 项目所依托的企业或组织。

项目群经理（program manager） 是指对若干相关项目负责的人，每个项目都有项目经理。

项目管理办公室（project management office，PMO） 管理多个项目，负责提高项目管理成熟度、培养项目管理优秀人才和提高项目成功率的管理部门。

项目病（projectitis） 一种对项目过度忠诚的社会现象。

分包（subcontract） 将任务委派给小的承包商。

次优（suboptimization） 系统中可能影响整个系统的次要因素。

现场办公室（war room） 提供项目最新进展的项目办公室，也为项目管理提供技术帮助。

工作分解结构（work breakdown structure，WBS） 描述项目全部工作的项目基本文件，是项目成本、进度、工作责任的基础（详见第6章）。

问题

内容复习问题

1. 什么是项目群经理，其职责与项目经理有什么不同？

2. 列举四种基本项目组织形式并至少列举每种形式的一个特点、一个优势和一个劣势。

3. 为什么说项目管理办公室很重要？

4. 将项目置于职能型组织的优势和劣势各是什么？

5. 在项目生命周期中，冲突的来源是什么？

6. 项目管理办公室的主要任务是什么？

课堂讨论问题

1. 人和政治因素对项目的成功变得越

来越重要，如果在工程和技术教育方面对此重视不够，项目经理如何来弥补？

2. 讨论各种组织形式在项目团队内部以及项目团队和公司其他部门、项目团队之间如何进行协调、互动和配合。

3. 为了开发像彩色传真机这样的新产品，你将如何组织项目？如果是一个比较简单的产品，比如磁盘驱动器呢？

4. 工作分解结构的目的是什么？它对项目经理组织项目有什么帮助？

5. 在冲突管理中项目经理的作用是什么？

6. 项目管理办公室向高层管理者汇报，对比和权衡这一汇报机制，如果向职能部门经理报告，又会怎样？

有关“项目管理实践”的问题

针对本章中的任何一道“项目管理实践”练习题，识别造成项目风险的环境问题。

在竞争市场中进行风险管理

在竞争市场中需要考虑哪些特殊因素？

Trinatronic 公司

考虑“权重型”或“平衡型”结构的应用。

澳大利亚的风险分析和预算/进度要求

哪种风险分析方法最为适合？

运输安全管理部门采用项目管理办公室的成功案例

在这个案例中项目管理办公室的作用是不同寻常的吗？

大型企业使用流动的跨专业团队

这样的方法对当今的项目作用大吗？

南非成功的抢修团队

1. 在这种极端重视进度的态度下，哪些因素是提高项目进度的真正原因？

2. 假设项目节约了 40%的时间和 25%的成本，你对团队的重要性做何评价？

案例讨论

肖的战略

今年，柯林·肖已经是第二次被任命为项目经理了，他喜欢项目经理这个职位给他带来的挑战和机会，但是对处理人际问题感到很苦恼。有时，他觉得自己就像一个忙碌的保姆，要处理诸如安排作业、检查进度等问题，并保证每个人都在做应做的事情。最近，肖读的一本书中推荐了几种监督和管理团队成员的方法，他觉得这是一个好主意，决定在下面的项目中尝试一下。

肖面临的问题是决定是否在公司推行基于活动的成本核算法（ABC）作业系统。肖曾经担任过实施过程成本法系统的责任经理，他感到很适合带领团队顺利解决这一问题。他制定了项目目标并详细分解了各项任务，即使是子目标也有具体的说明。在与团队的第一次会议中他感到比以往任何时候都更有把握。他向每个团队成员具体布置了任务并规定了每项任务的完成时间，他甚至和每位成员都签订了责任书，以保证他们按进度完成任务。这项工作进行得非常顺利，没有引起任何争议，每个人都领走了自己的责任书并开始工作。肖对新方法的效果非常满意。

问题：

你觉得肖在六个星期后还会很满意吗？比较这种方法与以前方法的不同之处。

Hydrobuck 公司

Hydrobuck 公司是一家生产船用外置汽油马达的中等规模的厂商。过去，该企业一直成功地生产并销售 3～40 马力的马达。最近公司管理层对大马力的马达更感兴趣，并最终决定生产 50～150 马力的大功率马达。

大马达和小马达的内部装置相似，但是大马达需要动力平衡装置，简单地说，该装置就是一套保证发动机在船上保持稳定的液压系统。假如 Hydrobuck 公司不能设计出很好的动力平衡装置，那么在大功率马达的销售上是无法取得成功的。

公司财力稳固，并保持着生产小型外置马达的领先地位。下面是今后两年的公司目标：

1. 设计高品质的动力平衡装置；

2. 设计和生产上述设备；

3. 开发出在外置马达上安装上述装置的方法。

公司已经具备生产和销售大马达所需的技术、设施、营销策略。

问题：

有哪些项目组织形式可以用于这个开发动力平衡装置的项目？哪个最好？理由是什么？

课堂综合练习项目

在预算内快速、合格地完成组织项目的工作是每个项目成功的重要因素。现在我们不关注项目是在哪所大学进行的，它将要向谁报告——向导师报告还是向项目的内部组织报告。可以把项目看成是一系列任务，班级中的每一个人都有特定的职责和一定的时间来完成任务，或者通过组成几个团队来完成不同的任务。如果班级较小，那么前者可能更适合，而对于一个较大的班级来说，建立团队可能更高效和更实际。比如一个35个人的班级，可以分成5个或者6个团队，这样每个经理会收到5～7份直接报告（包括项目经理的报告）。当然，一些团队可能需要较少的人，也可能需要较多的人，但是规模应该是接近的。组织的一个约束就是各团队不能完全独立，这有两个原因：一个原因是对于每个学生来说做一些贯穿全部章节的工作比起只做针对一章问题的工作而忽视其他问题更有价值（比如回答章末所有的问题）；第二个原因是在实际项目中有很多因素相互影响，甚至引发冲突，如果项目被分解为由不同部门独立完成的一系列不同任务，彼此间不需要互动和配合，就根本没有必要建立项目来完成工作了！

参考文献

ADAMS, J. R., and L. L. ADAMS. "The Virtual Project: Managing Tomorrow's Team Today." *PM Network*, January 1997.

BAKER, B. "In Common." *Project Management Journal*, September 2007.

BLOCK, T. R. "The Seven Secrets of a Successful Project Office." *PM Network*, April 1999.

BLOCK, T. R., and J. D. FRAME. "Today's Project Office: Gauging Attitudes," *PM Network*, August 2001.

CARLISLE, A. S. "MacGregor," *Organizational Dynamics*. New York: AMACOM, Summer 1976.

CHRISTENSEN, P. J., and RYDBERG, J. "Overcoming Obstacles." *PM Network*, November 2001.

CLELAND, D. I. *Strategic Management of Teams*. New York: Wiley, 1996.

DE LAAT, P. B. "Matrix Management of Projects and Power Struggles: A Case Study of an R&D Laboratory." *IEEE Engineering Management Review*, Winter 1995, reprinted from *Human Relations*, Vol. 47, No. 9, 1994.

DEWHURST, H. D. "Project Teams: What Have We Learned?" *PM Network*, April 1998.

DINSMORE, P. C. "Converging on Enterprise Project Management." *PM Network*, October 1998.

FORD, R. C., and F. S. MCLAUGHLIN. "Successful Project Teams: A Study of MIS Managers," IEEE Transactions on Engineering Management, November 1992.

GRATTON, L. "Working Together...When Apart." *Wall Street Journal*, June 16–17, 2007.

HERZBERG, F. H. "One More Time: How Do You Motivate Employees?" *Harvard Business Review*, January–February 1968.

HUGHES, T. P. *Rescuing Prometheus*. New York: Pantheon, 1998.

IEEE Engineering Management Review, 1st Qtr. (33:1) 2005.

JIANG, J. J., and G. KLEIN. "Software Project Risks and Development Focus." *Project Management Journal*, March 2001.

KALU, T. CH. U. "A Framework for the Management of Projects in Complex Organizations." *IEEE Transactions on Engineering Management*, May 1993.

KOTTER, J. P. "Leading Change: Why Transformation Efforts Fail." *Harvard Business Review*, March/April 1995. Reprinted in *IEEE Engineering Management Review*, Spring 1997.

LENCIONI, P. *The Five Dysfunctions of a Team*. San Francisco: Jossey-Bass, 2002.

LEVINE, H. A. "Enterprise Project Management: What Do Users Need? What Can They Have?" *PM Network*, July 1998.

LIU, L. and P. YETTON. "The Contingent Effects of Project Performance of Conducting Project Reviews and Deploying Project Management Offices." *IEEE Transactions on Engineering Management*, November, 2007.

LIKERT, R J., and G. LIKERT. *New Ways of Managing Conflict*. New York: McGraw-Hill, 1976.

NELSON, B. "Energized Teams: Real World Examples." *PM Network*, July 1998.

PINTO, J. K. "Twelve Ways to Get the Least From Yourself and Your Project." *PM Network*, May 1997.

PROJECT MANAGEMENT INSTITUTE. *A Guide to the Project Management Body of Knowledge (PMBOK® Guide)*, 3rd ed. Newtown Square, PA: Project Management Institute, 2004.

RAYNAL, W. "Teaming with Enthusiasm." *Auto-Week*, May 4, 1992.

ROYER, P. S. "Risk Management: The Undiscovered Dimension of Project Management." *PM Network*, September 2000. An extended version of this article appears in *Project Management Journal*, March 2000.

SHEFFI, Y. *The Resilient Enterprise*. Cambridge, MA: MIT Press, 2005.

STAMATIS, D. H. *Failure Mode and Effect Analysis: FMEA from Theory to Execution*, 2nd ed. ASQ Quality Press, 2003.

TENNANT, D. "PMO Failure: An Observation," *PM Network*, October 2001.

THAMHAIN, H. J., and D. L. WILEMON. "Conflict Management in Project Life Cycles." *Sloan Management Review*, Summer 1975.

TIPPET, D. D., and J. F. PETERS. "Team Building and Project Management: How Are We Doing?" *Project Management Journal*, December 1995.

WARD, S. "Requirements for an Effective Project Risk Management Process." *Project Management Journal*, September 1999.

WILLIAMS, G. "Implementing an Enterprise Project Management Solution." *PM Network*, October 1997.

案例

下面的案例描述了一家实际制造企业不同寻常的组织安排。该公司主要是由雇员们通过团队形式去管理和运行的。常规做法是当项目建立后，首先将项目的意图不做任何修改传递给相关的项目团队。当然，并不是项目的每件事都传递给团队中的每个成员，因为这样会造成一些麻烦。

油井电缆有限公司

Jack R. Meredith

当油井电缆有限公司的业务经理诺姆·圣·劳伦驾驶着他的福特烈马4×4车踏上堪萨斯州70号州际公路时，他从广播中得知前方路段由于结冰造成交通事故而拥堵不堪，为节省时间，诺姆决定绕过前方西侧出口的赛车路段，改走东侧路段。在排队过路口这段时间里，诺姆回想起前一天与总经理比尔·拉塞尔的讨论。诺姆原本计划给橡胶搅拌设备加装微处理器来节省人工劳动量，这一举措并不会带来裁员，又可节省成本。从诺姆掌握的数据来看，微处理器可以节约1%的生产时间，并且把报废率从目前的1%再降低一半。

其实，这个计划提出之前本应该先通知负责橡胶搅拌的生产部门。以前曾经有一次，实施一个很小的变化，因为事先没有和相关人等进行沟通，结果引起了不小的麻烦。交通事故使两辆车翻到了路边的沟里。诺姆触景生情，想起了工厂里管理流程变更时遇到的困难，当然这个变更最后还是带来了一些好处的。变更之所以困难，是因为它挑战了公司的传统势力。

油井电缆有限公司的历史

公司的前身是一家坐落于新泽西州的线缆公司，历史上经历过艰难的时期。1983年管理权变更之后，公司更名为油井电缆有限公司并迁址到堪萨斯州的劳伦斯，为的是更加靠近位于俄克拉何马州东北部的老客户。公司的主打产品是油井潜水泵专用的扁平和圆形线缆。

公司聘用的新任领导人吉诺·斯特波利对于新公司的组织文化非常重视。在吉诺的心目中公司应该是一个员工自我管理、人人对业务的成功负有责任的组织。吉诺推行这种政策并不是出于个人的管理风格，而是因为电缆制造本身是个单调持续的过程，而非一个灵活变化的活动，要想保持业界的竞争优势，靠的就是员工坚持流程的恒心。在此行业中，直接人工成本只占产品成本的5%，间接人工成本同样占到5%左右。相反，假如是尖端行业则需要依靠高薪来吸引人才，那么这项开支恐怕要占到产品成本的30%，技术工人和管理者之间的矛盾就会逐渐暴露出来。吉诺认为，假如他可以获取员工的承诺、提高生产力、降低报废率、倡导科技创新、保持有利的竞争位置，那么公司就有望生存下去。

在公司新股东的批准下，吉诺开始实施他的计划。以前公司留下的部分员工，包括吉诺本人和财务总监比尔·赛福德一并迁到了堪萨斯州。然后公司重新购置设备，从当地的劳动力市场雇用工人。公司组织结构一建立起来，吉诺立即开始在各部门推广过程管理制度。当时公司共有11个部门，其中6个属于生产部门，其余的包括管理部、后勤部（从事计算机服务、财务等支持性职能工作）、技术部（包括实验室、研发中心）、行政部（办公管理和文秘职员），以及维修保养部。

通常这些部门自行制定工作安排、退休计划和任务分工，负责处理自己职责范围内的日常琐事，与其他部门合作解决问题并优化流程。在吉诺的鼓励下，团队合作的风尚逐步得到推广，各部门成员也越发有责任心，能够独立处理矛盾和纷争。

1985年1月公司开始盈利，此后越发兴旺起来。后来吉诺被调走，原运营总监比尔·鲁赛尔接替了他的职位，而运营总监一职由诺姆继任。诺姆拥有多年的生产经验，而且是一位高级技师（公司的组织结构如图1所示）。

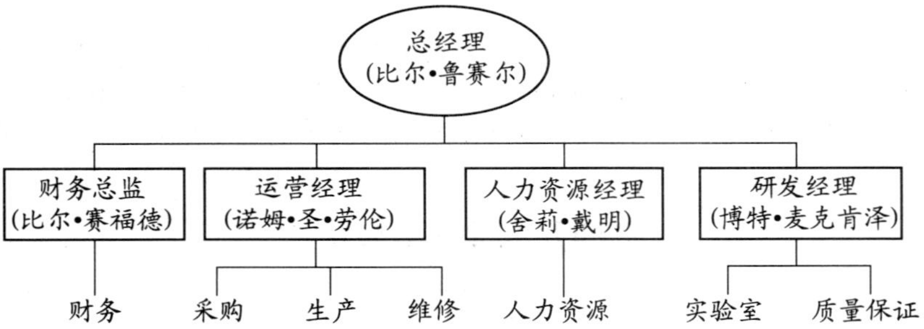

图1　油井电缆公司组织结构图

在诺姆的记忆中，1985—1989年公司的生产力迅速攀升，利润率大幅提高，公司规模也扩大到了140人左右。由此，公司成为业界成本领先者并占有大部分市场份额。此时的油井电缆公司比当年的线缆公司已经扩大了4倍，年销售额近2 500万美元。

1989年的工业衰退同样冲击了油井电缆公司，随之而来的是能源消耗的减缓，成本的节约和原油市场的商品过剩。在将近一年的时间里，公司亏损，员工闲置。公司管理层开始时还承诺不会裁员，公司规模依旧保持不变，但到了1990年，高层管理者不得不对各部门宣布必须找出一个办法来解决这个问题。可行的办法无非是压缩工作时间或裁员，公司最终还是选择了裁员的办法。接下来，管理层列出了"待裁减人员名单"，对组织机构进行纵向减员，包括一名高级管理人员、一些技术工人和一些生产员工。随后，名单交到了各部门主管手上，请其为员工的去留定夺。主管们大多采纳了名单上的建议，最后一共裁掉了20名左右的员工。

人员精简以后，生产力有了提高（见图2），使产品价格降低了10%～20%。1991年国民经济开始复苏，公司成功地把握了这一有利的投资机会，尽管当时的原油市场仍然比较低迷。1991年中期，订单开始增长，公司又恢复了加班制度并开始雇用临时工，但是也不敢贸然恢复到原来的人员规模。

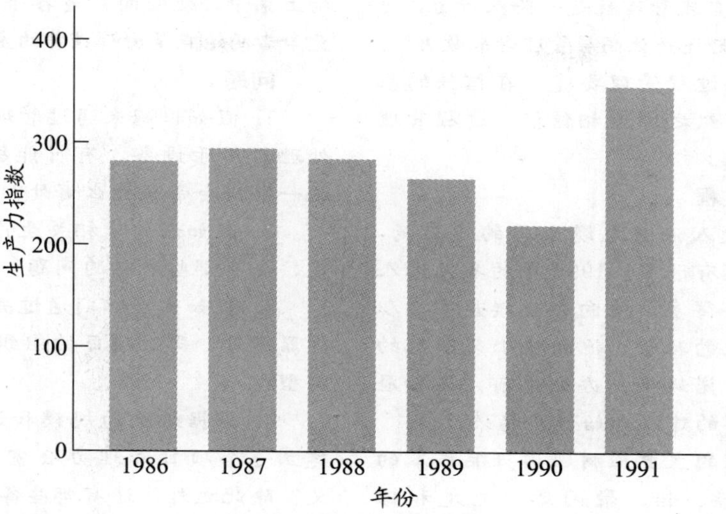

图 2　生产力年度统计表

团队管理过程

1990 年的裁员给各部门和部门的团队管理都带来了明显的创伤，后果就是员工担心部门领导是否会将更多的责任压到他们的肩膀上，因为曾经有一次，他们亲眼见过员工如何被苛责，也目睹了员工因企图隐瞒真相而被开除的情景。与此同时，管理者也不再那么自信，不知自己能否像过去那样关心员工，帮助他们度过困难时期。

部门的规模为 3～17 人不等。如何让部门成员和管理者都充分体会到部门过程管理的优势，这一点尤为重要。维修部的一名员工发现，过程管理的方法会赋予员工更多责任以充分发挥他们的潜能，使公司获得每个员工的最大能力。因此，公司每人每年投资 1 000 美元，专门用于团队有效性培训、技术技能提高、沟通技巧的培养以及一般技能的开发。在比尔·鲁赛尔看来，对部门进行过程管理不仅可以提高生产灵活性，还可以提高员工适应变化的能力。1990 年裁员后，员工对外界环境的威胁更加敏感了。在这种重压之下，1991 年公司的生产力提高了 30%以上。

部门过程管理的好处体现在员工身上，首要的一点就是增加了他们对工作进程的重视程度，其次是减少了因错误导致的惩罚。员工对工作环境感到满意，缺勤率不过 0.7%，1988 年以来自愿离职的员工只有 2 个人。

总体而言，管理者认为部门过程管理运行良好，但也并非十全十美。一位员工表示："过程管理还没有解决存货的问题。"大部分员工认为过程管理还存在着一个弊病，就是决策过程占用了他们太多的时间和精力。举例来说，管理小组用了整整三天的时间来对裁员名单做出定论。平常也如此，管理小组每周都要开一个半小时的会议。

然而，一旦做出决策之后，付诸实施的过程却变得十分迅速，这又是该过程管理的一大优势。尽管决策过程占用了大家过多的时间，但从决策到实施的整体来看，所用的时间反而比传统型组织要少得多，且决策的贯彻落实也更为成功。当一位员工被问及是否愿意回到一个比较传统的组织当中去时，他的回答是："部门过程管理实际上贯彻得比较理想，个人的感受与在一个开放的、运行良好的传统型组织当中并没有什么太大的差别。"

员工们发现，并不是所有的决定都需要经由管理层通过。有时候他们本来有把握，可是面对管理者时又犹豫不决，不知到底是需要通报一声还是可以自作主张。尽管占用的是上班时间，但是谁也不想把时间都浪费在部门会议上，特别是在经历了裁员危机之后，员工们觉得自我管理就是一条双行道，可左可右，凡事最好还是让高层管理者来做决策。

由此可见，过程管理要建立在信任的基础上，只有上下级之间互相信任，过程管理才能够运转良好。

电缆生产过程

诺姆把车驶入油井电缆公司的停车场，他发现空车位还有很多。1992 年的冬天比人们想象的要寒冷得多。他向办公楼走去，积雪几乎没过了他的靴子。他的狭小又杂乱的办公室在楼上，诺姆坐到办公桌前，从抽屉里找出微处理器的建议开始研究起来。

公司生产用的主要原材料占产品成本的 60%，包括铜棒、铅、聚丙烯、尼龙和橡胶。产品检验的过程是把电缆浸在水中，加上 3 万伏的高压。迄今为止，他们的产品还没有被退过货，但是为了以防万一，他们还是将 5 年以来生产的电缆全部留了样本。

公司对新技术一贯表示欢迎，还特意设立了一个研发实验室做专门的研究。各种加工技术、绝缘和封套材料一夜之间就可能退出市场，因此公司不敢有些许怠慢。其他油品提炼技术也同样时时面临着威胁。在国际市场上竞争，处处面对着各个国家的竞争对手，竞争者的地点是影响销售的主要因素之一。

问题

1. 假如诺姆未通过管理层的决定就将微处理器用于设备，有可能引发怎样的冲突？这一举措会带来什么好处？

2. 假如诺姆让相关生产部门来做这项决定，会有哪些潜在的问题？又有哪些优势？

3. 假如生产部门通过并实施了这一微处理器项目，那么项目的组织形式属于哪一种类型？

4. 根据组织的规模和运行项目的个数，建立一个项目管理办公室是否对公司有意义？除此之外，还有哪些备选的管理形式？

5. 微处理器对生产成本有哪些影响？假设可变管理成本与固定管理成本占同等比例，微处理器成本为 25 000 美元，安装调试费用为 5 000 美元，利润率为 10%，计算净现值。

6. 对比图 2 中 1985—1989 年的生产力水平，根据诺姆的回忆，解释生产力不稳定的原因。

7. 您给诺姆提出哪些建议？

指导阅读

在下面的文章中将讨论一个随着全球化竞争的日益加剧而出现的新现象——按地域分散的项目团队。全球化竞争往往伴随着新的电子技术的产生，这些技术也有利于分散在全球的项目团队取得成功。然而这样的团队的问题也很多，文章中列举了这些问题以及项目经理应对这些问题所采取的方法。文章中提出的一些建议对一般性质的项目团队（地理位置上不分散的项目）同样有帮助。

虚拟项目：在今天管理明天的团队①

J. R. Adams, L. L. Adams

为了完成项目任务，项目人员往往被寄予厚望——要求他们给出超常的承诺。通过打造团队来激发团队成员的承诺是项目经理的基本职责。虽然专家和实际工作者对项目团队建设的研究已经有几十年了，但是到现在才发现这方面的研究落入了官僚主义的体制中：团队成员在一起工作，经常见面，互相都很了解，希望长期合作下去等。团队建

① Reprinted from *PM Network*, Project Management Institute, Inc., January 1997, Vol. 11, Number 1. ©1997, Project Management Institute Inc. All rights reserved.

设的概念是在一定的环境中发展的，只要这些工作环境存在，研究也只能局限于其中。

现有的团队概念其实是在支持和纵容官僚组织。在大量的案例中我们发现，现在项目所处的环境与传统官僚主义下的工作环境已大不相同，但是对团队的一些基本定义仍在强调官僚主义下的假设。例如，在一部经典著作（Kast and Rosenzweig's Organization and Management：A Systems and Contingency Approach，McGraw-Hill，1985）中指出"实际的工作团队是由3～15个人在一起工作，共同执行被分配的任务"。项目管理协会最新出版的《PMBOK指南》（pp. 99－100）中，团队建设的五个基本技术之一是："集合"，即"集中所有团队中的积极分子在同一地点以发挥整体的工作能力"。在所有这些著作中，虚拟项目的概念都明显被忽视了。

在虚拟项目的新的工作环境里，成员很少在一起工作，很少见面，之前很少共过事，项目结束后，也许再也不会一起工作。越来越多的组织，面对的是科技高速发展的环境，尤其是在通信领域：复杂的组织结构要求能应对全球竞争；活跃的市场需要缩短对独特产品的生产周期；精简机构、外包、强化团队等已成为多数组织的新特点，工作稳定已成为过去。许多组织的生存都依靠迅速调整结构、文化和产品的能力以满足市场变化的需求。

让我们来研究一下现代的项目经理为了发展高效高质的虚拟项目团队所面临的现实条件。

虚拟项目

虚拟项目也称为分散团队，是指成员分散在一定的地域范围内，他们之间很少在一起面对面工作的组织形式。成员的分散距离不必过大，在同一企业工作的员工，如果因为工作进度的安排不能在一起面对面工作，可以组成虚拟项目团队。随着距离的增加，成员联系和团队组建的难度也加大了。如果成员分布在不同的时区，直接联系受到限制，直接见面和电子化沟通的成本会大大提高。电子通信在虚拟项目中起着举足轻重的作用，因为它使组建高效的项目团队成为可能。

充分论证虚拟项目产生的原因超出了本文的范围，但是前面所说的环境因素简要说明了为什么需要虚拟项目。

杰克琳·科斯特纳对虚拟项目有较深的研究。在她的《电子圆桌骑士》（Knights of the TeleRound Table，Warner Books，1994）一书中，说明了一些项目经理必须用虚拟项目来解决的问题。这些问题列示在表1中。

表1　虚拟项目管理建议

问题	困难	建议
建立信任	不规则、不连续的沟通；成员间的舒适度和熟悉度不高；有"你、我"之分的观点	采用多种沟通方式；采用电子通信方式（除了需要亲笔签字的）；为每个成员都提供适用的管理软件
建立团队认同	很少分享经验；缺少沟通；不了解其他成员的角色和责任	在可能的条件下定期召开电子会议，保证每个人都能参与讨论；采用标语、座右铭和幽默来激励和调节工作气氛；不开会时也要保持联系。注意：不要将任何人排除在讨论之外
分享信息	由于地域之隔影响信息的充分分享，不能进行充分讨论；缺少远距离传递信息的系统	使用手机、传呼机、传真、电话、电子邮件、因特网、无线网络等技术增加更多的信息分享机会；将重要的报告分发给各成员；将信息集中于主页、局域网等
建立清晰的组织形式	成员的角色和责任不稳定；文化冲突带来不同的想法，决策缺少固定的程序	使用标准的会议形式；在项目启动会议上明确目的、目标、问题和关注点等，并定期予以回顾；要求参与者描述并定义潜在的问题，并共同评估未来的风险

续前表

问题	困难	建议
“小团体”的形成	“小团体”给团队和项目经理之间、团队成员之间，或其自身制造了对立和竞争	项目经理不能阻止但是可以管理这些“小团体”，识别并关注它们；设立分委员会处理事务和人员问题；寻找并主动创造机会将来自不同“小团体”的成员组织在一起工作
理解信息	每个成员有不同的信息（不连贯的）；每个成员有不同层次的信息（不完整的）；每个成员对信息有不同的视角，以上构成了信息的不对称	请成员解释他们的观点；请成员描述他们的计划以及对相关组织的影响；对不同的参与者采用不同层次的信息

建立信任是对远程遥控的项目经理最大的挑战。由于成员们相互了解非常困难，大家交流不容易，因此更不愿意相互联系，这就破坏了作为团队工作基础的信任。同样，在如此遥远的距离之间达成认同也是很困难的，因为成员接触的总是自己身边的事。团队在有效信息分享方面也存在很大问题，原因之一是缺少像在共进午餐时或喝咖啡时那样的非正式交流机会。建立清晰的组织形式对虚拟项目经理来说也是问题，因为虚拟项目需要规定比传统项目更明确的愿景、使命与目标等。与异地的成员相比，虚拟项目的成员更愿意与身边的人联系。“小团体”给团队和项目经理与外地团队之间的关系带来了敌对情绪和竞争。最后一个问题是，每个分散的成员所占有的信息多少不同，更重要的是，每个成员对信息有不同的看法，信息的不对称使成员间难以沟通的问题频繁出现。

如果这些问题不解决，虚拟项目的管理会有比传统的集中管理大得多的困难。幸运的是，科技的发展使虚拟管理成为可能，并能随时解决这些问题。

组织虚拟项目团队

表1中列出了虚拟项目经理利用项目管理团队的优势解决虚拟团队困难的一些建议。总之，这些建议鼓励项目经理创造性地利用现代科技凝聚团队力量并鼓励团队成员以主人翁的态度实现项目和团队目标。

既然在虚拟项目中成员们很少面对面沟通，有经验的项目经理推荐使用各种电子通信方式。随着与项目经理以及其他成员之间的交流增加，相互的信任也就建立起来了，因此鼓励大家相互沟通是很重要的。虚拟项目经理使用手机、传呼机、传真、电子邮件、网页、局域网、广域网之间的无线传输等多种方式保持与成员的联系，传递内容包括从正式的业务报告到幽默笑话、图形标志、座右铭等各类内容。这些联系可以增加成员间的共同经历，从而加深成员间的关系。定期的电视、电话会议增加了项目成员间的了解。

当“小团体”形成时，要对其进行管理，而不能坐视不管。项目的下属管理机构要着力解决项目问题，特别是将不同“小团体”的人召集到一起，互相学习。项目成员应经常互相阐述自己的观点、讨论计划，以最大限度地提高对项目、项目进度和愿景等的共识。

目前，有四种电子通信方式被虚拟项目经理广泛采用以加强相互之间正式和非正式的交往，这在几年前是不可能做到的。

（1）因特网。技术的进步使分散团队的建立成为可能，也使远距离的沟通成为可能。因特网为全球联系提供了一种廉价而便捷的方法，虚拟项目的团队成员都要能够使用因特网和电子邮件。项目经理通过电子邮件和世界各地的成员及顾客交换项目信息，电子邮件是详细讨论项目内容的绝好手段，由于时差和技术细节的存在，依靠电话和电视会议很难达到上述目的。如果依靠传真传递数量大、频率高、连续性强的数据，其成本实际上是十分高昂的。

以电子邮件作为信息传递的基本方式简单快捷，并且解决了时差的问题。便捷的交流手段鼓励成员们更多和更深入地进行沟通。成员间的了解更全面，由此也创造了更和谐的工作环境。有一个问题要注意，有的公司为了节约，限制电子邮件的使用范围，只允许处理办公事务，而限制个人评论、开玩笑及其他“不重要”的联系，但是这种非正式的交流至少可以弥补沟通不足的问题。非正式的电子邮件可以代替面对面的联系并能培养紧密的工作关系和彼此的友谊，这些要素一直被认为是成功的项目团队必不可少的要素。

（2）传呼机。在现在的业务环境中，有许多同时服务于多个项目的技术专家（项目成员），他们都是高价资源。这些高价资源的时间是很有限的。虽然项目日常的工作会议很重要，但专家的时间更宝贵，项目经理要尽量节约他们的时间。

依靠传呼机可以高效地使用团队成员的时间。每个成员带一部传呼机，机号由团队统一设置。当讨论的主题不涉及某人时，他就可以不参加讨论以节约时间做更多的事情。如果问题涉及不在场的人员，可以通过传呼机呼叫某人。这既保证了反应的速度，又减少了不必要的参会人员。这项内容应在项目的启动会议上敲定，届时项目经理还要讨论团队的角色、责任和目标，也要建立起良好的文化氛围以保证成员对呼叫的反应，尤其是当“911”这个号码出现时，意味着有需要立刻回应的紧急事件，这与传呼号码是相关的。

（3）电话会议。电话会议不像上面的技术那么新，但随着虚拟项目的增多，这种技术得到了更广泛的应用。很多人都知道电话会议，但是很少有人能高效地利用它。由于缺少视觉的交流，电话会议只能通过语言进行，与会者在参加时必须清楚自己的观点。电话是为两个人的沟通而设计的，如果更多的人参与进来，要保持高效的对话是很困难的。目的是保证每个人都有机会参与，并且能在一定时间内解决所有的问题。

应用电话技术进行多人交流要求进行认真的管理和对对话进程控制，项目经理不能控制交流结果，但必须控制交流过程，会议必须进行很好的组织。详细的议程对会议的效果是很重要的，项目经理应提前安排会议议程，并提前 2～3 天将讨论议题分发给与会者。讨论的内容一般应包括：电话会议的目的、会议日期、与会人员、会期、主持人（如项目经理）、详细的议题以及每个议题的主要参与者。项目经理可以充分采纳这些参与者的意见，吸收其他团队的意见，着力寻找解决方案。以上程序能够保证关键人员参与谈话、提出观点，并将注意力集中在关键问题上，也可以避免无关的谈话，减少对有效发言的干扰。

下面的提示对成功的电话会议是很有帮助的。

有关电话会议的提示

- 为了满足进度计划而设定一个总体的时间限制（为你自己也为你的团队）。最好不要超过一个半小时，否则将事倍功半，因为人们的注意力集中很少超过这个时限。
- 将会议的内容分为两类：一类是在本次会议开始前要完成的项目任务，一类是在下次会议开始前应完成的项目任务。
- 有一个主要议题是“项目完成情况”，应列出当前和以前应完成的任务以及任务的负责人，并说明任务情况和加速完成任务需要团队做的事情。
- 在议题结束前应有“自由辩论”的时间，使每个人都对议题发表意见。将自由辩论放在最后阶段也是为了保证发言人不会因强调个人观点而偏离议题，即使时间有限，也保证了议题的完整。
- 邀请成员递交新增的议题供会议讨论。如果增加的议题在会议前未提交，则应在自由讨论时研究，以免打断正常的会议进程。
- 在会议一开始就讨论影响进度和多部门工作的变化，例如提前完工或进度拖延，因为这可能影响到讨论议题、会议进程或整个项目的工作。

(4) 电视会议。与传统的面对面会议不同，地理位置分散的团队的交通成本（包括成员在此方面花费的时间）是无法估量的。也许，有的问题太重要而不能靠电子邮件、电话会议、普通电话来解决，此时，最有效的方法就是召开电视会议。

电视会议有其他形式所不能替代的优势，它可以使大家相互了解得更多，因为它使大家在不同的层次上交流。肢体语言和面部表情有时比纯语言能传递更多的信息。在项目启动会上要建立工作分解结构和制定项目计划，团队成员全体参加，对于落实项目职责非常重要，这时尤其适用电视会议的形式，它使不能到会的成员也可以参加会议。

虽然电视会议有很多优点，但也存在缺陷。普遍的问题和困难是后勤保障，因为所有的与会者都要预先到达接收（转播）室，而且虽然电视会议的成本在逐渐降低，但还是很高昂的，尤其在涉及多地点接收或卫星通信时更是如此。

虽然技术在快速发展，信号传送速度也大大提高，但是电视会议采用的宽带方式在传递与会者的动作和表情方面仍有明显的时滞，这样的效果加之与会者在镜头前不自然的表情使得整个过程显得很僵硬和做作。还有一个特殊的问题就是，与会者能够看到自己，而且十分在意自己在别人眼中的形象。

既然采用电子通信技术是为了提高虚拟项目的稳定性，那么让每个成员都能掌握项目计划的细节尤其重要。应让团队成员熟悉编制计划和控制项目活动的软件，并能容易地看到项目文件。项目文件的自由传递有利于增进交流，又便于项目文化结构的展示。

掌握团队建立的基础知识对于任何项目的高效管理都是很重要的。鉴于虚拟项目的特点，组建团队的方法和技巧也要做相应的改变。显然需要面对面的沟通，但由于时间和成本的限制，在虚拟项目条件下却不可能实现。幸运的是，技术使虚拟项目成为可能，并为分散团队提高效率提供了解决方案。

虚拟项目经理必须有使用现代通信技术的知识和创造力以丰富成员间的共同经历，增强实现项目目标的信心。也许更重要的是，应该认识到，不但项目经理要有充分利用现代电子通信技术的能力，而且虚拟项目的所有参与者都应迅速掌握这一必备的技能。

为了帮助虚拟项目经理掌握更有效的方法和技巧以满足组建虚拟项目团队的需要，对此还应进行更广泛的研究。

问题

1. 哪些是虚拟项目独有的特点，哪些是与其他项目共有的特点？

2. 为解决虚拟项目的问题，可采用哪些新技术？

3. 在解决虚拟项目的方法中，哪些适用于常规项目？

4. 本文提到的哪些问题对虚拟项目是最严重的？哪些是致命的？

5. 当实施虚拟项目时，矩阵型组织所面对的困难会如何改变？

第Ⅱ篇 项目计划

Project Planning

▷▷▷ 第 6 章 工作活动计划
▷▷▷ 第 7 章 项目成本和预算
▷▷▷ 第 8 章 项目进度计划
▷▷▷ 第 9 章 项目资源配置

在第Ⅱ篇我们讨论基于项目活动、预算、进度的项目计划。第 6 章介绍了项目活动计划和现有的在各种项目任务中使用的有用工具，以及阶段通关管理体系和处理复杂项目中的多学科团队工作中的问题和方法。预算、计划和成本控制在第 7 章会有具体的阐述和讨论。进度，作为项目计划的关键方面，会在第 8 章进行讨论，第 8 章还讨论了最普通的进度模型，诸如项目评估和回顾技术（PERT），关键路径法（CPM），以及进度图表。资源配置会在第 9 章进行描述。对于单个项目来说，我们讨论资源配置问题是如何与资源成本最小化水平相关的，对于多个项目来说，我们认识到问题的关键是如何在几个项目之间分配资源以达到每个项目的目标。

第6章 工作活动计划

本章以对时间管理和质量管理的讨论开始，分别是 PMBOK 的知识领域 3 和知识领域 5。时间管理是一个更广泛的话题，将会在第 8、10、11 章进行深入讨论。质量管理会在第 12 章继续讨论。

在《读者文摘》（*Reader's Digest*，March 1998，p. 49）中，彼得·德鲁克这样描述计划："除非立即转化为辛勤的工作，否则计划只能是美好的愿望。"实现这种转化并不是一件容易的事情。计划工作不充分是项目管理中的老问题。项目管理类杂志上经常发表文章阐述做好计划的重要性，项目经理们对此置若罔闻，他们认为（或者被告知），制定计划"花费太多时间"、"客户并不知道他们想要什么"、"如果我们承诺，我们就得负责任"，还有许多其他类似的牵强借口（Bigelow，1998，p. 15）。汤姆·彼得斯在《辛辛那提邮报》（*Cincinnati Post*）中如是说："商人们相信许多愚蠢的事情，如你花在计划上的时间越长，花在实施上的时间就越少，这几乎从来就不是事实！预备、瞄准、开火，这才是我最尊崇的商业做法。"如下所述（包括第 13 章内容），大量的研究支持以下观点：认真地做好计划工作与项目的成功密切相关。据我们所知，没有任何一项研究支持相反的观点。另外，明智的计划者也不会让过度的分析扼杀计划，即著名的"分析休克疗法"。在一篇优秀的文章中，兰格雷（Langley，1995）探讨了如何避免上述两个极端，从而制定出切实可行的计划。

现在我们来考虑制定项目工作计划，把计划转化为辛勤的工作，实现项目的最终成功。有许多原因说明为何在计划项目时我们必须十分小心。制定计划的主要目的当然是建立详细的指导方案，以确切地告知项目团队必须做什么，必须何时做，需要什么资源以及何时需要何种资源等，从而保证成功地产出项目可交付成果。

正如第 1 章指出的："项目的可交付成果（或者范围、规范、目标）不仅是商品或服务（我们承诺按一定质量标准向客户提供这些商品或服务，从而满足客户的期望），还包括为达到客户满意完成项目所需的时间和成本。制定计划时必须考虑到项目结果也要符合项目所属公司的目标要求，项目组合或任意一种批准该项目的战略选择程序都能反映这一点。由于计划只是对为达到项目目的必须做的事情（做什么，何时做）的评估，它总是在不确定的环境中进行，因此，计划必须容许与项目相关的风险和特征（当项目实施时可能会受到这些因素的干扰）等的存在，例如范围蔓延，或者某个单独的项目成员很少与该项目的其他成员进行互动讨论——这在软件项目中是常见的现象，关于改变项目范围的正式过程，我们将在第 11 章进行讨论。另外，计划也必须包含保证其完整性的方法，也就是说，必须包括如何控制按规定进行工作的手段。

最后，除了计划对项目本身的产出物有具体规定外，计划中包括的活动和投入的原料必须受到法律和社会的约束。外部环境的约束通常来自食品与药品管理局（Food and Drug Administration）、职业健康安全管理局（Occupational Health and Safety Administration）、各种工程团体、项目管理协会、劳工组织、不同行业的标准惯例等，这些约束对于保护我们免受不安全的或者有害的结构、机器、地毯、设备、服务等的伤害具有重要意义。

讨论项目计划的文献为数众多，有些涉及计划的战略方面，着眼于如何选择与组织目标相一致的项目，有些文献致力于研究个体项目的计划制定过程，事先假定项目符合战略需要，已经被选定。大多数领域都有自己的一套项目计划过程，尽管各个过程的名称不一样，其实都挺相似，不久我们就会看到这一点。例如在信息系统领域，软件项目的标准“系统开发循环”包括4个、6个或7个阶段，这取决于不同的作者，如雷克斯（Rakos，1990），贝姆（Boehm，1988）。

制定计划是为以后完成任务提供方便。这个世界充满了从未付诸实施的计划。这里讨论的计划技术着眼于使想法变为现实的过程更为顺利。管理项目是个复杂的过程，计划充当着这个过程的地图，该地图必须足够详细以便决定下一步做什么，同时必须足够简单以使工人们不会纠缠于细枝末节。

项目管理实践

比格2号火星探测器计划失败

2003年12月，比格2号火星探测器（由欧洲空间机构（European Space Agency）和英国国家空间中心（British National Space Center）联合研发）在登陆火星的过程中，与地球失去了联系，从此再也没有消息。在调查这件事情的过程中，发现是项目计划（和再计划）出了问题。由于在时间、成本上压力过大，项目一开始就做了妥协。由于公共资金不充足，设计团队不得不花费大量的时间来筹集自有资金，而不是讨论存在的技术问题。此外，后来的改变迫使团队降低比格2号的重量，从238磅降低到132磅！当三个气囊在检测中不能正常工作时，被一个降落伞设计所替代，而且由于时间不够没有进行充分的检测。

调查委员会建议在未来的实践中要做到以下几点：

1. 在项目开始时获得必要的资金支持。
2. 实施在常规基础上的正式的项目检查。
3. 在所有利益相关者重新考虑项目的节点处建立项目里程碑。
4. 资金考虑中应该包括对潜在失败的预期。
5. 由于不确定性的存在应该包含和建立高强度的安全边际

资料来源：Project Management Institute. “Mars or Bust,” *PM Network*, October 2004, p. 1.

下面我们讨论项目计划制定的一种较为正式的方法。几乎所有的项目计划技术都只是在计划过程的方式上有所区别。大多数组织，无论属于哪个行业，都采用相同的计划过程并管理项目，但是它们经常以不同的名字命名这些过程，有些人称之为“确立目标”，有些人称之为“范围定义”，或者“需求识别”，有些人称之为“评估”，还有些人称之为“检测和验证”。无论项目是对内部客户还是对外部客户的，项目的可交付成果必须与客户的操作系统相配套。

我们采用一种我们认为能使计划过程既直接又相当系统化的方法，但也绝不会像计划理论家希望的那么直接和系统，即使在最好的情况下，计划也是拐弯抹角的。这是一个从不那么好的计划中产生较好计划的迭代过程，而这个改善的迭代过程似乎是间歇性发生的。该过程可以被正式描述，却没有正式发生。计划的片段由个人、非正式团队会议或正式的计划团队开发（Paley，1993），接着由其他个人，小组或团队改善、再改善。计划本身和计划过程开始时很简单，随后越来越复杂。如果一直把适当的最终产品作为目标，这个杂乱的过程就会产生项目计划。本章我们关注项目的实际设计方面，确定项目应该完成什么、谁去做什么，从而实现项目目标。这里我们描述一个项目计划的实际过程。组织项目的工作需要一个项目经理，成立一个项目团队，作为项目启动的一部分。项目的预算和进度是项目计划的主要部分，我们将在第 7 章和第 8 章讨论。实际上，在中间阶段和最后阶段必须做什么来检验并批准项目的产出以及必须要保留什么记录，与有关项目收尾的计划一样，都是项目计划的组成部分，这将在后面的章节讨论。采用这种顺序没什么神秘的，仅仅是顺应项目计划自然发展的顺序。

项目计划可以采取许多形式，后面我们会提到几种。一个项目计划应该包括下一节将要描述的各种要素。稍后我们会看到，它也应包括在项目生命周期内所有变化和调整的记录，因为这构成了项目终止的主要文档——项目历史（见第 13 章）。项目计划应包括一个高度完整的进度计划及完成项目任务所需的所有相关的资源和人员。出于多种目的，我们有时采用行动计划，它是项目计划的一部分，详细说明活动进度、资源和人员要素。和项目计划一样，行动计划也可以根据需要采取各种形式，接下来我们也会涉及其中的一些形式，行动计划的焦点在于项目所需活动和/或事件的进度、资源、人员要素。在项目计划和行动计划都必不可少的情况下，我们可以在不同的时候选用部分计划或完整计划，视需求而定。

在第 6.4 节，我们描述体现行动计划的另一种专业化（分层次）的方式，即项目工作分解结构（WBS）。工作分解结构通常由所有项目活动的一个简单清单构成，其中主要活动分解成子活动，接着继续分解。清单中还可能列示进度计划、资源、预算数额以及项目的其他特定方面。线性责任表是体现项目行动计划的又一种专业化方式，它关注谁在每一项计划任务中承担何种责任（如实施、批准、沟通、支持）。工作分解结构和线性责任表可以采取多种不同的形式。

人们可能会问：“为何用多种不同的方式来显示类似的信息？”与许多别的事情一样，传统大概是主要的原因。项目计划通常是一个大且复杂的文档，而项目经理需要快速而简单的方式来沟通有关项目的具体信息。行动计划、工作分解结构和线性责任表是能够做到这一点的简单而又高度灵活的方式。

6.1　初始项目协调和项目计划

项目目标与企业的使命、目标和战略紧密结合是十分重要的，正如项目组合过程所描述的那样，高层管理者应该确定企业承担此项目的意图，规划项目范围以及描述项目的期望结果。没有一个清晰的开始，项目计划（或者后期程序）的制定很容易误入歧途。由高层管理者亲自召集并参加项目启动会议即一个初始协调会议，也很关键，因为这体现了高层管理者对该项目的承诺。

主持项目启动会议的人首先应该确定项目范围。项目启动会议的成功完全取决于定义明确的目标。除非计划制定过程的所有参与方都对该计划预计要达到什么目标有准确清晰的理解，否则计划的制定肯定是不充分的或者会被误导。项目范围说明的精确性依赖于项目本身的性质，有鉴于此，它反映了如下事实：所有项目在某种程度上都是独一无二的。若想知道有关项目范围的一些有用的论述，请看邓肯的文献（Duncan，1994）。我们已在第 4 章，并将在第 11 章中更多地讨论项目范围及管理。

在项目启动会议上，项目细节被充分地加以讨论，以便所有人都能对有关事项有整体了解。如果该项目只是众多类似项目中的一个，那么会议属于常规性的，会很简单，只是和一些有关单位进行对接。如果该项目在许多方面都很独特，则可能需要充分的讨论。

在项目启动会议上列出项目所面临的主要风险大有必要。在项目选择过程中有些已知的风险已经被识别出来，例如市场对新流程或者产品的反应，创新技术的灵活性等。在项目启动之初人们就要启动项目风险管理计划，以使深层的风险识别能够延续下去，例如过程或者产品的技术手段、项目的进度、资源储备等，无数的风险摆在项目面前，有待在项目计划过程中展开。除了以上介绍的内容，项目计划过程的另一个产物就是项目风险管理小组的成立，以及该小组人员在计划过程中制定的初始项目风险管理计划。

尽管不同的作者对项目启动会议怀有不同的期望（Knutson，1995；Martin et al.，1998），但我们感到如果项目的可交付成果相当简单而且不需要太多部门间的协调，避免进度和预算计划超越最综合的层次（第一层或第二层，详见第 6.3 节对计划层次的描述）是非常重要的。在启动会议上过多集中于计划的细节有可能阻碍团队成员将新计划融入他们正在进行的活动，同时阻碍其确定对涉及两个或更多组织单位的活动的协调方式。更糟的是，部门代表会被要求做“一个所需预算和时间的八九不离十的估算”以便实施这个初步计划。任何在项目团队中工作过的人都了解最初的估算瞬时被确定为实际预算和进度计划的奇特倾向。记住，这只是用来计划最简单项目的一系列会议中的一个。花费必要的时间将技术上和政治上各方面的因素考虑周全从而做好计划工作对项目未来的成功至关重要。“如果这意味着许多的会议和在决策中需要广泛征求参与者的意见，那么这种努力是值得的”（Ford et al.，1992，p. 316）。

不管过程如何，结果必须是：（1）确定技术范围（尽管也许不是“最终版”）；（2）所有参与者接受了基本职责；（3）公司对项目进度和预算的初步要求得到明确；（4）风险管理小组正式成立。每一个承担项目部分责任的个人或单位应该同意在下次项目会议前交付一份关于如何履行责任的初步的却详细的计划，这些计划应包括对规定任务的描述以及预算（人工和其他资源）和进度的估算。

与这些计划同期进行的，还有风险管理小组的风险管理计划，包括提议的风险管理的方法，应对风险的进度计划、预算和标准，以及报告机制。进一步而言，要提供风险管理数据库所需的数据，阐明风险管理小组担当的各种角色和责任（PMI，2004）。

必须强调一点，风险管理的过程绝不是一个静态的过程，而是一个随着原有的风险不再存在或者已经被规避掉，更多的风险被识别出来的一个实时更新的过程。换句话说，就是现实代替假想，新的假想代替旧的假想的一个动态的过程。

各个不同的计划组成部分，包括风险管理计划，最终汇总形成一个综合的项目计划。这个综合计划，仍然不是最终确定的，还要由每一个参加的小组、项目经理以及高层管理者依次批准。每一步审批在某种程度上都增加了计划的确定性，当高层管理者认可后，任何对项目范围的进一步改变都必须通过正式的变更命令进行。如果项目规模不大也不复杂，非正式的书面备忘录可以代替变更单，其要点在于：在最高管理层批准后，没有书面通知不得进行重要的项目变更。“变更是否重要”因具体的情况和人而异。

一般而言，项目经理有责任取得各项变更所需的批准，保证所有变更都已写入计划，得到了高层的批准，并已经和在计划上签过字的部门沟通过。没有什么会比自己精心制定的计划在没有通知的情况下就被旁人修改更能激怒职能经理了。违反这一步骤被认为是对他人的不信任。在某个企业设计童装生产线的项目中发生过几起类似事件，这种对没有沟通的变更的愤怒是如此强烈，以至于两位主要设计师辞职并转而为该企业的竞争对手工作。

由于高层管理者几乎总会行使他们的特权来修改计划，因此项目经理应该让具体制定计划的部门重新考虑和批准修改过的计划。这一步骤最终批准的结果就是项目计划，有时也叫主计划或基准计划。当项目的计划制定阶段完成时，很有必要再召开一个会议，进行计划制定后的评审（Martinez，1994）。这个会议应由一个与该项目无关的经验丰富的项目经理主持。安东尼奥尼（Antonioni，1997）指出，计划制定后评审会的主要目的是确保项目计划中的所有必要因素都已经包括在计划中并得到了沟通。

项目管理实践

儿童资助软件是“范围蔓延”的受害者

2003年3月，英国的儿童资助协会（Child Support Agency，CSA）开始使用新的价值4.56亿英镑（约合8.6亿美元）的软件系统，以接收和支付儿童资助费用。然而，到2004年底只有大约12%的申请者收到了这笔费用，他们甚至花费了3倍于正常程序的时间。CSA面临着放弃这个系统。问题源于范围蔓延过大且缺乏风险管理战略。软件供应商宣称该项目是被CSA的2 500个变更要求所打断的，然而CSA坚持说只有50个变更要求，但是合同没有包括范围管理计划以协助定义什么可以称为范围变更要求。风险管理战略的缺失也导致在出现麻烦时没有应急计划和后备计划，当项目被搁浅或者不适当的要求出现时，没有办法解决。

资料来源：Project Management Institute. “Lack of Support,” *PM Network*, January, 2005, p. 1.

□ 外部客户

如果项目是向外部客户交付某种产品或服务，除了没有客户同意不能变更外，基本的项目计划制定过程是不变的。这种情况下一个共性的计划制定问题是，营销部门已经承诺了某种可交付成果，但工程和制造部门可能不能按进度计划生产。当向潜在客户提供最初报价时，如果各职能部门没有参与计划制定过程，通常会发生这种问题，它的严重性无论怎么强调都不过分（Martin et al.，1998）。

营销部门反对工程和制造部门早期参与的理由有两个：首先，销售人员接受过销售培训，对企业产品或服务的技术方面十分精通；其次，销售人员应具备关于设计和制造的生产周期和进度方面的知识。此外，营销部门普遍认为（偶尔还算公正）制造工程师和设计工程师不懂销售，喜欢在客户面前辩论或者对客户需求十分悲观，一般不能对客户表现得彬彬有礼，而且在销售过程中（通常在提交建议书之前）过早涉及太多技术人才是非常昂贵的。如果派遣5位技术专家出差去考察潜在客户的需求，不包括被专家浪费的时间，很轻易就会花掉公司超过10 000美元的奖金。愿意接受较高销售成本的公司会更加注重项目的选择过程。

反驳上述看法的理由很简单，通常第一次就把事情做对要比重做更便宜、更快、更容易。如果产品或服务是一个复杂系统，必须安装到另一个更大、更复杂的系统中，应当将销售本身看成是一个项目并制定项目计划。许多一贯在设计和制造危机中运行的企业是自己给自己制造了麻烦。（软件制造商和计算机系统销售人员请注意!）公平地说，任何与客户面对面的人都应该接受一些销售技巧的培训。

这个问题的一个潜在补救方法是使用跨职能团队，在本书中也叫“并行工程”。这一术语诞生于20世纪80年代，已经被应用于产品或服务的开发，“产品设计和制造过程同时进行，利用跨职能团队实现一体化，同时在产品开发阶段听取客户的意见”（Smith，1997，p. 67）。组建跨职能团队也可以应用于软件的设计和开发过程。在软件开发项目中，自项目开始就让客户参与软件需求开发过程十分重要。客户经常问诸如“你在使用软件的过程中，能否修改它以使它也能……”的问题。软件程序员在处理这些问题时，通常倾向于考虑技术可能性而忽略额外花费的时间和成本。本章的后续内容会进一步讨论跨职能团队。在很多时候，假如跨职能团队的计划无法实施，风险管理小组一定要了解情况，接下来就是采取相应的措施。

软件行业开发了一套体系，用于确定项目绩效要求，叫做规范要求，原本是为了面向外界客户使用的，但同样适用于内部客户或非软件行业。如上所述，项目团队与客户一起研讨设计，充分想象作为产品使用者这样一个“演员”角色，在使用软件产品（项目成果）这场戏中，会有怎样的表现呢？这个“演员”可以是个人，也可以是团队，甚至是其他计算机系统。项目团队和客户一起做场景分析，就是为了更好地理解软件的界面和操作，以及任何与之相关的功能。想象中的场景可以细分成若干单元，足以充分展现项目的各项工作，估测其资源、时间和成本，识别有无新的技术产生。最后一点，我们必须了解，客户导演的这场戏是随时间变化而变化的——有些场景会加进来，有些场景变了样，有些场景根本就没有被搬上舞台，因此项目团队必须要与客户保持密切沟通，随时获知需求变化的情况。

项目管理实践

伦敦地铁的时间进度和运营计划

这个项目致力于在重新设计伦敦地铁的原始软件系统后开发一套时间进度和运营计划系统。

伦敦地铁是世界上最古老且最复杂的地铁网络。在高峰时有460多辆车穿梭在2 000平方千米的区域中，每年运送8亿多名乘客。很自然地，设计车辆运营进度系统的工作被分派给信息技术部门的一位领导。

1989年CMC集团被伦敦地铁以合同的方式授权来重新设计这个系统并且设计开发时间进度和操作计划软件的数据库。CMC成功地交付了计算机辅助铁路时间表（CART）系统并且给予伦敦地铁系统在线支持，在需要时使系统做出必要的变化。

1998年，CART被引入进度控制部门的个人电脑，采用“蜂鸟超越”仿真器（Hummingbird's Exceed emulator）。CART软件也被移到了一个更强大的SUN机器。移动到新的硬件平台是在印度的海德巴拉完成的。Exceed软件的安装是在伦敦当地进行的。这些使得Windows的应用软件诸如MS Word，Excel，PowerPoint等能够被CART的使用者使用，之前，用户不得不去另一台计算机上完成其他的工作。

2002年，伦敦地铁系统（LUL）决定重新设计CART并且采用Oracle数据库。LUL要求CMC提供改进新系统的各种方案。CMC推荐使用Developer 6i和Oracle并且向LUL的骨干员工提供关于Oracle数据库的培训。作为概念项目的证明，CMC为进度控制部门开发了一个应用Developer 6i和Oracle 8i的“工作流管理应用系统”（WMA）。WMA提供自动任务管理、资源管理和进度部门安排分配功能。这个软件是CART从Ingres到Oracle转变的一部分。WMA是2003年5月安装的，从那时起便由进度控制部门进行时间表的更换。CMC负责用户端、实际数据库设计和编码。

在WMA取得成功之后，CMC开始着手重新设计CART的每个模块，识别并移除那些过时的编码碎片并且重新编写技术文件。CMC也负责设计数据桥系统，它使得用户在选择时间表时能从CART转移到新的COS（CART Oracle System）上。CMC采用LUL的标准软件System Architect 2000来建立数据流和实体关系图表，同时，CMC也负责维护和改进CART应用。

资料来源：CMC Ltd，a subsidiary of Tata Consultancy Services Limited，available at http：//www.cmcltd.com/index.htm accessed，2008-09-15.

□ 项目计划要素

在给定的项目计划中，批准实际上等同于一系列授权，项目经理被授权管理各项活动，花钱（通常在预先设定的限额内），提出资源和人员的配备要求以及启动该项目。高层管理者的批准不仅意味着他愿意提供资金并支持该项目，还表示组织中的下级单位应该向该项目承诺提供资源。

不同组织的项目计划制定过程不尽相同，但任何项目计划都必须包含下列要素：

（1）概述。这是有关项目目标和范围的简短概括，它是写给最高管理层的，包括项目目标说明、与企业目标关系的简短说明、项目管理结构的描述以及项目进度计划中的主要里程碑，等等。

（2）目标或范围。包括对概述部分提到的总体目标更详细的陈述，陈述中应包括利润、竞争目标与技术目标。

（3）总体方法。此部分描述工作的管理方法和技术方法。技术讨论部分描述项目与可行技术之间的关系。例如，该部分可能说明该项目是公司某个早期项目的扩建工程。管理方法说明任何与常规程序偏离的部分，例如使用分包商完成部分工作量。

（4）合同事项。计划的关键部分包括下列事项及其描述：所有报告要求、客户提供的资源、联络方式、咨询委员会、项目的审查和取消程序、专有权规定、任何特定的管理协议（如分包的使用），此外还有技术可交付成果及其规范、交付进度以及以上任何变更的具体步骤等（项目变更令将在第11章讨论）。该部分必须是完整的，如果不能确定是否应包括某一个事项，明智的计划人员会将其纳入计划之中。

（5）进度计划。该部分叙述各种进度安排并列出所有的里程碑事件。每一项任务都被列出，完成每一项任务的时间估计应从实施该任务的人员那里获得，项目的主进度计划的制定即以这些时间估计为基础。负责人或者部门领导应该在最后达成一致的进度计划上签字。

（6）资源。该部分有两个主要方面：第一个是预算，针对每项任务详细列出资本和费用要求，构成项目预算（第7章会进一步讨论）。项目的一次性成本与重复发生成本分开列出。第二个是成本监督和控制程序，除了常规要求外，监督和控制程序必须涉及项目的某些特殊资源要求，如专用机器、测试设备、实验室的使用以及施工、后勤、现场设施和特殊材料等。

（7）人员。该部分列出项目预期的人员要求，包括特殊技能、所需培训的类型、可能的人员招募问题、人员组成的法律或政策限制以及任何其他特殊要求，如安全手续等（这里的安全不仅指国家安全，还包括保护商业秘密和研究方向，防范竞争对手）。按照进度计划列出每一阶段人员的时间需求是十分有益的，这可以弄清何时需要何种不同的贡献者以及需要多少。这些内容都是预算中的重要要素，因此人员、进度计划和资源部分应该互相核查以确保一致。

（8）风险管理计划。包括影响项目的潜在问题或潜在机遇。有时很难说服计划者认真预测可能出现的困难或利益。以下某个或更多事项几乎无法避免：分包商违约、技术失误、罢工、恶劣的天气、市场变化、非常紧迫的时间要求。实际上，这些问题发生的时间并不是随机的，每个项目中都会出现这种情况，项目的进展取决于分包商、天气或技术条件等，因此应该在项目早期就制定出处理这些不利的意外情况的计划。某些项目经理对风险计划不屑一顾，认为“把事情都考虑周详会禁锢项目组成员的发散性思维，我们所需要的应该是一种积极的思考态度”。有些项目经理对整个计划不屑一顾，理由是危机或机遇都是不可预测的，而且他们声称自己是高效的“救火队员”。这种项目经理本人很可能正是一个纵火犯。当前计划不可能解决当前危机，预先制定计划可能避免一些危机。根据茨维克尔等人（Zwikael et al.，2007）的报告，在高风险项目中较好的项目计划通过改善以下四个方面来促进成功：进度延迟、成本超支、技术绩效和客户满意度。他们得出结论：改进项目计划是一个比采用通常的风险管理计划更有效的风险管理方法。

（9）评估方法。每一个项目都应该按照标准及项目开始时建立的方法进行评估，考核其直接目标的完成情况（参见第1章）。该部分简短描述监督、收集、储存和评估项目历史的程序。

以上是构成项目计划的要素，也是制定更详细的项目预算、进度、工作计划以及总体管理计划的基础。该基础计划全面制定出来并获得批准后，就发给所有利益相关者。

在继续讨论前，我们应该明确这种正式的计划制定过程适用于相对大型的、不属于组织的日常操作范畴的项目。以上所述的计划过程中的时间、资源以及成本不适用于常规项目，例如大多数设备或者机器的维护项目。必须承认，没有两个常规维护项目是相同的，但是它们非常相似，对这种项目制定完整的计划是很有用的，但这种计划只是作为一种模板，很容易加以修改以适用于随时发生的具体维护项目，这种模板也可以用做持续改进计划的基准。

项目管理实践

明尼苏达州运输局项目计划

明尼苏达州运输局（DOT）负责高速公路、桥梁、机场、航道、公路和自行车道的设施建设和维护。在任何一个时间点上，一般都会有 1 100 个项目——典型的类似高速公路开发项目——正在同步进行，而每年高速公路翻修的项目在 300 个左右，项目包括大约 50 000美元的油漆工作和上百万美元的高速公路维护工作。这些项目在日常管理当中全部是用计算机化的项目管理进度系统（PMSS）来管理的，该系统以工作分解结构为基础，将任务分解成 100 个左右，由 75 个职能小组来完成，其中 40 个小组是内部组织，其他的由外部咨询公司来承担。

PMSS 围绕三个重点方面进行管理：进度、资金和人力资源计划。该系统支持跨年度多项目之间的工作进程和资源储备计划、协调和控制，因为有的项目可能长达四年之久。PMSS 可以自动将相关的工作计划和资金储备、人力资源储备整合在一起，也可以将资源按照进度进行调配，另外，还可以给系统或报告设置限制条件，比如避免在拥堵路段进行项目施工，或顺序排列路基铺设、平整和轨道等各子项目的工作。

PMSS 为项目管理者提供了工作进程当中各个时点和各个地点的“整体规划图”，同时加强了各部门对活动、资金、人力和设备的掌控能力，并且提供各种报告来满足不同关注者的信息需求。

资料来源：R. Pearson，“Project Management in the Minnesota Department of Transportation，” *PM Network*，November 1988.

□ 实施项目计划制定工作

项目计划的制定一般通过列出项目自始至终的所有活动顺序来实现，这不仅是考虑某一个项目的正常思维方式，而且有助于计划者决定事情的必要顺序，是决定项目进度的和工期必须考虑的因素。在一篇有趣的论文中，阿伦和他的同事描述了一家电信企业的计划制定过程（Aaron，1993）。

围绕以软件和硬件产品开发共同的生命周期事件为基础的计划制定过程，他们将项目划分成九个部分：

（1）概念评估；

（2）识别要求；

（3）设计；

（4）实施；

（5）测试；

（6）集成；

（7）确认；

（8）客户测试和评估；

（9）操作和维护。

每一部分由活动和里程碑（重要事件）组成。项目每完成一部分，必须成功通过一系列“质量门”（quality-gate）后才能向下一部分继续前进。注意，计划制定的过程必须像项目自身一样通过“质量门”的检验。例如，识别要求部分必须在设计部分开始之前满足适当的质量标准，而在实施开始之前，设计必须获得批准。

从第1章开始，我们已经认为质量应该是项目可交付成果的内在部分，阿伦采用的方法是我们观点的体现。实际上，将质量标准应用到项目管理过程中（如同应用到项目可交付成果一样），是“青出于蓝而胜于蓝”了。

6.2 系统集成

系统集成有时称为系统工程或并行工程，这是将在第6.5节中进一步讨论的集成管理的一部分，在项目的实施方面发挥着重要的作用。我们用这个词描述这样一种状况：项目（无论是作为一门科学还是一门艺术）中的技术专家将各种技术集成在一起，从而实现客户的目标或将项目集成到客户的系统中。系统集成与三个主要目标有关：

（1）绩效。绩效是指系统做什么，它包括系统设计、可靠性、质量、可维护性及可修复性，很明显，它们不是系统中分立的、独立的要素，而是高度相关联的。这些系统的绩效特征在设计过程中可能高于或低于规范要求，但必须处于客户建立的设计参数范围之内。如果得到客户的批准，我们可以提供给客户超过规范要求的系统，因为我们已经具备了相当的设计能力，这样做比完全按照规范要求速度更快、价格更便宜。有时候，也规定系统的审美特征，这项要求的典型例子是系统的外观必须为客户所接受。

（2）效果。系统集成的目标是将各系统模块集成在一起以实现所需的最佳绩效。实现过程中体现着如下一些原则：

1）不过多强调单个模块的技术规定数据，对模块的技术要求应该是一项或多项系统要求的组成部分。

2）单个模块的要求必须可以追溯到一项或多项系统要求。

3）对模块进行设计是为了使整个系统绩效达到最优，而非子系统绩效最优。

客户和项目团队经常违反以上一个或所有符合逻辑的原则。一些不能与系统相匹配的模块，超出系统要求容许范围的、多余的模块以及自成体系与系统不兼容的模块是如此常见，以至于客户和卖主已经见多不怪了。这种情况的发生大致与如下几种因素有关：买卖双方之间固有的互相不信任，为了保险而过于保守地确定规范要求以及“这部分肯定不会有问题”的感觉等。正如我们在第4章看到的，这些态度可以改变并且被其他更有助于系统集成过程的态度所代替。

（3）成本。系统集成把成本看作一个设计参数，成本可以在几个领域中累计。如果增加设计成本，可能导致模块成本降低，而绩效和效果保持不变。增加设计成本也可能降低生产成本，生产成本又与材料的单位成本存在平衡关系，价值工程（或价值分析）检验所有这些成本平衡关系，是系统集成的一个重要方面（Morris，1979）。任何涉及成本估算的项目都会用到平衡分析，它是对成本效益分析的一个体现和应用。

跨专业团队（详见第6.5节）是实现系统集成的一种方式，对复杂项目的成败起着主要作用。如果系统集成采用风险较大的方式，可能推迟该项目的进展；如果方法太保守会错过提高项目运行能力或增加项目效益的机会。好的设计会在选择技术方法的初期阶段考虑所有这些权衡因素，好的设计可以避免项目的实施缺少灵活性和应变能力，可以防止问题发生或者环境的变化引起项目实施和效果发生变化。跨专业团队在评估和减少项目风险方面也很有价值，特别是在项目实施中的危机预测方面（请参照本章最后的指导阅读："项目管理中的危机计划制定"）。

系统集成细节不在本书讨论范围之内，有兴趣的读者可以参考布朗夏尔等人（Blanchard et al.，2006）的著述。无论如何，进行系统集成的能力必须以具备起码的项目主要部分的技术知识为先决条件，这就是为什么项目经理应懂得一些他们正负责的项目的技术知识的原因之一。

6.3　行动计划

在本章的这一节和以下各节以及关于制定预算和进度计划的第 7 章和第 8 章，我们将转而考虑项目的细节。我们需要确切地知道要做什么，由谁做以及何时做。完成项目的所有活动必须被精确地规划和协调，必不可少的资源必须在需要的时间和地点以正确的数量提供。有些活动必须按照顺序进行，有些则可以同时进行。如果一个项目群要在预算范围之内按时完工，那么所有的活动必须按照预期的方式和时间发生。凡此种种均带有不确定性，因此必须纳入风险管理的范畴。本节我们将会建议使用一个概念上很简单的方法来帮助筛选和计划所有这些细节，这个方法就是层次型计划方法——建立行动计划的方法，后面还将介绍 WBS，我们也把它叫做"分层计划制定过程"。

为了完成某个具体项目，必须实施并完成许多主要活动。按照这些活动发生的一般顺序将其列成一个清单，这就是层次 1。这一层活动的合理数目在 2～20 个之间（这些限制数目没什么神秘的，2 是可能的最小分解数，20 则基本上是在给定的一个综合水平下，便于分类和制定进度的相关事项的最大数目）。现在把层次 1 的每个事项分解成 2～20 个任务，这就是层次 2。采用同样的方法将层次 2 的每一个任务分解为 2～20 个子任务，这就是层次 3。按照这种方式继续进行分解，直到某一个层次的详细任务非常明确，没有理由继续分解为止。

清单中的所有事项应大致处于任务属性相同的一个层次中，这一点十分重要。例如在编写一本书时，各章处于属性相同的一个层次中，但每章又可以分解为各节。实际上，每章的各节还可以继续进行细分。这条简单原则意义重大，它对本章及以后将要描述的大多数计划文档的编制工作至关重要。

这个简单原则背后的逻辑很有说服力。我们观察了计划制定过程中的学生和专家，注意到在计划制定方面缺乏经验的人倾向于写下他们认为在一系列活动中排在第一位的活动，将其分解为要素，再对第一个要素进行分解，直到他们认为已分解到足够细的层次，接着他们对排在第二位的活动进行重复的操作。他们对基本活动的理解越充分，就分解得越好，如果他们对活动不熟悉，分解得就不够细，不够充分。进一步讲，我们注意到，各种基本活动的整体性很差。我们熟悉的一位艺术家解释说，在画画时，首先勾勒出景物的主要线条，接着一点一点填充整幅画的细节，这样画就有了整体风格。一个人不能靠先非常仔细地画景物的一部分再转而仔细地画景物的另一部分来获得这种整体风格。他要求一个年轻学生画另一个学生的钢笔素描，图 6—1 显示了她绘画的三个连续阶段。

图 6—1 说明了"分层计划制定过程"。项目经理负责形成最基本的层次（层次 1），可能还有下一层次。除非项目相当小，否则其他层次的形成应委托给负责完成工作的个人或小组。恪守"分层计划制定"的原则有助于使计划集中于项目可交付成

图 6—1　分层计划制定过程

果，而不是子系统层次上的工作。

一些项目可交付成果可能具有时间敏感性，它们可能会在未来某一时期获得特定信息后发生变更。政治竞选就是一个例子，例如，一次演讲可能全部或者部分地需要处理最近公布的国家经济数据。这描述了一个计划过程，这个过程必须对信息或者需求的变化做出反应。这种类型的计划有时被称为“滚动波浪式计划”，但是计划过程的整体结构仍然是层次型的计划制定过程。

有时候可能发生这样的问题：制定计划时有些经理注重结果（事件），有些经理注重具体任务（活动）。于是许多人把结果和具体任务列在一个清单里，既包括活动又包括结果，其中为完成项目要实现的全面的、不多余的一组成果即是结果，要完成的工作即是活动。

在这个层次型计划制定系统中，目标来自项目计划，这帮助计划者识别为实现目标所需要的一套活动，即项目的行动计划。每一个活动都有一个相关的结果（事件），这些活动和事件被分解为子活动和子事件，然后再进行细分。

例如，假设我们有一个项目，目的是在现有的工厂中安装一个大型的机械装置。在项目安装部分所需的工作序列里，我们可以找到诸如“制定一个安装设备基础工作的计划”以及“制定一个计划以便在安装和调试期间维持工厂产量”等任务，这些任务只是众多任务中的两个。任务“安装设备基础工作”被分解为许多要素，例如“得到加工中心安装位置的具体要求”、“检查安装设备的施工规范”，以及“提交基础准备工作最终计划以获得批准”。图 6—2 显示了一个可以帮助组织这些信息的表格（以后讨论预算和进度计划时会在表格中增加有关项目每一个要素的额外信息）。表

6—1显示了某大学一个“职业日”的行动计划（很明显，表6—1并不完整，如活动清单中没有包括诸如“摆放并装饰餐桌”这样的事项。为了简便起见，本章及以后的例子都只是指示性的，并不全面）。

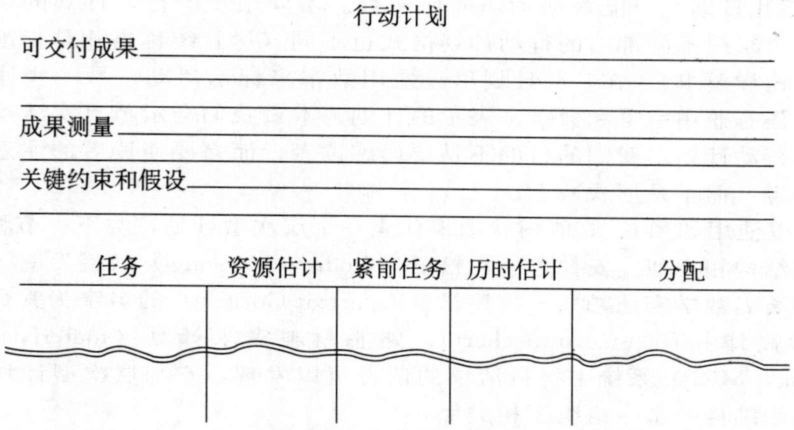

图6—2　帮助制定层次型计划的表格

表6—1　行动计划

目标“职业日”				
步骤	责任人	时间（星期）	紧前活动	资源
1. 联系组织				
a. 打印表格	秘书	6	—	印刷社
b. 联系各个组织	项目经理	15	1. a	文字处理
c. 收集展览信息	办公室经理	4	1. b	
d. 收集大学资料	秘书	4	1. b	
e. 打印计划	秘书	6	1. d	印刷社
f. 打印代表证件	毕业生志愿者	8	—	印刷社
2. 宴会和点心				
a. 选择发言人	项目经理	14	—	
b. 安排食品	项目经理	3	1. b	宴会承办者
c. 安排酒水	主任	10	1. b	饮料部
d. 安排茶点	毕业生志愿者	7	1. b	购买
3. 宣传和促销				
a. 发送邀请	毕业生志愿者	2	—	文字处理
b. 安排礼物单	毕业生志愿者	5. 5	—	
c. 布置条幅	毕业生志愿者	5	1. d	印刷社
d. 联系校方人员	项目经理	1. 5	1. d	文字处理
e. 在校报上做广告	秘书	5	1. d	报纸
f. 课堂通知	毕业生志愿者	1	3. d	登记办公室
g. 组织张贴海报	秘书	4. 5	1. d	印刷社
4. 设施				
a. 安排所需设施	项目经理	2. 5	1. c	
b. 材料运输	办公室经理	0. 5	4. a	运输工具

在继续讨论行动计划前先做一下解释，实际采用的行动计划格式并不神秘，读者在本章及以后各章将会看到，图6—2所示的要素也并非在所有的情形下都是必要的，在有些情况下，所需具体资源的数量可能并不重要，在另外一些情况下，"截止日期"可能被活动历时所替代。不同组织的行动计划的格式不同，甚至同一个组织不同部门的行动计划格式也不同（尽管统称格式是标准化的，企业可能也这样要求）。在一些计划里，使用数字来标示活动，另一些计划里则使用字母，还有兼用字母和数字来表示的计划。本章我们会示范真实活动中几种不同格式的行动计划。我们的目的不是要迷惑读者，而是要使读者的注意力集中到计划的内容（而不是形式）上。

可以使用如图6—3的树状图来代表一个层次型计划，与下一节将要讨论的工作分解结构相类似。安德鲁·瓦松尼（Andrew Vazsonyi）教授发明了这种图，以意大利著名数学家兹帕兹·高津托（Zepartzat Gozinto）的名字为其命名，把这种图叫做高津托图（Gozinto chart）。熟悉材料需求计划（materials requirements planning，MRP）系统中材料清单的读者可以发现，它与层次型计划或者描述正式的组织结构的基本组织图相类似。

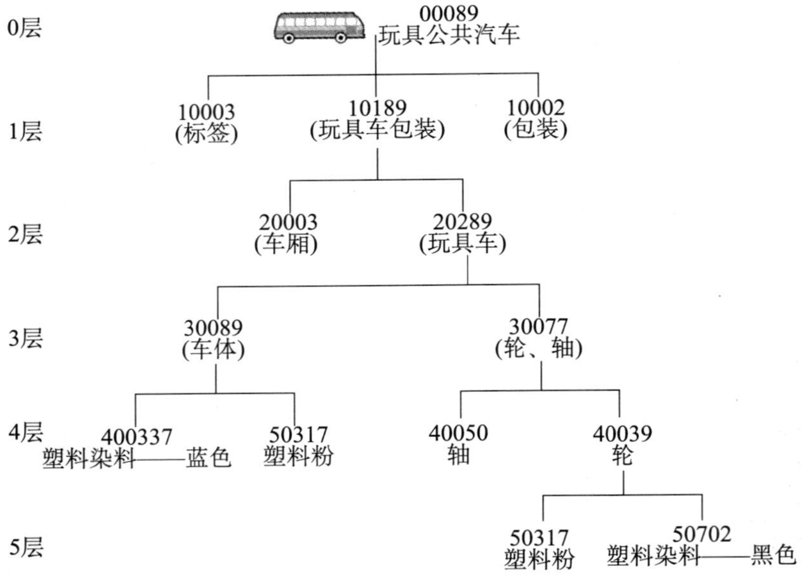

图6—3　玩具公共汽车的高津托图

资料来源：Harris et al.，1981.

如果项目不涉及资本设备和特殊材料，可能就不需要估算。有些项目需要一长串顺序发生的任务，例如，开发新药的执照申请。有些项目要求在同时发生的多种任务间相互协调，例如，飞机引擎的设计、制造或者房屋的建造。还有一些项目兼有两种特征。表6—2a和表6—2b示范了一个收购计划。口头行动计划在表6—2a里以备忘录形式出现，表6—2b显示了更常见的表格计划。表中提到的个人和小组制定了类似的更详细的计划（应公司要求，名称已经做了更改）。

表 6—2a　　因斯塔特公司兼并阿贾克斯硬件公司的部分行动计划

备忘录

为了使阿贾克斯公司在 1996 年 4 月 1 日成为因斯塔特公司的一个部门，我们需要按照指定的日期完成以下工作。

9 月 24 日

通知阿贾克斯公司管理层，阿贾克斯公司已经纳入因斯塔特公司的运营管理。自 1996 年 1 月 1 日起因斯塔特公司将销售阿贾克斯公司的产品。将有两个销售组：(1) 因斯塔特销售组；(2) 阿贾克斯销售组。

10 月 15 日

通知因斯塔特公司的地区销售经理，因斯塔特销售部自 1996 年 1 月 1 日起负责开始销售阿贾克斯公司的产品。

10 月 15 日

将销售方面的变化通知因斯塔特公司的地区销售经理。自 1996 年 1 月 1 日起生效。

10 月 15 日

因斯塔特公司的管理人员鲍勃·卡尔、范·贝克、瓦尔·沃特拜访阿贾克斯公司、考察工厂，并讨论如何将该公司合并进来。

10 月 22 日

阿贾克斯公司的地区经理通知销售人员和产品代理商，自 1996 年 1 月 1 日起销售会发生变化。

10 月 24 日

布伦特·夏普和肯·路德维拜访因斯塔特公司协调销售变化事宜。

10 月 29 日

因斯塔特公司的经理面试可能被任用的原阿贾克斯公司的销售人员。

11 月 5 日

负责阿贾克斯公司产品销售的因斯塔特的地区经理接受销售培训。

11 月 26 日

沃特考察阿贾克斯公司获取更多信息。

11 月 30 日

数据处理（莫里·莱迪斯）和制造工程（山姆·纽菲德）：从鲍勃·考利手里获取数据，将阿贾克斯公司的数据转化为因斯塔特公司可用的数据，包括存货文件、结构文件、材料清单文件、交叉参考文件等。要求必须在 2 周之内完成，截止到 12 月 14 日。

12 月 3 日

行政管理（瓦尔·沃特）：提供诺伍德仓库用于转租。

12 月 3 日

销售（艾伯特和克拉奇菲尔德）：本周召开销售会议。阿贾克斯公司的销售人员……包括填写阿贾克斯产品订单的程序，暂时与因斯塔特产品订单分开，增加货物量和运输的信息，步骤如下：克拉奇菲尔德负责编制如下程序——将订单传送至因斯塔特公司，支票核查，将订单信息传送至发运地——诺伍德、旧金山或因斯塔特辛辛那提分公司。

表 6—2b　基于表 6—2a 的阿贾克斯公司与因斯塔特公司合并的表格式部分行动计划

目标：至 1996 年 4 月 1 日将阿贾克斯硬件公司兼并到因斯塔特公司			
步骤	截止日期	负责人	紧前活动
1. 通知阿贾克斯公司管理层	9 月 24 日	鲍勃·卡尔、范·贝克	—
2. 因斯塔特公司销售部开始准备从 1996 年 1 月 1 日起销售阿贾克斯公司的产品	9 月 24 日	鲍勃·卡尔	1
3. 准备组建两个销售组：(1) 因斯塔特销售组；(2) 阿贾克斯销售组。自 1996 年 1 月 1 日起开始运作	9 月 24 日	鲍勃·卡尔	1
4. 将销售方面的变化通知因斯塔特公司的地区销售经理	10 月 15 日	鲍勃·卡尔	2，3
5. 将销售方面的变化通知阿贾克斯公司的地区销售经理	10 月 15 日	范·贝克	2，3
6. 拜会阿贾克斯公司管理层并讨论合并的运作	10 月 15 日	鲍勃·卡尔、范·贝克、瓦尔·沃特	4，5

7. 通知阿贾克斯公司的销售人员及代理	10月22日	范·贝克	6
8. 拜会因斯塔特公司协调销售变化事宜	10月24日	布伦特·夏普、肯·路德维	6
9. 面试阿贾克斯公司的员工	10月29日	因斯塔特地区经理	7
10. 阿贾克斯产品销售培训	11月5日	因斯塔特地区经理	9
11. 再次考察阿贾克斯公司	11月26日	瓦尔·沃特	8，10
12. 从鲍勃·考利处获取数据转换磁带	11月30日	莫里·莱迪斯、山姆·纽曼	6
13. 提供用于转租的仓库	12月3日	瓦尔·沃特	11
14. 编写订单程序	12月3日	道格·克拉奇菲尔德	10
15. 召开销售会议（生产线和生产程序指导）	12月3日	费瑞德·艾伯特、道格·克拉奇菲尔德	14
16. 关于库存、材料清单和结构文件的数据磁带完成	12月14日	鲍勃·考利	12
……			
……			
……			

我们已经多次指出，认真制定计划的重要性无论怎么强调都不过分。平托等人（Pinto et al.，1987，1988）提出了与成功实施项目相关的10个因素，这些因素分成战略和战术两大类。以下是战略因素：

（1）项目使命。在项目计划中阐述定义明确的、获得一致同意的目标是十分重要的。

（2）高层管理者的支持。高层管理者从一开始就支持项目并向所有有关人员表明他们支持项目的成功实施，这一点很必要。

（3）项目行动计划。需要制定一个更详细的实施过程计划，包括所有需要的资源（资金、原材料、人员等）。

大量的实践经验证明，这些因素对项目的成功实施十分必要（战术因素对成功也很必要，但此处不予考虑）。

现在通过一个对计划制定过程如何在许多组织中发挥作用的例子来总结本节内容是十分有益的。假设你是项目经理，负责开发一个通过电话线将医用X射线图像从一地传送到另一地的计算机软件。要完成这项任务必须解决几个问题：（1）X射线映像必须被翻译成计算机语言；（2）计算机化的映像必须被传送和接收；（3）映像必须以解释映像的人能理解的方式显示。为完成该项目，为你配备了一个有4个程序员和几个助理程序员的团队，以及一个半天兼职工作的放射专家作为医疗顾问。

你的第一个行动是会见程序员和医疗顾问以获得项目的技术要求，从这些要求中导出项目的使命说明和详细规范。接着由团队制定实现项目技术要求的基本行动计划，例如，某项技术要求可能是开发一种方法，在X射线的各点测量映像的密度，并将这种测量结果转化为数字输入计算机。这是项目行动计划的第一个层次。

完成第一层次任务的任务应交给负责开发第一层次各项任务行动计划的团队成员。各团队的计划又构成了第二层次行动计划。第二层次行动计划中的单个任务接着被分解为第三层次行动计划，来详细说明如何完成第二层次的任务。这个过程不断持续，直到最低层次任务已经是“工作单元”或“工作包”。

在本节的开始，我们建议计划者把行动计划中的所有事项安排在相同任务属性或细节的层次中。任何层次行动计划的任务通常仅被上面的层次监督和控制。如果高层管理者试图监督和控制几个层次以下高度细化的工作包，我们就得到了一个经典的微观管理案例。将行动计划中的所有事项保持在相同细化程度的层次中的一个原因是，计划者有这样一种令人遗憾的倾向：对他们充分理解的活动制定非常详细的计划，而对他们不了解的活动制定非常模糊的计划。结果是计划详细的部分容易实施，而模糊部分容易敷衍了事。

实际中，该过程是迭代的。被分配负责完成第二、第三层次或更低层次行动计划的项目团队成员提出有关任务、资源要求、任务历时、紧前活动等试探性清单，并交给授权人继续讨论、修改、批准。在计划确定之前，可能需要进行几次修改，召开几次会议。结果是授权人和被授权人对做什么、何时做、成本是多少都达成共识。普遍的情况是，在行动计划制定的过程中承诺的个人和小组实际上会在承诺签字的整个过程中进行谈判，谈判过程将在下面的章节中继续讨论。当然，像许多经理一样，授权人可以对他们的被授权人实施微观管理，但微观管理不能错误地用于谈判，尤其是对被授权人不能这样做。

项目管理实践

冰岛的灾害项目计划的制定

冰岛是一个饱受自然灾害肆虐的遥远的岛国。该国不仅是世界上火山活动最为活跃的地区，而且由于它孤零零地坐落于北大西洋远方，非常容易遭受风暴、山崩、雪崩和其他许多自然灾害的袭击。

自然灾害一般分为三个阶段：灾害过程本身、应急计划和实际重建工作。该国经历过很多灾难，比如1995年索达维克的雪崩就夺走了15条人命。有人提议，增加应急计划的力度，以使实际重建阶段的工作能够在灾害过去之后立即得到实施。

冰岛灾害的一般利益相关者包括遭受灾害的老百姓、地方政府、保险业、冰岛灾害保险公司、山崩及雪崩基金会、修复工作咨询公司和承包商等。过去，这些方面从来没有进行过相互之间的协调，因此每一次自然灾害后人们的应急反应都非常缓慢，人们经常需要数月时间才能解决好所有的行政问题。

对灾害应急阶段的重组建议包括下列几项内容：

(1) 以文件形式将应急计划记录在强制性的项目手册上；

(2) 对各个金融机构提出资金保障要求，以完成实际重建工作；

(3) 对每一类型和每一地点的灾害都确立一家适宜的协调机构；

(4) 任命一位独立于所有主要利益相关者（包括财务和情感两方面）的项目经理。

资料来源：G. Torfason, "Lessons from a Harsh Land: Project Management and Disaster Preparedness in Iceland," *PM Network*, February 1998, pp. 39 - 42.

6.4 工作分解结构和线性责任表

与流行观点相反，工作分解结构就像项目行动计划一样，并非一成不变的，可以采用多种不同形式，反过来也可以服务于多种不同目的。工作分解结构通常的形式是，将第一层的任务排列在左侧，然后以缩进的方式排列其他各层次任务，也可以把一个项目分解为由任务、子任务、工作包等构成的等级式结构，就好像直接源于项目行动计划的一种高津托图或树状图一样。目前大多数项目管理软件都能够按照指令生成工作分解结构。例如 Microsoft Project® 将缩进的活动层次与甘特图（见第 8 章图 8—21）联系在一起，直观地显示了各层次的活动历时。在第 9 章关于资源配置的部分，这个观点会被更多地讨论。

工作分解结构的另一种类型显示了与具体任务类别相关的组织要素。图 6—4 就是这样的一种工作分解结构，负责食品供应的员工的责任是提供饮食和饮料，包括在会议室提供咖啡和水。图 6—4 中显示了五个不同的食品供应职能活动，每一种活动又被分解为更详细的任务。在这种情况下，每一任务的账户代码也被列出以便对其分配适当的费用。

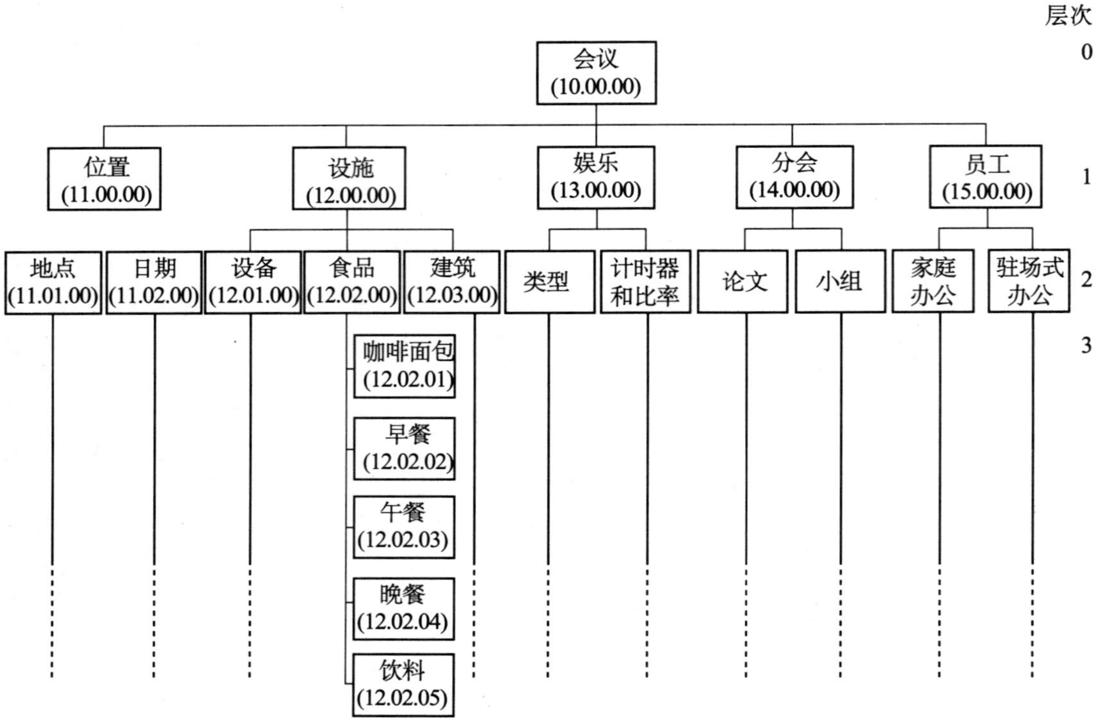

图 6—4 工作分解结构

计划者偶尔也试图利用甘特图和通常被用来展示项目进度的网络设备制定计划（详见第 8 章第 8.2 节）。甘特图是一种辅助表示时间进度的工具。本质上，项目的活动通过与活动持续时间相匹配的水平长度展示在一个水平的条形表格上。这个活动条用箭头与前期活动和后期活动联系起来。虽然甘特图对于展示项目进度来说是一个有用的工具，但是对于项目计划而言并不是一个好的方法。

有些作者建议使用工作分解结构作为制定计划的基本工具（如 Hubbard，1993），我们没有发现这个方法有任何逻辑错误，但是与以制定高质量计划而著称的企业所采用的方法相比，工作分解结构显得过分结构化了。如果使用这种方法，建议项目经理以构建行动计划的总体思路来构建工作分解结构（见第 6.3 节）。也有一些作者很少注意工作分解结构，对它只是一带而过。只要计划制定活动在一个适当的层次进行，我们就不认为这是一个致命的错误。

一般来说，工作分解结构是一个重要的文件，可以通过许多不同的方式量身使用，它可以说明项目的每一部分如何对项目整体在绩效、责任、预算和进度方面做出贡献。如果项目经理有要求，工作分解结构也可以列出与每一具体任务相关的供应商或分包商，可以用来记录所有当事方对项目的不同承诺的签字，可以注明任何工作包的详细规范、建立账户代码、规定需要使用的硬件或者软件、识别对资源的需求，可以作为制定成本估算的基础（见第 7 章）或者估算任务历时（见第 8 章），对它的使用仅受到项目需要和项目经理想象力的限制。没有任何一种工作分解结构可以满足所有的需要，因此工作分解结构不是单独的一个文件，而是许多可能文档中的一个。

有时候，建立一个能够展示工作分解结构中负责各种工作的组织单位或必须向谁提交项目进度或变化报告的组织分解结构（organizational breakdown structure，OBS）也是非常有用的，WBS 和 OBS 可能是不同的，更确切地说，WBS 的一些主要部分可能涉及一个或两个部门的责任，其他的部分可能涉及两个或者更多部门的责任，也可能所有的责任都是一个部门的，这样的文件有利于项目经理预见一个特定项目的全部责任。OBS 与下面将要讨论的线性责任表相类似。

下面的一般步骤解释了设计和使用工作分解结构的程序。对于中小型项目来说，下面有些步骤可以跳过、组合、扩展或者被处理得更随意，尤其是在组织对项目类型熟悉的情况下。

（1）利用行动计划的信息，按详细程度顺序列出分解任务。继续这种分解直到所有有意义的任务或工作包都已被识别，并且对每一项任务都单独进行计划、制定预算和进度计划、监督并控制。显然，如果这一系列工作包的描述不够完整或没有被适当地安排，那么项目很可能不能按时、按预算、按特定规范要求完成。

（2）对每一个工作包，识别与工作分解结构相关的资料（如供应商、工期、设备、材料、特殊规范等），列出负责每项任务的人员和机构。构建一个线性责任表（有时也叫责任矩阵）有助于显示谁负责什么，此表也显示需要特殊管理协调的单位之间的重要接口或界面。项目经理利用它能追踪了解必须批准什么以及谁必须向谁汇报。表 6—3 显示了线性责任表。如果项目不太复杂，责任表可以简化（见表 6—4）。表 6—5 显示了某企业为重组其分销系统而开发的责任表中的一页，在这个案例中有 30 页的图表文件，涵盖了 116 项主要活动。

表 6—3　　线性责任表

WBS		职　责					
		项目办公室				现场操作	
子项目	任务	项目经理	合同管理者	项目工程师	工业工程师	现场经理	
确定需要	A1	○		●	▲		
	A2	■	○	▲	●		
询价	B1	○	■	▲		●	
撰写恰当的要求	C1	■	▲	○	●		
	C2		●	○	▲		
	C3	●	■	▲		■	
……	……						

注：▲表示负责；●表示支持；■表示通知；○表示批准。

（3）为了保证工作分解结构的准确性，所有工作包信息应该和负责实施或支持该工作的个人或组织一起进行审查。资源要求、进度计划和互相关联的子任务可以集合在一起以形成工作分解结构的下一个较高层次，沿着等级序列的每一个层次继续前进。在最高层次，我们获得项目概述、项目的预算及每项工作要素的历时估算。在这里我们姑且不讨论预算和历时估算的不确定性，留待第 7 章和第 8 章进行专门的论述。

（4）为了确定建议定价或者利润和亏损的额度，整体项目预算应该包含四个要素：已描述的每项任务的直接预算；项目的间接成本预算，包括一般费用与行政费用（G&A）、营销费用、潜在的罚金支出、其他不是针对特定任务的支出；针对项目无法预计的紧急事项建立的应急准备金；任何其他剩余，包括从项目中获得的利润，有时故意将其做成负数。第7章我们会讨论用于定价或计算利润的预算不应该作为项目经理用来控制项目的预算。

表6—4　　简化的线性责任表

	副总裁	总经理	项目经理	工程经理	软件经理	制造经理	营销经理	分项目制造经理	分项目软件经理	分项目硬件经理	分项目服务经理
确定项目范围	6	2	1	3	3	3	3	4	4	4	4
确定WBS		5	1	3	3	3	3	3	3	3	3
建立硬件规范		2	3	1	4	4	4				
建立软件规范		2	3	4	1		4				
建立接口或界面规范		2	3	1	4	4	4				
建立制造规范		2	3	4	4	1	4				
确定文档工作		2	1	4	4	4	4				
制定市场计划	5	3	5	4	4	4	1				
编制劳动力估算			3	1	1	1		4	4	4	4
编制设备成本估算		3	1	1	1			4	4	4	4
编制材料成本			3	1	1	1		4	4	4	4
分配程序任务			3	1	1	1		4	4	4	4
建立时间进度		5	3	1	1	1	3	4	4	4	4

注：1——实际责任；2——综合监督；3——必须被咨询；4——可以被咨询；5——必须被通知；6——最终批准。

（5）进度计划信息和里程碑（重要的）事件可以被集合构成项目主进度计划。主进度计划集成了项目各部分的进度计划，它是综合性的，可以包括合同承诺、关键接口或界面和顺序、里程碑事件和进度报告。除此之外，也可以包括不可预见的时间拖延的应急储备。表6—6显示了一个主进度计划的例子。

表 6—5　　口头责任表

活动	行动发起人	合作者	行动结束人
分销系统及其管理			
1. 推荐使用的分销系统	营销负责人	ILI&IHI LOB MCs M-A Cttee 副总裁和代理机构负责人	高级营销副总裁
	营销负责人	LOB MC 集团 M-A Cttee 副总裁和代理机构负责人	高级营销副总裁
	营销负责人	IA LOB MC M-A Cttee 副总裁和代理机构负责人	高级营销副总裁
薪酬			
2. 确定销售薪酬计划规定（例如：佣金、津贴、额外奖励）	薪酬工作任务组	营销、S&S&权益产品负责人	总裁
	薪酬工作任务组	营销、S&S&权益产品负责人	总裁
	薪酬工作任务组	营销、S&S&权益产品负责人	总裁
3. 保证销售薪酬计划实施效果的成本效率检验	薪酬工作任务组	营销、S&S&权益产品负责人	总裁
区域			
4. 建立分销系统的区域战略	副总裁和代理机构负责人	MP&R 负责人 M-A Cttee	高级营销副总裁
5. 确定代理人的区域并建立征询新代理人的优先次序	副总裁和代理机构负责人	MP&R 负责人 M-A Cttee	高级营销副总裁
6. 确定由高级销售人员运营的代理机构	零售计划负责人 高级销售人员负责人	S&S 副总裁	高级营销副总裁

注：IA，ILI，IHI——生产线；LOB——业务流程；MC——管理委员会；
M-A Cttee——营销管理委员会；S&S——销售和服务；MP&R——营销计划和研究。

表 6—5 中所列的事项 1～5 表明，这里的工作分解结构作为一个计划工具，也可以用来帮助监督和控制项目。再次提醒，必须牢记：一个工作分解结构没有必要包含所有的要素，任何一个给定的工作分解结构应该根据具体的用途进行设计。

（6）随着项目一步一步展开，项目经理可以根据工作要素、工作包、任务，直到整个项目的层次，持续检查实际的资源使用情况。通过比较在给定时间内实际与计划的资源使用情况，项目经理可以找到问题、进一步确认最终成本的估算并确保已经制定相关纠正措施，一旦需要可以立即实施。有必要根据已取得的成果来检验资源的使用情况，因为尽管项目可能已超出预算，但最终结果可能距预期更远。同样，费用可

表6—6 项目主进度计划

子项目		任务	负责部门	相关部门	J	F	M	A	M	2002年 J	J	A	S	O	N	D	J	F	M	A	2003年 M	J	J	A	S	O	N	D
确定需求	A1	寻找最优的运作方法	企业				△ ▲																					
	A2	所需的大致规模和类型	项目工程	工业工程					△		▲																	
询价	B1	联系供应商并评估报价	项目工程	财务、工业工程、采购					○		●		△ ○	▲		□												
撰写恰当的需求	C1	确定工具成本	工具设计	工业工程								○			●		△											
	C2	确定劳动力储备	工业工程	工业工程										▲	△													
	C3	实际撰写	项目工程	工具设计、财务、工业工程														△ ○										
购买设备工具和量具	D1	订购机器	采购	项目工程																	△							
	D2	设计并订购或制造工具	工具设计	采购、工具制造																				△				
	D3	确定需要的量具并订购或制造	质量控制	工具设计和采购																				△	○			
安装和启动	E1	安装机器	工厂布局管理	装配																					△			
	E2	员工培训	人事	项目工程、制造																					△			
	E3	废品处理	制造	质量控制																								△ □

说明:截止到2003年1月31日,项目比原计划延期了一个月,这主要是由于任务C1拖延造成的,而C1的拖延是由于A2未及时完成造成的。 *

注:* 表示项目完成;□表示合同承诺;△表示计划完成;▲表示实际完成;Λ 表示状态日期;○表示计划的里程碑;●表示完成的里程碑;┄表示计划进度;—表示实际进度。

能与计划的一样，甚至更低，但实际的项目进展情况可能远远落后于计划。第10章会更详细地描述和说明有关项目挣值的控制图。第7章和第8章我们将要讨论如何在预算和进度计划内考虑风险因素。

(7) 最后，项目进度计划可以像项目预算一样进行比较。根据工作要素、工作包、任务以及完整的项目对实际进展情况与计划情况进行比较，以便找出问题并采取纠正措施。对落后于进度计划的那些任务可以通过追加额外的资源来加快其进程，这些额外的资金可能来源于预算储备金或者那些进度提前的任务。第9章会进一步讨论这个问题。

6.5 通过集成管理进行接口关系协调

这一部分涉及PMBOK的知识领域1——项目集成管理。与诸如风险、沟通管理等较为宽泛的知识领域不同，这个话题被认为是本章独立的亮点。

实施一个复杂的项目计划最困难的方面是协调和集成项目的不同要素以实现不同要素在绩效、进度和预算各方面的共同目标，从而使整个项目达到目标。

项目越来越复杂，管理者需要从方方面面汲取知识和技能——无论是组织内部还是组织外部，因此协调跨专业团队（multidisciplinary teams，MTs）变得越来越困难，与此同时，项目的不确定性也在增加。随着项目启动，从制定计划到提交可交付成果的实际过程中问题也接踵而至。有人会说："在我们还来得及做点什么时为什么不把问题说出来呢?"还有人会说："本来事发之前我们提醒过你，可你根本就不听。"可见，在一个跨专业的团队当中成员之间的合作并不顺利，才会产生这样或那样的议论，换句话说，该项目中的个人和小组并没有被完好地集成在一起，项目并没有以一个团队的形式在运作，而是各行其是，一盘散沙，只顾自己的任务而忽视他人的工作。

对这些项目小组和个人进行协调和安排进程的复杂过程就称为集成管理。"接口关系协调"表示的就是协同多个小组进行工作的过程。上文讨论的线性责任表是项目经理开展这项工作的一个有用工具，它体现了项目团队成员（通常包括所有相关人员，别忘了客户和外部供应商）之间的相互影响以及每个成员的权利、义务和责任会是什么。

这一问题的早期解决方案由本宁森（Benningson，1972）提出。名为网络数据转化关系（transformed relationships evolved from network data，TREND）的分析旨在说明工作组之间的重要联系和依赖性，目的在于警示项目经理注意与跨职能接口有关的潜在问题，并帮助工作组设计出有效的方法来避免或处理这些潜在的接口关系问题。本宁森在探讨这个问题时加进了相互依赖关系、不确定性以及声望等因素。本宁森1972年的著述是考察将这些因素加到项目主进度计划里的精确方法的最好参考（对TREND的简短解释也可参见本书第3版，第221～224页）。关键的一点是：描述项目中的所有依赖关系可以完整地显示项目的所有接口关系。

最近有关接口关系管理的研究集中于利用跨专业团队为项目制定计划以及设计项目产品或服务。目前已达成的共识是：跨专业团队对产品或服务的设计和交付具有积极的影响。正如我们在第5.3节中注意到的，克莱斯勒公司利用跨专业团队的一种形式——并行工程（concurrent engineering，CE）不仅产生了极好的设计，而且通过缩短设计周期产生了主要的经济利益。豪普曼等人的著作（Hauptman et al.，1996，p.161）证明并行工程"对项目预算目标的实现具有积极作用，并且对质量、成本或进度没有不良影响”（工程管理中IEEE转化的全部理论都被用于并行工程）。这个过程也与更高层次的工作满意度相结合。

跨专业团队在产品开发和计划制定方面的使用也并非没有困难。要成功地将跨专业团队包括进项目计划中则需要把某些结构加进计划制定过程中。最常见的结构是把团队的任务定义成负责制定计划以完成项目范围规定的工作。有充分的证据显示，对复杂的项目而言这还不够。使用跨专业团队促成了卡鲁（Kalu，1993）所定义的虚拟项目团队的概念。在第4.3节中我们指出了许多虚拟项目团队中经常发生的冲突（de Laat，1994）。是的，使用跨专业团队容易造成冲突，而冲突又引发了不确定性，这就需要进行风险管理。显而易见，与跨专业团队相关的风险往往来源于团队之间的政治冲突。解决这些团队间矛盾是考验项目经理的谈判技巧的大好时机，但是跨专业团队交付的成果仍然具有一定的风险。有的时候，风险来源于项目外界的相关方，若对此感兴趣并想了解外界风险对项目范围的影响，请参见西格（Seigle，2001）的著述。

为了给产品设计和计划方面的问题建立一种结构，并且创造性地利用跨专业团队中的内在冲突，谭等人（Tan et al.，1996）进行了一次有趣的尝试，他们提出了一个包括四个因素的制定计划模型：（1）一个有关产品及其设计和生产约束（包括技术约束和人的约束）的信息库；（2）对识别信息库中的冲突并解决这些冲突提供帮助软件；（3）给定某个产品的设计后能够生成生产计划并能模拟由解决冲突而引致的设计变更带来的计划变更的软件；（4）包括团队每个成员知识结构的模型以及连接这些模型、“智力媒介”（计算机化的辅助媒介）和计算机的网络。利用电子屏幕对这些因素进行沟通，因此参与人无须处于同一个地点。我们建议加入风险识别和风险评估。

利用这些因素，设计或制定计划过程在概念上相对容易多了。具有不同技术背景的团队成员对产品设计任务会有不同的看法，因此，最初设计理念会存在很多冲突。冲突的解决可以使设计改善，设计的改善又可以改变由模拟制造可行性实验生成的生产计划。谭（Tan，1996）和她的同事提出的方法的基本用意在于：在产品设计中使用跨专业团队造成冲突，并利用冲突的解决方案提出可行的设计改善建议。

贝勒提等人（Bailetti et al.，1994）对接口管理问题提出了不同的解决方案。他们定义并描述了不同项目团队成员之间的所有相互依赖关系图。描述依赖关系的概念让人想起TREND，TREND企业组织图上描绘了接口关系，贝勒提却直接绘出了成员活动的相互依赖关系图。由于在产品或服务的设计和生产过程的不同阶段这些接口的性质可能不同，他们对每一个主要阶段进行了单独的描绘。图6—5描绘了硅晶芯片的设计过程。

利用这个方法构建跨专业团队具有很强的逻辑性。工作分解结构和线性责任表是很好的有关接口的原始信息来源，但它们不能反映与大型复杂项目中的任务密切相关的不确定性，而且它们假设关系在项目各阶段之内和之间非常稳定——这一假设经常与事实相反。这并不是忽视工作分解结构、计划评审技术或关键路径图以及类似的长期使用的工具的价值和它们在项目管理中已被证实的价值，它只是使用接口关系图作为协调需求的来源从而对相互依赖关系进行管理。图6—6显示了这一接口管理方法的基本结构。

□ 项目的阶段通关和阶段管理

前面的几个小节讨论了如何解决接口间不协调带来的问题。尽管各种办法都很有用，但是单独使用哪一个，恐怕也难以奏效。除了对接口关系进行梳理之外，为了使

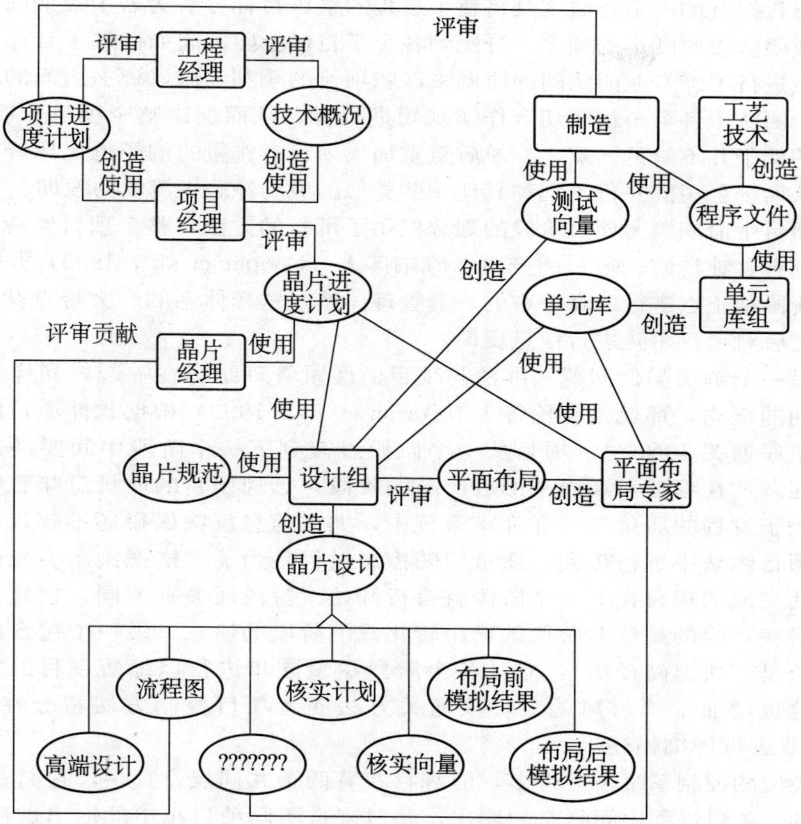

图 6—5　硅晶芯片设计的接口图

资料来源：Bailetti et al.，1994.

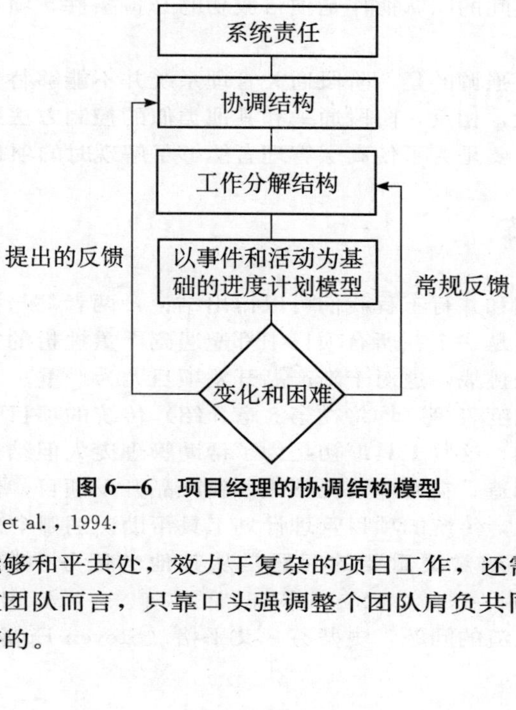

图 6—6　项目经理的协调结构模型

资料来源：Bailetti et al.，1994.

跨专业团队成员能够和平共处，效力于复杂的项目工作，还需要引入一些特殊的控制方法。对于大多数团队而言，只靠口头强调整个团队肩负共同的使命，对于增强凝聚力来说显然是不够的。

过程控制的一个办法就是将整个过程的整体目标分解为若干短期的子目标，并将跨专业团队按照既定的顺序，分配到各个子目标上面。假如做好了目标分解，同时又合理地进行了跨专业团队间的协调来保障项目的顺利实施，那么组间的矛盾就会大大减少。团队中各个小组密切合作实现短期目标，从而促进整个项目长期目标的达成，这样的例子并不鲜见。反之，矛盾重重加大项目工作量的例子也比比皆是。这是我们从克莱斯勒公司的并行工程和其他一些类似的成功经验中汲取的教训。

项目生命周期为项目阶段的划分提供了可行的方法，整个项目生命周期中的各个阶段都有其独特的、唯一的产出。库珀等人（Cooper et al.，1993）开发了在生命周期各阶段截止点进行认真评审的一套管理体系，这套体系的一大特点就是在每次评审结束之后对项目团队进行信息反馈。

另一个解决类似问题的办法与项目的质量管理结合在一起，同样是围绕项目生命周期的概念，那就是亚伦等人（Aaron et al.，1993）根据软件项目的里程碑所开发的阶段通关10步法。项目从一个阶段过渡到下一个阶段中间要经过评审（他们同样强调“在项目早期尚未形成产品的阶段，管理项目的质量意味着管理生产产品的各个子过程的质量”）。在评审系统中，如果信息反馈做得还不够，可以把审核报告在项目团队中进行传阅。质量门的控制过程是为了严格把关，不允许上一个阶段未成功完成的项目在下一个阶段就自行开始。阶段通关则不同，它允许上下阶段的重合搭接，为的是让上阶段的输出转化成下阶段的输入。另一个包含各阶段的重叠的方法是“快速路径法”，它让各个阶段尽量同步进行以缩短项目的完工时间，当然，这也增加了项目风险。阶段通关方法或者项目控制方法将会在第11章的第11.2节进行详细描述。

类似的控制系统还有许多，但都存在着两个共同点：其一，它们立足于具体的、短期的、项目过程中间状态的输出，并对来自不同项目小组的输出进行评审；其二，强调向不同的项目小组进行评审前（或评审后）反馈。不管如何称呼这些控制系统，它们的基本方法与并行工程是相同的。利用并行工程时，我们必须向所有参与的不同小组讲清楚，各组间的团队协作是项目成功的必备条件，项目中的任何一方都与其他相关方面互相依存。

最后，我们要强调的是，阶段通关管理系统并不能够替代进度、成本和绩效等常规的项目管理手段，相反，阶段通关和其他类似的控制方法是为补充常规的项目进程管理而产生的，主要是为了使高层管理者能够了解现时的项目状态。

□ 设计结构矩阵

有关集成管理和并行工程我们可以得出结论：两者都与协调信息流密切相关。对协调信息流的需要是一个在所有项目中都遭遇到严重挫折的挑战，跨专业团队的应用往往能够放大这个挑战，这对于新产品开发项目尤为严重。

像甘特图和进度表等（均将在第8章介绍）传统的项目管理工具最初是为了协调任务实施而开发的，这些工具最初是为了帮助管理庞大但结构相对较好的项目，比如建筑项目和轮船制造。在有些情况下比如新产品开发项目，信息流可能与任务的排序同样重要。实质上，传统的项目管理计划工具帮助识别哪个任务必须完成，以使得任务得以开始，然而通常更重要的问题是从其他的任务中获得哪些信息来完成特定任务？

为了陈述信息流的问题，史蒂芬·艾平格（Steven Eppinger，2001）——麻省理工学院斯隆管理学院的教授，提出了设计结构矩阵（design structure matrix，DSM）的建立和应用。第一步，建立设计结构矩阵来识别所有项目的任务并按照一般实施顺序将它们列出来。任务清单构成了 DSM 的行和列。第二步，每次移动一行，向被评估任务提供信息的所有任务都会被注意到。当 DSM 完成时，向完成给定任务提供信息的所有任务都能够通过特定的任务行确定。同样，按照特定任务列往下移动显示其他依赖于它获得信息的任务。

图 6—7 举例说明了一个包含六项活动的 DSM。通过图 6—7 可知，完成活动 c 需要从活动 b 和活动 f 收集信息，并且图 6—7 表明活动 c 和活动 f 都依赖于活动 b 获得信息，如该例所示，建立 DSM 的关键好处就是快速识别并且更好地理解信息是如何被需要的，同时强调了潜在信息流问题，甚至是在项目开始之前。例如，图 6—7 中所有在对角线上部的 X 都与这样的情况相关，即从一系列需要前期已完成工作的返工的任务中获得信息的情况。为了便于说明，在第二行我们注意到活动 b 需要活动 e 的信息，活动 e 是在活动 b 完成之后完成的，活动 b 可能需要重新返工和改进，这就依赖于活动 e 完成之后所获得的信息。

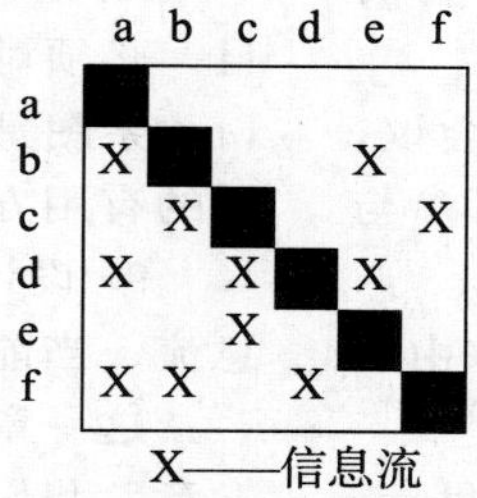

图 6—7　基于六项活动的项目设计结构矩阵（DSM）

DSM 也帮助评估对协调信息流的需要该如何加入项目计划阶段。为了完成评估，在 DSM 中加入了阴影方框，环绕在当前计划要实施的任务周围。例如，如果计划活动 c，d，e 需要当前完成，DSM 则会如图 6—8 所示。同时注意图 6—8 中在矩阵的对角线之上的任何任务都被认为是潜在的返工，需要用 O 来代替 X。

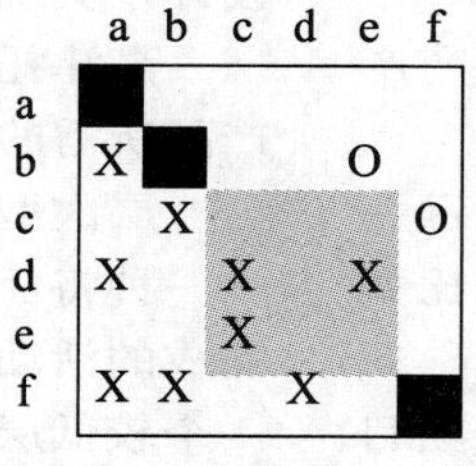

图 6—8　修正后的设计结构矩阵（DSM）表明当前需要完成的任务

注：▩——需要当前完成的任务；X——信息流；O——潜在返工情况。

在检查图 6—8 时，有两个潜在的返工情况。幸运的是，有两种行动方案可以用来减少甚至消除潜在返工情况。一个方案就是调查项目活动的顺序是否可以改变以使得潜在返工情况移动到对角线以下，另一个方案就是调查完成当前附加活动的方式。后者稍显复杂，可能改变任务完成的实际位置。

小结

本章我们通过识别和讨论完成项目所需的任务，初步探讨了项目的计划制定过程。我们强调了所有有关当事方的初始协调以及实现项目目标所需的不同系统之间顺畅集成的重要性。最后，我们描述了一些计划制定过程的辅助工具，如工作分解结构（WBS)、线性责任表、行动计划和高津托图。我们还简单探讨了如何在使用跨专业团队的复杂项目中控制并减少冲突的方法。

本章的要点如下：

1. 初步工作计划十分重要，因为它是人员筛选、编制预算、制定和控制进度的基础。

2. 最高管理层应该参与初始协调会议，在这个会议上，将建立技术目标、认可参与人的职责、确定初步预算和进度计划。

3. 批准和变更过程十分复杂，应该由项目经理进行处理。

4. 项目计划的共同要素是概述、目标、总体方法、合同事项、进度计划、预算、成本控制程序、评估程序和潜在问题。

5. 系统集成研究的是根据成本、绩效以及效果对项目各系统进行协调的过程。

6. 制定项目计划的层次型方法（分层计划制定过程）是最适当的方法，可以配合使用项目分支树状图，即高津托图，以及工作分解结构（WBS)。工作分解结构连接了任务及其每一项子任务，为项目预算、进度计划、人员安排和控制提供了最终基础。

7. 线性责任表有助于图示人员与项目任务的关系，并且识别出哪些地方需要协调。

8. 如果使用跨专业团队来计划复杂项目，必须对他们的工作进行集成和协调。接口关系图是识别必须进行管理的相互依赖关系的有用方法。

9. 设计结构矩阵的使用能够显示关键信息流、当前任务的需要以及潜在返工情况。

这一章我们讨论了项目活动计划。在下一章，我们将讨论预算和各种预算方法以及成本测算及其困难。

关键术语

行动计划（action plan） 利用资源，按照进度完成项目所需的一整套活动。

材料清单（bill of materials） 生产产品所需的一套物质要素。

控制图（control chart） 用于显示一个统计变量随时间变化与均值和极值相比如何变化的图。

可交付成果（deliverables） 某个项目交付的物质事项，典型的有物质产品、报告、计划等。

挣值（earned value） 衡量项目进程的一个指标，通常与已完成任务的计划成本有关。

效果（effectiveness） 实现的预定目标，有别于效率，后者用输入实现的输出进行衡量。

工程变更单（engineering change orders） 在初始产品设计发布后，进行工程设计以实现产品的改进。

高津托图（Gozinto chart） 显示生产产品所需的各要素如何融合在一起的图示。

层次型计划方法（hierarchical planning） 一种将任务分解为必须在各个管理层次上完成的活动的计划方法。通常较高层次为下一个较低层次设定目标。

接口（界面）管理（interface management） 管理不同部门或专业之间而非单个部门内部发生的问题。

材料需求计划（material requirements planning，MRP） 一种计划和订购材料的方法，基于已知或预测的最终需求，每种制造的或购买的材料的提前时间及其现有库存量。

项目计划（project plan） 用来对比差

异的基准计划。

系统工程（systems engineering） 涉及整个项目系统的工程任务和涉及将所有子系统集成到综合系统中的工程任务。

价值工程（value engineering） 一种检验产品或系统的各个要素以决定是否有更好或更便宜的方式获得同样功能的方法。

工作说明（work statement） 一种任务描述，定义为完成该任务所需的所有工作，包括输入和所需的输出。

问题

内容复习问题

1. 列出制定软件项目计划的九个要素的计划顺序。
2. 确保以理想的方式设计系统中单个模块的系统设计的基本指导原则是什么？
3. 描述“分层计划制定过程”，并解释为什么它很有用。
4. 初始协调会议应该完成哪些工作？
5. 系统集成的三个主要目标是什么？
6. 接口管理的目标是什么？

课堂讨论问题

1. 你认为计划制定应该占整个项目工作的多少百分比？为什么？
2. 项目计划中包括哪几类风险？
3. 工作分解结构以何种方式成为监督和控制项目的关键文档？
4. 为何制定项目计划如此重要？
5. 系统集成的三个目标之间有何平衡关系？
6. 对于无法在项目计划阶段、风险管理计划过程中识别出来的风险，我们应该如何应对？

有关“项目管理实践”的问题

比格 2 号火星探测器计划失败

这份建议书是完整的吗？你能增加些其他的内容吗？

儿童资助软件是“范围蔓延”的受害者

你对于弥补这个项目有什么建议？

伦敦地铁的时间进度和运营计划

为什么要更新时间系统？从中获得了哪些利益？该系统是如何辅助计划、协调和控制的？

明尼苏达州运输局项目计划

该项目计划是如何制定，如何协调，如何控制的？

冰岛的灾害项目计划的制定

1. 美国联邦应急管理署（Federal Emergency Management Agency，FEMA）（根据《联邦紧急事务管理法案》）成立的理由与冰岛类似，这两种方法有何不同？
2. 本章最后的指导阅读描绘了管理项目危机的四种工具，这些工具对冰岛的计划制定有帮助吗？

案例讨论

林戈德的游泳池设施供货方案

小约翰·林戈德（John Ringold，Jr.）刚从本地大学毕业，获得了工业管理学学位并加入了他父亲的公司，担任高级运营副总裁。父亲老约翰想让小约翰慢慢熟悉工作，看看他对自己没时间调查的一个项目是如何表现的。公司销售收入的 20%来源于地面上游泳池设备的销售，但公司并没有安装游泳池的业务。老约翰要求小约翰决定公司是否应该进入该行业。小约翰认定给父亲留下深刻印象并完成项目的最简单方法是亲自估算公司安装游泳池的成本，然后再看看竞争者们的要价是多少，这样才能得出进入该行业是否盈利。

小约翰想起有一种叫工作分解结构的方法也许可以帮助他估算成本。另外，这种工具也可以转交给现场监理以评估各个工作人员的绩效。小约翰的工作分解结构显示在表 A 中。基于 12.33 个工时的完工时间和每工时15美元的人工费，小约翰计算出总成本为185美元。小约翰发现，平均来说，公司的竞争对手对类似的游泳池安装费用为229美元。小约翰认为可以盈利。他给父亲打电话，约好在第二天上午说明他的结论。鉴于他从未亲自安装过游泳池，他决定把预算提高10%，“只是为了以防万一”。

表A　　游泳池安装的工作分解结构

工作任务	工时（估计值）
地面准备	2.67
清理	1
耙平	1/3
平整	1
垫沙底	1/3
安放游泳池框架	2.50
底部框架	1
侧板	1/2
顶部框架	1
安装塑料衬里	0.5
游泳池组装	1.66
安装木支架	3.00
布置	1
组装	2
充水实验	2.00
总计	12.33

问题：

小约翰的项目工作分解结构合理吗？老约翰在做决策时需要考虑哪些方面？

斯泰西实验室

斯泰西（Stacee）实验室是斯泰西医药公司的附属科研机构，具有很长的成功研发药品的历史。研制药品的工作全部是由科学家组成的项目团队负责的，他们的项目很少受到进度、预算和明确目标的限制。公司认为科研项目不应该受到官僚式的循规蹈矩的束缚，而应该将科学家的聪明才智任意发挥。

斯泰西医药公司董事会成立了一个特别专家组，对斯泰西实验室进行了调整，发现实验室项目远比业界平均项目周期要长，且费用高昂。斯泰西实验室的新药研发项目在投放市场前一般要经历10～15年，但是成功率很高。

董事会请管理顾问塔莎·米莉女士负责对实验室的调查，并向董事会提交如何使项目周期加快且费用降低的报告。董事会特意强调，他们期待的斯泰西实验室调查报告并不是吹毛求疵、缩减开支、牺牲质量而缩短周期的方案。

经过与实验室研究人员的多次会谈，并拜访了公司的营销、财务、政府关系、药效检验和毒性检验部门的代表之后，塔莎女士发现实验室研究人员在药品未研制成功之前很少与营销和政府关系部门联络。当被问到为什么迟迟不与营销部门接触时，他们的回答是：在药品研制工作完成前他们并不知道应该向市场推出什么新产品，并补充说营销部门时常干扰药品的研制工作，强迫他们夸大疗效或者按照销售潜力来开发新药而不尊重科研成果。

塔莎女士还观察到，在研制工作完成后，产品有待检测之前，实验室人员是不会提前与疗效或毒性检测部门联络的，这耽误了很长时间，因为测试设备被其他检测占用着，并不能马上处理送检的新药。组织检测疗效和毒性的工作往往要拖数月之久。

在塔莎女士看来，新药研制项目缩短时间、降低成本的唯一途径就是从与研制项目有关的各部门当中抽调一名骨干代表，组成一个联合小组，从事各个研制项目的初期工作，这样各方面都可以尽早获知项目的进展情况并为后续工作提前做好准备。如此一来，周期延误、费用高昂的情况就可以得到大幅改善了。

问题：

你认为塔莎·米莉女士的观点正确吗？假如是正确的，药品研制项目应该如何组织和计划呢？假如斯泰西医药公司重组实验室项目，会带来什么问题？你会如何解决这些问题？对于联合小组来说，范围蔓延会不会越来越常见？假如是，又该如何控制呢？

课堂综合练习项目

现在到了计划和分派项目任务的时候了。首先要制定一个项目工作分解结构、一个项目行动计划、一个线性责任表。同时，要识别项目里程碑和阶段通关，并且确认每个人都清楚自己在项目中的职责、特定的时限和可用资源。

参考文献

AARON, J. M., C. P. BRATTA, and D. P. SMITH. "Achieving Total Project Control Using the Quality Gate Method." *Proceedings of the Annual Symposium of the Project Management Institute,* San Diego, October 4, 1993.

ANTONIONI, D. "Post-Planning Review Prevents Poor Project Performance." *PM Network,* October 1997.

BAILETTI, A. J., J. R. CALLAHAN, and P. DI-PIETRO. "A Coordination Structure Approach to the Management of Projects." *IEEE Transactions on Engineering Management,* November 1994.

BENNINGSON, L. A. "TREND: A Project Management Tool." *Proceedings of the Project Management Conference,* Philadelphia, October 1972.

BIGELOW, D. "Planning Is Important—Why Don't We Do More of It?" *PM Network,* July 1998.

BLANCHARD, B. S., and W. FABRYCKY. *Systems Engineering and Analysis,* 3rd ed. Englewood Cliffs, NJ: Prentice Hall, 2006.

BOEHM, B. W. "A Spiral Model of Software Development and Enhancement." *IEEE Engineering Management Review,* Winter 1995, reprinted from *Computer,* May 1988.

COOPER, R.G., and E. J. KLEINSCHMIDT, "Stage-Gate Systems for New Product Success," *Marketing Management,* Vol. 1, No. 4, 1993.

DE LAAT, P. B. "Matrix Management of Projects and Power Struggles: A Case Study of an R & D Laboratory." *IEEE Engineering Management Review,* Winter 1995, reprinted from *Human Relations,* Vol. 47, No. 9, 1994.

DUNCAN, W. R. "Scoping Out a Scope Statement." *PM Network,* December 1994.

EPPINGER, S. F. "Innovation at the Speed of Information." *Harvard Business Review,* January 2001.

FORD, R. C., and F. S. MCLAUGHLIN. "Successful Project Teams: A Study of MIS Managers." *IEEE Transactions on Engineering Management,* November 1992.

HARRIS, R. D., and R. F. GONZALEZ. *The Operations Manager.* St. PAUL: West, 1981.

HAUPTMAN, O., and K. K. HIRJI. "The Influence of Process Concurrency on Project Outcomes in Product Development: An Empirical Study of Cross-Functional Teams." *IEEE Transactions on Engineering Management,* May 1996.

HUBBARD, D. G. "Work Structuring," in P. C. DINSMORE, ed., *The AMA Handbook of Project Management.* New York: AMACOM, 1993.

KALU, T. Ch. U. "A Framework for the Management of Projects in Complex Organizations." *IEEE Transactions on Engineering Management,* May 1993.

KNUTSON, J. "How to Manage a Project Launch Meeting." *PM Network,* July 1995.

LANGLEY, A. "Between 'Paralysis by Analysis' and 'Extinction by Instinct.' "*IEEE Engineering Management Review,* Fall 1995, reprinted from *Sloan Management Review,* Spring 1995.

MARTIN, P. K., and K. TATE. "Kick Off the Smart Way." *PM Network.* October 1998.

MARTINEZ, E. V. "Executives to Project Manager: Get a Plan." *PM Network,* October 1994.

MORRIS, W. T. *Implementation Strategies for Industrial Engineers.* Columbus, OH: Grid, 1979.

PALEY, A. I. "Value Engineering and Project Management: Achieving Cost Optimization," in P. C. DINSMORE, ed., *The AMA Handbook of Project Management.* New York: AMACOM, 1993.

PINTO, J. K., and D. P. SLEVIN. "Critical Factors in Successful Project Implementation." *IEEE Transactions on Engineering Management,* February 1987.

PINTO, J. K., and D. P. SLEVIN. "Project Success: Definitions and Measurement Techniques." *Project Management Journal,* February 1988.

PROJECT MANAGEMENT INSTITUTE. *A Guide to the Project Management Body of Knowledge (PMBOK® Guide),* 3rd ed., Newtown Square, PA: Project Management Institute, 2004.

RAKOS, J. J. *Software Project Management.* Englewood Cliffs, NJ: Prentice Hall, 1990.

SEIGLE, G. "Government Projects: Expect the Unexpected." *PM Network,* November 2001.

SMITH, R. P. "The Historical Roots of Concurrent Engineering Fundamentals." *IEEE Transactions on Engineering Management,* February 1997

TAN, G. W., C. C. HAYES, and M. SHAW. "An Intelligent-Agent Framework for Concurrent Product Design and Planning." *IEEE Transactions on Engineering Management,* August 1996.

WHITTEN, N. "Do Not Make Long-Term Project Commitments." *PM Network,* February 2002.

ZWIKAEL, O., and A. SADEH. "Planning Effort as an Effective Risk Management Tool," *Journal of Operations Management,* Vol. 25, pp. 755–767, 2007.

案例

下面这篇文章介绍了大型资本项目的计划、管理和控制系统的发展。该项目的管理目标是开发一套金融系统，以避免预算超支，并使日益匮乏的资源得到最佳配置。将文中提到的这套系统与第2章里提到的惠普系统相比是一件很有意思的事情。

资本项目的项目管理和控制系统

Herbert F. Spirer and A. G. Hulvey

公司简介

赫伯伦股份有限公司（Heublein，Inc.）是一家研制、生产并在国内外销售食品、饮料产品的公司。赫伯伦股份有限公司的业务、销售收入和一些知名产品参见图1。图1的内容包括：四个主要业务部门（“集团”）各自拥有的工厂、设备、生产过程和主打产品。对于烈酒集团来说，其主要特征是依靠大型的、连续的生产过程形成规模化生产，而对于食品服务和特许经营权集团来说，小型的快餐店就是“生产加工厂”。

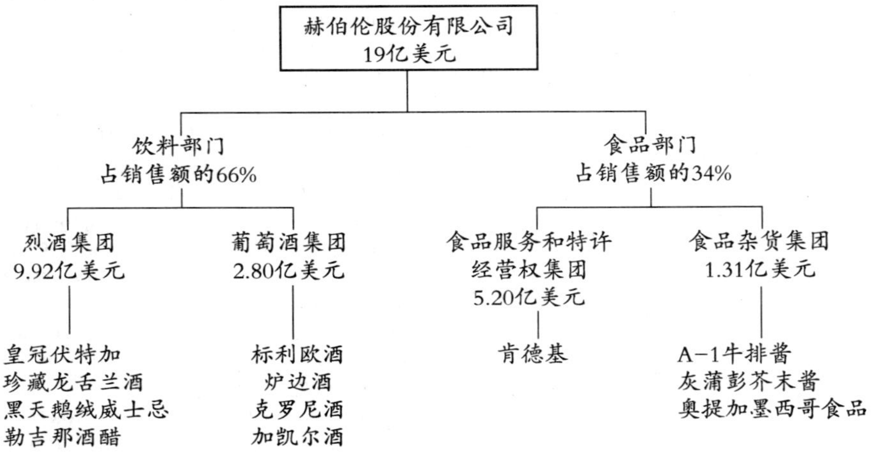

图1　赫伯伦股份有限公司

不同集团当中用于资本项目和支持服务的投资规模截然不同，当然对于投资回报的预期也是不一样的。

由各集团的工程部负责资本项目的计划和控制，是这家公司的一大特色。由于各集团规模不同，因此相应的工程部和配套服务的规模也大小不一。同样，财务系统的运转也有别于全部靠外来资金支撑自营实体的形式。

在实施项目管理和控制系统（PM&C）之前，资本项目流程主要是围绕着项目的财务核算进行的（见图2）。包括：

- 以成本—收益分析为核心；
- 不过多强调项目的实施细节，不刻意追求非财务成果。

以下两点集中讨论了该过程实施中的薄弱环节：

- 重点项目超支；
- 折旧法与通货膨胀率上升速度不匹配，亟待资金优化。

根据如上流程，赫伯伦公司管理层启动了项目管理和控制系统（PM&C）以改善其资本项目的运行。实施项目的责任落到了公司的设备和生产部门，负责审批所有资本拨付需求，并为公司提供技术咨询服务。

可行性研究

由于缺少项目管理方面的专家，设备和生产部门经理决定起用一个本领域的顾问。他与三名顾问进行了面对面的交谈，想从中选择一个既具备相关知识又适应本公司风格、符合本公司目标要求，且擅长和各阶层管理人员沟通的人选。最后一点很重要，因为工程部的结构复杂，人员差别悬殊。结果第一位面试者被聘请为顾问。

集团确认需要或者机会

集团准备一个资金拨付申请——原始成本/收益分析

集团管理部门审阅，批准/不批准

集团财务部门审阅，批准/不批准

集团设备与生产计划部门审阅，批准/不批准

总公司管理部门审阅，批准/不批准

集团实施项目

集团每月向总公司汇报情况

如果产生很大的成本差异，集团准备资金拨付修正建议书，重复自步骤3开始的所有过程

项目完成

图2　实行PM&C之前的资本项目流程

随着顾问的选定，一个内部的PM&C项目经理也选好了。等顾问的挑选结束以后才任命项目经理，是一种审慎的态度，这样做是为了使项目经理候选人对这个位置保持兴趣和激情，并且候选人和选举委员会双方都能够对这个项目的性质有一个明确的把握。该项目经理是从公司职工中千挑万选出来的（我们视之为第二主人公）。

主要负责人到位后，一些大的原则也相应确定下来：

- PM&C项目将在组织内部开发，对标准软件进行定制使之满足集团的特殊需要。一个“现成的”或者“打包的”软件系统会限制该系统的灵活性，这是在项目管理应用中特别要关注的问题。
- 各集团工程部经理直接参与PM&C系统开发及其在本集团中特殊应用的设计，由此来确保项目的成功，并确保系统设计源自了解系统本质需求的所有者或担保人。

为了满足以上两大原则的要求，所有参与系统设计的人员都要参加项目管理基础知识的培训。

系统的重点要放在项目计划而非项目控制上。PM&C是为了更好地完成计划，而不是在错误发生之后给予纠正。保障成功才是目的，而不是记载过失或分辨责任。

项目群设计

将PM&C设计成一个标准系统，并强加给各集团工程部门使用的提议，遭到了公开的反对。项目的差异性造成各集团子系统的功能不一，该系统的安装为的就是切实保障项目计划和控制的成功。相对于各集团系统的独特性以及各工程部经理对推广落实的重视而言，为全公司员工提供一个统一的计划和控制系统的考虑被摆在了第二位。因此，PM&C系统将在赫伯伦公司分阶段实施，具体步骤如下：

阶段1　对各工程部经理进行培训。研讨会为期三天，主要目标有两个：（1）使参与者了解最大化配置的管理项目软件都包含哪些内容；（2）解释公司的整体目标和PM&C项目的实施方案。

阶段2　PM&C系统设计。“酝酿期”为三周，从阶段1向阶段2过渡。在此期间，工程部经理们吸收、讨论和评审项目管理的原则和目标。此阶段后期将召开一个研讨会，专门讨论系统需求的定义。该会议由咨询顾问主持，任何一项决策都要经过正反两方面的论证。当然，咨询顾问——作为“局外人”——有权进行批评和议论，站在一个与那些彼此间长期合作的工程部经理完全不同的立场上。会前大家商定，为了避免有关细节问题的提案因投票数少而被多数人所忽略，会上要最大限度地征求所有人的意见。如果会上无法取得一致意见，那么该议题就被暂且搁置，留待日后进行处理。如果该议题确实十分重要，那么就要在会议之后，在没有会议时间限制的情况下集体商议解决办法。

阶段3　项目计划开发。阶段2的结果（议定一致的结论）既是对PM&C系统的指导也是对PM&C系统的定论。意识到PM&C系

统本身将被作为项目的典范供各个项目参照，PM&C项目经理专门制定了项目计划。本文后续部分将着重介绍此项目计划，主要有两个目的：一是向读者展示PM&C项目的落实情况，二是向大家介绍制定项目计划的程序。图3至图11介绍的项目计划表，目前在赫伯伦公司内部已被多数资本项目所应用，且要求在计划启动之前通过管理层的审批。

阶段4　实施。随着阶段3计划的产生和批准，此时开始进入实施阶段。实施必须以计划为依据，这是本文刻意要突出的主题。同时，我们把对实施结果的评估作为实施的一部分来看待。

项目计划

工程部经理在阶段2定义了系统功能，要求PM&C系统将项目计划各元素以菜单的形式进行排列，不同的项目根据各自的情况再加上一些共性的需求，从该菜单中挑选有用的元素加以使用。该菜单包括如下内容：

1. 项目介绍
2. 项目目标
3. 项目/项目群结构
4. 项目/项目群成本
5. 网络图
6. 进度表
7. 资源配置表
8. 组织结构和责任划分
9. 控制系统
10. 里程碑和子项目

对于重点或关键项目，对菜单项的最小集的选择要由项目全体成员联合决定（“重点”或者“关键”项目由PM&C系统程序定义），而对于常规项目而言，对菜单项的选择则可以交给项目经理自行处理。

在PM&C计划中，第6项进度表和第7项资源配置表常被合并成一项，因此在接下来的讨论中我们也将二者纳入同一个段落加以论述。

项目介绍

在PM&C系统中，项目介绍只是一个实施纲要，重点在于解释项目本身，这一点可以从图3的PM&C系统项目介绍中看出来。每个项目中的人都应该充分认识到项目存在的意义，无论是公司技术人员、工程师还是财务人员。只有在项目成员都清楚地了解了项目存在的意义之后，从他们那里获取对项目的支持才会变得容易，而他们对项目的投入才能全心全意。在赫伯伦公司的PM&C系统中，项目计划介绍一栏的内容应当包括对以下问题的回答：项目类型是什么？成本与收益的关系如何？风险应对计划如何？为什么项目采取这样的方法（或者说，为什么其他备选方法被否定）？图3不仅介绍了PM&C系统管理项目的方法，更是对PM&C系统实施纲要的总结。

项目目标

赫伯伦公司的项目目标必须演变成可交付成果，这是为了能够以一种清晰的、易于理解的、可度量的且有形的方式来陈述项目目标。通常，项目的可交付成果以文档的形式存在。对于建造一所住宅的项目而言，项目的可交付成果到底是“一座房屋”还是“一张产权证”，这个问题在项目计划阶段就要问个明白（也可以在项目启动之后）。当然，以可交付成果的形式定义项目目标也可以避免任何遗漏。因此，在赫伯伦公司的PM&C系统中，项目目标类似于“工作说明书”，但也不像技术规范定义得那么详尽。技术规范描述了可交付成果的特征，可当做项目目标的附属文件来看待。

在外在和内在因素的影响下，如何保障有限的资金得到最有效的利用成为紧迫的问题。

项目管理和控制系统（PM&C）作为一种提高资本利用率的方式被引进公司。3月，联合管理委员会通过了该议案。

之后，公司的设备与生产计划部门对该议案进行了可行性研究。这项研究的一个主要结论就是要为公司定制一个系统而不是直接采用现成的软件。各业务集团可以根据自己的需要对系统功能进行取舍，提高系统的灵活性且保障业务的成功。此项研究的另一个结论就是让各集团的工程部经理直接参与系统设计和开发，以此来保障对该系统的充分理解和接受。

公司范围的PM&C系统的详细设计和开发计划如下：系统的短期目标是保障重点资本项目的运行；

长期目标是保障其他一些类型的项目，比如新产品开发和R&D项目。进度和成本预算如下所示：
完成日期：立项后1年之内。
成本：20万美元，其中6万美元以现金支付。

图3 PM&C项目计划介绍

图4显示了赫伯伦公司PM&C项目的目标，可视为目标陈述的样例：目标分几个层次，上一层次的总体目标在下一层次中加以详细解说，总体目标和具体目标之间要建立完整的逻辑关系，具体目标是为了支持总体目标而设的。

项目结构

项目可交付成果定下来之后，项目经理需要明确项目的结构：

- 将具体目标与总体目标相连；
- 定义构成可交付成果的要素；
- 明确实现可交付成果所需的活动；
- 构建目标、要素和活动之间的关系。

工作分解结构（WBS）即是用来满足这些需求的工具。WBS可以用缩进式（文字的）或者树状图（图形的）的形式来表示。树状图更容易被理解，它可以在各个节点（矩形框）上附加活动代码和负责人姓名等。

总体目标

1. 就重点项目的进展情况，加强各集团与总公司之间的沟通；
2. 使集团管理者能够更为严密地监控重点项目的实施进程；
3. 使集团成员能够更好地控制和管理重点项目。

具体目标

1. 报告和控制系统：
- 用于项目内部与集团管理层，集团内部与公司管理层的沟通；
- 从高成本资本项目入手，逐步扩展到关键项目，然后覆盖到其他项目。

2. 程序手册：
- 将方针和流程文档化；
- 程序手册初稿于1979年10月20日完成，在常规培训中加以利用。

3. 电脑支持系统：
- 问卷调查是否有必要建立电脑支持系统？其价值在哪里？

4. 常规培训课程：
- 向直接参与项目管理的人员提供基本的项目计划和控制技能培训，由本领域的权威专家授课；
- 组织与项目管理有关的团队建设、技术工程、合同管理和金融方面的专业研讨会。

图4 PM&C项目的目标

说明：上述目标在PM&C研讨会上集体制定，各业务集团均已派代表出席会议。

图5是PM&C项目缩进式WBS的部分展示，简单介绍PM&C项目包含的工作，以及缩进式WBS的样式。图5中可以看到可交付成果要素及实现可交付成果所需要的活动。WBS中各项活动按层级编号，方便查询。例如，图5的2100活动系列中包含22个项目计划阶段的活动。有一点值得注意，WBS是初始计划，所需要制定的项目报告、分析和决策是在项目实施之前计划好的，项目实施过程当中最好不要增减任何条目。

项目成本

WBS列出了实现项目目标所需要的任务，只有在WBS确定下来之后，才可能开始做项目估算。这是因为，WBS反映项目的不确定性（项目类型不同造成项目的不确定性差异非常大），此外，如果资源配置遇到进度上的阻碍，项目就很难进行下去，直到项目的活动网络、进度和资源配置完全平衡之后才能继续。WBS确定下来之后，项目的计划者可以开始分层统计成本。最底层的活动（又称工作包）很容易预测成本，然后按照WBS的结构层层汇总即可。树状图的最底层只有一个工作包，即项目本身，成本预算的合计到此为止。

图6显示了PM&C项目的计划成本，为的是给读者一个印象：这样一个PM&C系统项目大致的成本是多少。既然并不存在一个项目导向的成本核算系统，那么只好采用现金支付的形式。任何希望使用类似于PM&C系统的公司，恐怕都会发生一些间接劳动力成本。以赫伯伦公司的PM&C项目为例，80%的成本——无论是现金支付还是间接成本——都与综合培训有关（见WBS代码3000）。

工作分解结构

赫伯伦公司 PM&C 项目

- 1000 项目计划
- 2000 PM&C 系统
  - 2100 设计阶段报告
    - 2101 分析项目范围
    - 2102 定义项目绩效报告
    - 2103 制定项目计划
    - 2104 制定变更流程
    - 2105 制定签字/批准流程
    - ⋮
    - 2121 定义记录保存规定
    - 2122 定义计算机支持系统需求
  - 2200 程序手册
    - 2201 程序手册
    - 2202 最终版程序手册
  - 2300 报告和控制系统
  - 2400 计算机支持问卷调查
    - 2401 计划评审技术（PERT）/关键路径法（CPM）
    - 2402 进度
    - 2403 责任
- 3000 整体培训
  - 3100 项目计划和控制研讨会
    - 3101 目标制定
    - 3102 工作分解结构
    - ⋮

图5 项目结构

单位：美元

人工成本	
设计和开发	40 000
参加培训	60 000
集团安装 PM&C 系统	40 000
基础培训	
咨询费	20 000
学员差旅费	30 000
杂项	10 000
项目成本合计	200 000
现金支付	60 000

图6 项目成本

培训一般固定在两天到两天半的时间，以确保参加者能够认识到培训过程是有效的、紧凑的，且不过于干扰他们的正常工作，力争让学员们带着良好的感觉离开教室，以免招致他们对培训的反感。了解哪些人参加培训以后，就可以调配出差、参加科学研讨会的工作时间，专家或讲师的费用（备课费除外）、印刷费、差旅费等各项杂费很容易就能估算出来。

网络图

赫伯伦公司只要求重点项目利用PM&C系统绘制网络图，同时鼓励所有项目都能够采用这种方法。图7部分显示了PM&C系统生成的紧前关系图（用于构建网络图）。公司鼓励项目经理充分利用网络图的绘制和分析（例如对关键路径的分析）来辅助项目计划、实施和控制。在培训PM&C系统阶段，公司特意强调了网络图的绘制和分析技术，因为网络图是进度计划的基础，具有潜在意义上的巨大价值，同时又是最难表达的概念之一。

在赫伯伦公司的PM&C系统里，管理网络图同样是必需的。该网络图是为了指导项目经理们顺利实施项目流程，也是为了指导项目组成员在适当的时候进行自我管理。有鉴于此，人们认为该网络图不应该超过50个节点。网络图的主题是对各项活动的高度集中。主体网络上的每项活动都涵盖着下一级网络（不超过50个节点组成）。这并不是说赫伯伦公司从没有做过有上千个活动的项目，而是说在工作管理层面上，为各项目经理和项目成员提供一个高度集中的活动网络图以便将全盘工作纳入统一的范围之内。如何高度概括而压缩网络规模并不是一件容易的事，但对于项目的计划和实施来讲意义重大。

活动缩写	时间（周）	紧前活动
4000 制作报告	2	2000，2122，3200
2000 监控系统	6	2000：召开集团会议
2000 召开集团研讨会	2	2000：获得批准
2000 制定程序	2	2000：监控系统
2000 制定程序手册，更新系统	2	2000：监控系统
2000 监控系统	8	2000：召开集团会议
2000 准备实施	2	3100：召开PM&C研讨会
2122 获得批准	2	2122：定义计算机支持系统需求
2122 定义计算机支持系统需求	4	3100：召开PM&C研讨会
3200 召开技术研讨会	4	3200：准备会议
3200 准备会议	8	3200：获得批准
3200 获得批准	2	3200：定义技术研讨会需求
3200 定义技术研讨会需求	2	3100：召开PM&C研讨会
3100 召开PM&C研讨会	3	3100：在研讨会上集合程序手册
		2201：更新程序手册
3100 介绍程序手册	1	2201：发布程序手册
2201 更新程序手册	0.6	2201～2300：获得批准

图7 PM&C网络图

说明：限于篇幅，网络图以紧前活动表的形式表示。根据此表可直接生成AON网络图。活动代码见图5。

紧前活动图反映了赫伯伦公司的PM&C项目群里各项活动的相互依赖关系。这些活动与系统设计和管理需求是密不可分的。每一个集团可以自行确定活动的内容和顺序，但重要的是保持PM&C项目群的共同特征。系统在设计上存在着一种风险，即把全部活动放在一个网络图上，而不采用并行活动，且只关注关键路径上的各项活动而对其他活动的重视程度不足。

进度表和资源配置表

网络图绘制了项目各活动之间的强制依赖关系。进度表是对项目经理的意图的体现，它反映何时开始何种工作的决策。相对于网络图来说，进度表有一个局限性，那就是受到日历时间的限制（如节假日、工厂和供应商歇工等），同时在资源上也存在着一定的局限性。进度表定下来之后，项目经理才可以调配资源，进度表又时刻受到日历时间和资源储备的限制。

组织和职能

谁负责什么？如果对于这个问题没有明确清晰的答复，那么很难想象任务能否如期完成。一般来说，项目委员会并不对项目实施负直接责任。WBS中的每一项任务都应该由专门的部门来承担，具体负责人应该从各部门中指定。最后，WBS中的每一项活动都应该对应专门的负责人。将负责人的姓名直接写到网络图适当的节点上，已被证明是一个好的经验。

然而，在最高层的整体责任下，一项活动可能会牵扯到多个负责人，其中有人有批准权，有人可能只有建议权或者提供信息的权力。通常，这样的多层次的责任体系很有可能会跨越职能和地域，因此沟通就变得极为重要。

对于像赫伯伦公司这样，多层次的责任体系和人员的地理分布并存的公司，“责任矩阵表”被证明是一个很好的管理工具，详见图8。

活动	PM&C经理	咨询师	工程部经理				F&MP总监
			食品服务&特许经营权	食品杂货	葡萄酒	烈酒	
项目计划	I	P					A
设计阶段报告	I	P	P	P	P	P	
程序手册	I						A
报告&控制体系	I	P	P	P	P	P	
计算机支持系统调查	I	P					P
项目计划&控制会议	A	I					P
技术研讨会	I		P	P	P	P	A

图8　PM&C项目的责任矩阵表

说明：I——牵头/负责；A——批准；P——提供信息。

这个责任矩阵表充分体现了项目的战略思想。事实上，它的一大好处就是迫使制定责任表的人（通常是项目经理）要对整个项目的执行过程进行审慎的思考。项目团队个人的参与非常重要。例如，工程部经理参加系统设计可以保障系统能够适应不同集团的实际需要。此外，一些相关的个人和部门也被正式地纳入责任矩阵表，为的是使计划工作更加完善，尽管可能没有他们的参与项目计划也能够顺利地定出来。

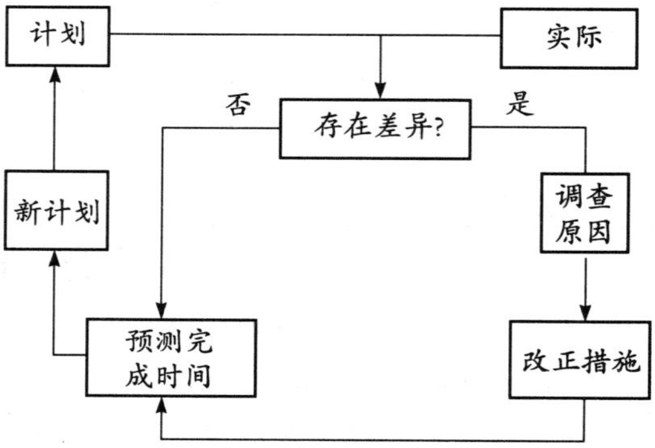

图9　基础反馈控制环

控制系统

图9是一个简单的反馈控制环，这一原理是所有项目控制手段的基础。针对一项计

划（或预算），我们应该知道实际操作与计划的差异在哪里。一旦差异产生就应该调查原因。需要注意的是，任何一项差异都要通过评审。经验丰富的项目经理们都知道，提前竣工和延期竣工、成本超支一样，都可能招致客户的不满。

PM&C工程并没有涉及大宗采购，也正因为如此，小笔的采购行为源源不断。需要监控的人和活动并不多，因此PM&C系统利用甘特图来进行管理。在甘特图上计划显示为条形进度柱，把运行情况填写入计划表即可将计划与绩效进行对比。项目进度的跟踪频率定为一周一次。

图10显示了为控制所进行的周期性评审的时间，同时体现了评审报告的特性。

1. 按月进行状态检查。
2. 核查人工成本，成本测算要通过集团工程部管理层讨论。
3. 只有在预先批准/已收到发票的情况下，才能用现金支付款项。
4. PM&C项目经理按月提交项目状态报告，包括：
   a. 当期费用；
   b. 成本差异；
   c. 对比甘特图的项目进度绩效；
   d. 范围变更或其他计划调整。
5. PM&C项目经理按里程碑进行非正式检查。

图10　控制系统

里程碑和子项目

里程碑和子项目是控制系统的一个组成部分。在所有项目活动中，里程碑事件将活动划分为若干个任务包，每个任务包中的活动最好不要超过20个。里程碑可以用时间点的形式（或绩效报告的形式）体现在反馈控制环（图9）上，项目活动按其他形式归类同样可行，里程碑不过是用事件来归类形式中的一种。按时间点将活动分段，或者按阶段划分，都很常见。图11显示了PM&C里程碑。

日期	描述
1979年9月5日	项目计划被总公司和集团批准
1979年9月26日	报告体系和控制体系被总公司和集团批准
1979年10月5日	组织影响分析报告发布
1979年11月7日	项目计划和控制基础培训完成
1980年1月7日	报告和控制体系正式运行
1980年3月24日	程序手册终稿获得批准 技术研讨会结束 计算机支持系统问卷调查结束
1980年6月30日	最终影响评估报告发布

图11　PM&C项目里程碑

小结

赫伯伦公司的PM&C项目在预定的时间和预算内完工。从这个意义上讲，它是一个成功的项目。按照常理来说，制定基础计划并不断按计划评估绩效，一次来控制范围的变化是有可能的。前期的基础培训非常成功，吸引了很多集团经理和部门来参加。

即使在规定的时间和资金预算内交付了产品，然而假如产品不能满足客户的需求，那么这样的产品同样是不能令人满意的。这个PM&C项目是否达到了图5所提到的总体目标呢？通常来讲，在管理和培训体系中，我们不得不依靠客户的看法来判断我们的成功。在PM&C项目里，客户是总公司管理层、集团管理层，最重要的是各集团的工程部经理以及他们的员工。从短期来看，最后两类客户才是最重要的，除了从他们那里得到非正式的反馈，正式的反馈是通过“影响报告”来收集的。“影响报告”涉及PM&C系统对于使用它的组织机构的影响力（“需要投入多少劳动时间到PM&C系统”），同时涉及组织机构对PM&C系统的响应（“这个系统是否有助于你更好地完成工作”）。

显然，来自操作人员的反馈是积极的，那么对于该系统协助我们所做的资本项目和其他项目的改进，我们是否可以用量化的手段进行衡量呢？这也许要经历多年的时间才能够测量出这个影响到底是积极的还是消极的，甚至到那个时候，也有可能因为内部和外部变量的混淆，导致没有明确的定量的反馈。

从这一点来说，从“影响报告”开始，基于积极的认识，我们相信PM&C项目是有正面价值的。下面这段话出自一名PM&C系统的使用者，在系统投入使用一年后他发现：“……PM&C培训时介绍的研发项目状态跟踪图在讨论会上我们称之为‘网络分析图’，一直被产品开发组用来跟踪项目的进展。此工具的价值是无法估量的。自从使用了这个工具，已经有15种新产品一次开发出来……”

问题

1. 本章中介绍的项目计划辅助工具（如WBS等），在本案例中使用了哪些？

2. 针对每种辅助工具，介绍其在此案例中的应用，并分析在应用中是否进行了修改？

3. 将此项目的项目组合过程与第2章中的惠普公司项目管理过程进行比较。

4. PM&C项目的目的是什么？项目能否运行成功？

5. 在此之前，围绕着成本—收益分析来开展资本项目有何不妥？PM&C系统是否包含了成本—收益分析的功能？

6. 为什么延期折旧法使得资金优化变得尤为重要？

指导阅读

下面的文章运用应急管理的计划制定工具来管理不可避免的危机事件。本文采用风险分析、应急计划、逻辑图以及案头练习等方法，讨论当危机发生时如何进行计划和管理。通过列举有关1996年亚特兰大奥运会的实例，来说明危机计划管理工具的有效性。

项目管理中的危机计划制定

L. M. Mallak，H. A. Kurstedt，Jr.，G. A. Patzak

在计划和管理项目时，项目经理不可能预见到每一次意外事件。一旦项目展开，许多影响项目里程碑和资源配置的重大事件就浮出水面。经验丰富的项目经理懂得危机、错误沟通、错误、疏忽以及灾害事件必须被作为成功项目管理的一部分来加以管理。

项目经理需要有效的工具来计划和预计这些危机。项目经理并非每天都使用这些工具，但是当意外情况发生时，他们确实需要这些工具。本文的思想和信息将帮助项目经理识别合适的危机计划选择工具并学会如何使用它们。项目经理的经验、接受的培训以及技能应该能使他们在理解和使用这些危机管理工具后进行更快、更好的决策。在危机中，最坏的决策就是不做决策，次坏的决策就是迟做决策（Sawle，1991）。好的危机管理意味着减小危机的影响和为应对危机做好准备，能减少危机的发生，并在危机真正发生时更好地管理其后果。基于作者在公共和私营部门中的危机管理经验，并借鉴有关文献中的经验，我们推荐几个项目危机计划制定的方法。

项目经理使用的危机管理计划制定工具

和技能有：风险分析、应急计划、逻辑图和案头练习。这些工具在不同类型的危机中有不同的应用，不论它们是自然、化学/技术还是安全类型的危机，它们需要得到来自不同方面的支持——警察局、消防队、医疗机构、紧急救助机构等。

本文在识别项目管理中的危机和一般管理中的危机的异同的基础上，从项目管理的角度对危机进行分析。通过借鉴应急管理使用的工具，探讨如何对工具进行修改，或发明新的工具，以适用于项目的危机管理。

危机的界定

许多危机事件在有害影响消除后就变成了项目。一架商用飞机的坠毁，例如 1996 年夏天发生的造成全部乘客和机组人员遇难的 TWA 800 事件，在爆发的威胁和其他直接危险消除后，就变成了一个项目被加以管理。然而，我们关心的是发生在现有项目内的危机，而不是变成项目的危机或意外事件。

在许多危机管理阶段和类型中，所需的主要技能是我们已经熟悉的项目管理技能。当我们处于紧急事件的环境中，或处于延续已久的紧急事件的减轻、准备或恢复阶段中，我们会很容易地应用我们的项目管理技能。本文的中心是使用应急管理工具来辅助项目中危机的预测和计划。项目经理需要额外的工具来应对突发的紧急事件——正是在这里，危机管理工具有了用武之地。

危机管理工具的使用范围依据项目的大小而不同。工具可以十分复杂，例如大量风险分析或者装有许多专用电话的紧急事件处理中心（emergency operations center，EOC）；工具也可以十分简单，例如只有一两页的按优先次序排列的风险清单或者可以使用移动电话的指定办公室（与小型 EOC 的功能一样）。应该尽可能利用所有的工具，即使是以最简单的形式。在小型项目中，召开 1 小时的员工会议来安排危机发生时每个人的角色已经足够了，而在大项目中要采用的手段要复杂得多。工具的复杂程度应该与做准备花费的成本和时间相对应。

典型的项目管理要求注意成本、进度以及质量等问题。随着客户对质量要求的提高，成本或者进度必须变更以满足这些新需求。但在哪一点上提高的需求会引致危机呢？提高的需求可以导致一个迷惑事件。迷惑事件是“一个具有未知的开始和未知的结束的事件”。迷惑事件的一个例子是以新马德里断层（New Madrid Mo.）为中心的地震——我们不知道地震何时发生、持续多长时间，也不知道会造成多大的损失。实际上，地震也许在我们的一生中都不会发生。与迷惑事件相反的是过程事件，是指具有已知的开始和已知的结束并且周期性重复的事件（如制造过程事件）。迷惑事件的概念有助于我们理解项目危机计划制定中的不确定性的数量和水平。

本文中，危机可以是外部发生的，如地震、取消管制、意外死亡导致的关键管理人员的损失（飞机坠毁或者汽车相撞），也可以是内部发生的，如工厂爆炸或罢工。我们使用拉哥代克（Lagadec，1993）对危机的定义，即扰乱正常秩序的意外事件，该事件导致的混乱不能用现有的或专业的危机处理功能恢复正常。按照拉哥代克的说法，危机可以在下列情况下发生：事件经过了确定的阶段，或事故发生前系统不稳定或接近引爆点时。相应地，本文考虑的危机中断了项目活动，其造成损害的程度要求必须制定新的决策（一般不可预测的），才能使项目继续下去。

项目具有的特征使复杂工具的设计和准备更加困难。第一，许多项目缺乏诸如大型工厂、矿山、政府就职等项目的永久性；第二，小型项目的紧急事件倾向于更容易受地点的制约，而项目群要处理的紧急事件范围更大、影响更深，例如化学和辐射性物质的泄漏；第三，在工厂里，大量人员受到紧急事件的影响——不仅有工人，还有公众。当涉及公众或大量工人时，组织安全运营的信心就会受到严重影响，这就使事件变得更复杂了。简单的工具能提供给我们所需要的大部分保护（如最多可达 70%），而复杂的工具也可以为我们提供更多的信心和保护（也许可以到达 99%）。当人们的信心受到威胁时，投资更复杂的工具是值得的。

帮助项目经理制定危机计划的工具

我们挑选了危机管理中应用的四种主要工具来帮助项目经理更好地为危机做好计划。我们将要描述和说明如何使用风险分析、应急计划、逻辑图和案头练习。

(1) 风险分析。 风险分析是一个主要的制定危机计划的工具。风险分析帮助我们发现哪里可能出错、哪里最可能出错以及最大的影响是什么。事件发生的概率和后果严重程度（如极其严重的失败）的组合决定了需要优先考虑的重点。事故分析可以帮助我们理解从实际危机中吸取的教训并制定计划来减轻未来类似事故的影响。

1996年的亚特兰大奥运会存在许多扰乱地区商业的潜在问题（Bradford，1996），需要制定综合应急计划以保持商业的连续性。贝尔南方商业系统以亚特兰大为基地，其负责商业连续性服务的主任约翰·考朋海夫说：“如果你对一个中等程度的事件做了计划却发生了最坏的情况，那就像根本没有计划一样。”贝尔南方公司试图在奥运会期间通过特殊安排，例如递送信件、电信沟通和网络办公等让雇员在家中工作的方式来将影响降到最低点。贝尔南方公司实施了一个漏洞评估，接着把系统投入使用以避免服务中断或者使中断造成的影响降到最低。

另一家贝尔公司，贝尔南方广告和印刷公司（BellSouth Advertising and Publishing Co.，BAPCO）识别出了另一种需要，即制定计划应对危机对人的影响（创伤压力），因为和打断正常的商业运营一样，这些因素也会使企业瘫痪（Kruse，1993）。贝尔南方广告和印刷公司组织了一个咨询团队举办为期1天的危机管理培训班。这个培训针对人力资源危机团队的成员以及其他想参与其中的管理人员。通过提供建议、提供住房、建立“贝尔市场”(Bell Mart)、提供租车服务以及其他支持机制，贝尔南方广告和印刷公司比南佛罗里达大多数其他组织更好地躲过了安德鲁飓风。“贝尔市场”是一个装满必要物资的仓库，贝尔南方广告和印刷公司的雇员（甚至他们的邻居，即使不是贝尔南方广告和印刷公司的雇员）可以去那里拿走他们需要的任何东西。贝尔南方广告和印刷公司85%的雇员受到了飓风的影响，幸好没人在飓风中遇难。该公司集中采取了几项减轻创伤压力的行动措施，以使人们消除忧虑，尽快回到工作岗位上。这些行动措施包括一个能立即满足雇员需要的快速调度系统、提前确定雇员的需要、通过不断发送信息消除创伤压力（每日公告、电话联系、派遣人员、开车外出搜寻失踪人员等）、从其他地区引进贝尔南方广告和印刷公司志愿者、及时提供现金以及给雇员放假以使他们安排好个人生活等。

有时自然让我们吃惊，有时自然只是在考验我们。弗吉尼亚运输局（Virginia Department of Transportation，VDOT）有机会在一次没有实际发生的潜在灾害中考验了它的紧急事件准备工作（Slack，1996）。贝莎飓风威胁着弗吉尼亚，但之后减弱为热带风暴——虽然风雨交加，但远没有飓风的破坏力大。贝莎飓风为弗吉尼亚运输局的紧急事件处理中心（EOC）提供了一次演习的机会，该紧急事件处理中心使用一个新设计的计算机系统保持向不同安全机构提供有关危机的最新信息。弗吉尼亚运输局在许多自然灾害中面临的一个问题是弗吉尼亚运输局、州警察局以及其他紧急事件反应中涉及的州属机构之间信息的互相冲突。现在通过实时信息收集，所有当事方都拥有了相同的信息，而不再是单个机构收集自己的信息。

仅仅获得准确而实时的信息还不足以减轻项目管理中的危机。风险分析的有效实施有助于制定项目危机计划，并做好适当准备，同时采取措施减少危机的发生。工程分析支持风险分析过程，并量化了风险减轻程度。因果分析为风险减轻程度定性并帮助我们评估事前和事后的系统影响。

在应急管理中，我们使用风险分析来预先发现风险。本文中风险分析的使用应该与概率风险分析区分开来。通过确定性分析或风险分析确定事故或事件的后果为危机管理提供了有效工具。在项目管理中，我们集中讨论制定计划和给活动排序以实现效率最大化并有效地制定资源进度计划。

伊利诺伊电力公司（Illinois Power，IP）有一个叫做风险注册的风险分析过程，开发应用于1988年，目前作为一个综合的风险过程，提供了控制风险的有效方法，帮助公司实现其预定目标（Leonard，1995）。该系统持续评估新的风险，为决策制定提供信息并对各个层次的雇员提供支持。

伊利诺伊电力公司的风险注册过程有五个阶段：风险分析、风险减轻方案的开发、风险减轻方案的选择、执行以及监督。除了风险注册，伊利诺伊电力公司还有一个公司灾害恢复计划，这个计划用于“获取有关破坏程度、资源可获得性以及重建活动状况的信息；为媒体、政府官员、监管机构、雇员和一般公众提供及时而准确的信息；为重建活动提供指导；协调资源的获取和分配并协调与城市、村镇、州及联邦政府的危机服务管理机构的活动”（Leonard，1995）。

伊利诺伊电力公司对每一个已识别的风险都确定一个损失后目标，换句话说，即事故发生后的最小承受能力。损失后目标设定了危机管理工具应该帮助伊利诺伊电力公司实现的目标并有助于减少事故发生后的不确定性。

（2）应急计划。　风险分析完成后，项目经理必须将这些风险转化为应急计划。项目经理需要坐下来问自己：“我的项目哪里可能出错?”这个问题的答案为项目经理提供了一份风险清单和一个特殊的项目，即风险分析的输出。接着他们应该问：“这些风险哪一个有可能发生?”、“哪一个会有最大影响?”、“会对什么或对谁产生影响?”最后一个问题隐含了组织对已识别风险的敏感性。项目经理应该使用风险分析的资料来制定计划以便他们及组织对各种范围的紧急事件做好准备。

指定某个人具体负责制定危机计划工作可以将职责和资源融合在一起，使本来就已经很忙碌的管理人员免于增加工作负荷，即为发生率很低的事件制定计划。雀巢美国公司的总部位于加利福尼亚州的格林代尔——洛杉矶的郊区。为支持危机计划制定工作，雀巢公司指派了一名负责制定业务中断计划的董事（Ceniceros，1995）。作为其应急计划的一部分，雀巢公司与位于棕榈泉附近沙漠中的一家著名旅馆 Stouffer Renaissance Esmeralda 签订了一份合同，合同规定，如果雀巢公司需要，该旅馆应在3天时间内腾空其大舞厅。之所以选择该旅馆，是因为它已经为提供舒适的环境、食物和饮料做好了准备——这满足了雀巢公司经理和客户们的需要，因为他们可以更迅速、更有效地恢复为他们的客户提供服务。“在业务恢复的计划制定中，关心人员与关心设施或数据的恢复同样重要”（Ceniceros，1995）。雀巢公司也与从事恢复工作的供应商们签订了合同，72小之时内可将办公室资料送到旅馆里。从旅馆可以乘飞机抵达棕榈泉机场，而棕榈泉又与凤凰城通航，这样就保证了来自各地的供应能够运抵旅馆。

实验证明，雀巢公司的应急计划取得了良好的效果：“在两个家具安装专家和一些旅馆员工的帮助下，大舞厅可以迅速变成300个配备齐全的工作间，复印机、计算机、通信电缆、双线路配电板以及任何工作人员所需的物品（例如隔音装置）应有尽有——在上次演习中，我们在20个小时内安装了100个工作间”（Ceniceros，1995）。

通过帮助项目经理挑选最有可能发生和造成最严重影响的事件，并辅之一个检验的是谁或什么最脆弱以及什么将会受到影响的漏洞评估，风险分析为制定计划提供了支持。当危机发生时，项目经理已经对危机和什么可能遭受影响有所了解。采纳了这种思路的计划有助于项目经理在危机发生时做好准备并采取必要的行动加以应对。如果某经理负责某项目，他应该要求实施风险分析。风险分析改善了对早期警戒信号的识别；漏洞评估有助于确定应该通知谁和如何最早启动对他们的支持。

（3）逻辑图。　逻辑图使用项目流程逻辑关系将项目流程及其所有依赖关系显示在一张高度灵活的、不考虑时间范围的图中。逻辑图是一种专家系统，因为它体现的是专家在一个系统中的决策知识。项目流程逻辑关系是所有计算机辅助项目管理工具的基础。项目经理在绘图方面很有技巧，但在危机发生时，需要不同类型的图表。

当危机发生时，人们需要遵循一定的程序，逻辑图是编写这些程序的基础。在项目管理中，最常使用的图表是显示随时间变化的活动的甘特图和显示先后次序的网络图。危机逻辑图主要以逻辑关系为基础是因为意外事件之间相互关联、相辅相成（例如，"如果事故A和事故B发生了，那么事故C很有可能发生"）。

逻辑图提供了主要的危机应对事件和恢复行动的大致轮廓。逻辑图也描述决策、通知、支持要求以及公共信息发布等行动。通过事件发现、事件评估、危机分类级别的识别等，正确使用精心准备的图表使得现场受影响的员工可以采取现场应对行动。

逻辑图促使项目经理思考在危机中关键的决策。当危机实际发生时，项目经理不可能有时间查询逻辑图——项目经理必须从构建逻辑图所必需的准备和思考中学习，并通过案头练习将之吸收和强化。当危机发生时，项目经理不能像平时那样清晰地思考，在危机发生前做得越多，项目经理所采取的行动就越好。

美国能源部（U. S. Department of Energy）的奥克·里奇办公室（Oak Ridge Office，ORO）在危机应对和恢复活动中使用逻辑图。奥克·里奇办公室的逻辑图给出了基于事件类型而采取的具体步骤。第一步是事件发现，描述了初步应对的一些建议，这产生了进行初步危机分级的事件评估。紧接着的是危机分级的四个层次，每一个层次都对应特定的反应：有害物质常规事件（非辐射）、有害物质紧急事件、现场危机以及一般危机。图1显示了事件发现和初步应对逻辑的逻辑图。

（4）案头练习。 案头练习及其他练习利用风险减轻阶段中风险分析的信息来摸索实际危机发生时如何制定决策和采取行动。进行案头练习时，应该把将要应对危机的人员召集在一起（通常在会议室或类似的地方），事先进行情景分析。在这种环境下，人们没有紧迫感和危机实际发生的压力，可以自由讨论给定情景下的各种替代方案并决定最好的行动方案。案头练习也提供了演习危机可能发生时采取的步骤的机会。这些技术可以帮助项目经理为他们在项目中可能遇到的危机做好准备。

项目经理面临的事件或危机不可能发生在处于追踪中的活动，只有我们没有追踪的活动才会发生问题。对活动进行追踪是指采用结构清晰的管理过程，通过彻底地、系统地、定期地审查相关指标来发现问题（Kurstedt，Mallak & Pacifici，1992）。

哥山诺夫（Gershanov，1995）提出了进行案头练习的五个阶段。阶段1是识别组织中围绕灾难的重要政策问题。这个识别过程可以通过以下方式进行：使用评估工具，审查以前发生的灾难的应对方案的文件，研究竞争对手的经验，以及审查以前案头练习的资料等。阶段2审查这些问题并提出适当的讨论问题。这些讨论问题必须与参与人在组织中承担的责任相适应。讨论问题应该探讨政策方面的而非操作方面的问题。阶段3是案头练习本身。哥山诺夫认为，练习所围绕的问题应该针对最现实的场景。练习过程中，应该发给参与者书面场景材料以供参考。应该聘请一位对危机准备计划工作富有经验的外部推进者来引领这个练习。阶段4是结论发布，为进一步要采取的行动和练习的结束提供基础。阶段5是后续的计划制定，考虑如何处理发布的结论和关于获得在案头练习的基础上制定计划的承诺。

案头练习曾用于1996年在芝加哥举行的民主党全国代表大会安全工作的计划制定过程（O' Connor，1996）。联邦应急管理署（FEMA）与芝加哥警察局、美国联邦调查局（FBI）和联邦情报局（Secret Service）一道实施了案头练习，检查了许多可能发生的场景并确定应该做什么。芝加哥警察局也察看了1996年亚特兰大奥运会的安全工作及其培训，将其经验教训用于民主党大会。

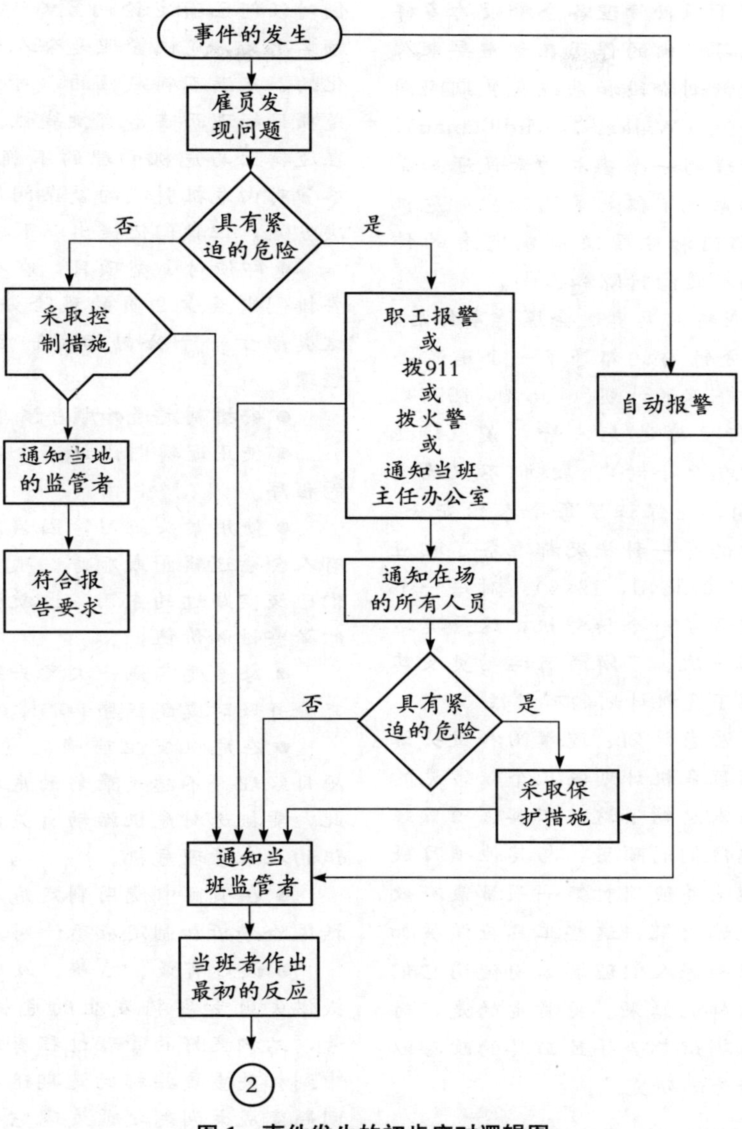

图1　事件发生的初步应对逻辑图

案头练习一般在制定危机计划的开始阶段使用并集中于管理信息流，诸如我们与谁讨论、我们做什么、谁需要什么信息等。在案头练习中各种问题浮出水面。案头练习是一种培训工具，通过精心指导参与者对模拟的危机事件提出方案来加深理解。尽管案头练习一般要比实际操练或野战演习花费少，但它不能代替通过操练或野战演习所能获得的如同实际危机事件发生似的场景模拟。

案头练习应该每季度实施一次以保持危机计划、程序以及其他必要的考虑在项目经理头脑中的新鲜感。这样，当真正的危机发生时，事前在评估研讨班里提供的案头练习就会发挥作用了。

案头练习通过预先对危机制定决策迫使经理们进行思考，从而降低了实际危机期间决策制定的紧迫性，并减少了制定这些决策的时间。“案头练习在能被控制的阶段完成以容纳不同的个人意见，这样就可将小组的注意力集中于每一个观点上，进而促进所有参与者对个人角色、职责和整个应对顺序的共同理解”（Walker & Middleman，1988）。

案头练习是能用于项目管理各个阶段的多样化工具。案头练习突出的作用在于它要求人员和系统在制定计划阶段和系统发展期间同时给予必要的关注（Walker & Middleman）。

有效危机管理的一个基本要素是通知系统。有效的通知系统不仅起着沟通应对危机的部门、权威部门和主要决策制定者的作用，还可以说明人员的行踪和去向。

在1996年亚特兰大奥运会爆炸事件后，爆炸发生后15分钟内就部署了一个追踪美国运动员和官员下落的计划（Lloyd，1996）。美国奥委会执行主席迪克·舒尔茨（Dick Schultz）说："在2小时内，我们不仅确定了每个人的去向，还保证了每个人的安全。我们对需要面对的每一种状况都准备了相应的危机管理计划"（Lloyd，1996）。对每一个美国运动员都发放了一个传呼机，这是奥运会有史以来的第一次。了解所有运动员及其去向的能力证明了危机计划的有效性。

风险分析、应急计划、逻辑图和案头练习是帮助制定项目危机计划的几个较常见的工具。表1按结果总结了这些工具。项目经理应该全盘考虑他们的项目，与其他项目成员进行协商，挑选并使用对某一项目最有效的工具。一旦挑选出来，这些工具应该被加以开发和测试以确保人们理解如何使用它们以及会导致什么样的结果。更肯定的是，对这些工具的任何测试都会导致工具的改善以及关于参与人行为的研究。

表1　　制定危机计划工具的总结

工具	结果
风险分析	风险识别
应急计划	基于风险识别所采取的措施
逻辑图	危机中所采取的具体措施
案头练习	演习、讨论并确定一个具体的危机应对措施

给项目经理的建议

尽管没有一套已有定论的综合策略可以提供给项目经理用来更好地制定危机计划，但我们确实可以基于危机管理的经验提供几条建议。考虑到危机管理中的不确定性，我们对任何已有定论的策略都持审慎的态度。顾名思义，危机管理是令人迷惑的、不断变化的、充满不确定性的，对任何经理，特别是项目经理而言富有挑战性。制定危机计划在逻辑上与危机管理的不确定本质相对应。尽管对由危机引起的复杂问题没有简单的解决方案，但我们仍提出以下建议：

- 即使对小型项目，在项目开始前也要安排制定至少2页的风险分析和应急计划。这类似于一个公司指定一名业务中断计划经理。
- 安排制定通知顺序清单。
- 使用逻辑图设计不会在危机期间走样的程序。
- 使用案头练习，因为危机发生时，没有人会看逻辑图或顺序。项目经理会依赖他们已经实践过的东西，这就强调了案头练习的必要性和价值。
- 每季度实施一次案头练习以确保准备充分并及时更新程序和职责的划分。
- 在危机发生前确定危机管理的权限。项目经理并不总是最好的危机管理经理，因此，要挑选对危机活动有关的问题有丰富知识的人来管理危机。
- 在项目中使用制定危机计划程序，包括风险分析和制定应急计划。
- 设计有效、准确、及时的反馈系统以提供失败和即将发生的危机的早期预警信号，结构良好的管理过程有助于将注意力集中到相关重要指标的定期追踪上，以便在小问题变成大问题之前发现它们。对即将发生的项目失败指标保持敏感。对未追踪的指标给予特殊的注意，因为它们最可能招来麻烦。建立探测机制并预测什么时候项目要出错。
- 选择项目实施所在国本土的项目经理。本土的项目经理会对项目的社会、政治方面及其外围问题非常敏感，在问题还很小或对外人来讲尚未察觉时就能抓住更多问题。
- 关注危机或事件的社会和政治后果。批评家或其他利益相关者对项目的成功有重要影响，而不论成本、进度和质量显示什么样的信号。学习如何让利益相关者满意

（Mallak，Patzak & Kurstedt，1991）。指定一个发言人与公众进行联系，准备一套程序将信息快速地传播到所有受影响的当事方。

● 采用系统观点，把危机与危机的起源分离开来。考虑全面质量管理程序中流行的基本执行原则和问题分析技巧。向前和向后看以便获得潜在危机的总的影响。

这些工具、建议以及策略应该帮助项目经理更好地管理危机，也许还可以避免某些危机的发生。给负责制定危机计划的人足够的时间和资源是十分重要的，否则，这些关键任务就会隶属于日常活动，进而陷入这样一种恶性循环：大的危机始终不能被察觉的可能性越来越大，直到悔之晚矣。风险分析、应急计划、逻辑图和案头练习的日常正确使用的测试应该使相关信息显露出来，促进有关制定决策和采取行动的讨论，提高减小风险的技巧，从而可以减少项目危机的发生和影响。

致谢

本文的写作得到了美国能源部的部分资助（NO. DE-FG05-86DP70033）。

参考文献

BRADFORD, M. (1996, February 2). Firms may be caught in a five-ring circus: With games on, planning will pay off. *Business Insurance,* p. 3.

CENICEROS, R. (1995, October 23). Nestle resorts to crisis. *Business Insurance,* p. 83.

GERSHANOV, K. M. (1995). Emergency preparedness in five easy steps. *Occupational Health and Safety,* 64 (3), 51–53.

KRUSE, C. (1993, June). Disaster plan stands test of hurricane. *Personnel Journal,* 36–43.

KURSTEDT, H. A., JR., MALLAK, L. A., and PACIFICI, L. C. (1992). Expand quality management into the customer's environment to establish effective measures and standards. *Proceedings of the 1st International Symposium on Productivity and Quality Improvement,* February 1992, 478–485.

LAGADEC, P. (1993). *Preventing chaos in a crisis.* London: McGraw-Hill.

LEONARD, J. B. (1995). Assessing risk systematically: Illinois Power's risk assessment system. *Risk Management,* 42:1, p. 12.

LLOYD, J. (1996, July 28). U.S. official says athletes were safe—and feel safe. *USA Today,* p. 3C.

MALLAK, L. A., PATZAK, G. R., and KURSTEDT, JR., H. A. (1991). Satisfying stakeholders for successful project management. *Computers and Industrial Engineering,* 21, 429–433.

O'CONNOR, P. J. (1996, May 23). Security practice for convention called a success. *Chicago Sun-Times,* p. 23.

SAWLE, W. S. (1991). Concerns of project managers: Crisis project management. *PM Network,* 5(1), 25–29.

SLACK, C. (1996, July 15). Bertha gives VDOT center real-life situation to test computer system. *Richmond Times Dispatch,* p. D–13.

WALKER, J. A., and MIDDLEMAN, L. I. (1988). Tabletop exercise programs complement any emergency management system. *Proceedings of the ANS Topical Meeting on Emergency Response—Planning, Technologies, and Implementation.* Charleston, SC.

问题

1. 为不可避免的危机制定计划似乎是十分符合逻辑的，但在项目中却很少使用，为什么？

2. 这些工具对“项目管理实践”专栏中冰岛的案例有价值吗？

3. 情景分析——使用头脑风暴法分析可能发生的危机并预测后果——好像是另一种很有用的工具。这一方法与本文描述的工具有何异同？

4. 四个工具中哪一个最有价值？哪一个最容易实施？

5. 在有关项目经理使用这些工具的建议中，哪一个建议最重要？

第7章 项目成本和预算

在第6章里我们回顾了计划过程，给出了制定项目计划的一些指导性原则。现在我们开始讨论PMBOK中的知识领域4：项目成本管理。我们在这里对这个主题的研究是针对项目资源成本的计划（或预算）展开的，但是在第9章中讨论对项目任务的资源配置时，我们将重新考虑这个问题。

当然，首要的问题是，从事工作的人员应该获得相应的资源，高层管理者对于项目预算所做的批准正是其必需的条件。预算就是计划如何分配资源，而制定预算的行为就是对组织内的各种工作进行稀缺资源的配置。资源配置过程的结果通常无法让那些不得不在预算约束之下生活和工作的经理人员满意，然而，正是这些预算限制体现了组织的政策要求。组织内部各种活动得到资源配置计划支持的程度，反映了该种活动最终结果的重要性。我们所了解的高层管理者大都竭尽所能地均衡处理预算过程的工作，在一个“合理”的水平上对每个计划工作进行投资——既不提供过多的资源，这种行为会造成浪费，并对管理松懈形成一种鼓励，也不会让下属手中的资源匮乏，这种情况会阻碍工作的顺利进行，并影响员工的积极性（这并不意味着下级经理人员必然会同意我们的这种看法）。

预算不仅是计划活动的一个方面，也不仅是组织政策的一种延伸，还是一种控制机制。预算起着一种比较标准的作用，它是我们衡量资源实际使用和计划使用情况的基准。经理人员在指挥资源的调配，并以此来达到某些预期目标的同时，必须认真监控资源的使用情况。这就要求管理人员在项目的进行过程中，对实际使用情况与计划的偏差进行检查，同时，如果资源耗用情况与正确的方向不一致，就必须立即提供例外事件报告。实际上，我们可以考察偏差变量，检验它们是不是可能的或者合理的，并对计划的重大偏离情况做出预测。有了足够的预警，我们有时候就可以相应地做出一些纠正性的调整。在任何情况下，这种预测行为都会帮助高层管理者减少不利事件的发生次数。

预算在整个管理过程中起着重要的作用。很明显，预算过程必须将资源使用情况与组织目标的现实紧密联系起来，否则计划/控制过程就会毫无效果。如果预算工作不以实现组织目标为基础，管理人员就会忽视资金在工作完成之前就耗用殆尽（而按时间期限推算本应符合预算要求）的情况。类似地，有时预算会在某一特定时段内超支，而从工作完成的角度来讲却属于合理现象。此时，管理人员就会对事件的真实状态产生误解。管理人员必须定期收集并报告相关数据，否则预算工作就无法体现在识别和报告当前问题或预测未来危机等方面的价值。报告过程必须得到认真的设计和控制。如果数据发送到了错误的人员手中，或者系统内部处理报告的时间过长，都会形成无效劳动的局面。例如，一位大型计算机公司的经理抱怨道，他曾经被指派去根据第三季度的报告来调整第四季度的结果，然而，他直到第二年的第一季度才收到这个指令。

在第6章里，我们曾经指出，计划过程是在项目的不同层次进行计划工作并将它们整合起来。最高管理层制定的是整体的项目计划，然后将其细化分解。项目计划是工作分解结构（WBS）的口头等价物。如果我们将工作分解结构货币化，逐渐地，我们就会得到一个项目预算。如果我们将项目计划货币化，也会得到同样的结果。从这个角度来看，预算仅仅是另外一种形式的项目计划。

现在让我们来考虑一些预算方法，它们在各种组织中都有所应用。我们先对它们进行总体的描述，然后从项目的角度进行考察。我们会强调成本测算方面的一些问题，并关注其细节内容和相应的缺点。我们还会考虑项目预算工作的特殊要求和问题。贯穿本章，我们始终关注预算风险，有关处理风险方法方面的内容我们将会在第8章中具体涉及。最后，我们提出了一种做判断前减少风险、改善预算的测算（或者说估计和预算）技能的方法。在第10章里（该章内容是有关项目管理信息系统的），我们将会展示一些项目管理软件包所提供的项目预算的打印材料。

项目管理实践

火星探路者号的太空行动

1976年，美国NASA花费了6年时间和30亿美元（以1992年的美元币值计算）进行了两次海盗号火星登陆太空行动。21年后的1997年7月4日，火星探路者和漫游者飞行器再次登陆火星，而其成本只有1.75亿美元，比上一次行动的成本足足减少了94%。人们使用了很多方法才实现了这一令人吃惊的成本削减结果，其中最重要的可能就是其工作采纳了成本设计（而非绩效结果设计）的理念。基于这一理念，这一太空行动任务的范围被人为地限制如下（范围蔓延的情况也就不成其为问题了）：

1. 实现成功着陆；
2. 顺利回收工程遥感勘测信号；
3. 获得并传输单一的局部概况图像；
4. 在火星表面成功调动漫游者号，并进行七个索尔（sol，火星日）的工作；
5. 完成30索尔的登陆车太空行动，实现各项工程、科学和技术目标；
6. 成功进行阿尔法质子X射线分光计对火星岩石和土壤样本的测量。

为了限制太空行动的成本，人们采取了多重的、创造性的方法：

1. 开发工作实行成本封顶，没有任何增加资金的余地；
2. 确定一整套缩减范围的备选方案，以便在成本超出固定预算时实施；
3. 太空行动、飞行过程和地面系统的设计都是以现有的硬件和系统能力为基础的；
4. 数目占总预算27%的项目现金储备被严密封存起来，并在项目的整个过程中严谨地按照时间—阶段计划逐步释放出来；
5. 太空行动的设计者/建造者直接转变为测试者/操作者，以节省文书工作、时间和劳动力成本，并减少错误的发生几率；

6. 使用NASA现有的太空行动设施，而不是重新设计全新的系统；

7. 按照时间—阶段做出“如果……那么……”的准备，并且为项目过程中当前和预期的实际或潜在的成本增加情况做好资产留置权的准备；

8. 设计过程中选择风险较高的“单线”方法，并使用更为可靠的部件来降低相应的风险；

9. 主要的外购部件中70%的合同采取固定价格，而不是按照成本加成的方法定价；

10. 创造性地使用资源，比如充分利用闲置设备，以及严格实行会计管理（如选择精干人员）。

7月5日，火星漫游者飞行器成功着陆，它拍摄的画面登载在世界各地报纸的头版头条。整个太空行动持续了几乎3个月，传回了26亿字节的科学和工程数据、16 000幅登陆车的照片图像、550幅飞行器的照片图像、850万个环境测量数据、16项岩石/土壤化学实验和10项飞行器技术实验的结果。

资料来源：C. Sholes and N. Chalfin, “Mars Pathfinder Mission,” *PM Network*, January 1999, pp. 30-35.

7.1 测算项目预算

为了做好预算工作，我们必须对项目所需的资源种类、每种资源的数量、何时使用这些资源及其成本（包括潜在的价格上涨效应）等问题做出预测。任何一项预测都会牵涉到不确定性，尽管有些预测活动所面临的不确定性要比其他预测活动少。一个经验丰富的成本预算师能够根据只占实际面积1%～2%的实验，预测出建造一面砖墙所需的砖石数量；在开发软件的工作中，对程序员数量或代码应用程序数量的预测就非常容易产生很大的偏差，尽管软件科技领域的发展使这种预测活动日益成为可能，但不确定性仍然很高，错误也非常大。

在许多领域，成本测算方法都系统成文。比如在建筑领域，成本经常能通过对不同的项目成本因素进行适当的测度而估算出来。例如，修建一英里的四车道马路的成本可以根据此前的两车道马路所耗的材料成本进行估算——沥青的花费可能是之前的两倍，而路肩应该是一样的。同样，变量的估计依赖于熟知的各种相互关联的因素的数据，比如，建一栋房子的总成本与每平方英尺的成本密切相关，采购部门的数据库中包括关于测算用来完成特定工作所需物资数量和劳动力的技术的大量信息。同时，什么样的材料、服务和机械设备可用以及取得途径的详细信息在因特网上也可以查到。每一家企业都有自己的成本测算方法和准则，这些准则都是从多年来大量的预测活动中总结出来的经验。例如，一位经验丰富的图书出版商只需翻阅一下手稿，并就其中图片的类型和数量以及所用纸张的质量提出几个问题，就可以对出版这本书所需花费的成本做出一个相当精确的估计。

我们稍后会对收集数据的工作进行更为详细的说明。在研究数据收集问题之前，我们必须清楚地认识到，与为一个常设的组织活动编制预算相比，进行项目预测要困难得多。历史经验会对一项正在进行中的活动的预算编制工作产生重要影响，很多条目最终都会成为“去年的数字再加$X\%$”，其中X是预算编制人员所认为的“可以承受”的任意数字，并且被认为更有可能得到预算审批人员或审批机构的同意。尽管编制预算人员不能够依据以往数据作为现行项目预算的基础进行估算，但是以往类似的项目经验确实可以指导预算人员进行测算和审计。当然任何一个项目都是唯一的，为现行项目编制预算时，区别不大的历史项目仍然具有参考价值。历史数据从另一个侧面也为项目预算提供了帮助。以研发项目为例，人们发现，如果将公司分配给研发项目的资源按照百分比计算，项目的预算数额在一定时间内是稳定的，尽管该预算在项目内部的各种活动之间还需要进行再次分配（Dean et al.，1969）。没有理由认为，其他类的项目不会发生这种情况，而且我们还有一些调查也显示出了与研发项目相类似的结果。

“生命周期成本”体现的就是这一概念，研究以往项目的生命周期，并以此作为模型来预测现行类似项目整个生命周期中所发生的成本。同样，如果知道项目在经历过的生命周期中发生了哪些成本，那么它在未来的生命周期中可能发生哪些成本也就可以预测了。

还有一项基于挣值的估算技术也值得一提，也是依据项目过去在生命周期中实际发生的成本作为预测基础的（Zwikael et al.，2000）（有关挣值分析，请见第 10 章）。把生命周期各阶段内所发生的实际成本与预算相比较得出差异率，按此比率对生命周期未来的阶段会发生的成本预算进行调整。让五个预算人员分别进行测算，假设该比率恒定，按此固定比率对将要发生的成本进行测算，其预算误差平均在 11%左右。

对于跨越多个年度的项目来说，还会产生另外一个问题。这类项目的计划和进度早在项目生命周期的开始阶段就已经设定好了，但是几年以后，对于资源使用的预测或许会因为替代性的或全新的材料、机械的出现或人力资源的变化而发生变化——因为这些新的投入不同于预计的成本，于是技术风险和通货膨胀风险双双上升。项目的存续时间越长，项目经理对于传统方法和所预计的成本的信任程度也就越低。

传统方法对于项目的预算工作还有另外一种影响，那就是每一个组织都有自己的独特性。一家公司会将对销售代表进行技术培训的成本也计入研发项目的预算，另外一家公司则可能会根据财务会计的准则，把与政府签订的合同纳入项目预算。除非项目经理理解组织的会计系统，否则就无法对项目的预算进行总体的控制。我们在下面讨论的那些项目预算方法，就是为了尽可能地避免这些问题，但要完全避免是根本不可能的。总之，项目经理必须熟悉组织的会计系统！

成本测算和预算中很少被人们讨论的一个方面就是有关资源实际使用的时间和方式与会计部门的设想不相一致。例如，假设你估计在完成某项预计耗时五周的任务过程中，会使用 5 000 美元的某种特定资源。该种资源的实际使用情况可能会是：第一周一点儿也不使用，第二周使用 3 000 美元，第三周又是一点儿也不使用，第四周使用 1 500 美元，剩下的 500 美元在最后一周使用。除非这种使用方式已经在计划中得到了详细的说明，否则只以线性的方式看待世界的会计部门就会将这笔费用均摊在五周的时间内。这个问题或许不会影响到项目预算本身，但是它会影响到项目的现金流状况。项目经理必须能够同时清楚地了解资源需求状况和资源使用状况的特定时间模式。这一主题将会在第 9 章再次述及。

进行预算准备工作的另外一个方面对于项目预算尤其重要。每一笔支出（或收入）必须与一项特定的项目任务联系起来（就像我们将在下一章里看到的那样，它同时还要与相应的里程碑联系起来）。我们回过头来再看一下图 6—4，工作分解结构的每一个因素都有一个独一无二的账户代码，随着工作的完成，各项费用也都相应地累积到该账户中去。项目经理需要这些标志符的帮助来实施预算控制工作。

了解了这些内容，为预算收集数据的工作就有的放矢了。收集数据的工作有两种不同的基本战略：自上而下和自下而上。

□ 自上而下地制定预算

这一战略的基础工作是，收集高层和中层管理人员的判断和经验，以及以往类似活动的记录数据。这些经理人员估算出整体的项目成本以及各个子项目的成本，然后，这些成本测算信息被传达给低层管理人员，并由他们继续将预算细分下去，为组成子项目的每一项任务和工作包估计预算。这一过程持续进行，直至到达最底层。

这一过程与我们在上一章所讨论的层次型计划过程是并行的。预算与计划一样，从最高层（或工作分解结构中最为集中的层面）开始，逐步分解到更为细节性的层面。这种战略的前提假设是，如果被分配到手的资金不足以完成相应的任务，那么低层经理人员就会努力争取更多的预算。然而，这一假设常常是不正确的。低层经理人员可能不会据理力争，反而会默默忍受。如果上级经理人员坚持当初的预算标准——理由是“基于过去的经验”，下级经理人员就会觉得被迫接受了自己认为根本不足以完成相应任务的预算资金。

本书作者与大量经理人员进行过讨论，讨论的结果支持下列观点，即下级经理人员都将整个预算过程看作一个零和博弈，在这种博弈里，任何一方的盈利都是以其他一方的损失为代价的。下级经理人员之间的竞争常常是非常激烈的。

这种自上而下的过程的优点是，集中式的预算常常能够制定得非常精确，尽管少数个体因素可能会产生巨大的偏差。不仅预算占总体资源配置的百分比是稳定的，而且预算的统计分布也是稳定的，这就使得高度的可预测性成为可能（比如，5%用于研发项目，Dean et al.，1969）。自上而下过程的另外一个优点就是，无须对成本高昂的小型任务进行单独的确认，也不需要担心某些细微但又非常重要的方面遭到忽视。这种观点认为，高层经理人员的经验和判断理所当然地将所有这些因素都考虑到了总体测算中去。问题是下属并不这样认为，他们通常会觉得高层管理人员总是带有轻视成本的严重倾向。

□ 自下而上地制定预算

按照这种方法，基本的任务及其进度和预算安排是根据工作分解结构构建起来的。预算制定人员向从事具体工作的人员就工作任务的时间和预算征询意见，以保证预算工作达到最高的精确度。首先，人们对资源（如劳动力工时和原材料等）需求作出预测，然后转换为等值的美元金额。学习曲线分析（将在下一小节讲述）和工作样本等标准的分析工具也将派上用场，以提高测算的准确度。上层和下层经理人员之间的意见分歧都通过正常的讨论加以解决。如果需要，项目经理和职能经理也可以参与到这种讨论中去，以保证测算的准确性。最终的任务预算需要汇总起来以计算出项目的总直接成本。项目经理再将如一般费用与行政费用（G&A）等间接成本加上，可能还要加上项目应急储备金和一定的利润数据，就得出了最后的项目预算。

自下而上制定出来的预算应该在具体任务方面更为精确一些，但是必须注意将所有成本因素都包括进来。自下而上的方法在罗列各项任务的全部清单时，会比自上而下的方法遇到更多的困难。就像自上而下法可能会导致预算工作成为博弈过程那样，自下而上的过程也有独特的管理预算博弈过程。例如，工作人员会过分夸大自己的资源需求，因为他们担心上级管理人员会全面削减预算。当然，他们的担心是非常合理的，正如加哥农（Gagnon，1982，1987）和其他一些学者所指出的那样，那些能言善辩的经理人员有时候会赢得一定的利益，但是那些始终保持诚恳态度并建立了高度信誉的经理人员通常会取得更大的胜利。

自下而上过程的优点与参与式管理是密不可分的。与上级和其他没有亲身参与到工作中的人员相比，那些在一线工作的人员往往会对资源的需求状况有着更为准确的认识。此外，低层经理人员直接参与到预算工作中去，可以促使他们更愿意接受最终的结果。共同参与也是一种良好的管理培训技术，会使低层管理人员在预算准备工作及其相关的知识方面获得更多的宝贵经验。

自上而下法使用得比较普遍，但真正的自下而上法只是凤毛麟角。高层管理人员认为自下而上法的风险较大，他们倾向于不相信自己野心勃勃的下属，认为他们会夸大资源需求以保证其工作顺利进行并构建自己的王国。同时，高层管理人员也日益体会到，预算是组织控制工作最为重要的工具，他们认为自己下属的经验和工作态度都不十分可靠，因此他们不愿意将控制权交给下属的做法也就很容易理解了。这种观点在一家大公司里发挥到了极致，该公司同时进行着数十个项目，每一个项目都持续 5～8 年的时间，并耗费上百万美元。这家公司的项目经理都不参与制定预算的工作，在自己作为项目经理的任期之内对项目预算也没有任何发言权。显然，协调自上而下和自下而上这两种预算方式在第 4 章所描述的早期谈判准则与管理冲突解决中发挥很好的作用。

□ 工作要素成本估算

编制项目预算的实际过程——或者自上而下，或者自下而上，或者像我们所建议的那样，两种方法相结合——往往是一个直接但乏味的过程。对行动计划或工作分解结构中的每一个工作要素都进行资源需求情况的评估，同时对每种资源的成本进行测算。

假设一种工作要素被预测需要一个技师付出 25 个工时的劳动，被安排到该工作的技师工资为 17.50 美元/小时，管理费用摊销为直接人工成本的 84%，那么其正确的成本就是：

$$25\times17.50\times1.84=805.00\text{（美元）}$$

这种计算的准确程度取决于做出 25 个工时预测的前提假设。工业工程师注意到，在一个常规的 8 小时工作日内，没有任何人真正工作满 8 小时。即便是在装配线上，工人们也需要被称为“个人时间”的工间休息，这种休息包括了饮水、去洗手间、抽烟、擤鼻涕和所有其他需要耗费时间的活动，这些活动都是正常人在正常的工作地点必然会做的。个人时间一般占总体工作时间的 12%。如果前面所讲的 25 个工时里面没有包括这种个人时间，那么成本的计算就应该是：

$$1.12\times25\times17.50\times1.84=901.60\text{（美元）}$$①

劳动力成本估算的不确定性取决于工时数。如果不把个人时间计算在内，预算成本很可能就被低估了。

资源和机器设备的直接成本直接由项目负担，而且通常与管理费用无关。如果项目需要某种特定设备，而这台设备又属于某一职能部门，那么该项目或许就要从项目预算中将相应的资金转移给该职能部门，为这台设备“付款”。这类设备的费用等于运营成本（美元/小时或美元/运营周期）加上折旧费用（以时间或运营周期数为基础计算）。对一般办公设备（如复印机、文件处理设备和咖啡机）的使用通常都包括在间接费用之中。

除了这些费用之外，还有一般费用与行政费用（G&A）。这笔成本包括高层管理

---

① 在一个弱矩阵型项目中，技术支持小组的费用和技师一样，按相同的方式计算并一次性付清。当然，费用包括本节后面内容中提到的成本。

人员的费用、各种员工基金和其他所有没有包括在间接费用中的费用。G&A 费用占直接成本或直接成本和间接成本总和的百分比是固定的。

这样，一项计入了所有成本的工作因素就包括直接成本（劳动力、资源和特定的机器设备）加上间接费用和 G&A 费用。我们建议项目经理们准备两份预算，一份包括间接费用和 G&A 费用，另外一份则不包括。包括全部成本的预算由会计部门用于估算项目的利润，只包括直接成本的预算则为项目经理提供管理项目所需的信息，而不会使项目经理受到那些自己无法控制的成本的干扰。现在让我们来考虑一下结合使用自上而下法和自下而上法制定预算的问题。

项目管理实践

马萨诸塞州邻里健康计划的成本管理

1994—1996 年，美国医疗补助制度将医疗费用的报销比例降低了 20%，而马萨诸塞州合格的医疗计划参加人比较多，因此邻里健康计划的收入降低了很多，并直接威胁到了它的生存。过去，邻里健康计划控制成本的方法是，严格控制医院病床的使用，增加预防性药品的投入。然而，无论医院使用状况如何，只要医疗费用居高不下，邻里健康计划的成本就无法进一步降低。于是，1995 年 11 月，邻里健康计划组建了一个项目团队，以帮助该计划对定点医院进行选择和管理，从而达到控制成本的目的。具体来说，该团队的宗旨是开发出一种考察医疗合同的方法，以保证该计划所接受的费用比率在财务上切实可行，还要保证病人在需要时可以获得高质量的医疗服务。

该团队首先选择了邻里健康计划年度付款额最高的 10～20 家医院进行分析。经过分析他们认为，要想有效地控制成本，邻里健康计划的合同理念必须从报销每一处方上所有费用的 95%转变为每一个处方报销一定的金额，或者报销每日住院费用的一定金额。然后，该团队设计了一个电子表格文件来对各家医院进行对比，使管理层就得到更低的费用比率进行谈判，或者，如果医院方面不能变通，就向健康中心提出建议，让他们向病人推荐其他可供选择的医院。该团队还做了许多其他工作，结果大大增强了管理层控制成本的能力，同时保证了医疗服务的方便、快捷。这些改进措施还使得管理层能够定期地以非正式方式对合同正在和将要发生的变化进行考察并作出及时的回应。

资料来源：J. H. Hertenstein and K. A. Vallancourt, "Contract Management = Cost Management," *PM Network*, July 1997, pp. 31 - 34.

□ 编制预算的迭代过程——落实谈判工作

在第 6 章我们提出了一种迭代计划过程，该过程需要与下级就完成职责所在的任务共同编制行动计划。上级对这些计划进行总体评估，可能还会提出一些修改意见（参见第 6.3 节的后半部分），这项计划技术的长处是：一项任务的设计工作被分派给了直接对该任务负责的个人，这样就充分使用了参与式管理（或员工参与）的方法。如果能做到正确实施，对资源使用和进度做出的测算就会成为各计划层面进行计划工作的一项常规内容。这样，最高层计划编制人员将会在最高层次的行动计划中对资源需求和每一步行动所耗费的时间做出测算，我们可以将它们表示为 R。类似地，下级也为低层次行动计划的每一个步骤测算资源和时间上的需求，我们以 r 表示低层行动计划对资源和时间的需求总和。

在一个完美的世界中，R 应该等于 r。然而，我们并不是生活在一个完美的世界中。事实上，在各个层次上做出的原始估计数值之间的关系是 $R<r$。之所以会产生这种情况有多个原因，其中有三个原因在实践中是非常普遍的：第一，从直接承担具体工作的层次沿着组织结构图越往上走，上级（与那些实际从事这项工作的人员相比）就越认为工作很容易、耗时很短、成本很低，这是因为上级或者不了解任务的具体内容，或者很容易就忘记了这些细节以及这项工作耗时多少、问题多难等情况；第二，一厢情愿的想法会导致上级低估成本（和时间），因为上级在向高层管理者提交项目建议书时需要将项目本身描述得有利可图；第三，下级人员根据墨菲法则而保护性地将一定的额外要求附加到那些本来已经充分顾及应急情况的预算中去。

假设上下级之间都采取诚实的态度（任何其他假设都会导致无法实现双赢谈判），双方共同讨论下级的行动计划。通常，减少成本测算差异的最初步骤都由上级做出，他们都在工作实践中得到了下属的"教育"，结果是 R 上升。下一个步骤通常由下级做出，下级因为自己的理由得到了老板的正面回应而受到了鼓舞，于是放弃一些预算"冗余"，这样，r 就会下降。下级的成本测算仍然要比上级的高，但是差距被大幅缩小了。

现在双方将注意力转移到了手头任务的技术问题上面。他们仔细地检查了下属的工作计划，试图为实现期望的结果找出一种更有效率的方法，亦即，他们实施了全面质量管理和/或价值工程的工作。结果可能会出现一个双方当初都没有想象到的重大改动，使得资源配置数量大大降低。还有可能只发生很小的改善或根本没有任何改善。我们假设做出了适中的改善，但是在某种程度上 r 仍然比 R 高，尽管双方已经通过谈判做出了很大的调整。此时上级应该怎样做，是接受下级的预算估计，还是坚持让下级勉强接受上级的预算估计 R？为了回答这个问题，我们必须偏离一下正题，重新思考项目生命周期的概念。在第 1 章中我们以图 1—3 提出了项目生命周期的常规含义，为了方便起见，我们再次将该图显示在下面的图 7—1 中。生命周期的观点显示，随着项目逐渐接近终止，回报相对于投入不断减少。为了方便起见，我们也将图 1—5 再次显示在下面的图 7—2 中，在这种情况下，随着项目逐渐接近终止，回报相对于投入不断增加。为了确定究竟是应该采纳下级的资源预测 r，还是应该采纳上级的 R，我们需要了解生命周期形态代表了哪种类型的项目。请注意，我们将下级的行动计划看作一个项目，因为它完全符合我们在第 1 章中所描述的项目的各种特点。还请注意，我们不需要知道生命周期的精确形态，只需要知道其最后阶段是凹向横轴还是凸向横轴。

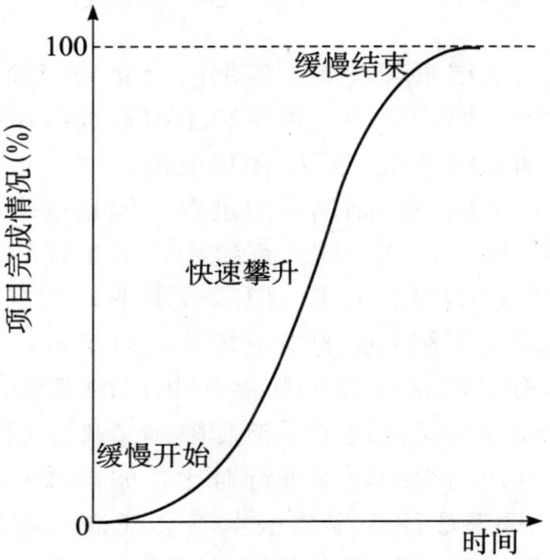

图 7—1　项目生命周期

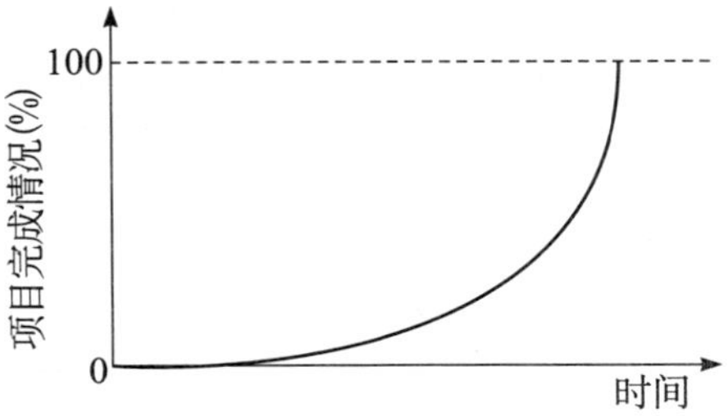

图 7—2　另一种可能的项目生命周期形式

请记住，上级和下级的资源预测彼此之间相距并不很远，因为在做出最终决策之前他们已经进行了多次谈判。如果生命周期曲线的后半部分（如图 7—1 所示）显示出递减的边际回报，就应该选择上级的估计结果，因为持有较少资源对项目完成的影响比较小。上级人员就会对下级讲：“杰里米，你按照 R 来做怎么样？我们必须接受这样的结果。”相应地，如果生命周期曲线（如图 7—2 所示）显示出递增的边际回报，就应该选择下级的估计结果，因为资源短缺会对项目最终的结果产生巨大的影响。在这种情况下，上级或许会说：“好吧，布兰登，我们必须确保这项任务的顺利进行，我们按照你的数字进行下去吧。”如果这种分歧与进度（工作时间跨度）有关，而不是与资源有关，那么谈判的过程和相应的逻辑原则不应该有丝毫的改变。

这是一个颇为耗时的过程。在项目经理与多位负责其行动计划的下级进行谈判的同时，这些下级也在与他们自己的下级进行着谈判，其他人依次类推。这种多层次的过程错综复杂，并且不是十分有效率，但是它使得信息可以在系统各层次间自由地上下流通。这一过程使得预算的不确定性有所降低。整个过程中的争论以及由此产生的成本可能就抵消了预算过程的不确定性。

我们必须注意，无论是在组织内部的谈判中，还是在组织与外部团体的谈判中，伦理道德问题都同等重要。在这个问题中，上级和下级都有责任与对方以诚相待。一方面，他们将来还需要继续在相互信任的环境中共同工作；另一方面，在这种类型的谈判中，诚实守信也是道德观念所要求的。

□ 有关预算申请过程的评论

预算过程常常是从高层管理者要求各部门上交来年预算申请开始的。各部门的领导再将这项要求传达到下面的部门、科室和小组，这些单位都需要从下面收集预算要求，将其汇总，再将结果沿着组织层级逐步上传。

这听起来好像是自下而上编制预算的过程，但是这一过程和真正的自下而上的系统之间有一个重要的区别。在这一迭代系统中，与正式的要求一起，另外一种信息也传达了下去——这种信息不那么正式，但承载了下列信息：组织内部工资的增长比率或下降比率、加大或减小工作强度的组织政策、对于资本支出的总体态度、有关哪些项目和活动被认为具有高度优先权而哪些则相反的看法，以及大量其他事项。实际上，这些信息对低层经理人员规定了一整套限制条件。预算要求在组织内部逐步上传的同时，它们也被认真地与组织原则进行对比，如果彼此不相吻合，这些预算要求就会得到“调整”，这种调整往往很少或根本不会征询相应组织单位的意见。高层管理者在制定预算上倾向于采取专制态度有很多原因，其中有两点最为常见：预算控制要尽在掌握；节约开支可以在一定程度上激励下属更有效地完成任务的意识。虽然我们举不出什么具体例子来加以说明，但这确实是司空见惯的事。进一步来说，这使得博弈的成分逐步加大，由此产生的围绕预算商讨过程的不确定性也相应增加。

组织管理越不专制（同时也越不受到财务方面的条条框框的挤压），这一过程就越有助于各管理层级之间的相互对话和妥协。然而，即便是那些最具有参与性的公司也不会长期容忍那些无视预算限制信息的低层经理人员。预算政策在系统内部的传达有多种方式，有通过正式的方式自上而下传达的，也有通过书面文件传达的，还有高层管理人员通过偶然的口头评论非正式地表露出来的（这种信息常常被人们忽略）。这些方式没有什么差别，唯一的要求是项目经理的预算要求应该与组织政策相一致。忽视组织政策的做法不能原谅，反复犯不顾及组织政策的错误会使自己受到“发配到西伯利亚”的处置。预算发起人有责任对预算政策作出清楚的界定，在这里我们又看到了保持政治敏感性的重要性。项目经理的沟通渠道必须具有足够的灵敏度来接收政策信号，即便是难以沟通的上级人员封锁了政策信号也能够准确地接收这些信号。

□ 成本科目预算与项目/活动预算

组织预算的另一个方面是关于预算本身是成本科目导向的还是项目/活动导向的，这种区别我们前面已经有所提及。传统的组织预算通常是科目导向的，判断依据是它由一个传统的、以科目为基础的成本会计系统内累积下来的历史数据为基础（Coburn，1997；Vandament et al.，1993)。每一种费用都归类并列示到基本的预算项目，如电话机、原材料、人事部门员工、公共物品、直接人工等，或者归类到各个生产中心和各个过程当中（Brimson，1993)。这些费用项目又被归总到更大的科目当中并由组织单位报告，如班组、部门。换句话说，预算可以覆盖整个组织结构图。表 7—1 显示了一个房地产项目典型的以科目为导向的月度预算报告中的一页。

项目型组织出现以来，严格按照财政责任的实际形式编制预算的必要性日益增加。按照传统的预算编制方法，项目的预算被分解到许多不同的组织单位中去，这使得控制权力非常分散，甚至形同虚设。在项目预算中为某些大的成本项目确定真实的规模几乎是不可能的事。考虑到这种问题，人们开发出了新的方法，并调整了预算程序，以使预算同项目本身直接联系起来，这导致了项目群预算的产生。表 7—2 显示了一个以项目/活动为导向的项目预算，该项目预算是通过任务和活动以及预期时间长度的比值来测度的。布瑞姆森（Brimson，1993）在一篇精彩的论文中对两种系统都进行了评价，并将它们组合了起来。

如果一个项目群是由一系列独立的项目组成的，那么该项目群的预算在一段时期内将是所有项目预算的总和。此外，项目群本身也有每月的预算（如表 7—1 中最左栏列示)，但这就要求将每一个项目的活动（任务）的收益（如果有）和费用分配到适当的科目中去。同样每一个组织单位也可以将它的项目收益和费用以附加栏的方式呈现在表 7—1 中，一栏表示“常规运营工作”，其他栏表示每一项目（或项目群)。如果任务涉及不止一个组织单位，那么将花费更多的工夫在这些任务上。

对资本成本的测算会产生特殊的问题。各行各业的会计系统对于资本成本的处理各不相同。此外，资本成本的测算工作需要高度专业化的知识，因为有些耐用品（如机器工具）的价格影响因素与其他设备（如计算机系统或飞机）完全不同。希古德森（Sigurdsen，1996a，1996b）曾经发表过一篇包括两部分内容的精彩论文，文中指出，资本成本会根据产出的数量发生变化，同时他还对两种资本成本的测算方法进行了对比研究。

表7—1　一个房地产项目典型的月度预算　单位：英镑

	目前			
	实际	预算	差额	百分比（%）
公司——利润表 收入				
8430 管理费用				
8491 合伙权摊销收入——财产管理	7 410.00	6 222.00	1 188.00	119.0
8492 合伙权摊销收入——并购所有权	0.00	3 750.00	−3 750.00	0.0
8493 所有权摊销收入——恢复	0.00	0.00	0.00	0.0
8494 其他收入	0.00	0.00	0.00	0.0
8495 摊销收入——其他	0.00	0.00	0.00	0.0
总收入	7 410.00	9 972.00	−2 562.00	74.3
运营成本 薪金和工资福利				
8511 工资	29 425.75	34 583.00	−5 157.25	85.0
8512 薪金所得税	1 789.88	3 458.00	−1 668.12	51.7
8513 集团保险和医疗摊销	1 407.45	1 040.00	367.45	135.3
8515 工人报酬	43.04	43.00	0.04	100.0
8516 员工住房	0.00	0.00	0.00	0.0
8517 奖金	0.00	0.00	0.00	0.0
薪金和工资福利总额	32 666.12	39 124.00	6 457.88	83.5
旅行和娱乐费用				
8512 旅行	456.65	300.00	156.65	152.2
8522 促销、娱乐和礼品	69.52	500.00	−430.48	13.9
8523 汽车	1 295.90	1 729.00	−433.10	75.0
旅行和娱乐费用总额	1 822.07	2 529.00	−706.93	72.1
专业费用				
8531 法律费用	419.00	50.00	369.00	838.0
8532 会计费用	289.00	0.00	289.00	0.0
8534 临时协助费用	234.58	200.00	34.58	117.2

表7—2　根据任务和月份编制的项目预算　单位：英镑

任务	估计	月预算							
		1	2	3	4	5	6	7	8
A	7 000	5 600	1 400						
B	9 000		3 857	5 143					
C	10 000		3 750	5 000	1 250				
D	6 000		3 600	2 400					
E	12 000				4 800	4 800	2 400		
F	3 000				3 000				

续前表

任务	估计	月预算							
		1	2	3	4	5	6	7	8
G	9 000			2 571	5 143	1 286			
H	5 000					3 750	1 250		
I	8 000						2 667	5 333	
J	6 000								6 000
	75 000	5 600	12 607	15 114	14 193	9 836	6 317	5 333	6 000

资料来源：Harrison，1983.

项目管理实践

在预算范围之内建成利莫里克核电站

宾夕法尼亚州的利莫里克（Limerick）核电厂在开始投入商业运营的同时，还创造了一项核电设施的建设纪录。在我们这个年代，人们对很多核电厂大幅超出预算，并拖延进度的事例司空见惯，而利莫里克核电站比当初49个月的进度计划提早了8个月完工，并将32亿美元的预算开支节省了4亿美元。利莫里克着实为该行业树立了一个榜样。

利莫里克核电站能够提前完工并节省预算开支并不是一件偶然的事。早在1986年2月核电站开工之初，他们就决定要力争比计划完成时间提前8个月竣工，而这种做法也会保证资金花费能够维持在预算水平以下。为了实现提前完工的目标，他们采用了一系列的创新性方法，其中最为重要的两个方法是保证员工尽其才和广泛使用准备充分的两班倒生产方式。项目一开工就表现出飞快的速度，并为以后的工作奠定了基调。第二班的工人都得到了非常优厚的报酬，同时也为他们配备了整套的经理人员和工程师。在这种情况下，第二班的生产率虽没有超过第一班，但至少保证了与第一班相同的水平。

其他一些决策和活动也都有助于缩减成本或缩短工期。例如，由于使用了两班倒的生产方式，所以就不再需要加班了。作为当初批准立项的条件之一，该项目还与当地的工会（而不是与全国工会）就减少罢工、停工和怠工达成了一份项目劳动力协议。另外，该项目与建筑承包商签订了一份奖励费用合同，其中规定承包商在限定的范围内将均等地分担成本/进度的利益或损失。整个团队（在开工时工人总数达到了几乎3 000名）都以提前完工并节省预算为目标，他们勤奋工作、士气高昂，使得大约四年的完工周期减少了8个月之多。

资料来源：T. P. Gotzis, "Limerick Generating Station No. 2," *PM Network*, January 1991.

7.2　改善成本测算过程

项目成本测算的准备过程，需要多人之间密切合作。如果公司的业务特点要求定期向客户提交报价，那么该公司的员工就会逐渐被培养成为“专业”的成本测算人员。专业预算师的主要职责就是降低成本估算的不确定性，以专家的眼光发现潜在的成本，使得公司的报价更趋合理。在这种情况下，项目经理就需要对将要从事的工作做出详细的描述，以使成本测算人员能够清楚地了解到应该收集哪些成本数据。通常的情况是，项目工作极为复杂，以至于项目经理如果没有职能部门专家的协助，根本无法对工作做出清晰的描述。

显然，即便有最专业的专家参与资源耗用情况的测算，计划工作也不可能做得非常精细。在管理与项目偶发事件相关联的风险因素时，通常可以使用两种截然不同的方法。比较简单而又得到广泛应用的方法是为紧急情况提供资金储备——通常占预计成本的5%或10%。至于为什么是5%或10%，而不是什么$6\frac{7}{8}$或$9\frac{1}{4}$，我们也不清楚。我们极力推荐另外一种方法，即预测人员选择“最可能、最乐观和最悲观”的测算数据。我们在第2章的案例中讨论利用模拟的方法折现现金流时采用的就是这种方法。我们还将在第8章中详细说明这种方法的实用性，以及它不会随着资源需求及其成本的测算变化而改变的特点。

我们现在转到测算直接成本[①]的问题上来。项目经理常常会发现下列做法非常有效，即在收集直接成本测算数据时，使用的表格不仅列出资源需求的数量，同时列出资源使用的时间，并注明该种资源是否可以得到（或是否在将来需要时可以得到）。图7—3就展示了这样的内容。该表格还有一栏用来明确专职负责特定资源的联系人。这一表格可以用来比较项目中每一任务要素的各种资源需求，还可以用来将大量任务的信息汇总成为一张表格。

请注意，图7—3中没有包含间接费用的信息。公司中有哪些间接费用及其数额，不是项目经理能控制的事，它们往往还会给每一个人造成麻烦和困惑。间接费用的分摊从本质上讲具有一定的随意性，有的时候，承担了额外的间接费用之后，一些本来很诱人的项目就不再能够实现组织的经济目标了，这时，项目经理只能为这种间接费用的“不公平”分配而怨天尤人。

项目名称________		日期________		任务编码________
资源	联系人	需要多少	何时需要	如果能够得到请打“√”
人员：				
经理人员				
主管				
专业人员和技术人员				
非技术人员				
资金				
原材料：				
机器				
设备				
工具				
能源				
空间				
特殊服务				
研究和测试				
打字和文书工作				
复印				
其他				

图7—3　收集项目所需资源相关数据的表格

有的时候，公司会投资于那些扣除直接成本之后利润不菲的项目，而实际上在计

① 我们强调测算直接成本并对行动计划中“直接测算成本”的资源非常关注，其原因是，我们认为：项目经理应该只关注那些在某种程度上他能够控制的成本科目，这些成本科目当然不会考虑间接费用的问题。然而，项目经理可能会希望将一些不测算成本的资源加入行动计划的资源栏目，只是为了“储备”这些资源以备不时之需。

入所有成本之后，这些项目却根本无利可图。之所以这样做有很多原因，比如：

（1）开发一项技术知识；

（2）保持本组织在特定领域占有一席之地；

（3）获取该项工作的某些部分或其提供的服务；

（4）为后续合约奠定良好的基础；

（5）改善自身的竞争地位；

（6）拓宽产品线或业务领域。

所有这些原因都有力地促使公司投资这些项目。简言之，这些项目尽管可能无利可图，但为组织提供了未来的增长机会和未来的盈利性。这些理由是否有足够的说服力，取决于高层管理者的最终判断。

□ 学习曲线[①]

如果进行成本测算的项目与很多其他项目类似，那么每一种成本科目的测算工作就会相当程序化。如果公司对项目所涉及的领域没有丝毫经验，成本测算工作就要困难得多，对直接人工成本进行测算尤其如此。例如，一个项目需要装配25台复杂的电气设备，该公司对于制造电气设备十分在行，但唯独没有接触过这种类型的设备，这种设备与他们日常所装配的设备有很大的差别。

经验表明，该公司如果大量需要这种类型的设备，那么每一单位这种设备需要耗费70小时的直接人工。如果劳动力工资水平为每小时12美元，而且相关福利费用为工资的28%，那么25台设备预计的劳动力成本就是：

$$1.28\times 12\times 25\times 70=26\ 880\text{（美元）}$$

实际上，这种做法会低估真实的劳动力成本，因为在生产过程的早期，完成每一单位的产出需要耗费更多的时间。研究表明，当不断重复同一项工作时，人员的工作绩效通常会得到提高。总体来讲，生产过程每重复一次，绩效水平就会按照一定的百分比增加。更具体地讲，产出每增加一倍，每单位产品所花费的工时数就会比上次的数值减少一定百分比，这一百分比就称为学习率（learning rate）。若某工人在第一次完成某项工作时需要花费10分钟的时间，第二次则只需要花费8分钟的时间，那么就称该名工人的学习率为80%。如果产出量从2增加到了4，我们就可以预期第四件产品的生产时间将会是：

$$8\times 0.8=6.4\text{（分钟）}$$

类似地，第八件产品的生产时间是：

$$6.4\times 0.8=5.12\text{（分钟）}$$

依次类推，生产一单位产出所需要的时间遵循以下著名的公式：

$$T_n = T_1 n^r$$

式中，T_n——第n单位的产出所需要耗费的时间；

T_1——第一个单位的产出所需要耗费的时间；

n——产出的数量；

r——log（小数形式的学习率）/log2。

生产全部N件产出需要的总时间为：

① 本小节内容可以跳过不读而不失全书的连贯性。

$$总时间 = T_1 \sum_{n=1}^{N} n^r$$

表格被广泛应用于计算学习曲线的单位值和总值，还被应用于计算改良后的比率，即对学习率进行计算（Shafer et al.，1998）。

在上面提到的电气设备的例子中，我们假设在装配完成 20 台设备之后，就不再有任何显著的改进了（比如，装配时间稳定地维持在 70 小时的水平上）。进一步假设，以往的研究表明，这家工厂的装配工通常的学习率大约是 85%。我们据此就可以估算出第一台设备所需要的时间，其中 $T_n=70$ 小时，$n=20$，那么

$$r = \log 0.85/\log 2$$
$$= -0.162\ 6/0.693$$
$$= -0.235$$

且 $70 = T_1\ (20)^r$

$T_1 = 141.3$（小时）

现在我们知道了装配第一台设备所需耗费的时间。使用一张列示了总体时间乘数的表格（Shafer et al.，1998，pp. 343－346），我们就可以为这个例子找出匹配的总体时间乘数——学习率为 85%，数量为 20 台的时间乘数。有了这个乘数（12.40），我们就可以计算出装配 20 台设备所需要花费的总时间。即

$12.40 \times 141.3 = 1\ 752.12$（小时）

最后 5 台设备都按照每台 70 小时的稳定水平生产，因此总装配时间为：

$1\ 752.12 + 5 \times 70 = 2\ 102.12$（小时）

我们现在可以重新计算一下直接人工成本：

$2\ 102.12 \times 12 \times 1.28 = 32\ 288.56$（美元）

我们第一次忽略学习曲线效应的估算结果将成本低估了 32 288.56 － 26 880 ＝ 5 408.56（美元），或者说，低估了 17%。图 7—4 显示了这种错误的根源。

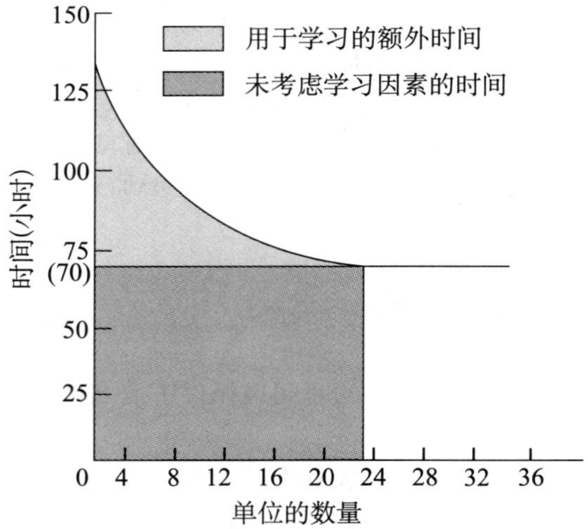

图 7—4 忽视学习曲线的后果

最近几年来，学习曲线日益受到项目经理的关注，尤其是在建筑行业。人们开发出了很多方法用于估算整个项目的复合学习曲线（Amor et al.，1998），或根据单位学习曲线估算总成本（Camm et al.，1987）。巴蒂卢（Badiru，1995）在其关键资源规划方法中引入了学习曲线效应，具体内容将在第 8 章中讨论。

鉴于我们的目的是降低估算所固有的风险性，对于那些劳动力是重要的成本因素，而且生产周期相对较短的项目来说，项目经理应该在估算成本时将学习曲线也考虑进来。

我们不应该忽视这一结论的深刻内涵。我们通常不会将项目看作"生产过程"，但它确实是。建筑工程、选举活动和飞机装配行业已经使用学习曲线理论很多年了，而其他一些行业还裹足不前。例如，研究表明（Gagnon et al.，1987），学习曲线效应在考察工程顾问人员对于计算机辅助设计（CAD）项目所起的作用时就很有助益，广告活动和慈善活动的设计也同样如此，不考虑绩效改善的效果是造成项目成本估计错误的重要原因之一。

□ 一个有关学习的特例——技术休克

如果公司对于考虑中的项目类型不太熟悉，关于绩效测量方面的指标（比如安装时间、达到 80%效率的时间、安装成本等）就常常会被低估。一个有趣的现象是，为了节约成本而使用一项新技术却立刻导致了成本的上升。有的时候，我们将成本增加归咎于人们对变革的抵制，但是一种更为理智的解释是：当我们改变某个系统时，会打乱它的规律，造成它产生无法预测的结果。一位炼钢工人向我们回忆当初推行电解法炼制马口铁的全新技术的过程，他说："我们发明并使用了全世界第一种电解炼制废钢材的方法。我们花费了一年的时间，才使生产线按照设计要求正常运转起来。"当然，如果组织具有丰富的经验，成本指标被低估就不太可能成为一个严重的问题。Reliance 电气公司承担了几个"工期为 18 个月"的工厂建设项目，而他们在决定以后才发现，实际上要想让工厂实现 3/4 以上的生产能力需要花费 36 个月的时间（请注意这里面潜在的道德问题）。在可能的情况下，在预测未来项目绩效时应该充分借鉴以往有关系统运行的知识。

□ 其他因素

据有关资料显示，大约有 3/5～5/6 的项目无法实现其时间、成本或自身的特定目标（Frame，1998）。项目管理协会各类杂志上的文章反复显示，信息技术项目的记录最差。问题可能是呆伯特竖着头发的老板所设定的目标过于武断而且不切合实际；可能所有的项目都会遇到范围蔓延的问题（尽管范围的变化并不一定意味着成本的超支）（Christensen et al.，1998）；项目经理可能会为了对项目选择工作施加影响而选择过于乐观的测算数字；或者项目经理不具备正确进行成本估算的能力。例如有大约 45 种测算模型可以用于信息技术项目，但是几乎所有信息技术项目的经理人员都对这些方法置之不理（Lawrence，1994；Martin，1994）。由于有太多的不确定性，一些 IT 工人断然拒绝对 IT 项目进行时间和成本的估计，而我们怀疑他们是尽可能逃避责任。可能所有这些因素，甚至还包括其他一些因素，共同造成了这种不光彩的记录。

尽管在成本测算工作中可能会造成错误的因素不计其数，但是有些问题出现的频率非常高，资源价格的变化是其中之一。解决这一问题最为常用的方法是按照某种固定的百分比增加所有的成本测算数值。一种更为有效的方法是，对每一种占项目成本比重较大的投入品都清楚地加以确定，并分别做出其价格变化方向和幅度的预测。

要确定哪些投入占项目成本比重较大并不困难，尽管有些时候这种做法有些武断。例如，假设我们为一家小事务所建店面的项目所作的初步粗略的成本估计值为 100 万美元，花费时间为3年，每年耗用数额基本相同（未来价格无变化）。如果我们认为人工方面的成本占总数的60%，也是在三年时间内均匀支出，那么工资/薪金大约就是600 000美元，将其分为三等份，每年的支出就为200 000美元。如果我们估计工资/薪金增长率为每年6%，那么第二年的人员成本就会增加到212 000美元（增加了12 000美元），第三年则为224 720美元。错误率为预计人工成本的4%，为项目总预算的2.5%。

如果要对测算值做出进一步改善，我们还需要考虑下列因素，即不同投入品的价格常常按照不同的比率变化。查阅一下美国劳工统计局（Bureau of Labor Statistics，BLS）的工资和价格指数（其中包含了大量商品价格指数和工资率）就会发现，即便是在价格平稳的时期，在很多东西的价格上涨的同时，另外一些东西的价格却在下降，还有一些东西的价格则维持不变。项目经理肯定会希望对不同类别的劳动或商品都能使用特定的价格上涨指数/价格下跌指数。尽管大部分项目经理都只关心价格上涨的情况，但是任何行业在提交有竞争性的项目报价时，都必须牢记：不了解价格下降的信息会导致成本高估的情况，并使得所报价格不具有竞争力。

究竟应该将价格变化所造成的影响降低到何种程度，完全取决于组织对于测算偏差的容忍程度。假设管理层对每个成本科目的真实成本和测算成本都能够容忍5%的偏差。在我们前面所提到的例子中，工资/薪金的增长将会占储备金总额的4/5，剩余部分只为误差保留了不到1/5的储备金（大约5 300美元），如果项目需要增加雇用一位兼职员工，其雇用期为一年，就算花光了剩余的准备金也还不够。

其他一些在项目成本预算中应该考虑的因素包括为浪费和破损而保留的储备金。盖房子时，没有任何一位心智正常的建筑商会订购“刚好够用”的木料。项目中的专业人员也会发生流失和替换的情况，这会造成人力成本大幅度的增加。新来的人员不仅需要一个学习的阶段——正如我们已经看到的那样，这种情况会对产量形成消极的影响——而且这些专业人员的起始工资也会比正常的年度工资增长率要高，因此，将同样水平的新员工安排到离开项目的老员工的位置上可能会耗费相当多的成本。

我们提到过，项目经理都倾向于将项目成本描述得很低，使之对高层管理人员更有吸引力，而低层次的项目工人喜欢高估成本，以保护自身的利益。如果针对一个外部组织的项目邀标书（RFP）开始计划相应的项目，那么成本高估和低估都会对最终能否赢得客户的合同产生严重的影响——即便是赢得了合同，也会严重地影响利润水平。

在根据项目邀标书（RFP）测算成本并提交报价的过程中，还会产生严重的道德问题。如果工作按照成本加成法计酬（或者即便是在固定费用的项目中，会允许为了特殊情况而增加费用），有些报价者会采取“牺牲”的方式（即提交低估的成本数据）签订合同。按照这种做法，当他们中标后，在工作正式开展期间，他们将把握机会提高成本或请求根据特殊情况增加费用。有的时候，客户会向那些关系密切的报价者泄露本该保密的报价信息，这样，那些关系单位就可以提交一个必然会中标的报价，而稍后这两者之间会就增加部分成本达成口头协议。在成本测算和报价的过程中，有很多滋生不道德行为的机会。此外，各行各业在测算和报价方面的实践做法也有着很大的差别。

最后，当然还会有走霉运的时候。有时会由于不可预计的原因而造成工作的拖延。像铁路道钉那样可靠的设备也可能突然失灵，那些从来没有失败过的会意外失败，每一个项目都需要一种“应急储备金”。

有些学者和教授将成本测算的基础分为四项：经验、数量（统计）方法、限制条件和工作表。他们详细讨论每一项的优缺点，并进而确定其中的这项或那项可以产生的最佳效果。我们强烈地感觉到，所有这四项都非常有用，在进行成本测算时，不能将任何一种方法孤立地看作最佳手段，也不能将任何方法拒之门外。最好的测算人员会采取一种折中的方法，并像人们所说的那样"唯才是用"。明智的项目经理会将所有预测得到的因素都考虑到项目预算中去。那些无法预测的因素则需要依据经验进行相应的准备。还有两个因素与成本测算和进度计划工作紧密相关，它们在生产无形产品（如软件程序）的项目里尤为普遍。这两个因素在布鲁克斯（Brooks，1975）的著作——《人月神话》（The Mythical Man-Month）中有着经典的论述，对读者也非常有教益。

我们先来看看第一个因素。大部分项目都会涉及一种我们无法控制的有形中介体——木材会开裂、油漆会浑浊——于是将自己当初"完美"的想法的失败归咎于这些物理因素。当我们的工作所涉及的是没有实物要素的知识媒介（比如计算机代码）时，容易产生极为乐观的情绪，并愚蠢地认为所有事情都会一帆风顺。然而，项目由一系列要素构成，每一个要素都有着少许失败的可能性，而项目的成功必须建立在各个要素都取得成功的基础上，在这种情况下，该项目获得总体成功的可能性实际上是极小的。例如，让我们考虑一个由 1 000 个代码组成的计算机程序，每一种代码的可靠性都达到了 99.9%，而该项目成功的几率实际上只有 36%！布鲁克斯的经验引导他对软件项目采取"拇指原则"。按照项目总体时间的比率来计算，计划工作占去 1/3，编码工作占去 1/6，元件测试占去 1/4，系统测试占去 1/4。这样，如果一个项目的测算工作是以预计编码时间（是我们测算数据的重要因素之一）为基础的，那么实际上这个数据只占项目全部时间的 17%左右，而不是我们通常所认为的 80%～90%。

第二个因素被布鲁克斯称做"人月神话"，其含义是，我们总是倾向于认为工人和时间是可以互换的。这样，一旦发生工作进度拖延的现象，传统的反应就是增加劳动力，而这种做法是饮鸩止渴。那种认为工人和时间是可以相互替代的观点只有在特定的情况下才是正确的，即任务可以被分隔开来，工人们之间不需要进行沟通。然而，大多数项目（尤其是计算机编程项目）是与上述特点背道而驰的，增加更多的工人意味着需要更多的时间来培训他们，还需要在他们之间建立更为复杂的沟通网络。因此，3 个工人之间的沟通时间是 2 个人的 3 倍，而 4 个人之间的沟通时间则是 2 个人的 6 倍，依次类推。这一结果总结起来就是布鲁克斯法则：为一个延迟的软件项目增加人员会使该项目拖延的时间更长。

项目管理实践

Emanon 飞机制造公司

Emanon 飞机制造公司是一家主要生产飞机零部件的制造高，专营飞机着陆的传动部件和装置。该公司坐落于美国中西部一个高度工业化的州内。该地区正在经受着高于全国平均水平的失业率，其部分原因是 Emanon 公司的业务面临着下滑的趋势。在过去的三年中，他们失去了很多着陆传动部件的订单，因为他们总是被国内其他地区的厂家以更有竞争力的报价击败。该公司的高层管理者研究了这个问题，但没能就采取何种行动达成一致，于是他们就从附近的一所大学聘请了一个咨询团队来研究当前的形势，并提出解决方案。

飞机制造领域的业务与其他专业制造复杂机械的行业没有什么显著的不同。飞机制造商通常都采用装配的运营方式，它们将下属公司或分包商生产的部件和装置组装起来，而那些分包商则专门生产某些特定的组件，例如着陆传动装置、飞行电子设备、乘客座椅、加温和空调设施等。一旦收到一定数量某种型号飞机的订单，制造商（初级合同商）就向那些合适的分包商订购相应数量的某种部件或组件。对于这些部件或组件的所有相关要求都列示在了报价要约之中。那些希望参与该项目的次级分包商们可以提交相应的报价单，其中包括对竞标组件、价格信息、交货日期和其他相关销售条款的完整说明。

该所大学的咨询团队对 Emanon 公司的着陆传动装置生产工作进行了三个方面的研究：制造过程、成本结构、着陆传动装置合同的报价行为和利润结构。

他们认为，Emanon 公司的制造过程比较合理，而且与其竞争对手没有什么显著的差别。此外，他们发现所有的竞争者在制定价格时使用的几乎都是同一水平的加价幅度。在检查成本结构时，他们注意到在过去 3 年中该公司一直错误地估计了原材料的成本差异，也就是说，该公司在着陆传动装置的制造过程中实际使用的原材料数量其实比计划的数量要少大约 10%。该团队对这一发现不太敢肯定，因为在过去的 3 年中，该公司只赢得了少数着陆传动装置的制造合同。

他们对原材料的估算和采购工作进行了调查。结果发现了下列事实：3 年半以前，Emanon 公司曾经延迟交付了一笔着陆传动装置业务，公司为此付出了大笔罚金，并且极为担心将来会失去这个主要客户的业务。该次延迟交付是由于 Emanon 公司为制造着陆传动支架而订购的特种合金钢数量不足，又无法及时在市场上买到这种合金钢。钢铁公司生产这种产品需要 90 天以上的提前期，Emanon 公司只能延迟交付了。

结果，负责该合同的采购部领导被降职了。新上任的采购部领导解决这个问题的方法非常直截了当，一刀切地将原材料的估计值提高了 10%。原材料的成本大约占着陆传动装置总成本的 1/2，结果造成公司的报价比正常的竞争水平高了大约 5%。

资料来源：S. J. Mantel，Jr. Consulting project.

□ 如何做出更好的测算[①]

我们首先假设预算估计的错误不是源于人为的不诚实，而是源于项目经理、成本测算人员或其他相关人员在诚实的前提下所犯的错误。我们已经注意到，产生这种“诚实”的错误有很多原因：与直接从事该项目工作的人员相比，高层管理者会认为项目工作要容易、快捷、便宜很多；专业的测算人员可能会忽视某些完成工作所不可或缺的细节问题；每个人都认为墨菲法则不适用于自己的项目。这些问题都需要从实践中总结出来。为什么那些经验丰富的经理人员也会在预算和进度的测算上犯错误?

阿姆布罗斯·比尔斯（Ambrose Bierce）在其《魔鬼字典》（The Devil’s Dictionary）一书中将“经验”描述为：“是我们将自己过去所做过的愚蠢之事看作不受欢迎的老熟人的一种智慧。”毋庸置疑，我们应该从经验中学习很多东西，但事实却是我们总也做不到。这种现象在项目管理工作中再明显不过了，但实际上改善一个人在测算/预测工作中的技能是非常简单的事。

我们可以回忆一下测算错误有两种形式：第一种形式是随机错误，即高估或低估的情况具有同等的可能性，这种错误将趋于互相抵消，如果我们将许多这种估计错误加总，结果将趋于“0”；第二种形式是偏差，即系统错误，对于那些偏差错误，高估或低估的几率是不相等的，并且或正或负的偏差总和会随着估计总数的增加而不断增加。一种估算偏差的方法是：跟踪信号（tracking signal，TS），显示在图 7—5 的第 4 行上。我们可以使用广泛应用的微软表格处理软件 Excel® 来制作一个表格文件，将测算人员个人绩效的基本特点总结出来。应用的两种简单的统计方法是均值绝对离差法

① 本小节内容可以跳过不读而不失全书的连贯性。

和跟踪信号法，这样一张电子表格的打印结果显示在图 7—5 上。本书的附录 A（在本书的网页上）以及部分参考资料都提供了有关概率、统计和预测方面的信息。

	A	B	C	D	E	F	G
1	本模板用于改善个人的测算技能						
2							
3	MAD（均值绝对离差）＝SUM(|A(t)～F(t)|)/n 平均绝对错误值						
4	跟踪信号(TS)＝SUM(|A(t)～F(t)|)/MAD 偏差的估算值						
5							
6	阶段	测算值	实际值	A(t)－F(t)	|A(t)－F(t)|	MAD	跟踪信号
7	＝＝＝＝	＝＝＝＝	＝＝＝＝	＝＝＝＝	＝＝＝＝	＝＝＝＝	＝＝＝＝
8							
9	1	155	163	8	8		
10	2	242	240	－2	2	5.00	1.20
11	3	46	67	21	21	10.33	2.61
12	4	69	78	9	9	10.00	3.60
13	5	75	71	－4	4	8.80	3.64
14	6	344	423	79	79	20.50	5.41
15	7	56	49	－7	7	18.57	5.60
16	8	128	157	29	29	19.88	6.69
17							
18	关键公式		共计	133	159		
19	D9 单元格	＝（C9－B9）copy to D10：D16					
20	E9 单元格	＝ ABS（C9－B9）copy to E10：E16					
21	F10 单元格	＝（Sum（E9：E10））/A10 copy to F11：F16					
22	G10 单元格	＝（Sum（D9：D10））/F10 copy to G11：G16					

图 7—5 Excel® 的成本测算模板

图 7—5 假定，每一阶段（A 栏）都有人对某种变量（B 栏）做出测算，而变量的实际值或早或晚都可以得到（C 栏）（应该指出的是，A 栏并不一定是时间范畴，该栏表示的仅仅是所做测算的次数，并且将测算值与相应的真实值联系起来）。D 栏计算出了实际值 $A(t)$ 与测算值或预计值之间的差额 $F(t)$。E 栏表示的是该差额的绝对值。现在我们就可以计算出被称为均值绝对离差（MAD）的统计数据。

根据该电子表格第三行所显示的信息：

$$\text{MAD} = \sum(|A(t)-F(t)|)/n$$

式中，n 为差额的数目；MAD 为这些差额绝对值的算术平均值——均值绝对离差。

统计专业的学生或许会注意到，均值绝对离差与标准差有某种逻辑上的相似之处。假设预测错误呈正态分布，则均值绝对离差大约是标准差的 80%（Chase et al.，1989）。因此，如果均值绝对离差占被测算变量的很大比重，那么平均错误值就会很大，而预测或估计的值也就不会非常精确了，但并不意味着有偏差。

现在，我们来考虑一下 D 栏。一定时期内该栏各项的总和也就是预测错误的总和，它通常表示“预测错误的移动总值”（RSFE）。如果测算人员所犯的错误真的是随机的，那么其总和就应该接近于零。在图 7—5 中，预测错误的移动总值 RSFE＝133，因此该项预测具有非常大的正向偏差。

跟踪信号用来测量测算人员的偏差。很容易发现：TS=RSFE/MAD

请注意该公式计算的MAD在RSFE中的数目（见图7—5中的G栏，同时还可以回忆一下MAD与标准差的相似之处）。如果RSFE很小，接近于零，那么TS也就会很小。随着RSFE不断增大，TS也会增大，并显示出偏差。用MAD除以RSFE，就会得到一种“指数数值”——TS，该数值与目标变量的大小无关。我们无法确定测算/预测人员可以接受的偏差值有多大，我们认为，如果测算人员不是新手，那么$TS \geqslant 3$就非常高了。当然，一位经验丰富的测算人员应该具有低得多的TS（显然，TS可能是正的，也可能是负的，我们这里指的是TS的绝对值）。

与为追踪信号是否在可接受的大小区间内而担心相比，或许更重要的是跟踪过程本身，以及对测算人员产生偏差（如果存在偏差）的原因进行分析。如果测算人员能够确定偏差的来源，他就可以利用相应的优化方式修正预测过程。如果测算人员无法确定偏差的来源，而偏差仍会继续存在下去，测算人员就可以利用已知的偏差修正预测。比如，经常可以见到制造经理会对销售部门提交上来的季度销售预测额度削减掉20%。

类似地，测算人员还应该考虑如何降低MAD（即平均测算错误）。这种分析体现了“实践出真知”的道理。Excel®模板可以简化分析工作，从而降低MAD和TS。

有些测算人员为了加快自己改进测算技能的过程，喜欢在计算MAD和TS时，对不同的资源进行集群预测，以获得更多的数据。使用TS的方法要求每种目标变量单独收集输入的数据（测算/预计值和真实值），并进行独立的处理。例如，不同资源的成本测算值和真实值会应用到为每种资源单独测算MAD和TS的工作中。之所以会采取这种不方便的做法，是因为各种资源的计算单位不同，而且人们对胡子眉毛一把抓的担忧也发挥了一定的作用（即便是所有的资源都以美元为单位计算，在将数量差别很大的资源成本汇总时，我们还是会遇到规模方面的问题）。幸运的是，车到山前必有路。

除了将测算错误定义为真实值和预测值之间的差额外，我们还可以将它定义为真实值与预测值的比率，这样，图7—5中的第一个预测值（阶段1）的新错误值就不再是8了，而是

$$A(t)/F(t)=163/155=1.052$$

或者说是5.2%的错误。为了使测算数据从本质上表现出相似的形式，并且与MAD和TS的定义保持一致，我们从该比率中减去了1。这样，在真实值大于预测值时，该数值（例如，错误值减1）就为正，而如果真实值比预测值小，那么该测量值就为负。图7—6显示了使用图7—5的数据计算$\{A(t)/F(t)-1\}$的过程。E栏显示的是D栏的绝对值，而F栏显示的则是MAR（均值绝对比率）。跟踪信号的计算是用RSFR除以MAR。

$$TS=\text{RSFR}/\text{MAR}$$

请注意，这一计算过程不受单位或规模的影响，因为真实值与预测值的比率都是无量纲的数值，因此我们得出的是百分比错误值，而不是“真实”的错误值。

我们还需要注意一件事，尽管这种技术可以使我们将各不相同的数据汇总起来，并进而帮助我们更为快捷地测度随机错误和偏差数值，但是必须注意，不要只关注所汇总的数据，因为我们有理由相信，所有资源的测算值在偏差和不确定性

	A	B	C	D	E	F	G
1	本模板用于改善个人的测算技能						
2							
3	MAR（均值绝对比率）＝SUM(|A(t)～F(t)|)/n						
4	TS＝SUM(|A(t)～F(t)|)/MAR						
5							
6	阶段	测算值	实际值	A(t)/F(t)－1	|A(t)/F(t)－1|	MAR	跟踪信号
7	＝＝＝＝＝	＝＝＝＝＝	＝＝＝＝＝	＝＝＝＝＝	＝＝＝＝＝	＝＝＝＝＝	＝＝＝＝＝
8							
9	1	155	163	0.052	0.052		
10	2	242	240	－0.008	0.008	0.030	1.448
11	3	46	67	0.457	0.457	0.172	2.904
12	4	69	78	0.130	0.130	0.162	3.898
13	5	75	71	－0.053	0.053	0.140	4.120
14	6	344	423	0.230	0.230	0.155	5.205
15	7	56	49	－0.125	0.125	0.151	4.523
16	8	128	157	0.227	0.227	0.160	5.670
17							
18	关键公式		共计	0.908	1.281		
19	D9 单元格	＝（C9－B9）－1 copy to D10：D16					
20	E9 单元格	＝ ABS（（C9－B9）－1）copy to E10：E16					
21	F10 单元格	＝（Sum（E9：E10）/A10 copy to F11：F16）					
22	G10 单元格	＝（Sum（D9：D10）/F10 copy to G11：G16）					

图 7—6　使用比率方法的测算模板

的数量上基本都是相同的。

在开始这个讨论之初，我们假设测算错误是“诚实”的，这一假设条件并不一定成立。如果一位经理人员对成本是否被高估或低估产生怀疑，那么对于这位测算人员，经理人员可以方便地收集适当的数据，并计算相应的 TS，甚至还可以对整个项目团队进行检查。如果领导收集数据的消息传扬开来，那么那些带有明确目的性的偏差就很有可能大幅减少。

读者可能会认为我们并没有使用第 2 章中介绍的模拟分析的方法来处理预算的不确定性，显然，应用模拟分析方法处理预算的不确定性是正确的。例如，除了乐观估计，悲观估计和最可能估计值，还有其他许多变量是不确定的，例如各种成本要素的通货膨胀率、学习率、单位活动资源使用量、支出的发生期，诸如此类。在接下来的第 8 章中，我们将详细探讨这些方面的问题，因为进度预测与成本预测异曲同工。

最后一个提示。在下一章里，我们将会讨论对进度和预算风险实施管理的问题，我们还会简要地描述一些用于风险管理工作的软件。大多数有用的方法都要求预测人员对目标变量的模式和范围做出界定，这些模型都隐含着一个假设，即应用到的数据都是无偏差的测算值。正如我们前面所注意到的那样，如果输入的测算值是带有偏差的，那么输出结果也会受到错误的影响，其中的危险可不只是“输入垃圾，产出垃圾”，而是“输入垃圾，产出真理”。

小结

本章作为有关项目实施内容的一个章节，关注的是项目预算的问题，预算使得项目经理可以获得开展工作所需的资源，我们在介绍多种多样的预算方法的同时，还讨论了这些方法对项目管理工作产生的影响。接下来，我们研究了一些有关成本测算的问题，尤其就学习效应对重复性工作的成本所产生的影响以及如何使用学习曲线概念等内容进行了深入的讨论。最后，我们还描述了改善成本测算技能的一些方法。

本章的要点如下：

1. 预算的目的是就有关组织目标和工作优先次序的政策进行良好的沟通。

2. 常用的预算方法有：自上而下法、自下而上法和项目群预算法。

3. 在测算成本时，使用一种清楚界定资源需求数量、需求时间、需求单位和资源可获得性等信息的表格非常有效。

4. 各种组织常常会为了实现自己的长远战略目标，而投资于那些只能够负担直接成本而无法负担全部成本的项目。

5. 如果项目中包含需要投入大量人力的重复性工作，那么在进行成本测算时，就需要将学习现象也考虑进来。

6. 学习曲线理论是基于下面这种现象，即生产一个单位产出所需的工时随着累计产出的翻番而不断减少一个固定的百分比。

7. 本章还讲述了一种确定成本测算数据中是否还有偏差的方法，该方法能够用来改进所有的测算/预算过程。

8. 除了学习因素之外，还有其他一些重要因素需要在进行项目成本测算时加以考虑，它们是通货膨胀、各种成本因素变化上的差别、废品和破损、人员替换成本和为无法预计的困难进行应急准备。

在下一章中，我们将会讨论进度问题，该部分内容是项目管理的一个重要话题。人们对进度所做的研究和调查可能比项目管理的其他任何一项内容都多。

关键术语

自下而上预算法（bottom-up budgeting） 一种从具体工作人员开始对所需资源进行测算的预算方法，其优点是测算数值比较准确。

直接（或可变）成本（direct or variable cost） 输出形式不同则成本不同，例如，劳动力成本、材料成本，有时也指专用设备的资金成本等。

一般费用和行政费用（general & administrative cost，G&A） 管理费用成本，例如，会计、人力资源、间接费用中不包括的法律事务等的费用。有时候G & A并不单独列支，而是被看作间接费用的一部分。G & A通常是按直接成本，如人工的固定比例计提。

间接（或固定）成本（indirect or fixed cost） 与输出形式相关，但并不随输出形式单位而改变。例如，设备资金并不是按单位产出而分摊的，广告费用、分销费用或销售费用等，通常是按直接成本（如人工）的固定比例计提。

间接费用（overhead cost） 组织发生的成本，与单个产品或产品组合没有关系，例如，楼宇或地面的保养费用、水电设施费用、保安费用、健康保险和养老金等。通常是按直接成本（如人工）的固定比例计提。

学习率（learning rate） 产出数量翻番后，单位产出所花费的工时数占以前数值的百分比。

项目群预算法（program budgeting） 将收入和费用按照项目任务/活动汇总，通常作为组织单位汇总或科目汇总的补充。

自上而下预算法（top-down budgeting） 一种从高层管理者开始的、对项目所需资源进行测算的预算方法，其基本优点是总体预算非常准确，因为没有遗漏任何因素，然而，每一个具体的要素都可能不十分准确。

差异（variances） 成本偏差的一种形式，向管理层提交例外报告的内容之一。

问题

内容复习问题

1. 自上而下预算法的优点有哪些？自下而上预算法呢？在自下而上制定预算的过程中，高层管理者认为最重要的任务是什么？

2. 在编制预算的过程中，间接成本应该如何处理？

3. 描述跟踪信号的作用和使用方法。

4. 描述自上而下编制预算的过程。

5. 差异指的是什么？

6. 描述学习曲线现象。

7. 你如何确定成本测算数据是否有偏差？

8. 何谓“项目群预算”？

9. 活动导向的预算和科目导向的预算有何区别？

课堂讨论问题

1. 讨论防止预算计划工作转变为博弈过程的方法。

2. 列举一些成本测算的缺点。经理人员可以采取哪些步骤来纠正成本超支的现象？

3. 为什么咨询公司常常会资助一些项目？这种做法是否道德？

4. 经理人员可以采取哪些步骤来简化成本控制工作？这些步骤是否可以用来控制项目的其他参数，比如绩效？

5. 请指出各种类型的组织结构分别适合于哪种预算方法？

6. 自上而下预算法和自下而上预算法都有哪些潜在的问题？解决这些潜在问题的方法有哪些？

7. 预算计划工作与博弈过程有哪些相似之处？

8. 我们在前一章所提到的冲突解决方法是否可以应用到预算计划过程中来？如果答案是肯定的，你认为是哪种（些）方法？

9. 不同因素的资本成本各不相同这一事实下是怎样使预算过程复杂化的？

10. 为什么说学习曲线分析对项目管理工作非常重要？

11. 在上下级之间进行谈判时，为什么从道德的角度讲应该坦诚相待？

12. 本章探讨的是针对S形和指数生命周期项目的成本预算，对于生命周期呈直线形的项目，成本预算会出现哪些问题呢？

有关“项目管理实践”的问题

火星探路者号的太空行动

1. 理念上的变化为什么会使项目成本产生如此巨大的差异？

2. 为什么要对太空行动的范围加以严格限制？为什么为了如此受限的目标而将资金花费到火星登陆的项目中去？

3. 描述他们“缩减范围”和“现金储备”的做法。

4. 近来成本导向的太空项目也常出现严重的失败，你认为这是“成本导向”这一理念造成的吗？

马萨诸塞州邻里健康计划的成本管理

1. 请对医院使用情况和费用比率之间的权衡进行解释。

2. 为什么说将全额医疗项目报销计划改革为处方报销计划有助于进行比较，并节省成本？

在预算范围之内建成利莫里克核电站

1. 该建筑公司为了实现提前完工并节省预算使用了哪些诀窍？

2. 为了提前完工，承包商会增加哪些成本？我们如何判断提前完工是否得不偿失（我们不仅需要节省时间，而且要节省管理费用）？

习题

1. 使用成本测算模板并参照图7—5的实例，将图7—5的方法与如下方法进行比较。用得出的数据、均值绝对离差（MAD）和跟踪信号为基础，加以讨论。

阶段：	1	2	3	4	5	6	7	8
预算：	179	217	91	51	76	438	64	170

2. 使用图7—6的模板，按均值绝对比率（MAR），对问题1进行重新论述。

3. 使用现金流折现法计算如下项目的净现值（NPV），假定最低回报率为20%，项目总成本为75 000美元，接下来的每四年现金流入量分别是20 000美元、25 000美元、30 000美元和50 000美元。

4. 假定现金流入量不确定，只知其服从正态分布，标准差分别为1 000美元、1 500美元、2 000美元和3 500美元。用Crystal Ball®软件计算净现值（NPV）的均值，并计算实际NPV为正的概率是多少？

5. 一个生产25个单位产品的生产批次，耗费人工103.6小时，生产记录表明第一件产品耗时7小时。请计算学习率。

6. 如生产首个单位产品需要200小时，空军合同完成记录显示，一般50个单位产品的订单，每单位产品耗费人工63.1小时。学习率是多少？再接手下一个包括50个单位产品的空军订单时，需要额外增加多少人工量？该合同每单位产品平均耗费人工多少小时？两合同一并计算，每单位产品平均耗费人工多少小时？就第二个合同而言，人工成本为10美元/小时，但是空军订单的人工价格固定为550美元，那么第一笔合同利润如何？第二笔合同利润如何？如一并考虑，两单统一报价，什么价位合适？

7. 你的公司为培训课制作幻灯片，并且你刚刚接受为一个八个阶段的培训课程合同投标。借鉴以往经验，你公司的学习率为85%。在这个合同里，误差是绝对的，第一个阶段需要50小时。你的公司要价每小时100美元的劳务费以及每个阶段600美元的管理费。客户将在每个阶段支付给你固定的费用。如果你的名义边际利润率为20%，最终的报价为多少？每个阶段的价格为多少？哪个阶段将是你的收支平衡点？

8. 一个制造公司确定了一个为自己的一条生产线开发新机器的项目。项目的最可能预计成本为1 000 000美元，最乐观的预测为900 000美元，最悲观的预测为1 200 000美元。真正的问题在于即使项目成本在限制之内，项目自身加上实施成本也将超过1 425 000美元，项目将无法满足公司的净现值额。预期新机器的引入将给生产线带来四种成本：(1) 工程师劳动成本；(2) 非工程师劳动成本；(3) 混合材料成本；(4) 生产线停工成本。

工程师劳动成本预计为600小时，加上或减去15%按每小时80美元计算。非工程师劳动成本预计为1 500小时，但可能最低为12 000小时，最高为2 200小时，每小时35美元，混合材料成本最高为155 000美元，最低为100 000美元，最有可能为135 000美元。最有可能在生产线上浪费的时间为120小时，最低为105小时，最高为120小时。这条生产线为公司每小时带来500美元或更多的利润。公司的净现值为多少？

案例讨论

好佳传感器公司

辛·科尔被任命为好佳传感器公司一个新建传感器制造流程的项目经理。传感器产品具有很高的价格敏感性，好佳公司已经在数量方面做了很多工作，该公司能够根据定价的变化精确地预测出销售数量的相应变化。

公司总裁，号称传感器“公子”，非常信任自己公司的敏感性模型，并坚持认为所有会影响到传感器制造成本的项目都应该按照敏感性模型的分析作业，并且应该收集各种数据以计算各自的投资回报率。最终的结果是，像辛这样的项目经理必须承受巨大的压力并提交现实预算，以保证项目取舍的决策能够快速地做出。传感器“公子”曾经撤销过几个在可行性分析阶段表现不佳的项目，最近还解雇了一位项目经理，因为他高估了一个新型传感器项目的成本，那个项目早在设计阶段就被撤销，六个月后，一家竞争厂商向市场推出了一种类似的传感器，并取得了不错的业绩。

辛面临的难题是如何才能编制出一个精确反映该项目全新制造过程成本的预算。辛是一位经验丰富的管理人员，对自己测算项目成本的能力充满自信，然而，他同事最近被解雇的事实使他有点投鼠忌器。该传感器制造流程只对原有四个阶段中的一个做出了改动，因此他能够对整个流程的大部分工作获得颇为详细的信息。遗憾的是，唯独在该项被改动的流程中，有很多工作不是十分清晰。辛还认为该项革新会对另外三个阶段产生轻微的影响，但是这些影响也没有得到清楚的界定。该项目所要革新的这个流程阶段几乎占整个制造成本的50%。

问题：

在这些情况下，辛究竟应该采取自上而下预算法还是自下而上预算法才是明智之举呢？为什么？哪些因素在这里起着比较大的作用？

通用造船公司

通用造船公司在过去的20年里一直在为美国海军制造核动力驱逐舰。该公司最近刚刚设计完成一种新型的核动力驱逐舰，正准备为建造第一艘该型号的驱逐舰编制一个详细的预算。

第一艘驱逐舰的总预算为9 000万美元。总监觉得，计划部门最初拟定的项目成本测算值过低，因为废品和损毁储备金被低估了。她担心该项目会大大超过成本预算，并准备同项目经理紧密合作，以控制项目成本。

问题：

你如何管理该项目的成本？

课堂综合练习项目

对于项目来说这可能是个小任务，运用自上而下和自下而上的方法制作项目预算。通过讨论来调和项目经理、团队领导和学生在项目中的职责。

参考文献

AMOR, J. P., and C. J. TEPLITZ. “An Efficient Approximation for Project Composite Learning Curves.” *Project Management Journal*, September 1998.

BADIRU, A. B. “Incorporating Learning Curve Effects into Critical Resource Diagramming.” *Project Management Journal*, June 1995.

BIERCE, A. *The Devil’s Dictionary*. New York: Dell Publishing, 1991.

BRIMSON, J. A. “Activity Product Cost.” *IEEE Engineering Management Review*, Spring 1993.

BROOKS, F. P. *The Mythical Man-Month*. Reading, MA: Addison-Wesley, 1975.

CAMM, J. D., J. R. EVANS, and N. K. WOMER. “The Unit Learning Curve Approximation of Total Cost.” *Computers in Industrial Engineering*. Vol. 12, No. 3, 1987.

CHASE, R. B., and N. J. AQUILANO. *Production and Operations Management*, 5th ed. Homewood, IL: Irwin, 1989.

CHRISTENSEN, D. S., and J. A. GORDON, “Does a Rubber Baseline Guarantee Cost Overruns on Defense Acquisition Contracts?” *Project Management Journal*, September 1998.

COBURN, S. “How Activity Based Costing Was Used in Capital Budgeting.” *Management Accounting*, May 1997.

DEAN, B. V., S. J. MANTEL, Jr., and L. A. ROEPCKE. “Research Project Cost Distributions and Budget Forecasting." *IEEE Transactions on Engineering Management*, November 1969.

FRAME, J. D. "Risk Assessment Groups: Key Component of Project Offices." *PM Network*, March 1998.

GAGNON, R. J. *An Exploratory Analysis of the Relevant Cost Structure of Internal and External Engineering Consulting*, Ph.D. dissertation. Cincinnati: University of Cincinnati, 1982.

GAGNON, R. J., and S. J. MANTEL, Jr. "Strategies and Performance Improvement for Computer-Assisted Design." *IEEE Transactions on Engineering Management*, November 1987.

HARRISON, F. L. *Advanced Project Management*. Hants, England: Gower, 1983.

LAWRENCE, A. O. "Using Automated Estimating Tools to Improve Project Estimating." *PM Network*, December 1994.

MARTIN, J. E. "Selecting an Automated Estimating Tool for IS Development Projects." *PM Network*, December 1994.

SHAFER, S. M., and J. R. MEREDITH. *Operations Management: A Process Approach with Spreadsheets*. New York: Wiley, 1998.

SIGURDSEN, A. "Principal Errors in Capital Cost Estimating Work, Part 1: Appreciate the Relevance of the Quantity-Dependent Estimating Norms." *Project Management Journal*, September 1996a.

SIGURDSEN, A. "Principal Errors in Capital Cost Estimating, Part 2: Appreciate the Relevance of the Objective Cost Risk Analysis Method." *Project Management Journal*, December 1996b.

VANDAMENT, W. F., and D. P. JONES. *Financial Management: Progress and Challenges*. San Francisco: Jossey-Bass, 1993.

ZWIKAEL, O., S. GLOBERSON, and T. RAZ. "Evaluation of Models for Forecasting the Final Cost of a Project." *Project Management Journal*, March 2000.

案例

下面这篇文章及其末尾的问题描述了一家声名卓著而其内部经营决策又鲜为人知的公司，在选择投资项目时所采用的一些严格的标准。此外，该公司还刻意将这些标准与其战略目标联系起来，以使每一个选中的项目都可以增强公司的核心竞争力，使公司发展壮大。这篇文章还为大家展示了该公司是如何将自身的营销、生产、工程和财务职能集成起来，为其在市场竞争中确立优势。

汽车制造公司的斯坦诺普项目

Jack Meredith

寒冷10月里的一天，天阴沉沉的。吉姆·维克斯将他的汽车停在了底特律郊外汽车制造公司的停车场。他踏着黄褐色的落叶，迎着瑟瑟的秋风走向办公大楼。“早上好，维克斯先生，”当他走进办公室时，他的秘书跟他打招呼，“关于斯坦诺普项目的建议书刚刚送到，就放在你的办公桌上。”“早上好，黛比。谢谢。我很想看到这份建议书。”

这一天，吉姆要认真研究1986年的追加投资计划，他希望自己在审查斯坦诺普项目的柔性制造部分的细节时，不要受到打扰。斯塔诺普项目的建议书是由项目经理、该领域的专家安·威廉姆斯起草的。这个项目看起来是适合汽车制造公司战略计划的项目，但是也存在着巨大的风险。在向公司的执行副总裁斯蒂夫·怀特推荐之前，吉姆想再一次审查该项目的所有细节。

汽车制造公司的历史

第一次世界大战刚结束时，汽车制造公司还只是一家农业机械公司，通过引进新技术生产拖拉机用柴油机，随着农业的不断发展，公司也迅速成长起来，到1940年，该公司的资产已达数百万美元。

在第二次世界大战期间，该公司开始为军队生产大量的坦克和装甲车零部件。在战争结束时，由于汽车产业的不断扩张，公司又转向了汽车配件的生产。尽管该公司仍然是农业机械市场的重要供应商，为了反映公司产品的重大变化，更名为汽车制造公司。

一个重要的投资项目

20世纪70年代，农业机械市场发展势头良好，但出现了一些令人担忧的趋势。日本的制造商开始进入这个产业，并逐渐占据了较大的国内市场份额。更重要的是，国内的劳动力成本明显高于海外的劳动力成本，使价格劣势更加明显。也许最重要的是，美国和日本的农业机械（包括拖拉机）在质量上的差别正日益引人注目。

为了提高原材料的质量和控制原材料的成本，许多国内的拖拉机制造商开始为大批量零部件选择唯一的供应商，这就使得它们可以更好地控制质量和成本，同时易于协调供货计划。

在这种趋势下与汽车制造公司合作的大红公司（Big Red，主要制造拖拉机发动机）向其供应商宣布，该公司希望签署一份合同，为17种专用活塞头确定可能高达100%的供货来源。专用活塞头是生产一种用于拖拉机的新型高效发动机所必需的，预计这种发动机可替代新的和现有拖拉机中那些传统的发动机。这些发动机全部是六缸柴油机，每个都需要6个活塞。

汽车制造公司也由此陷入了一个非常微妙的境地。如果它在这个合同的竞标中失败，将在其非常成功而且有利可图的柴油机部件市场引发新的竞争。为了保护现有的成功事业，也为了追求更多的获利机会，汽车制造公司似乎应该对该合同投标。如果汽车制造公司在投标中获胜，它将不仅在原始设备市场（OEM），而且在利润丰厚的配件市场占有100%的份额。更重要的是，以汽车制造公司的成本生产这些专用活塞所需的较高投资，实质上将阻止未来竞争对手的挑战。

汽车制造公司有两家工厂在为其他制造商生产柴油机部件，公司认为它们对设计这种类型的活塞有一定的竞争优势，但是这两家工厂的产量难以满足大红公司的要求。在协商的过程中，大红公司坚持认为，自己的唯一供应商应该满足其装配工厂生产线的最高需求。

吉姆在研究这份建议书时，决定参考本公司运营战略备忘录，并考虑一家坐落于艾奥瓦州农业机械工业中心的新工厂。另外，斯蒂夫曾经在最后一次谈话中询问过该项目一些非常棘手的基本问题（如下所述），吉姆希望自己在研究项目时能时刻考虑到这些问题：

1. 汽车制造公司已经取得了很高的投资回报率（ROI），这些投资项目会不会降低本公司的投资回报率？

2. 通过降低劳动力成本能否弥补新设备的成本？投资回报如何实现？

3. 资产如何得到保值？因为根据这份建议书的要求，在不知道能否获得长期合同以补偿最初投资的情况下，就需要进行新设备的投资。

4. 这份建议书能否最大限度地提高投资回报率、销售潜力以及总利润额？

在充分认识到这些问题之后，吉姆决定根据建议书的财务数据，复查该项目的预期税后利润和平均收益率（以每年70 000台的销售量为基础）。这些数据应该对这个项目的投资质量给出明确的回答。除了财务因素外，吉姆还需要考虑资本配置的其他一些因素，其中需要考虑的问题之一就是，最近汽车制造公司董事会所明确的企业新运营战略。

企业战略

汽车制造公司企业战略的许多因素都与这项建议书直接相关。吉姆拿出便笺本简单地记下了一些要点，并按重要性进行了如下排序：

1. 只对具有较高收益的产品竞标，因为这样的产品具有保持长期收益的潜力。

2. 只追求在设计和生产过程方面领先的新产品，因为在这样的领域，我们的技术能力可以确保在长时期保持领先。

3. 在新项目中尽可能地采用最先进的技术（这些技术可以是我们所熟悉的领域，也可以是我们经验所不及的领域）。

4. 为了鼓励创新和创造，要推进“项目主人”的做法，即通过批准那些经理热衷的项目来达到鼓励企业家精神的目的，因为他们坚信这样的理念、产品或流程最符合企业利益而将完成项目视为己任。

5. 继续经营雇员不超过480人的小工厂。研究表明，这样的工厂规模最有效率，并能维持最好的劳工关系。

把上述标准牢记在心，吉姆重新打开建

议书，开始阅读那些关键部分的内容。

需求预测和情境

这份建议书就未来需求和财务方面的影响分析了三种假定情况：情况1假定，新产品将会获得成功；情况2假定日本人将会很快跟进，并能够在这个产品上与大红公司展开激烈竞争；情况3假定新产品将会遭到失败。三种不同假定下的销售量预测数据如表1所示。

表1　　发动机需求预测*　　单位：千台

年份	情况1	情况2	情况3
1987	69	69	69
1988	73	72	72
1989	90	81	77
1990	113	95	68
1991	125	87	62
1992	145	74	47

* 每台发动机需要6个活塞。

然而，人们对这些预测数据毫无信任可言。在过去的几年中，日本不仅在价格方面，而且在竞争非常激烈的领域（比如质量和信誉等方面），都已经成了一个非常可怕的竞争者。另外，1986年的经济形势正在使美国的农民付出巨大的代价，经济预测显示，未来几年形势依然不容乐观。正如建议书中所写的那样：

对于全球的农业机械制造商来说，美国的农业市场是一个艰难的战场。对这个市场上的任何一种发动机进行潜在需求预测，都必须考虑到相当程度的风险。我们究竟应该接受多大的风险？每一项努力都应该使我们的投资风险降为最小，而使我们的灵活性达到最高。

制造计划

该建议书强调了生产过程的两个主要方面：第一，为了避免过分乐观，计算产量所使用的学习曲线是根据1 000单位产品的生产时间确定的。这里假定学习率为80%。第二，建议书推荐使用先进的生产流程（包括一套柔性制造系统，并且在较大程度上依赖于交换中心），这可比传统设备节约100万美元，并符合公司尽可能采用最先进技术的战略要求。

汽车制造公司一直密切监控着大红公司在发动机市场上的举动，因此竞标邀请书早在公司的预料之中。在准备竞标的过程中，吉姆批准了一项特别的制造流程研究工作，以便为生产活塞确定一种更为有效的生产方式。这项研究对产品设计、流程选择、质量问题、生产效率和生产计划等进行了调查。在研究中工作人员分析了三种活塞制造流程：通过计算机数字控制（CNC）设备进行批量生产；柔性制造系统（FMS）；高产量、低成本的自动设备。

如果第二种方法的柔性功能可以满足生产其他产品或其他制造上的需要，最终的建议是安装一套经过认真设计的柔性制造系统。尽管这个系统费用高昂，但是柔性制造系统具有较长的使用时间，其高产量完全可以补偿这项费用。公司已与四家设备制造商就设备的规格和报价进行了联系。汽车制造公司的计划是，与挑选的供货商保持密切合作，共同设计和安装设备，并制定出产品的质量标准和制造流程的安全标准，还要了解设备的有关情况。

为了进一步增加这套昂贵设备的柔性功能，所有的设计都应该具有下列特征：可以方便地重新组装，或者加以改装应用于其他产品的生产。例如，加工中心应该也可以加工其他金属，比如铝或球墨铸铁，还应该配备进刀变速马达、进刀驱动监控器、压力控制工料卡具、气动测量平台等。另外，为使配件库存达到最小规模，可互换使用的卡具、芯轴、加工平台、刀具和升降装置等都从外部采购。

工厂的运营和组织

正如建议书所陈述的那样，新工厂应用了许多创新做法，例如：

1. 机床操作者将接受相关培训，使他们能够独立进行大部分维修工作。

2. 所有的员工都要独立进行统计控制，所有的活塞都要进行100%的检查。

3. 在工厂内部只设立四个技术等级。每一等级内的每一位员工都要接受有关该等级工作内容的培训。

4. 工厂内不设置时钟。

新工厂内 11 位领薪水的工人（salaried workers）的组织结构如图 1 所示，完整的用工统计如表 2 所示，其中包括轮班的具体安排。正如我们所看到的，该工厂规模较小，只有 65 名工人，领薪水的工人与计时工的比率为 1∶5。在工厂建设期间，员工在 8 个月内陆续到位，如图 2 所示，1987 年 3 月员工全部到岗。

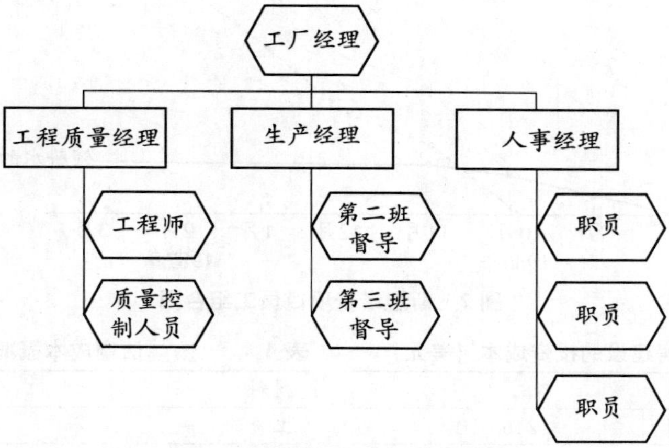

图 1　斯坦诺普项目组织图

表 2　　斯坦诺普项目人员概况

领薪水的工人	人数（人）		
工厂经理	1		
生产经理（3 班）	3		
质量控制经理	1		
工程师	2		
人事经理	1		
职员	3		
小计	11		
计时工	人数（人）		
	正常班	下午班	夜班
主管	14	14	10
监督	1	1	1
维修	2	1	1
加工	2	2	1
勤杂	2	1	1
小计	21	19	14
总计			
领薪水的工人	11		
计时工	54		
合计	65		

财务方面的考虑

在汽车制造公司里，新建议书的财务部分是从不同方面考虑的，其部分原因是考虑到了许多项目的相互依赖性。在一份建议书中，不投资的结果通常要与投资的结果进行比较，并分析其差异情况。对投资假设条件的变化情况也要进行检验，其中包括预测销售量的误差、学习率、生产率、销售价格，以及现在和将来各种订单遭到撤销的情况。

对于斯坦诺普项目而言，厂房建设投资需要 3 012 000 美元，这项投资的明细如表 3 所示。总投资需要 7 108 000 美元（加上运营资本 1 380 000 美元）。设备的折旧期为 8 年。按照修订后的税法，汽车制造公司的税率为 34%。活塞的单价假定为 25.45 美元。汽车制造公司的预期成本如表 4 所示。

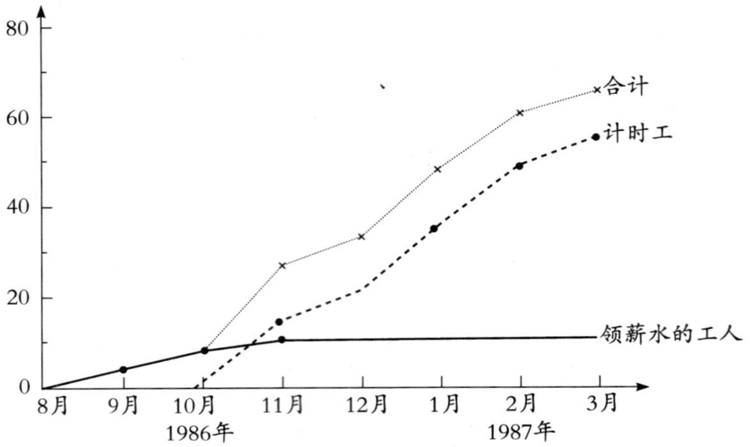

图 2　斯坦诺普项目员工组合图

表 3　斯坦诺普项目厂房建设的投资成本（美元）

土地和厂址准备	
土地	246 000
道路/停车场	124 000
环境美化	22 000
建设成本	
建筑物（67 000 平方英尺）	1 560 000
空调装置	226 000
动力	205 000
员工服务	177 000
法律费用	26 000
辅助设备	
汽车制造公司标识	25 000
容器、支架等	33 000
给排水设施	148 000
冷却剂处理	97 000
室内陈设品	51 000
叉车	72 000
总计	3 012 000

表 4　活塞成本概况（美元）

材料	8.47
工资	1.06
可变管理费用	2.23
固定管理费用	2.44
运费	0.31
合计工厂成本	14.51
一般费用与行政费用	1.43
废料	0.82
检验	0.39
总成本	17.15

一些相关的考虑

吉姆在列出基本的财务结果之后，与他的一些同事谈论了这套柔性制造系统，他们所关心的正是吉姆感兴趣的问题，例如，一位经理这样问道："假设在 1989—1990 年间，大红公司的销量只达到我们这个项目的 70%，或者 150%，这会对项目产生什么影响？这个柔性制造系统仍然适用吗？你是否考虑过其他形式的制造设备，比如是否可以采用传统的设备，或者采用计算机数字控制设备以便为将来的市场应用打好基础（或者在第二种情况下使用某种过渡性的设备）？"

另一位经理把他的想法写成便笺交给了吉姆，他提出了两个重要的问题：

- 情况 2 的分析假定，由于竞争而导致严重损失，这似乎是不可能的。
- 税后边际利润似乎过高。通过一份单一资源的合同我们能否获得这样的利润？

吉姆想知道这些变动情况将会对项目的投资回报率以及整体的盈利能力产生什么样的影响。

结论

吉姆对这一项目也有自己的考虑，他怀疑需求预测数据是否现实可靠，因为目前经济疲软，而且日本人也很有可能采取相应的措施。如果预计的需求数据无法实现，那么汽车制造公司就会因为当初投资于柔性制造系统的昂贵代价而遭受损失。

从战略角度讲，汽车制造公司似乎必须进行这项投资，以保护自己在柴油机领域的盈利地位，但是这样的争论究竟能达到何种深度？他们是否在考虑新投资项目时被以往的投资经验蒙蔽了双眼？他还担心高额边际利润的问题，它在当前疲软的经济条件下确实显得过高。

问题

1. 汽车制造公司是如何处理风险预测的？
2. 汽车制造公司斯坦诺普工厂成本预算表3采用的是自上而下法还是自下而上法？为什么？
3. 与这一事项相关的因素还有哪些？
4. 另外那位经理所提到的假设条件的变化会对该建议书产生什么样的影响？
5. 吉姆应该采取何种对策？为什么？

指导阅读

下面的文章清楚地描述了项目中与成本有关的问题所具有的重要性和巨大影响。这些问题会对项目的盈利性和最终能否获得成功产生显著的作用。对成本问题的讨论有以下三个角度：项目经理的角度、会计人员的角度和财务总监的角度。不仅各项费用和困难的数量具有重要的意义，而且它们的具体发生时间也很关键。或许最重要的是，项目需要有一个能够准确报告成本和偏差数据的成本系统以协助管理人员做出决策。

项目成本的三种认知

D. H. Hamburger

项目成本看上去是一个比较简单的词汇，但是“成本”的含义绝不仅局限于这两个字本身。组织的不同部门对成本的认知不尽相同，因为项目成本确认发生的时间会对不同的职能部门产生特定的影响。项目经理被要求遵照时间、成本和具体规定去完成自己所负责的项目，他们认为自己职责中的“成本”要求是把费用控制在预算额度之内，同时要在要求的时间框架（进度计划）内满足一系列给定的条件（工作范围）。对于大多数项目经理来说，这意味着项目资金与预定的计划（基于时间的预算）保持一致。组织内部的其他人员对资金要求就不那么关心了。会计部门关注将费用确认到具体项目的问题，他们只关心组织的损益表。会计人员的最终目标是报告盈利结果，并对公司的税务责任施加正面的影响。审计人员（财务部门）最关心的是组织的现金流状况。该类人员的职责就是为支付费用而筹集资金，并且让闲置或可用的资金为公司发挥更大的作用。

作为一名富有效率的项目经理，他必须对每一项成本都有清楚的认识，并且还要了解，成本确认的发生时间对项目和公司的财务绩效都会产生影响。项目经理必须明了大家对成本的不同认知和不同的成本报告方式。有了这些知识，项目经理就可以更好地控制项目产品的销售成本（该职能通常被认为是项目经理的唯一财务职责）。项目经理还可以对成本的时间计划施加影响，以改善现金流状况和融资的成本，还可以影响到损益表报告中的收益和费用数据。

对成本的三种认知

为了了解对成本的三种认知——资金承诺、费用和现金流，我们考虑一项购买一件重要项目设备的工作。假设项目购买了一台价值120 000美元的压缩机，6个月后交货，图1描述了订单的处理过程。在0时刻下订单，6个月后供货商交运两批货物，一个装有压缩机的大箱子和一个装有发票的小信封。收到的发票会立即得到处理，但是付款通常会依照公司付款政策拖延一段时间（在支票被邮寄到供货商手中时，往往已经过去了30天、60天、90天或更长的时间）。本例是在收到发票后60天或下达购买压缩机订单后8个月之后才给供货商开具支票的。

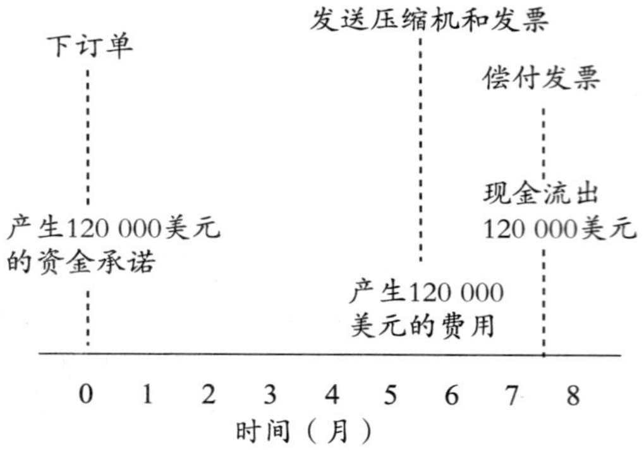

图1　项目成本的三种认知

资金承诺——项目经理的思考角度

下采购订单表示承诺在压缩机按照规定交付使用的情况下，向供货商支付120 000美元。就项目经理的观点而言，只要向供货商做出了这种承诺，项目预算中可以使用的资金就减少了相应的数额。在制定计划和报告成本时，项目经理处理的是资金承诺方面的问题。遗憾的是，很多会计系统都不是为支持项目成本报告工作的需要而设计的，也无法确认具体的承诺事宜。事实上，采购订单的价值可能直到收到发票时才被记录在案。这对项目经理的财务控制工作造成了极大的损害，因为他无法在特定的时候了解到精确的预算耗用状态。由于缺少一个适合的信息系统，项目经理只好亲自（手工或使用计算机）跟踪记录项目的种种资金付款承诺。

费用——会计人员的思考角度

从事编制项目财务报表的工作需要确定项目的收入（如果有的话）和所有的项目费用。在大部分传统的会计系统中，用于财务报告的费用科目是在收到采购发票时才记账的（而不是在付款时——这常常会引起概念上的混淆），因此，压缩机在6个月后才会被列为费用项目。

在传统的会计系统中，收入是在项目完成时才记账的。这在那些长期的项目中会产生严重的问题，因为每个报告期内项目的费用都会累计上报，却看不到任何收入，在项目最后的报告中收入一次性上报，但与之相对应的费用却很少一次性显示出来或者根本没有显示。项目在早期的各个报告期内显示亏损状态，而在收入最终上报时（最后的报告期）却显示了超常的收入。对于那些作业时间跨越多个年头的长期项目来说，这可能会造成严重的误导。

为了避免混淆，大部分长期项目的损益表摊销项目总收入的一定百分比（基本上与项目工作的完成情况相吻合），以便抵消适当水平的成本，从而得出一个比较容易接受的边际利润数据。在每一会计年度的期末，需要对记录的成本数据进行调整，以反映费用的实际发生情况和损益表中所记录的理论数值之间的差距，这可能会是一个复杂的过程。那些不了解情况或获得了错误信息的项目经理会由于错误地理解了项目的损益状况而将公司引入歧途，而极少数缺乏职业道德的项目经理还可能武断地测算出一个工作完成情况的百分比数据，以操纵公司损益表的数据。

有几种方法可以在估计项目完成百分比数据时避免上述风险。这里我们介绍一种典型的方法，它可以通过严格的会计程序将主观的判断和潜在的操纵行为排除在外。这种方法可以确定理论上的期间费用，它根据项目预计的总成本预算计算期间内总项目成本的支出百分比数据。计算得出的项目完成百分比数据被用来确定归属于该期间的收入数值。在这一过程中，交货周期较长的采购项目不是在收到发票时才进行费用登记，而是在订购期间内按比例分摊采购订单的总价值。图2显示价值120 000美元的压缩机在6个月的交货期内按照每月20 000美元的金额分摊计算费用。

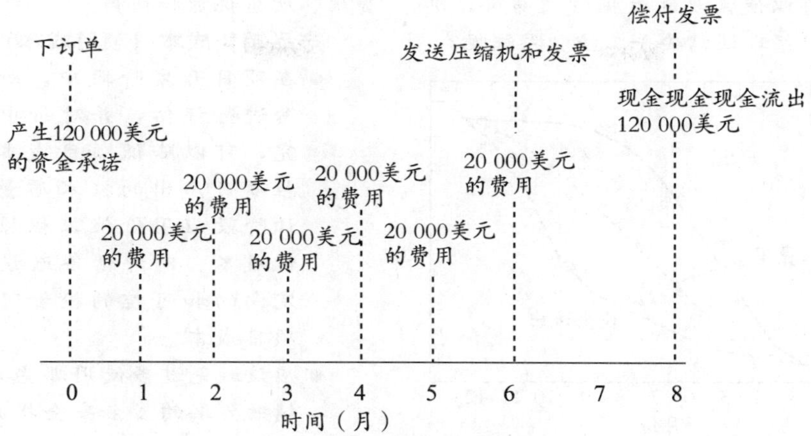

图 2　费用分摊情况

现金流——审计人员的思考角度

审计人员和财务部门负责管理组织的资金，还需要为项目的每一笔付款保证足够的现金。闲置的资金会被存放到生息的账户或投资到其他地方，以使组织获得更大的收益。财务部门主要关注的是资金何时用来偿付发票，因为他们需要使这些资金闲置的时间跨度最小化，因此，审计人员其实是将项目成本看成了现金流。下采购订单对审计人员意味着未来的现金流出，但此时此刻不需要他采取任何行动。收到发票会引起他较大的兴趣，因为审计人员现在知道，一笔确定数额的现金将会在一个固定期间的期末付出去。一旦付款期到了，审计人员就提供相应的资金，付出款项，而真实的现金流出也就记录在案。

我们应该注意到，审计人员的例子是真实采购周期的简化形式，因为供货商方面是按照工作的内容对外付款的（例如工程、原材料和运输），这些内容可能都会包括在采购订单中。在这种情况下，付款承诺的时间安排不会改变，但是费用发生和现金流出的时间安排会与双方协商的付款条款保持一致。

我们的例子描述了项目成本中有关采购方面的内容，其他类型的项目成本处理方法也都类似。以项目劳动力为例，实际工作的完成（承诺）、在时间表上记录工时（费用）和支付工资（现金流出）三者之间的时间差别很小，因此，人们将该成本的三种认知看成是同时发生的。分包合同的处理方式与设备采购类似，在分包合同签署时记录付款承诺的情况，现金流出则在支付每月工作账单时发生。费用的处理方法有一些不同，处理时不是依据总体工作时间分摊分包合同的总金额，而是根据每一项真实工作的账单所涉及的时间确定具体的金额。

这样看来，对成本的三种不同认知可能会对同一项目形成三条不同的时间—成本曲线。图 3 显示了承诺、费用和现金流出之间的典型关系。承诺曲线一马当先，现金流出曲线殿后压阵，费用曲线则处在中间的位置。这些曲线领先/殿后的真实形态和程度是多种因素的函数，这些因素包括：项目劳动力、原材料和分包合同的综合作用，公司的发票偿付政策，大型设备的交货周期，分包合同的工作周期及其具体工作的进度安排，以及项目进度对劳动力根据设备采购安排而耗用的时间和形态所产生的影响。

忠于职守的项目经理必须清楚地理解成本的这几种不同认知概念，他们还应该准备好按照管理层所需要的形式编制计划和报表。项目经理还需要了解会计部门收集并报告成本数据的方式。因为项目经理的基本关注点是有关付款承诺方面的问题，所以他们应该坚持提倡使用一种与项目的报告需要兼容的会计系统。如果通过调整会计部门的数据处理系统可以使需要的数据方便易得，那么为什么项目经理还需要手工控制系统呢？

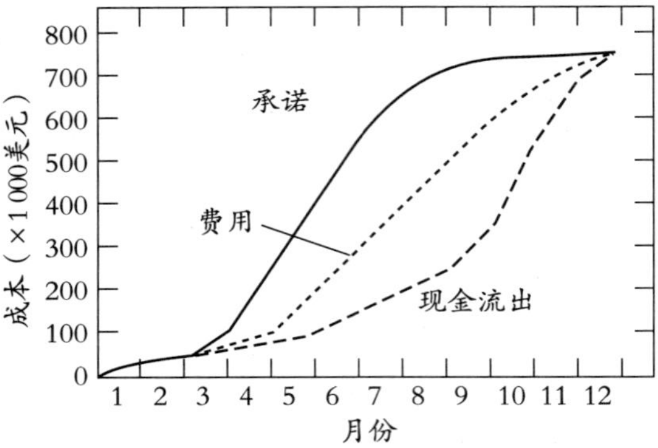

图3　成本的三种认知

将你对成本的理解应用到工作中去

大多数项目经理都认为，他们对公司盈利的总体贡献仅取决于自己限制和控制项目成本的能力，其实他们的作用远不止于此。一旦了解了成本的三种不同认知，项目经理的作用就可以得到增强。项目经理计划和完成项目工作的方式可以影响到财务费用、现金流以及对收益和费用的报告过程，并进而改善公司的盈利状况。为了成为一位工作成效显著的项目经理，项目经理必须对影响公司项目成本报告的成本会计实践进行改革。

对典型的项目损益表进行的研究表明(见表1)，项目兑现出售的方式取决于项目成本（产品销售成本）之外的成本问题。项目经理还可以对成本的其他领域施加影响，通过损益表的各个方面改善项目的盈利性。

表1　　典型的项目损益表　　单位：美元

收入（项目出售价格）	1 000 000
（减）产品销售成本（项目成本）	750 000
毛利	250 000
（减）销售费用、一般费用和行政费用	180 000
息税前利润	70 000
（减）财务费用	30 000
税前利润	40 000
（减）所得税	20 000
净利润	20 000

接下来我们会讨论项目经理可以在哪些方面采取行动，以影响产品销售成本、利息费用、所得税费和利润。

产品销售成本（项目成本）

- 在项目开发阶段中，对各种设计概念进行评估，并对折中方法进行研究，可以降低项目成本，而无须牺牲项目产出的技术质量。在初始设计阶段应用价值工程原理也可以降低成本。对评估备选设计概念进行定向的和可控的投资可节省可观的项目成本。
- 应该避免过多使用那些为了保证特定绩效要求的多余安全措施。项目团队中来自职能部门的成员常常会为了满足或超过技术要求而过分应用安全措施。项目团队必须认识到，这种多余的工作会增加项目的成本。职能部门的员工应该有能力自行判断，哪些投资是为了保证绩效结果而必须付出的。独断专行和过于保守的做法都应该杜绝。
- 项目任务的实施必须处于控制之中，不允许职能团队以任何如提升、改进或调查最微小的潜在风险之类的借口去扩展项目工作。当职能性任务完成并且让项目经理满意（实现了任务目标），就切断其进一步的费用，以防增加其他费用。
- 项目经理通常对控制项目的应急预算负有责任。这部分预算资金是准备在项目开始显露出无法实现特定目标时使用的，因此，这笔资金必须得到认真的控制，以免随意挥霍。职能团队对应急预算提出的资金要求必须得到确认，而且这些资金只能在职能团队努力尝试过其他解决方法之后才能谨慎地支出。应急预算资金必须为其最初的目的严格保留。用这笔资金来为项目工作范围的变化融资，对项目经理和公司管理层来说都是不利的。应急预算体现了项目经理纠正项目工作的权限。管理层必须清楚地认识到变化的真实成本，这样才能使投入的资金建立在变革的真实价值之上（成本—收益关系)。

- 在采购设备、原材料和分包服务的过程中，必须清楚地界定特定的需要，还要找到最低的价格和最具竞争力的供应商。在项目进度计划中应该考虑到为“货比三家”留出足够的时间。“水星计划”被实践证明是安全而又成功的，美国在进行首次环绕地球飞行之前，约翰·格莱恩（John Glenn）坐在阿忒拉斯火箭顶端的“水星”仓内曾经表达过自己的担心（这些话现在仍非常有名）：“这里所有的硬件设备都是些便宜货。”项目经理应当保证，项目的初始预算要同该项目所需要的可靠程度保持一致。项目经理不应该让没有足够资金来保证项目可靠性的情况发生。
- 应该避免根据不完整的说明图和特定要求采购原材料和服务的情况。应该在项目进度计划中为招标前准备完整说明资料的工作留出足够的时间。如果采购合同的签署建立在不完整信息的基础上，随后供货商又要求改变标的的最初范围，那么整个项目就会落入供货商的操纵之中。在从事“快速跟进”项目时，项目经理应该保证预算计划为订单变更的情况准备了应急资金，以应对工作范围变更的情况。
- 项目范围和资金配置计划不应该在没有得到客户和管理层准许的情况下改变。未经允许就擅自做出改变会侵蚀项目预算，并降低项目的盈利能力，同时会使项目经理满足成本要求的工作变得非常困难（如果还有可能完成的话）。
- 在通货膨胀的时期里，项目经理必须有效地应对经济环境对项目预算产生的影响。要想达到这样的目的，必须做好计划和测算工作，正确识别通货膨胀环境对计划工作产生的影响，还要测算出两种截然不同的因素的潜在成本：第一，需要建立价格保护应急预算，以抵消在供货商提出报价和实际签署订单期间发生的成本上涨（用来进行成本测算的供货商报价通常早在实际采购原材料之前就过期了）。第二，那些包含价格波动较大的原材料（如黄金、白银等）的部件可能不会采取固定报价的形式，这类供货商提出报价时会标明“以交货时刻的价格为准”。在这种情况下，需要制定溢价应急预算，以抵消在下订单日期和交货日期之间增加的成本。一旦建立了这些防备价格上涨的应急预算，项目经理的角色就成为保证资金合理使用的人。

利息费用

- 项目经理可以通过合理安排下订单时间的方法，将项目的财务成本（利息费用）降至最低。可以利用进度松弛量来拖延下采购订单的工作，这样做可以使原材料到货的时间和现金流出的时间都不会过早。这一概念也伴随着一些风险。将订单拖延得过久，也会产生反作用，造成所需原材料不能按时到货的情况出现。在交货周期之外保留一个防备万一的余量，为可能发生的交货问题留出一定的松弛量，可以减少这种风险。订单的等候时间过长，可能会等来价格上涨的结果，这种损失可能会比节省的利息要多很多。一种可能的做法是：在不承诺交货日期的前提下，与供货商“锁定”价格，但是这种做法也有自身的局限性。如果项目需要供货商提供样图，那么项目经理可以先订购一个“工程图”，在今后合适的时间再下硬件的采购订单。延迟采购的做法可以有效地利用手中的松弛量，它可以应用到项目的各个阶段，尤其是在资金成本非常高的情况下。
- 项目经理常常可以借助包含后延付款条款的订单，利用供货商来“为项目融资”。财务上精打细算的供货商会将项目融资的成本计算到产品的出售价格之内，但前提是还要保持价格的竞争力。项目经理应该考察供货商的定价结构，以确定分期付款的方式是否会降低价格和净利润。立即付款的做法会获得一定的折扣，在折扣额超过延迟付款节省的利息额的情况下，可以采取这样的做法。

- 尽管项目经理往往无法控制分期付款的时间，但是通过正确控制分期付款的期限结构可以抵消项目全部或大部分的利息费用。意图非常简单，项目经理通过安排客户分期付款的期限结构，可以使现金流入的期限结构同现金流出的期限结构对应起来。换句话说，在项目的整个周期内，将现金余额保持为零，可以使项目的财务费用最小化。实际上，有利的付款期限结构可以为项目保持一个正的现金头寸，这会为项目创造利息收入，而不会造成利息支出。给客户开发票不容许有半点拖延，这可以将延迟收款所造成的利息损失减至最低。
- 类似地，项目经理可以对保留资金（保留金）和最终付款施加影响，以加快项目的现金流入速度。减少保留金的做法应该在项目接近完成时实施。没有正当理由的项目进度拖延会使项目的验收工作也相应后延，并进而拖延最后的付款。只要有可能加快项目验收速度，并获得有利的利息费用缩减，项目经理就应该考虑投入增量资金，以做出相应的调整。
- 对于那些内部融资的项目来说，保留金、分期付款和其他那些与客户有关的财务考虑都不起作用，管理层期望的是在最短的合理时间内回收投资。在这种情况下，项目的各项花费是一个持续的现金流出过程，在项目完工和利润开始增长之前，现金流出是无法阻止的。那些不必要的项目拖延、进度计划迟迟未定和长期的考察工作都会使系统开工的时间后延，并拖延资金回收的期限。越早完工，投资回收开始得也就越早。因此，项目经理在计划和控制项目工作时，应该考虑到管理层回收投资的目标，同时还要考虑到，如果在完工阶段增加投资可以缩短工期，项目回收期的开始也会相应提前。

所得税费用和利润

- 管理层偶尔会要求项目在某一特定日期之前完工，以确保该项目的收入和利润计入特定的会计期间之内。这种要求通常是因为需要满足预定的财务绩效预测数据。将项目完工期拖延几天就会使项目的整个收入和利润从一个会计期间转到下一个会计期间。大额收入和利润很容易就会从一个会计期间转到另一个会计期间，这种情况会使财务绩效动荡不定，进而影响管理层的计划能力，并浪费他们的工作努力。
- 为了避免财务绩效不稳定的恶果，管理层可能会因为公司财务报表的需要而重新指派一个计划周密的高效项目团队从事短期的（通常也是成本高昂的）工作，其目的是将项目的完工日期人为地安排在一个特定的日期。遗憾的是，项目的外部因素违背项目本身的目标，改变项目的正常进度安排，通常会造成成本的额外增加，并降低项目的盈利水平。
- 在这种特殊的情况下，如果采用完工百分比程度的会计处理方法就可以简化解决方法。在项目的每一个会计期间内，将收入和边际利润分别记入各个科目（而不是像传统的会计方法那样，在项目完成的期末将总额一次性记入会计报表），其结果会部分解决报表收益和利润的问题。这样做有两点好处：第一，管理层的收入/利润预测数据会更为准确，而且对项目进度的变化也不会那么敏感。每一个项目对总体预测数据的影响可以被分散到多个会计期间内，任何单独的绩效变化只会造成相当小的数额从一个会计期间转移到下一个会计期间。第二，一个即将完工的项目可能早已将90%～95%的收入/利润分摊到了以前各期之中，这可以减轻或完全消除管理层为了满足财务报告需要而完成工作的压力，这样就可以避免为了满足不正常的需要而导致费用支出混乱和浪费的现象。

- 投资税收扣除（investment tax credit）①是指公司从资本投资项目中赚取的利润可以获得的净扣除额（占项目建设投资成本的一个固定百分比）。如果项目确实能够向投资人提供预期的收益，公司就可以获得这种税收扣除待遇。项目经理应该在设定项目目标时考虑到这一因素，并且对相关工作按照税收期限的要求安排进度，以努力达成这一目标。一旦错过税务当期，那就想办法把这种优惠转移到下一个税务期间去。项目经理制定项目目标时要考虑到税务期间这一问题，如果赶在当期就有税收优惠，进度控制上就要严格一些。为了在需要的日期内完成相应的工作，项目经理还应该考虑费用支出方面的因素（前提是不要抵消潜在的税负节省）。
- 项目经理管理公司损益表，需要将收益、费用和利润从一个税务期间转移到下一个税务期间。通过对项目进度加以控制（提前或拖延大型设备的采购工作，或转移高成本活动的发生期间），项目经理就可以满足这样的要求。每一个单独的项目都只能提供一个有限的收益，但是，如果项目经理在进度调整方面做好工作，收益就可以得到大大的提高。
- 收入/利润的累计额随项目完工情况同步增长。如果真实的费用支出远远超过项目预算，就会产生财务方面的问题。在这种情况下，项目完成的百分比会以超常的速度增长，而且该项目会在所有工作完成之前就从理论上接近100%的完工状态。这会“超前分摊”项目的收入/利润，并且在项目最终完工时，需要做出利润冲转。有些经理人员可能会发现这种做法是有利的，因为利润被转移到了较前的几个期间内，但是大多数声名显赫的公司都不希望在较早的期间内夸大利润数据，而不得不在以后冲转这些数据。因此，项目经理应该对成本超支的现象保持警觉，并且在需要时重新预测项目的完工成本（增加项目成本并削减预期利润），这样做可以将较早各期的利润分摊数额削减到现实的水平上。

结论

成本的含义不仅在于这两个字本身，项目经理不应该忽视它的作用，它是项目管理工作的一个必要因素。尽管用来报告成本的会计系统非常复杂，但是项目经理仍然必须对其进行深刻理解。成本的概念不仅局限于在项目完成过程中所产生的各种费用；组织各职能单位处理成本的方式也会影响到项目的绩效、利息支出和盈利能力。因此，负责的项目经理必须完整理解项目成本的概念，并熟悉记录并报告成本数据的会计系统。项目经理还应该认识到项目成本的时间效应，以及承诺、费用和现金流之间的差别。项目经理应该坚持修改会计系统，以满足项目报告和控制工作的需要。一旦掌握了上述这些概念，项目经理就可以应用这些知识，从各个成本因素着手，通过控制项目的进度和项目的完成时间，对项目和组织的盈利性施加影响。

问题

1. 本文的要点有哪些？
2. 会计人员如何看待项目成本？
3. 财务总监如何看待项目成本？
4. 项目经理如何看待项目成本？
5. 项目经理还需要了解哪些其他的成本项目？项目经理对这些其他成本应该采取何种行动？

---

① 在本文写作期间税法修订提案已经在国会受理讨论之中，其中包括取消投资税收扣除一项。

第 8 章 项目进度计划

上一章开始了我们针对项目实施问题的讨论。在本章及后面的三章中，我们还将继续就如何实施第 6 章中所制定的项目计划展开论述。在这一章中，我们将会审视一些在项目管理中非常有用的进度计划技术。这些技术主要包括：计划评审技术（PERT）、关键路径法（CPM）、甘特图，此外，我们还会简要讨论前导图法、关键资源图法，以及若干处理报告数据的方法。风险分析和管理将作为所有进度计划方法的内在特性加以考虑，另外，我们也将对项目进度的模拟进行示范。

我们在第 9 章里将要研究的问题是：当资源有限而在并行项目之间或者一个独立项目中的两个或多个任务之间发生冲突时，进度计划的一些特殊问题。我们还将论述高德拉特的“关键链”（Goldratt，1997），以及通过追加资源来加快工作进度的一些方法。在第 10 章讨论监控工作和信息系统功能之后，在第 11 章里我们将讨论项目控制的综合性话题。

8.1 背 景

项目进度就是将项目行动计划转换成的一个作业时间表。这样，它就可以作为我们监控项目活动的基础，而且，如果再将其与计划和预算结合起来，就可以构成项目管理的一种重要工具。在一个项目环境中，进度计划的职能比其在日常工作中的作用更加重要，因为项目一般缺乏日常工作的连续性，并且常常有很多复杂的问题需要协调。确实，项目进度计划是如此重要，以至于一个详细的进度有时就是客户所规定的要求。在后面几章中，我们还会讨论这样一个事实：一个恰当设计的详细进度计划还可以作为项目建立监控系统时的关键性输入内容。

并非所有的项目活动都要同样详细地排定进度，事实上，可以有多种进度（比如，主体进度、开发和测试进度、装配进度），这些进度都典型地基于预先确定的行动计划或工作分解结构（WBS）。为工作分解结构中的每一个主要任务排定进度也是一种很好的实践方法。然而，很少有必要列出所有的工作包，我们可以把主要的精力集中在那些为保证对整个项目的充分控制所需要监控的工作包上，这些工作包常常会很难，且成本非常高，或者只有相对很短的时间来完成。

所有进度计划技术的基本方法就是构建一个活动和时间关系的网络，以图解的方式描绘出一个项目中各项任务之间的顺序关系，那些必须先于或后于其他任务展开的任务随之就清晰地按照时间或者功能辨识出来。这样一个网络对项目的计划和控制工作来讲都是一个非常有用的工具，并会带来以下好处：

（1）对项目的计划、进度、监督和控制来讲，它给出了一个一致性的框架；

（2）它体现出所有任务、工作包和工作要素之间的相互依赖性；

（3）它指明了什么时候特定的人员和资源必须从事给定任务的工作；

（4）它有助于确保不同部门和职能之间进行恰当的沟通；

（5）它确定了期望的项目完成日期；

（6）它辨识出关键活动，也就是说，如果这些活动延误了，整个项目的完工时间就得推迟；

（7）它还辨识出那些具有松弛量的活动，这些活动可以延迟一段特定的时间而不会招致惩罚，或者可以从这些活动中临时借用一些资源而不会造成损失；

（8）它确定了任务可以开始的日期，或者按项目进度必须开始的日期；

（9）它表明了对哪些任务必须加以协调，以避免资源或时间上的冲突；

（10）它还表明了哪些任务可以进行或必须进行，以合理的并行和协调实现预定的项目完工日期目标；

（11）通过清楚地显示任务间的相互依赖性，减少某些人际间的冲突；

（12）根据所用的信息，它可以让我们估计项目在各种日期之前完工的可能性，或者相对于一种预定概率的完工日期。

项目管理实践

生产进度计划

一家总部设在英国萨福克郡的塑料制品制造公司，需要解决进度计划问题。在任何时间，他们都有超过5 000个涉及不同的设计、材料、颜色、装饰、包装等要求的订单等待完成。这样的例子不胜枚举，足以让最有效率的计划团队手忙脚乱。

一个常见的制造业难题是如何在保证制造效率的前提下，实现客户需求的灵活性与更低成本之间的最佳平衡。客户要求更短的交货时间，更小批量的生产，以使产品满足不同客户的需要以及降低存货成本。相反，制造商喜欢大批量生产，以尽量减少生产成本，并希望延长从订货到交付的时间，以便进行进度计划和产品的标准化。

处理这两种要求之间的复杂关系是公司计划部门的一个核心功能。长期以来，它们依靠人工系统在进度计划板上用卡片列出每个订单的生产任务，这些卡片被裁成所代表的任务工期的长度，并在上面写上任务的细节，这些长度将依据批量大小、机械使用、损耗等因素计算出来。

一般来说，在制造之前将会有3～4个客户修改他们的订单，这就使得这种传统的人工方式在面对这些调整时会发生问题。为了寻找一个解决方案，他们求助于自己的长期合作伙伴——IT咨询公司研发的DT系统，这个咨询公司已经为他们开发了制造系统的其他组成部分。

最初，计划者有一些担心，包括对项目所涉及的任务的复杂性而带来的可行性问题，以及有效地完成这些任务所需要的知识。在紧密合作的基础上，DT系统采用了一套以计算机处理的进度计划系统为原型的解决方法。

随着软件的开发，计划者的态度逐渐由悲观转变为乐观。“如果可以做好其他的一切，难道就不能做好这个吗?”现在他们很疑惑以前他们是怎么处理那些问题的（进度计划的问题）。软件界面中显示了原来进度计划板上的内容，但它是实时的。

1. 工作任务可以根据其所分配到的机械按时间来查看。
2. 工作任务根据其多方面的成果计算，自动地进行度量。
3. 工作任务有利于按照其进行生产的方式安排，并且计划者可对此进行调整。
4. 工作任务用颜色进行标示以清楚地显示。
5. 要求的工作任务，计划者能看到其闪动。
6. 工作任务打破了任何非工作日的时间和机器保养的时间。
7. 工作任务会显示和强调最新的生产情况。
8. 鼠标放在工作任务标签上时，会显示工作的具体细节。
9. 放大或缩小会改变刻度。
10. 当设备和工作任务不匹配时会突出显示。
11. 当工作任务将要延迟时将会突出显示。
12. 系统的其他区域会弹出工作任务的链接。
13. 工作任务突出显示以表明所有工作符合特定标准。

对于计划者来说，进度计划扮演了“指挥中心”的角色，其他的各种任务可以在信息系统的其他区域被快速而方便地调整。这种紧密集成使得信息可以在不同的部门之间自由流动。当销售部门下达指令时，相关的工作就会在计划者的进度计划中闪动。

自动计算与快速检索的结合，简单的用户界面和信息的及时获取对计划能力产生了重大影响。尽管由于业务增长，公司实际上正在处理的订单比两年前增加了40%，做生产计划所需的整体劳动时间已大大减少。业务主管说：“通过这样的方式去管理订单在时间上产生了非常显著的差异。”他们现在打算把该系统推广到其他的生产部门，并继续利用这一新的集成计划方法带来更多的利益。

概览

行业：制造业

商业背景：需要借助计算机，以自动化的方式，取代过时的需要许多劳动力和时间的人工生产进度计划系统。

解决方案：计算机化的集成进度计划系统，为计划者提供了一个“指挥中心”，来协调计划编制的过程。

优点

1. 由于提高了计划者的效率，从而节省了劳动力。
2. 由于进行了更好的计划和更好地利用了信息，使得生产效率得到了提高。
3. 越来越多的分析——劳动力需求分析任务的自动化，使计划者得到了解放，以便进行更多的分析以增加其价值。
4. 与其他业务领域的紧密集成，大大减少了与新的和修订过的订单相关的系列文件。
5. 指挥中心：计划者能迅速进入工作的各个方面，如销售订单、机器设置、材料等。
6. 提高可见度——来自其他部门的进度计划能以只读的方式显示出来。

资料来源：Production Scheduling Case Study, DT Systems Ltd, available at http://www.dtsystems.co.uk/Portals/0/Production%20Scheduling.pdf accessed 2008-09-16.

8.2 网络技术：PERT（ADM）和CPM（PDM）

先不考虑甘特图，下面我们讨论最常见的项目进度计划方法，那就是像计划评审技术（program evaluation and review technique，PERT）和关键路径法（critical path method，CPM）这样的网络技术。PERT是由美国海军与布兹-艾伦·汉密尔顿（Booz-Allen Hamilton）和洛克希德公司（Lockheed）合作，于1958年为北极星潜艇/导弹项目开发出来的。CPM则是由杜邦公司在同期开发出来的。

在实际应用中，PERT一直主要用于研发项目，因为它就是为这种类型的项目而开发的，尽管它更多地用于研发的"开发"方面，而非"研究"方面。CPM则更多地用于建筑项目，并且已经被建筑业普遍接受（对这种一般性的结论也有例外的情况，例如，礼来公司（Eli Lilly）就在研究项目中使用CPM）。

使用PERT的机会目前已经大幅减少，因为多数项目管理软件采用的都是CPM网络法。这两种方法其实十分相似，并且常常结合起来讲授。

PERT最初需要严格针对项目中的时间要素，并使用可能的活动时间估计来帮助确定一个项目按时完工的概率。CPM则使用确定性的活动时间估计，被设计用来控制时间和控制项目的成本，尤其是时间/成本的相互影响（权衡）问题。在CPM中，各项活动能够以额外的成本进行"赶工"（加速），以争取尽早完工。两种方法都需要识别一个项目的关键路径，该关键路径上的活动不能延误，并且指明了拥有松弛量（或浮动量）的活动，这些活动可以适当延误而并不拉长整个项目的完工时间。一些学者坚持要严格区分PERT和CPM，这对我们来讲似无必要。人们可以用CPM去估计时间概率，也可以用PERT网络去安排"赶工"。

我们已经注意到，在实际的项目中，关键性活动在项目总体活动中所占的比例一般都低于10%。在本章我们所使用的例子和简化问题中，各项关键活动都在总体活动中占据了更大的比重，这是因为我们想用较小的网络来说明这种技术。

历经几乎大半个世纪，PERT和CPM一直在项目管理中使用，直到2005年，项目管理协会决定更换其名称，将PERT改称为ADM（箭线图法，arrow diagram method，ADM），将CPM改称为PDM（前导图法，precedence diagram method，PDM）。通常，我们会将其简称为"网络图"，但是如果想要特别谈到活动在网络图中用箭头表示的PERT（ADM）网络图，我们将其称为箭线表示法（activity-on-arrow，AOA）网络图，如果谈到活动用节点表示的CPM（PDM）网络图，我们将其称为节点表示法（activity-on-node，AON）网络图。

□术　语

现在我们定义一下在讨论网络时所使用的一些术语：

活动（activity）　项目所需的一个或一系列特定的任务，需要耗费资源以及占用时间来完成。

事件（event）　完成一个或多个活动的结果，发生在特定时间的一种可识别的结束状态，事件本身不使用资源。

网络（network）　所有活动和事件按照其逻辑顺序排布，用线条和节点表示出来，它定义了项目和活动的前导关系。构画这种网络时通常要从左开始向右进行。线上的箭头用来指明流程的方向，也就是说，要表明适当的优先性。在一个事件实现前，也就是完成前，此事件之前的所有紧邻活动都必须率先完成，这些活动叫做该事件的紧前活动。这样，一个事件代表了时间上的一个瞬间，此时每一个紧前活动都已完成。

路径（path） 网络中任何两个事件间的一系列相关活动（或者中间事件）。

关键性（critical） 指特定的活动、事件或路径，如果它们有所延误，就会推迟整个项目的完成进度。一个项目的关键路径可以被看作连接项目的开始事件和终止事件的关键活动（和关键事件）的顺序排列。如果不希望整个项目延误，那么关键性的活动和事件就不能延误。

要把一个项目计划转变成网络，必须知道该项目由哪些活动组成，并且要了解每项活动有哪些紧前活动（或者紧后活动）。一项活动可能属于下面这些状况中的任何一种：(1) 活动可能会有一个或一些紧后活动，但没有紧前活动；(2) 活动可能有一个或一些紧前活动，但没有紧后活动；(3) 活动可以既有紧前活动又有紧后活动。第一种是网络的开始活动，第二种是网络的终止活动，第三种是网络的中间活动。图8—1展示了这三类活动。在图8—1中活动用矩形表示（在网络中又被称为“节点”），箭线表示紧前关系。前面说过，这种节点表示法多用于PDM/CPM网络。当多项活动并存且无紧前活动时，通常我们用一个“开始”节点来引导多个箭线作为网络的起点①，见图8—2。

同样，当多项活动并存且无紧后活动时，我们通常用“结束”节点将各箭线终止于一个节点上。

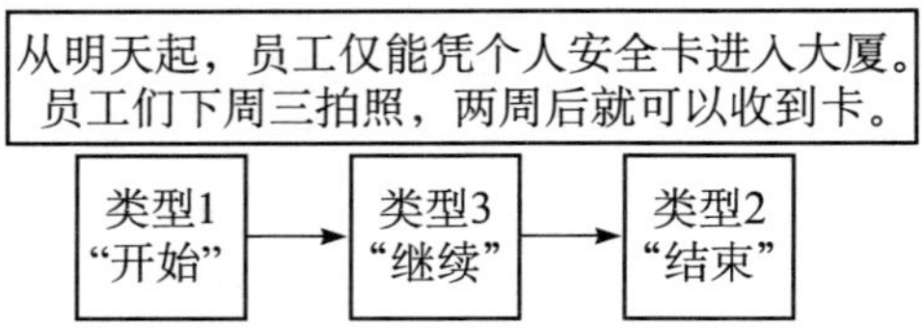

图8—1 三种连续的活动，AON格式

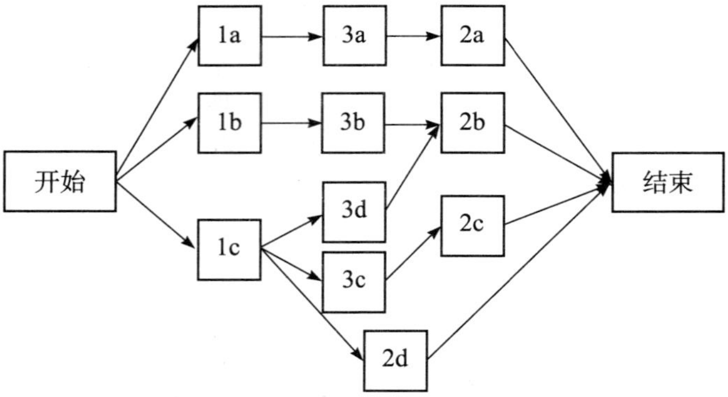

图8—2 活动网络图，AON格式

① 用“开始”一词表示网络的开端是一种传统的做法。《PMBOK指南》的第1、第2版用的就是“开始”这个词，而到了第3版，不知出于什么原因，“开始”一词被换成了“起点”。为了避免变化太频繁，在这里我们依旧沿用了“开始”这个词。

各项活动间的相互关系取决于行动计划所描绘的技术性关系。例如，当一个人要粉刷一个房间时，首先要填平墙上的小洞和缝隙，遮上窗户和木制品，这就是粉刷墙壁的紧前活动。类似地，移开窗帘和百叶窗以及从墙上移开画框挂钩则是遮盖物品的紧前活动。正是所要从事的工作的性质确定了活动的先后关系。

上述例子中，用矩形（节点）代表活动，因此称为节点表示法（AON）。另一种表示法称为箭线表示法（AOA），如图 8—3 所示。活动用箭线表示，圆形节点表示事件。正如前面提到的，这就是标准的 ADM/PERT 网络。当多项活动开始时，我们就设置一个“开始”节点，所有活动自此引出。同样，当多项活动完成时，我们就设置一个“结束”节点，将这些活动统统归结到这个节点上。

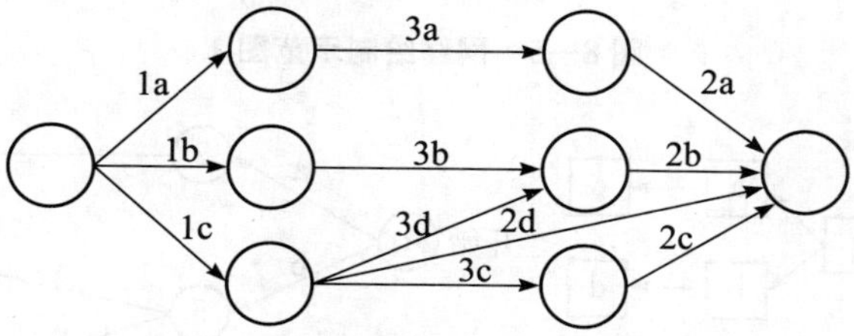

图 8—3　活动网络图，AOA 格式

虽然我们在本章中大部分使用的是 AON 表示法，但我们也将示范 AOA 网络的构建。作为介绍，本章仅打算探讨进度计划问题，讨论的水平也仅限于对那些希望使用最商业化的计算机项目进度软件包的项目经理来讲够用就可以了。欲对 PERT/CPM 有更深入的了解，请参考迪安（Dean，1985）、莫达（Moder，1983）等人的相关论著。

现在我们回忆一下在第 6 章中提到的计划文件尤其是行动计划文件，其中包含了我们所需要的信息，它是一种排列清单，包括为完成某个特定任务所需要着手实施的所有活动、每项活动预计需要耗用的时间、活动所需的任何非常规资源以及每项活动的紧前活动。例如，我们有一个行动计划，如图 8—4 所示。

行动计划

目标____________________________________
绩效测量________________________________
约束____________________________________

任务	紧前活动	时间（天）	成本	由谁来做
a	—	5	—	—
b	—	4	—	—
c	a	6	—	—
d	b	2	—	—
e	b	5	—	—
f	c，d	8	—	—

图 8—4　行动计划样本

□ 绘制网络，AON 版

首先让我们假定第一个节点表示“开始”事件。活动 a 和活动 b 没有紧前活动，因此我们假定它们源自“开始”节点（见图 8—5a）。正如前面所解释的那样，箭头表示流程方向。活动c跟着活动a，活动d跟着活动b，活动e也跟着活动b，把这些加进来就构成了如图8—6a所示的网络。现在请注意，活动f必须既跟随活动c又跟随活动d，该行动计划并没有指出要完成任务还需要实施哪些进一步的活动，至此，我们已经到达了这个特定计划的终点。我们从活动e和活动f绘制箭线至“结束”节点，如图8—7a所示。很多商业项目管理软件都可以按要求绘制出类似的网络图。

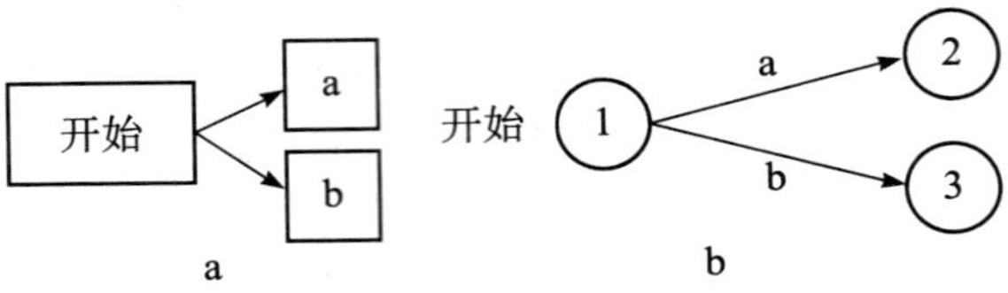

图8—5　网络绘制示范图1

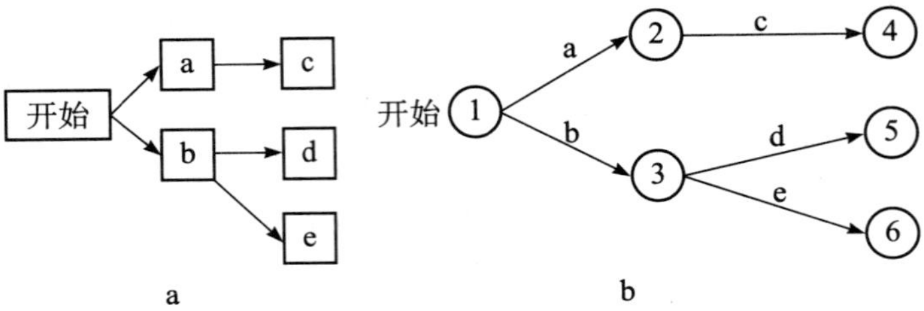

图8—6　网络绘制示范图2

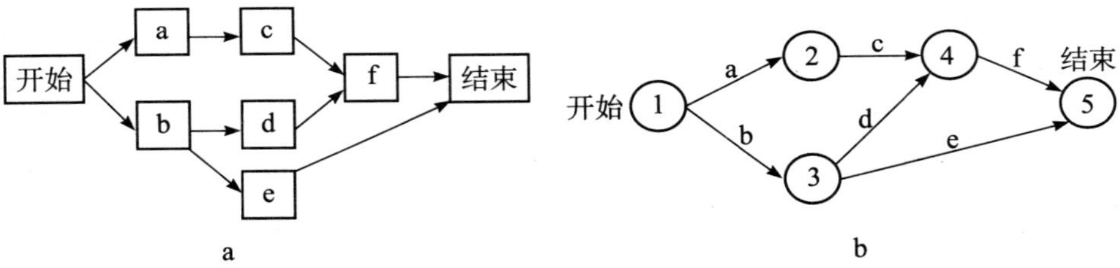

图8—7　网络绘制示范图3

□ 绘制网络，AOA版

同样，我们以“开始”节点（事件）作为开端，活动a和活动b没有紧前活动，为了便于辨认，我们从“开始”节点分别绘制两条标注a和b的箭线引至圆形节点2和节点3（见图8—5b）。活动c跟着活动a，活动d跟着活动b，活动e也跟着活动b，把这些加进来绘制成箭线图，并在箭线和节点上注明活动或顺序，就构成了如图8—6b所示的网络。

请注意，活动f必须既跟随活动c又跟随活动d，而一项活动必须且只能源自一个节点，因此活动c和活动d只能归结到同一个节点上。* 移动活动d以及它所指向的节点——手绘的网络图最好用铅笔来绘制以便于修改，然后将活动d和活动c归结到同一个节点上。现在，我们让活动e跟着活动b，活动f跟着活动c和活动d。由于活动e和活动f没有紧后活动，因此将其归结到“结束”节点上终止网络（见图

* 活动f由此节点导出。——译者注

8—7b)。

使用 AOA 表示法还是 AON 表示法，很大程度上取决于个人的偏好。如我们之前提到的，AON 被典型地用于最流行的商业性的计算机软件，而且 AON 网络图比较容易绘制。AOA 网络稍微难画一些，因为有时需要使用虚拟活动（用虚线表示）来辅助说明活动的前后顺序。虚拟活动没有工期也不占用资源，其唯一的作用就是表示逻辑关系（AON 网络则不需要引入虚拟活动）。AOA 网络图能够清晰地把事件在图上表示出来，而 AON 网络必须增加"工期为零"的活动（或里程碑）来表示事件。

图 8—8 说明了如果有两个活动在相同的两个事件间发生，使用一项虚拟活动的正确方法。图 8—8 还可以表明为什么 AOA 网络也可能需要虚拟活动。一项活动既是由其"名称"确定的，也是由其开始节点和结束节点所确定的。例如，活动 a 和活动 b 都从节点 1 开始，在节点 2 结束。许多广泛用于为网络找出关键路径和时间的计算机程序都需要使用节点来识别各项活动。在我们的例子中，活动 a 和活动 b 看起来是相同的，都是从节点 1 开始，到节点 2 结束。图 8—9 表示，当活动 a、活动 b 和活动 c 都必须先于活动 d 进行，但仅有活动 a 和活动 b 必须先于活动 e 进行时，在 AOA 网络图中如何使用虚拟活动。最后，图 8—10 表示在一个更为复杂的背景下使用虚拟活动的情况。AON 网络用得比较多，但也有一些公司就是偏爱 AOA 网络，作为项目经理，两种方法都要掌握。

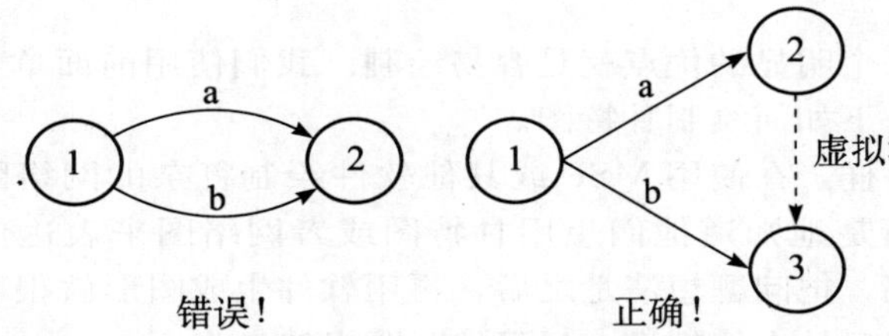

图 8—8　为并行的活动构建网络

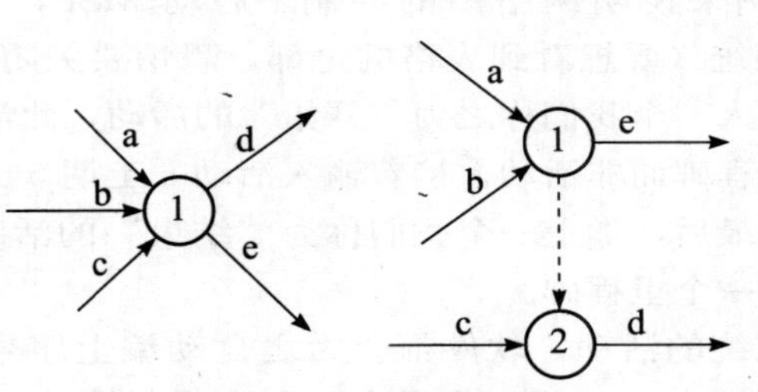

图 8—9　活动 e 不需要 c

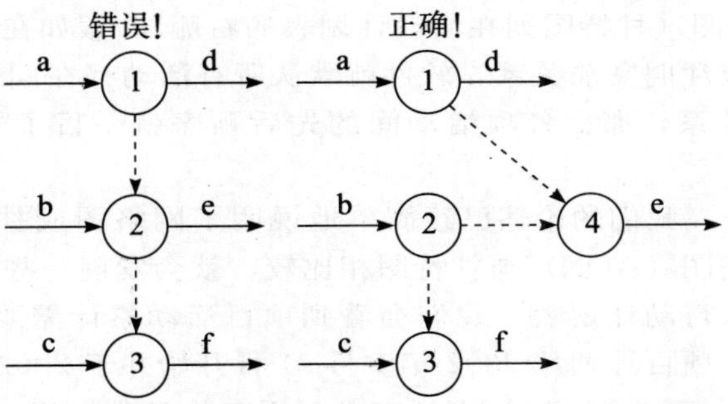

图 8—10　活动 a 先于 d，a 和 b 先于 e，b 和 c 先于 f（a 并不先于 f）

□ 甘特图（横道图）和微软的项目管理软件（MSP）

表示项目进度信息的最古老的方法之一就是甘特图，该方法到现在仍然是最为实用的一种方法，它是在大约1917年由科学管理领域一位先驱者亨利·甘特（Henry L. Gantt）开发出来的。甘特图在一个水平的时间尺度上用横条的形式显示一批任务的计划和实际进展情况，它是一种特别有效而又易于读取的方法，可以指明一系列任务中的每一项任务当前的实际状况，并与计划进程进行一一对比，因此，在赶工、排序和任务间的资源再分配等方面，以及对常规而又有价值的工作保持监控以了解事情的进展情况等方面，甘特图都是非常有用的。另外，该图常常包括一些特定符号来指明或强调对所画出的情况应当给予特别的关注。尽管PMBOK第3版将之改称为“横道图”，但是我们在此仍然沿用“甘特图”的叫法。

使用甘特图有几个优点。首先，即使图中包含了大量信息也非常易于理解。尽管甘特图确实需要经常更新（实际上任何进度/控制策略都如此），但只要任务要求没有改变，或者没有对进度做出重大的更改，该图也是易于维护的。甘特图为项目的当前状况提供了一种清晰的图像。然而，甘特图本身也存在着严重的缺陷，例如项目非常复杂，包含了众多的活动，利用该图跟踪这些复杂的活动路径就变得非常困难。虽说甘特图是用来向高层管理者汇报进度的有力工具，但是通常网络图对管理手头上的项目任务会更有用。

甘特图另外一个明显的优点就是容易绘制。我们使用前面章节的例子来显示这一点，同时，演示一下如何绘制甘特图。

和任何事物一样，在使用MSP或其他软件绘制复杂的网络图或甘特图之前，读者或者同学应该清楚地知道他们想用甘特图或者网络图来表达什么（不表达什么）。先用铅笔打个草稿，把问题想清楚之后，再用软件生成图形就很容易了。这种做法方便快捷，让人对项目的大体规模一目了然，既省钱又省力。

以图8—7为例来说明网络图的绘制。启动MSP，页面要求将行动计划（或WBS）数据输入系统（要想看到表格的全部，恐怕要关闭屏幕上的帮助菜单）。数据输入很简单，先输入一个我们称之为“开始”的活动，此活动工期0天，因此严格来说它类似于一个里程碑而非活动。接着输入活动a工期5天，然后依次输入接下来的各项活动。在表的最后，加上一个我们称为“结束”的活动，同样，此活动工期为0天，是项目的最后一个里程碑。

每一项输入系统的活动，软件都会为之自动编上序号（WBS代码）。你也可以在表上任意加减行或者列。假如你没有特别注明起始日期，MSP软件默认当前日期为项目活动的起始时间。随着向行动计划中输入数据，软件自动生成节点网络图（AON）和甘特图（甘特图列在活动计划表的右侧）。假如在输入各项活动名称及其持续时间时没有注明紧前关系，软件就默认所有活动都在同一时间开始。假如注明了活动的紧前关系，那么各项活动间的先后顺序就一目了然了（见图8—11和图8—12）。

到目前为止，我们的论述已经简单地说明了网络图或甘特图中的技术依赖性。假如将节点网络图（AON）与甘特图相比较，就会发现一些有趣的现象。将所有活动及其时间列入行动计划表，我们会看到项目活动累计需要30天。从网络图或者甘特图上来看，项目计划从2002年1月21日开始并于2002年2月14日结束，总共工期为25天，而非30天。MSP定义每周工作日为5天（在MSP生成的甘特图

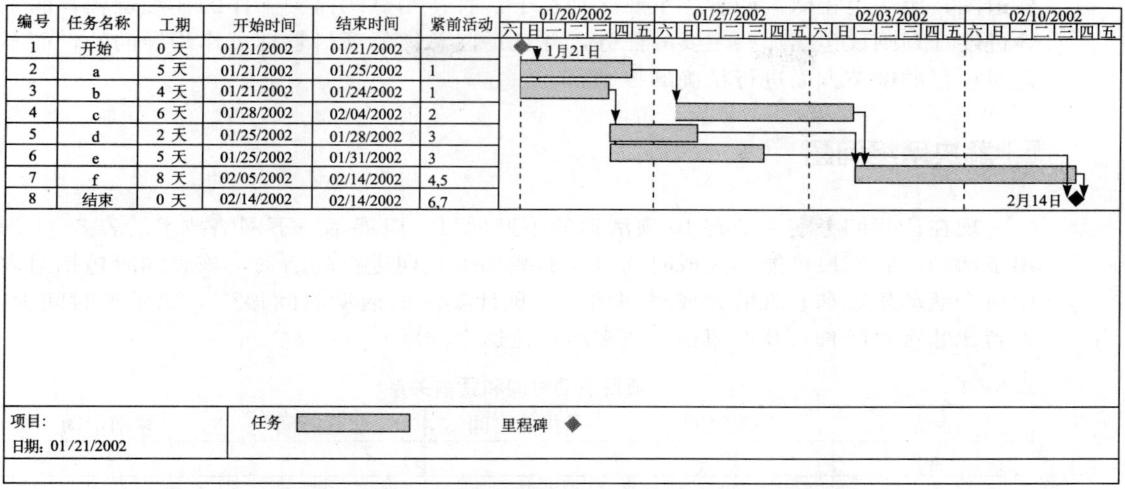

图 8—11　以图 8—4 为例用 MSP 软件生成的项目计划甘特图

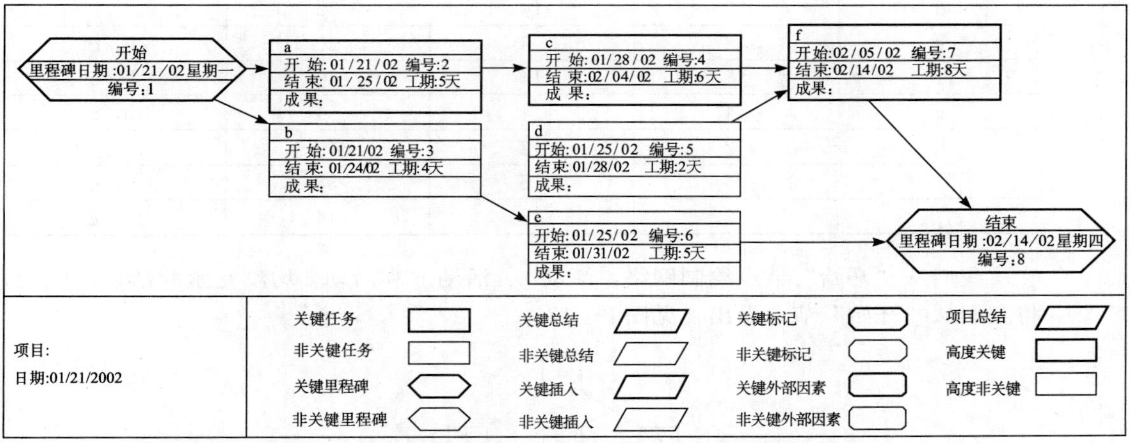

图 8—12　以图 8—4 为例用 MSP 软件生成的 AON 网络图

上，周六和周日被阴影覆盖，为的是将工作日与非工作日加以区分）。假如工作日定义为每周 7 天，那么完工时间就缩短至 19 天，即可 2 月 8 日完成项目。我们还未讲到工期计算的问题，这很快就会谈到，即便是用手工计算也很简单，当然用 MSP 计算更为方便和快捷。重要的是，系统计算是以预设的每周工作日天数、每天工作的小时数和其他假设条件为基础的，后面我们还会谈到这一点。按照不同的要求，系统的假设条件可以人为调整，但是在制定整个项目计划之初，应该重新审视各假设条件。

这个例子同时体现了甘特图的优点和缺点。它的主要优点就是容易看懂，所有流行的项目管理软件都配备有甘特图，而且其中的大多数还提供了一些可调整的操作设置。总而言之，容易绘制、容易使用就是甘特图成为人们在表示项目进度时最流行的一种方法的主要原因。虽然如此，节点网络图（AON）对于项目经理控制进度来说也是非常重要的工具，尤其是当甘特图未囊括所有信息或者因为绘制得不够详细而容易给人造成误解时（Wilkens，1997）。

在许多方面，甘特图与第 6 章所讲述的项目主体进度计划非常相似，它们都属于横道图，用法也相似。两者的主要区别在于：甘特图试图监测工作的详细进程，而主体进度计划则仅包括那些主要的任务，并且是以总体的项目管理工作为导向的，而不是对项目的细节方面进行精确的控制。

□ 解决网络问题

现在让我们考察一个有10项活动的小型项目，以展示一下网络技术。表8—1列出了活动、它们最可能的完成时间以及那些必须先期进行的活动，该表同时包括对表中每个活动乐观和悲观的完成时间估计。预计实际的活动时间很少会比乐观时间少，或者比悲观时间长（我们很快会更多地讨论这个问题）。

表8—1　　项目活动时间和紧前关系

活动	乐观时间	最可能时间	悲观时间	紧前活动
a	10	22	22	—
b	20	20	20	—
c	4	10	16	—
d	2	14	32	a
e	8	8	20	b，c
f	8	14	20	b，c
g	4	4	4	b，c
h	2	12	16	c
i	6	16	38	g，h
j	2	8	14	d，e

我们从“开始”节点绘制网络，活动a、活动b和活动c均没有紧前活动，因此，将它们从“开始”节点导出，见图8—13。

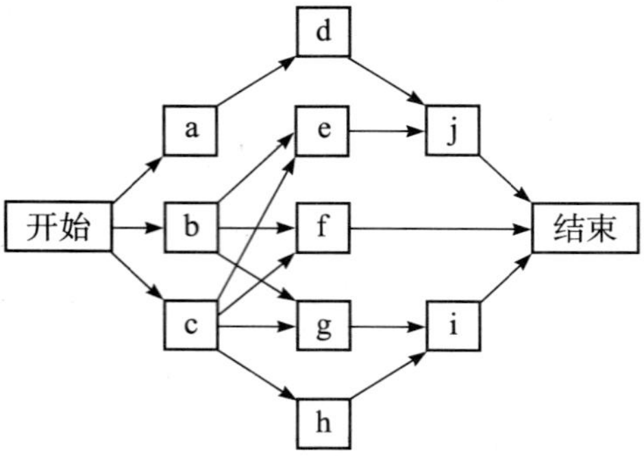

图8—13　由表8—1生成的AON网络图

活动a是活动d的紧前活动，因此活动d跟随在活动a之后。活动e、活动f和活动g跟随在活动b和活动c两个紧前活动之后完成。活动h排列在活动c之后，活动j排列在活动d和活动e之后。活动i排列在活动g和活动h之后。到此为止不再有紧后活动，网络图结束，用一个“结束”节点将各个不再有紧后活动的活动归结在一起。在这里，活动j、活动f和活动i自上而下排列。如前所述，永远用箭头来表示活动的连接方向。

□ 计算活动时间

下一步就是根据表 8—1 的数据计算期望的活动完成时间。这些期望完成时间可以通过使用表 8—1 中的三种时间估计（乐观的、悲观的和最可能的）得出。记住，这些估计数据是一种与每项活动所需的时间相关的风险的表示（对活动时间所做的乐观、悲观和最可能的估计同样可用于第 7 章对资源使用的估计，步骤同我们后面所作的计算）。

我们在这里需要再次短暂地脱离一下主题，精确地讲“乐观的”、“悲观的”以及“最可能的”都意味着什么？对某些特定的活动，假定所有可能的时间都可以用一个统计分布来表示（例如图 8—14 的非对称分布）。对该活动来说，“最可能的时间”m 就是这种分布的众数（mode）。理论上讲，“乐观的”和“悲观的”时间用下面的方式来选择：项目经理或者任何试图估计 a 和 b 的人，会被要求选择 a，就是让活动所需的实际时间是 a，或者大约 99%的可能性会长于这个时间。类似地，b 也是这样估计的，大约 99%的可能性活动所需的时间就是 b 或者比之更短一些（我们知道，有一些项目经理或者工作人员会对这种精确的估计感到不舒服，但是我们暂时不理会这个问题）。

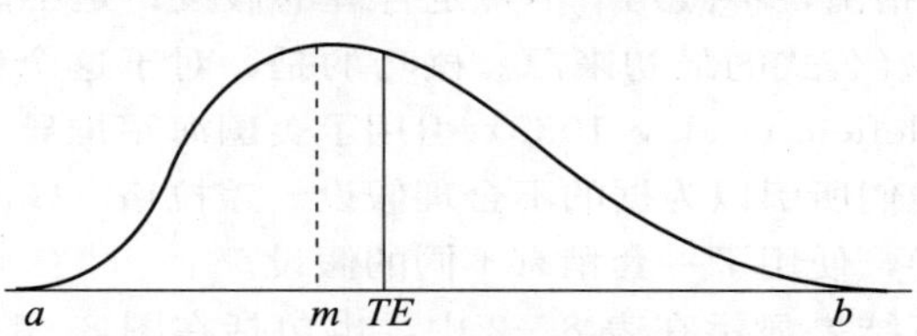

图 8—14　一个活动所有可能活动时间的分布

期望时间（TE）由下式得出：

$$TE=(a+4m+b)/6$$

式中，a——乐观的时间估计；

b——悲观的时间估计；

m——最可能的时间估计，众数。

请注意，在表 8—1 中，某些活动的工期是确切已知的，也就是说，a、b 和 m 都是一样的（例见活动 g）。我们可以进一步注意到，最可能的时间可能与乐观的时间相同（$a=m$），活动 e 就是如此，或者，最可能的时间可能与悲观的时间相同（$m=b$），例如活动 a。m 的范围也可以是对称的：

$$m-a=b-m$$

例如活动 c，或者是相当不对称的，例如活动 h 和活动 i。

通常将上述期望时间的公式说成是基于 β 统计分布的。[①] 使用这种分布，而不是更常用的正态分布，是因为它在形式上非常灵活，并且可以将极端的情况 $a=m$ 或者 $b=m$ 考虑在内。

TE 是对分布均值的估计，它是一种加权平均值，对 a，m，b 按 1∶4∶1 的比例加权。我们再一次强调，在给定对形式资源水平的适当估计以及乐观和悲观的估计的前提下，同样的方法可以用于找出资源用度的期望水平。

这种活动时间的估计过程时不时会受到一些批评。一般来讲，批评者们认为，当

---

① 这里需要提醒读者的是，如果希望简要重温一下统计学和概率的基础理论，在本书的附录 A（在本书的网页上）中可以找到相关的内容。

活动时间设定以后，人们就开始将这些时间当做目标了，并且会将其同目标管理（MBO）（Littlefield et al.，1987）进行比较。这种观点认为，PERT/CPM 的成功是由于估计的是时间的过程，而不是估计数据本身。那就是说，比如 MBO，这种估计被说成是自圆其说的预言。另外一种观点（Williams，1995）认为，实际工作时间很少会短于众数估计值并且常常会超出该值，这证明分布是右偏的，其原因可以用帕金森定律解释——工作总是占满分配给它的时间。如果出现问题，那么活动就可能需要更多的时间，但它几乎从来不会少用时间。尽管据我们所知没有人进行过证明，还是有一些轶事支持这种说法，但也有一些轶事支持传统的假设，那就是三点工期估算仍是经历过类似活动的人们的“最好猜测”。任何时候，我们的目的都是估计每项活动所需时间的范围，而不是争论估计过程背后的基本逻辑。

> 把事情做好不是无法满足进度要求的理由。没人相信你在一天内就可以解决这个问题！现在，去忙碌几周吧，并且在应该告诉他们时，我会让你知道的。

赛希尼（Sasieni，1986）认为，学者们（包括他自己）一直在使用这里应用的公式去估计 TE，他指出，不做几个不一定合理的假设，是不能从 β 分布的公式中推导 TE 的，而且他怀疑公式的最初来源。碰巧的是，对于这个话题，两代学者——利特菲尔特等人（Littlefield et al.，1987）引用了美国海军推导这里所使用的近似值的论文，并且阐述了他们所引以为据的不合理假设。盖拉格（Gallagher，1987）对该公式进行了第二次推导，使用了一套稍有不同的假设。

期望值的计算结果显示在表 8—2 中，也包括在图 8—14 中。在该表和网络图上还有对每个工期的不确定性的测算——方差 σ^2：

$$\sigma^2 = [(b-a)/6]^2$$

并且，标准差 σ 由下式给出：

$$\sigma = \sqrt{\sigma^2}$$

σ 的计算是基于这种假设，即 β 分布的标准差近似等于其范围的 1 / 6，$(b-a)$ /6。

在本章后面，我们将就一种对活动时间方差的估计步骤所做的修正进行讨论，前提是对 a 和 b 的估计都没有达到 99%的水平。请注意，表 8—1 和表 8—2 的公式和计算均可用电子数据表如 Excel® 自动生成，详见第 7 章。TE、σ^2 和 σ 的方程式只需要录入一次，其余的列进行复制即可。

表 8—2　期望活动时间（TE），方差（σ^2）和标准差（σ）

活动	期望时间（TE）	方差 σ^2	标准差 σ
a	20	4	2
b	20	0	0
c	10	4	2
d	15	25	5
e	10	4	2
f	14	4	2
g	4	0	0
h	11	5.4	2.32
i	18	28.4	5.33
j	8	4	2

□ 关键路径和时间

我们现在考虑一个假设的项目，如图 8—15 所示。为方便起见，我们假设相关事件单位为天数，第一个数字表示期望时间（*TE*），第二个数字表示方差（σ^2）。要完成这个项目需要多长时间（我们暂且将期望时间看作确定的）？如果我们在第 0 天开始实施这个项目，我们可以同时开始实施活动 a、活动 b 和活动 c，见图 8—16 各节点左上角所列的最早开始时间（*ES*）。这些活动中的每一个都没有紧前活动。20 天后我们完成活动 a，同时完成活动 b，10 天后完成活动 c，每节点右上角表示的是最早完成时间（*EF*）。最早完成时间也意味着紧后活动的最早开始时间。

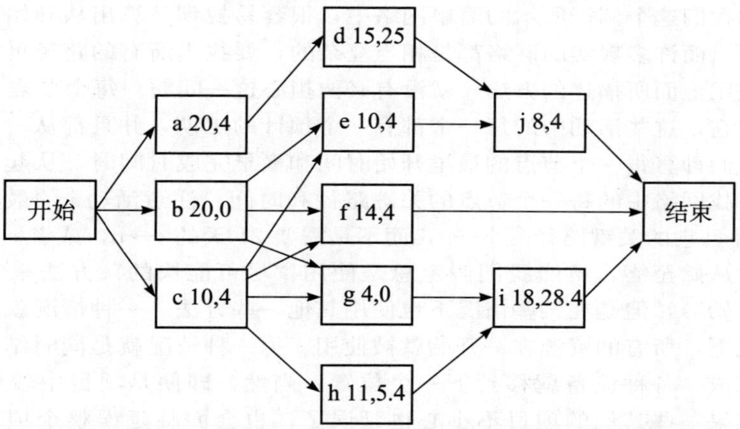

图 8—15　由表 8—1 得出的 AON 网络图（显示活动工期和方差）

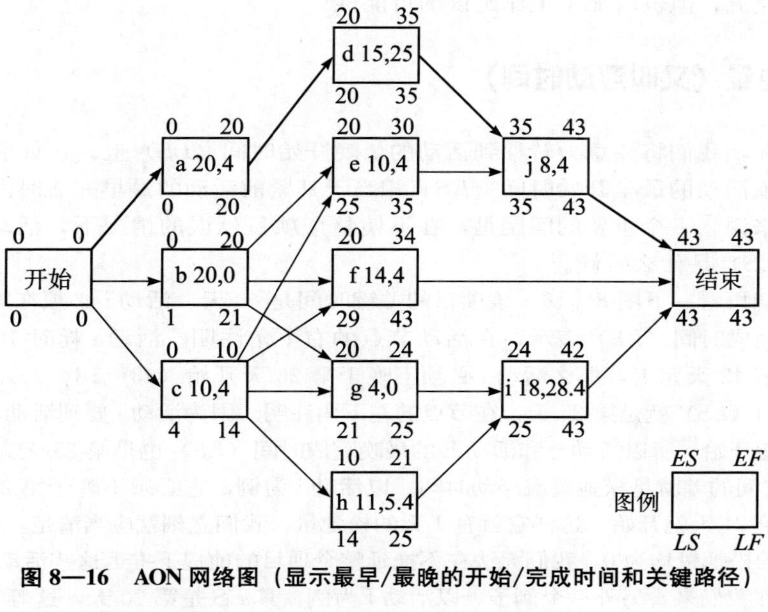

图 8—16　AON 网络图（显示最早/最晚的开始/完成时间和关键路径）

请注意活动 e 不仅需要活动 b 先完成，而且需要活动 c 也先完成，如图所示有两个箭头指向它，活动 e 要等到这两项活动都完成之后才能开始，因此，活动 e 之前活动的最晚完成时间也就是活动 e 的最早开始时间，如活动 b 的最晚完成时间为 20 天。

采用类似的方法，我们可以发现活动j有两个紧前活动d和e。活动d在20天后才能够开始（$ES=20$），并且需要15天才能完成，即最早从项目开始后35天活动d才能完成。活动e也可以在20天后开始，但它仅需要10天的时间，即从项目开始后总计30天就能完成。因为活动j需要在活动d和活动e全都完成后才能开始，所以它的最早开始时间是在第35天，是所有通向它的路径中最长的一条。活动i的最早开始时间是第24天，也是两条通向它的路径中最长的一条。截止到“结束”节点，即网络完结需要43天的时间。所有活动的最早开始和最早完成时间都标注在图8—16中。

在这些路径中，最长的是a→d→j，耗时43天，这意味着43天是整个网络能够完结的最短时间，可称为网络的关键时间，a→d→j就是关键路径，在图8—16中，用粗线条表示。

在如我们这个例子所示的简单网络中，很容易找到并算出从开始到结束之间的每一条路径，而许多现实的网络都是相当复杂的，要找出所有的路径可能是非常繁重的工作。使用上面所描述的方法，就没有必要担心这一问题。每个节点都有一个或多个活动通向它，这些活动中的每一个都有一个预计的工期，并且都从一个先前的节点导出。在我们计算每一个节点的最早开始时间和最早完成时间时，从起点开始，实际上我们在寻找网络中的每一个节点的关键路径和时间。注意活动i的最早开始时间为第24天，并且它的关键路径是b→g，而不是需要21天的c→h，或者c→g。

本章从始至终，虽然我们假定总是使用“尽可能快的”方法来安排任务的进度（“尽早开始”），但是在某些情况下也使用其他一些方法。一种情况就是同时开始，在这种情况下，所有的资源在一开始就被使用。另一种情况就是同时结束，一旦所有任务全部完成，各种设备就移到下一个位置。当然，即便是项目中较早发生的延误情况——如果一些其他的项目不小心也延误了，也会面临延误整个项目的风险。使用“尽可能晚”的方法的一个主要原因是它尽可能地推迟了资源的使用，从而优化了项目的现金流，但也增加了工作延误的可能性。

□ 松弛量（又叫浮动时间）

现在，我们将注意力转移到活动的最晚开始时间（LS）上。正如前面所讨论的那样，一项活动的最早开始时间（ES）相当于其紧前活动的最早完成时间（EF）。对项目经理来说，一个重要的问题是，在不使整个项目延误的情况下，活动i的最晚开始时间（LS）是什么时候。

我们再看一下图8—16。该项目的关键时间是43天。活动i必须在第43天前完成，用最晚完成时间（LF）表示，在活动节点的右下角注明。活动i耗时18天，如果想让项目在第43天完工，那么活动i必须不晚于第25天开始（$43-18=25$）。活动i的最晚开始时间（LS）就是第25天，在节点的左下角注明。因为活动i要到活动g和活动h都完成后才能开始，所以活动g和活动h的最晚完成时间（LF）也是第25天。一项活动的LS与ES之间的差就是松弛量或浮动时间。以活动i为例，它必须不晚于第25天开始，但可以早在第24天就开始，这样它就有1天的松弛量。我们立刻就应当清楚，在关键路径上所有活动的松弛量均为0，我们无法在不拖延整个项目的前提下推迟这些活动。

现在我们来看另外一个例子。以活动f为例，其ES是第20天，这等于它的紧前活动b的EF。活动f的LS是$43-14=29$（天）。如果活动f晚于第29天开始就会延误整个项目。活动f的松弛量是$LS-ES=29-20=9$（天）。

要找出任何活动的松弛量，我们都是逆向（从右向左）穿过网络，就如同我们正向推进（从左到右）以找出关键路径和时间以及所有紧后活动的 *ES* 和 *EF* 一样。有一个我们应该采用的简单方法：当有两个或者更多非关键活动处于一条路径上时，把每一个活动都看成好像是该路径上的唯一活动，然后再计算每个活动的松弛量就非常方便了。这样，在计算活动 i 的松弛量时，我们假定活动 i 的任何紧前活动都没有延误。当然，假如某个活动 x 有 6 天的松弛量，并且如果一项早期的活动有所延误，引发了该事件的延误，比如 2 天，那么活动 x 就仅有 4 天的松弛量了，因为先前的延误已经占用了 2 天。

为最后一个节点的紧前活动计算松弛量是非常方便的，在我们移向先前活动的过程中，该项工作也只是变得稍微复杂一点而已。以活动 g 为例，记住我们的假设，同一路径上的其他活动不占用任何可用的松弛量，我们发现活动 i 必须跟着活动 g，并且活动 g 是从活动 b 和活动 c 引出的。从活动 i 的最晚开始时间（*LS*）第 25 天算起，我们为活动 g 减去 4 天（25－4＝21），这样活动 g 不晚于第 21 天开始，就不会使网络延误。活动 g 的 *ES* 就是第 20 天，这样活动 g 就有 1 天的松弛量。

再来看活动 e 的例子。活动 e 必须在第 35 天完成，亦即活动 j 的最晚开始时间（*LS*），那么活动 e 的最晚开始时间（*LS*）就是 35－10＝25（天），它的最早开始时间（*ES*）是第 20 天，因此活动 e 的松弛量就是 5 天。表 8—3 展示了网络上所有活动的最晚开始时间（*LS*）和最早开始时间（*ES*），及其松弛量。

表 8—3　　　　图 8—16 中网络的时间和松弛量

活动	*LS*	*ES*	松弛量
a	0	0	0
b	1	0	1
c	4	0	4
d	20	20	0
e	25	20	5
f	29	20	9
g	21	20	1
h	14	10	4
i	25	24	1
j	35	35	0

有时，项目经理可以就一个项目可接受的完工时间进行协商，为的是让整个网络拥有一些松弛量。在我们的例子中，如果一个可接受的时间是项目开始后的第 50 个工作日，那么网络就会有总共 50－43＝7（天）的松弛量。

一些学者还有微软的项目管理软件 MSP 将“总松弛量”与“浮动时间”，“自由松弛量”与“浮动时间”加以区分。“总松弛量”等于上文所述的 *LF*－*EF* 或者 *LS*－*ES*，而“自由松弛量”指的是某一项活动，在不影响其紧后活动的最早开始时间的情况下所拥有的松弛量。活动 h 可以延误 3 天而不影响活动 i 的起始时间，我们说活动 h 拥有 3 天的“自由松弛量”，而“总松弛量”为 4 天。

□ 前导图法

AOA 网络方法的一个缺点在于：如果不大量增加用来说明情况的次级活动，该方法就无法体现两个活动之间领先和滞后的问题，尤其是在构建项目时，下述这些限制情况非常普遍（节点活动见图8—17）：

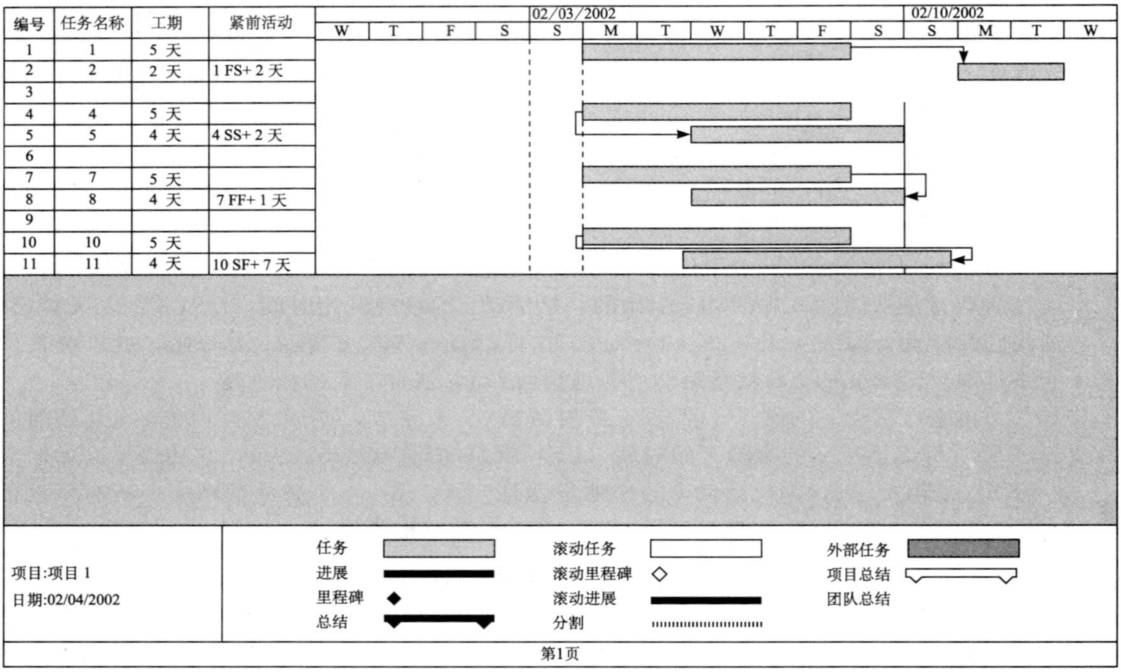

图8—17　前导图样例

● 完成到开始　活动2必须在活动1完成后开始，这是典型的按先后顺序排列活动的方法。另一种完成到开始的情况是，如图8—17所示，紧前活动一列写的是“完成到开始，1完成后+2天”，可见活动2的进度应该是活动1完成后2天再开始。比如说活动1是给人行道浇筑混凝土，那么活动2可能就是在人行道上进行施工了。

● 开始到开始　活动4开始至少2天后活动5才能开始，就好比说线槽开始安置到位后布线工作才能开始一样。

● 完成到完成　活动7应至少比活动8早一天完成，如果活动7是给墙面刷漆，那么活动8可能是挑选、购买和铺设墙纸。油漆风干24小时之后才可能往墙面上贴东西。

● 开始到完成　活动11在活动10开始7天后才允许完成。我们可以想象活动10和活动11是一个为期一周的海上航行活动中的一两个有代表性的节目，因为旅行费是预付的，所以整个航行的时间不得少于一周。开始到完成的活动关系比较少见，日常生活中很容易就可以用其他更为简单的活动关系来替代它。

前导图法是一种AON网络法，容许在网络中考虑这些提前和滞后的问题。MSP也可以轻而易举地处理提前和滞后的问题。网络节点时间的计算与AON/AOA时间计算的方法相似。对于提前和滞后方面的限定，绘制一张甘特图往往有助于了解实际发生的情况。AON所包含的更为丰富的紧前关系适用于各种各样的项目，尤其是建筑项目（有关这种方法的更多内容可以参见汉默德等人（Al-Hammed et al.，1998）的著述）。大多数现有的项目管理软件在其标准的AON网络和甘特图程序版本中都允许提前、滞后、延迟和其他一些限定。

□ 再谈 MSP 软件

在 MSP 中输入数据用三点估计值制作网络图与用单点估计值制作网络图同样简单，但前提是要先在 MSP 的功能菜单中增加一项功能，即点击“View”（视图），在菜单中选择“Toolbars”（工具栏），单击“PERT Analysis”（PERT 分析），于是在功能键旁边左下部出现一个带有七个图标的小方框，点击方框最右边的“PERT entry sheet”（PERT 输入表），随即生成类似表 8—4 的表，该表中的数据来源于表 8—1，增加了“紧前活动”一列。

表 8—4　　根据表 8—1 的数据生成的 MSP 甘特图数据表

编号	任务名称	紧前活动	工期（天）	乐观估计（天）	预期工期（天）	悲观估计（天）
1	开始		0	0	0	0
2	a	1	20	10	22	22
3	b	1	20	20	20	20
4	c	1	10	4	10	16
5	d	2	15	2	14	32
6	e	3，4	10	8	8	20
7	f	4，3	14	8	14	20
8	g	3，4	4	4	4	4
9	h	4	11	2	12	16
10	i	9，8	18	6	16	38
11	j	5，6	8	2	8	14
12	结束	10，11，7	0	0	0	0

对于“乐观估计”、“悲观估计”和“紧前活动”几列，大家不会有什么异议，但是工期（duration）和预期工期（expected duration）这两列要特别注意。在 MSP 中，预期工期指的是我们常说的“最可能工期”或“通常情况下的工期”，就是一般情况下经常发生的时间长短。MSP 定义的工期一列的含义，实际上指的是“预期工期”，即（$a+4m+b$）/6 的加权平均值（在 MSP 功能键右侧有一个 PERT 输入表的控制键，类似一个天平式的图标，是用来调节 a，m，b 的权重的。本章后半部分在介绍模拟时会涉及调整权重的例子）。

一旦表 8—4 中的数据全部输入完，点击“Calculate PERT”（PERT 计算），系统自动生成甘特图（见图 8—18）和 AON 网络图（见图 8—19）。图上显示预期工期为 43 天，当然用 MSP 的术语表示为“工期”，而不是“预期工期”（注意：我们假设每周工作日为 7 天）。

接下来一节我们介绍如何计算项目在某一时点结束的概率。该计算要求先定义各活动工期的标准差 σ 和方差 σ^2 。MSP 系统是不计算标准差或方差的，图 8—18 中显示的标准差或方差利用的是表 8—2 的数据，而这些数据可能是手算出来的（小项目）或者使用 Excel® 电子数据表计算出来的（大项目）。请记住：

$$\sigma=(b-a)/6$$

$$\sigma^2=[(b-a)/6]^2$$

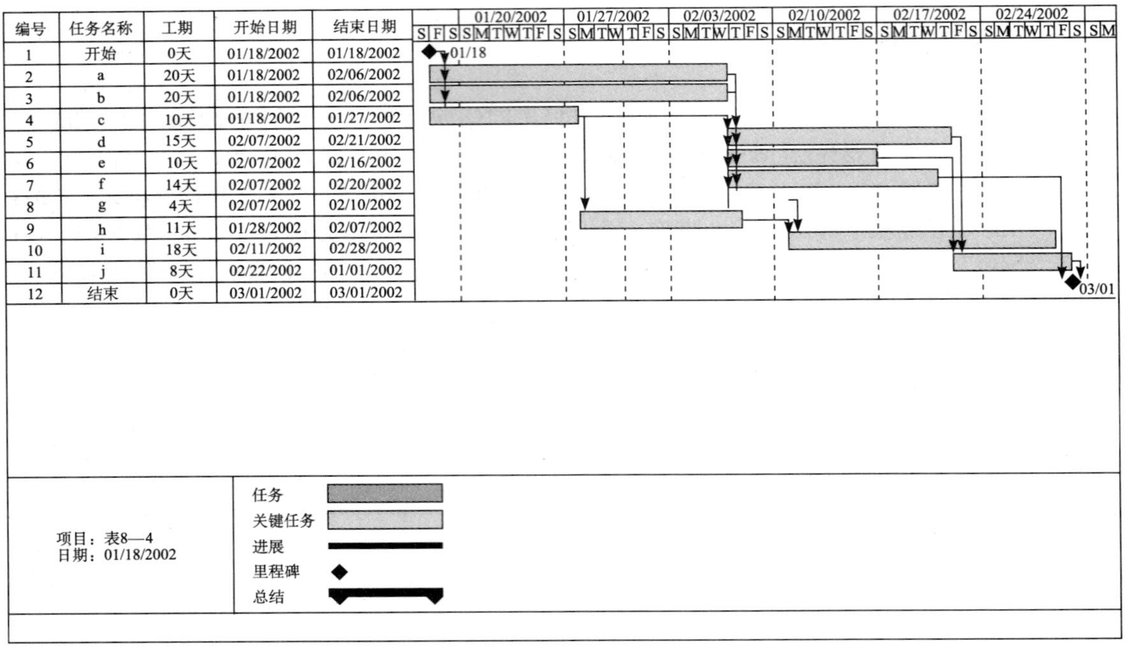

图 8—18　根据表 8—4 生成的甘特图

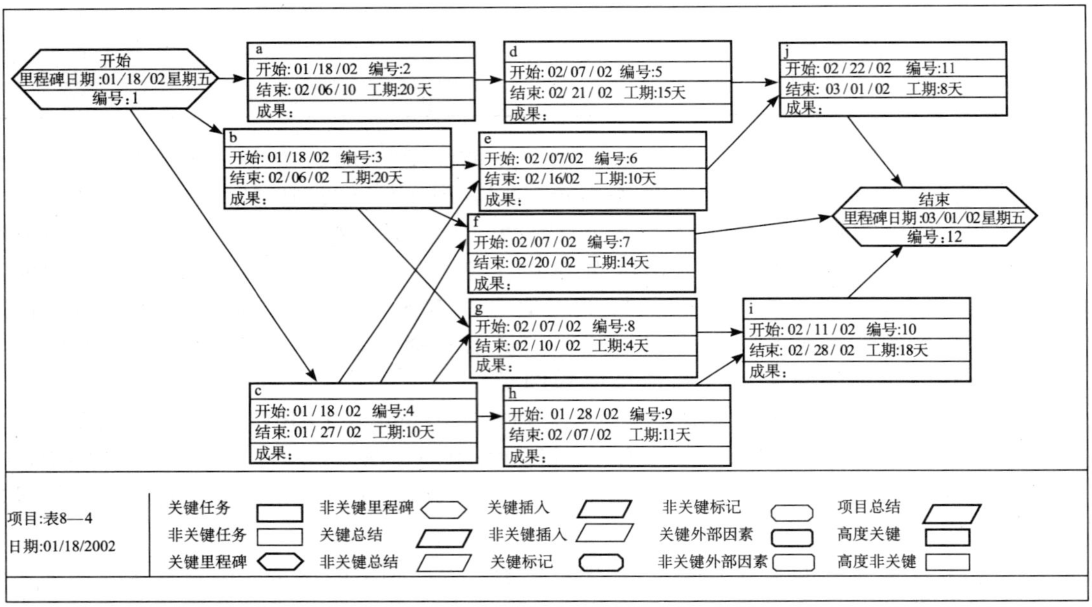

图 8—19　根据表 8—4 生成的 AON 网络图

□ 软件图表，对 MSP 的扩展应用

正如上文所述，项目管理软件可以用甘特图的形式来显示项目的进展情况，并在图上附加紧前活动、时间等活动信息。此外，软件还可以生成 AOA 和 AON 网络图、日历表、报告等各种各样的输出。图 8—20 就是根据表 8—1 的数据信息生成的甘特

图，图上还注明了关键路径、路径上各活动之间的连接方式、*ES* 和 *EF* 时间点等。对图表显示的信息进行取舍尽可随意，比如，最晚开始时间和最晚完成时间、松弛量、特殊资源需求等都可以添加到活动节点上。

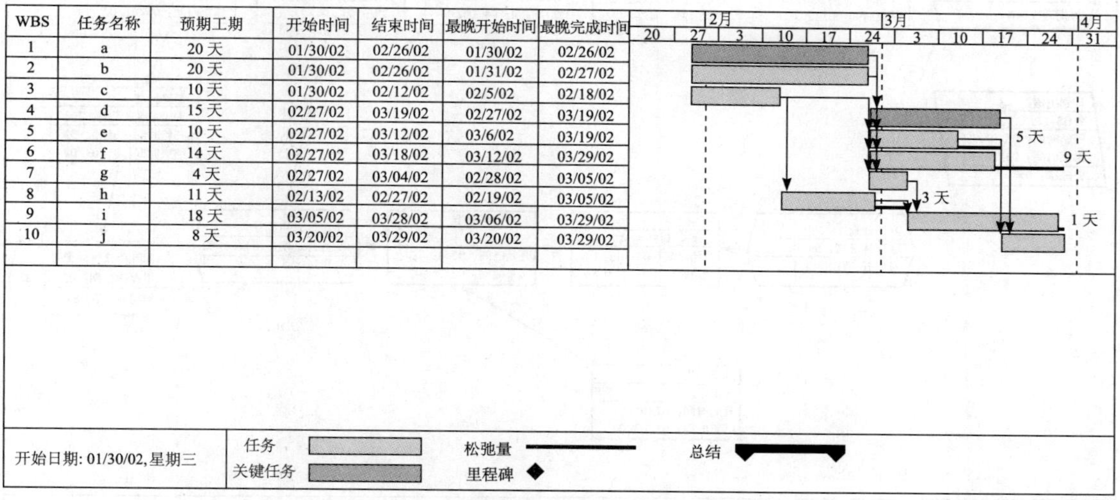

WBS	任务名称	预期工期	开始时间	结束时间	最晚开始时间	最晚完成时间
1	a	20 天	01/30/02	02/26/02	01/30/02	02/26/02
2	b	20 天	01/30/02	02/26/02	01/31/02	02/27/02
3	c	10 天	01/30/02	02/12/02	02/5/02	02/18/02
4	d	15 天	02/27/02	03/19/02	02/27/02	03/19/02
5	e	10 天	02/27/02	03/12/02	03/6/02	03/19/02
6	f	14 天	02/27/02	03/18/02	03/12/02	03/29/02
7	g	4 天	02/27/02	03/04/02	02/28/02	03/05/02
8	h	11 天	02/13/02	02/27/02	02/19/02	03/05/02
9	i	18 天	03/05/02	03/28/02	03/06/02	03/29/02
10	j	8 天	03/20/02	03/29/02	03/20/02	03/29/02

图 8—20　根据表 8—1 生成的 MSP 甘特图

我们再来看一个例子，图 8—21 显示了一个生产录像带项目的甘特图，包括一个任务组合（见图上 WBS 第 3 项）和两个里程碑。图 8—22 是 AON 网络图，显示了关键路径、路径活动连接、任务工期、里程碑、开始和完成时间，以及 WBS 编号。图 8—23 是项目日历表，显示了每天的项目活动（周末也包括在工作日中）。关键路径上的活动被特别标注出来，项目进展要严密监控且系统数据要及时更新，以确保图表和报告的准确性和及时性。甘特图可以直接显示出项目的进展情况，参见图 8—24 录像带生产项目，注意看图中 WBS 3.4 项任务的延误造成了最终里程碑事件的整体推迟。

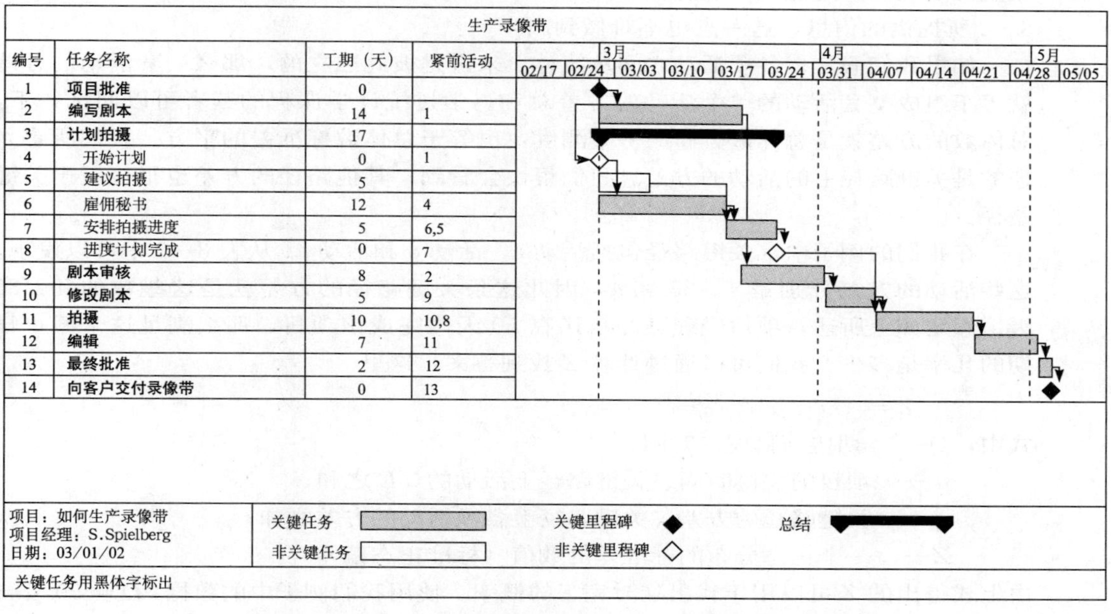

生产录像带

编号	任务名称	工期（天）	紧前活动
1	**项目批准**	0	
2	**编写剧本**	14	1
3	**计划拍摄**	17	
4	开始计划	0	1
5	建议拍摄	5	
6	雇佣秘书	12	4
7	安排拍摄进度	5	6,5
8	进度计划完成	0	7
9	**剧本审核**	8	2
10	**修改剧本**	5	9
11	**拍摄**	10	10,8
12	**编辑**	7	11
13	**最终批准**	2	12
14	**向客户交付录像带**	0	13

图 8—21　MSP 生成的录像带生产项目的甘特图

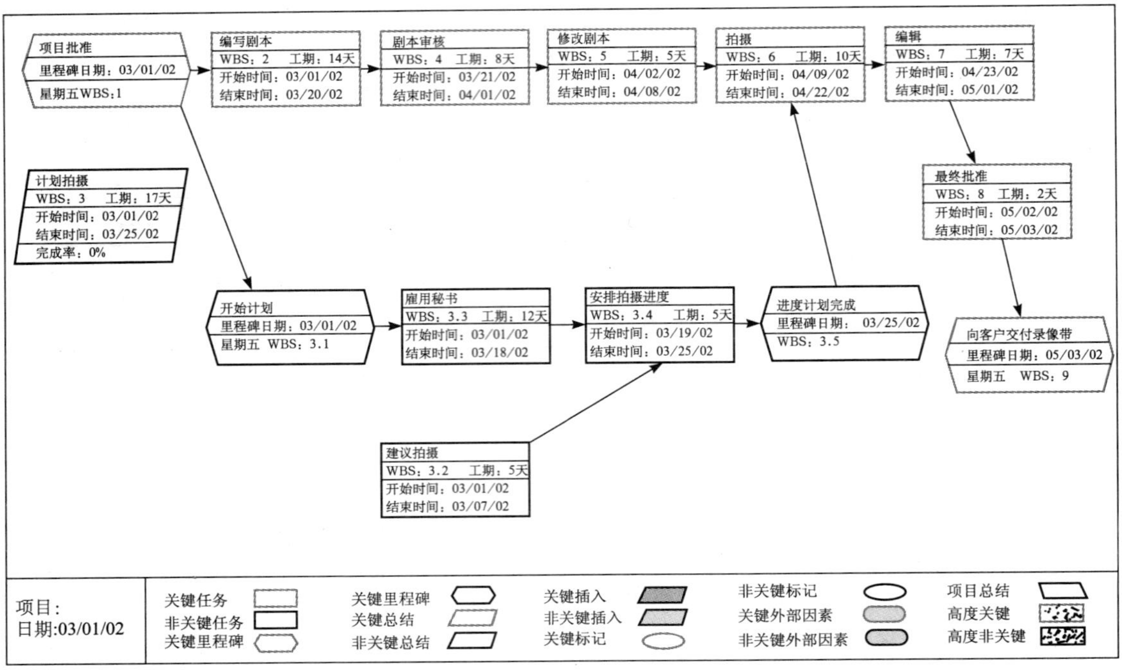

图 8—22 MSP 生成的录像带生产项目的 AON 网络图

□ 项目完工时间的不确定性

在与高层管理人员讨论项目完工日期时，项目经理应当努力确定使项目按设定的截止日期完工的可能性，或者找出与预先确定的风险水平相对应的完工时间。使用表 8—2 所提供的信息，这一点也不难做到。

如果我们假定，各项活动之间从统计上来讲是彼此独立的，那么一套活动的方差就等于组成整套活动的单个活动的方差总和。学过统计学课程的读者可以回忆一下，总体数的方差就是总体数分布的一个测度，也等于总体数标准差的平方。我们所感兴趣的是关键路径上的活动的方差。我们很快会看到，其他路径的方差也很接近于关键路径。

在我们的例子中，关键路径包括活动 a、活动 d 和活动 j。从表 8—2 中可以发现，这些活动的方差分别是 4、25 和 4，因此这条关键路径的方差就是这些数的和：33 天。假定如上所述，项目经理已经承诺在 50 天内完成该项目，那么满足这个截止日期的几率是多少？我们可以通过计算 Z 找到答案，这里

$$Z=(D-\mu)/\sqrt{\sigma_\mu^2}$$

式中，D—— 期望项目完工时间；

μ——项目的关键时间、关键路径上活动的 TE 之和；

σ_μ^2——关键路径的方差，关键路径上各项活动的方差之和；

Z——一个正态分布的标准差的数值（标准正态偏差）。

由上式得出的 Z 可以用于找出准时完工的概率。使用我们例子中的数据，$D=50$，$\mu=43$，$\sigma_\mu^2=33$（σ_μ^2 的平方根是 5.745)，得到 $Z=(50-43)/5.745=1.22$(标准差)。

图 8—23　MSP 生成的录像带生产项目日历表

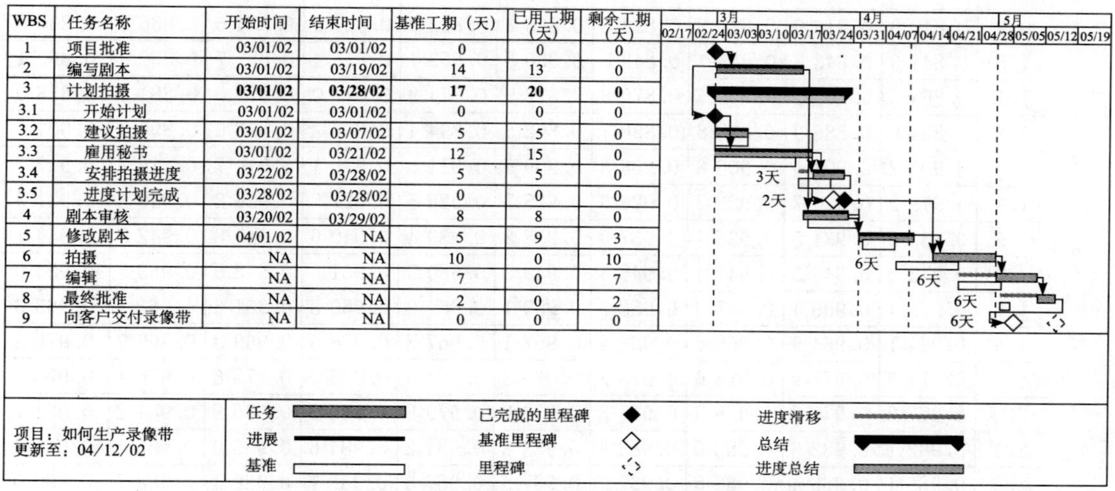

WBS	任务名称	开始时间	结束时间	基准工期（天）	已用工期（天）	剩余工期（天）
1	项目批准	03/01/02	03/01/02	0	0	0
2	编写剧本	03/01/02	03/19/02	14	13	0
3	**计划拍摄**	**03/01/02**	**03/28/02**	**17**	**20**	**0**
3.1	开始计划	03/01/02	03/01/02	0	0	0
3.2	建议拍摄	03/01/02	03/07/02	5	5	0
3.3	雇用秘书	03/01/02	03/21/02	12	15	0
3.4	安排拍摄进度	03/22/02	03/28/02	5	5	0
3.5	进度计划完成	03/28/02	03/28/02	0	0	0
4	剧本审核	03/20/02	03/29/02	8	8	0
5	修改剧本	04/01/02	NA	5	9	3
6	拍摄	NA	NA	10	0	10
7	编辑	NA	NA	7	0	7
8	最终批准	NA	NA	2	0	2
9	向客户交付录像带	NA	NA	0	0	0

图 8—24　按日期跟踪录像带生产项目的进展状况

现在我们再转到表 8—5，该表给出了与不同水平的 Z 相对应的概率值。我们从左边这列一直往下找到 $Z=1.2$，然后找到 0.02 一列，在交叉处找到 $Z=1.22$。$Z=1.22$ 的概率值在表中显示的是 0.888 8，相当于 89%，它就是这个项目案例开工后 50 天完成关键路径的可能性。图 8—25 显示了不同的项目完工时间所对应的最终概率分布。①

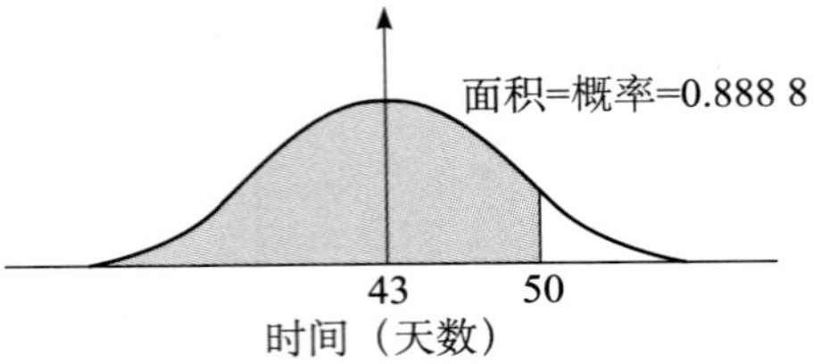

图 8—25　项目完工时间的概率分布

表 8—5　**正态概率分布（单尾）的累进概率（正态曲线下从 −∞到 Z 的面积）**

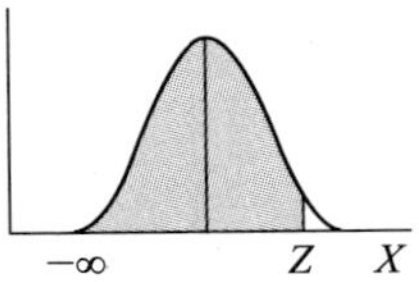

例：Z=1.34 左方的面积可以通过下述方法找出：沿左边第一栏找到 1.3，再向右移到 0.04 那一栏。在交叉点读取 0.909 9。Z=1.34 右方的面积是：1−0.909 9=0.090 1。在均值（中线）和 Z=1.34 间的面积=0.909 9−0.5=0.409 9。

z	00	0.01	0.02	0.03	0.04	0.05	0.06	0.07	0.08	0.09
0.0	0.500 0	0.504 0	0.508 0	0.512 0	0.516 0	0.519 9	0.523 9	0.527 9	0.531 9	0.535 9
0.1	0.539 8	0.543 8	0.547 8	0.551 7	0.555 7	0.559 6	0.563 6	0.567 5	0.571 4	0.575 3
0.2	0.579 3	0.583 2	0.597 1	0.591 0	0.594 8	0.598 7	0.602 6	0.606 4	0.610 3	0.614 1
0.3	0.617 9	0.621 7	0.625 5	0.629 3	0.633 1	0.636 8	0.640 6	0.644 3	0.648 0	0.651 7
0.4	0.655 4	0.659 1	0.662 8	0.666 4	0.670 0	0.673 6	0.677 2	0.680 8	0.684 4	0.687 9
0.5	0.691 5	0.695 0	0.698 5	0.701 9	0.705 4	0.708 8	0.712 3	0.715 7	0.719 0	0.722 4
0.6	0.725 7	0.729 1	0.732 4	0.735 7	0.738 9	0.742 2	0.745 4	0.748 6	0.751 7	0.754 9
0.7	0.758 0	0.761 1	0.764 2	0.767 3	0.770 4	0.773 4	0.776 4	0.779 4	0.782 3	0.785 2
0.8	0.788 1	0.791 0	0.793 9	0.796 7	0.799 5	0.802 3	0.805 1	0.807 8	0.810 6	0.813 3
0.9	0.815 9	0.818 6	0.821 2	0.823 8	0.826 4	0.828 9	0.831 5	0.834 0	0.836 5	0.838 9
1.0	0.841 3	0.843 8	0.846 1	0.848 5	0.850 8	0.853 1	0.855 4	0.857 7	0.859 9	0.862 1
1.1	0.864 3	0.866 5	0.868 6	0.870 8	0.872 9	0.874 9	0.877 0	0.879 0	0.881 0	0.888 0
1.2	0.884 9	0.886 9	0.888 8	0.890 7	0.892 5	0.894 4	0.896 2	0.898 0	0.899 7	0.901 5
1.3	0.903 2	0.904 9	0.906 6	0.908 2	0.909 9	0.911 5	0.913 1	0.914 7	0.916 2	0.917 7
1.4	0.919 2	0.920 7	0.922 2	0.923 6	0.925 1	0.926 5	0.927 9	0.929 2	0.930 6	0.931 9
1.5	0.933 2	0.934 5	0.935 7	0.937 0	0.938 2	0.939 4	0.940 6	0.941 8	0.942 9	0.944 1
1.6	0.945 2	0.946 3	0.947 4	0.948 4	0.949 5	0.950 5	0.951 5	0.952 5	0.953 5	0.954 5
1.7	0.955 4	0.956 4	0.957 3	0.958 2	0.959 1	0.959 9	0.960 8	0.961 6	0.962 5	0.963 3
1.8	0.964 1	0.964 9	0.965 6	0.966 4	0.967 1	0.967 8	0.968 6	0.969 3	0.969 9	0.970 6
1.9	0.971 3	0.971 9	0.972 6	0.973 2	0.973 8	0.974 4	0.975 0	0.975 6	0.976 1	0.976 7
2.0	0.977 2	0.977 8	0.978 3	0.978 8	0.979 3	0.979 8	0.980 3	0.980 8	0.981 2	0.981 7
2.1	0.982 1	0.982 6	0.983 0	0.983 4	0.983 8	0.984 2	0.984 6	0.985 0	0.985 4	0.985 7
2.2	0.986 1	0.986 4	0.986 8	0.987 1	0.987 5	0.987 8	0.988 1	0.988 4	0.988 7	0.989 0
2.3	0.989 3	0.989 6	0.989 8	0.990 1	0.990 4	0.990 6	0.990 9	0.991 1	0.991 3	0.991 6

---

① 使用正态分布符合中心限定性定理，它证明了这样一个事实：如果独立活动的数量很大，那么这些活动时间的总和就会服从正态分布。

续前表

z	00	0.01	0.02	0.03	0.04	0.05	0.06	0.07	0.08	0.09
2.4	0.991 8	0.992 0	0.993 2	0.992 5	0.992 7	0.992 9	0.993 1	0.993 2	0.993 4	0.993 6
2.5	0.993 8	0.994 0	0.994 1	0.994 3	0.994 5	0.994 6	0.994 8	0.994 9	0.995 1	0.995 2
2.6	0.995 3	0.995 5	0.995 6	0.995 7	0.995 9	0.996 0	0.996 1	0.996 2	0.996 3	0.996 4
2.7	0.996 5	0.996 6	0.996 7	0.996 8	0.996 9	0.997 0	0.997 1	0.997 2	0.997 3	0.997 4
2.8	0.997 4	0.997 5	0.997 6	0.997 7	0.997 7	0.997 8	0.997 9	0.997 9	0.998 0	0.998 1
2.9	0.998 1	0.998 2	0.998 2	0.998 3	0.998 4	0.998 4	0.998 5	0.998 5	0.998 6	0.998 6
3.0	0.998 7	0.998 7	0.998 7	0.998 8	0.998 8	0.998 9	0.998 9	0.998 9	0.999 0	0.999 0
3.1	0.999 0	0.999 1	0.999 1	0.999 1	0.999 2	0.999 2	0.999 2	0.999 2	0.999 3	0.999 3
3.2	0.999 3	0.999 3	0.999 4	0.999 4	0.999 4	0.999 4	0.999 4	0.999 5	0.999 5	0.999 5
3.3	0.999 5	0.999 5	0.999 5	0.999 6	0.999 6	0.999 6	0.999 6	0.999 6	0.999 6	0.999 7
3.4	0.999 7	0.999 7	0.999 7	0.999 7	0.999 7	0.999 7	0.999 7	0.999 7	0.999 7	0.999 8

我们还可以反向解决这一问题。与准时完工的概率 95%相对应的工期是多少天？首先，我们看表 8—5，查表后找到 0.95。与 0.95 相对应的 Z 值是 1.645（表中的数值并不是严格线性的，因此我们使用近似的插值法）。我们知道 μ 是 43 天，$\sqrt{\sigma_\mu^2}$ 是 5.745。解此等式求 D，得到

$$\begin{aligned} D &= \mu + 5.745 \times (1.645) \\ &= 43 + 9.45 \\ &= 52.45(\text{天}) \end{aligned}$$

因此，在 52.45 天内完成该项目有 95%的可能性，但是事实并不见得如此。52.45 天内完成关键路径 a→d→j 的几率是 95%，这不过是一个随机网络（“随机性”比“可能性”听起来好一些，其实是一个意思）。假如项目活动的工期带有不确定性，没有人知道完成各项活动大概需要多少时间，当然也就没有人知道完成各条网络路径所需要的整体时间——除非该时间点落在悲观估计与乐观估计的区间内，即小于等于悲观估计值或大于等于乐观估计值，而且还必须是在估计值比较精确的基础上。当我们对项目工期进行分析时，原来计划的关键路径可能并不是实际意义上的关键路径。在结束本章之前，我们还会反复谈论这个问题。

注意，随着 D 趋近于 μ，Z 也逐渐变小，趋近于 0。表 8—5 显示，对 $Z=0$，准时完工的可能性是 50：50，它在管理上的含义也就很清楚了。如果项目经理想要一个满足项目工期的合理概率，就必须在项目进度上有一些松弛量。在为一个项目编制预算时，包含一些应急的备用金是十分适宜的。同样的原则也适用于编制项目的进度计划。进度计划过程中的一些应急宽限期就是网络松弛量，明智的项目经理应该坚持争取一些松弛量。

最后，再说一个令人感兴趣的问题，让我们看一条非关键路径，活动 b→g→i。这条路径的方差（见图 8—16）是 0＋0＋28.4＝28.4，它比关键路径的方差略小一些。路径时间是 42 天。分数 $(D-\mu)/\sqrt{\sigma_\mu^2}$ 的分子部分较大，而且在这个例子中，分母较小，因此 Z 就会大一些，并且这条路径延误项目完工的概率比 a→d→j 路径要小。考虑非关键路径 c→h→i，该路径要用 10＋11＋18＝39（天），总方差是 37.8 天（记住，我们在试图找出，给定关键路径是 43 天的条件下，这条方差较大而完工时间较短的非关键路径会使我们延误的可能性）。

$$Z = (50 - 39)/6.15 = 1.79$$

结果是，对这条非关键路径而言，我们有96%的可能性让项目准时完工。

如果网络的期望时间等于关键路径的时间43天，我们已经看到关键路径有50%的可能性会延误工期，那么非关键路径c→h→i使项目延误的可能性又有多大？现在D是43天，那么

$$Z = (43 - 39)/6.15 = 0.65$$

Z=0.65对应的准时完工概率为0.74，或者延误的概率是1−0.74=0.26。

假定这两条路径（a→d→j和c→h→i）是相互独立的，它们都准时完工的概率是单个概率的乘积，0.5×0.74=0.37，明显低于我们所设想的50：50。如果这些路径不是相互独立的，计算将变得更为复杂。下一节我们将介绍一种更为准确的方法来计算项目工期估算的概率分布，那就是模拟。因此，我们需要多关注那些方差较大和/或路径时间在工期上接近关键时间的非关键路径（比如，那些松弛量很少的活动）。

这促使我们去讨论人们常常提到的混合偏差（Hulett，1996）。任何时候只要网络中两条或多条路径合在一起或混合起来，我们就会面临刚刚讨论到的情况，两条路径准时完工的概率就是每一个单个路径概率的乘积。如果其中一条是关键路径，而其他路径都有合理的松弛量（和/或与关键路径相比，较低的路径方差），就很少会出现严重的混合偏差问题。然而，如果另外一条路径松弛量较少而方差又较大，那么我们就不能忽视这个问题了，这时往往模拟法更为有效。

实例解析

给定下面的项目（时间单位为天）：

活动	a	m	b	紧前活动
a	1	4	7	—
b	2	2	2	—
c	2	5	8	a
d	3	4	5	a
e	4	6	8	c，b
f	0	0	6	c，b
g	3	6	9	d，e

找出：

1. 网络图。
2. 所有活动的期望时间、方差和松弛量。
3. 关键路径和预期的完工时间。
4. 项目在23天完工的概率。
5. 概率为95%时的项目完工时间。

答案：

1.

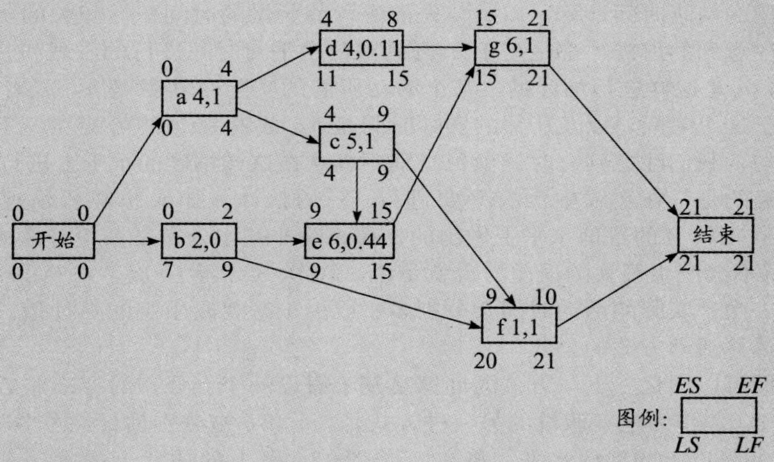

2.

活动	TE	σ^2	松弛量
a	4	1.00	0
b	2	0	7
c	5	1.00	0
d	4	0.11	7
e	6	0.44	0
f	1	1	11
g	6	1	0

3. 关键路径是 a→c→e→g，时间是 21 天。

4. $Z=(23-21)/\sqrt{3.44}=1.078$，查表可得概率为 85.9%。

5. $P=0.95$，查表可知 $Z=1.65=(T-21)/1.855$，由此可解得 $T=24.06$ 天。

仿真模拟是一种很直观的方法，可以检查一个网络中概率性的路径之间相互作用的性质和影响。尽管在过去这项工作常常非常困难且费时，但现在已经开发出来的软件使问题大大简化了。有几个可以直接连接一个或多个电子表格软件的优秀的风险管理和模拟软件包。我们推荐使用 Crystal Ball®，当然 Risk+® 和@Risk® 也是很不错的工具。这些软件都可以很容易地进行网络互动的模拟，并且生成网络在特定时间完工的概率数据（Levine，1996）。当然，这些模拟包括路径合并的可能结果。正如我们前面所指出的那样，这里提供的方法能够用于资源的风险分析。如果资源使用情况与活动所需的时间相关，那么有关时间的不确定性也就意味着还有资源用度的不确定性。如果活动时间和资源用度之间的关系是已知的，或者可以假定为近似线性的，那么用模拟的方法就不难估计相应的资源。

□ 面向真实时间的估计①

期望的网络时间计算，以及与先前的章节所做的时间估计相关的不确定性，正如我们所注意到的那样，都是基于99%的置信水平对时间进行的乐观和悲观的估计，也就是说，a 是这样进行估计的，某个活动所需的实际时间就是 a，或者99%以上的可能性多于这个时间，以及所需的实际时间是 b，或者99%的可能性少于这个时间。这里插一句，我们注意到有时候项目经理不喜欢在这样精确的水平上进行估计。

幸运的是，在实践中没有必要进行1%的估计。如果悲观和乐观的估计都是在95%甚至在90%的置信水平上做出的，那么除非基本分布是极不对称的，否则在计算 TE 时就不会产生很大的误差，也就是说，20次（或者10次，在90%的置信水平上）中只有一次，实际的活动时间会分别多于或少于悲观或乐观的估计值。然而，必须修改用于计算活动方差的公式。

我们可以回忆一下，方差的计算是基于假设一个 β 分布的标准差近似等于其变化幅度的1/6。作为这一假设的另一种方式是，a 和 b 被分别估计在 -3σ 和 $+3\sigma$ 上——大致在99%以上的置信水平。将在95%置信水平上的估计表示成 a' 和 b'，90%水平上的估计表示成 a'' 和 b''。如果我们使用95%或90%的估计水平，我们实际上把 a 和 b 都从分布的尾部移进来，以使该幅度不再代表 $\pm 3\sigma$，具体情况见图8—26。

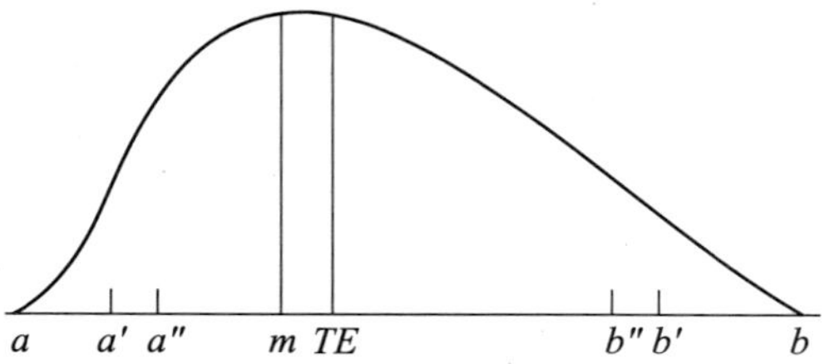

图8—26　a，m 和 b 的估计（在99%，95%和90%的置信水平上）

为这一误差而改变方差的计算公式也是非常简单的。考虑95%置信水平上的估计，参见表8—5，我们在曲线下从 a' 到 ∞ 之间的区域内可以找到95%的置信水平相对应的 Z。对0.95，Z 近似等于 -1.645（当然，这里指的是正态分布而非 β 分布，这种实用方法似乎在实践中非常管用）。类似地，$Z=1.645$ 代表曲线下面从 $-\infty$ 到 b' 的区域。

b' 和 a' 之间的区域表示为：$2(1.645)\sigma = 3.29\sigma$，而不是在传统的方差估计中使用的 6σ。因此，当在95%的置信水平上估计 a' 和 b' 时，我们应当改变方差的计算公式，使之成为：

$$\sigma^2 = [(b'-a')/3.29]^2$$

对90%置信水平上的估计（a'' 和 b''，在图8—26中）来说，Z近似等于1.28，并且方差计算公式变成：

$$\sigma^2 = [(b''-a'')/2.56]^2$$

为了验证这种 β 分布方差对传统估计所做的修正确实能给出对真实方差的更好估计，我们使用统计分析系统（SAS）的PROC IML对各种不同形状的 β 分布进行了一

① 本小节内容可以跳过不读而不失全书的连贯性。

系列试验，并在95%和90%的置信水平上估计a和b。然后我们将这些对a和b的估计值与该分布的实际方差进行比较，发现差别非常小，一直低于5个百分点。

这里还是很有必要重复一下：有一些管理者对于在99%的置信水平上试图为活动和资源水平做出乐观和悲观的估计没有信心，而乐于在90%或95%的置信水平上进行估计。然而，如果在这样的置信水平上进行估计，使用传统的方差运算公式$[(b-a)/6]^2$可能会导致对路径方差的严重低估，并对项目在特定时间内完工的可能性引入了相当大的误差。我们再一次提醒读者，如果输入数据是有偏差的或者粗心整理的，那么就没有一种方法可以帮助项目经理对风险实施管理。

项目管理实践

企业会议的进度计划与合作

典型的企业增长中应包括具有有效合作特点的劳动力，具体表现为大量增长的远程连接关系、机动人员和虚拟团队。这种劳动力的效果，或者进一步说，企业的成功，很大程度上取决于其合作效果。

遗憾的是，在大部分组织中，进度计划会议与合作事项的工作都是基于一些原始的工具和方法，效率很低。这样的情况阻碍了许多企业提高合作的能力，进而对很多企业的绩效产生了消极的影响，但从另一方面来说，这也为该工作的改进提供了很多空间。

企业会议的进度计划（ECS）涉及在企业环境中，以统一和易于管理（操作）的方式去计划和安排聚会、会议及其他与合作相关事件等各方面。

ECS具有下面一些关键的优势：

1. 采用进度计划会议设施、参会者及相关服务同步进行的方式，改进会议的实施情况；
2. 改善召开会议相关技术的可行性，以移除在虚拟团队、远程连接关系和机动人员之间的障碍，以便更好地促进合作；
3. 通过增强企业的适应能力提供符合参会者要求的服务，从而优化会议的服务质量和成本费用；
4. 通过运用新的针对会议的管理能力，来更新工具和增强IT管理的能力；
5. 综合运用现行的可操作平台，提供服务质量的量化标准；
6. 通过会议任务管理的自动化，降低劳动力成本；
7. 提供更好的组织控制以降低与会议相关的各方面成本；
8. 提高召开会议所消耗空间和资源的回报率（ROI）和利用率。

ECS为具有如下特征的、有召开会议的环境需求的企业、商业组织、政府部门、教育机构以及其他一些实体带来了益处：

1. 重要的会议设施，包括为会议准备的房间和其他共享的工作空间；
2. 已存在或计划投资的召开会议的技术，如音频、视频、数据、网络会议等；
3. 一些分布在不同地区的员工，特别是跨越不同的时区与国家的员工。

管理者、顾问和一些类似的机构很清楚当今企业面对的各种各样的商业和运营挑战。组织被要求更多地关注如何减少资金和人力资源的耗费。需要更多人力资源这一看似简单的需求对员工的工作量和组织都产生了巨大的影响，而他们正在努力解决这些工作负担带来的影响。

同时，越来越多的商业过程已经在适应这些基本的看法和变化，这极大地满足了企业在合作方面的需要。事实上，会议（聚会）作为商业运营的一个方面，正在经历一个逐渐演变的过程。

企业每年在组织的开发者、促进者、培训师和教练身上花费数百万美元，试图告诉自己的员工如何去相互接触、相互交流和相互合作以提高最终效果。同样，企业也花费了大量资金在设备、基础设它们施和一些工具上以提高会议（聚会）及一些“随需应变”的合作工具（方式）的效果。直到今天，企业仍然面临着如何使这些花费得到最大化投资收益的挑战。

需要相互协调配合以达到合作目的的项目如下所示：

1. 人员（会议的计划者和参与者）；
2. 管理人员；
3. 会议房间；
4. 通信技术，包括视频、音频和网络会议技术；
5. 会议的支持设备，比如演示产品和白板；
6. 餐饮；
7. 医护人员；
8. 其他事项的服务。

在不同的时间，根据不同的需要，所有这些项目在会议的基本结构中都扮演着自己的角色：参与者、受益者或者相关的支持要素。这一清单也许看起来很简单，但是把如此之多各不相同的要素组织在一起并有效地管理是一件极不简单的事情。一个组织在诸多要素间能够有效地调整进度和会议实施的能力，将会直接影响到合作的效率和效果。

下表展示了一些人们经常用于计划、记录以及安排其时间进度或者其他企业资源的方法。

人工的 进度计划	群发信件 & 日历排定	专业的进度计划服务
信件	Lotus Notes /Domino （一种群组工作软件）	设备进度程序
电话	微软 Outlook/Exchange 软件（微软开发的邮件服务程序）	音频、视频连接等的相关进度程序
电子邮件	Oracle 日历软件/Collaboration Suite 软件	网络会议服务的进度程序
个人信息管理器（PIMs），如 Palm Pilot（一种 PDA）		餐饮及其他事项的进度程序

每个组织中都有一些成员为了某个单独的会议也许需要用到许多上述的工具。利用电话会议和网络会议的方式去规划一个多地点的会议，例如，一个用户可能用一种工具去订房间，用另一种工具去邀请参加者，用第三种工具去安排电话会议，用第四种工具去安排网络会议。进度计划的任意改动都必须通过这些工具进行仔细的检查，会议的参加者必须费力地通过各方面的消息去把他们需要参加会议的信息拼凑在一起，譬如电话会议的号码、网络会议的网址、密码等。

组织、个人、团体以及一些机构经常随着协同工作能力的变化程度使用不同的工具，这就导致了那些效率低下的进度计划的方法成倍增长。进度计划信息被保留在各种位置和类型的数据库中，不能进行全面和统一的查看。各种各样的工具也许只支持全部基本结构的部分进度计划，而不是完成整个进度计划。

对于一间办公室、一个建筑物、一所学校、一个区域或者一些其他地域限制，信息也许是不全面的。对于跨国企业来说，不同的软件包根据偏好、并购以及其他一些无论多么详尽的计划也无法说明的变量，被用于不同的区域。

下面的一些基本能力是任何一种企业会议进度计划软件都具备的基本要素：

1. 所有企业会议所涉及的会议资源：场所、与会者、音频、视频及网络会议技术、餐饮、设备、医护人员以及其他服务的一站式进度计划。

2. 有弹性的管理工作流程，周到的计划者、管理者、与会者和服务提供者以支持集中式和分布式结合的"混合型"进度计划模式。

3. 支持全面管理会议环境，包括多个场所、外部场所的拓展，如在企业外的商业伙伴。

4. 控制和追踪所有与会议资源相关的途径、效用、成本以及服务质量。

一个主办会议和对其进行进度计划的项目能通过运用如 ECS 等软件而受益，这些软件能在企业环境中，用统一和易于管理的方式提供进度计划、会议或者其他与合作相关的项目。ECS 通过单独的机制或一整套同步的机制，统一了会议的参与者、设备和服务的进度计划。ECS 发送后端的服务要求，自动化会议服务的配送系统，同时改善了管理控制和追踪与举办会议相关的途径、效用、成本以及服务的等级和质量。

资料来源： Alan D. Greenberg, Senior Analyst, Wainhouse Research, available at http://www.wainhouse.com/files/papers/wr-bizcase4confsched.pdf accessed 2008-09-16.

8.3 使用 Crystal Ball® 软件通过模拟对风险进行分析[①]

正如我们在本书中反复强调的那样，项目本身就具有不确定性。想要干成一件事，所拥有的时间、人力、物力、调研试验的成功率、客户的需求、竞争对手的反应，哪怕是反复无常的天气、忽高忽低的利率，甚至是高层管理者的心血来潮，都有可能给计划严密、运转良好的项目带来不可逆转的厄运。虽说我们尽可能地计划周详，降低不确定性的概率，但是不确定性本身是永远存在的。在这个处处充满不确定性的世界里，我们所能做到的只有尽可能减少不确定性给项目带来的不良影响罢了。

第 2 章第 2.4 节曾经提到过管理不确定性的方法之一就是做风险分析。我们可以对影响决策的变量和参数的概率分布进行假设，在此假设的基础上运用蒙特卡罗模拟法考察各决策方案的影响程度，由此，我们用数学模型的方法对决策过程加以管理。在此模型中，各变量的数值是按照我们事先定义的分布形式随机提取，通过系统运算得出结果。这一模拟过程重复操作，历次运行结果就构成了最终结果的分布，该分布便是决策中的风险预测，对风险的预测是与各公司的方针战略、客户需求和其他决策因素密不可分的。

在第 2 章中，我们运用 Crystal Ball®（CB）软件模拟了一个决策过程，来考察某个项目的最低回报率是否达到了公司的要求。我们曾经多次从项目预算的角度来考察

① 本节内容可以跳过不读而不失全书的连贯性。

项目的不确定性，实际上，类似的模拟方法同样可以运用到项目的进度计划和管理中。回顾表8—1的数据，当初我们是以活动工期服从β分布作为假设，通过分析来识别关键路径并计算其他路径的工期长短的。CB可以按β分布随机抽取数据，但是要求在每个“分布定义”单元格里对β分布定义参数图形，这其中的统计学原理已经超出一般人的知识范围了。我们在这里要解决的问题只是模拟项目完成的时间，而如何合理识别活动工期的正确分布属于常规的概率统计的范畴，不在我们的讨论之列。

我们在此选用三角分布，这也是埃文斯等人（Evans et al.，1998）和其他学者所建议的一种方法。[①] 图8—27显示了一个模拟项目完成时间的案例。解决看似如此复杂的一个问题的方法其实就是这么简单。在XL和CB界面中，对各列单元格进行标注，先输入活动名称，再找出网络路径，最后运算“完成时间”，其中最难的部分就是识别摆在我们面前的各条路径。对于简单网络来说比较容易识别，可是对于大型复杂网络来说，恐怕就要借助MSP软件的PERT功能来帮助解决了。

只要我们按照软件系统的提示，在电子数据表XL中输入数据运行CB软件，问题其实很容易就可以解决。

（1）在活动列注明活动代码，点击A3单元格，输入20，假设分布形式为β分布，选择相应的分布代码。

（2）点击屏幕上方的功能键“Cell”，在下拉菜单中选择“Define Assumption”（定义假设条件）。

（3）屏幕上出现各种分布图形，选择“Triangular”（三角分布），点击“OK”。

（4）在三角分布对话框，输入活动a的悲观估计值、最可能估计值和乐观估计值，点击“OK”。注意：做了假设定义的单元格显示为绿色。

运算之前，有两件事需要注意。当初A3单元格内的数据是20，即活动a的预期工期为20天。人工、MSP软件或者XL软件都是按照（$a+4m+b$）/6的公式进行运算的。A3单元格中数据的三点估计值分别为10，22和20。在上述三个时间估计的情况下，CB计算三角分布的预期工期时，使用的公式却是（$a+m+b$）/3，因此得出TE是18，而不是20，于是CB软件会对单元格的数据进行正确的调整。假设A3一格空着，然后点击“Cell/Define assumption”，CB系统是根本不会接受的，因此我们只能凭经验，先在此单元格中输入一个数据，再点击此数据来修正它，接着往下运行，CB系统会自动对此数据进行合理调整。

另一点需要特别注意的是活动b。假如回到三角分布对话框，输入三点估计值20-20-20，CB软件并不认可这种输入方式，因为它无法支持一个三角分布。B3单元格也无法定义分布假设，因此输入20就可以了，CB当20是个常量。活动g单元格也如此，三点估计值完全相同无法支持三角分布，因此同样是只输入一个常量，或者随意输入一个固定值即可。没有做分布假设定义的这些单元格在图中是不带颜色的。

（5）继续为各活动代码输入数据。

（6）仔细计算会发现网络图呈现8条路径（见图8—27中第8～15行），输入各路径代码以及路径工期计算公式，注意公式计算结果为各路径的预期工期。

（7）在S3单元格输入项目总工期计算公式，并标注“完成时间”字样（参见第16行）。

---

① 如果你想用分析的方法解决问题，三角分布需要对活动预期时间的估计和活动统计方差的估计有一个不同的计算方法：$TE=(a+m+b)/3$ 和 $\sigma^2=(a^2+m^2+b^2-ab-am-bm)/18$。一旦你采用三角分布作为假设分布，那么CB软件就将采用这种方法为你计算。

	A	B	C	D	E	F	G	H	I	J	K	L	M	N	O	P	Q	R	S
1	活动	活动	活动	活动	活动	活动	活动	活动	活动	活动	路径	路径	路径	路径	路径	路径	路径	路径	完成
2	a	b	c	d	e	f	g	h	i	j	a—d—j	b—e—j	b—f	b—g—i	c—e—j	c—f	c—g—i	c—h—i	时间
3	18	20	10	16	12	14	4	10	20	8	42	40	34	44	30	24	34	40	44
4																			
5																			
6	关键																		
7	公式:																		
8	单元格 K3	=A3+D3+J3																	
9	单元格 L3	=B3+E3+J3																	
10	单元格 M3	=B3+F3																	
11	单元格 N3	=B3+G3+J3																	
12	单元格 O3	=C3+E3+J3																	
13	单元格 P3	=C3+F3																	
14	单元格 Q3	=C3+G3+J3																	
15	单元格 R3	=C3+H3+I3																	
16	单元格 S3	=MAX (K3:R3)																	

图 8—27 根据表 8—1 的项目数据 Crystall Ball® 软件模拟运算后得到的电子数据表

点击“Cell”功能键，在下拉菜单中选择“Define Forecast”。输入“项目完成时间”，或者其他自己定义的名称，点击“OK”。每次模拟运行，系统都会通过公式自动发现工期最长的那条路径，即各次运行结果中的关键路径。

(8) 点击“Run”功能键，在下拉菜单中选择“Run preferences”，定义模拟运行次数为1 000次，点击“OK”。

(9) 点击“Run”，然后重复点击“Run”功能键在下拉菜单中进行选择。系统运算结果最终会以分布的形式显示在屏幕上。

在探讨模拟结果之前，我们想说的是，假如将活动工期从 β 分布转换为三角分布，运算结果会非常有趣。根据重新计算的 *TE*，网络图中的关键路径从 β 分布下的 a→d→j 变成了三角分布下的 b→g→i。这一变化完全是在不同分布下计算 *TE* 的公式不同所导致的结果。

当运行模拟时你看到的统计分布将与图 8—28 所示的一个项目完成时间的频率图类似。比如说，我们想考察第 52 天完成项目的可能性，只需在“+Infinity”格中输入 52，或其他想考察的数据值，然后按回车，“Certainty”一格内会自动显示出概率的数值。

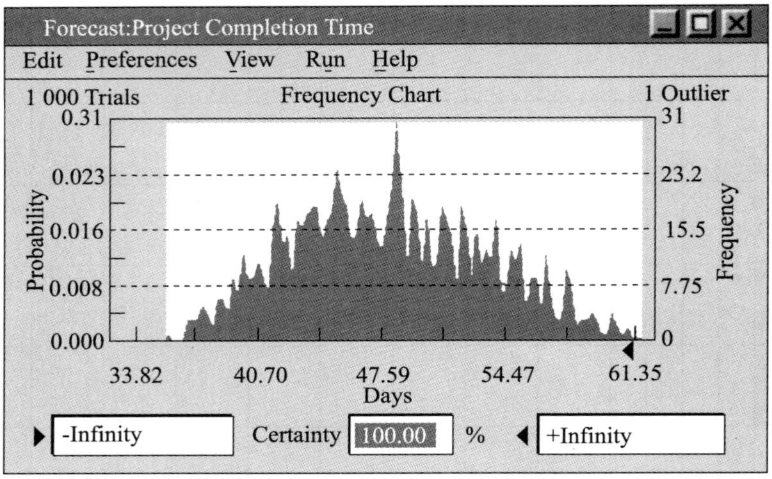

图 8—28　CB 软件生成的项目完成时间频率图

如果在频率图（Frequency Chart）界面上方的工具栏中，点击功能键“View”，你将会看到更多的信息。例如，点击“View”后在下拉菜单中选择“Statistics”，图 8—28的各种统计数据就会以图 8—29 的样式自动显示出来。模拟 1 000 次，项目完成时间的平均值为 47.8 天，中值为 47.6 天。让我们回忆一下，β 分布下预期的完成时间是 43 天，三角分布下预期的完成时间是 44 天，模拟结果显示的平均值更大，那是由于路径合并导致的结果。

图 8—30 显示的是模拟运行过程中或者全部完成后的百分比图。图 8—31 显示的是项目在第 52 天或更早完成的累计概率图（52 可以输入在频率图的右下角方框内，也可以输入在累计图的右下角方框内）。

通过这个简单的例子我们可以清晰地看到模拟的价值。关于多条路径的合并、项目在不同时间完成的概率、活动分布图形的各种假设等问题的信息计算，利用分析的方法，即便是利用电子数据表也是比较困难的，但用模拟法解决这些问题就比较简单。

Forecast:Project Completion Time

Edit　Preferences　View　Run　Help

Cell S3　**Statistics**

Statistic	Value
Trials	1 000
Mean	47.78
Median	47.62
Mode	—
Standard Deviation	5.39
Variance	29.03
Skewness	0.18
Kurtosis	2.35
Coeff.of Variability	0.11
Range Minimum	33.82
Range Maximum	61.50
Range Width	27.68
Mean Std.Error	0.17

图 8—29　CB 软件生成的项目完成时间综合统计图

Forecast:Project Completion Time

Edit　Preferences　View　Run　Help

Cell S3　**Percentiles**

Percentile	Days
0%	33.82
10%	40.87
20%	42.85
30%	44.49
40%	45.91
50%	47.62
60%	48.90
70%	50.83
80%	52.77
90%	55.11
100%	61.50

图 8—30　CB 软件生成的项目在 *n* 天内完成的百分比概率图

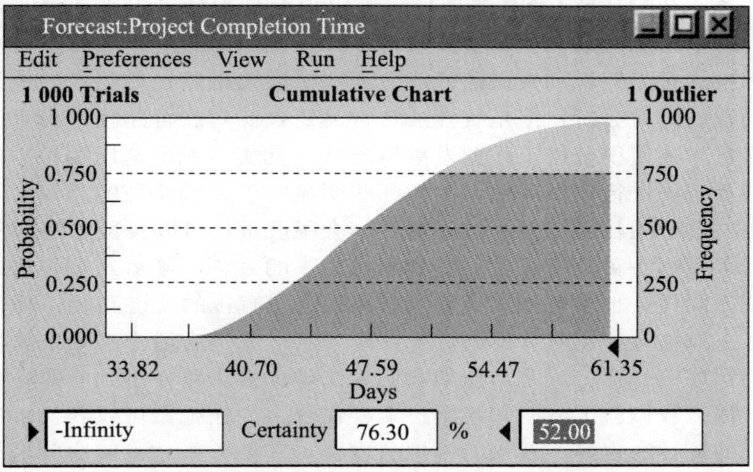

图 8—31　CB 软件生成的项目完成时间累积概率图

有时，项目经理会略过整个过程，而借口说“只需要了解项目预计完成的具体时点，以及最早和最迟可以什么时候完工”就够了，那么我们来看一看每项活动的乐观估计时间和悲观估计时间就清楚了。路径 b→e→j 的最短完成时间是 30 天；路径 c→h→i的最长完成时间是 70 天，即关键路径。对于两条路径而言，活动 b、活动 e 和活动 i 取的都是最小值（同时活动 c、活动 h 和活动 i 取的都是最大值），这种可能性很小可以忽略不计（如果按照 3σ 水平来估算，活动工期小于等于乐观估计值的概率为 $1-0.998\,7=0.001\,3$。三项活动同时小于等于乐观估计值的概率为 $0.001\,3^3=0.000\,000\,002$，这还不算其他各项活动的工期全部保持最小值的极端情况）。项目当然也有可能大于 70 天完成，这可能是由于当初估算时未考虑到的外界的、不可抗力因素所造成的影响（这就是我们强调项目经理应该在整个项目生命周期中持续进行风险识别、评价和分析活动，以避免这种意外情况发生的原因）。

□ 传统统计法和新兴模拟法

面对不确定性，项目经理没有更多的选择。在本书第 1 版于 1985 年出版时，一些将其用于实践的人已经开始尝试 PERT/CPM 方法了，而项目中的大多数人还未意识到不确定性的重要性。在那个时候，一旦项目发生了进度延迟或者成本超支的情况就用“储备金”来抵挡，风险的概念在人们的意识中还比较淡薄。随着时代的发展，正规的风险管理体系已经纳入到企业的标准化管理中，许多人在进行冒险项目时也运用了风险管理。现如今风险管理已经不再是一个理念的问题，有待发展的是如何进行风险管理的实际操作问题。

项目的进度计划将风险的量化管理推到了显著的位置。本章“项目完工时间的不确定性”这一小节讨论和演示了标准的统计方法。比照这一传统的方法，我们接下来又介绍了如何用新兴的模拟方法进行类似的分析。鉴于种种客观的原因，我们在这里更加推荐读者使用模拟法，但有一点请记住，只有在分析者充分理解传统的分析方法的基础上才可能更好地使用模拟的方法。

两种方法都需要进行三点估计和活动预期工期的计算。市面上的商用电子数据表软件都可以轻而易举地计算出 *TE*（及其差异）。同样是借助计算机软件的支持，通过统计，各条路径的 *TE*（及其差异）也可以很容易地计算出来。现实生活中大多数项目比我们这里引用的案例项目要复杂得多，当我们面对这些项目及处理若干活动路径时，最困难的是如何识别关键路径或者那些接近关键路径的路径。统计法或模拟法都可以辅助我们进行分析，但是统计法常常需要我们对联合路径进行手工计算，不仅增加了工作量，还使得分析工作愈发单调乏味。其实，无论选用哪种方法，都没有必要对各条路径统统进行仔细评估，因为那些明显短于关键路径的路径，除非差异非常之大，否则对整个项目完工时间的影响并不会很严重，可以暂且忽略这些路径。

不管采用哪一种分析方法，不到项目完工的一刻，项目经理很难确切得知项目的完整工期，同样，也很难说出到底哪条路径会是真正的关键路径。即便我们对活动工期进行了三点估计，也对 *TE* 进行了计算，但是现实生活中项目的真实 *TE* 并不见得就跟我们预期的一样。反之，假如我们无法辨识多条路径中到底哪一条成了当前的关键路径，那么我们就无从得知该路径上存在着多少松弛量可供我们加以利用。由此可见，传统的统计法也好，新兴的模拟法也罢，仔细分析才是解决问题的关键。只有通过分析，项目经理才能洞悉与项目进度相关的风险性——这比任何其他方法都要实在，甚至比打了克里奥热线（Miss Cleo）询问未来都要灵验许多。项目经理不能只把目光锁定在关键路径上，因为随着项目的进展，其他的路径也有可能会转化为关键路径，所以项目经理要主次全部兼顾到。作为项目经理，还要时刻提醒自己一点，那就是一旦某条路径上的时间松弛量很富裕，而项目成员并不急于将工作按时完成，那么该路径上的松弛量很可能会悄悄地流失掉，反而导致项目的延误。

Crystal Ball® 软件是个理想的软件，是用来模拟项目工期的一个简单易行的工具。利用 Excel® 软件内嵌的程序同样可以对项目进度进行模拟（可以参见 Mantel et al.，2008）。我们在这里特别推荐 CB 软件，是因为它的用户界面比较友好，而且能够以多种形式输出运算结果。CB 软件还支持与用户的互动，一旦模拟参数或者变量被人为调整，CB 软件可以做出迅速的反应。

8.4 使用这些工具

那些已经讨论过的用户界面友好的计算机软件，如 Microsoft Project®、Crystal Ball®、Excel® 等，已经成为便于人们对项目进行管理的重要工具。我们清楚地知道，收集数据比进入系统和运行软件难度要大得多，但并不是不可为。譬如，以一个公寓建筑群联合体为例（见表 8—6），其中的信息收集和软件运行就是由刚刚接触此软件的人完成的。

表 8—6　　公寓建筑群联合体行动计划

任务	*a* 天数（小时）	*m* 天数（小时）	*b* 天数（小时）
1. 房地产部门秘书接收一系列的产品商业计划	n/a	(0.3)	(0.4)
2. 秘书检查合同并复印，将所有在亚特兰大区域的交易计划通过快件寄到亚特兰大。亚特兰大办公室在一周内将记录的复印件发送给洛杉矶办公室	n/a	(0.2)	(0.3)
3. 秘书标注日期、贴标记、记录、检查后复制，制作新的文件，核对合同资源，将新的交易信息添加到卡片信息上。发送标准函件给新的交易来源方；发送复制的函件；发送交易信息给行政助理(AA)	(0.7)	(0.7)	(0.9)
4. 行政助理审查这些交易信息，填写房产登记表，发送给洛杉矶获取执照的主管或者发送给函件指定的房地产部门员工（RAD）	(0.5)	(0.5)	(0.7)
1～4 项任务总计	1 (1.7)	1 (1.7)	3 (2.3)
5. 一揽子交易计划寄送给的人将决定行动。证件发送给秘书来制作文件，通过 RAD 保留做进一步审查的可能性	1 (0.5)	1 (0.5)	1 (1)
……	……	……	……
48. 发布谈判结束后具有法律效力的正式合同	2 (5)	5 (8)	10 (10)

表 8—6 是一个公寓建筑群联合体的行动计划（该计划有 48 个步骤）的一部分。请注意，有几个步骤明显是为较低水平而设计的多步骤行动计划的合成（如步骤 1～4）。图 8—32 是表 8—6 的一个 AON 网络。该公司还有一个用来追踪每个项目的甘特图版本的网络。表 8—6 还包括每个步骤所使用的“日历”式的三

点估计（以天为单位），以及用于每一步骤的“资源”时间（以小时为单位）的估计。时间估计数据“2（10）”读做“2天10个工时”。副本数据还可以用于安排工作负载进度。此模型被视为一个解决复杂问题的模板，它不仅改进了项目流程还减少了项目时间。

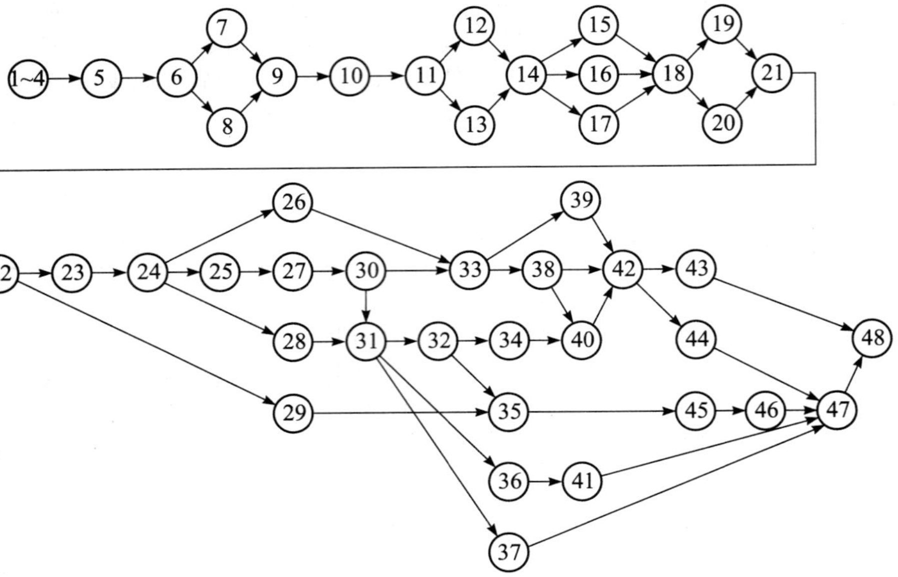

图 8—32 公寓建筑群项目网络图

在这里我们不想就应该使用何种工具给出任何建议。如果项目经理仅乐于对那些主要的系统进行一点试验，那么就给定项目而言，它们的相对优势和劣势将会变得非常明显。

小结

本章重点讨论了项目实施工作中的进度计划问题。在描述了使用网络进行项目计划和控制的好处之后，本章又介绍了AOA和AON方法。接下来，介绍了甘特图。

本章的要点如下：

1. 对于项目而言，鉴于其协调问题的复杂性，进度计划工作是非常重要的。

2. 进度计划的网络方法提供了一系列对项目有特殊价值的特定优势。

3. 关键性的项目任务一般不会超过全部项目任务的10%。

4. 网络技术既可采用节点表示法（AON），也可采用箭线表示法（AOA）的格式，无论何种格式都不会明显影响分析结果。

5. 网络通常是从左向右绘制出来的，随着绘制网络工作的不断进行，活动的紧前关系和事件时间也都得到了明确的显示。通过使用网络，我们可以识别关键活动和事件，还能找出最早和最晚的活动开始时间，确定每项活动可用的松弛量，并且计算出项目在各种时间内完成的可能性。

6. 甘特图是一种与网络图密切相关的监控方法，但更容易让人看懂，并且它还对项目的当前进展状况提供了更为清晰的图像。尽管有这些优点，它还是有很多不足，例如，不能清晰指明任务的紧前关系和依赖性。

在下一章里，我们将会进一步研究多个项目需要共同使用一套资源时的进度问题。在这种情况下，我们仍然可以使用多种方法来解决资源配置和活动赶工的问题。

关键术语

活动（activity） 一个需要耗费资源和时间来完成的特定项目任务。

活动箭线表示法/活动节点表示法（activity-on-arrow/activity-on-node） 两种描述网络的方法，用箭线或节点来表示各种活动。

线（arc） 用于连接两个节点。

赶工（crash） 在CPM中，活动可以按正常步调进行，或者以较高一些的成本加快完成，这就是人们所熟知的赶工。

关键性（critical） 一项活动或者一个事件，如果它们有所延误就会延误整个项目的完成。

事件（event） 发生在特定时间点上的一项或多项活动的一种终结状态。

甘特图（Gantt chart） 一种在一个水平的时间尺度上以时间为基准绘制出多种活动的方法。

里程碑（milestone） 一个项目或者一系列活动中，一个可以清晰识别的点，通常用来表示一项需要作出报告的活动，或者用来表示一系列大型或者重要的活动的完成。

网络（network） 一种用线或节点表示的相关活动和事件的组合。

节点（node） 两条或多条线或箭线的交叉点，通常用来表示活动或事件。

路径（path） 网络中线段和节点的一种顺序。

项目管理信息系统（Project Management Information System，PMIS），可以让信息频繁在项目中流动的系统、活动和数据，通常是计算机化的，但并非总是如此。

平衡（trade-off） 牺牲一定数量的一种要素以换取更多或者更少其他的要素。

问题

内容复习问题

1. 请定义在绘制网络图时所使用的活动、事件和路径。什么是虚拟活动？
2. 关键路径时间的何种特性使其具有关键性？
3. 甘特图要对哪两种因素进行比较？在目的方面，甘特图与项目主体进度计划的区别是什么？
4. 比较总松弛量和自由松弛量的区别。
5. 各种进度计划方法分别适用于什么情况？
6. AOA和AON，这两种图有什么不同？
7. 模拟法是如何计算项目不同完工时间的概率的？
8. 简要总结一下如何绘制一张网络图。
9. 定义“最晚开始时间”、“最早开始时间”和“最早完成时间”。
10. 关键路径是如何确定的？
11. 什么是“松弛量”？为什么说它很重要？

课堂讨论问题

1. 你认为网络技术怎样用来估计制造成本？
2. 网络法对项目计划工作有什么好处？有什么不足？
3. 对于第8.4节“使用这些工具”中的相关观点，你的观点是什么？
4. 为什么说AOA或者AON对于项目经理具有重要价值？
5. 如何处理在安排项目进度时的不确定性？
6. 你怎样去计算自由松弛量？
7. 活动时间是怎样估计出来的？
8. 关键路径活动和非关键路径活动应当区别对待吗？请解释。

9. 前导图法将网络中的标准活动关系又拓展了三种，你还能想出其他特殊的情况吗？

有关“项目管理实践”的问题

生产进度计划

1. 在进行进度计划时会遇到哪些问题？

2. 自动化信息是如何改善运营成本的？

3. 实施计算机处理的进度计划系统所带来的长期好处是什么？

企业会议的进度计划与合作

1. 在对会议进行进度计划时，什么是最主要的资源需求？

2. 软件系统是如何使会议进度计划得益的？

习题

1. 给定下列信息，请绘制 AON 图。

活动	紧前活动
1	—
2	—
3	1，4
4	2
5	2
6	3，5

2. 请从下图中找出三个错误的地方。

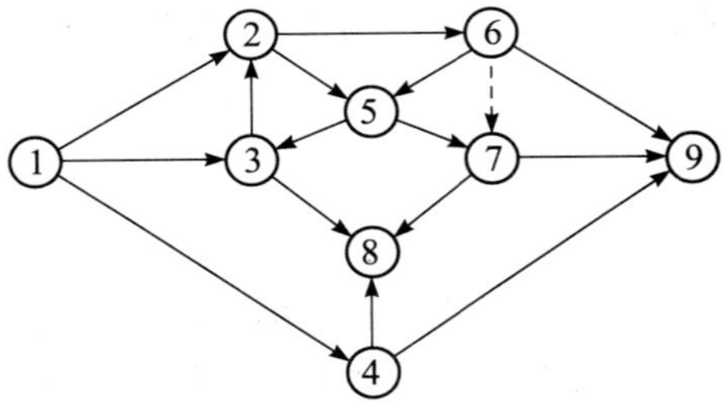

3. 给定下图，请找出：

(1) 关键路径。

(2) 项目完工所需要的时间。

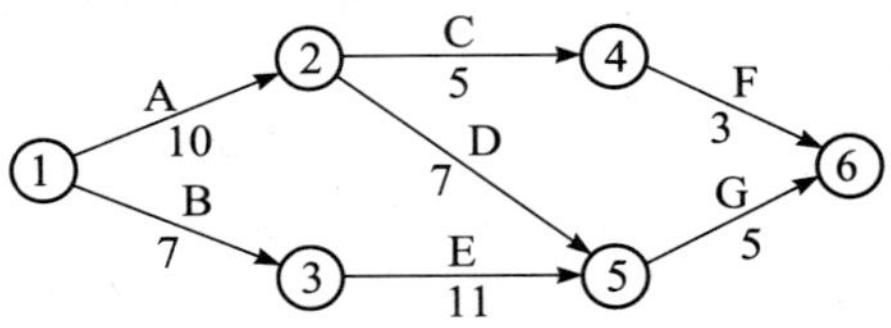

4. 请将问题 3 中的 AOA 图转换成一个 AON 图。如果在问题 3 中，节点 2 到节点 3 之间有一项虚拟活动，那么 AON 图将如何变化？

5. 给定下列活动和紧前活动，请画出 AOA 和 AON 图。

活动	紧前活动
A	—
B	—
C	A
D	A，B
E	A，B
F	C
G	D，F
H	E，G

6. 给定下面网络：

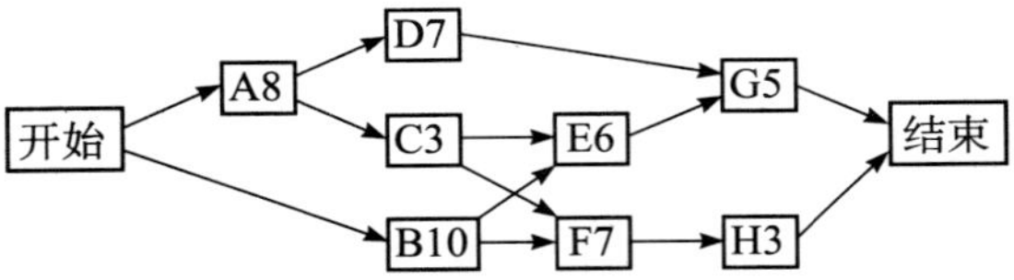

(1) 哪条为关键路径？

(2) 该项目完工需要多长时间？

(3) 可否延误活动 B 而并不致整个项目延误？如果答案是肯定的，那么可以延误多少天？

7. 给定下面所估计的活动时间和上面问题 6 中的网络：

活动	a	m	b
A	6.5	7.5	14.5
B	8.5	10.5	12.5
C	2.5	3.5	4.5
D	6.5	7.7	8.5
E	5.5	5.5	9.5
F	5.5	7.5	9.5
G	4.5	6.5	8.5
H	2.5	3.5	3.5

该项目在下述期限内的完工概率是

多少？

（1）21 天。

（2）22 天。

（3）25 天。

8. 给定下面的活动和 *TE*：

活动①	*TE*	活动①	*TE*
AB	1	CE	6
AC	2	EF	5
AD	3	FG	10
DC	4	FH	11
CB	3	EH	1
DE	8	GH	9
CF	2	EJ	3
BF	4	GI	8
IJ	2	HJ	6

（1）画出 AOA 图。

（2）找出关键路径。

（3）计算完工时间。

9. 奇迹市场营销公司（Miracle Marketing）从一家大型制药厂那里得到一份合同，为其新研制的抗癌新药策划一个全美广告活动。与目前常用的静脉给药的方法相比，该药物易于服用，而且可以在家治疗。奇迹市场营销公司将该项目委派给一位项目经理，相应地，他又将分解的小项目委派给下属经理人员。

评估该项目使用的 AOA 分析法。由于项目历时比较长，对许多活动进行了组合，下面就是相应的结果：

活动	时间（月）	活动	时间（月）
AB	3	GJ	1
BC	6	HK	3
BD	2	IL	9
BF	5	LM	12
BE	4	KN	7
CD	9	JO	4
DG	20	MN	15
EH	11	NP	13
EI	19	OP	10
FG	6		

请找出关键路径和期望完工日期。

10. 下面给出的是一家投资公司考虑中的金融项目，请算出在第 17 周完工的可能性。第 24 周完工的可能性呢？管理层确信有 90% 的把握完工的时间为多少周？

时间（周）

活动	乐观的	最可能的	悲观的
1～2：收集企业数据	5	11	11
1～3：分析数据	10	10	10
1～4：确定需求	2	5	8
2～6：确定利润	1	7	13
3～6：评估风险	4	4	10
3～7：业主访谈	4	7	10
3～5：检查资料	2	2	2
4～5：行业评估	0	6	6
5～7：经济评估	2	8	14
6～7：确定资金	1	4	7

如果该投资公司能够在第 18 周为客户完成这一项目，将会得到 10 000 美元的奖励，但是，如果该项目延误到了第 22 周以后，那么该公司就必须因给客户造成了损失而支付罚款 5 000 美元。如果该公司可以选择是否需要竞标该项目，而且该项目仅是一个一般性的赚钱项目，那么应该如何进行相关的决策？

11. 下面的网络是一家刚成立的公司计划开发一种新型的生物电子计算机芯片的计划书的一种简单表示。

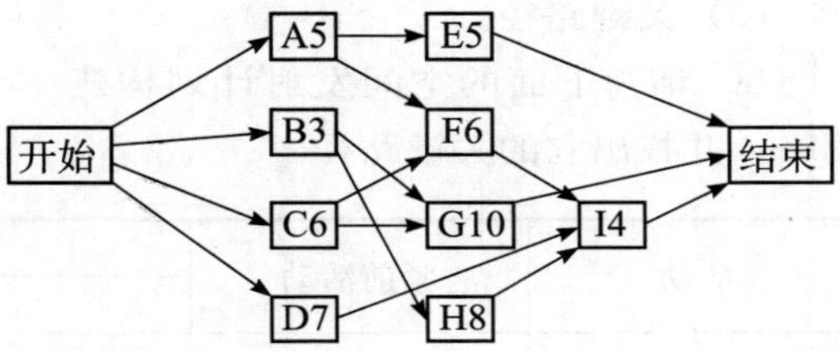

① “AB”这种写法表示处于事件 A 和 B 之间的活动。

请找出：

(1) 关键路径。

(2) 项目完工的最早时间。

(3) 活动E、活动F、活动H的松弛量。

12. 给定下面的网络图（时间以周计算），请确定：

(1) 每个活动的 *ES*，*LS*，*EF* 和 *LF*。

(2) 所有活动的松弛量。

(3) 关键活动和关键路径。

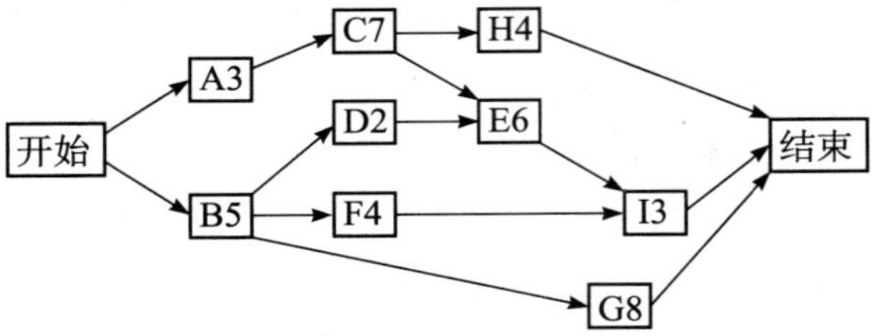

13. 在下图所显示的网站开发项目网络中，每项活动旁边的数字表示以周为单位的活动工期（*TE*）。

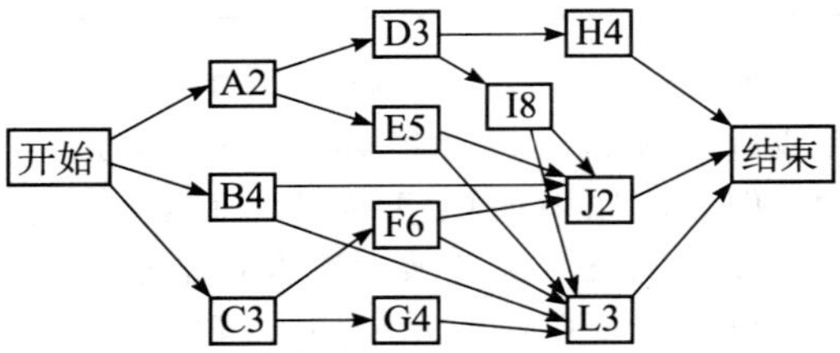

请确定：

(1) 每个活动的 *ES* 和 *LS*。

(2) 网站的最早完工时间。

(3) 所有活动的松弛量。

(4) 关键活动。

(5) 关键路径。

14. 请为下面的空间发射计划构建一个网络，并找出它的关键路径。

活动	*TE*（周）	紧前活动
a	3	无
b	5	a
c	3	a
d	1	c
e	3	b
f	4	b，d
g	2	c
h	3	g，f
i	1	e，h

15. 请为下面的培训和开发项目构建一个网络。

活动	*TE*（周）	紧前活动
a	3	无
b	5	无
c	14	a
d	5	a
e	4	b
f	7	b
g	8	d，e
h	5	g，f

(1) 画出网络图。

(2) 找出关键路径。

(3) 假设活动a（雇用培训师）要耗时5周，请重新规划该项目。

(4) 你会建议从哪里给哪一种活动调配资源，以确保最初设定的培训期？

16. 假定 a 和 b 的值给定在95%的水平上，请重解问题15中的第4问。假定给定值在90%的水平上，请再次重解该问题。

17. 下面是一个在美国独立日上演的社区话剧项目，给定下列信息。

(1) 绘制一个AON网络图。

(2) 确定该剧的最早完成时间和关键路径。

(3) 有80%概率完成该项目的时间？在40%的概率时呢？

(4) 项目过程中如果发生一天的延误，情况是否会很严重？

活动	紧前活动	时间（天）		
		a	*m*	*b*
1	—	2	4	6
2	—	5	5	5

续前表

活动	紧前活动	时间（天）		
		a	*m*	*b*
3	2	3	5	7
4	1	7	10	13
5	1	11	12	13
6	2，4	5	6	7
7	3	9	10	11
8	3，6	5	7	9
9	4	7	9	11
10	5	3	3	3
11	7	15	17	19
12	8	6	8	10
13	9，10	7	8	15
14	7	12	14	16
15	12，13	16	17	18

18. 对第 17 题进行模拟运算，假设每周工作 7 天，活动时间分布服从三角分布，模拟 1 000次，观察统计数据并与第 17 题的结果相互对比，简要解释主要的相似之处和不同之处。

19. 给定如下的任务以及紧前活动，时间以周计算。

（1）用 MSP 画出甘特图。

（2）假设每周工作 5 天，计算项目的关键路径。

（3）计算项目工期。

活动	紧前活动	工期（天）
a	—	2
b	—	2
c	a，b	4
d	c	3
e	a，b，c	1
f	d，e	2
g	f	3
h	g	1

案例讨论

扬基制椅公司

扬基制椅公司（Yankee Chair Company）正急于将一种新型的摇椅推向市场。过去在推出新型椅子方面的尝试令人十分沮丧。公司总裁布莱特·里克斯决心不让失败在新产品上重演。他对现有的管理团队没有任何信心，于是雇用了一位当地的咨询师詹·戴摩尔来组织和管理这个项目。他指派该公司的经理汤姆·高特与戴摩尔一起开发公司内部推行项目管理的能力。戴摩尔决定建立一个 PERT 网络，并且通过排列活动、指定优先次序和估计完成时间这样一些过程来指导高特，还向高特解释了关键路径的概念，至此，高特才算是对项目管理有了一定的了解。在里克斯主持的第一次评审会上，PERT 法得到了热情的响应，但就在评审工作快要结束时，戴摩尔就产品设计工作提出了一些批评性的意见，随后便离开了该项目。

里克斯随后问高特能否独立使用 PERT 方法，高特迅速抓住了这个机会，但是后来在办公室中，他开始问自己是否真的能够有效使用 PERT 网络。戴摩尔已经就什么是关键路径以及该项目的耗时做出了估计，但是她也告诉过高特，还要再做一些其他测算，以便为每项活动做出精确的估计，并算出这些活动时间的方差。高特真的不明白有关的数学问题，而且肯定不想给里克斯留下坏印象，于是他决定就那些活动时间采用戴摩尔对关键路径的估计数据作为最可能的估计数据。通过将注意力集中于关键路径活动和忽略方差问题，他计算得出，自己能够使该项目准时完工。

问题：

高特的办法可行吗？相对于任何一位项目经理的常规做法，高特的行为带有多大的赌博成分？高特应该警惕哪些问题？

辛辛那提软件公司

辛辛那提软件公司（Cincinnati Software）专业从事为小型企业安装制造资源计划系统（MRP Ⅱ）。该公司现在正准备扩大经营范围，提供企业资源计划系统（ERP）的安装。公司计划以项目的方式来实现向热门软件领域的扩张，可见该项目对于整个公司来说具有重大的战略意义。公司已经选定了一个项目经理和相应的管理团队来实施项目跟踪工作，直至结束。该项目团队十分有兴趣为该项目选择一种适当的进度计划方法。项目经理已经据此为选择过程订立了下列原则：简单；能够显示事件的工期、工作流程和事件间的相对顺序；能够反映计划和实际之间的差异，展示哪些项目活动可以同时进行，以及距离完工还有多长的时间。助理项目经理偏好使用甘特图，财务方面的代表喜欢PERT，而信息技术的领导则倾向于CPM方法。

问题：

如果你是项目经理，你会采用哪一种方法？为什么？

课堂综合练习项目

现在可以开始构建项目的进度计划。你可以通过手绘的方式，或者通过一些我们在第1章中提到的项目管理软件来实施。你需要构建网络图，找出关键路径和次关键路径、给定日期的完工概率，需要绘制显示里程碑和阶段通关的日程表或者甘特图。如果风险分析包括在你的任务中，你可以通过使用Crystal Ball®软件来显示完工时间及其概率分布。

参考文献

AL-HAMMED, A., and S. ASSAF. "A Survey of Cost Reduction Techniques Used by Construction Firms in Saudi Arabia." *American Association of Cost Engineers Transactions*, 1988.

BADIRU, A. B. "Activity-Resource Assignments Using Critical Resource Diagramming." *Project Management Journal*, September 1993.

DEAN, B. V. *Project Management: Methods and Studies.* New York: Elsevier, 1985.

EVANS, J. R., and D. L. OLSON, *Introduction to Simulation and Risk Analysis*, Upper Saddle River, NJ: Prentice-Hall, 1998.

GALLAGHER, C. "A Note on PERT Assumptions." *Management Science*, October 1987.

GOLDRATT, E. M. *Critical Chain*, Great Barrington, MA, North River, 1997.

HULETT, D. T. "Schedule Risk Analysis Simplified." *PM Network*, July 1996.

LEVINE, H. A. "Risk Management for Dummies, Part 2." *PM Network*, April 1996.

LITTLEFIELD, T. K., Jr., and P. H. RANDOLPH. "An Answer to Sasieni's Question on PERT Times." *Management Science*, October 1987.

MANTEL, S. J., Jr., J. R. MEREDITH, S. M. SHAFER, and M. M. Sutton, *Project Management in Practice*, 3rd ed. New York: Wiley, 2008.

MODER, J. J., C. R. PHILLIPS, and E. W. DAVIS. *Project Management with CPM, PERT, and Precedence Diagramming*, 3rd ed. New York: Van Nostrand Reinhold, 1983.

PROJECT MANAGEMENT INSTITUTE. *A Guide to the Project Management Body of Knowledge*, 3rd ed. CD-ROM. Newtown Square, PA: Project Management Institute, 2004.

SASIENI, M. W. "A Note on PERT Times." *Management Science*, December 1986.

WILKENS, T. T. "Are You Being Misled by Your Progress Gantt Chart?" *PM Network*, August 1997.

WILLIAMS, T. M. "What Are PERT Estimates?" *Journal of the Operational Research Society*, Vol. 44, No. 12, 1995.

案例

下面这篇文章讲述了一家刚刚赢得一个竞标合同的建筑公司所面临的真实境况。本文对那些使该项目复杂化的实际情况都进行了详细描述，也介绍了员工们为应对这些复杂情况而提供的备选方案。

沙龙建筑公司

E. Turban and J. R. Meredith

沙龙建筑公司赢得了建造设计有 20 000 个座位的体育场的合同。建筑工作必须在 2 月 15 日开工，而且要在一年内完工。合同中写明了一个惩罚条款：如果工程延误至下一年 2 月 15 日以后，每延误一周要罚款 15 000美元。

公司总裁吉姆·布朗召开了一个计划会议。在会上，他对赢得合同表示非常满意，并且透露公司在该项目上的净盈利将会高达 30 万美元。考虑到像这样的大型项目延误的一般情况，他预留了一定的延迟期，并且自信该项目会准时完工。

人事主管伯尼·格林同意他的看法，往常由于缺少人手只会导致轻微的延误，然而，她提醒总裁，对于这么大的一个项目，公司必须使用那些具备工会会员身份的员工，而且建筑业劳工协议将在 11 月 30 日到期。过去的经验表明，会有 50%的可能性发生罢工。

吉姆认可罢工的可能性是一个问题，可是合同已经无法更改了，他想知道罢工可能会历时多长。伯尼估算这样的罢工将会持续 8 周（70%的可能性）或者 12 周（30%的可能性）。

吉姆对这种前景感到不太高兴，然而，就在他想讨论应急计划时，副总裁杰克·怀特又打断了他。杰克提醒大家，已经有预报说 12 月的天气会比预计的更为寒冷。在较早的估计中这一因素并未被考虑，因为先前预计气候会比较温暖。该项目需要在 12 月灌注水泥，由此可能导致每 3 箱水泥中会有 1 箱（视温度而定）需要特别加热，它将每周需要耗费 500 美元。

这条新的信息让吉姆一点都高兴不起来了。延误的可能性在增加，而且任何延误还会导致每周 500 美元的日常开支。有关该项目的技术细节在该案例的附录中会给出。

管理团队被要求考虑一些替代方案来应对这种情况。截止到周末共提出了 5 种方案：

（1）加速灌注座位走廊的支柱，这将会花费 20 000 美元，但可以使该活动的工期缩减至 6 周。

（2）与第一项建议相同，另外还要对场地平整的工作采用两班倒的工作制度。该建议将增加 10 000 美元的成本，但会换来 5 周的工期压缩。

（3）顶部施工是非常重要的，因为它先于好几项活动。采用三班制和加班制，能够缩减 6 周的工期，额外支出仅为 9 000 美元。

（4）在 12 月 1 日以前不采取任何特别措施，届时，如果 12 月确实很冷，推迟灌注水泥的工作直到寒流终止、项目所能允许的极限日期或者无论如何都需要加热的时候。如果出现罢工的情况，就等其结束（没有任何选择），然后赶工完成所有的剩余工作。那样的话，任何活动的工期都可能得到压缩，但不得少于其正常工期的 1/ 3。每项活动每压缩一周的额外花费将是 3 000 美元。

（5）不采取任何特别行动，也就是说，希望并祷告不会有罢工，12 月也不会出现寒冷的天气（没有成本发生）。

附录：体育场的技术细节

该体育场为一座室内运动场，拥有 20 000个座位。该项目要首先清理场地，这项工作将持续 8 周。一旦场地清理完毕，场地方面和建筑本身的工作即可同时展开。

场地方面的工作涉及地表下的排水系统，工期为 8 周，紧接着就是填充田径场和跑道。只能在填充工作（14周）结束之后，才能进行地表草皮的铺设工作，该活动将耗时12周。

建筑本身的工作开始于挖掘工作，然后是灌注水泥地基，这两项活动都要耗用4周的时间。接下来是座位走廊支柱的灌注（12周），再往后是竖起预制走廊（13周），然后就能灌注座位（4周）并等待粉刷。然而，粉刷工作（3周）要等到更衣室完工（4周）才能开始。更衣室只有在顶部竖起之后（8周）才能完工。顶部必须竖立在一个钢架结构上面，安装这个钢架结构又需耗时4周，该活动只有在水泥地基灌注之后才能开始。

一旦顶部竖起来，安装照明装置（5周）和安装记分牌等其他设施的工作（4周）就可以同时开始。假定2月有28天，而且2月15日是星期一。

问题

1. 请分析这5项提议，并基于期望成本给出相应的建议。

2. 除了期望成本外，还能基于什么来做出相应的决策？该决策会是怎样的？

3. 在决策过程中还应该考虑其他哪些因素？例如：行为方面、组织方面和政治方面的因素。

4. 作为总裁，你将会做出怎样的决策？

第9章 项目资源配置

在上一章中，我们探讨了项目中一种特殊类型的资源配置问题，那就是在项目任务之间对时间进行分配，也就是进度计划。现在我们需要探讨物质资源的配置问题。同样，我们既关注单个项目，也关注多个同时进行的项目中的资源使用问题。这个问题与进度计划有直接关系，因为改变进度就会改变对资源的需求及其节奏。在任何给定的时刻，对项目所需的各种可用资源，公司都可能会有一个固定的水平。这些资源可能包括各种特殊专长或者技术服务的工时，各类机械或仪器的机时，计算机机时，特殊场地占用时间，以及用来完成项目任务的其他类似的稀缺资源。例如，如果对于某种资源的需求量在资源容量的70％～120％之间变化，那么在项目的某些时点上，这种资源就会闲置（如果没有其他可选择的用途，这种资源就会被浪费），而在另外一些特定的时点上，资源的供应量又会不足。如果调整一下项目进度以协调资源的使用情况，就可以避免项目延期的情况发生，也避免了项目仅仅为了有备无患而储备多余资源的高额成本。

本章着重探讨与资源问题有关的各种情况，我们讨论有关的平衡问题，在单个项目和多个项目之间进行资源配置的不同之处，资源负载和平衡之间的关系，以及一些用来解决资源配置问题的方法，其中包括关键路径法（CPM），资源约束下的方法，高德拉特关键链法，以及其他几种在资源稀缺条件下安排进度的方法。我们从单个项目中的资源冲突入手研究，然后扩展到对多项目情况下的讨论。CPM实质上并不是一种资源配置方法，我们之所以将它引入进来，是因为我们将时间也视为一种资源，并且在项目管理工作中，时间和其他资源之间的平衡也是一个主要的问题。最后，我们对现有的项目管理软件对项目经理处理资源负载和资源平衡问题的能力和意愿所产生的主要影响进行了说明。

项目管理实践

大地震后快速重建洛杉矶高速公路

1994年1月17日凌晨4：31，一场6.8级的大地震袭击了洛杉矶，四条主要高速公路发生大面积崩塌，100万名每天经过这些公路的人员无限期滞留。显然，解决这一危机刻不容缓。加利福尼亚州运输部立即着手从三个方向解决问题：首先，他们立刻启动应急措施，全面展开实地调查，关闭危险的路段；其次，他们对所有封闭路段启动过渡时期的交通管理办法，使用并行街道和旧有的旁路来增强交通能力，改变信号灯和交通指示线，并重新指挥附近的交通，其中包括交通信号灯定时等；最后，他们就尽快清除废墟和重建高速公路的损坏部分制定了相应的计划。时间十分紧迫，加利福尼亚州运输部用尽各种可行的办法来加速修复工作，正常情况下这本来是要用数年时间才能完成的。

1. 加州政府签署了一份紧急声明，授权加州运输部加快订立承包合同的程序，以便使通常要耗时4个月的项目邀标书（RFP）、招标和评估工作能够在五天内得以完成。

2. 工程承包工作中加进了有效的奖励/限制条款，其中的奖励依施工造价而定。一家公司在加班、租用额外设备和为不论雨天还是晴天均能保持24小时连续工作而支付津贴等方面投入巨大，并且最终在合同规定的140天工期内提前74天完成了任务，因此得到了1 480万美元的奖励，一时成为当地人谈论的话题。

3. 所有联邦高速公路管理局的资源部门都可以配合加利福尼亚州运输部的工作。

4. 在紧急挑选独此一家的承包商时还采用了强制账目（force account）承包制。在加利福尼亚州运输部驻地工程师的指挥下，承包商可以即刻开始工作。

5. 主要的项目管理过程都被起用，其中包括由当地和国家政府机构的高级官员组成的熟悉灾难应急和地震重建的工作团队。

6. 克林顿总统发表了该州处于紧急状态的声明，议会批准了数百万美元的额外资金供当地使用。

资料来源：J. B. Baxter，"Responding to the Northridge Earthquake，" *PM Network*，November 1994，pp. 13－22.

9.1 关键路径法——赶工项目

在1958年关键路径法发展初期，它使用节点表示法（AON）将项目进度与为该项目配置的物质资源水平结合起来。该方法可以帮助项目经理以时间来换取成本，反之亦然。在CPM法中，有两种活动时间和两种成本是为每项活动特别规定的。第一套的时间/成本组合被称为正常，第二套组合则被称为赶工。正常时间就是"正常的"，与PERT使用的三点估计中的m时间意思相同。赶工时间是试图通过追加使用额外的资源，例如，加班、特殊设备和额外的员工或材料，来加快活动的一种结果。

对于AOA和AON来说，在资源负载正常的假设条件下对活动时间进行估计是一种标准的做法。在没有对投入项目任务的资源水平作出任何假定的条件下讨论任何一项任务的时间要求都是毫无意义的。同时，对于组成网络的数百项活动中将来会应用到的每项资源都坚持列出完整的清单也是毫无意义的。显然，对于每项任务都需要投入哪些资源必须有一个预先的决策，然而在实际操作中，大部分决策都被归类为一般性的标准做法和拇指法则。如果需要用合理的资源配置来加快任务或者整个项目的完成速度，那么如何进行配置就是一个需要仔细考虑的问题，我们必须知道为了缩短构成项目的各项活动的工期需要投入哪些额外的资源。

对于一般的过程来说，用标准化的操作和拇指法则对资源的需求进行估计就足够了，但是，若试图加快整个项目的进度（项目赶工），详细的计划就会变得十分关键。在对活动进行逐项考虑时会发现，那些本来似乎可行的赶工项目可能会包含一些对资源可用性的不切实际的假定。例如，在野马大坝项目中，我们需要加快某些活动的进度，为此，我们已经储备了所需要的所有劳动力和材料，但是在建筑工地我们还需要一辆拖车牵引式爬行起重机，最晚下个月 8 号之前必须到位，可是该起重机当时还在伊利诺伊州的迪凯特市，本地的承建商又没有合适的起重机可供租用，我们能否从迪凯特或者斯普林菲尔德租赁一台起重机，并把它带到这里？我们正是这样做的。当我们赶工时会出现很多问题，而且往往对一个问题的解决方案又会引出更多的有待解决的问题。

难题还在继续，明智的项目经理会谨记斯科特的名言——有备无患。如果应用确定性的时间估计，且项目的最后期限是确定的，那么对于大多数项目来说，在进行最后的活动时需要进行项目赶工的可能性是很大的。使用 PERT 的三种或然性时间估计可能会降低必须赶工的可能性，因为它们本身就包括了不确定的因素，这种不确定性在使用确定性时间估计时要么被忘记了，要么被忽略了，即使这样，许多事情还使赶工成为某些项目的一条必经之路——包括在最后时刻发生客户要求方面的变化，由于一个正当的增项（如范围蔓延）未经允许而推迟项目的截止日期。该类问题通常是由使用确定性时间估计而引发的，这可以从下面“建筑联合有限公司”的例子中得到具体的认识。

考虑表 9—1 中的数据。我们对于所有能进行赶工的活动的成本/时间斜率（cost/time slope）进行一个计算。该斜率的定义如下：

斜率＝（赶工成本－正常成本）/（赶工工期－正常工期）

表 9—1　　实例：正常和赶工 CPM 的一个例子

项目活动	紧前活动	工期天数（正常，赶工）	成本（正常，赶工）/美元
a	无	3，2	40，80
b	a	2，1	20，80
c	a	2，2	20，20
d*	a	4，1	30，120
e**	b	3，1	10，80

* 允许局部赶工。

** 不允许局部赶工。

斜率指的是项目赶工期中每天的额外成本，它是负值，说明随着项目或者活动所需要的时间递减，所需要付出的成本是递增的。请注意活动 c 的工期是不能缩短的。表 9—2 显示了我们所举的例子中的成本/时间的斜率。

表 9—2　　活动斜率：单位赶工时间的成本

项目活动	斜率（美元/天）
a	40/（－1）＝－40
b	60/（－1）＝－60
c	无
d	90/（－3）＝－30
e	－70（2 天）

这种计算的一个暗示条件就是，活动可以以一天（或一个时段）为增量单位加快进行，但实际情况常常并非如此。一项给定的活动可能仅有 2～3 个技术上可行的工期。这种“每天多少钱”的斜率，仅仅在赶工增量有用时才是有意义的。例如，如果

一项活动要么在8天内干完，要么在4天内干完，没有任何可行的中间时间，并且，如果这项活动由8天压缩到6天，另一个不能赶工的并行路径就会变成关键路径，那么最后两天（使工期由6天缩短到4天）的时间压缩就没有任何用处（有时候项目经理会加快那些对整个关键路径的时间基本没有影响的活动的进度，比如这些活动用到的资源必须随时可供另一个项目所用时）。

项目管理实践

建筑联合有限公司

建筑联合有限公司（Architectural Associates，Inc.，AAI）专门建设大型、工业、零售和公共事业项目，包括购物中心、车间厂房和会议中心等。该公司被认为是当地最有效和最有创造力的设计单位。该公司的设计室位于一个较大的中西部城市，设在一个起先是灯具制造厂的古老建筑的第二层，办公室就在该楼层的一端，设计和技术人员占用了大约2/3的地方。用于进行设计工作的整个空间是一个独立的、开放的区域，这样的布局是为了鼓励为同一个项目工作的员工能够更好地沟通。

AAI的一位高级主管注意到在过去的一两年里，设计项目能够按时、按预算完成的几率已经降到了非常低的程度，以至于唯一的不确定性是项目工期会延迟多久以及超出预算多少。建筑项目，像计算机编程和另外几种具有创造性的过程一样，似乎都变成了在最后时刻需要赶工的典型代表，即使这样加快进度，AAI公司仍然几乎每次都会超出工期和预算。

看一下工作地点就会发现，墙上安装了一个所有设计人员都能看见的、带有绿绒的公告板，该公告板上纵向列出了各位设计师和技术人员的名字，横向列出了设计合同的编号。每个项目工作分配到相关人员的时间都在横竖交叉的地方显示出来。对时间的估计是由高层管理者做的，他们本身也是建筑师，依据自己的经验进行估计，而对设计工作负有直接责任的员工基本上都认为这样的估计是合理的。

经过对工作过程的研究，终于发现了问题所在。举个例子来说，假定电力系统的设计计划在五天内完成，负责此事的员工会计划完全占用这五天的时间来完成。如果第一天出现了问题，那么员工一般会在当天加班或者第二天加快进度使工作能按计划进行，问题出现在第二天、第三天或者第四天一般也都采用相同的处理方法，但是如果问题出现在第五天，就没有这么容易解决了，那么工期就可能发生延迟。因为对于大部分设计系统来说，如机械设计、园林设计等，它们都是同时而不是按时间次序工作的，由于至少会有一个设计系统的最后阶段很可能出现问题，而项目整体设计的完成是要求所有的任务都必须按期完成，这样就会导致总是出现延期的问题。

为了解决这个问题，该公司用一个能显示工作分配的简单的检查—标注方式代替了公告板上的时间分配表。此外，高层管理者对每项任务所需要的时间都会进行正常的、乐观的和悲观的估计，然后计算出总的估计时间（*TE*），这可以用来辅助项目进行成本估计。这些估计的结果并不会告诉设计人员，只是告诉他们要尽其所能，最有效率、最有效果地完成工作。这样做的结果是：任务所需要的总时间略有增加，但是各项任务所需要的平均时间看起来有所减少，因为现在的设计原则是效率而不是天数。经粗略估计，能提前完工的任务数量和延期完工的任务数量基本相等。

资料来源：S. J. Mantel，Jr. Consulting project.

我们必须清楚一点，缩短项目工期会导致活动所应用的技术发生变化，用经济学术语来说，就是生产函数会发生变化。有时候加快项目进度需要用到一个简单的决策——增加正在使用的资源的数量。例如，有一个项目是挖一条给定长度和深度的沟渠，为了缩短所需的时间，我们就必须增加挖渠工人的数量。我们可以用挖沟机来代替一部分挖渠工人，通常这会在产出方面造成技术上的不连续性。不同数量的挖渠工人的投入可能会导致工作耗时 1～3 天不等，如果使用挖沟机，则可能只需要 3 个小时。此外，可能还会有一些人们尚未察觉到的组合，如可以使工作在 6 小时内完成。我们必须谨记的很重要的一点是，我们在变动应用的技术时，可能同时改变了活动的风险水平。在有些情况下，我们不能改变技术，项目的工期是确定的，比如医学上的毒性实验要求不多不少必须是 30 天整。

技术上的变更不仅会导致输出结果的不连续，还会导致成本的不连续。如果我们使用的更多的是尖端的生产系统，为了加快项目进度对技术进行了变更，那么这样投入的成本和工期之间的关系有可能出现跳跃点，也就是不连续。如果想了解关于这个问题的更多内容，请参阅尼古拉斯的书（Nicholas，1990，第 13 章）。

当加快项目进度时，我们首先要做的就是用图表将项目的成本（作为项目多个可能的完工日期的函数）表示出来。从对项目所有活动的正常进度计划着手，每次选择一个需要加快进度的活动，争取用最小的额外成本来实现项目工期的缩短。在缩短项目工期时，我们要遵循两个基本原则：一是缩短项目工期时要将重点放在关键路径的活动上，除了我们上文提到的那种情况，也就是一个未处于关键路径上的活动所需要的资源正好是另一个项目所需要的资源的情况，加快非关键路径上的活动的进度并不会对整个项目的工期造成影响；二是要选择成本最低的方式来缩短项目的工期。

根据以上原则，分析图 9—1a 中的网络图，它是根据表 9—1 中的数据绘制而成的。由于用 AOA 表示法比用 AON 表示法更容易说明项目赶工所造成的影响，因此我们在这里就采用 AOA 表示法。当然，我们在这个案例中所用的虚拟活动并没有优先次序，只是用来说明时间轴上的各个时间段。如表 9—1 和表 9—2 所示，活动 d 可以局部赶工，但是活动 e 涉及技术的不连续性，只能有两种选择，一是以每天 10 美元的成本用 3 天的时间完成，二是以每天 80 美元的成本用 1 天的时间完成。总之，这种技术的不连续性造成的结果就是，将工期缩短 n 天所用的最好的解决方案不一定是将工期缩短 $n+1$ 天所用的最好的解决方案的一部分，两个解决方案可能是完全不同的。在某种程度上，也许最好的选择是将一个存在技术不连续性的活动的工期缩短 $n+1$ 天，而不是将另一个活动的工期缩短 n 天。接下来就是对这种情况的详细说明。

如网络图 9—1a 所示，该项目的关键路径是 a→b→e，项目的工期是 8 天，正常情况下的总成本是 120 美元。加快哪些项目中哪些活动的进度取决于我们需要将项目的工期缩短多少天。为了使整个网络图的工期减少一天，我们就必须将关键路径上的某一项活动的工期减少一天。观察表 9—2 中的数据，找出能以最低的成本将工期减少一天的活动是哪一项，可以发现活动 a 符合要求，将活动 a 的工期减少一天只需要在总成本 120 美元的基础上增加 40 美元，而活动 b 的工期减少一天则需要总成本增加 60 美元，甚至我们也可以选择以增加 70 美元的成本将活动 e 的工期减少两天。当然，加快活动 e 的进度只能使项目的工期缩短一天，因为一旦活动 e 的工期减少了，那么需要 7 天的路径 a→d→虚拟活动就变成了项目的关键路径，项目的工期就无法缩短到 6 天。纵观上述三种方案，可以看出加快活动 a 的进度是成本最低的方法，因此这是最佳的选择。如图 9—1b 所示，可以发现加快活动 a 的进度还可以将其他两条非关键路径 a→d→虚拟活动和 a→c→虚拟活动的工期都缩短一天。

假定现在需要将项目的工期缩短两天，那么应该怎么做呢？由表 9—2 和图 9—1a

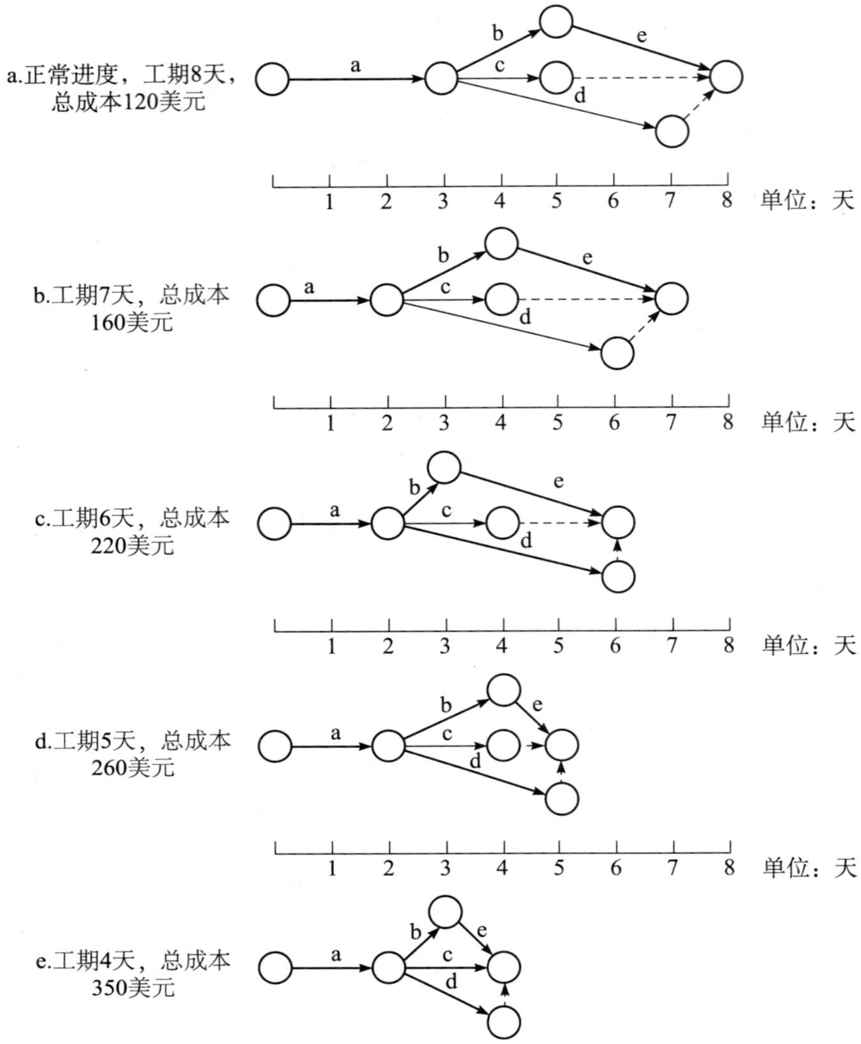

图 9—1　CPM 实例

可知，我们可以以 70 美元的成本将活动 e 的工期缩短两天，可是与此同时，路径 a→d→虚拟活动（7 天工期）的工期也必须至少缩短一天。我们会选择以 30 美元的成本将活动 d 的工期缩短一天，而不会选择以 40 美元的成本将活动 a 的工期缩短一天。这样缩短项目工期的总成本是 100 美元，项目的总成本是 120＋100＝220（美元）。作为备选方案，我们也可以选择加快活动 a 和活动 b 的进度，这样做需要的额外成本是 40＋60＝100（美元）。在此，我们就选择这种方案，如图 9—1c 所示。

现在假定我们希望将项目的工期减少 3 天，即由 8 天变为 5 天。显然，活动 e 的工期必须缩短两天，所需的成本是 70 美元，然后将活动 a 或者活动 b 的工期缩短一天。由于缩短活动 a 的工期所需要的成本相对更低，为 40 美元，因此我们选择缩短活动 a 的工期。另外还需要以 30 美元的成本将活动 d 的工期缩短一天，这样缩短项目工期所需的总成本就是 140 美元，整个项目需要的总成本是 120＋140＝260（美元），如图 9—1d 所示。可以发现我们并没有像将项目的工期减少两天时那样加快活动 b 的进度，这是因为活动 e 中存在技术上的不连续性。

最后，考虑将项目的工期减少 4 天的情况，即将项目的工期由 8 天减少到 4 天。活动 e 存在技术上的不连续性，我们可以加快活动 e 的进度，使得项目的工期减少到 5 天，剩下的几项活动也都可以随之加快进度，这样，我们就可以直接通过观察图 9—1d 来找出哪项活动可以加快进度使得项目的工期再减少一天。由图 9—1d 中可以看出，路径 a→b→e 和路径 a→d→虚拟活动都是关键路径。只有将活动 b 和活动 d 的工期都减少一天，项目的工期才能够再减少一天，这样需要的成本是 60＋30＝90（美元），而项目的总成本就变为 260＋90＝350（美元），如图 9—1e 所示。可以发现现在活动 c 位于关键路径上，因此所有其他的活动也都位于关键路径上。尽管活动 d 的工期还可以再缩短一天，但由于关键路径 a→b→e 和 a→c 都已经达到了缩短工期的最大限度，整个项目的工期无法再进一步缩短。因此，图 9—1e 并不是一个完全赶工网络，虽然它相当于 4 天这样一个完全赶工的时间进度。

关键路径法的另一种应用方法就是先将项目中的所有活动的工期缩短到最低限度，也就是从完全赶工网络开始，这样需要的总成本是 380 美元，然后每次将一项活动的工期适当延长，当然，应该最先延长那些不会对整个项目的工期产生影响的活动的工期。在我们的例子中，我们首先应选择延长活动 d 的工期，因为完全没有必要将活动 d 在一天完成，我们可以将其工期延长到两天，这样并不会对整个项目的工期造成影响，还能节省 30 美元的成本。这一点可以从图 9—1e 中看出来，活动 d 的工期是两天，项目的总成本是 350 美元。按照这种方式，首先延长那些成本最高的活动的工期，依次进行，最终就会回到项目最初的正常情况，工期为 8 天，成本为 120 美元，如图 9—1a 所示。

这种加快进度的做法是否值得是另外一回事，从成本的角度来说，图 9—2 表明了在加快项目进度时时间和成本之间的关系。从收益的角度考虑，有些项目有惩罚条款，如果延期交付，则会使项目承担者对延误工期承担责任，而提早交付则会有额外的奖励。以图 9—2 中曲线的右端作为起点，可以看出，为了缩短项目工期所需要付出的成本呈递增趋势。如图 9—2 所示的这种图形可以帮助项目经理在实践中对工期和成本进行更好的控制，特别是对于一些高层管理者来说，他们往往不考虑成本而只是要求尽早完工，这种图形能够为他们改变观点提供依据。另外，当有客户要求项目提前交付时，这个图形也可以帮助说服他们。如果客户愿意为缩短工期支付相应的成本，或者公司愿意为客户提供补贴，那么项目经理不必担心，按照他们的要求来做就好（尽管我们建议项目经理忽略那些他们没有控制权的管理成本，但他们仍应注意一个问题，当项目赶工时很多非直接成本也是会发生改变的）。

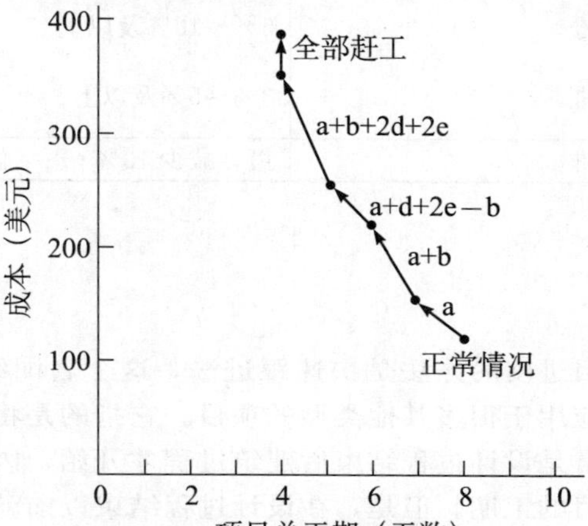

图 9—2　CPM 成本—工期变化情况图

有些组织缩短工期的方法不止一种，表9—3中的案例就是这种情况。在这个案例中，组织在缩短项目工期上有两种截然不同的方法：加快进度和临时突击。表9—3中说明了各项任务之间的不同优先级以及各自不同的资源承诺。表9—3的最后两行说明了加快项目进度时成本和工期的预期变化情况。

表9—3　　项目的正式计划进度

标题	正常情况	加快进度	临时突击
项目批准	全部批准	加快正常节奏	只适用于高层管理者决策、采购和工程设计
可替代选择的研究	合理的	对有利可图的项目的快速研究	只适用于那些不会对进度造成影响的活动
工程设计	从项目批准开始	当项目批准完成50%～70%时开始	适用于项目审批已经基本结束的项目
工程安装	对于需要的计划和采购留有充分的时间，通常会有半个月到两个月的提前时间	很少或基本没有提前时间	没有提前时间
采购	开始于项目批准阶段后	加速对所有长期需要的材料的采购，许多采购以“建议价格”为基础	项目审批已经基本完成时进行采购，不考虑其他因素，只要对项目有用就会购买。采购的原则是宁可过量也要保证有备无患
额外费用	基本没有	有的已经超出了一定的限额	只要能防止项目延期，付出多少成本都可以
额外的工作人员数量	很少	很多	很多工作人员，加班或者轮班
可能的成本			
与正常情况相比的不同点：			
设计和开发	基准	5%～10%及以上	15%及以上
工程和建设成本	基准	3%～5%及以上	10%及以上
可能的工期	基准	最多减少10%	最多减少50%

□ 快速跟进

另一种加快项目进度的方法是快速跟进法，这个名词经常被应用于建筑类项目，其实这种方法可以应用于很多其他类型的项目。它指的是将设计阶段和建筑阶段进行部分重叠，由于通常是设计过程结束后建筑过程才开始，因此将这两个阶段进行部分重叠就可以缩短项目的工期。但是，在设计过程结束以前就开始建筑过程也有一些不利的后果，它会导致需要变更的指令数量增加，随之就会导致生产量的损失、成本的增加和时间的损失。然而关于建筑类项目的一项研究揭示，当项目使用快速跟进法，其设计发生的变更增多时，项目中需要变更的指令的总数量和正常进行、没有使用快速跟进法的项目并没有明显的不同（Ibbs et al.，1998）。因此，快速跟进法是一种用来加快建筑类项目进度的合理方法，而且它也适用于其他类型的项目，只要那些项目的提早建设或者实施阶段是在充分理解的基础上按照合理的路线安排进行的就可以。快速跟进法部分使用了阶段通关式项目管理的基本概念，并依赖于有效的前馈式沟通和反馈式沟通。

实例解析

有如下网络图：

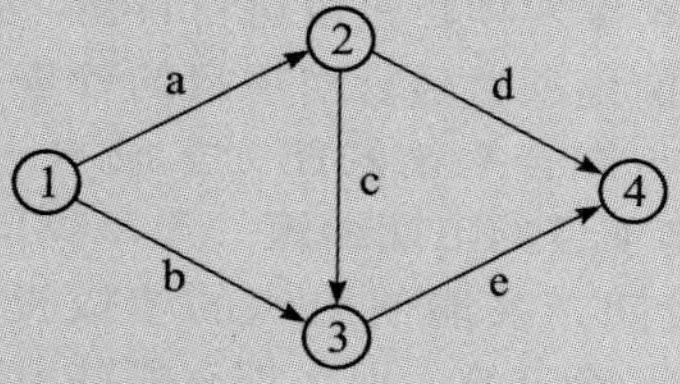

项目评估因素

活动	赶工的工期（天）和成本（美元）	正常情况的工期（天）和成本（美元）	能否局部赶工
a	3，60	3，60	否
b	6，80	7，30	是
c	2，90	5，50	否
d	5，50	6，30	否
e	2，100	4，40	是

要求：以最低的成本使项目能在 10 天内完成。

答：目前的工期为 12 天；目前的成本为 210 美元。

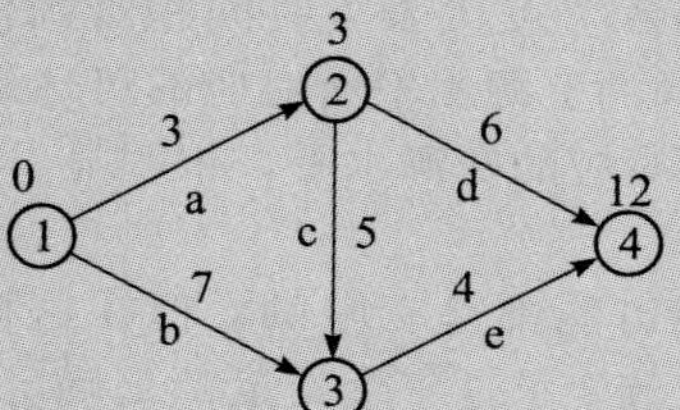

由于关键路径是 a→c→e，因此最开始我们就只考虑这三个活动。

活动 a：工期不能缩短。

活动 c：能够以 40 美元的成本将工期缩短 3 天，但由于活动 b 的存在，只能使得项目的工期最终缩短到 11 天。为了能在 10 天内完成，需要以 90 美元的成本将工期再缩短一天。

活动 e：能够以 60 美元的成本将工期缩短两天，而最终使得项目的总工期缩短到 10 天。

比较上述三种方案，我们最终选择的方案应该是以 60 美元的成本把活动 e 的工期缩短两天，使项目能够在 10 天内完成。

9.2 资源配置问题

前面一章提到的进度计划的方法有一个缺点，就是它们都没有说明资源的利用和获取方面的问题，关注的焦点一直在时间上而非在物质资源上。在下面的讨论中把使用的资源简单地认为是成本也是不够的，相应地，我们认为各种不同类型的劳动力、特定的设施、各种材料、单件设备，还有其他与单个项目相关但是可获得性受到限制的各种投入都属于资源。最后，我们一定不能忘记在项目管理中，时间本身也是一种关键的资源，它既不能被存储也不能更新。人们是不能存储时间的，只能是耗用的时间多或者少。

本章的重点是讨论项目过程、工期和资源的可获得性之间的关系。我们不应该仅从满足项目里程碑要求的角度对项目进度进行评价，而且应该从时间安排和稀缺资源的用途的角度进行评价。衡量项目经理对项目的管理是否成功的一个基础标准就是在绩效、工期和成本之间进行综合平衡的能力。成本—收益分析是一个持续性的过程："我能以400美元的成本将项目的工期缩短一天，我是否应该这样做?"，"如果我再多得到300个小时的工程时间，我能使组织的绩效提高2%～3%，我是否应该这样做?"。当然这些预测都是不确定的，那么都有哪些风险以及我们应该如何去应对呢?

偶尔可能出现的一种情况是，一些额外的（有用的）资源可以在危急时以极低的成本甚至不计成本地提供给项目使用，而通常的情况则是可能会用一些储备比较充足的资源去换取一些稀缺性的资源，在大多数时候，这种替换是需要额外成本的，因此项目经理的一个基本职责就是尽量用目前可获得的资源来完成项目。

时间和资源使用关系的两个极限点是：

- 时间限制：必须在某个限定的时间内完成项目，而且使用的资源越少越好。最关键的因素并非资源，而是时间。
- 成本限制：项目的工期越短越好，但是绝对不能超出特定的资源的使用水平或者资源总体的约束水平。

这两个极限点中间的各个点代表了时间和资源使用的平衡点，如图9—2所示，图9—2中详细列出了不同的资源水平所对应的可达到的工期。相应地，图9—2中也列出了不同的完工时间所对应的资源水平，很明显，工期和资源变量可以取值的范围都是有限的。

有时候，时间和资源可能都是有限的，但在这种情况下，规范要求还是不能确定。如果时间、成本、规范要求这三个变量都是确定的，那么这个系统就是"限定条件过多"，项目经理就失去了对时间和成本进行平衡的灵活性，而这种平衡有时对于项目的成功完成是必需的。当然，有一种情况也是有可能的，这三个变量都已经确定在固定的水平上，但是仍然给项目经理留有可以灵活操作的空间，这种可能性非常小。更有可能的情况是，正如我们的那些担任项目经理的朋友所说的那样，高层管理者不必考虑各种不确定性而可以直接确定预算、进度和规范要求。正是项目经理才有责任（可能在来自项目团队的支持下）向高层管理者指出这种限制的不当之处，不过项目经理可能会面临来自高层管理者的这样一种反应："我可以让其他人来干!"如果你认为我们的这种建议过于苛责，那么我们推荐你阅读吉姆·麦卡锡第25条规则（McCarthy，1995，pp. 88-89）或曼泰尔等人的著作（Mantel et al.，2008，pp. 114-115）："如果对项目的工期、要素和资源的指令来自一个对任务并不熟悉的管理者，那么这种指令不能接受。”

在有些情况下，项目中可能有一或若干任务会受到系统的约束，受到系统约束的任务所需要的时间是确定的，所需要的资源的数量是已知的。一些工业过程，比如热处理，就是受系统约束的。材料必须经过一段特定长度的时间处理才能够达到预期的效果，过长或过短都无法达到效果。当处理受到系统约束的任务或项目时，是无法进行任何替换的，这种情况下唯一需要关注的就是注意确保当需要时各种原材料必须已经到位。

在后面的章节中，我们将探讨在各种类型的项目中，理解和运用这些关系的方法。

项目管理实践

成本—收益分析挽救了芝加哥的深隧道工程

成本—收益分析的一个创造性的方法来自于芝加哥的深隧道工程，此工程的构想开始于20世纪70年代，目前预计于2015年完成，总成本是30亿～40亿美元。该工程包括深度为地下300英尺、长度为110英里的隧道，再加上用来控制过量的雨水和污染物的水库和污染控制系统。然而，这些年来成本一直在增加，使得收益/成本的比例降低到3以下，以至于联邦政府不得不重新考虑在这个项目上的成本情况。通过对资金损失采取的一些措施，项目进行了重新设计，在成本减少了1亿美元的同时提高了项目的收益，使得收益/成本的比例上升到4以上，这样最终符合了联邦政府的标准。

资料来源：Project Management Institute. “Digging Deep,” *PM Network*, May 2006, p. 1.

9.3 资源负载

资源负载描述的是在一个特定时段内一个现有进度计划所需要的某种资源的数量，因此，它与我们是考虑一个单独的工作单元还是考虑几个项目无关。各种资源的负载（需求量）可以作为各个时段的函数被描述出来。资源负载对单个项目或者一系列的项目对公司资源的需求量给出了一般性的认识，它对早期的、粗略的项目计划起到了非常好的指导作用。显然，它只是试图减少对特定资源的过度需求的第一步，而不考虑一些能够减少资源需求量的特定的技术工具。我们再一次提醒项目经理要认识到在项目中资源的运用通常是非线性的，可是很多项目管理软件并没有认识到这个问题（Gilyutin，1993）。

如果项目资源的投入增加了 $X\%$，项目的产出通常不会增加 $X\%$，项目工期也并不会减少 $X\%$，项目的产出和工期可能根本不会发生变化，也可能发生变化的量看起来和 X 没有任何关系，比如练声的次数增加20%并不代表音乐水平也会提升20%。任何时候，只要项目的资源基础偏离了实践中的标准，项目失败的风险就会发生变化，通常是会增加。

如果给定了行动计划，那么由此形成一份资源负载文件并不是一件困难的事。表6—1（见第6章第6.3节）给出的是某大学的“职业日”行动计划的一部分内容，这部分内容列出了各项活动所需要的人力资源（该计划中原本还包括了各项活动所需要的时间，但我们未列在表6—1中)。MSP利用这个计划中的数据得到了资源使用日程表，见表9—4。表中列明了各项活动的名称以及在各项活动中所用到的人力资源的名称，表中还列明了行动计划中的每项活动需要的资源总量和各项活动需要的各种资源的总的使用时间，这样就可以形成项目资源负载的进度计划，并且随后再按项目的每项资源、每周（或每天、每月）来表示资源的负载情况。有一点我们必须了解，如果把资源使用日程表中的数据输入Crystal Ball®或者Excel®，单一资源或整体资源的资源负载情况即可模拟运算出来。

表9—4　　“职业日”项目资源使用日程表

编号	资源名称	小时数	5月						6月				7月			
			25	2	9	16	23	30	6	13	20	27	4	11	18	25
1	**秘书**	**1 020**	24	40	40	40	88	120	102	40	40	40	40	40	40	40
	打印表格	240														
	汇总信息	160	24	40	40	40	16									
	打印程序	240					24	40	40	40	40	40	16			
	刊登广告	200					24	40	36	0	0	0	24	40	36	
	张贴海报	180					24	40	26	0	0	0	0	0	4	40
2	**程序管理员**	**1 440**	40	40	40	16	24	40	40	40	16					
	联系组织	600	16													
	选择嘉宾	560														
	准备食物	120	24	40	40	16										
	联系老师	60					24	36								
	为老师安排活动	100						4	40	40	16					
3	**办公室管理员**	**180**	24	40	40	40	16				20					
	选择信息	160	24	40	40	40	16									
	传送材料	20									20					

续前表

编号	资源名称	小时数	5 月						6 月				7 月			
			25	2	9	16	23	30	6	13	20	27	4	11	18	25
4	**助教**	**1 140**	24	40	40	40	64	80	80	56	40	40	16			
	打印参加者的材料	320														
	组织更新	280	24	40	40	40	40	40	40	16						
	发送请帖	80														
	组织证书	220														
	安排横幅	200					24	40	40	40	40	16				
	班级声明	40										24	16			
5	**领导者**	**400**	24	40	40	40	40	40	40	40	40	40	16			
	准备酒水	400	24	40	40	40	40	40	40	40	40	40	16			

通过查看表 9—4 可以发现，在 5 月末 6 月初的那一周，秘书的工作量超出了负荷。如果只有一位秘书，那么在那一周里，他必须连续 7 天每天工作 17 个小时以上或者连续 5 天每天工作 24 个小时，这就倾向于在考验意志最坚定、对公司最忠诚的员工的耐心程度。有些助教会被导师当作奴隶一般使唤，但是每周约定的工作时间一般也不会超过 20 个小时。这样相比之下，至少需要 4 个助教才能保证项目正常进行。项目经理有责任去解决这些问题，要么增加人手，要么对资源使用日程表进行变更，使对资源的需求量不会超过资源的最大负载能力。

由于项目行动计划是确定活动的优先次序、工期和资源需求量的信息来源，不论对项目而言还是对预算而言，它都是主要的辅助信息。行动计划将进度计划和对各种资源的特定需求直接联系起来。可以对 AOA 网络图进行改良，使其能说明各时间段的资源需求量。当然我们也可以使用甘特图，但是 AOA 网络图，特别是经过改良后能说明时间松弛量（如图 9—1 所示），在资源平衡的分析中也非常有用。我们以上一章提过的 AON 网络图为例，将其转换为 AOA 网络图，这个 AOA 网络图（来自表 8—2）可以用图 9—3 来进行说明，用两个假设的资源 A 和资源 B 来说明资源的使用量，在箭头上方标出的是期望活动时间，箭头下方的括号里标出的是资源的使用量，括号里前面的数字表示的是资源 A 的使用量，后面的数字是资源 B 的使用量，例如（5，3），表示的就是箭头上方的活动需要 5 个单位的资源 A 和 3 个单位的资源 B。图 9—4 表示的是“日历化”的 AOA 网络图，它和大家所熟知的甘特图有点儿类似，资源需求量现在就可以按所有活动的时间段汇总起来。

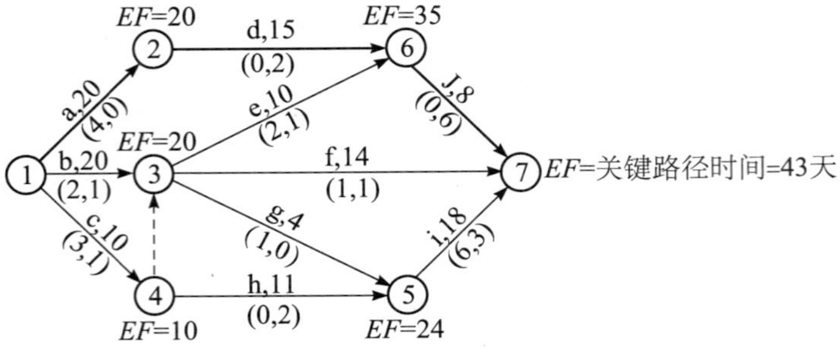

图 9—3　根据表 8—2 绘制的 AOA 网络图

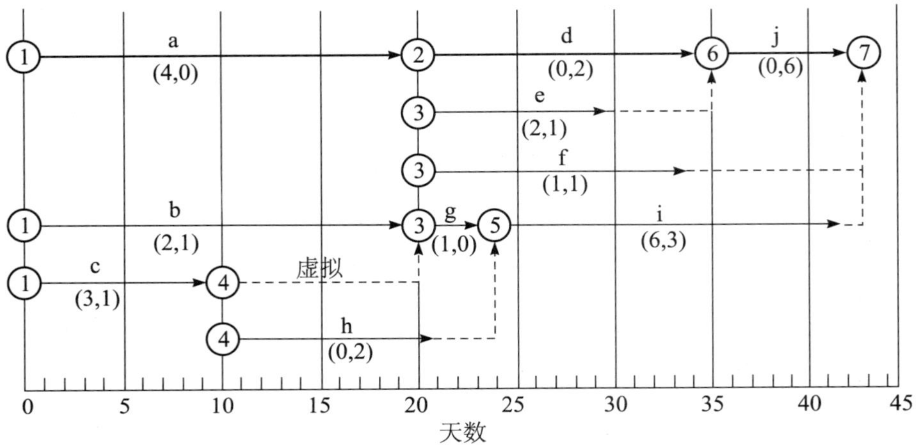

图 9—4　表示活动的松弛量和资源使用情况的 AOA 网络图

资源 A 的负载量用图 9—5（a）来表示，资源 B 的负载量用图 9—5（b）来表示。资源负载量的变化是不规则的，而且在项目的整个工期中变化范围很大。资源 A 应用在活动 a，活动 b 和活动 c 中，从图中可以看出，在项目开始时对资源 A 的需求量很大，到项目中期时有所下降，随后又开始上升。资源 B 的需求量则是在项目初始时比较低，然后随着项目的进行而逐渐升高。在项目的整个生命周期中，项目经理都必须对投入的各种资源的需求量的波动和流动加以注意。项目经理的责任就是保证项目所需的各种资源在需要时都可以及时提供所需要的数量。在接下来的三节中，我们就将探讨项目经理应该怎样担负起这种职责。

9.4　资源平衡

在前面的例子中，我们已经知道在项目开始时对资源 A 的需求量很大，在项目中期对资源 A 的需求量有所减少，在项目后期对资源 A 的需求量又开始增加，而在项目开始时对资源 B 的需求量很低，然后随着项目的进行而逐渐增加。在项目的整个生命周期中，对各种资源的需求量的变化很大而且不规则，这是一种常见的情况，可是从项目经理的角度来说，他们并不愿意看到这种情况。资源平衡的目的就是将不同阶段对资源需求量的变化程度降到最小，这可以通过在松弛量内移动任务来实现，其目的是形成一种资源使用的平稳分布。

使资源使用量变得更为平缓的好处主要有：第一，如果给定的资源的使用量在对

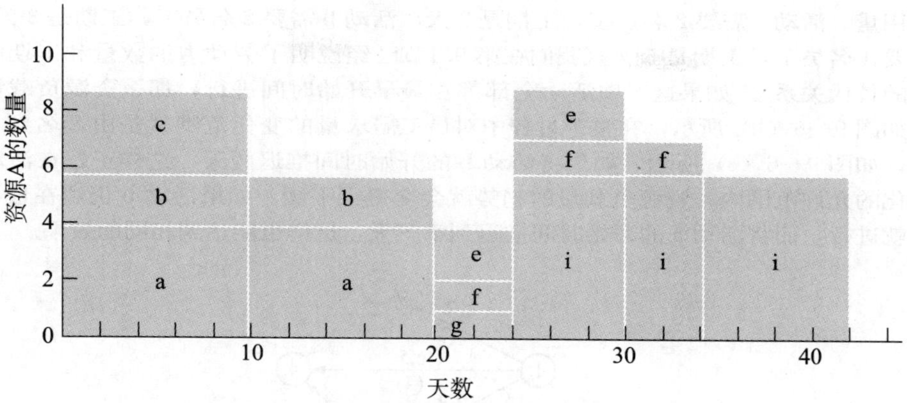

(a) 资源A的负载图

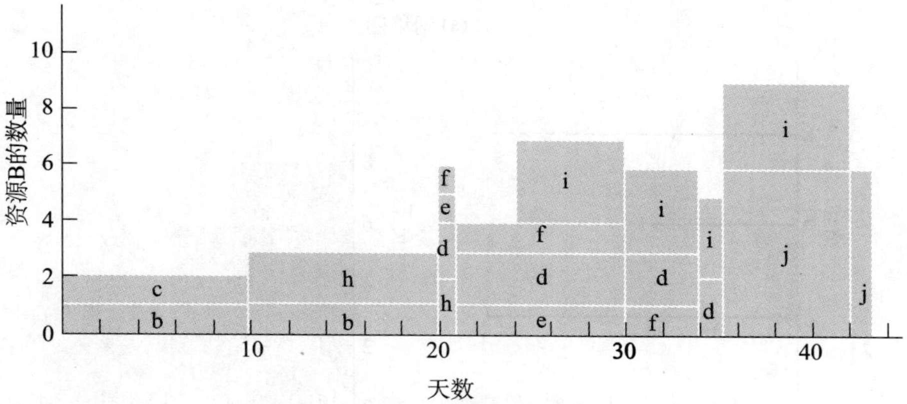

(b) 资源B的负载图

图 9—5　资源 A 和资源 B 的负载图

应的时期内基本是稳定的，那么相应的管理工作就会大大减少，项目经理就能在需要各种资源时保证供应，可以要求供应商提供稳定的供应量，还可以在适当的时候安排后备供应商，更重要的是，项目经理进行以上工作基本不会出现错误。第二，如果资源的使用情况是平衡的，项目经理就可以实施零库存制度，不必担心订货的数量出现错误。如果平衡的资源就是人本身，那么这种平衡不但可以提高员工的士气，还可以减少由于增加或者减少劳动力而在人事和薪酬方面引发的各种问题。

资源平衡不仅在项目管理中有重要的作用，而且在项目成本方面也有十分重要的意义。当资源达到平衡时，相关的成本往往也能达到平衡。如果随着项目的进行资源的使用量逐渐增加，并且通过资源平衡的方法使资源趋向于现有的使用水平，那么成本也会以同样的方式发生变动。当然，如果资源的使用正向未来的方向变动，相反的情况也是存在的。从成本的角度来看，或许最重要的平衡工作就是去平衡贯穿整个项目或者任务的员工人数。对于大多数组织来说，雇用和解雇员工的成本往往是非常可观的，而用平衡人力资源的方法来减少雇用和解雇发生的次数所需的成本往往低得多，即使这仍然意味着要花费一些额外的费用。不管在什么情况下，项目经理都必须清楚地了解与项目有关的现金流动，同时必须了解如何对这些现金流进行安排对项目所属公司最有利。

资源平衡的基本步骤比较简单易懂，以图 9—6（a）所示的一个简单的 AOA 网络图为例，箭头上方标出的是活动需要的时间，下方的括号里标出的是资源（人力资源）的使用量。活动a需要2名员工，工期是2天，活动b需要2名员工，工期是3天，活动c需要4名员工，工期是5天（我们在第9.1节已经说明了劳动力的数量和工期的长短之间的替代关系）。如果这三项活动全部都在最早开始时间进行，那么资源负载量的情况就如图9—6（b）所示，在整个过程中对员工需求量的变化范围就是由8名到4名。相反，如图9—6（c）所示，如果将活动b的开始时间推迟两天，这样正好在活动b灵活变化的允许范围内，资源负载量的趋势就会变得很平缓。如果活动b仍然在最早开始时间就进行，而将活动a的开始时间推迟到第三天，这样也能达到相同的效果。

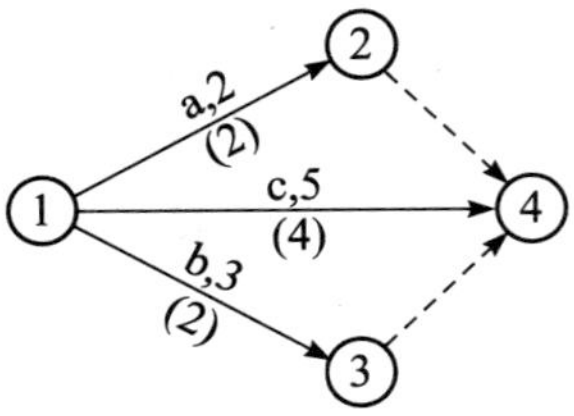

(a) 网络图

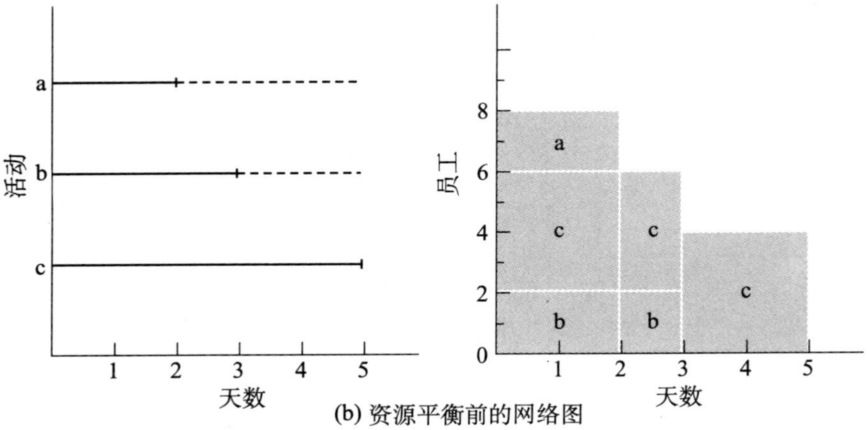

(b) 资源平衡前的网络图

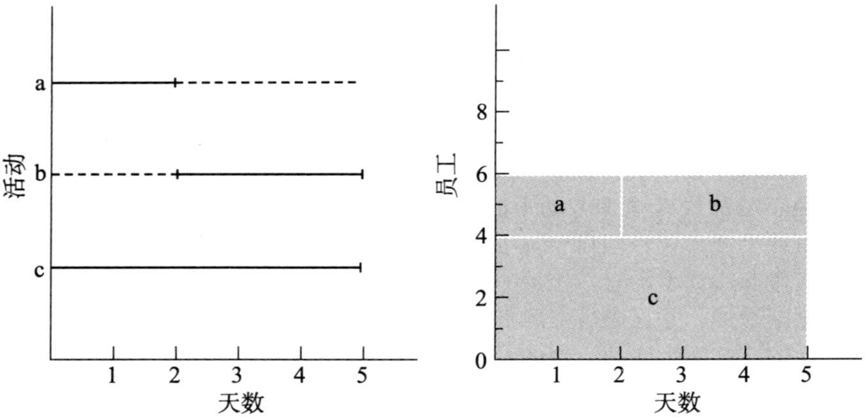

(c) 资源平衡后的网络图

图9—6　资源平衡图示

资源平衡的方法可以应用在绝大多数的项目中，不管项目是否有资源约束。如果网络图不是很复杂，涉及的资源也比较少，就可以直接手工进行资源平衡工作。对于大型的网络图和涉及的资源比较多的情况，资源平衡就会非常复杂，远远超出了手工能操作的范围。

幸运的是，很多计算机程序能够有效地处理大部分的资源平衡问题（将在第 10 章中讨论）。

重新考虑图 9—5（a）和图 9—5（b）中的资源负载图。假定现在的目标是使资源 B 的负载变得尽量平缓，因为资源 B 的需求量的变化波动更大。活动 e 和活动 f 的开始时间都可以延迟，活动 e 有 5 天的松弛量，活动 f 有 9 天的松弛量。如果我们将活动 e 和活动 f 均推迟一天开始，就可以移去第 20 天对资源 B 的需求量的峰值，同时还不会增加其他的峰值（见图 9—7（b））。但是，如果我们这样做，就会使资源 A 的使用量发生变化，会加深资源 A 的需求量在第 20 天的谷值（见图 9—7（a））。如果我们为了使项目后期对资源 A 的需求量更为平衡，继续将活动 f 的开始时间再推迟 7 天，这样就会加深第 20 天和第 24 天之间的谷值，这种情况下资源 A 的使用量如图 9—7（a）中的虚线所示，活动 f 将在第 28 天开工，而且会变成关键路径上的活动。这样对资源 B 的需求量产生的影响也十分明显，如图 9—7（b）所示，这样的变动会导致从第 21 天开始（一直到第 29 天），资源 B 的需求量比原来减少一个单位（不要忘记我们开始时已经将活动 f 的开始时间延迟了一天），还会导致从第 35 天开始一直到项目结束，资源 B 的需求量比原来增加一个单位，这一变动还使得资源 B 的使用量的峰值由 9 个单位增加到 10 个单位。

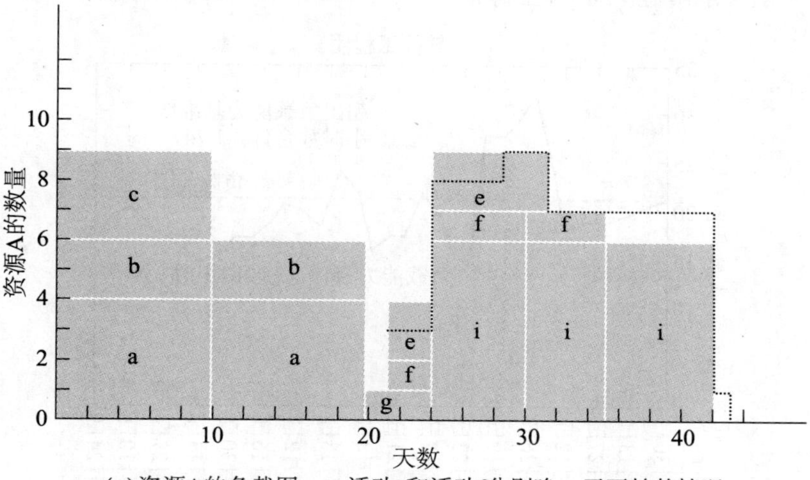

(a) 资源A的负载图——活动e和活动f分别晚一天开始的情况

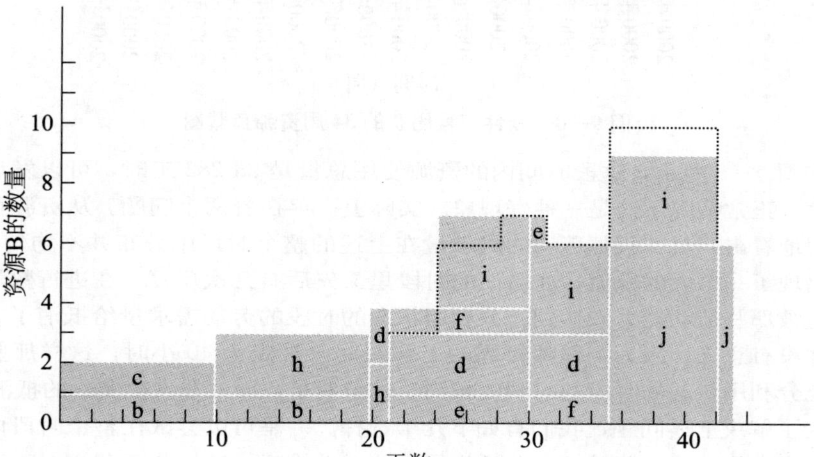

(a) 资源B的负载图——活动e和活动f分别晚一天开始的情况

图 9—7　资源 A 和资源 B 的平衡

需要特别强调的一点就是，如果所考虑的网络图要更为复杂并且需要平衡的资源的数量十分庞大，那么手工操作就无法解决这个问题了。用计算机辅助来进行资源平衡不仅是必需的，而且是很有帮助的，因为它使得项目经理能够对多种资源的用处进行多种形式的仿真模拟。在下一章中，我们要讲到如何降低资源使用量，同时还能保证项目按期完成，或者反过来，如何在有限的资源约束条件下，尽可能地缩短项目的工期。

□ 资源负载/平衡和不确定性

图9—8是一家大型公司的软件工程项目的一个资源负载图，所采用的方法是将MSP的资源负载信息输入Excel®，然后生成一个图表。这个团队里一共有21名工程师，每个人每周的名义工作时间是40小时，这样一周的工作能力就是：

21×40＝840（工时/每周）

该图涉及的时间是2月到9月，一共是34周。这样，图9—8中这段时间内工程师资源总量为：

34×840＝28 560（工时）

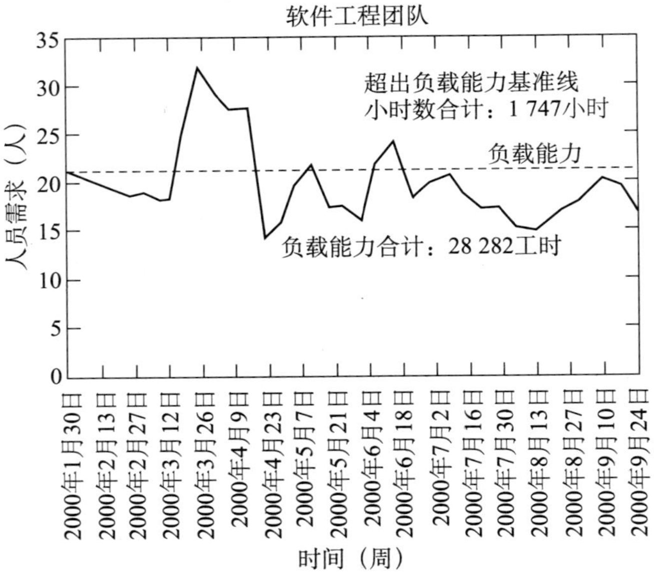

图9—8　软件工程团队的34周资源负载图

如图9—8所示，这段时间内的资源使用总量是28 282工时，可以发现有多余的劳动能力，正常情况下这是一种好现象。实际上，存在着两个问题。从资源负载图中可以很清楚地看出，对工程师劳动的需求量在上述的整个时段中分布并不均匀，在3月末4月初出现了一个大的峰值，在后面的时段里又先后有几次反复。在进行数学计算时，这些峰值被那些劳动能力未达到充分利用状态的时段的劳动需求量给抵消了，但是这在实际中并没有意义，因为工程师每周的工作时间已被定为40小时，这样那些劳动能力未达到充分利用状态的时段的时间就相当于被浪费了，而并非发生实际的抵消。

为了解决上述问题，我们有如下几个选择。一是可以尝试在整个时段内平衡对劳动时间的需求量，将一些活动提前，将另一些活动推后，这取决于我们对于这个生产环境进行调整的灵活性。二是可以尝试调整工程师劳动时间段，让工程师在资源需求量小时少工作几个小时，在资源需求量大时多工作几个小时。我们还可以增加资源，在对工程师的工作时间的需求大于供给时，通过从外部引进一些临时的工程师来度过这一时段，或者将过量的工作进行部分转包，但是这个方案很有可能被高层管理者出于对客户保证的考虑而否决。或许成本最小的方法就是将工作稍微推迟几周，然后在后面的时间里再将进度赶回来，稍后我们还会介绍解决对工作时间的需求不平衡问题的其他方法。

关于这种情况还有另外一个问题，那就是对于稀缺资源来说，我们对它的使用安排最好不要超过它的负载能力的85％～90％。这样做的原因有很多，包括不对资源造成损坏、对紧急需求的准备、对资源的维护要求、人事问题，还有在一段较长的时期内对资源进行最大限度使用所造成的低效率问题。我们来考虑上面提到的工程师的情况。在包括暑假在内的这34周里，很有可能会有两周的休假时间（甚至会更长），如果在这段时间里有15名工程师安排休假，这样就会使总的工作时间减少15×2×40＝1 200（工时）。另外，在这段时间里还有三个法定节假日：阵亡将士纪念日、独立纪念日和国际劳动节，这导致总的工作时间会再减少21×3×8＝504（工时）。这两种既定的事件将总的工作时间减少到28 560－1 200－504＝26 856（工时），比实际的需求量要低5％。

对于那些未知的事件和干扰该如何处理呢？在这么长的时间段内肯定会有员工生病的事情出现。另外，当工程师开始进行下一项任务时，所需的所有装备、设备、原材料和工作本身是不是也都准备好了呢？当需要任何东西时是不是立刻就能提供呢？希望工程师要提前做好的工作有没有延迟？工程师先进行的工作的范围是否会发生变更，造成为其安排的随后的工作也随之发生变更而导致延迟？可以看到，会有很多大家并不希望出现的导致延迟的原因，因此才会要求对任何一种资源的使用安排都不要超过它的负载能力的85％～90％。

那么又该如何解释在工业制造中，机器及其运营基本一直都接近于满负荷工作状态的情况呢？这种情况并不是项目而是例行生产，比如在流水线作业中，当前一步工作完成后新的工作会准时开始，人们对于哪些环节会出现问题的经验十分丰富，资源的控制和监控十分严格，等等，这并不是项目的特点，项目是非例行性的工作。根据我们的经验，当我们为例行生产做计划时，只需要使生产线的生产能力稍微超过对生产线的生产能力的平均需求水平即可，但是如果将这种方法应用于项目管理，无疑会出现大问题。

现在，我们应该如何安排上面提到的软件工程师的工作呢？在上述情形中，有一些专家和工程师在被雇用时就知道以后的工作中有的时段是需要加班的（而且这种加班没有加班费），有的时段的工作比较轻松，他们可以相对自由地按自己的意愿上下班。在现实中，在比较忙的时段，工程师每周的工作时间经常是50～60小时。如果公司在一段比较长的时段内工作量都比较少，管理者可能会解雇一些工程师。我们可以看到，假定每个工程师每周工作55个小时，那么总的工作时间就是55小时×21名工程师×34周×85％工作能力＝33 379工时，比要求的28 282工时要多，但这并不意味着能够完全满足项目的真实需求。

9.5 资源约束下的进度计划

资源约束对于项目经理而言司空见惯，这往往归咎于在风险识别过程中未能把资源的可获得性考虑在内。在一定时间和地点所需要的某种资源出现稀缺的原因有很多，但最常见的原因并不难以识别和处理：供应商的生产或者运送出现问题，这种资源被其他活动占用，以及资源流失或被猎取。项目经理经常将风险管理技术应用于那些人们公认的稀缺资源，往往忽视了那些更常规的资源而导致问题发生。

解决受约束的资源的配置问题有两种基本的方法：一是探索法；二是最优化模型法。探索法使用一些人们已经发现在类似情况下很有效的经验法则，力求找到最优的方案。最优化模型法是寻找最好的解决方案，但在解决大的、复杂的问题上能力还是非常有限的。我们将对这两种方法分别展开讨论。

大多数用于项目管理的计算机软件都可以平衡资源并解决进度问题，这就要求首先建立活动的先后次序。各个项目活动的先后次序在一定程度上是有差别的，但是大多数软件包都会让你有所选择。举例来说，回顾第 8 章录像带生产项目的 MSP 输出图表，我们可以在甘特图上对每项活动进行资源定义，如图 9—9 所示，我们也可以用另外的图表来描述每种资源的需求量和负载量。图 9—10 和图 9—11 说明的是生产者的一种资源冲突和资源平衡的解决方案，请注意资源平衡后的解决方案中完工日期的变更。

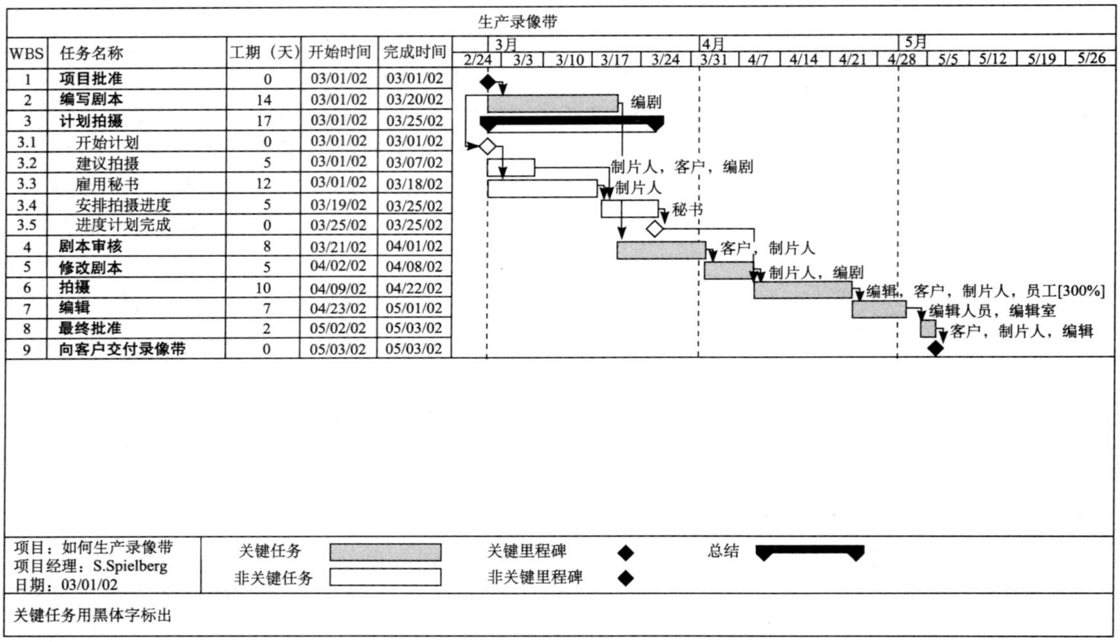

WBS	任务名称	工期（天）	开始时间	完成时间
1	**项目批准**	0	03/01/02	03/01/02
2	**编写剧本**	14	03/01/02	03/20/02
3	**计划拍摄**	17	03/01/02	03/25/02
3.1	开始计划	0	03/01/02	03/01/02
3.2	建议拍摄	5	03/01/02	03/07/02
3.3	雇用秘书	12	03/01/02	03/18/02
3.4	安排拍摄进度	5	03/19/02	03/25/02
3.5	进度计划完成	0	03/25/02	03/25/02
4	**剧本审核**	8	03/21/02	04/01/02
5	**修改剧本**	5	04/02/02	04/08/02
6	**拍摄**	10	04/09/02	04/22/02
7	**编辑**	7	04/23/02	05/01/02
8	**最终批准**	2	05/02/02	05/03/02
9	**向客户交付录像带**	0	05/03/02	05/03/02

图 9—9　MSP 生成的录像带项目的资源需求甘特图

□ 探索法

探索法之所以在解决资源约束条件下的进度问题中有广泛的应用有很多的原因：首先，对现实世界中容易出现的那些大型的、非线性的、复杂的项目管理问题，它是仅有的可行方法；其次，用探索法得出来的进度计划方案或许不是最优的，但是往往也足够好了——足以满足大部分的目标要求。现在商业化的计算机程序都能够解决大型的问题，而且在工业上也有数量可观的应用。另外，现代模拟仿真技术使得项目经理可以迅速找出很多种不同的进度计划方案，然后决定哪一种（如果有的话）明显好于现行的方案。如果经过适当数量的模拟之后，还是未能找出一个明显更优的方案，那么项目经理可以很有自信地认为现行的方案就是一种很好的方案。

大部分的探索法一开始都要用到 PERT/CPM 来安排进度，并且逐段时间、逐项

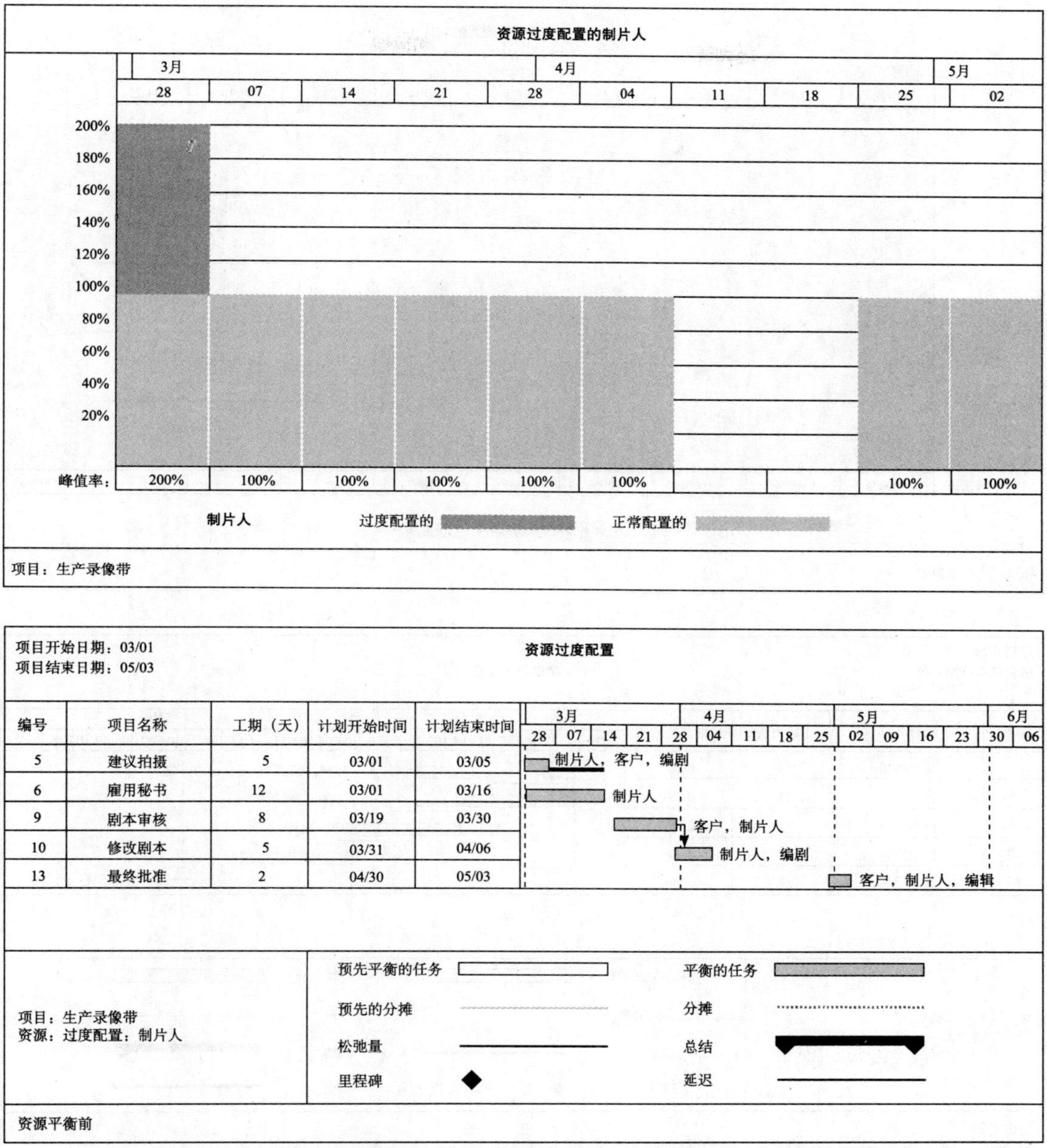

图 9—10　MSP 生成的资源负载图显示资源冲突的情况（生产者资源需求量超出储备量）

资源地对资源的使用进行分析。如果在某个阶段对资源的使用过量，就可以用探索法去检验这个阶段里的活动，随后按照某种优先法则按顺序为它们配置短缺的资源。不同的探索法的主要不同点就在于它们采用的优先法则不同，请记住技术性的需求往往要优先考虑。一些最常见的优先法则如下：

（1）尽早法则：资源安排中的默认法则，对于关键路径和关键路径的时间提供了基本的解决方案。

（2）尽晚法则：所有活动的时间都被尽可能向后安排，只要不会延误项目的工期即可。这种法则最常见的目的就是尽可能推迟现金的流出。

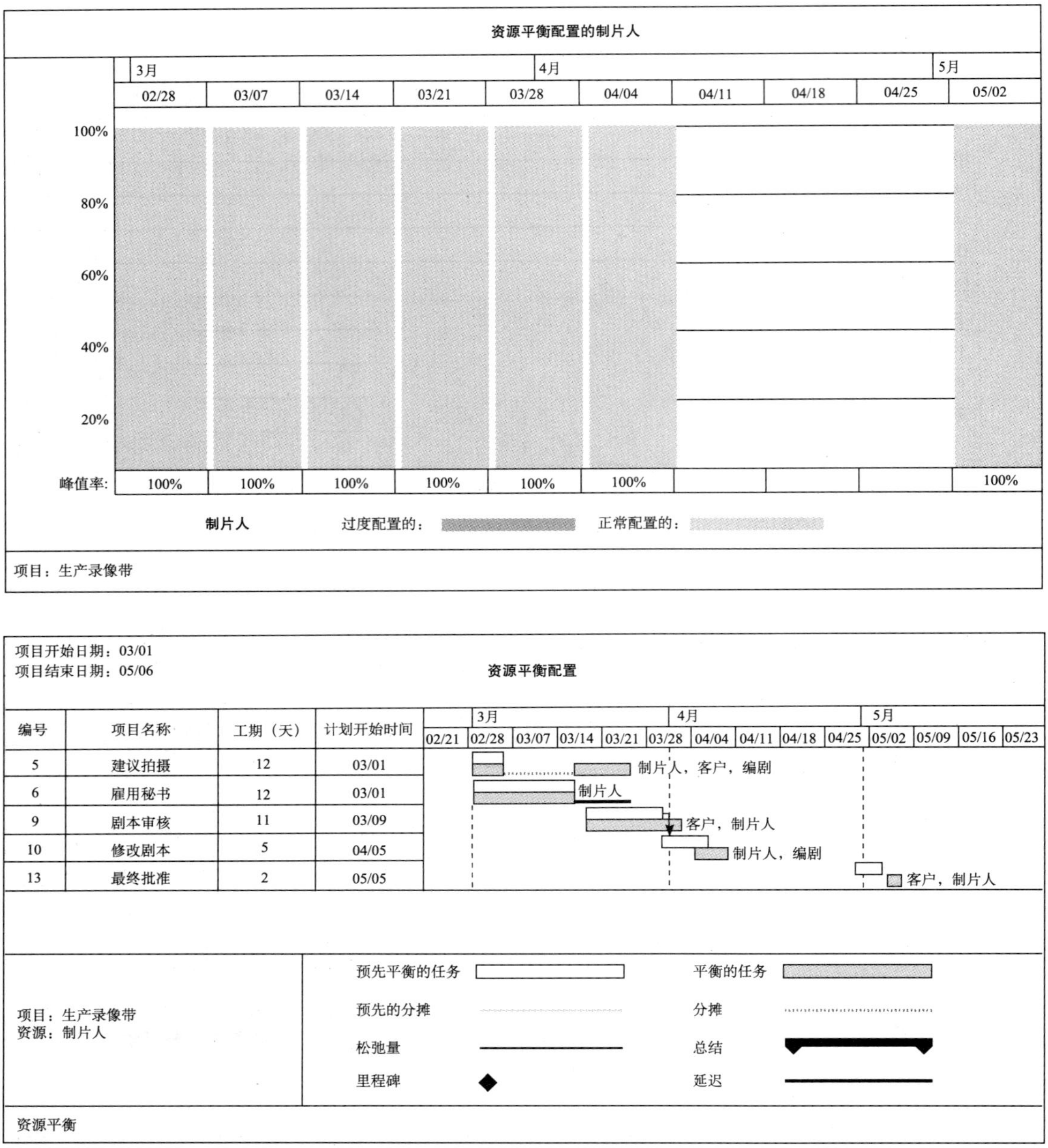

图 9—11 MSP 生成的资源平衡图显示调节后生产者的资源储备量满足资源需求量的情况

(3)最短任务优先法则:将各任务按照工期的长短进行排序,工期最短的排在第一位。基本上这种法则能够使得某系统在一段特定的时间内完成的任务数量最大。

(4)最多资源优先法则:将各活动按照对某一特定资源的使用量进行排序,使用量最大的排在第一位。这种法则的前提假设是更重要的任务对特定稀缺资源的需求量往往相对更大。

(5)最少松弛量法则:将各活动按照松弛量进行排序,松弛量最少的排在第一位(在应用这个法则时,通常是使用最短任务优先法则来打破僵局)。

(6)最多关键跟随活动法则:将活动按照各自之后的关键活动的数量进行排序,

有最多数量关键跟随活动的任务优先。

（7）最多跟随活动法则：这种法则和上一种法则基本相同，只不过不仅要考虑关键跟随活动的数量，而且要考虑所有跟随活动的数量。

（8）专断法则：活动的优先顺序不再按照任务的工期、松弛量或者资源需求量来安排。这种法则也许是让对公司有更高价值的项目活动优先，或者对于某个项目的重要客户有更高价值的活动优先，其他价值较低的活动的顺序就会相对靠后。

在用探索法安排资源时会用到大量类似的优先法则。每隔一段时间，研究人员就会将一些新的项目管理软件程序提交测试，用来检验这些软件在解决约束条件下的资源配置和资源平衡问题方面的能力。尽管由于假设条件的微小不同导致其成果会有一定的差别，但是可以发现，最少松弛量法则的应用最为广泛，并且很少会出现问题。这一法则往往能够使得项目工期的延误时间最少，设备的利用率最高，并且系统总的占用时间最短。

一旦开始用探索法进行资源安排，那么结果一定是下面两者之一：本阶段的活动全部安排完毕而资源还有剩余；资源全部安排完毕而本阶段的活动还没有结束。资源的供应量和活动对资源的需求量正好完全相同的情况极少出现。如果是第一种结果，那么多余的资源就会暂时闲置，按照需要被安排用于组织的其他地方，或者被安排用于项目未来的活动，当然还要受到适当的优先顺序关系的约束。如果是第二种结果，有一种或者更多的资源提前用完了，那么那些需要这些资源的活动的进度就会放慢或推迟到下个阶段，以等待资源的重新配置。例如，如果应用的是最少松弛量法则，资源就会被首先用于关键活动或最近似于关键活动的活动，那些非关键性的活动就会被推迟。对于某个活动的推迟会不断占用它的松弛量，这样这项活动就会有更好的机会得到下一阶段所配置的资源。重复地推迟某项活动也会使得它在按照最少松弛量法则对活动进行排序的名单上不停靠前。

□ 最优化模型法

在过去的几年中，人们对于解决资源约束条件下的资源配置问题进行了大量的尝试。有些基于精密的数学或者图形工具的方法在解决这些问题时非常有效。关于寻找约束条件下的资源配置问题的最优解决方案的方法逐渐分成了两类：数学规划（大部分是线性规划）和列举法。20 世纪 60 年代末 70 年代初，有限列举技术在解决资源约束问题上取得了一定的成功。线性规划技术的进步使其能够应用于大型的资源约束条件下的资源配置问题。另外还有一些方法是将线性规划和列举法结合起来应用。

项目管理实践

宾夕法尼亚电气公司进行资源约束获得了丰硕的成果

宾夕法尼亚电气公司的总部在约翰斯敦市，该公司经营着一家拥有 6 950 兆瓦特发电能力的发电厂，向方圆 17 600 平方公里的 547 000 家用户提供电力。发电部计划组负责对所有的维护和资本项目进行计划。在 20 世纪 80 年代初期，这个小组利用手工的计划方法绘制图表，现在，这个计划过程全部由计算机来完成，这样速度更快，而且可以进行“如果…会怎样…”的假设分析，同时可以对更多的活动进行控制，而不像以前那样只能对关键路径进行控制。在对内部进行计划工作的过程之中，为这个计划组节省了10万美元的开支，这部分开支以前是用于一个进行建设活动计划的外部工程师工作室的。

计算机化的系统的一个特点就是它建立的劳动需求的资源约束涉及到所有的工作。在检测新的软件的试点计划中，发现如果比平时减少40%的技术工人的使用量，工作也能按时完成，这一发现为项目节省了30万美元。在另一个实际应用中，人们发现一个涡轮机有误，而且发现如果在任务中多加入一项涡轮机的拆解和检验工作并不会延迟项目的工期或者超出项目的预算。

在将劳动力工时逐项活动输入程序以后，实际的过程就得到了监控，并且进度和成本偏差都会得到项目管理层的高度注意。这就使得项目管理层可以进行一定的修正以回到正常的轨道上来，减慢项目的进度，或者去取得更多的资金。显然，经常会有一些计划外的紧急事件发生，这些紧急事件也需要用特别的手段来解决。利用这个软件，管理者就能知道各种活动会对原来的计划产生何种作用，从而使可获得的资源得到最好的利用来应对紧急事件，同时使其对原计划的影响程度降到最低。

资料来源：A. J. Cantanese, “At Penelec, Project Management Is a Way of Life,” *Project Management Journal*, December 1990.

9.6 多项目的进度计划和资源配置

在第2章中，我们描述了选择最佳项目组合以实现组织目标的战略方法，这种方法被称为项目组合过程，这个过程结束的标志就是选出了一套具有高度优先权的项目，并且能够得到组织充分的资金支持。然而，这个过程并未考虑那些有限的、个别的关键资源在项目之间的进度计划和资源配置问题。在有些情况下，两个项目可能同时需要某一台特殊的机器或者某一个技术熟练的员工，这就涉及多项目的进度计划和资源配置问题。

多个项目之间的进度计划和资源配置远比单个项目的进度计划和资源配置要复杂。最常见的处理方法就是将这若干项目看作一个很大的项目中的若干要素（在下文中，在考虑一个具体的多项目进度计划的实用方法时，我们会再进行更详细的解释）。解决这个问题的另一种方法就是将所有的项目都看作完全独立的项目，可以参考库特拉斯等人（Kurtulus et al.，1982，1985）的著作。正如著作所显示的那样，这两种方法会导致不同的进度计划和资源配置结果。对于任何一种方法来说，进度计划和资源配置的基础性原理的核心是相同的。

对于若干项目来说，每一个项目都有自己的活动、预定工期和资源需求。另外，对于每个项目来说，未能达到时间、成本或者绩效目标所需付出的代价也可能是不同的。通常情况下，这种多项目的问题会涉及的一个问题是，如果在现存的、正在进行的若干项目中加入一个新的项目，那么应该如何确定对这个新项目的资源配置和完工日期。这就要求开发一个有效的、动态的多项目进度计划系统。

为了恰当地描述这样一个系统，就需要制定能够用来衡量项目进度计划有效性的标准。有三个重要参数会受到项目进度计划的影响：进度的延误（进度滑移），资源的使用情况和在制品存货数量。组织或者项目经理必须选择一种和实际情况最相符的标准。

进度的延误通常被认为是衡量项目时间安排有效性的一种最重要的标准，它指的是一个项目完成时超出预定完工日期或交付日期的时间。进度的延误可能还会导致产生一些惩罚性的成本从而降低项目的利润。进一步说，某一个项目的延迟还有可能产生涟漪效应，导致其他项目也发生延迟。实际上，为了防止某一个项目的进度发生延迟而加快进度，可能而且往往也确实会导致其他项目由于资源的短缺而发生延迟，从而扰乱整个组织的进度计划。由于项目延期完工或延期交付而造成信誉损失对于所有的公司来说都是很严重的一件事情。和很多其他公司的情况一样，于 1994 年被诺斯洛普公司（Northrup）收购的格鲁曼飞机公司（Grummun），一直都很谨慎地维护其按时交货的良好信誉。有一次，格鲁曼飞机公司推行一个为某条生产线安装一套新的设备维护系统的项目，格鲁曼公司坚持按照使受影响工厂的生产过程所受的干扰最小化的原则进行项目的设计，避免工期的延迟，这样做增加了项目的成本，但是最终公司能够按期交付项目。

衡量项目进度计划有效性的第二个标准是资源的使用情况，尤其是对于生产型的企业来说，更需要关注此标准，这是由获取资源的高成本决定的。最理想的资源配置系统能够消除所有的峰值和谷值，使资源的需求量保持平稳，在要求各项目都达到预定绩效的前提下，这是很难实现的，因为在一个多项目组织中的所有项目都会对某些稀缺资源展开竞争，特别是对于组织共用的人力资源来说，改变人力资源储备规模的代价十分高昂。

在工业企业中，衡量由于非最优的项目进度计划而产生的额外资源使用量的成本，相对来说比较容易。对于服务与制造型企业来说，由于多项目之间进度计划的不协调而产生的成本会非常高昂。在第 8 章最后的沙龙建筑公司的案例中，它的稀缺资源就是公司总裁的判断时间。如果有两单生意同时给一个公司，其中一单生意需要等待一段时间才能处理，这是公司所不乐见的情况，因为其他潜在的竞争者也都在寻找机会和财富，所以对两单生意的处理必须毫不延迟地立刻进行。

衡量项目进度计划有效性的第三个标准是在制品存货的数量，它们由于资源缺乏而正在等待进一步加工，这关系到所需要的进一步的工作量。大多数生产型企业的在制品存货都占用了很多的资金，这就可能表示公司缺乏效率，并且这往往是公司费用的一个主要组成部分。这个问题的一个解决办法涉及在在制品存货的成本和资源成本（通常就是资本设备）之间寻求一种平衡，以压缩在制品的库存水平。在任何生产系统中，那些最耗时的、涉及很多金属加工的生产过程是等待时间最长的，这已经基本成了一条通行的法则。如果需要证据，很简单，去观察那些散落在工厂的地板上或者闲置在货架上等待上线的在制品，或者夹具、卡具和工具零部件就行了。

在项目中，不可能同时满足这三个标准，通常情况下会有所取舍。公司必须决定哪个标准对于它的实际情况是最适合的，然后用这个标准去衡量其各种进度计划和资源配置。

有时候，市场的需求和生产、分销系统可能会要求生产持续进行并且保持合适水平的在制品存货水平。这经常发生在生产系统被组织成为一个连续不断的过程，而销售都是被当作项目进行组织的，每一次都需要按客户订单进行定制化的处理。各种零部件可以进行连续的生产，然后以半成品的状态保存，最后按照客户的要求分批定做。

有一家生产床垫的公司将一部分生产正常地连续进行，另外的部分分为几大批分别卖给几个大的客户。每一个大的订单都被视为一个项目，并且按照项目的方式组织生产。定制过程在金属框架和弹簧安装好之后开始，这就需要大量的半成品床垫的在制品库存。

正如前文所提到的，最少松弛量法则是所有的优先法则中最好的一个，因为它可以使项目工期的延误最小，资源闲置的时间最短，系统占用的时间最短（例如，在制品存货的数量最少）。最常用的优先法则是先到先得法则，它本身没有太多优点，除了能满足客户认为“公平”的观念，当然是在这个客户排在队伍第一位的情况下。在实际中，各公司出于对自己实际情况的考虑，可能会选择不同的优先法则，它们应该以自身的绩效和组织目标来对可供选择的各种法则作出衡量和评价。

□ 制造流程模型

前面的讨论中所用到的方法都来自一个加工车间制造系统的模型，所叙述的衡量项目进度计划有效性的标准和资源约束条件下的多项目的进度计划的方法都是适用于加工车间模型的。若干不同的项目或者同一个项目中若干不同的活动同时需要某种稀缺资源，这就是制造系统中的一个瓶颈，这个瓶颈就要求排队等候。这里需要说一点关于排队理论的题外话。

假设一个设备所要进行的工作有一个随机的到达率，该到达率是随机的（符合泊松分布），设其为 λ ，另外，该设备提供的服务工作的频率也是随机的，设这一概率为 μ ，设在排队等候设备提供服务的客户人数为 J，则 $J=(\lambda/\mu)(1-\lambda/\mu)$ 。显然，随着客户到达率接近公司提供服务的频率，排队的长度会趋向于无限大。因此，得出的结论就是：为了避免在项目管理中出现为使用某项稀缺资源而导致多个项目或者多项活动排队的情况，此稀缺资源的供应量必须显著大于对它的需求量，或者对各项活动的发生时间进行十分严格的控制，使它不再是随机分布的。即使对各项活动的发生时间进行了十分严格的控制，资源的供应量还是必须要比资源的需求量高出一定的水平，因为资源供应量的分布仍然是随机的。

阿德勒等人（Adler et al.，1996）发现，一些非常成功的企业已经将作业过程管理的方法用于产品研发项目的管理。具体来说，他们发现，当公司专注于较少的项目时，这些项目就会完成得更快；他们还发现，瓶颈容量的增加使投资背负了大量的利息，而且消除不必要的工作负载和过程会降低服务时间上的变动（p. 134）。列维等人（Levy et al.，1997）也采用排队理论来进行多产品的管理，他们发表了一系列的计算结果，包括排队的成本、资源闲置的成本，以及项目延期的成本，他们还探讨了降低这些成本的方法。

鉴于以上这些评论，我们用一些实例来检验一下不同类型的多项目的进度计划和资源配置方法。我们从一个简短的最优化方法开始，简要介绍几种实用方法，然后再详细讨论一种实用方法。

□ 探索法相关技术

由于对现实问题建立分析模型存在很多困难，因此人们在解决资源约束条件下多项目的进度问题时，都将焦点放在了探索法上。前面我们已经提到过在项目进度计划探索法中一些常用的法则，现在我们再回到那个话题上。

现在已经有很多不同的基于探索法的工作程序，而且其中有很多已经发表了（如 Davis et al.，1975），不仅如此，其中一些工作程序还被应用到了商用计算机程序上。第 9.5 节中讨论了那些应用最为普遍的法则，这些法则出现的时间要早于 AOA

和 AON 网络图，它们实际上是广为人知的加工车间进度计划方法的延伸，而另外一些资源配置的附加性探索法经过开发，直接应用到了 AOA 和 AON 网络图上。所有这些方法都在商务领域应用到了计算机上，其中大部分还被几家软件生产商以不同的版本提供到了市场上。

1. 资源进度计划方法

在安排活动优先顺序时，给 d_{ij} 最小值的活动以优先权，其中

d_{ij} = 将活动 j 安排在活动 i 之后进行时导致的项目工期的增加量

$d_{ij} = \text{Max}\ [0;\ (EF_i - LS_j)]$

其中，EF_i = 活动 i 的最早完成时间

LS_j = 活动 j 的最晚开始时间

对所有具有冲突关系的活动都成对地进行这种对比工作。

2. 最小延迟完工时间方法

这种方法是指以 AOA 或者 AON 网络图决定的各项活动的完成时间为基础来对活动的优先顺序进行排列，那些拖延的工作中，最早完成的工作会得到优先安排。

3. 最大资源需求方法

这种方法是以项目或者活动的资源需求量为基础来对活动的优先顺序进行排列，那些对资源的需求量最大的项目或者活动被赋予更大的优先权。项目或者活动的优先权的计算公式是：

$$\text{优先权} = d_j \sum_{i=1}^{m} r_{ij}$$

式中，d_j—— 活动 j 的工期；

r_{ij}—— 在每个阶段中，活动 j 对资源 i 的需求量；

m—— 资源的种类数。

资源的需求量必须以通用标准表示，通常以美元为单位。这种探索法的基础就是给予那些最有可能遇到资源瓶颈的活动以最高的优先权。

4. 资源利用率最大化方法

这种方法是指在资源配置的每个阶段内，给予那些能使资源的利用率最高（即资源的闲置率最低）的活动组合以最高的优先权。正如前文所述，这个方法是通过求解一个 0—1 整数规划的问题来实施的。我们发现，这个方法几乎和最少松弛量法则同样有效，只是使用的测度标准是项目工期的延迟量。

5. 最具可能性工作方法

这种方法是给予那些会导致其他阶段的活动的数量最多的活动以优先权，这个方法也需要对一个 0—1 整数规划问题进行求解。它和资源利用率最大化方法的区别就在于对于所有可能发生的活动的数量进行判断时，依据的纯粹是资源的可获得性，而不是考虑资源的利用率。

探索法工作程序在资源约束性多项目进度计划上的使用，为解决日常生活中大型复杂项目问题提供了现实可行的方案。下面我们将对多项目探索法的细节展开讨论。

□ 多项目进度计划的探索法

为了研究这个问题，先回想一下我们在第 6 章中应用过的项目计划方法。项目的计划由一整套计划组成，这些计划由一系列概括性的任务组成，每项任务又被进一步分解为一系列更详细的工作包，这些工作包还可以进一步分解，这种分解工作一直进行下

去，直到分解成最基本的工作包。一个项目的工作分解结构图可以绘制成任意详细程度的工作包集合。集合体中处于高水平上的独立活动可以表示成处于一个低水平上的活动的完整网络（见图 9—12)。计划活动等级的另一种划分方法如图 9—13 的甘特图所示。

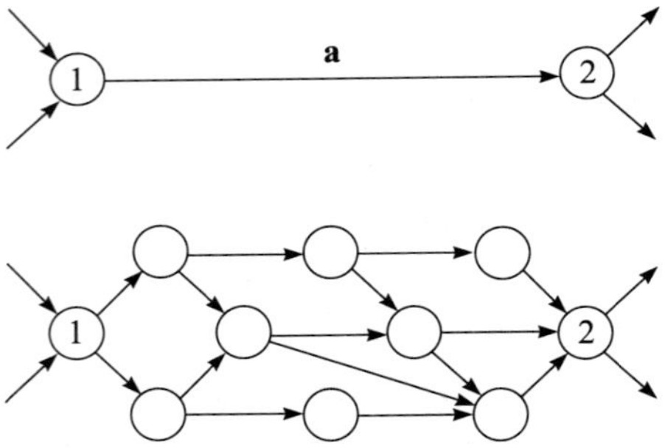

图 9—12 将任务 a 分解成一个子任务的网络

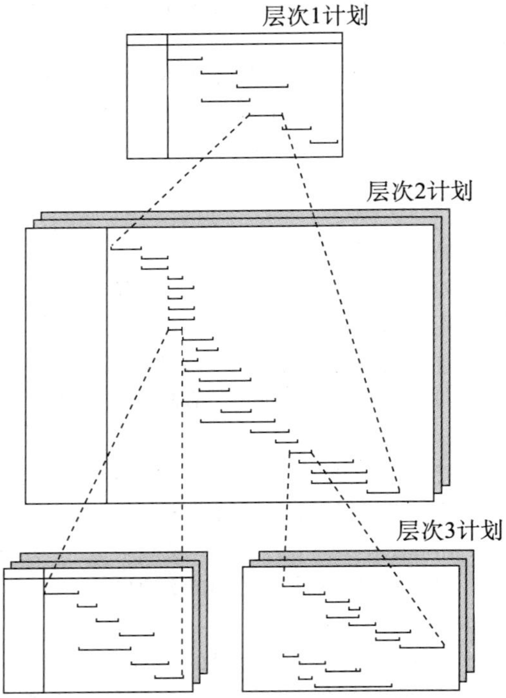

图 9—13 甘特图的层次

资料来源：F. L. Harrison (1983). *Advanced Project Management*. Hants, u. K. :Gower.

如果一个网络被分解成为若干子网络，这样我们就将问题等价为一个多项目的问题，子网络中的每一个项目都与紧前和紧后项目（其他子网络）相连接。在这种情况下，紧前/紧后关系有赖于母体项目的技术要求，在真正的多项目情况下，这些关系可能仍然依赖于技术关系。例如，一个房地产开发项目取决于它的土地购买项目的结果。然而，这种关系可以或多或少地随意加以确定。比如有时候项目会采用先到先得的法则或者其他一些法则来决定项目的优先顺序，有时候两个项目会同时进行，希望能达到协同的效果，有时候项目之间建立联系也许仅仅因为它们共用同样的资源。

利用上述的概念模型，现在假定我们有一系列的项目，每个项目都分别用一个任务网络来表示。我们可以用一些虚拟活动（虚拟的活动不占用资源和时间）和/或假活动（没有资源，有一些工期）将这些项目联系起来从而建立一个网络。这些虚拟的活动表示出各个项目之间的依赖关系，但是正如前文所述，这种依赖关系可能是技术上的，也可能是非常武断地直接作出的。①

正如大家所知，除去虚拟活动和假活动之外的其他活动都需要一定的时间和资源，它们对时间的需求量可能随资源供给水平的变化而变化，也可能不随之发生变化。在各个连续的进度阶段里，资源的总量以及对每个阶段的单独的供应量都是有限的。我们的问题就在于找到一种能在特定的资源约束条件下满足项目的先后次序安排，同时还能使项目的工期最短的项目进度方案。这个方案应该说明各种活动在何时开始，以及一旦活动开始，需要为其保持的资源水平。

在我们对资源进行配置之前，我们先要了解有多少资源可以用于分配（在目前的情况下，我们所说的资源指的是一个由无差异的、可以用于任意用途的资源构成的集合）。在任何时段（小时、天、星期、月等）的开始，我们有一些可用的资源库存 R_I，即先前的资源配置过程所留给我们的剩余。库存的变化可以由项目系统的内部引发，或者由外部与库存之间的输入和输出引发。剔除前一时段已经完成的那些活动，项目计划的每一个活动都处于下列四种状态中的一种之中：进行中、收尾过程中、等待中且技术上可以开始、等待中但技术上还不能开始。

图 9—14 描述了这些状态。我们将进行中的活动标注为“资源使用者”，将那些停工的活动标注为“资源贡献者”，将那些处于等待之中并且能够开始的活动称为“资源需求者”，将那些处于等待之中但还不能开始的活动暂时忽略。因此，可供分配的资源数量就是库存数量加上贡献出来的数量，R_I+R_C。如果需要的数量少于这个总和，下一个阶段开始时就会有正的库存；如果处于相反的情况，某些需求者就会得不到相应的资源供给。

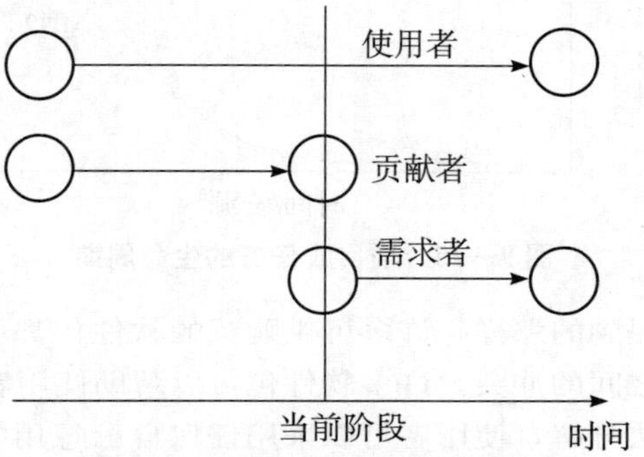

图 9—14 资源的来源和使用情况

威斯特的探索法（SPAR-1，资源配置的进度计划）以活动的最早开始时间为次序来为各种活动分配资源。在第一阶段内，我们列出所有可行的任务，并且按松弛量从少到多为其排序（松弛量的计算以活动在正常资源水平支持下为基础）。挑选出那些可以支持的活动，并且一个一个按次序排列。随着排在清单最上面的活动得到支持，相关的资源储备就会不断支出。各项任务全部按照顺序来安排进度，直到可做的

① 这是基于 Weist（1967）和 Corwin（1968）将威斯特（Weist）的论文应用在多个研发项目资源配置上的结果而写的。

工作全部排列完毕，或者直到一种或多种必用资源的储备完全用尽。如果我们在排完任务清单以前用尽了资源，其余的任务就得推迟到下一个阶段。延迟的活动就失去了松弛量，其位置也随之上升到优先清单中的最上部。

因此，资源需要用于各项活动，直到资源的可用供给完全被耗尽或者活动全部完成。如果在所有关键活动进行进度计划之前就用光了资源，那么可以采用两种次级探索法中的一种：首先，可以从进行之中（但非关键性）的任务上借用资源；其次，可以将进行之中（但非关键性）的任务移出进度。前一种方法可能会减慢工作的进程，后一种方法则需要暂停一切活动。两种情况都会使某些资源得以释放出来供关键任务使用。显然，如果一项关键任务被减慢、移出进度或者得不到资源支持，相关项目的工期也将会延长。

要采用借用资源或者移出进度这两种方法中的哪一种，可以通过使用第7章我们讨论在上下级和主次之间进行预算谈判所应用到的逻辑来做出决定。借用资源或者移出进度的决定取决于对任一活动（假定它现在处于完成状态）将会对所关注的任务有何影响的估计。图9—15给出了第7章讨论过的两种不同的项目或任务生命周期类型。如果任务属于类型1，借用资源的方法将会最小化对任务的损害，除非它非常接近于完工并且我们愿意接受它在现有阶段的产出，否则我们都可以让其移出进度。如果任务属于类型2，借用资源的方法就可能会对该项任务产生灾难性的影响，并且我们应当要么让其移出进度，要么放弃它作为资源的来源（或者以后再重新开始）。如果有一种以上的资源稀缺，我们就可以为每一种稀缺资源建立一个独立的活动。这些“创立”的活动必须被限定于跟随原始活动在相同阶段开始，并且有相同的资源配置水平（正常、赶工或最低限度）。

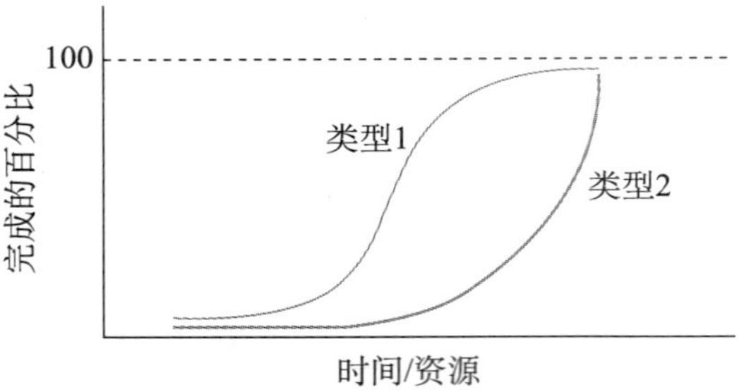

图9—15　项目或任务的生命周期

正如我们已经提到的那样，许多可供购买的软件包都可以安排约束性资源活动的进度，并处理资源之间的冲突。许多软件包可以帮助使用者自动求解，也可以用程序探索法或者手工方法分解，使用者可以采用任何自己想用的方法。如果一套项目是被虚拟活动连接在一起的，以便能像一个单个项目那样对其进行处理，该软件就会报告资源的使用冲突情况，也就是说，一种资源的计划用度大于资源供给的情况。

从某种意义上讲，本章将重点放在资源稀缺的问题上很容易引起误解。通常，资源稀缺的情况不适用于总体资源，仅仅针对一两种非常特殊的资源类型。例如，一家专营意外保险的保险公司有一种典型的稀缺资源“沃特”。“沃特”是公司在商业业务领域内的一位意外险种专家，他是公司在这一领域仅有的专家，并且在为该领域设计新保险条款时，他的个人知识是公司所必需的，他的知识来源于多年的经验和出色的分析思路。一旦要在业务领域进行保险条款的修改或制定，对这样的项目来讲，常常会遇到这样的情况，那就是公司有且仅有一位“沃特”。“沃特”能力无法得到雇用、培训或者在一个适当的时间框架下进行分包。公司扩展“沃特”能力的能力不足以满足自身对“沃特”的需求。在没有任何替代办法的情况下，只能延迟一些项目以便使其他项目得以照常进行。

9.7 高德拉特关键链[①]

在前面的章节中我们提到，解决多项目资源约束性进度计划问题，其实和解决单个项目中各活动间资源冲突问题的原理大致相同。在解决资源约束性的进度计划中最著名的就是高德拉特的关键链（Goldratt，1997）。《目标》（Goldratt et al.，1992）一书的作者——著名作家高德拉特将他关于约束性的理论应用于资源约束下的进度计划问题。最初的项目管理约束理论的焦点是在单个项目上，但是对于多项目而言同样适用。

对于项目经理在日常工作中会遇到的各种问题，大家都已经熟知了。更有趣的是无论项目经理来自哪个行业（建筑、制造、软件、研发、市场、通信、维护服务等），谈到这个问题时，大家的看法都是相同的。下面所列举的问题不过是经常被提及的几个例子而已，诸如此类的问题不胜枚举。

（1）高层管理者不经过询问，也不提前通知，而且在项目进度和预算保持不变的情况下就改变项目范围；

（2）不顾现有资源的情况擅自确定项目完成日期；

（3）除非超出给定的预算否则项目无法完成；

（4）项目工作量和完成日期是销售人员定的，根本就没有考虑到项目的本质和资源的水平；

（5）项目工期短得离谱，为的就是“激励”员工更快捷、更努力地工作。

这些问题，连同其他一些有关问题，都具有普遍性，与技术无关，却与时间、成本和绩效的平衡紧密联系在一起。让我们来分析一下对项目进度过于乐观的错觉到底有哪些表现：

（1）盲目乐观。有些项目经理极力反对进度延迟是由于个人的失误导致的，把任何项目问题都归咎于意外，临时性问题谁也无法预料，根本不是计划不周的问题。这些人显然是置风险管理于不顾。

（2）平均分配。有些高层管理者把项目与装配线混为一谈，以为项目管理和标准化作业没什么两样，只要把各项目平等对待即可。回顾一下第 9.4 节中的“资源负载/平衡和不确定性”小节，以及第 9.6 节中的“制造流程模型”小节，就可以得知资源量必须超出项目的需求量才能保证项目的进行。

（3）学生通病。这是高德拉特自创的一个名词，反映学生总是想多要一些时间来完成作业的普遍现象。假如真多给学生一些时间，他们仍然会在最后时刻才迫不得已地完成作业。最常见的就是项目活动明明有宽松的松弛量反而被延误了，一直到松弛量耗尽才发现这一点。如果这些活动出现任何问题，那么项目的工期就会被延误。

（4）活动交错进行可以减少闲置时间。想象这样一种情况，有两个项目 A 和 B，每个项目包含三个连续活动，而你自己是两个项目共同需要的资源之一。每一项活动需要 10 天左右的时间。图 9—16 显示了两个项目活动步骤的甘特图。第一个方案，

① 本小节内容可以跳过不读而不失全书的连贯性。

将项目A（以深灰表示）的三个活动与项目B（以浅灰表示）的三个活动互相连接，完成项目A的第1个活动后完成项目B的第1个活动，然后开始项目A的第2个活动，依次类推。第二个方案，全部完成项目A的三个活动后再开始项目B。两方案均需要60天完成。第二个方案中，项目A第30天后完成而项目B第60天后完成。第一个方案中，项目A第50天后完成而项目B第60天后完成。虽然总工期保持不变，但是第一个方案中由于活动交错进行而将项目A的完成时间顺延了20天。进一步说，如果项目A和项目B截然不同，在A和B两项目的活动之间来回穿插是一种既没有效率也没有效益的工作方式。

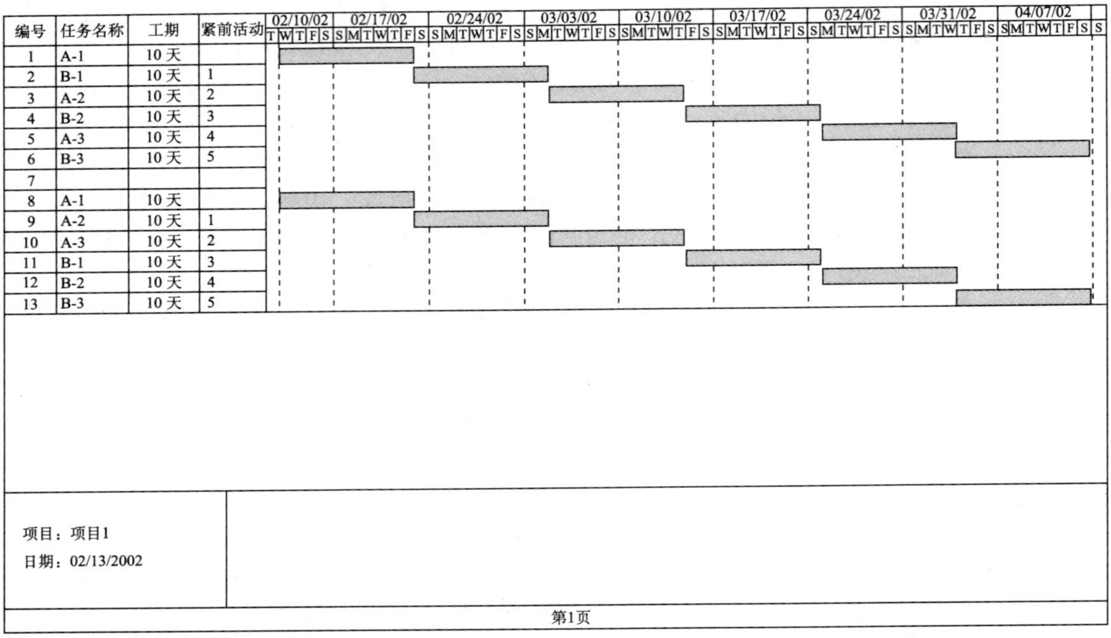

图9—16 单个活动时间固定的情况下交错进行对项目完成时间的影响

（5）网络活动简单或复杂无差异。考虑图9—17所示的两种不同类型的项目，假设每项活动的确定时间都为10天，可见，两项目均需40天完成，尽管其中一个项目比另一个项目要复杂得多。如果现实一点就会发现，假设每项活动都是随机的，活动的完成时间服从正态分布，那么活动时间均值为10天，标准差为3天，对项目进行500次模拟，结论如图9—18和图9—19所示。图9—18显示的是对简单活动网络的模拟，如我们想象的那样，项目完成时间基本在40天左右。图9—19显示的是对复杂活动网络的模拟，项目完成时间的均值却在46天左右。因此，复杂性、不确定性和活动路径重合都可能影响项目完成时间。

（6）员工努力工作是因为有利可图。我们身边的高层管理者总是在强调项目成员（包括项目经理在内）在做项目进度预测时总是打出富余量以便能按时完成任务并且“不费吹灰之力”，因此，管理常识就是截取项目时间的松弛量，多给点时间也不过是为了对项目组“以资鼓励”。事实上，经验已经证明，对于追求成就感的员工而言，最高层次的激励来源于对适度的失败风险的挑战，而绝非过度的失败风险。

（7）博弈。也许这是最常见的一种导致项目延迟的原因，任何项目组成员都会因此而泄气——那就是高层管理者坚信，为了保证项目安全平稳地推进，项目组肯定会在时间和成本的估算上打主意，于是他们就日益削减项目工期和预算。项目人员考虑

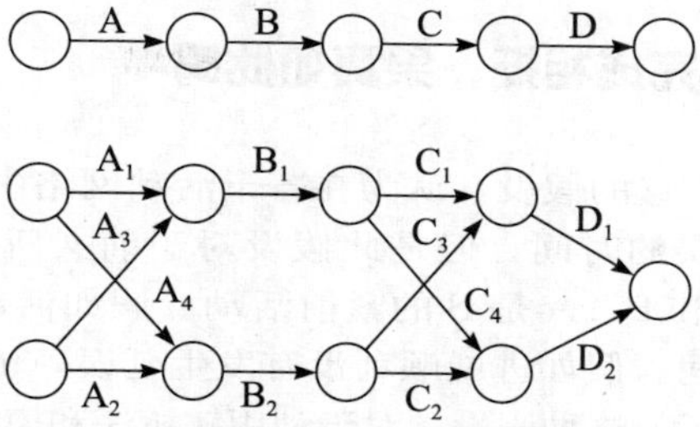

图 9—17　40 天项目活动网络图的繁简对比

Forecast:Completion Time Network #2

Edit　Preferences　View　Run　Help

Cell V3　**Statistics**

Statistic	Value
Trials	500
Mean	46.31
median	40.25
Mode	—
Standard Deviation	4.53
Variance	20.51
Skewness	0.05
Kurtosis	2.78
Coeff. of Variability	0.10
Range Minimum	34.83
Range Maximum	59.02
Range Width	24.18
Mean Std.Error	0.20

图 9—18　对简单网络＃1 的模拟统计

Forecast:Completion Time Network #1

Edit　Preferences　View　Run　Help

Cell U3　**Statistics**

Statistic	Value
Trials	500
Mean	39.97
median	40.23
Mode	—
Standard Deviation	5.85
Variance	34.18
Skewness	0.09
Kurtosis	2.86
Coeff. of Variability	0.15
Range Minimum	24.32
Range Maximum	56.97
Range Width	32.65
Mean Std.Error	0.26

图 9—19　对复杂网络＃2 的模拟统计

到高层管理者不分青红皂白的“削减政策”，就想尽办法来追加进度和成本的估算。两者之间缺乏信任，导致的结果很简单，一旦出现延迟或超支，双方互相指责，而把合理的风险管理抛在脑后。

□ 最早完成与最晚完成相抵，果真如此吗

人们有一种心照不宣的假设，认为在若干活动网络中完成早的活动节省的时间抵消了完成晚的活动延误的时间，但是此假设对于前文所列举的例子来说也许并不成立。给定两个活动A和B，A是B的紧前活动。假如活动A推迟，那么A延误的时间即B推迟开始的时间。假如进展顺利没有发生延误，相反，活动A提前完成了，那么B就可以提前开始了。这种假设，对于利用解析法和模拟法计算路径周期而言都属于一种默认假设，但是它适用于A推迟则B也推迟的逻辑，却很少适用于A提前B也提前的情况。事实上，A提前完成而节省的时间很少等同于B能够提前开始的期望时间。

除了个别人例外，大多数项目中涉及的人员都忽视了提前完成并未导致下一项活动提前开始这一事实。高德拉特在书中记载了这一现象（1993，第13章和其他章节），其他一些学者对此也略有提及。有关造成这种非正常情况的原因，人们多少有过一些争论，高德拉特认为是由于项目成员不愿意透露某些活动已经提前完成所导致的结果。

还有些人认为，一旦活动进度制定下来，到了紧前活动最可能完成日期（或最迟完成日期），其紧后活动自然就会随之开始，原因很简单，等到活动应该开始时，资源也就到位了。我们无意介入这些争论，但我们可充分证明紧前活动提前结束伴随着紧后活动提前开始这一错误假设的严重后果，继而深入研究提前开始并非易事的两个原因。

□ 简单模拟

回顾第8章中的表8—1，先解析后模拟项目活动的例子。我们把项目重新模拟一遍，前提是紧前活动提前完成，但紧后活动不到其预计的*ES*（最早开始时间，即紧前活动的最早完成时间*EF*）并不会提前开始（此外，假如紧前活动有若干，我们取其最早完成的一个活动）。平衡各活动最早完成时间的不等分布，使其最早完成时间等同于最可能完成的时间，且假定紧前活动不在此约定时间之前完成，也就是说将各活动最早完成时间“人为定义”为最可能完成的时间。在图9—20中，最可能值单元格显示在最大值和最小值之间。如此定义结果就是在模拟过程中假如完成时间模拟值小于最可能时间值，那么系统会自动提取最可能完成时间来取代随机值。允许完成时间值大于最可能值的情况，但反过来则不可以（注意：我们无法对活动a进行同样处理，假如最可能完成时间与最悲观估计时间相等（同样为22天），那么最可能完成时间单元格就无法取值，完成时间成为一个常数，活动b和g原理相同）。

模拟1 000次，图9—21显示了统计结果。将图8—28在图9—22中重新排序使之便于比较。图9—22包含了提前完成伴随着提前开始的假设情况。活动时间均值和中值分布大约比不允许活动在预计*ES*（最早开始时间）前开始的情况低12%左右，其他比值的统计分析结果亦然。

关于为什么紧后活动往往要等到其预计的开始时间才能开始，其理由似乎合情合理。有人说项目成员在活动大致完成时间之前不乐意透露活动已经完成的事实，这种假设是基于项目成员与高层管理者彼此不信任的基础之上。一旦提早完成的情况报告上去，那么高层管理者可能期望日后项目活动也应该比常规时间提前完成。如前面提到过的，高层管理者对项目组成员面对的不确定性没有切身的感受，他们可能认为，同样的工作，这次可以提前完成那么下次自然也可以，他们甚至会认为项目组成员对时间和资源的预估本来就偏高。项目活动完成时间的偶然提前，导致了未来活动完成

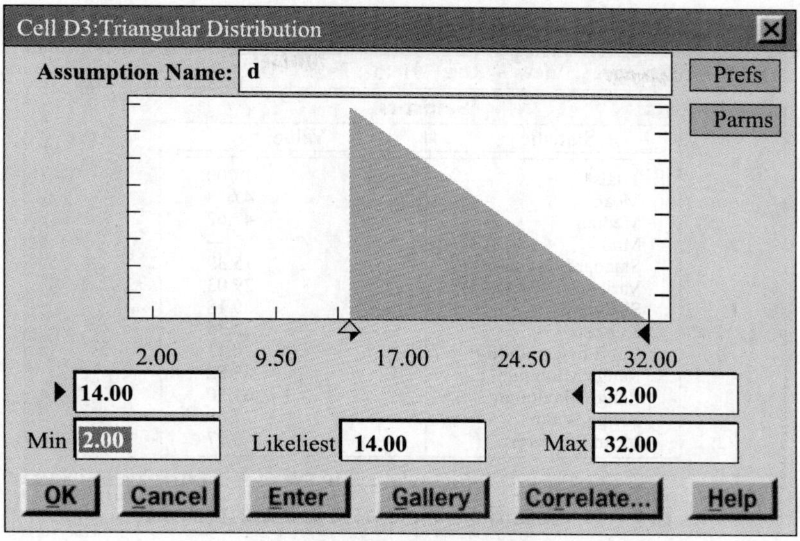

图 9—20　活动 d 完成时间的分布截面图

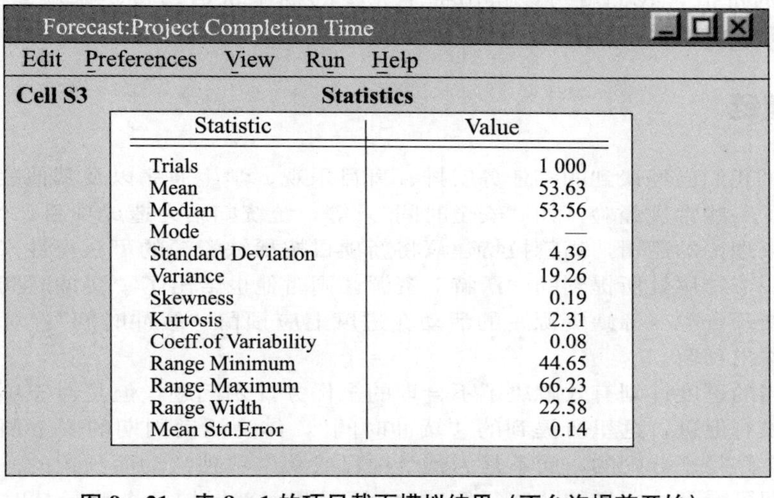

Statistic	Value
Trials	1 000
Mean	53.63
Median	53.56
Mode	—
Standard Deviation	4.39
Variance	19.26
Skewness	0.19
Kurtosis	2.31
Coeff.of Variability	0.08
Range Minimum	44.65
Range Maximum	66.23
Range Width	22.58
Mean Std.Error	0.14

图 9—21　表 8—1 的项目截面模拟结果（不允许提前开始）

期限的不合理压缩。

另外一种比较合乎逻辑的解释是，不到预计的开始时间紧后活动也得不到相应的资源，同理，对于紧前活动的提前完成而言也是如此。项目网络与装配生产线不能相提并论，更有甚者，我们发现一些经理人故意尽量延迟对项目资源的配给。假如我们期望在紧前活动完成后紧后活动紧接着开始，那么紧后活动的资源就必须在预期的开始时间之前到位。资源闲置是“零库存”类型的经理人所不能允许的。装配生产线有规律可循，但项目却截然不同。

假若允许 CB（Crystal Ball 软件）自由提取活动完成时间值，就不难发现紧后活动在其最早开始时间前得到资源的例子。例如，x 表示紧后活动开始的任何时间值，y 表示活动预计的开始时间值，且 $x<y$。对紧前活动（x 和 y 的数据来源）进行分布估计和三点估计，得出紧前活动在任何给定 x 时间之前或 x 时间点上完成的概率。根据此概率，加上在活动预计开始前预定资源的成本，得出在时间

Forecast:Project Completion Time

Edit Preferences View Run Help

Cell S3 **Statistics**

Statistic	Value
Trials	1 000
Mean	47.78
Median	47.62
Mode	—
Standard Deviation	5.39
Variance	29.03
Skewness	0.18
Kurtosis	2.35
Coeff.of Variability	0.11
Range Minimum	33.82
Range Maximum	61.50
Range Width	27.68
Mean Std.Error	0.17

图 9—22 重复图 8—29：允许提前开始的模拟分析

$x \sim y$的阶段预定资源的总价值。类似地，如果我们可以估计出活动提前 $y-x$ 时间完工的价值，我们就可以得出提早完工的期望价值。接下来就是相对简单的比较提前还是如期行动的成本—收益分析问题了。

□ 关键链

除了我们已经谈到的多任务安排、盲目乐观、学生通病以及其他表现，高德拉特还补充了一些常规经验（如“安全时间”）等，统统归纳为造成项目恶性延误的缘由。利用约束理论的逻辑，高德拉特建议将新项目按稀缺资源的可获得性来安排进度，就好比上一节结尾处所提到的“沃特”资源，同时他也给出了“缓冲时间”的概念，即对依靠瓶颈资源（稀缺资源）的活动在进度上应预留“缓冲时间”，对于瓶颈资源本身也应作出预留。

适当的进度计划有效解决了不合理的多任务计划问题，但是对于项目周期预估合理性并没有促进。这里所提到的“缓冲时间”，作为活动周期的安全预留，是按某一个或几个路径来分配的，而不是为整个项目或某个单独活动而预留的。通过简单的统计分析即可看到，所说的“路径缓冲时间”，即用来保护某个路径按时完工的安全时间，比用来保护该路径上各活动按时完成的安全时间之和要小得多。类似地，高德拉特也提到了“项目缓冲时间”的概念，但是他也强调了项目周期应降低到使项目组成员来不及犯学生通病的程度。事实上，高德拉特还是倾向于认为多数情况下给出的任务工期并不充分。

最后，高德拉特指出，进度上并行但依赖于同一稀缺资源的两个活动并非像传统理论所讲的那样彼此分立，假如该稀缺资源的供应不足以支持两项活动同时进行，那么优先使用资源的一方立刻会拖长另一方的活动路径，但并不会拖延另一方的工期。

假设一个项目包括两条活动路径，$A_1 \rightarrow B$ 和 $A_2 \rightarrow C$，A_1 和 A_2 共享同一资源，B 和 C 使用不同的资源，A_1 需要 7 天完成，A_2 需要 5 天完成，B 需要 10 天完成，C 需要 6 天完成。由此，路径 $A_1 \rightarrow B$ 共需 17 天，路径 $A_2 \rightarrow C$ 共需 11 天。因资源有限不足以支持两项 A 活动，它们不得不按先后顺序进行。假如 A_1 先开始，在 A_1 未完成之前 A_2 就无法开始，那么 $A_2 \rightarrow C$ 路径要增加 7 天，共需 18 天完成，而整个项目延期 1 天完成。假如 A_2 先开始，$A_1 \rightarrow B$ 路径增加 5 天，整个路径共需 22 天完成，比原计划的17天增加了5天的时间。假如此类问题频频出现，结果就是这个样子，这正是我们在第9.4节讨论资源平衡过程时重点讨论的问题。

根据高德拉特对"依赖"一词的解释，项目活动按照资源使用顺序或技术层面的顺序在活动路径上进行排序，其中历时最长的活动路径即为"关键链"。任何一个项目，就是这样靠关键链和非关键链组合在一起的，如图9—23所示。项目延期有两个方面的原因：一是关键链上的某个或多个活动拖延直接导致延期；另一个是非关键链（支链）上的某个或多个活动拖延，从而影响到关键链上的活动如期完成间接导致延期。项目的缓冲时间是用来保护关键链的，而支链上的"缓冲时间"是预留给非关键链活动的。

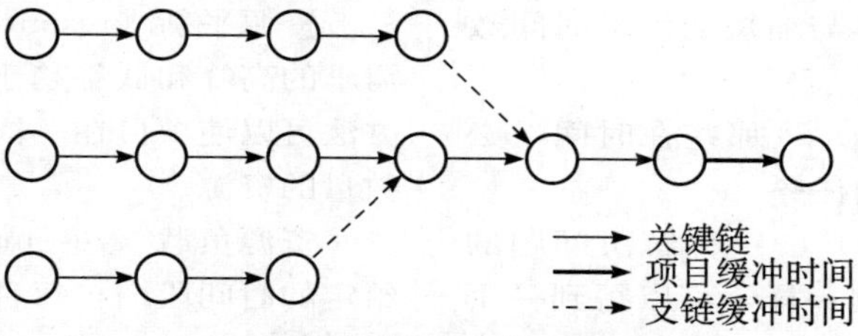

图9—23 项目缓冲时间和支链缓冲时间

关键链上的活动在资源使用上具有优先性以保证其正常启动。遇上资源严重稀少或类似"沃特"资源的情况，"沃特"资源的状态必须实时更新，任何关键活动的调整必须事先与"沃特"资源拥有者沟通。事实上，高德拉特再三强调，如此稀缺的资源计划在什么时候使用、使用多少必须提前打好招呼，因为关键活动的延误直接导致项目的延误，一旦关键链上的活动有需求，"沃特"资源就必须到位。

小结

本章考察了在一个项目的多个活动之间以及多个项目之间分配物质资源的问题。对项目经理来讲，一个持续的问题就是在资源之间，特别是在时间方面找到最佳的平衡。我们探讨了资源负载、配置和平衡方面的问题，并且提供了有助于应对这些问题的一些方法和概念。

本章的要点如下：

1. 关键路径法（CPM）是用与PERT相同的方式构建一种网络，但它顾及到了给任务增加资源来缩短工期（赶工）的可能性，因此可以加快项目进程。

2. 资源配置问题主要关注的是在一个项目的全过程中，在可用资源（包括时间）之间确定最佳的平衡。

3. 资源负载是一种计算过程，该过程需要从一个项目工期中每一个时间段上就每一种资源计算出项目任务的总负载。

4. 资源平衡是指通过在其松弛量之内移动任务，使一个项目所使用的各种资源的需求趋于平缓。对现实中的项目来讲，计算机辅助是必需的。

5. 处理约束性资源配置的问题有两种基本方法：

——探索法。是指可以用来确定可行的问题解决方案的现实方法，它基本上使用简单的优先法则（如最短任务优先）来确定哪项任务应当得到资源以及哪项任务必须等待。

——最优化模型法。如线性规划方法，用于找出任务的最佳资源配置，但是在能有效解决的问题的数量上还是有所限制的。

6. 对多项目进度计划的问题而言，三种有效性的重要测度标准是进度计划、资源使用情况和在制品库存数量。

7. 当需要在多项目系统中再增加一个新项目时，延误时间与平均资源负载直接相关。

8. 用于多项目进度计划的数学规划模型，旨在使所有项目的总体时间最小化，或者使所有项目的完成时间最小化，或者使所有项目的总体延迟时间（或者延迟罚款）最小化。这些模型仅限于解决较少数量的问题。

有一些探索法（如资源进度计划法）也可以用于多项目进度计划的问题。

下一章将会把话题转向项目的实施工作，并考虑用于监控进度、成本和绩效等方面的项目信息系统，还将会介绍一些可用于这些功能的计算机软件包。

关键术语

成本/时间斜率（cost/time slope） 为加快进度而增加的成本与缩短的活动时间数量之间的比率。

跟随者（followers） 那些在时间上必然紧跟某一特定任务的任务。

探索法（heuristic） 一种解决问题的正式过程，像拇指法则一样，可以得到一个可接受的方案。

数学规划（mathematical programming） 对某些用来解决约束性最优化问题的数学方法的一个通用术语，包括线性规划、整数规划等。

紧前活动（predecessors） 在时间上必然先于某项特定任务的任务。

优先法则（priority rules） 用于排列内容以决定先后次序的正式方法（如比率）。

资源平衡（resource leveling） 使资源需求的高峰和低谷趋于平衡的一些方法，该方法可以使项目在一段时间内使用一个固定数量的资源。

资源负载（resource loading） 在某个给定的时间段内，每种资源将要用于特定活动的数量。

紧后活动（successors） 见跟随者。

树状搜索（tree search） 对一系列替换方案的评估，这些方案相互之间带有逻辑性的交叉，就像布满枝丫的一棵树。

问题

内容复习问题

1. 指出几种在项目进度计划的过程中可能需要加以考虑的资源。

2. 什么是活动斜率？它表示什么内容？

3. 说出在选择一个多项目进度计划系统的过程中，三个可能会考虑到的衡量其有效性的标准。

4. 解决约束性资源配置问题时，两种可用的方法是什么？

5. 什么是“系统约束”任务？

6. 用自己的理解来描述“关键链”的概念。

课堂讨论问题

1. 什么时候企业可能会选择赶工项目？在做出这种决定时必须考虑哪些因素？

2. AON 有哪些局限性？

3. 为了能熟练地使用计算结果，一位经理人员应该对用于进度计划或者资源配置的计算机程序了解多少？

4. 当组织一次涉及多个项目时，资源配置意味着什么？

5. AON 如何用于战略计划目的？

6. 高德拉特认为盲目压缩任务工期可能导致活动延误的概率增加，他的理由是什么？你是否赞同他的观点？

有关“项目管理实践”的问题

大地震后快速重建洛杉矶高速公路

他们使用何种方式取得绩效平衡的，或者说他们如何对绩效施加影响？

成本—收益分析挽救了芝加哥的深隧道工程

你认为芝加哥应该如何提高项目的收益成本比？

宾夕法尼亚电气公司进行资源约束获得了丰硕的成果

1. 为什么规划小组需要使用比必要时多40%的技术人员？

2. 计划资源数量代表什么？为什么它会在1991年下降？它如何才能超过可获得性资源？

习题

1. 给定下面的网络，请按下述优先法则确定第一个需要赶工的活动：

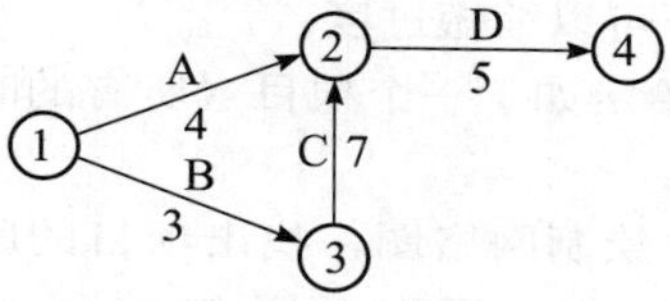

(1) 最短任务优先。
(2) 最少松弛量优先。
(3) 最多关键跟随活动。
(4) 最多紧后活动。

2. 考虑下述组织一个双周（10个工作日）计算机培训的网络：

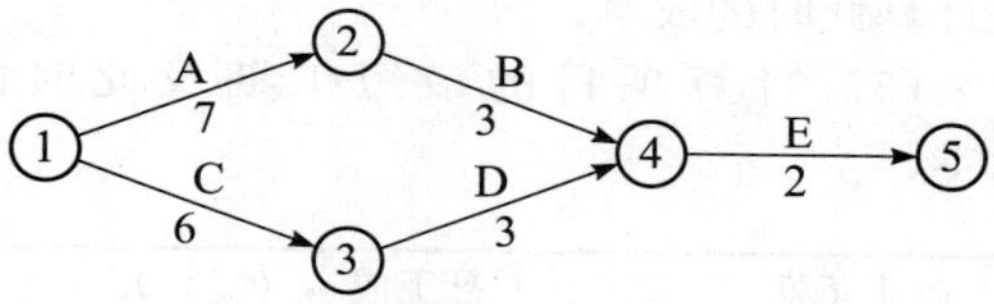

(1) 制定一个进度，显示出：

- 所有活动的 *ES*。
- 所有活动的 *LS*。
- 所有活动的松弛量。
- 关键路径。

(2) 给定下列信息：

活动	赶工时间（天）	赶工成本（美元）	正常时间（天）	正常成本（美元）
A	4	800	7	500
B	2	350	3	200
C	4	900	6	500
D	1	500	3	200
E	1	550	2	300
		3 100		

(1) 找出每天的赶工成本。
(2) 应该赶工哪些活动以达到以最小成本在10天的截止日期内完工的目的？假定可以局部赶工。
(3) 给出新的成本。
(4) 在这种项目中，可以局部赶工是适宜的假定吗？

3. 给定下列需要外部咨询资源介入的股票回购项目，请构建一个经过修正的带有资源和资源负载图的AOA甘特图。如果操作可以分解，请建议应该怎样平衡外部咨询资源的负载。

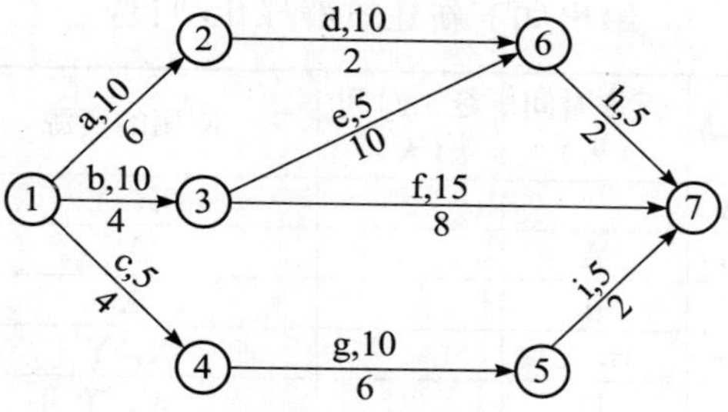

图例：活动，时间 / 资源单位

4. 下列数据来自一项对制作消费者测试样板所需时间进行的研究：

活动	赶工		正常	
	时间	成本	时间	成本
1—2	3	6	5	4
1—3	1	5	5	3
1—4	5	7	10	4
3—4	2	6	7	4
2—6	2	5	6	3
4—6	5	9	11	6
4—5	4	6	6	3
6—7	1	4	5	2
5—7	1	5	4	2

说明：成本单位为美元，时间单位为周。

(1) 给出完全正常的进度和成本。
(2) 给出完全赶工的进度和成本。
(3) 给出从完全正常情况（a）到完全赶工情况（b）的所有活动的总成本。
(4) 就完全赶工时间进度给出最小成本计划，由完全赶工问题（b）开始，假定可以局部赶工。

5. 考虑下面给出的项目网络图。假定活动A和活动D的工期都可以压缩到1天，成本为每天15美元。此外，活动E、活动G和活动H在工期上能缩短1天，压缩成本为每天25美元。使项目赶工两天的成本最小的方法是什么？赶工后最短的工期是多少天？新的关键路径和赶工成本分别是多少？

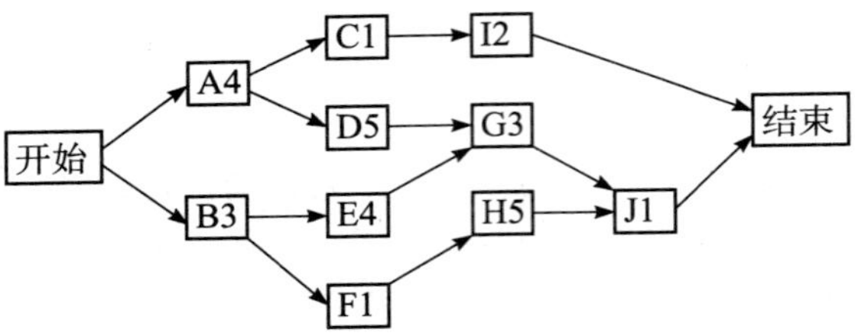

6. 给出如下新建筑群绿化项目：

活动	正常时间（天）	赶工时间（天）	使用的资源
A	—	2	X，Y
B	A	2	X
C	A	3	X
D	B，C	4	X，Y
E	D	3	W，X
F	D	1	W，X，Y
G	E，F	2	X，Y

（1）用 MSP 画出甘特图。

（2）找出关键路径，以天为单位描述项目周期。

（3）假定各活动资源 100%到位，识别资源约束有哪些？

（4）平衡资源重新确定项目周期和关键路径。

（5）识别有哪些备选方案在不增加资源的情况下可以缩短进度。

7. 给定如下一个项目（所有的时间单位均是天）：

（1）绘制网络图，找出项目的所有活动都处于正常水平时的关键路径、时间和成本。

（2）计算每天的赶工成本（所有的活动都可以以天为单位进行赶工）。

（3）找出使项目 18 天完工的最佳方式，并计算此时的成本。

（4）找出使项目 16 天完工的最佳方式，并计算此时的成本。

（5）计算项目的最短工期及此时的成本。

活动	紧前活动	正常工期	正常成本（美元）	赶工工期	赶工成本（美元）
a	—	5	50	3	150
b	—	4	40	2	200
c	b	7	70	6	160
d	a，c	2	20	1	50
e	a，c	3	30	—	—
f	b	8	80	5	290
g	d	5	50	4	100
h	e，f	6	60	3	180

案例讨论

布莱斯电力工具公司

凯文·艾尔陶是布莱斯电力工具公司的信息技术（IT）部主管。该公司最近作出了一项决定，将它的旧系统全面升级为 ERP 系统。布莱斯电力工具公司的总裁已经指示，他希望现代化计划能够在产品上市方面产生更显著的改进。艾尔陶关注的是，自己的部门有多大的可能性以足够的资源来支持这个现代化计划。他相信，自己有足够的员工来处理全部的 IT 需求，但是他对能否提供符合公司的项目经理在时间和数量上要求的 IT 人员不太有把握。

使情况更复杂的是，实现系统升级的计划将会在四位不同的项目经理的控制之下进行，每个主要的细分市场都已被看作一个独立的业务单位，他们有权基于对各自细分市场使用的进度计划选择 IT 子系统。

凯文了解一点有关资源配置的方法。他记得最有效的配置方法之一是，进度计划工作首先从拥有最少松弛量的活动开始，于是他指挥下属，以此为基础来处理所有委派给他们的任务。

问题：

在安排布莱斯电力工具公司的IT资源进度时，这是一种合理的方法吗？为什么？把整个工作分解成四个独立的项目来处理增加了哪些复杂性？

危重护理医院

在今后的6个月中，危重护理医院打算购买CATSCAN（电脑控制的颈椎X光扫描仪）。CATSCAN的设备将安放在放射科，并且需要对该区域进行较大的改造。扫描仪大概在5个月后到货，但改造项目还不能开始，需要等候该设备安放到位。这将导致一个大约为12个月的项目工期。医院估计该设备每月将会产生25 000美元的收入，并且因此急于完成这一项目。项目经理感到或许能够在项目的某些方面压缩时间，但成本也会有所上升。她已经决定，使用CPM的资源配置模式来做出最佳决策。

问题：

要恰当使用这种方法，这位项目经理必须收集哪些信息？她应该如何使用CPM模式来压缩项目时间？

课堂综合练习项目

尽管预算不允许增加额外资源以加快那些已经落后于进度计划的工作，但在整个项目中你还有某些松弛路径上可供借用的人来帮助你解决出了问题的项目工作。对于那些构成关键路径的项目任务，你需要确定从哪些地方可以借到资源以解决关键路径上的任何任务拖期，这样做的前提是其他关键路径的任务都是按期进行的（因为你不可能在项目开始时从某个任务上借人去帮助完成在项目终止阶段关键路径上的任务。）

参考文献

ADLER, P. S., A. MANDELBAUM, V. NGUYEN, and E. SCHWERER. "Getting the Most Out of Your Product Development Process." *Harvard Business Review*, March–April 1996.

CORWIN, B. D. "Multiple R and D Project Scheduling with Limited Resources." *Technical Memorandum No. 122*, Department of Operations Research, Cleveland: Case Western Reserve University, 1968.

DAVIS, E. W., and J. H. PATTERSON. "A Comparison of Heuristic and Optimum Solutions in Resource-Constrained Project Scheduling." *Management Science*, April 1975.

GILYUTIN, I. "Using Project Management in a Nonlinear Environment." *Project Management Journal*, December 1993.

GOLDRATT, E. M., and J. COX. *The Goal*. Great Barrington, MA: North River, 1992.

GOLDRATT, E. M. *Critical Chain*. Great Barrington, MA: North River, 1997.

HARRISON, F. L. *Advanced Project Management*. Hants, Great Britain: Gower, 1983.

IBBS, C. W., S. A. LEE, and M. I. LI. "Fast-Tracking's Impact on Project Change." *Project Management Journal*, December 1998.

KURTULUS, I., and E. W. DAVIS. "Multi-Project Scheduling: Categorization of Heuristic Rules Performance." *Management Science*, February 1982.

KURTULUS, I., and S. C. NARULA. "Multi-Project Scheduling: Analysis of Project Performance." *IEEE Transactions on Engineering Management*, March 1985.

LEVY, N. S., and S. GLOBERSON. "Improving Multiproject Management by Using a Queuing Theory Approach." *Project Management Journal*, December 1997.

MANTEL, S. J., Jr., J. R. MEREDITH, S. M. SHAFER, and M. M. SUTTON. *Project Management in Practice*, 3rd ed. Hoboken, NJ: Wiley, 2008.

MCCARTHY, J. *Dynamics of Software Development*. Redmond, WA: Microsoft Press, 1995.

NICHOLAS, J. M. *Managing Business & Engineering Projects*. Englewood Cliffs, NJ: Prentice Hall, 1990.

PINEY, C. "Critical Path or Critical Chain: Combining the Best of Both." *PM Network*, Dec. 2000.

RAZ, T., R. BARNES, and D. DVIR. "A Critical Look at Critical Chain Project Management." *Project Management Journal*, December 2003.

TRIETSCH, D. "Why a Critical Path by Any Other Name Would Smell as Sweet." *Project Management Journal*, March 2005.

WEIST, J. D. "A Heuristic Model for Scheduling Large Projects with Limited Resources." *Management Science*, February 1967.

WHEATLEY, M. "Future Perfect." *PM Network*, April 2004.

案例

下面这篇文章描述了一个新产品的进化过程，以及将其推向市场的项目计划。讨论了为每一个相关部门开发工作分解结构、网络图、进度计划和资源负载图的问题，还提出了时间—成本平衡、现金流和资源平衡方面的问题。

辛格医疗产品公司①

Herbert F. Spirer

辛格医疗产品公司在研发层面上已经进行了充分的新产品开发，他们要为一种会取得商业成功的产品——一种长效灭菌用品，评定技术成功的可能性。管理层已经指示公司的灭菌部尽早将产品推向市场。管理层要求得到一个直至生产开始为止的详细计划。在生产开始后，营销计划和其他一些计划也要分头着手准备。

项目工作委派给了灭菌部门的研发小组。麦克·理查德作为开发此种产品的项目科学家，受命负责该项目的管理工作。公司其他部门也都给予了协助，其中包括包装任务组、研发小组、公司工程部、公司采购部、医院产品生产部和包装产品生产部。

麦克很关心项目范围。依据自己过去的经验，他知道还需要开发出一个最终的方案，尽管这样的开发实际上只是一种例行职能。其他需要面对的问题涉及颜色、味道和浓度添加剂，而不是任何与绩效有关的修正工作。幸运的是，主要的规范问题已经得到了解决，并且他相信规范文件一提交上去就会很快得到批准，因为他们已经获得了一份最终文件的紧急批准函。

在包装方面还有一些问题需要解决。包装设计的开发是他此时主要关注的问题。最后还得有与公司政策和标准相符的生产程序：资本性设备的选择和采购、设备安装和调试。

麦克还关心是否对该项目做出了清楚的界定。为此他争取到了一个与集团副总裁S. L. 曼德尔先生会面的机会。

他问曼德尔，自己的职责究竟以什么为限。曼德尔又把皮球踢了回来。麦克对此已有所准备，并指出他认为项目中自己需要负责的部分仅限于使生产流程能够顺利交接给制造部门。根据辛格医疗产品公司的一贯做法，他们达成了一致：工厂95%的产品制造能力达到总体生产目标（每年1 000万升）80%的水平，麦克就算完成了自己的工作。

“但是我想让你记住，”曼德尔说，“你必须达到目前所有的FDA、EPA和OSHA的规范要求，并且你还必须符合我们内部的规范——我手头的这份是9月出的，编号为RD78/965的规范。你知道，现在的生产要坚持依照完全书面化的生产程序。”

这次讨论之后，麦克感到自己已经得到了足够的相关信息，可以开始定下来为达到这些目标应该采取哪些行动。其中第一项工作就是与研发主管P. H. 道森特会面。

“如果你认为自己能够立刻就开始执行这个方案，那就太天真了。”道森特说，“你必须首先形成一个产品的理论基础（a）②，根据公司政策，这应该是一个正式定义下来的过程。营销部门希望在这个阶段就加入进来，生产部门则希望有人能听一听他们的呼声，并且你还要得到公司内部每个相关部门的认可，所有这些都应该由执行委员会进行评审。如果你事前做好了相关的准备，就不会有什么麻烦，但预计要花费整整8周才可以做到这一点。”

“那么事情肯定要拖延，”麦克说，“我计划用12周来制定规范方案（b），并且你

---

①

② 必须在网络计划中予以说明的任务。

知道，这个方案完成后我才能开始制定产品规格（c），而那又要花费3周。”

“是的，但是当你制定产品规格时，你可以做文书工作（d），这项工作并不需要全部的内部规范完全到位，但也是直到规范方案完成后你才可以开始文书工作。”

“是的，而且我发现很难令人相信，我们能够在3周内同时完成文件准备工作并且获得批准，但周围人都说一定行。”

“噢，在目前情况下这是可以做到的，就看准备工作做得怎么样了。当然，我不是说3周的估计与我们的其他时间估计一样确定。我们需要的是在员工使用方面做些变化，而在这个问题上我们正有一些麻烦。只要你制定出了规范，又通过了审批，就可以立刻开始建立生产加工系统（g）。”

“是的，并且我多么希望在那方面我们可以早点开始，但设计师说有太多的不确定性，而且在有关规格和规范形成文件以及通过审批以前他们什么也干不了。他们将会给予最快的反应，从开始到完成生产加工系统需要6周的时间。”

“他们是很好的员工，麦克，而且，当然，你知道你不必非要推迟这个项目包装部分的开始工作。只要产品的基础理念形成，就可以开始形成包装概念（e）。如果我的经验还管用，这会耗费整整8周的时间。你得费些工夫才能让这一过程顺利完成。”

“但做完那项工作之后我们很快就可以开始包装和材料的设计（f），通常这要占用大约6周的时间。一旦做完这项工作，我们就可以开始开发包装系统（h），这项工作不会超过8周。”麦克总结道。这时，他意识到，尽管道森特具有一般的常识，但是自己还需要与生产主管直接交谈一下。

“在加工和包装系统开发工作完成以后，”生产主管说，“接下来的一步就是要对设施需求做一个全面的研究（i），你不可能在4周内完成这项工作，并且它必须先于资本设备清单的准备工作（j），而后者又要占用大约同样时间的3/4。当然，加工系统和包装系统的开发工作一旦完成，你就可以开始准备书面的生产程序（q）。”

“但是”，麦克说，“在安装完这些制造设备（p）之前，我真的能完成这些程序吗？”

“确实不能，你能做的就是完成第一个阶段，做这项工作需要用10周的时间，其中最后3周将会用来等待设备安装完成。”

“这就意味着我实际上有两个阶段的书面工作要做，在设备安装之前可以完成的工作（q），和在此之后开始的工作（q’）。”

“对，现在你知道你所要做的最后一件事就是在一个实验性测试中（r）运转这套设备，它会表明你是否已经达到了令人满意的水平。”

“是的，由于这项工作必须包括设备调试，因此我已经安排了一个6周的时间段，这应该足够了。”生产主管表示同意。麦克继续说：“我觉得没有把握的是，我们能否并行开展所有的安装工作？”

“一旦主要设备清单罗列完毕，你就可以让人承办采购订单以及负责采购加工设备（k）、包装设备（l）和设施（m）的工作。这类设备和设施中每一种的安装工作都可以在货物到位之后立刻开始（n，o，p）。”

“你对实施这些工作的时间有何估计？”麦克问道。生产主管估计，按照这个订单，每个次级系统的采购阶段为18周、8周和4周，并且每种设备安装都会耗费4周的时间。“那么我可以认为，一旦制定出了相关的程序，并且也实现了95%的产出，我的工作就结束了。”麦克说。对此生产主管表示同意，但他提醒麦克，整套采购中任何一项设备都要等到主要设备清单准备出来并得到批准（j）之后才可以开始，而他认为这项工作又需要3周的时间。

辛格医疗产品公司的执行委员会为这个项目设定了一个开始日期：3月10日，并要求麦克推算出一个完工日期，并连同他的计划一起提交上来。执行委员会暗示，无论麦克提出何时完工都是可以的，但是麦克知道，人们期望他能够表明自己如何缩短项目的完工时间。他在制定任务进度时是十分清楚的，他需要提出资源需求计划，并且尽可能克服日程限制。

要想达到这一目的，麦克还需要做出对资源的准确估计。为此，他决定理出一个活动清单，并询问每个相关部门究竟可以提供何种程度的劳动力。这项调查的结果显示在表1中。例如，活动a需要8周时间完成，共需要12人的研发人工量，或者说活动a在8周中的平均人工量为每周1.5人。

为了制定一个总体计划，财务部告诉麦克，估计每周每位员工的成本为600美元，这有助于他做出一个现金流预测。财务主管说，这个现金流计划是预期的计划，这是麦克没有意识到的。

麦克知道辛格医疗产品公司有个惯例，作为计划的一部分，需要给执行委员会提供下述内容：

A. 目标说明。

B. 工作分解结构。

C. AON（PERT）网络图。

D. 确定关键路径及相应的工期。

E. 一份活动清单、最早开始进度表、松弛量清单和主体进度计划。假定每项活动都在其最早时间开始，并且先不考虑资源约束的情况。

F. 一份针对每个小组和项目整体设计的各时段劳动力需求表，其中包括显示劳动力负载的条形图。

G. 一份针对每个小组和项目整体设计的累积的劳动力需求表，其中包括显示累积负载的直线图。

H. 一份以最佳劳动力需求平衡为基础的进度计划，其中的平衡工作可以在项目工期的延长不超过日历日期14%的情况下得以实现。

I. 进行平衡时的一份项目现金流需求图，假定各项费用在整个活动期间的分布是相同的。

表1　　劳动力需求（人一周）

活动	包装任务	研发小组	公司工程部	医疗产品生产部	包装产品制造	维修	采购	材料和其他直接费用（美元）
a	1	12	1	1	2	0	0	0
b	0	16	4	2	0	0	0	500
c	1	6	3	1	1	0	1	0
d	0	12	4	2	0	0	0	0
e	12	8	4	2	8	0	2	4 000
f	12	2	3	0	3	0	3	2 000
g	0	18	12	12	0	0	0	0
h	24	8	8	0	8	0	2	0
i	0	4	16	2	2	0	0	0
j	0	1	3	0	0	0	1	0
k	0	1	1	1	0	0	7	40 000
l	1	0	1	0	1	0	9	160 000
m	0	0	1	1	1	1	6	30 000
n	0	2	4	8	0	4	1	4 000
o	2	0	4	0	8	4	1	8 000
p	0	0	5	5	5	10	1	6 000
q，q’	5	5	5	10	15	10	0	5 000
r	3	6	6	6	6	6	0	0

问题

1. 构造上面所确定的9个计划要素。

2. 就潜在问题对该计划进行分析。

3. 就机会分析该计划。

4. 执行委员会是否会批准这项计划？为什么？

5. 执行委员会可能会提出什么样的替代性方案以供进一步分析？

第Ⅲ篇
项目实施
Project Execution

▷▷▷ 第 10 章 项目信息需求
▷▷▷ 第 11 章 项目控制
▷▷▷ 第 12 章 项目评估
▷▷▷ 第 13 章 项目终止

本书的第Ⅲ篇开始进入项目的实际实施阶段。第 10 章讨论了项目的信息需求和对关键活动进行监控的需求。这一章描述了一些基本的项目管理信息系统(PMIS)。有很多这样的系统，我们对其中一些进行了简要讨论。在本书中我们使用的是 Microsoft Project®，它是目前最流行的项目管理软件。接下来，在第 11 章描述了项目管理软件中的控制程序，又描述了在项目管理中的控制程序：使项目始终处在控制之中，并且在我们的监控显示项目发生偏离时使其回到计划的轨道上来。这一章的内容中包括了进行对比的标准和帮助项目经理对项目实施控制的工具。第 12 章讲述了进行项目中评估的方法，还讨论了应该如何识别那些会导致项目成功或失败的因素。最后，第 13 章描述了项目终止的不同形式，比如直接完全终止，将其与日常组织进行集成，或者将其延伸成一个新的项目，每一种形式都对项目经理提出了不同的有待解决的问题。

第 10 章 项目信息需求

首先，此章所谈及的内容也许要比本书其他章节的内容更需要我们刻不容缓地予以重视。我们在讨论项目监控工作时，必须先将需要控制的目标清楚地界定出来。我们在界定项目控制系统时，必须首先了解需要对项目的哪些方面进行绩效度量，以及绩效度量以什么为标准。事实上，人们可能会认为，本书第 12 章中提到的项目评估应该在监督和控制工作之前进行，这些章节顺序的安排具有一定的随意性，读者可以自行决定阅读的顺序。无论人们如何看待这些主题的先后次序，它们之间相互依赖的关系都是非常清楚的。

对项目进行评估和控制的基本方法总体上与项目选择和计划活动正好相反。项目选择的逻辑理念，如项目组合过程，或者如本书第 2 章中提到的任何一种方法，说明了应该进行项目评估的部分，而计划工作的具体内容也正是控制过程的基本元素。对于两者来说，绩效度量都是其先决条件。对于在项目选择过程中提出的所有目标，都需要进行核查，并且在项目监控系统中要包括对其进行绩效度量的手段。如果采用一个赋权的模型，通常所有的度量指标集成为单一的度量指标。对于一个持续运作的项目选择系统，就要求在项目的整个生命周期内，随着项目的进行，对项目的所有关键措施进行监控，监控工作可以由本书第 5 章中提到的项目管理办公室（PMO）来进行，这样做的目的是使得项目能如期完成，并且在必要时新的项目能顺利开始。关于这些内容将在本书的第 12 章和第 13 章中进行更多的介绍。

对项目进行评估需要更多的方法，例如，建立和维护项目风险管理系统。不仅要对项目绩效进行监控，也需要对项目所处的环境进行观察和记录。项目监控是指收集、记录并报告有关项目绩效的某些方面或所有方面的信息，以满足项目经理或组织中其他希望了解这些信息的人员的相关需要。在本章的讨论中，需要特别强调，项目监控作为一项活动，要与项目控制（项目控制是利用项目监控提供的信息，确保项目实际绩效与计划绩效保持一致）相区别，也不能和项目评估（项目评估是通过分析对项目的质量和效果进行判断）混为一谈。

首先，我们将讨论计划工作和控制工作联系的实质，其中包括对项目绩效需要进行监控的不同方面的简要讨论。我们也将考察项目监控的相关问题。最后，我们介绍几种能够大幅提高项目监控工作的速度和效率的计算机软件包。

本书的读者对象定位于那些实践中的项目经理和项目管理专业的学生，学生往往无法了解项目经理不能直接获得项目诸多方面的准确信息的现象，但是项目经理都知道，无法确知最近进展情况的现象比比皆是。记录往往是过时的、不完整的和有误的，或者会在需要它时“不见踪影”。如我们认识的一位医院院长曾实施过一个项目，希望通过改变病人组合的方式来提升医院的经济效益，但医院的会计系统却在整整6个月后才把项目最终结果的情况报告上来。

在本章中，我们的基本理念是如何确保项目的所有利益相关者都可以实时获得相应的信息，以便更为有效地控制项目工作的实施和不确定性对项目的影响。项目监控的其他应用（例如审计、经验总结或者及时向高层管理者汇报信息）虽然也是十分重要的，但是它们在构建项目监控系统时对控制工作所起的作用往往是次要的。建立一个能给项目管理者提供必要、及时的信息的系统成了关键问题，该系统的建立将有利于让项目最大限度地按计划施行。

最后一项提示是，这一章中将会频频引用“项目监控者”、“项目总监”以及负责项目监控的“团队”或者“办公室”等名词。在大多数的大型项目中，这些个人或者团队是真实存在的，但在小型项目中，项目监控者和项目总监以及项目经理往往是同一个人。因此，当我们提到项目监控者和项目总监时，往往是指项目管理中所需要的一种角色，而不一定是指具体的某一个人。

项目管理实践

运用项目管理软件为奥运会安排赛程

在第十五届加拿大卡尔加里冬奥会上，来自57个国家的超过2 000名运动员将参加129个竞赛项目，该项赛事吸引了超过1 500 000名观众以及5 000余名各国记者。工作人员包括600位专家及10 000名志愿者。这600位专家负责整个16天赛事的组织、计划、日程安排、协调以及信息需求处理，其工作量之大是可想而知的。组委会的高层管理者运用项目计划和进度计划计算机系统进行日程安排以管理50个项目中的30 000项工作。

加拿大卡尔加里冬奥会的主要目标是在预算内举办有史以来最好的一届冬奥会，其基本理念就是要求每一个项目管理者在严格的时间限制和有限的预算要求下进行自己所负责项目的计划工作。由于每个项目的项目报告和要求各有不同，因此高层管理者就需要做大量的辅助和准备工作。以下就是项目成功的两大要点：其一，不论他们是否准备妥当，冬奥会必须按照预定的日期举行；其二，项目工作具有高度的挑战性和透明性，要求工作人员必须全力投入。

整个冬奥会的赛程安排，除了短道速滑以1分钟为单位外，其余的129个赛事（16天的赛程）全部以15分钟为单位进行分解。组委会打印出了每一赛场的日程安排，内容详细到了每分钟，还为每一个运动场馆、建筑物和房间绘制了完整的图示。人们小心翼翼地进行日程安排，以确保约2 500名的选手、皇室成员和政府官员能够在正确的时间到达正确的位置。后勤保障人员（包括医疗和保安人员）也都为每一场赛事制定了详细的进度计划，以应付人群在比赛场地之间的往返流动。交通方面（经常容易被忽视）则安排了600辆大巴来接送运动员和其他人员。天气是最重要的关注对象，奇努克风暴曾导致20项比赛项目的日程变更，有的甚至变更了两次。

加拿大的卡尔加里冬奥会终于办成了表现最佳的一届冬奥会，更难能可贵的是，与其他主办城市的超支现象不同，此次奥运会的经费开支完全控制在了预算之内。

资料来源：R. G. Holland，"The XV Olympic Winter Games：A Case Study in Project Management，" *PM Network*，November 1989.

10.1　计划—监控—控制工作循环

在本书中，我们始终强调下列工作的必要性：计划、进度的检查、进度与计划的比较，以及在实际进度与计划不符时采取纠偏措施，而计划、监控和控制的核心就是时间（进度）、成本（预算）和绩效（规范要求）。这些内容包括了项目的所有基本目标。

的确，有些组织并没有在项目的计划和控制上花费足够的精力。付诸行动远没有想象的那么难，主要是因为"真抓实干"要比"纸上谈兵"有效得多。我们可以找出诸多由于计划不足而造成巨大损失的实例。

● 由于项目经理的决策失误，一项大型的建设项目超预算 63%并且超计划用时 48%，其原因仅仅是项目经理认为自己曾管理过许多类似的项目，可以不经过详细调查就知道该干什么。

● 一个大型的工业设备供应商在一个开发新业务领域的项目中蒙受了严重的财务损失，因为他们将曾经（成功地）在其他小型而又简单的项目中使用过的计划和控制程序应用到了这个全新的项目中。

● 一家电脑供应商竞标获得了一笔大订单，为一家全国性公司在堪萨斯城的办公机构提供一台计算机、五台终端机和配套的软件。由于计划不足，导致安装工作严重滞后，软件的运行也远没有达到理想水平，这样的拙劣表现导致该供应商失去了这家公司后来的 20 多笔类似业务。

项目预算与进度计划方法被喻为"把争论放到桌面上"。计划工作在项目的生命周期伊始所要求花费的时间和精力都非常之大，但是它会大大减少绩效不良所造成的任务拖延，但这也并不代表项目就可以高枕无忧，计划工作仅仅可以降低失败的风险。

将控制过程看作一个闭环系统是十分有用的，其中，修订计划和进度（已经得到批准）的工作要紧跟在矫正行动的后面完成。虽然我们将控制工作的详细内容安排在了下一章中，但是计划—监控—控制工作循环在项目完成之前是一个持续不断的过程，其中的信息流状况如图 10—1 所示，图中信息流从下到上传递，而权力则从上至下分配。

将这一过程看作项目组织结构的一部分（而不是某种独立的或强加上的外部结构，或更糟的情况，将其看作与组织结构相冲突的过程）也十分有用。最后，经验告诉我们，项目的计划—监控—控制循环也应该是（而不强制是）公司正常工作中的一部分。对项目有利的事情对项目所属公司也同样有利。在许多案例中可以看到，要实现有效的项目管理，项目经理就要有一套有效的监控和控制系统，否则在任何情况下，对项目施加有效的管理都是一件非常困难的事。

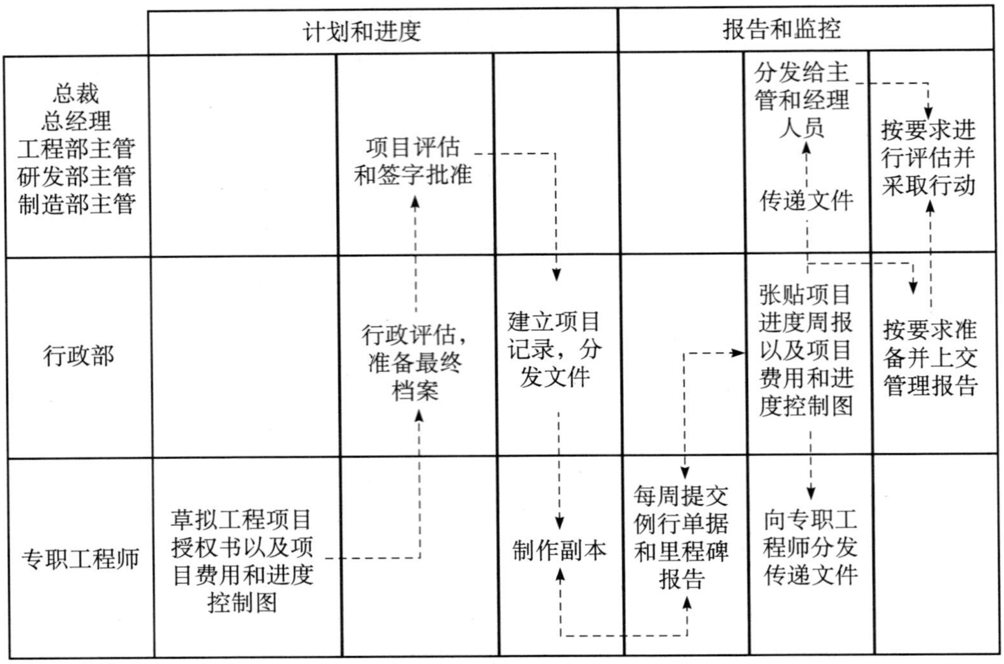

图 10—1　项目的权力和费用控制系统信息的流动方式

资料来源：Dean (1968).

□ 设计监控系统

建立任何一套监控系统的第一步都是识别需要控制的关键因素。显然，项目经理需要监控项目绩效、成本和时间，但是他们必须先对绩效、成本和时间所需要监控的各种具体特性进行清楚的界定，并为控制工作划定合理的范围。此外，或许还有其他一些值得注意的重要因素，至少在项目生命周期中的里程碑或评估点上是存在这些因素的，例如，项目所用工时的计算，项目范围和产出物的变更，客户满意度水平的变化以及其他一些类似的因素都可能值得每一个项目加以关注。

项目的行动计划和风险管理计划才是监控目标的最好来源。行动计划描述了每项工作、每个工作包和每个项目要素的内容、时间以及资源使用的计划水平。对风险管理计划中风险识别环节的监控让项目经理和项目团队能够实现项目风险预警并且降低意外发生的可能性。监控系统将计划与控制工作直接连接在了一起。如果人们没有对计划中某些重要因素的相关信息进行收集和报告，那么控制工作就可能错误百出或者无的放矢。行动计划列示了那些需要准确测度并向控制系统报告的关键项目，但这远远不够，例如，项目经理想要知道客户对项目态度的变化，有关项目团队士气的信息对预知组织和人员变化也非常有用，这两个问题是十分重要的，但是它们没有在项目行动计划中反映出来。

遗憾的是，在项目实践中，人们往往只将监控活动的重点放在那些容易收集但并不重要的数据上，或者只关注那些“客观”测量的数据，这些数据替代了那些对控制工作更有价值的客观性较弱的数据。更为重要的是，项目监控工作需要将基本重点放在产出的各个方面上，而不是放在工作强度上面。我们要牢记，成效卓著的项目经理对自己项目团队工作的努力程度并不十分感兴趣，他们重视的是项目实施的结果。

项目绩效的测量通常最困难的就是数据收集。目前，比较通行的做法是以测量项目投入替代测量产出。如果我们花费了 50%的预算（在计划时间内），我们就会假定完成了 50%的项目工作或实现了 50%的项目目标。采用这样的方法，对于小的工作单元，即便我们在测量中犯了错误也不会造成太大的偏差，但是如果监控对象是一项完整工作或者整个项目，那么这样用投入/产出同比例法就很容易造成严重的偏差。

进一步来说，通常情况下，要求绩效有很高水平的精确性显然是没有必要的，也是不现实的。例如，一个通信软件项目中规定，电话信息系统必须能够在 5 秒内确定电话号码，并向咨询者做出响应，那么难道 5.1 秒就是失败吗？这样的规定意味着每次响应都必须在 5 秒以内，还是仅仅意味着平均响应时间在 5 秒以内？或者说响应时间都是 5 秒或低于 5 秒的 90%的时间呢？

我们在本章中提到的监控系统主要是针对时间和成本的绩效测量，而不包括技术规定方面的内容。尽管我们肯定对达到项目的技术规定十分关注，也确实在研究一些产出监控方面的问题，但是没有将这一主题详细展开，因为用来进行项目监控工作的软件并不是为此设计的。本书第 12 章中的审计部分将对这些内容进行更为细致的讨论。

基于以上所有情况来看，我们必须对每一个需要考虑的因素都建立绩效指标、标准以及数据收集程序。指标和数据收集程序通常是针对项目整个生命周期而建立的，但往往并不是一成不变的，它们可能因为公司调整生产能力或者项目团队实施了一项新技术而发生变化，也许更常见的是由项目经理无法控制的因素引起标准和指标的变化。例如，由于客户的原因而变更。如果一种能够过滤随机噪声的电子部件问世，那么订购某一特殊型号音频设备的客户就会大幅调整相应的绩效要求。

标准还可能受到社区的影响而改变，以满足公共政策调整的需要。例如核电站或汽车排气系统的绩效规范就会因为这样的因素而改变。基础利率或者失业率变化常常会改变项目经理在做出项目决策时必须遵循的某些规范。项目监控过程必须以指标和标准为基础，因为它们规定（或至少限定）了一整套相关的测量依据。

需要收集的信息必须得到清楚的界定。这些信息可能包括会计数据、运营数据、工程检测数据、客户反馈数据、技术规定变化的数据和类似的内容，而其中的基本问题是在所有可以获得的数据中精确地确定哪些是应该收集的。我们需要重复的是，对收集数据起着决定作用的因素常常也是收集方法方面的问题。当然，所需数据的性质取决于项目计划、公司的目标、客户的需求，也需要看它是否有助于改进项目管理工作。

人们严密监控项目工作存在的争议是，对工作进展进行严密的跟踪监控可以在项目的收尾阶段减少手忙脚乱的被动局面。帕托维等人（Partovi et al.，1993）对这一争议进行了讨论，并且发现这并不是完全正确的。他们对五种监控政策进行了考察：不进行监控，随机监控，定时监控，只在项目早期频繁监控和只在项目后期频繁监控。他们发现，无论采取何种措施，投入的精力从绝对数量上来看没有什么差别，但是在项目后期频繁监控的政策对于防止项目拖延具有重要的作用。

在监控数据时最常见的问题也许就是虽然这些数据与项目绩效直接相关，但是在每个收集时段之间，收集到的监控数据很少或者没有明显的变化。在分析之前，美国电话电报公司（AT&T）收集大量反映运营效率指标的月度统计数字，该项数据收集的规模十分庞大，足有电话号码簿那么厚，其结果被人们称为“贝尔硕士的绿皮书”。

这些数据中有很多每月的变化非常之小。在被问及这个问题时，一位官员提到，公司数据的收集只能让公司运营保持一定的警觉性，但是我们认为还有其他更有效和更便宜的方式来激励项目团队努力工作。当然，包罗万象的数据收集也不是合适的项目监控政策。

因此，项目的首要工作就是考察项目计划，以提炼项目的绩效、时间和成本目标。这些目标应当以某种形式与各层次工作联系起来，也就是说，有些与项目联系起来，有些与任务联系起来，有些与工作包联系起来。收集的项目数据必须能够测量、比较目标和成果，同时设计相关机制来收集和存储这些数据。如果没有与工作单元相关的数据，那么将无法采取有效的行动。最后，如果项目绩效的某一方面做出了改动，那么项目的具体工作也必须改变。

类似地，开发和管理项目的过程应该经过深思熟虑，采取的相应步骤要保证收集的各种信息和组织缺陷、程序性问题的诊断和治疗工作直接相关。经典著作《新机器的灵魂》（The Soul of a New Machine）（Kidder，1981）揭示了各种组织因素、人际关系以及管理风格对于项目成功所起的重要作用。在梅克希乐夫等人（Mekhilef et al.，2005）撰写的文章中介绍了如何识别和分析个人阻挠决策过程的方法，他们关注的是研发项目，但文中提到的方法对很多类型的项目都是适用的。

□ 如何收集数据

假设我们知道要收集什么类型的数据，那么下一个问题就是应当如何收集。对于构建监控系统，准确地定义收集信息的内容和时间是十分必要的。在大多数情况下，项目经理面临着多种选择，问题就是：成本信息应当在某些特定事件发生之前还是之后收集？是否必须在相同的某一时点上收集时间和成本信息？当由于数据来源（人）不愿报告任何可能会对绩效评价产生消极影响的信息而导致很难收集到某一特定问题的相关数据时，我们应当采取何种措施？有些企业的劳动时间被分摊到项目上，而我们确切知道这些分摊来的工作实际上是另外一个已经超出预算的项目工作（但都是服务于同一个客户），这时我们应该怎么办？数据收集需要特殊的形式吗？我们是否应当建立质量控制程序以保障数据从数据源传输到项目系统的过程中的完整性？这些问题仅仅是我们必须解决的众多棘手问题的冰山一角。

大部分的数据收集工作可以归纳为以下形式之一，其中每一种形式都适合于某些类型的测量数据。

1. *频率数据*

这是指对事件发生次数的简单累计。这种方法通常用于“投诉”、“项目工作延迟的次数”、“无事故天数”、“计算机程序中缺陷的数目”等类似事件。这种数据往往很容易收集，并且通常以单位时间内的数据或者占某一标准数据的百分比等形式报告。这种方法虽然计算简便，但是部分数据收集可能较为困难。诸如“错误”或者“投诉”之类的事件，如果个人或团队不想揭示项目运作的不良状况，那么也就不会将这类事件报告出来。

2. *原始数据*

日期、费用、小时数、耗用资源的物理量以及规范要求都是采用这种方法进行报告。这些数据通过很多不同的渠道进行报告，但通常都直接用来与期望值或标准值进行比较，并且偏差通常是以实际值和标准值的差额或比率进行报告，差值或比率还可以放到时间序列中进行分析，以显示系统绩效的变化情况。在收集这些原始数据时，我们必须确保它们是按照相同的时间间隔，依照相同的收集准则从数据源上收集的。

3. 主观数值评级

这些数值通常是针对质量由专家或专业团体主观估计的结果，客观原始数据的报告也适用此方法，但是应当注意上报的这些数值不能被人为地调整为只适合于测量的形式（详见第 2 章有关测量工作的论述）。绩效排序就包括在这一方法中。

4. 指标

当项目经理不能直接测量系统绩效的某些方面时，就会求助于一些间接方法或者指标。处理那些有变化的订单的速度和将这些变化融合到项目中所用的时间往往可以很好地测量项目团队的效率。对于变化的响应也是衡量项目团队沟通质量的一个重要指标。当然，这种方法可能会取决于变化的复杂性。因此，当运用指标衡量绩效时，项目经理必须保证指标与期望绩效标准之间要保持尽可能直接的联系，并且不会受到其他变量的影响。

5. 定性数据

对于诸如"项目团队合作质量"、"项目团队成员的士气"或者"与客户互动工作的质量"之类的绩效测量通常采用文字表达的形式。只要需要考虑的特性数目是有限的，并且各种术语都得到了整个团队的充分理解，这些数据就可以很好地服务于相应的目的。

项目管理实践

戒毒帮助计划

一个社会服务机构经过申请获得资助从事一个帮助 18～24 周岁的男性吸毒者戒毒的项目，该项目还要保证每一位帮助对象都获得一份全职工作（或者为那些在校学生找到一份兼职工作）。符合资格的帮助对象必须是那些曾经因为犯罪而被逮捕但又不属于"惯犯"的人员。此外，吸毒者必须与自己的一位家庭成员（父母或监护人）居住在一起。作为获得资助的众多条件之一，该机构被要求建立一种资助机构可以接受的戒毒帮助计划成效测量标准。

大多数戒毒计划所采用的成效测量标准都是复吸率。复吸的判断标准是：再次因为与毒品有关的犯罪遭到逮捕，或者该帮助对象在完成戒毒计划返回社会之后因为某种原因而重新进入社会服务系统。

"再次被捕"基本上肯定是"惯犯"，但也有几个案例表明，确实有一些以前的帮助对象与该机构联系，要求重新接受该计划的帮助。这些自愿重新进入戒毒计划的帮助对象或者因为再次使用毒品，或者因为担心自己再次吸毒。该机构的专家们认为，自愿重新进入该计划的情况属于成功的范畴，而非失败的范畴。

为此，出现了一种用以衡量成效的新方法，它取代了已有的复吸率这一指标。该方法从三个不同方面进行衡量，三个指标都被赋予相同的权重：

1. 持续尿检为阴性的周数。
2. 工作或学习表现良好持续的月数。
3. 在家里表现良好持续的月数。

第二个和第三个指标的测量是基于与雇用者、老师和家长的访谈结果得出的。

资料来源：S. J. Mantel，Jr. Consulting project.

在所有数据收集完以后，下一步工作就是生成项目进展报告，其内容包括项目现状报告、时间/成本报告以及偏差报告等。其中的原因和影响应当加以清楚的界定，并且还要关注其发展趋势。计划、图形和表格都应该定期更新。还应当报告数据间的比较，例如与前期数据进行统计分布情况的比较。以上内容可以帮助项目经理（和其他人员）更好地理解监控数据的含义。图10—2和图10—3展示了这些数据的用途。图10—2显示在对一个全新的计算机软件进行一系列的测试时发现的缺陷数量（在进行下一次测试之前，所发现的缺陷已经得到了处理）。图10—3显示的是一个计算机程序检索数据的时间占规定时间的百分比，图中的每一个点都说明了该系列中有关检验的信息。

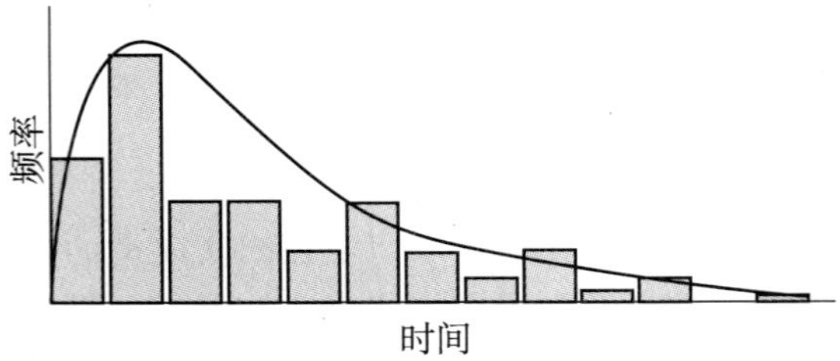

图10—2　“数据组合”程序在测试过程中发现的缺陷数量

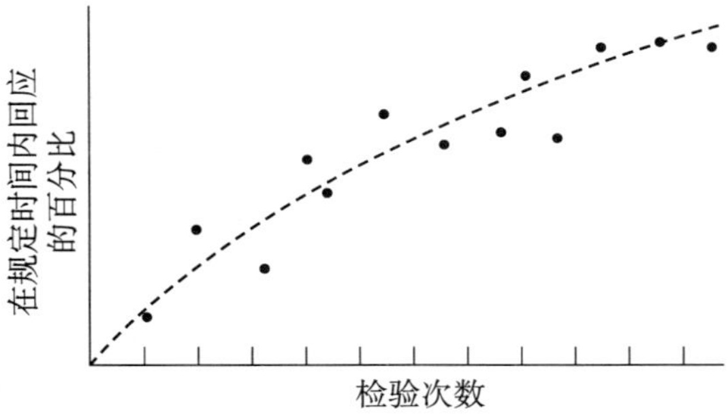

图10—3　重复检测过程中达到规定绩效要求的百分比

项目经理可以通过图10—2中的统计功能对需要进行的测试次数做出一个粗略的估计，从而确定程序中还将被发现的缺陷数量，将这些数据在图10—3中绘制成一条曲线（这是正式的做法，或者可以“目测一下”），估算出使系统绩效达到规定水平所花费的成本和时间（附加测试和调整的数量）。利用Crystal Ball®很容易得出以上的曲线和分布。

接下来将对时间线性的内涵进行扩展，但是项目经理首先要确保类似项目办公室里的AON/AOA以及甘特图能够经常得到更新。项目监控有利于保持项目团队的高昂士气，同时能使项目团队成员对需要解决的问题保持警惕性。

项目监控系统的目的是收集和报告数据信息，而控制系统的目的是运用这些数据。为了辅助项目总监的工作，监控者应当承担一部分数据分析工作。与计划标准相比较显著的差异应当予以重视或者标注出来，以免被项目总监忽视。质量控制的统计方法对于确定偏差是否达到“显著”水平很有帮助，它还有助于找出偏差产生的原因。对于已知的原因应当予以关注，对于未知的原因，应当考虑开展调查（我们应当记住，对很多事情的确认要比理解更容易，调查也有可能没有效果）。当决定要开展一项调查时，虽然实际的调查可能是由负责监控的团队运行的，但项目总监有权确定由谁在何时采用何种方法开展调查。

在第 7 章中提到的 Emanon 飞机制造公司就是一个典型的例子，研究团队在寻找问题的过程中收集和分析了大量的成本信息，实际上所用的分析方法很简单。项目团队将制造系统的每一批产出的预测或估计成本（$F(t)$）与实际成本（$A(t)$）相比较，针对每项成本都进行了这种分析。计算出的实际成本与预测成本的比率按时间序列排列出来，如图 10—4 所示。[①] 注意，当预测成本高于实际成本时，$A(t)/F(t)<1$。在此例中，成本主要指原材料成本。尽管在此例中没有必要进行细致的统计分析，但标准质量控制技术在项目管理中还是有着广泛的应用（具体内容可以在任何一本有关质量控制统计的书中找到，如 Evans et al.，1993）。时间序列分析通常能够帮助项目经理提早发现那些潜在的问题。

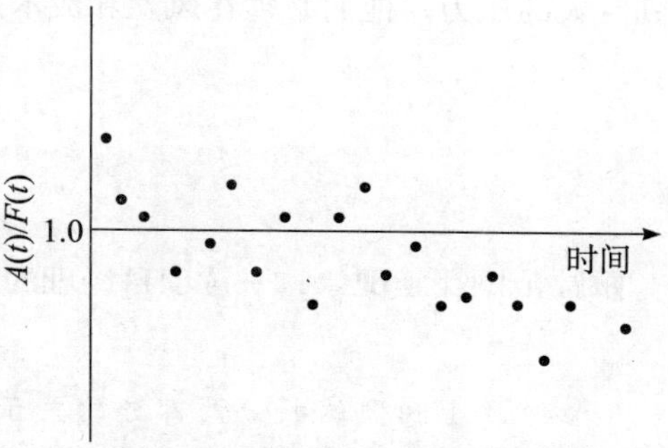

图 10—4　实际原材料成本和预测原材料成本之间的比率（Emanon 飞机制造公司）

基本上说，这为项目经理提供了一个“例外管理”报告系统。当然，例外管理也有优点和缺点。首先，它是一种事后控制方法，偏差发生，然后得到检查，在此之后才采取相应的行动。一名聪明的项目经理往往更重视预防问题而不是弥补损失，因此，监控系统应当有能够反映将要产生的偏差的信息流，显然，这样的指标具有统计学的特点，能够反映将来可能出现的问题而不是对其做出确定性的预测。例如，通过数据分析我们可以发现工作出现将会失控的趋势。有兴趣的读者可以参阅“2－5－7 法则”（Shafer et al.，1998，第 3 章）。项目经理可能会感到困惑，是否有必要浪费时间和精力去应对那些并不一定会发生的问题，不过事前做好准备往往要比事后再弥补的成本小得多。

在开发监控系统时，还应当关注诚信和偏见的问题。前者通常通过建立内部审计制度来解决。审计的目的就是保证收集数据的真实可靠。当然，不进行审计也可以阻止偏向性。总体来说，数据往往受到报告人的有意或无意的影响。科学告诉我们对一个系统的观察会影响系统的绩效。项目总监必须知道这一事实，首要任务是确定数据工作方面产生偏见的可能性是否非常显著，如果答案是否定的，就没有必要采取具体行动。寻找偏见并采取纠偏措施（参见第 7 章）只有在数据没有太多偏见（高度精确）时才是有价值的。

虽然在项目团队中培养一种诚信的氛围往往被人们所忽视，但它的确是十分重要的。向项目经理介绍应怎样做到诚信没有超出本书的范围，但是即便给出了这样的说明，项目经理依然有可能无从下手。本书可以提供一些建议。项目经理可以忍受任何错误，但唯独不能允许不诚实的存在。项目很容易受到不诚实带来的伤害，这样的伤害要比来自公司运营与管理不良带来的伤害更为严重。标准化的日常运营的特点是系

① 在作图 10—4 时没有使用真实数据，但是该图反映了咨询人员所发现的真实情况。

统绩效具有高度的可预测性。当监控系统报告了与预期标准有所偏差的信息时，这些情况都是可见、显著而又容易引起关注的，但是在许多项目中，预期标准不那么明确，偏差也就很难得到准确的认知，因此项目经理通常依靠项目团队成员来发现问题。在这样的情况下，项目经理就必须做到不惩罚报告问题的人，还要保证主动承认错误的人得到从轻发落，而藏匿错误的人则难逃法网，并且被“遣送到西伯利亚”。

项目监控系统常常会出于寻找错误原因的目的进行具体的分析工作，这一做法很值得怀疑。尽管管理格言“奖励与惩罚应当与绩效密切相关”具有非常重要的指导意义，但它实际上并不总是正确的。这种做法有时并不能激励人们达到更好的绩效，反而可能会造成人们产生较低的预期。如果完成项目目标被直接考核并和奖励直接挂钩，人们就会感到巨大的压力，他们必须在风险和成本最小化的前提下，实现或超过计划的目标。

项目管理实践

跟踪范围蔓延现象：一位项目经理的回复

亲爱的编辑：

在《当代工程师》(冬春号)上刊登的共分两部分的关于“范围蔓延”的文章叙述了一个很有趣的案例研究。该文仅仅解决了工程问题，但有一个很大的遗漏——并没有正式的项目管理过程。正式项目管理的内容并未在文中体现出来，这是很大的缺憾。正规的项目管理过程是按时间、按进度完成项目的基石。

这个过程包括：

1. 一个正式的项目计划开发过程。

2. 一套能够提供偏差分析数据的跟踪系统。

3. 在项目生命周期内对项目范围、进度和资源变化的管理。

这个案例分析了很多广为人知的现象：

● 项目经理由一名工程师担任——通常没有接受过正式的项目管理培训。

● 项目团队基本由工程师组成——市场营销和其他职能部门被视为项目外部组织而不是项目成员，并且他们不参与任何项目计划过程。

● 项目目标和可交付成果没有得到清楚的界定——通常由工程部门做出，只提出了工程方面的要求。

● 没有建立完整的项目工作分解结构、任务完成标准以及网络图，因此工作进展的测量也就具有一定的随意性，并且很难得到确定。

● 任务工期估计可能由实施者以外的其他人决定，导致估计数据无效。

● 项目进度计划是随便加总起来的，只是为了表面好看，并敷衍目标日期要求——错过了使用关键路径法(CPM)建立可靠的进度计划的机会。

● 包括人员和预算在内的资源需求数据都是猜测出来的——通常不是综合使用关键路径法制定初步进度计划的结果。

● 没有风险管理计划——大部分项目风险都会使人们大惊失色。

● 项目计划没有得到过项目发起人的验证和确认——失去了在实施项目之前获得团队和发起人承诺的机会。

● 没有正式的项目跟踪和变更管理系统——没有计划就不可能跟踪项目进程、测量进度以及进行变更管理。

项目管理与工程学一样是一门严谨的学科。项目管理并不适合所有的人，它要求一整套与工程和市场营销等工作完全不同的技能。

资料来源：J. Sivak, "Scope Creep: A Project Manager Responds," © 1998 IEEE. Reprinted with permission from *Today's Engineer*, Vol. 1, No. 3 (Summer), p. 8, 1998.

10.2 信息需求与报告过程

每一个与项目有关的人员都应该与项目报告系统紧密联系起来（Back et al., 2001）。监控系统的建立应该强调每个层次的管理需求，但报告方式没有必要在每一个层次都达到相同的深度或频率。较低层次的人员报告需要包括具体工作的详细信息和相关的影响因素，这样的报告往往是高频率的。对于高层管理者，则需要总体性的报告，这些报告描述的是综合性的问题，而没有那么多的工作细节内容，除非高层管理者对某项特定活动和工作有特别需要，这样的报告频率往往较低。对于以上的两种报告，报告的结构都应当能够反映 WBS 的内容，每一个管理层次收到的报告都适应该管理层次的管理需要。有时候，我们或许需要在多个组织之间进行信息传递，如图 10—5 所示，有时候可能会需要在各个管理层间传递信息。

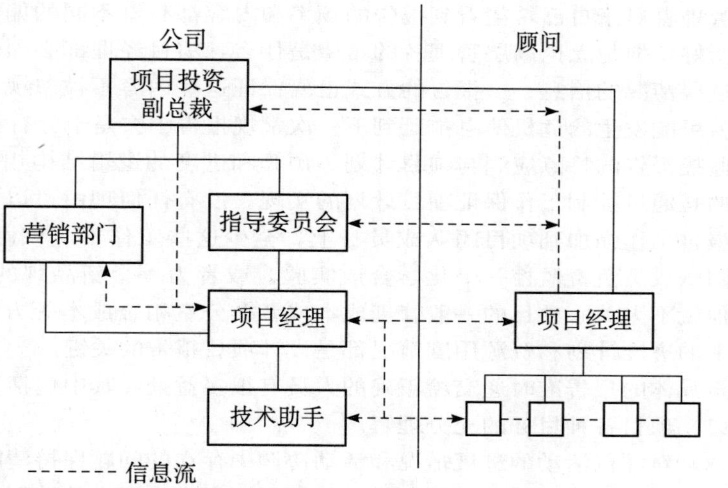

图 10—5　服务于同一项目的不同组织之间的报告信息流

比起写作本书第 1 版时，电子设备和软件的不断发展使数据收集、信息的收集和发布工作变得更加快捷和容易。因特网不仅可以用来协助日常项目管理工作，还是一个丰富的信息源，包括建筑规范、数据库、任何地区黄页、专利信息以及管理项目的辅助技术，这些还只是可以应用到项目管理中的一小部分信息。很多最新的项目管理软件包可以使我们方便地连接到因特网上，并通过电子邮件将各种信息、行动计划、网络图和报告传递到任何地方。这些信息经过调整或者更新，发送回发送者的手中，所花费的精力并不比将信息传递到下一个单元多多少。

电子邮件并不是用来随意传递信息或者数据的，它只能用于企业的商务领域。

□ 报告的流程

项目报告与项目行动计划或者 WBS 之间的关系是决定报告的内容和频率的关键因素。报告必须包括根据特定的进度计划对特定的任务开展控制工作所需要的数据，而报告的频率必须满足控制工作的需要，而这些控制工作需要在项目进度计划的完成期间（或之前）加以实施。例如，在大多数情况下，药品的有效性检测通常不会快速得到结果，那么就没有必要对这类检测工作进行周报（甚至可能没有必要进行月报），当检测结果得出时，才需要更高频率的报告和数据更新。

除了要保证报告中的评价指标充分满足项目控制的要求之外，报告的时间通常也应当与项目里程碑的时间相一致，这意味着除了向项目经理提供的项目进度报告外，项目报告可能不是定期生成的。以星期、月度和季度发布项目报告，看上去没有什么逻辑原因，只是传统使然。很少有项目要求项目报告必须严格按照项目日历提交，这就是说项目报告没有必要每时每刻都要进行提交，报告工作应当被纳入项目计划并且准时提交，然而，报告的时间并不要求采用定期的方式。

项目里程碑事件的识别有赖于它的利益相关者。对于高层管理者而言，不论项目大小，里程碑事件都为数不多，而对于项目经理而言，项目进程中或许就会有很多的关键点，这些关键点通常意味着做出重大决策、对资源基础进行重大变更，抑或实现关键的技术目标。与低层人员相关的里程碑则更为细化，发生的频率也更高。每一位高层管理者对于自己希望看到报告的频率和内容都有着不同的偏好，项目经理最好能投其所好，但是无论高层管理者的希望是什么，项目经理都必须保证报告中包括所有有关进展情况的信息——报告的方式也要保证这些内容不被忽视。将当前正在发生或很快就可能发生的危机信息拖延到下一次常规报告中去是十分有害的。

监控报告的特点应当与项目计划、预算和进度的逻辑结构相一致。当然，最基本的目的是通过控制工作保证项目计划的实现。没有任何理由可以将与控制工作无关的大量报告工作强加到项目团队成员身上，至少这些工作不应该由他们来完成。例如，有的团队成员负责监控一个化学合成实验，或者为一个新品牌的咖啡设计一个广告，那么他就不太关心项目的一般管理成本或者办公室租金成本等方面的问题。项目行动计划中的进度计划和资源用度情况都是设计项目报告的关键。

将具体的报告准时递交给正确的人员有很多益处，其中包括：

（1）项目各种目标的充分理解。

（2）对并行活动的进展情况和活动协调中存在的问题保持清醒的认识。

（3）为满足所有项目团队和个人的需要制定更为现实的计划。

（4）理解项目个体任务之间的关系以及它们与总体项目之间的关系。

（5）对项目存在的潜在问题和拖延的情况进行早期预警。

（6）通过减少沟通变更信息的延误，使由变更引起的混乱最小化。

（7）对不满意或不恰当的工作更快地采取管理措施。

（8）让高层管理者对项目有更好的把握，同时对项目当前的需求保持关注。

（9）及时向客户或者其他项目外部利益相关者提供项目进展情况的最新信息，尤其是有关项目成本、里程碑和可交付成果的信息。

□ 报告的类型

> 一天，老板要我提交一份关于我负责的项目的进展情况的报告，我问他能否明天再提交，他却说："如果我明天才需要这份报告，那么我会等到明天再让你做的！"

为了满足项目管理的需要，我们通常会有三种形式的报告：常规报告、例外事件报告和特殊分析报告。项目常规报告通常是指那些按照一定的基础有规律地生成的报告，但正如前文所提到的，定期提交并不意味着必须遵循日历时间。对于高层管理者来说，此类报告通常是定期生成的，但是对于项目经理和低层管理人员来说，项目的里程碑事件才是生成报告的最好时机。有时候，我们或许偶尔需要定期（每周甚至每天）生成资源用度情况报告。

例外事件报告通常适用于两种情况：第一，项目管理层直接做出决策，要将其传达给专门负责实施该项决策的人员，或者那些明确需要了解情况的团队成员；第二，这类报告往往是那些具有例外性质的决策内容，需要将这些内容以文件的形式通知给其他经理，换句话说，这是为了保护自己而进行的一种敏感性工作（项目经理应当注意：过多使用项目例外事件报告会被项目高层管理者认为过于温顺，过于谨小慎微）。

特殊分析报告被用于发布项目工作获得的特别研究成果，或者项目工作中遇到的特殊问题的应对情况。该报告的内容通常会引起其他项目经理的兴趣，或者对其他项目的分析工作具有帮助作用。研究替代材料的使用情况、评估替代性的制造流程、谋求外部咨询、获取新型软件以及讲述政府最新法规等内容都属于特殊分析报告的典型主题。这些报告通常会分发到每一位感兴趣的人手中。

□ 会　议

为了庆祝自己50岁的生日，专栏作家达夫·巴利（Dave Barry）列出了"你在50年的生活中要学会的25件事"，其中第16项就是"如果你必须用一个词汇对人类不曾也不会完全发挥自己潜能的原因做出解释，那就是'会议'。"对于绝大多数的项目经理和项目员工来说，会议受欢迎的程度就像空头支票或者隐疾那样。人们传言，会议是由托尔克马达（Torquemada）发明的，而与上述观点相反，会议对于项目团队是十分必要和有帮助的。最主要的抱怨是，会议过于拖沓冗长、毫无成效并且浪费了每一个人的时间。实际上，反对的观点简而言之是认为会议"创造性地浪费了时间"（Nevison，1995）。

到目前为止，我们隐含地假设报告是文字形式的，并且是通过文件、电子邮件或因特网发布出去的，但更为常见的情况是，所有这几种形式的报告是在面对面的会议或者电话会议上传达出去的。事实上，高层管理者更倾向于采用面对面的会议来了解项目的进展情况，而这些会议可能会涉及有关项目工作的几乎所有主题。项目评估会议可以采取结构严谨的形式（Knutson，1996），也可以采取不规范的临时形式，但这些会议都是很重要的。

大多数项目会议都不会涉及高层管理者，通常是项目团队会议，有时会将项目的客户包括进来，关注的是项目日常工作中面临的问题。这些会议的举行方式经常会让参加者感到紧张或焦虑，实际上并没有什么特殊的原因。以下列举的几条简单法则有利于项目会议的顺利召开：

- 通过会议进行项目集体决策或者对重大问题进行商讨。此时，应当避免"走过场”式的会议，这种形式有时被称为“现状讨论会”。如果想要召开后一种会议，以使团队成员了解项目中其他人员所从事的工作，就必须坚持让相关人员相互之间以面对面或电子通信的方式进行沟通。只有在确实需要时（比如向高层管理者汇报项目进展情况，或者团队成员之间很难自行组织起来时）才可以召开现状讨论会。

● 事先确定会议的开始和结束时间并起草一个议事日程表，严格遵守这些规定，并且不要让准时到达的与会者等候那些姗姗来迟的人。

● 确保你自己（和其他人）在会议前做好了相关的准备工作。

● 如果由你来主持会议，那么要做好会议备忘录。必须给大多数低层管理人员留出足够的具体工作时间（会议一结束，他们很快就要按照备忘录的内容投入到具体工作中去）。在会议结束之后立即将备忘录分发下去，不要拖到第二天。

● 在备忘录中要对事不对人，那些针对个人的评论会使人们在会议上小心自己的言行，从而扼杀创造性和争论的气氛，同时不要将大家对于有争议的话题的投票结果记录在备忘录中。例如，不应该在备忘录中提及：项目团队表决决定给老板送一张“早日康复”的慰问卡，4票赞成，3票反对。

● 避免过于正规的流程规则。项目会议并不是国会会议，也不是讨论《罗伯特秩序法案》（Robert's Rules of Order），但是大家还是要保持谦恭的态度。

● 当一个严重的问题或者危机出现时，可以为解决问题而专门召开一个会议，这类会议可能直到“问题已经得到解决”时才结束。有些类型的会议则根本就不应该召开。一家业务范围高度分散化的大型公司每月都会在各事业部举行一次“现状讨论会”，其间所有的项目经理都向项目评估委员会（PRC）汇报工作。各事业部的项目评估委员会由高层管理人员组成。至少有一个项目评估委员会（据我们了解不止一个）显然将这种会议办成了“地狱周”。那些必须向该委员会汇报工作的项目经理们照例在会上被弄得晕头转向，狼狈不堪，最终的结果不言自明。各个项目的管理方式都极具防卫性，创造力被扼杀了。项目经理们将时间花在了打印和分发求职简历上，最棒的项目经理也留不下来。

1976年，安东尼·杰（Antony Jay，1995）曾撰写了一篇关于如何举行会议的经典文章，我们认为这篇文章非常值得推荐，即使到现在仍然十分经典。

□ 报告工作中的常见问题

在项目报告的设计中通常有三个难点。第一，通常会有太多的细节问题，这些细节问题既来自报告本身，也来自工作人员所报告的内容。不必要的细节（或者过于频繁的报告）通常会使报告内容根本得不到仔细的阅读，同时，它使项目团队成员无法找到自己所需要的信息。此外，要求下属准备大量的细节信息会导致数据的准备工作粗心大意，并进而影响根据这些数据拟定的报告的有效性。最后，准备那些没有必要的细节内容，并将它们放到报告中去，无论如何都会造成很大的成本浪费。

第二，项目信息系统和项目所属公司的信息系统之间没有良好的联系。各种数据往往没有可比性，并且项目经理和组织中的会计人员之间的互动关系往往很紧张。依我们的经验来看，项目经理或许会试图强行建立一种联系，但是这样做很少会奏效。项目的信息系统必须以公司的信息系统为基本原型，这就意味着公司的会计、工程、营销、财务、人事以及生产信息系统都应当被用作项目信息系统的基础。显然，项目管理工作要求生成不同类型的报告，而这些报告在大部分情况下都应使用标准的数据库。项目经理应该可以自由地将全新类型的数据添加进信息库，但是他们不应该坚持按照不同于公司的报告方式上报成本、资源使用等类似的信息（很明显，这项准则并不适用于为进行项目管理工作而收集或要求下属上报的信息）。

项目导向型的公司或者组织都会同时运作大量的项目，它们可以根据自己的特殊需要，量体裁衣地建立一个定制化的项目数据库和报告体系。在这种情况下，项目信息系统和组织信息系统之间的联系就必须得到认真的设计，以保证信息在系统之间传递时不会发生丢失或者扭曲。我们还必须保证，在上报成本和绩效数据时，各种数据都对应于适当的时间区间。

第三，项目计划和监控体系之间缺乏联系。如果监控系统跟踪数据时没有直接与项目计划联系起来，那么控制工作也就毫无意义。这样的情况经常发生在还没有根据项目管理工作的特殊需要对现有的信息系统进行修改就将其用来实施监控工作。例如，一套现存的适用于车间层面的生产成本跟踪系统对于一个研发领域的大型项目就是不合适的。正如我们刚刚所提到的，基于不同的数据库从事项目管理工作的做法是不可取的。项目经理的问题就是如何将标准化的信息融入项目所需要的报告和跟踪系统。

对于项目报告来说，所承载的真正的信息是将实际活动与计划进行对比，并将实际产出与期望产出进行对比。监控系统会报告项目偏差信息，采取行动的责任则由项目总监来承担。由于项目计划是针对项目绩效、时间、成本而制定的，因此项目偏差的报告也应该包括这些内容。项目偏差报告通常遵循会计部门的统一格式，但是有时也不尽相同。

10.3　项目挣值分析

到目前为止，我们所举的例子已经涵盖了对部分项目管理工作的监控过程。对整个项目绩效的监控也是十分重要的，因为项目的绩效正是项目存在的目的所在。个体任务的绩效必须得到严密的监控，因为个体任务之间在时间和进度上保持协调一致具有非常重要的意义。项目的总体绩效才是问题的关键所在，绝对不能忽视。测量总体绩效的方法之一就是使用被称为挣值分析的综合绩效测量方法。

□ 项目挣值的图形与计算

有关挣值理论的文献相当多，可以参见安巴瑞（Anbari，2003)、海特菲尔德（Hatfield，1996)、项目管理协会（PMI，2004)，以及辛格莱特雷（Singletary，1996）的文献。我们在阅读这一主题的相关文章时必须小心谨慎，不同的比率指标被不同的作者赋予了不同的名称以及缩写，有些作者还专门进行了注册，具体例子可见布兰顿（Brandon，1998)，以及《项目管理杂志》为方便读者而开辟的通信专栏（1998 年 9 月，第 53 页)。本书主要采用 PMBOK 的相关术语和内容。挣值理论起源于 PERT/成本分析，其相关技术、优缺点在《项目管理网络》（*PM Network*）自弗莱明等人（Flemming et al.，1994）以后的各期中都有所叙述。

将某一给定期间内的实际费用与预算费用或者基准线进行对比的最大困难就是比较数据的工作没有将实际完成的工作量与相应所发生的成本对应起来。对于进行中的任务来说，计算其工作绩效的挣值（完成的价值）是将每一任务估计完成的百分比数据乘以该项任务的计划成本，其结果就是到目前为止本该花费在该项任务上的成本，然后，就可以用它与实际成本进行比较。

没有对项目各项任务以及工作单位进行仔细的研究，就对项目工作完成的百分比情况进行总体估计的做法是不明智的，尽管确实有些人在这样做。相反，很明显，在项目生命周期中的任何特定时点都存在下列常见情况：有些工作单位已经100%完工，但是有些工作单位还没有开始，完成的情况为0，还有一些工作单位已经开始，但还没有完成，对于最后这种情况，我们可以估计其完成的百分比情况。

正如我们前面所说的，对每一项工作（或者工作包）进行完工比例估计不是一件容易的事。如果该项任务是编写一个软件，完工比例可以由已编写好的代码行数除以需要编写的总行数来计算得出——假设我们正在估测的是上面所讲的最后一种情况。但是如果我们的任务是对软件进行测试呢？我们已经进行了大量的测试工作，但剩下的还需要进行多少次测试工作呢？

有一些惯例用来辅助进行完工比例情况的估测：

● 50—50 法则。这是指一项任务开始之后，我们可以假设已经完成了50%，而整个工作完成以后，我们才可以说完成了100%。这也许是最为常见的估测方法，因为该项法则相对公平，并且不必试着对任务进行过程当中的完成百分比进行估测。由于任务一旦开始就假设已经完成了50%，因此在任务开始之初这种法则是非常“慷慨的”，但是直到任务全部完成才会给予剩下的50%，因此在项目结束前这段时间这种法则则是非常“保守的”，这样就可以达到整体的平衡。

● 0—100%法则。这项法则规定，某项任务完成之前不为其计算任何分值。对此项高度保守的法则来说，项目进度总是滞后于项目计划，直到最后完成那一刻才忽然与进度计划匹配上，结果就是，在图形中挣值曲线将一直低于计划价值曲线。

● 关键投入物使用法则。这项法则是按照关键投入物在任务上的分配使用程度来计算任务完成情况的。显然，如果工作的实际进度和使用的投入物是成比例的，这项法则将十分精确。例如，任务是建一所房子，可以用浇注的混凝土的立方数来计算房屋地基任务的工作量，可以用木材的长度来计算房屋框架任务的工作量，可以采用4×8英尺胶合板的使用面积来计算屋顶任务的工作量，而储藏柜安装任务的工作量则可以用熟练的安装工工作的工时数来进行计算。

● 比例法则。这项被普遍使用的法则的基础也是比例法，只不过是将时间或成本看作关键的投入物，它用任务的实际工作时间除以计划时间，或用任务的实际成本除以预算成本来计算完工比例。如果需要，这项法则还可以对项目的次级活动进行进一步分解。例如，假设项目工作进度有赖于购买（或者建造）一件昂贵的大型设备去完成一项长期而艰巨的工作，但该设备却不能自行完成任何工作。

我们可以用一个表格或者图形来展示该设备与项目工作进度相关的成本使用情况（或者时间使用的情况，如果该项设备必须被建造的话），就会发现有大量成本（或者时间）投入在设备上，项目却没有任何进展。然后，为了运行该设备，需要不断投入一定的设备运行费用，这些费用有可能是与项目的进程成比例的。

除个别情况外，这些关于“项目完成百分比情况”的粗略计算方法一般并不用于整体项目，更多情况下是应用于个体活动。对于包含活动较少的项目，粗略的测量数据可能会误导管理人员，而对于包含大量活动的项目来说，项目完成百分比情况造成的误差只占整个项目时间/成本的很小一部分。更为严重的是，人们有种倾向，喜欢将整个项目称为“完成了73%”，在大多数情况下，这种说法并没有实际意义，这不仅是因为这种估测采用了过于精确的数字。许多学者认为对项目完成的百分比进行估计是非常简单的（Brandon，1998 p. 12，col. 2），而实际上估测工作是非常困难的，有时甚至比较随意，这就是为什么采用50—50法则和其他一些法则的原因。

图 10—6 体现了挣值的概念，它可以为评估当前成本和绩效的工作奠定基础。如果项目已完成工作的总价值与项目计划（基准线）成本相匹配（最小进度偏差），并且与它的实际成本相匹配（最小成本偏差），那么高层管理者就不需要特别详细的个体任务分析报告了，这样项目挣值的概念就是将项目成本报告和总体绩效报告汇总在一张综合性的图上。截止到项目完工的成本基准线，在图中表现为项目完工时的预算（budget at completion，BAC）。利用当前发生的成本也可以推测出完成时的预测成本，在图中表示为项目完工时的预测成本（estimated cost at completion，EAC）。

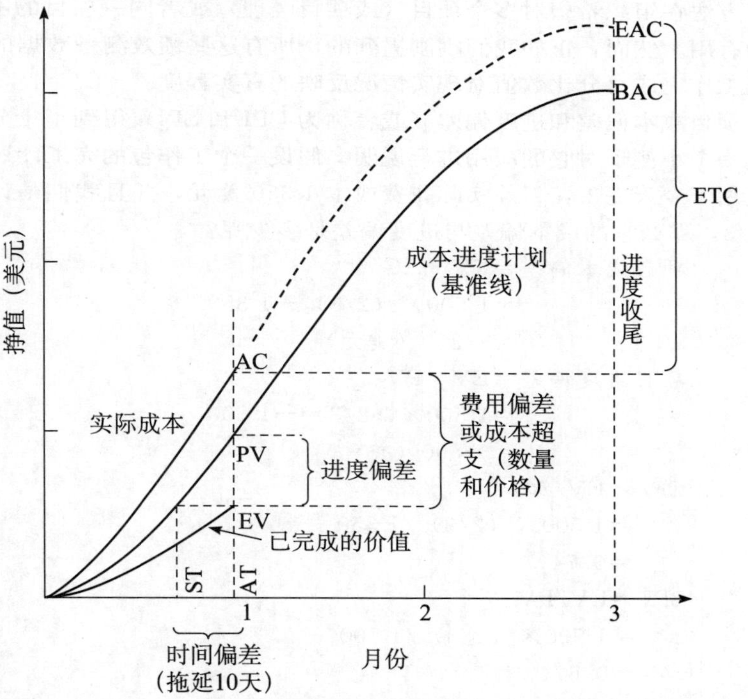

图 10—6　挣值图

我们依据两条基本准则，在挣值图中确定了几个偏差数值，这两条准则是：（1）负偏差表示"坏"；（2）成本和进度偏差的计算是用挣值减去其他一些测量数据。特别地，项目成本（或者有时候是费用）的偏差（cost variance，CV）就是我们为目前已经完成的工作量的预算金额（已完成工作的预算成本或挣值，earned value，EV）和已完成工作量的实际成本（actual cost，AC）之间的差额。项目进度偏差（schedule variance，SV）是指 EV 和项目进度计划的成本（或者被称为计划价值（planned value，PV））之间的差额。项目的时间偏差（time variance，TV）是指进度计划分配给已经完成的工作的时间（scheduled time，ST）和完成这些工作实际所使用的时间（actual time，AT）之间的差额。① 可简化表示如下：

EV－AV＝成本偏差（cost variance）（CV，超支为负）

EV－PV＝进度偏差（schedule variance）（SV，滞后为负）

① 还可以找到第四个偏差值，它是项目预算规定到目前为止该花费的费用（PV）和实际成本（项目到目前为止发生的成本，AC）之间的差额，PV－AC 就是资源流偏差（resource flow variance），但须注意，资源流偏差并不是"现金流"偏差。

ST－AT＝时间偏差（time variance）（TV，拖延为负）

一般来说，这些偏差的表达方式都是将进度滞后和/或成本超支表示为负值。然而，正如我们前文所指出的那样，这种做法在理论研究界和实践中都还不十分统一。

偏差数值常常还可以按照比率的方法进行计算，而不是仅仅计算绝对数的差值。这样，成本偏差就可以表示为成本绩效指数（cost performance index，CPI）＝EV/AC，进度偏差可以表示为进度绩效指数（schedule performance index，SPI）＝EV/PV，时间偏差可以表示为时间绩效指数（time performance index，TPI）＝ST/AT。比率方法在组织希望对多个项目（或项目经理）或者同一项目的不同阶段进行对比时尤为有用。然而，正如我们刚刚提到的，所有这些绩效测量数据的精确度和效用都取决于工作完成百分比数值对现实情况反映的真实程度。

项目成本偏差和进度偏差（或者称为 CPI 和 SPI）得到了十分广泛的应用。以下通过一个小例子对它的应用进行说明。假设一个工作包的完工计划成本为 1 500 美元，原计划于今天完工，目前实际花费成本 1 350 美元，并且我们估计已经完成项目工作的 2/3，那么它的成本偏差与进度偏差是多少呢？

项目成本偏差＝EV－AC
＝1 500×（2/3）－1 350
＝－350（美元）

项目进度偏差＝EV－PV
＝1 500×（2/3）－1 500
＝－500（美元）

CPI＝EV/AC
＝1 500×（2/3）/1 350
＝0.74

SPI＝EV/PV
＝1 500×（2/3）/1 500
＝0.67

换句话说，该项目花费的成本超过了预算规定的水平，而按照已经支出的成本水平，我们完成的工作还远远没有达到应该完成的水平（即我们没有完成本应当完成的工作）。

当然，对于以上指标，也可能会出现某一个表现良好，而另一个表现不佳的状况。项目可能提前实现了进度计划但成本超支，或者相反。总体而言，有六种可能的情况，如图 10—7 所示。图 10—6 显示的是 SV 和 CV 都为负的情况，在图 10—7 中归纳为 d 类。如上例中的 SV 和 CV 都为负的情况在图 10—7 中归纳为 c 类。巴尔等人（Barr，1996，p. 32）将 CPI 和 SPI 两项指标综合在了一起，构成了被称为成本进度指数（cost-schedule index，CSI）的“关键比率”（将会在第 11 章中详细论述）。

$$CSI = CPI \times SPI$$
$$= (EV/AC) \times (EV/PV)$$
$$= (EV)^2/(AC \times PV)$$

回到上例，例子中的

$$CSI = EV^2/(AC \times PV)$$
$$= (1\,500 \times 2/3)^2/(1\,350 \times 1\,500)$$
$$= 1\,000\,000/2\,025\,000$$
$$= 0.49$$

按照巴尔的观点，CSI＜1 就表示存在问题。

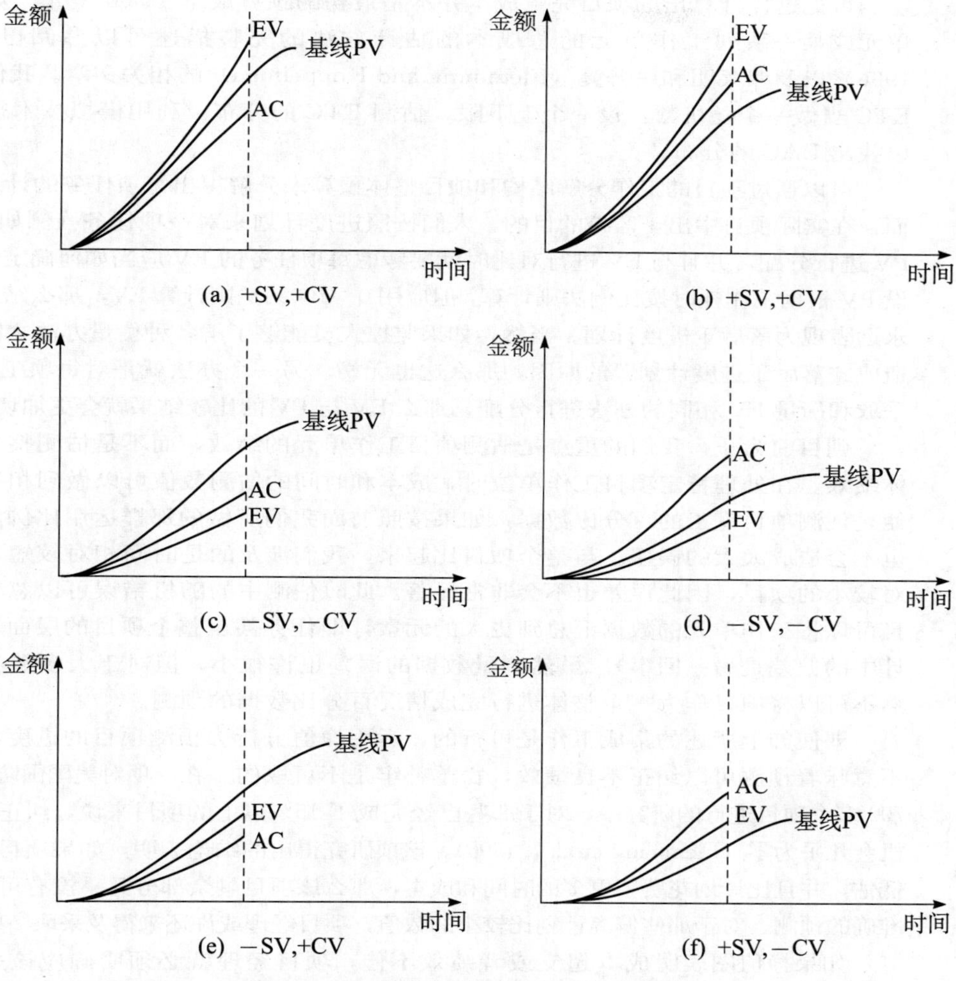

图 10—7　六种不同的 AC、EV 和 PV 形式

说明：六种 AC、EV 和基线 PV 的可能性导致四类正负进度偏差和成本偏差的情况，图 10—6 属于 d 可能性的情况。

如果所有的测量数据都显示了不良的绩效，我们就继续进行分析，并预测该工作单元的发展前景。估算完成该工作单元的成本，可以用整个工作单元的预算成本减去当前的挣值，并根据 CPI 进行调整，以反映项目真实的绩效水平。在上例中，项目完工预算（budget at completion，BAC）为 1 500 美元，当前的挣值（EV）为 1 500×2/3＝1 000 美元。因此项目剩余工作量的成本估算（estimated cost to complete，ETC）被定义为：

ETC＝（BAC−EV）/CPI

＝（1 500−1 000）/0.74

＝676（美元）

预测完工成本（EAC）——我们采用巴尔的术语，而不是使用微软的 FAC 或者其他很多文献中的名称——就是项目实际已花费的成本加上剩余完工成本估算（ETC）：

EAC＝ETC＋AC

＝676＋1 350

=2 026（美元）

可见这样计算出的项目完工成本并不是最初的预算成本 1 500 美元。对某一工作单元或某一系列工作单元的总成本的估计方法的完整描述可以参阅巴尔（Barr，1996）以及弗莱明和康普曼（Flemming and Koppelman）的相关文章。我们也可以把 ETC 当做一个随机数，设一个上下限，估测 ETC 的分布，利用模拟技术很容易就可以找出 EAC 的分布。

可以通过项目的工作分解结构和项目整体预算来分解得出每项任务的计划价值。然而，在实际项目中出于监控的目的，人们按照进度计划来对一项任务（例如，3 周）的 PV 进行分配，并且与 EV 进行对比时就要考虑每项任务的 EV 应当如何确定。例如，假设 PV 根据工作耗时按比例法则计算，但应用 0—100%法则计算 EV，那么结果是项目将永远表现为落后于进度计划。当然，如果监控人员能够了解各种衡量办法之间的区别是造成“落后于进度计划”的原因，那么这也无妨。另一个办法就是对每项工作的 PV 都采取和衡量 EV 相同的办法进行分配，那么 EV 与 PV 的比较结果就会更加切合实际。

到目前为止，我们的重点是估测项目工作单元的绩效，而不是估测整个项目的总体绩效。在处理特定项目工作单位时，成本和时间的估测数值可以做到相当精确。即便是估测项目完工的百分比数据，如果按照前面我们所做的那样运用比例法则，应该也不会造成太大的误差。与整个项目比起来，我们涉及的是时间相对较短、成本也相对较小的项目，因此误差也不会非常显著。此时估测中的随机错误可以忽略不计，并且可以将工作单元的数据汇总到更大的元素，即任务甚至整个项目的层面（当然，估计中的偏差是另一回事）。虽然测量数据的误差也许很小，但对于大多数项目来说仍然不可以将项目作为一个整体进行完成情况百分比数据的预测。

即使如上所述的集成工作是可行的，运用挣值分析去预测项目的进度和成本也并不意味着预测可以纠正不良绩效，亡羊补牢是不可取的。在一项对美国国防部所实施的 700 多个项目进行的研究中，对于那些已经完成了 15%以上的项目来说，纠正不良绩效的机会几乎为零（Flemming et al.，1996）。该项研究得出的结论表明，如果项目启动时就被低估，并且比计划花费了更多的时间和成本，那么该项目剩余部分几乎没有可能得到更为准确的预测。对于那些偏离计划比较小的数值，项目经理或许还来得及采取一些补救措施。

如果挣值图表明成本超支或者绩效不佳，项目经理就必须明确应该采取什么行动，以使项目依然能够实现项目目标。其中有以下几种可以选择的解决办法：从那些绩效比计划表现好的活动中借用一些资源，或者召开项目团队成员会议，向他们征询解决问题的建议，抑或据实告知客户项目可能超支或者延期完工。毋庸置疑，在项目启动之初仔细进行风险分析，可以在很大程度上避免向客户或者高层管理者报告项目进展不利时的尴尬局面。

□ 示例：项目挣值的变动

以下我们将用一个简单的例子来说明计算项目基线预算、挣值以及实际成本的过程。表 10—1 中列出了项目的基本信息和第 7 天的项目更新数据。项目计划的 AON 图如图 10—8 所示，其中路径 a→c→e 为关键路径，项目计划将于第 10 天完工。然而项目实际进展情况是，第一项活动 a 已经开展，并且用了 4 天完成，而原计划为 3 天，因此活动 b 和活动 c 的开始时间都被延迟。活动 b 和活动 d 都如期进行，当然二者都比计划延迟了 1 天才启动，但无论如何，a→b→d 并非项目的关键路径。

活动 a 和活动 b 都已完工，它们的实际成本如表 10—1 所示（活动 c 和活动 d 的成本未知）。然而，由于延迟使活动 a 的实际成本将比预算多 80 美元。因此，项目经理试图削减剩余项目活动的成本，且活动 b 的实际成本比预算低 30 美元，但这仍不足以弥补前一阶段超支的部分。

表 10—1　　挣值分析示例（当前为项目开展的第 7 天）

活动	紧前活动	时间	预算（美元）	实际成本（美元）
a	—	3	600	680
b	a	2	300	270
c	a	5	800	
d	b	4	400	
e	c	2	400	

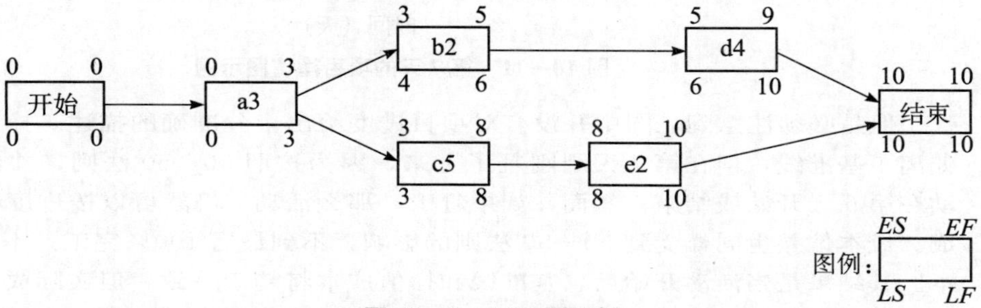

图 10—8　AON 图示例

运用 50—50 法则进行计算的基线预算（PV）结果如图 10—9 所示，图 10—11 中显示 BAC 为 2 500 美元。图 10—10 显示了项目在第 7 天的状态和挣值（EV），图中还包括项目中已完成的两项活动的实际成本（AC，图 10—11 中的虚线）。如图 10—11 所示，进度偏差目前为 0，而成本偏差为 1 500－950＝550（美元）。

日期

活动 0	1	2	3	4	5	6	7	8	9	10
a	300		300							
b				150	150					
c				400				400		
d						200			200	
e									200	200
小计	300		300	550	150	200		400	400	200
累计	300	300	600	1 150	1 300	1 500	1 500	1 900	2 300	2 500

图 10—9　基于 50—50 法则的基线预算示例

日期

活动 0	1	2	3	4	5	6	7	8	9	10
a	300			300						
b					150	150				
c					400					
d							200			
e										
挣值	300			300	550	150	200			
累计挣值	300	300	300	600	1 150	1 300	1 500			
实际成本				680		270				
累计实际成本	0	0	0	680	680	950	950			

图 10—10　第 7 天的项目状态示例

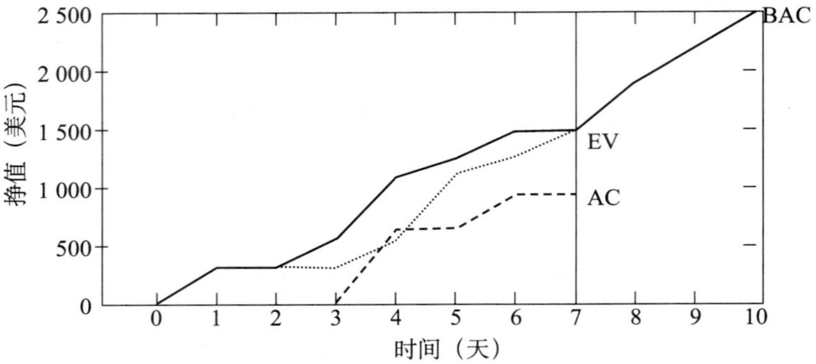

图 10—11　第 7 天的项目挣值图示例

但是必须注意到，图中并没有对项目进度给出十分准确的描述。挣值本来已经偏离了基准线，但在第 7 天刚刚赶了上来，因为按照 50—50 法则，并没有任何活动在第 6 天开始或结束；然而，如果赶工，那么活动 c 仍然可以按进度在第 8 天完成。成本偏差也同样受到 50—50 法则的影响，不到最后 100%完工，不计入实际成本。其结果是当活动开始后，基准线和挣值成本将趋于一致，但实际成本核算将会严重滞后。虽然百分比法则可以延缓挣值曲线的变动从而更准确地反映真实情况，但只要实际成本到项目活动结束时才进行计算，就仍然会有偏差。按照活动完成的百分比分摊实际成本更加准确，但同时也更为复杂，这些影响将在本章最后的部分进一步说明。

□ MSP 产生的偏差和挣值报告

表 10—2 显示了在本书第 5 章第 5.3 节中提到的名为"职业日"项目的挣值预算，其中包括项目中每个工作包的预算、实际成本和挣值以及项目的完工成本估算。该项目预算表就是利用 MSP 生成的一个标准报告表（类似的报告可以通过很多其他的项目管理软件包来实现）。请注意，此例中的项目是在工作包层面进行的报告。前两项工作"联系组织"和"宴会和点心"都已经完成，第三项工作"宣传与推销"正在进行当中，在"宣传与推销"中的前四个项目工作包现已完成，但是第五个和第七个工作包仅部分完成，而第六个工作包还未开始，第四项工作"设施准备"也才刚刚开始。表 10—2 右半部分展示的是一个压缩的甘特图。

右边的三列数据，BAC，FAC 和偏差，分别是项目完工预算（BAC）、"完工时估算"（forecast at completion，FAC）以及 BAC 和 FAC 的差值。对于所有已经完工的活动，BAC=EV，并且 FAC=AC。对于尚未完成的工作包则不计算差值，例如"在校报上做广告"和"组织张贴海报"，因为对于尚未完成的工作包而言，情形是完全不同的。"在校报上做广告"已经完成 50%，而"组织张贴海报"只完成了 45%（该完工比例数据来源于另外一个报告）。"课堂通知"还未开始进行。注意，对于"在校报上做广告"来说，其 EV 是 PV 的 50%，也就是说，82.5 美元是 BAC 和 FAC 的 50%。类似的情况也适用于"组织张贴海报"，335.25 美元占 BAC 和 FAC（335.25/0.45=745.00）的 45%。当两项工作包都完成时，如果仍然有成本偏差，那么 BAC 和 FAC 就不再相等了。对于一个已经完成的工作包来说，其成本偏差为

EV－AC＝BAC－FAC。

表 10—2　　MSP 生成的"职业日"项目预算表（参见第 5 章）　　单位：美元

名称	PV	EV	AC	进度偏差	成本偏差	BAC	FAC	偏差	1999 年第一季度			1999 年第二季度		
									1月	2月	3月	4月	5月	6月
联系组织	3 797.30	3 980.00	3 920.00	182.00	60.00	3 980.00	3 920.00	60.00						
打印表格	645.00	645.00	645.00	0.00	0.00	645.00	645.00	0.00						
联系各个组织	840.00	840.00	728.00	0.00	112.00	840.00	728.00	112.00						
收集展览信息	660.00	660.00	660.00	0.00	0.00	660.00	660.00	0.00						
收集学院资料	520.00	520.00	520.00	0.00	0.00	520.00	520.00	0.00						
打印计划	687.00	870.00	922.00	182.70	(52.00)	870.00	922.00	(52.00)						
打印代表证件	445.00	445.00	445.00	0.00	0.00	445.00	445.00	0.00						
宴会和点心	1 220.00	1 220.00	1 200.00	0.00	20.00	1 220.00	1 200.00	20.00						
选择发言人	500.00	500.00	500.00	0.00	0.00	500.00	500.00	0.00						
安排食品	325.00	325.00	325.00	0.00	0.00	325.00	325.00	0.00						
安排酒水	100.00	100.00	100.00	0.00	0.00	100.00	100.00	0.00						
安排点心	295.00	295.00	275.00	0.00	20.00	295.00	275.00	20.00						
宣传与推销	2 732.55	2 797.75	2 039.00	4348.01	258.75	3 010.00	2 870.00	140.00						
发送邀请	700.00	700.00	560.00	0.00	140.00	700.00	560.00	140.00						
安排礼物单	330.00	330.00	330.00	0.00	0.00	330.00	330.00	0.00						
布置条幅	570.00	570.00	570.00	0.00	0.00	570.00	570.00	0.00						
联系校方人员	280.00	280.00	280.00	0.00	0.00	280.00	280.00	0.00						
在校报上做广告	165.00	82.50	65.00	(82.50)	17.50	165.00	165.00	0.00						
课堂通知	99.00	0.00	0.00	(99.00)	0.00	220.00	220.00	0.00						
组织张贴海报	588.00	325.25	234.00	(253.30)	101.25	745.00	745.00	0.00						
设施准备	200.00	0.00	0.00	(200.00)	0.00	200.00	200.00	0.00						
安排所需设施	52.00	0.00	0.00	(52.00)	0.00	52.00	52.00	0.00						
材料运输	148.00	0.00	0.00	(148.00)	0.00	148.00	148.00	0.00						

项目：职业日
日期：1999 年 3 月 24 日

关键　进展　里程碑
总结　累积　滚动

□ 里程碑报告

我们曾经提到过里程碑报告，图 10—12 和图 10—13 为一个里程碑报告的典型实例。在此例中，展示出了一个带有里程碑的网络图样本，其后还有一个常规里程碑的报告表格。高层管理项目状态报告模型将在下一章中说明。图中的各项数据都填好之后，这些报告就可以显示某一特定时刻的项目进展状况，它们的作用是使所有各方面都对已经完成的工作有一个最新的认识。如果工作完成情况没有达到要求、不佳或者被拖延，这些报告将成为纠偏计划的起点。

图 10—12 是一家制造企业进行的一项新产品开发项目的网络图。拥有一个稳定的新产品流是该公司业务的重要特点，每一个产品在其基本概念得到项目团队批准之后很快就按照项目的形式组织起来。如果我们仔细考察图 10—12 就会发现，页面顶端的节点控制框与网络中的事件先后次序是一致的。

新产品控制：　　　　　　　　　　　　　　修正次数：　　　　修正日期：

项目编号		产品编号	基础团队	PD&E工程师	PD&E ID	成本工程师	产品工程师	制造工程师	质量保证人员	质量保证软件工作人员	工具工程师	内部运作人员
定额	报价	A-价格	需要包括	PD&E经理	PD&E主管	车间质量控制	包装主管	采购主管	生产计划主管	草图绘制主管	模具主管	产品经理

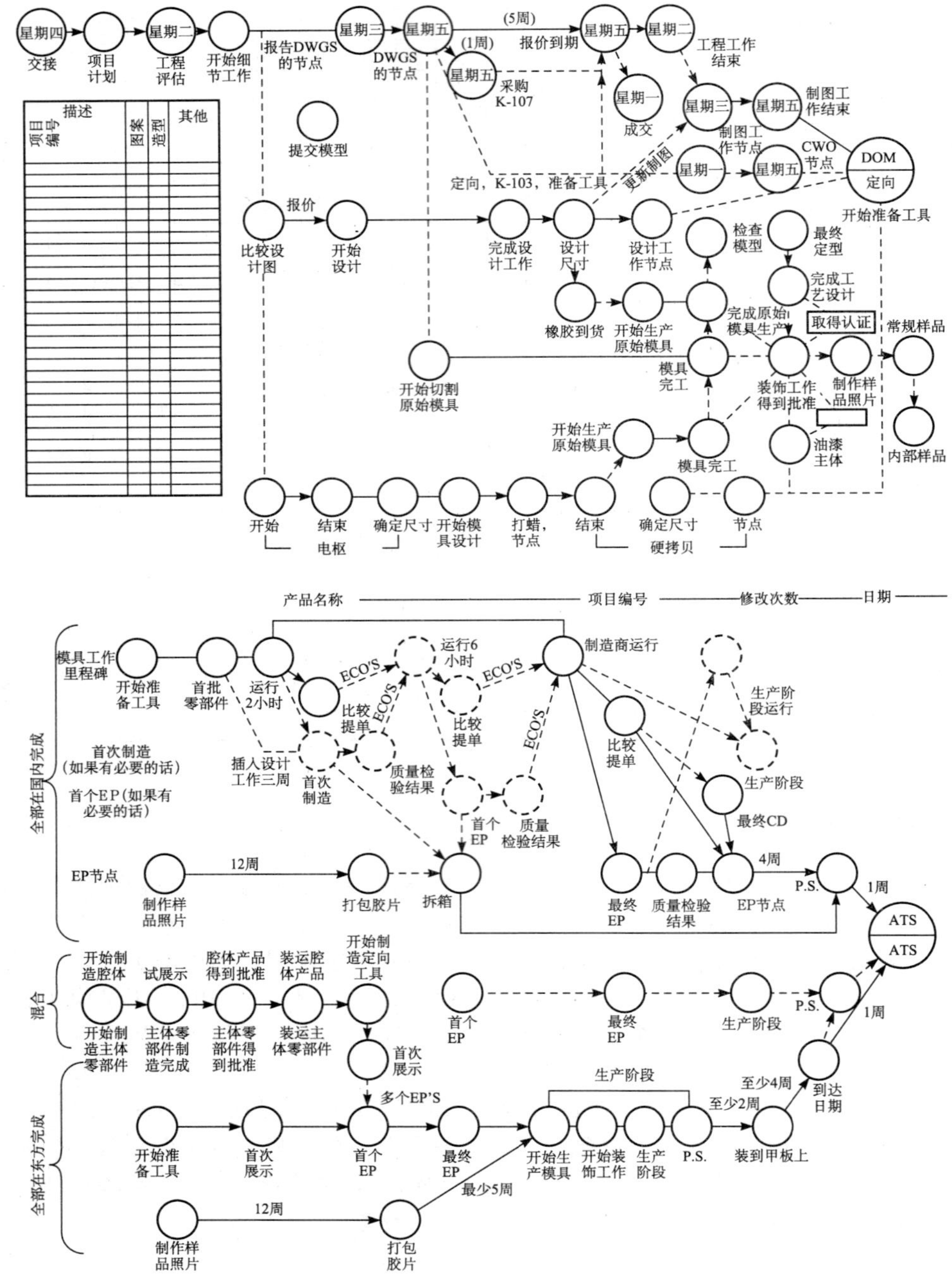

图 10—12　带有节点控制的项目网络图样本

名称					项目计划	工程评估	设计评估	报价考评	PAT完成模具	PAT完成模具	报价到期	采购成交
项目编号	产品编号	制造地点	交接	最初值								
				当前值								
A=价格	配额	发展潜力		实际值								

工程工作结束	项目评估	制图工作结束	开始准备工具	制作样品照片	内部样品	包装胶片	内部展示	内部胶片工艺	最终的零部件	首个EP	最终EP	EP节点	定向PS	组织结构分解	试生产	PT节点	开始生产	ATS

图 10—13　图 10—12 的里程碑监控表

图 10—12 中上半部分的网络图主要与产品设计有关，而下半部分则主要与产品生产有关。对每项活动的预计时间和各种必须实施的操作任务都已标注在网络图中。图 10—13 是一份总结性的里程碑报告，每个项目都有一系列必须完成的步骤，并且每一步骤都有自己最初的进度计划，而这种进度计划又可以根据需要随时进行调整，这张表格可以帮助项目经理将多个项目协调起来。具体做法是，在安排各种步骤时，尽量避免各个项目都在同一时间使用同一种设备。

本章的下一节将讨论计算机化的项目管理信息系统，其中也将包含其他几种项目报告的范例。

项目管理实践

挣值分析在得州仪器公司中的成功运用

得克萨斯仪器公司想要为其应收账款部门建立一套图像系统，以使该公司的整体应收账款系统实现全方位的兼容，为此公司决定让影像之星公司来进行设计工作。由于该工作需要应用到许多尖端技术，因此影像之星公司决定采用工作分解结构来进行预算和跟踪实际费用。然而，计划的预算超过了合同的金额。为了保证预算计划与合同金额相一致，他们武断地削减了前期工作的预算，因为公司高层管理者希望赢得这一合同。

随着合同不断取得进展，预算低估的项目在挣值图上迅速显现了出来，具体情况如下图所示。虽然资金按照计划比率进行使用，但进度未能达到预期。影像之星公司在项目的后期工作中，将主要注意力完全放在了关键需求上面，项目的挣值图便开始向计划水平爬升。在项目临近收尾时，客户要求增加额外的技术，影像之星公司借此要求得州仪器公司自己完成一部分高挣值的生产工作，从而使得该项目仅仅比预算超支 1%。

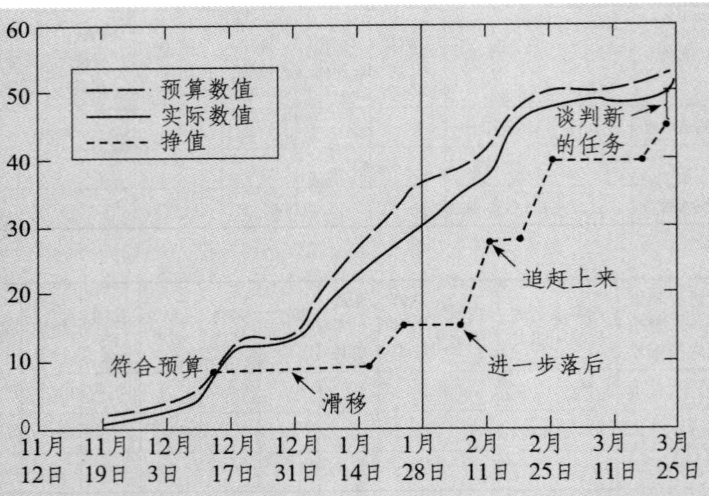

资料来源：T. Ingram, "Client/Server, Imaging and Earned Value: A Success Story," *PM Network*, *December* 1995, pp. 21-25.

10.4 计算机化的项目管理信息系统[①]

第8章和第9章所使用的项目范例规模都比较小，解释概念比较容易，但现实中的项目往往规模非常巨大，拥有上百个任务和上千个工作单元，制作图表、进度计划和信号跟踪等所有这些任务都必须由计算机来完成，而计算机化的项目管理信息系统（PMIS）正是较早在商务领域使用计算机的范例。这项工作最初只涉及进度计划软件包，但很快就延伸到了成本、挣值、偏差、管理报告等众多领域。

早期的软件包都是在大型计算机主机上运行的，因此，只有那些规模较大的公司才有能力负担它的成本。然而，使用这些软件包来管理项目的日常工作仍然没有取得较大的成功，这是因为项目经理们无法实时更新计划数据，所以计算机主机是在进行典型的批处理工作，而不是采用在线工作的模式。现在，微型计算机获得了长足的发展，工作中可以使用的项目管理软件也不断丰富，当今的项目经理都至少使用了一种或一种以上的项目管理信息系统。

这些基于微型计算机的新型项目管理信息系统比以前的系统要复杂许多，而且更广泛地使用了图表、颜色和其他一些多样化的手段。很多系统都可以处理任何规模的项目，唯一的限制条件是计算机硬盘的存储量。很多系统可以同时处理多个项目，并将这些项目联系起来，以检测资源配置不合理的情况，例如：Microsoft Project®就可以综合处理1 000个以上的项目。以前项目管理信息系统的发展趋势是：将项目管理软件与电子表格软件、数据库、文字处理软件、通信软件、图表和其他基于Windows系统的软件包集成到一起。当前的趋势是，通过本

---

① 本小节内容可以跳过不读而不失全书的连贯性。

地网络和因特网，努力实现全球化的项目信息资源共享，其中包括完整的进展状况报告等多项内容。

在本节中，我们将会展示 MSP 这种项目管理软件包的一些输出形式。最近，《项目管理杂志》对项目管理工具进行了一项调查（Fox et al.，1998），发现回应者中有近一半的人正在使用 MSP，远远领先于排在第二位的另外一种为大型项目设计的信息系统 Primavera Project Planner®。这些系统以及其他一些强有力的软件系统所使用的台式电脑，现在所具有的存储量、运算能力和速度都是很多年以前所无法想象的。项目文件可以存储在大型的记忆体中，这些记忆体包括大型主机、工作站、服务器和个人电脑，现在，无论人们的地理位置在哪里，都可以在局域网（LAN）、广域网（WAN）和因特网上实时得到这些软件和项目文件。

对这一领域当前发展状况感兴趣的读者可以参考一些最近的年度或月度软件评估报告，如项目管理协会（PMI）的软件调查的报告，还有《个人电脑杂志》（*PC Magazine*）和《联邦计算机新闻》（*Federal Computer*）上的评估报告。介绍软件业的信息还可以在这类杂志的网站上找到，比如 qualitymag. com 和 zdnet. com，或者可以在软件制造商的网站上获得这类信息。

最后，我们必须注意，与任何工具一样，这些系统很容易会被错误或不恰当地使用。最为常见的错误是将更多精力放在了项目管理信息系统上，而不是专心管理项目工作本身。塞姆海恩（Thamhain，1987）对这种错误以及其他一些常见的错误进行了描述，我们将其列示如下：

● 计算机瘫痪。过多使用计算机会代替项目管理工作本身，会脱离项目具体工作的实际。

● 过分相信项目管理信息系统。项目管理信息系统的报告可能会掩盖项目中的问题，导致人们误以为一切正常，或者只简单地指出存在错误的事实，而不采取任何行动。

● 信息过载。报告过多、过于细节化，或者来自项目管理信息系统的各种报告、图像、表格、数据和一般信息发送给了项目经理以外的过多人员，反而掩盖了问题。

● 项目孤立化。项目管理信息系统的报告代替了项目经理同高层管理者之间，甚至项目经理与项目团队成员之间频繁而有效的沟通。

● 过分依赖计算机。项目经理或者高层管理者只是等待计算机的报告/结果，并根据这些报告/结果对问题做出反应，而不是积极主动地在问题发生之前去避免问题的发生。

● 项目管理信息系统产生误导作用。由于项目管理信息系统对各个方面的覆盖不够均衡，项目的某些分支区域得到了过多的关注，而其他一些分支区域却得不到足够的关注；人们管理的只是问题的表象（预算超支、进度滑移），而不是问题本身。

我们还发现，有些问题的产生是由于某些人员（而不是项目经理）在没有让项目经理参与的情况下，对项目数据进行了更新。

□ 选择软件

在挑选项目管理软件时，潜在的使用者们首先应该了解一些以项目经理为目标人群的软件调查结果（例如，Fox et al.，1998，Libratore et al.，2003）。这些调查结果现在来看都属于“去年的新闻”，比较陈旧，但是它们清楚地指出了对大多数用户最为重要的功能类别。我们确实需要郑重提出警告，不要让组织内部的软件技术人员在没有任何辅助的情况下独立做出决策。那些吸引专业技术人员的软件往往不是项目经理的最优选择。

项目管理软件的下面这些广受欢迎的特性是根据对大量用户的调查和一些有经验的项目经理提出的建议得出的：

● 界面友好。对于生疏的使用者来说，界面友好包括逻辑清楚的操作指南、帮助信息、指导信息、菜单驱动结构、易于编辑等。对于那些正在实施项目管理工作的公司来说，这意味着需要由那些具有一定项目管理知识的培训师提供一个组织完善的培训计划。

● 进度。必须使用甘特图，同时还要对时间、成本和资源的数据随时进行更新，其中最好包括最早开始时间、计划开始时间、松弛量/浮动时间、最晚完成时间、计划完成时间和实际完成时间。该软件还应该能够展示 AON/AOA 网络。进度展示工作（或者资源用度）应该可以使用从分钟到月的一系列时间单位。最好具备处理三维进度输入数据的能力。

● 日历。需要拥有工作车间和/或日历的日期记录能力，并且能够计算每种资源使用过程中的工作天数、非工作天数和假期。

● 预算。具备将计划、监控和控制工作包含到同一个预算中的能力，最好拥有兼容于某种电子表格程序的能力。

● 报告。个性化的报告格式非常重要，此外，报告能够与某种文字处理软件包兼容也是非常有用的。

● 图形。具备图解进度计划和互动的能力尤其重要。软件应该能够显示甘特图中各项工作单元或任务之间的技术依赖关系。

● 表格。工作职责表和资源用度柱状图具有非常重要的作用。

● 数据传输。必须能够将数据转入和转出各种电子表格软件、文字处理软件、数据库程序、图形程序和其他需要的附加软件。具备兼容于通信系统和因特网的能力在很多应用中都能发挥作用。

● 合并。需要具备将多个项目汇总到一个数据库的能力，这对于总体资源用度的决策工作和资源冲突的勘察工作都很有助益。信息更新后软件应能够重新计算进度和记录资源用度。

令我们感到振奋的是，当前很多项目管理软件包都具备几乎上述所有的特性。然而，我们必须牢记，没有任何一个软件包能够满足所有的需要。不仅在性价比方面存在着无数的权衡选择，在职能化性能、使用便捷性、复杂性和速度方面也存在着很多种搭配选择。总的来讲，除了具备同外界传输和沟通数据的能力之外，项目管理信息系统有六个方面的内在性能，这些性能都很值得关注，它们是项目计划、资源管理、风险管理、跟踪/监控、生成报告和辅助决策。项目管理信息系统的潜在购买者应该考虑所有潜在使用者运用软件包的目的、背景和需求，以及将要使用该软件包的组织所具有的特点，其中包括那些将会收到相应报告和图表的人员所具有的需求和倾向。

依据莱文的研究成果（Levine，1987），一个常规的项目管理信息系统选择过程大致如下：

（1）建立一整套综合的选择标准，其中要考虑项目计划、资源管理、跟踪/监控、生成报告、挣值偏差分析、风险管理等方面的能力。

（2）为各项标准设定先后次序，分别归类为“必须具备”、“最好具备”和“不必具备”。

（3）供应商提供的数据、产品分析报告和软件调查信息。比照上述标准对软件包进行初步的评估。

（4）从候选软件包中筛选出三个，每一个都索取样本，同时对供应商的意图、软件维护能力和技术支持能力进行评估。

（5）以你当前和未来预计的需求为典型标准对每一个软件包进行评估，分别标注出每一个软件包与你的状况有关的优势或劣势。

（6）讨价还价。在你批量购买或者准备建立长期业务关系时，尤其应该这样做。将供应商技术支持、培训和产品维护的内容包括到合同中去。

小结

在本章中，我们讨论了监控的职能，并将其同项目计划和控制工作联系了起来，还讲述了它在项目实施过程中所起的作用。我们还研究了实施监控工作的条件，其中包括数据需求和报告工作的考虑。最后，我们展示了监控工作的一些技术和部分计算机化的项目管理信息系统。

本章的要点如下：

1. 计划—监控—控制工作循环必须是一个与项目所属公司的系统保持同样结构的闭环结构。

2. 设计监控系统的首要工作是确定在项目行动计划中需要监控的关键元素，并为其制定标准。这些元素应该与结果相关，而不是与各项活动相关。

3. 收集的数据通常包括频率数据、原始数据、主观数值评级、指标和定性数据的形式。

4. 项目报告有三种形式：常规报告、例外事件报告和特殊分析报告。

5. 项目报告应该包含大量具体信息，提供这些信息的频繁程度取决于管理层对控制工作的需要（亦即，可能不采取每周、每月或其他定期的形式）。比较常见的情况是，报告时间往往在里程碑附近。

6. 项目报告工作中的三个问题是：过于细节化、与项目所属公司的报告系统缺乏联系以及计划和监控系统之间缺乏联系。

7. 挣值分析图刻画了计划进展状况、实际成本和实际进展状况（挣值），它有助于确定费用、进度和时间偏差问题。

8. 有相当多的计算机化项目管理信息系统可以供项目经理使用，对于各种软件的评论也常常见诸报端。

9. 项目经理希望项目管理信息系统所具备的特性包括：报告、图形、网络、表格、数据传输及合并等。

在下一章中，我们将会转到项目工作的最后阶段——项目控制。我们将会讨论不同类型的控制工作，并讲述一些有助于项目经理实施项目控制工作的技术。

关键术语

计算机瘫痪（computer paralysis）　过分痴迷或专注于计算机而不是项目本身，导致项目工作受损。

成本（或费用）偏差（cost (or spending) variance）　已完成工作的预算成本减去已完成工作的实际成本。

挣值（earned value）　监控项目进展情况的一种方法，该方法依据已完成活动的预算成本计算价值。

友好（friendliness）　应用于计算机领域，这一术语用来表示学习和/或使用一台计算机或一个软件包的容易程度。

硬拷贝（hard copy） 打印的信息输出，而不是屏幕输出。

信息过载（information overload） 拥有过量信息，导致很难找到需要的信息。

数据传输（migration） 将文件和数据在多个软件包之间转移的能力。

监控者（monitor） 持续监视，以便在工作进展情况无法满足计划要求时采取行动。

进度偏差（schedule variance） 已完成工作的预算成本减去该时刻计划完成工作的预算成本。

软件（software） 计算机操作的指导和支持性内容。

电子表格（spreadsheet） 使用计算机生成的数据表格。如果特定单元格的数据发生改动，其他一些单元格的结果也相应发生变化。

时间偏差（time variance） 已完成工作的计划时间减去实际时间。

偏差（variance ） 偏离计划或预期情况的差额。

开窗口（windowing） 一种计算机软件特性，它可以在屏幕上的分隔区域内（称为窗口）行使不同的功能。

问题

内容复习问题

1. 请定义监控工作。监控职能还包括哪些附加活动?
2. 确定在构建监控系统时需要考虑的关键因素。
3. 列举一些人们难以监控的因素。
4. 对常规报告及其相关问题加以描述。
5. 在设计项目报告时，将会遇到的主要困难有哪些?
6. 描述挣值分析图的三种偏差，并解释各自的重要性。
7. 除了第10.4节提到的内容之外，你还能不能举出错误使用计算机的其他一些表现?
8. 数据收集的形式有哪些?
9. 何谓“挣值”?
10. 说明确定挣值的各种方法。

课堂讨论问题

1. 讨论保持信息的适时、适度、详细的益处。如何为这些特性评估价值?
2. 拥有一个计算机化的（而不是人工的）项目管理信息系统对于项目经理来说具有哪些优势? 又有哪些劣势?
3. 项目通常是一个具有特定目标的一次性活动。为这样一个项目构建项目管理信息系统的理由何在?
4. 项目管理工作比职能型组织更需要一个复杂而又广泛的监控系统。为什么?
5. 试图用挣值分析图将图1—1（见第1章）中的三维概念综合为一种两维的形式。这种做法是否成功? 缺少了什么?
6. 如何追踪偏差的来源?
7. 项目管理信息系统同普通的管理信息系统有什么区别?
8. 具备哪些功能的软件会受到项目经理的青睐?
9. 如何选择项目管理信息系统?
10. 讨论在项目管理生命周期内的不同阶段中，项目管理信息系统的作用。
11. 为了避免伤害到提供消息的人员而将坏消息秘而不宣，是不是不道德的做法?
12. 那种预测挣值的方法似乎更为准确? 你会推荐哪一种? 为什么?

有关“项目管理实践”的问题

运用项目管理软件为奥运会安排赛程

1. 组委会为什么需要每一个场地、建筑物和房间的图样?
2. 如何评价组委会为坏天气而准备的计划?
3. 奥运会计划安排中最困难的部分是进度安排还是后勤保障工作?

跟踪范围蔓延的现象：一位项目经理的回复

1. 在这封寄给编辑的信中，关键部分是范围蔓延还是信号跟踪？其具体内容是什么？

2. 作者评价了为项目挑选工程师的工作。他是否认为工程师不会成为优秀的项目经理？

3. 从监控和跟踪工作的方面考虑，文中提到的 10 项错误做法中哪一项最为致命？

挣值分析在得州仪器公司中的成功运用

1. 随意地削减任务预算是不是十分不明智的选择？影像之星公司可能有哪些战略思考？

2. 对于一个落后于进度不太多的项目团队来说，哪些因素具有激励作用？

3. 影像之星公司同得克萨斯仪器公司达成交易的可能运作方式是怎样的？

习题

1. 一个项目在第 22 个月的实际成本为 540 000 美元，计划成本为 523 000 美元，挣值为 535 000 美元，请计算该项目的进度和成本偏差。

2. 一个销售项目在第 5 个月的实际成本为 34 000 美元，计划成本为 42 000 美元，挣值为 39 000 美元，请计算该项目的进度和成本偏差以及 CPI 和 SPI。

3. 一个软件开发项目在第 70 天的实际成本为 78 000 美元，计划成本为 84 000 美元。软件开发经理估计已经完成的价值为 81 000美元。该项目的支出和进度偏差以及 CSI 分别是多少？请估算其时间偏差。

4. 一个建设中心公园的项目在第 17 个月的实际成本为 350 000 美元，计划成本为 475 000美元，已完成的价值为 300 000美元。请计算其支出、进度偏差和三个挣值指数。

5. 一个咨询项目在第 10 个月的实际成本为 23 000 美元，计划成本为 17 000 美元，已完成的价值为 20 000 美元。请计算出其进度、成本偏差以及三个挣值指数。

6. 一个组织技术培训研讨会的项目在第 65 天时比进度安排拖延了 5 天。该项目截止到当时的计划成本为 735 000 美元，但实际成本只有 550 000 美元。请估算其进度和支出偏差。如果实际成本为 750 000 美元，请重新估算上述偏差数值。

7. 假设一个广告项目的一项活动计划成本为 12 000 美元，但目前的实际成本为 10 000美元，已经完成的价值只有 70%。请计算其支出和进度偏差。该项目客户对项目的态度应该是满意还是生气？

8. 下列数据是一个市场测试项目在第 6 周的实施情况。a. 不计完工百分比，采用 50—50 法则来衡量 PV 和 EV，请计算成本、进度和时间偏差。另外，请计算 CPI，SPI，CSI 以及 ETC 和 EAC。b. 其他已知条件同 a，采用完工百分比法计算。假设 PV 价值采用比例法则，而 EV 则由工人实际工作量来衡量。

活动	紧前活动	工期（周）	预算（美元）	实际成本（美元）	完成情况（%）
a	—	2	300	400	100
b	—	3	200	180	100
c	a	2	250	300	100
d	a	5	600	400	20
e	b，c	4	400	200	20

9. 如下是一个拍摄电视广告的项目，其第 24 周的费用支出是多少？如进度挣值正常，实际成本为 9 000 美元，成本和进度偏差是多少？三个挣值中的指数，ETC 和 EAC 是多少？请利用比例法计算。

活动	紧前活动	工期(周)	预算(美元)
A:撰写脚本	—	6	900
B:演员试镜	—	6	1 200
C:选择演员	a	6	1 200
D:签署摄影棚合同	a	12	1 800
E:拉赞助	b, c	14	1 400
F:时间计划	b, c, d	10	1 500
G:商业投放	d, e	16	800

10. 利用MSP解决问题8。包括CPI, SPI和CSI的计算。

11. 采用0—100%法则,参照表10—1中的数据重新绘制图10—9和图10—10。

12. 利用百分比法重新计算问题11,其中各项工作的完工比例分别为:a: 100%; b: 100%; c: 80%; d: 25%; e: 0。

13. 请根据如下网络图和比例法给出的成本和完成百分比数据绘制第一周(7天)的挣值图。

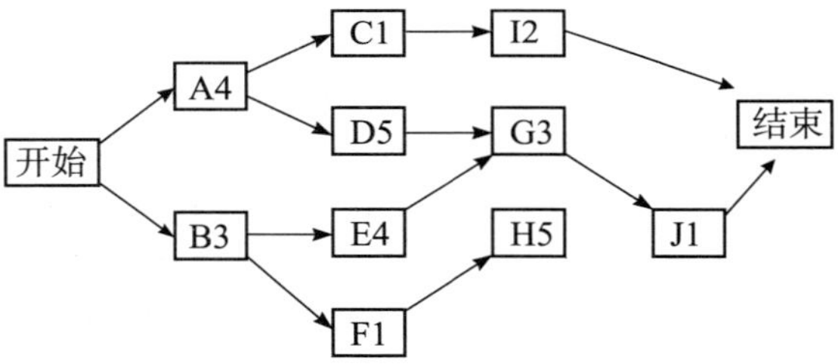

活动	预算(美元)	实际成本(美元)	完成比例(%)
A	600	400	100
B	300	450	100
C	150	100	100
D	750	60	
E	400	10	
F	100	50	
G	200	0	
H	400	0	
I	100	50	
J	100	0	

14. 以下是一个项目在第六周末的成本情况。请找出成本和计划偏差,并且计算项目的CPI, SPI, ETC和EAC。

活动	紧前活动	工期(周)	预算(美元)	实际成本	完成%
A	——	2	300	400	100
B	——	3	200	180	100
C	A	2	250	300	100
D	A	5	600	400	20
E	B, C	4	400	200	20

案例讨论

杰克逊产权保险公司

马克·苏图拉那6个月前加入了杰克逊产权保险公司。作为一位经验丰富的管理信息系统主管,他被任命对杰克逊产权保险公司的数据处理部门向最终用户提供的回复工作进行改良。经过几个月的调查,马克肯定,自己已经清楚地了解了情况,可以着手行动了。对大约90%的最终用户都以项目的形式进行数据处理工作,而输出的数据就是其最终产品,或者是其项目中的一个步骤(常见情况)。相应地,马克认为,自己应该将精力放在将各个项目的数据处理工作与公司正规的项目管理系统集成起来。

过去的经验告诉马克,大多数与数据处理项目有关的问题根本原因都在于:没有对项目工作进行清楚的界定,以及在项目设计阶段没有最终用户的充分参与。典型的表现是,最终用户在新系统做好安装准备之前,一般不会过多地参与到工作中,但矛盾的是,需要做大量的工作以使系统满足最终用户的要求。马克决定建立一个将最终用户合作和参与置于工作启动阶段的程序。该项行动的目的是完整界定系统的目标和设计要求,以保证实施工作的高度结构化,而不仅是对新系统的介绍。

马克还认识到，必须控制数据处理的输出值。通过建立一个更为有效的数据处理系统，就可以在无形中给数据处理人员施加更大的压力，使他们能够生产出满足用户需求（以及时间要求）的产品。马克担心，数据处理输出的结果在目前的条件下会进一步恶化，因为最终用户和外部项目经理方面缺少专业技术人员。为了解决这一问题，马克建议设置一个数据质量保证经理，由他来审批各个项目初始阶段的工作，并且对项目的每一个附加阶段都进行评估。该数据质量保证经理必须有权判定产出的某一步骤或者某一部分的质量情况，并且决定是否返工。

问题：

案例中的做法对于数据处理工作是不是一个很好的控制系统？请说明理由。对于那些使用数据处理来完成项目部分目标的公司来说，这是不是一个很好的控制要点？如果你是一个非数据处理项目经理，你会如何作答？该新系统下是否存在范围蔓延的问题？如果是，马克应该如何控制？

美国工程兵团

美国工程兵团与一家中等规模的挖掘公司签约，合同是关于建造三个小型的土制水坝，该工程是北卡罗来纳州洪水治理项目的一部分。由于资金原因，第一号和第二号水坝的建设工作将同时进行，第三号水坝则只有在第一号和第二号水坝完工之后才能开工。该工程还必须满足特定的完工日期要求（这主要取决于下一年的汛期）。该项目由在公司内就职已达一年的布莱恩·约翰逊负责。

这对布莱恩来说是一项新任务，因为他以前从来没有同时领导过多个项目。第一号和第二号水坝开工三个月后，他开始注意到一个关于项目信息的问题。第一号和第二号水坝的几个工头都向他汇报工作，但是他从来不知道这些信息之间有没有关系。因为第三号水坝只有在第一号和第二号水坝全部完工之后才能开工，所以布莱恩无法确定第三号水坝能否按期开工和完工。意识到这一现状，他开始考虑该如何协调各个项目之间的关系。他怎样才能了解各个项目之间的相互关系呢？这两个项目的总体情况如何？布莱恩的主要问题是他无法同时有效地监控和记录两个项目的情况。

问题：

你将会对布莱恩提出什么样的建议？

课堂综合练习项目

设计一个用来监控项目任务的计划，并建立挣值图表来填写项目进度。除非项目外部资源是有保障的，对主要成本的持续跟踪将主要参照人工工时的情况来完成。完成一个项目计划价值的历程，就是 PV 和 EAC 的累积过程。决定你将怎样依据工作的进度来确定它的挣值。例如，工人估计、50—50 法则，或其他方法。

参考文献

ANBARI, F. T. "Earned Value Project Management Method and Extensions." *Project Management Journal*, December 2003.

BACK, W. E., and K. A. MOREAU. "Information Management Strategies for Project Management." *Project Management Journal*, March 2001.

BARR, Z. "Earned Value Analysis: A Case Study." *PM Network*, December 1996.

BRANDON, D. M., Jr. "Implementing Earned Value Easily and Effectively." *Project Management Journal*, June 1998.

DEAN, B. V. *Evaluating, Selecting, and Controlling R&D Projects*. New York: American Management Association Research Study 89, 1968.

EVANS, J. R., and W. M. LINDSAY. *The Management and Control of Quality*, 2nd ed. Minneapolis: West, 1993.

FLEMMING, Q. W., and J. M. KOPPELMAN. *Earned Value Project Management*. Upper Darby, PA: Project Management Institute, 1996.

FLEMMING, Q. W., and J. M. KOPPELMAN. "The Earned Value Body of Knowledge." *PM Network*, May 1996.

FLEMMING, Q. W., and J. M. KOPPELMAN. "Forecasting the Final Cost and Schedule Results." *PM Network*, January 1996.

FLEMMING, Q. W., and J. M. KOPPELMAN. "Taking Step Four with Earned Value: Establish the Project Baseline. *PM Network*, May 1995.

FLEMMING, Q. W., and J. M. KOPPELMAN. "Taking Step

Three with Earned Value: Estimate and Budget Resources." *PM Network*, January 1995.

FLEMMING, Q. W., and J. M. KOPPELMAN "The 'Earned Value' Concept: Back to the Basics." *PM Network*, January 1994.

FOX, T. L., and J. W. SPENCE. "Tools of the Trade: A Survey of Project Management Tools." *Project Management Journal*, September 1998.

HATFIELD, M. A. "The Case for Earned Value." *PM Network*, December 1996.

JAY, A. "How to Run a Meeting." *IEEE Engineering Management Review*, Winter 1995, reprinted from the *Harvard Business Review*, March–April 1976.

KIDDER, T. *The Soul of a New Machine*. Boston: Little, Brown, 1981.

KNUTSON, J. "How to Prepare and Conduct a Project Review." *PM Network*, October 1996.

LEVINE, H. A. "PM Software Forum." *Project Management Journal*, 1987 in (all issues). See "Hints for Software Selection," June and December 1987.

LIBRATORE, M. J., and B. POLLACK-JOHNSON. "Factors Influencing the Usage and Selection of Project Management Software." *IEEE Transactions on Engineering Management*, May 2003.

MEKHILEF, M., and J. S. LE CARDINAL. "A Pragmatic Methodology to Capture and Analyse Decision Dysfunctions in Development Projects." *Technovation*, April 2005.

NEVISON, J. M. "Creative Time Wasting." *PM Network*, November 1995.

PARTOVI, F. Y., and J. BURTON. "Timing of Monitoring and Control of CPM Projects." *IEEE Transactions on Engineering Management*, February 1993.

PROJECT MANAGEMENT INSTITUTE STANDARDS COMMITTEE. *A Guide to the Project Management Body of Knowledge*, 3rd ed. Newtown Square, PA: Project Management Institute, 2004.

SHAFER, S. M., and J. R. MEREDITH. *Operations Management: A Process Approach with Spreadsheets*. New York: Wiley, 1998.

SINGLETARY, N. "What's the Value of Earned Value?" *PM Network*, December 1996.

SNOW, A. P. "The Challenge of Accurate Software Project Status Reporting: A Two-Stage Model Incorporating Status Errors and Reporting Bias." *IEEE Transactions on Engineering Management*, November 2002.

Project Management Institute. *Software Survey*. Newtown Square, PA: Project Management Institute, 2001.

THAMHAIN, H. J. "The New Product Management Software and Its Impact on Management Style." *Project Management Journal*, August 1987.

案例

下面的案例说明的是当客户改变了对一个项目的政策、职责或负责人，而从事项目工作的人又无法监测时，项目本身会轻易陷入怎样的巨大困境。专业术语往往很专业，从而误导合同方更多地关注技术字眼而忽视项目过程中发生了哪些变化。也有很多项目参与人愿意选择备案制度。这就引出一个问题，假如客户做事随意又不正式，那么承揽项目的人员应该在正规化方面做到怎样一个程度？

项目经理/客户对接

E. Filliben and J. L. Colley, Jr.

布朗是B&W核服务公司（BWNS）的项目经理，负责Nita光电公司（NLP）绿色草场工厂项目，工作陷入困境已有一年多了。1989年10月，他的项目团队为绿色草场工厂做了一次换料检修。项目原本签的是固定价格合同，进度拖延和范围蔓延迫使该项目改成了基于时间和材料来实施的合同，最终价格比原合同价格高出若干倍。眼下已经是1990年12月了，换料检修项目已经完工一年多了，可是还没有拿到合同的全款。客户坚持项目延期与他们无关，拒绝按照BWNS公司专供产品和集成服务部门的报价付款。布朗也知道与客户保持良好合作关系要比催款重要得多。

项目背景

专供产品和集成服务部门自1983年起与NLP开始合作，整个20世纪80年代以来一直合作得很融洽，其间SPIS向NLP公司提供了大量服务。1989年夏天，NLP和SPIS签订了一个固定价格合同，合同内容就是完成近期的换料检修和蒸汽发生器的检测。SPIS代表和蒸汽发生器的供应商与NLP洽谈了固定价格合同，合同金额高达500 000美元。合同要求SPIS对供应商提供的三台蒸汽发生器进行同步检测。

然而，此时潜在的问题苗头也在逐步暴露。在1989年8月布朗到现场之前就开始担心项目延期的问题。他预计布点过程可能比计划时间要长，另外SPIS项目组了解到径间的U形弯头都得减压，而且附加的滚动测试也要进行，最初估算的时间根本不包括这些活动。夏末时SPIS代表找了NLP现场经理斯坦·古德森，说明了换料检修如果按照原定合同可能会造成项目延期并且项目范围也出现蔓延。古德森详细询问了预算和进度，并答复希望按照基于时间和材料的合同来实施以后的项目。

布朗对项目延期的担心终于变成了现实。第一，在劳动节过后的第一个周末，布点完成并且设备安装到位。布点过程包括了一系列检测工作，如现场安检、主观评估、有形物物理检查、背景调查、指纹识别和毒性检测。可是使用方并不想接受SPIS提供的布点系统，他们想使用另一套分离性的系统，但该系统颇为耗时。第二，由于化学槽口净化器的延期，造成了三个蒸汽发生器没能按时交付到SPIS人员的手上，其中第一台蒸汽发生器延迟10天，第二台延迟了12天，第三台则延迟了9天。

意识到项目成本可能要超过合同价，布朗作为项目经理，使出了浑身解数来澄清现状并解决问题。首先，在蒸汽发生器没有全部运抵现场时他让SPIS的员工先回家休息。NLP经理对此表示不解，另两台蒸汽发生器即将运抵，为什么不让员工待命呢？其次，布朗在NLP与蒸汽发生器供应商签订的合同上找到了供应商代表的名字，致电供应商代表并详细说明了情况。只有现场经理古德森做了答复，他一再强调，只要把SPIS的合同改为基于时间和材料的合同即可。

起初，BWNS派了40名工程师和技术工人参加项目工作。当项目状况起伏不定时，BWNS派了将近100名员工抵达现场。尽管原来的合同金额为500 000美元，而实际的成本超过了1 500 000美元，其中部分的超支是由于U形弯头减压和毒性检测造成的，而这两项均不在原合同范围内。最主要的超支原因是等待蒸汽发生器运抵过程中白白浪费掉的现场人力成本造成的。整个换料检修进行了44天，比计划工期拖延了整整22天（见表1）。

表1　工期进度

日期	
8月31日	古德森口头承诺将原合同转换为基于时间和材料的合同
9月1日	停工待料，但计划运抵的三台蒸汽发生器尚未运抵
9月11日	第一台蒸汽发生器提供给SPIS
9月23日	古德森签发备忘录确认8月31日的承诺
9月23日	第二台蒸汽发生器提供给SPIS
10月2日	第三台蒸汽发生器提供给SPIS
10月14日	换料检修完工

绿色草场工厂的采购程序

使超支情况变得越发复杂的是，绿色草场工厂正处在采购程序从集中管理到分散管理的转型期，合同管理部门坐落在NLP总部，并且原本负责所有合同的初期谈判工作，而合同范围增加造成的延期等事务均由现场技术人员负责解决。这几年以来，采购程序日益缺乏正规化，尤其是像SPIS这样的长期合作伙伴来说。例如，1986年，SPIS承接绿色草场工厂一笔几百万美元的大项目，任何采购订单之类的文件都没有签。现在不同了，新规定要求各厂商自行负责整个采购过程，遗憾的是，SPIS对此变化一无所知。

随着新程序的实施，罗·梅奥被指派到工厂合同管理部门工作，由他接管与SPIS重点合同的谈判事宜。因为SPIS以前曾为绿色草场工厂做过两次换料检修，也不清楚采购职能重组的事情，所以这一次还是按照以前的程序来办理相关事务。SPIS人员知道有梅奥这么个人，曾经还在前两次换料维修项目中做过技术交流，但并不知道他的职务调动。以前那两单生意的采购订单都是与总部的合同管理部门签订的，因此此次的采购订单仍然被送到了总部办公室。

报价结算清单

换料检修结束于1989年11月，粗略估

计项目总成本为1 600 000美元；附加服务大概价值350 000美元，但全部都是免费提供的。报价递送到技术专家比尔·琼斯手上，也就是斯坦·古德森的老板，并抄送给采购部的梅尔·卡特。NLP的人员起初觉得该报价可以接受，因为是厂家设备未准时运抵造成了项目的延期，所以应该对SPIS公司的费用进行全额补偿。

2月，工厂人员就报价事宜召开了讨论会，SPIS派了多名代表和古德森以及其他技术人员一起会商此事，总算拿到了换料维修的首期报价款。这期间SPIS代表不知在古德森身上花了多少工夫。会议也邀请了梅奥参加，可是他没有出席。绿色草场工厂的人答应按照当初的报价额付款。借助NLP总部的介入，1990年2月，账单直接送到了总部卡特的手上。

蒸汽发生器的供应商通常是60天内付款，但直到90天以后，布朗仍然没有听到任何相关的消息，他开始紧张起来，他想，随同账单寄去的还有大批的数据，包括现场古德森签的文件等，可能是正在处理各种单据和数据，还没顾得上付款吧。布朗决定给厂方打个电话询问一下情况，估计应该没什么太大的问题。

蒸汽发生器的供应商也陆陆续续支付了一些款项。截止到1990年10月，SPIS共收到了120万美元。之后，1990年10月17日，SPIS的销售区经理罗格·罗伯茨突然接到蒸汽发生器供应商副总裁拉斯·克莱蒙斯的会议邀请。罗伯茨和合同部经理杰奎琳·多伊勒赶到工厂来开会，而布朗因为公务在身未能出席。罗伯茨和多伊勒也不是很清楚会议的目的是什么。

谈判

26日，罗伯茨和多伊勒会见了NLP的三位代表，即斯莱·西蒙斯，梅奥，以及梅奥的老板里克·詹姆斯。蒸汽发生器的供应厂家通知SPIS，原合同是固定价格合同，蒸汽发生器厂家不会按照1 600 000美元的后期报价付款，此外，BWNS公司还欠NLP 300 000美元另加NLP预期支付的利息。这让罗伯茨和多伊勒大吃一惊，他们立即提供了古德森签发的将固定价格合同转化为时间和材料性合同的备忘录，梅奥只是重复一句话："价格太高了。"双方从早上9点一直谈到下午2点，经过一番唇枪舌剑，双方总算达成了一点共识，就是将合同改为基于时间和材料实施的合同，其他事宜再行商定。梅奥宣称，SPIS在此项目上过多地增加了人力投入。

1990年11月9日，与会者再次会面进行商讨。罗伯茨和多伊勒提交了当初工厂认可的用工计划书，然后将计划书与实际用工情况作了对比，对比的结果显示在许可范围内。多伊勒又陈述了生产率的情况，计划的20管线/小时也实现了，有工作单据作为证明。项目延期的主要原因是蒸汽发生器供应商的货物迟到。会上罗伯茨和多伊勒向NLP代表递交了付款250 000美元的申请，属于首期合同款中未包括在350 000美元服务费中的一部分。因此，换料检修项目的总合同额接近1 850 000美元。

大家认为，谈判之所以陷入僵局，是因为NLP派出的人员不了解技术情况，罗伯茨、多伊勒和布朗要求第三次会议时一定要邀请工厂的技术人员参加。技术人员认可初始的合同报价，但是后续的谈判都是由商务代表参加的，如合同管理人员等。谈判非常失败，因为商务人员并不关心技术问题，也不同意SPIS的合理请求。在第三次会议中，蒸汽发生器厂家假装给技术人员打了电话，其实他们并不想让技术人员参与会议。第三次会议未取得任何进展。蒸汽发生器厂家当然不肯把技术人员和商务人员召集在一起共同讨论价格问题。

1990年12月，合同款还差650 000美元（合同总额1 850 000美元，前期支付1 200 000美元）。NLP的代表同意付400 000美元，补足SPIS初始合同价格的1 600 000美元。至于差额部分，多伊勒只能在最大利润和长期客户关系之间进行权衡。

深远影响

项目延期给SPIS与绿色草场工厂之间的合作带来了不良的深远影响。NLP的下一个换料检修项目是一个价值800万美元的项目组合。这一项目组合，绿色草场工厂的合同条款对设备供应商很优惠，而对 SPIS 的条款却很苛刻。SPIS 在提出修改建议 18 个月后仍没得到任何答复。布朗和多伊勒再三催促詹姆斯和梅奥，但是他们的答复却很冷淡："接受就干，否则就算了。" 1991 年 2 月，SPIS 对 5 个换料检修项目的建议条款逐一做出回应，而且报出了合理的价格，受到了技术人员的推崇，而绿色草场工厂已经不敢再一下子把 5 个换料检修项目一次性统统交给一家公司了，只是先从第一个（4 月份）的换料检修项目做起。无论 SPIS 的技术建议书和报价有怎样的优势，NLP 还是选择了西屋公司作为供应商，因为该公司全盘接受设备供应商的条件和条款。

据业界报道，西屋公司在 4 月的换料检修项目中表现良好，提前 8 小时完成计划。项目完工后，西屋公司凭此项目获利 100 万美元。

受过去的影响，布朗和多伊勒深知要想赢得剩下的四个换料检修项目简直比登天还难，他们不知道从何做起才能把与 NLP 的合作关系拉回到正轨上来。

给项目经理的忠告

鉴于 SPIS 和 NLP 的经历，多伊勒想对项目经理提出如下忠告：

清楚了解谁对现场的设备负责任至关重要。我们以为古德森是负责人，其实他并不对设备负任何责任。时常提醒自己谁会对项目进展和差异比较关心，及时向这些人沟通信息。

业界的长期经验告诉我们，要在项目中间停工和撤出并不容易。想要和客户建立长期的合作关系就要以伙伴的身份共同解决问题，按日或至少按周结算才是明智之举。

作为教训，该案例告诉我们应当和商务人员保持定期沟通和文件往来。虽说技术人员和商务人员之间的沟通往往存在障碍，而现场技术人员之间的日常沟通似乎总是千篇一律，但是仍然有必要选派一名技术人员保持和商务人员的定期交流。

多伊勒也肯定了项目管理的如下职责：

1. 了解谁是决策者。
2. 问题要有的放矢。
3. 控制客户。
4. 完工与结算同步。
5. 坚持不懈。

问题

1. 在此案例中，布朗和 BWNS 公司在哪些方面处理得比较好？怎样处理更为理想？

2. 在与设备供应商打交道的过程中，哪些因素是布朗无法控制的？

3. 与客户进行有效对接需要哪些技能？此项目算得上 BWNS 公司的一个成功案例吗？

4. 项目范围在哪些方面进行了扩展？此现象是否可以称为项目"范围蔓延"（参见第 11 章）？

5. 客户永远正确吗？本书中谈到的"普遍存在的报告问题"在此案例中是否有所体现？

6. 现在 BWNS 怎样才能与 NLP 再次合作？布朗怎样才能逐步把生意赢回来？他应该怎样做？

第 11 章 项目控制

在前一章里，我们讲述了有助于项目经理实施项目控制工作的监控和信息收集过程。控制工作是计划—监控—控制这一项目工作循环中的最后一项。首先需要收集有关系统绩效的信息，并将其与期望的（或者计划的）水平进行比较，如果实际绩效与预期绩效差距太大，而且控制者（经理）也希望降低这种差距，就应该采取切实的行动予以纠正。请注意，报告绩效水平、比较预期和实际绩效水平的差距、考察这种差距存在的原因等事项均属于控制程序的一部分。就其本质而言，控制就是减少计划和现实差距的行动。

虽然本章主要用于指导项目经理的项目控制实践，但是项目管理办公室和其他整体监控项目并向高层管理者汇报项目情况的负责人，同样具有项目控制的职能。项目的目的是协助组织实现战略目标，作为项目管理办公室、项目管理委员会，或者实施项目组合过程的负责人，就需要对项目给组织目标带来的持续价值给予评定。利用项目监控获取的信息，结合组织目标、资源和战略的变化情况，这些负责人就要对项目采取一些（控制）措施，例如调整项目方向、纠正项目偏差，或者终止整个项目（在第 13 章中我们将讨论项目终止的各种形式和条件）。

风险管理是一种特殊的项目控制。负责风险管理的组织，例如项目管理办公室或项目专门管理工作组，不仅直接作用于项目，而且会作用于环境（项目风险的主要发源地）。接下来读者会看到，项目的绩效、成本或进度等许多方面都可能出现偏差，这就是不确定性带来的后果，而不确定性的源头又大部分来自项目之外，即项目所处的环境。如果可行，风险管理者可能会作用于外界环境以降低或消除不确定性对项目的威胁，然而，这往往是超乎风险管理者的影响力之外的，而他们所能做到的不外乎作用于项目本身，以减缓或应对风险，或者加强外界系统的正面效应。在我们看来，目前对风险识别和风险管理的关注度还远远不够。

如同本书始终强调的一样，控制工作着眼于项目的三个要素，即绩效、成本和时间（在第 12 章我们将介绍项目的其他重要目标）。项目经理总是关心项目的这三个方面。项目可以交付它当初所承诺交付的成果，还是可以交付比承诺更多的成果？它是以承诺的成本还是以低于承诺的成本交付成果？它在承诺的期限当日还是在承诺的期限之前交付成果？奇怪的是，人们很轻易就会忽视这三个基本目标，特别是在拥有大量细节性资料和大量子项目的大型项目里更是如此。大型项目会发展出自己的一套体系，因此很容易就会失去控制，按它们自己的意图行事，而不顾项目经理的意愿和项目本身的意图所在。

我们暂时停下来想一想下列这些可以导致某一项目需要对绩效、成本和时间进行控制的事项。

1. 绩效

- 发生了预料之外的技术问题。
- 出现了难以处理的技术困难。
- 发生了质量或可靠性方面的问题。
- 客户要求变更系统规格。
- 发生了职能间的矛盾和冲突。
- 技术突破对项目工作产生了影响。
- 项目团队内部对规范要求或解决技术问题的方案产生了分歧。
- 市场的变化增加或降低了项目的价值。

2. 成本

- 技术困难要求提供更多的资源。
- 工作的范围增加了。
- 最初的报价或估计值过低。
- 报告做得很差或者没有按时提交。
- 预算的编制工作很不充分。
- 纠错控制工作没有及时展开。
- 投入要素的价格发生了变化。

3. 时间

- 解决技术困难花费了比计划更长的时间。
- 最初的时间估算太过乐观。
- 任务的排序不正确。
- 需要时无法获得要求的材料、人员或设备投入。
- 必要的前期工作不够完善。
- 客户提出变更申请要求返工。
- 政府的法规发生了变化。

以上只是一些可能发生的相对“机械性”的问题。实际上，项目中没有纯粹机械性的问题，所有问题都会包含有人的因素。例如，通过作为或者不作为，人们可以启动一连串的事件，导致不能充分地做好预算，引发某种质量问题，导致项目沿着技术上十分困难的道路行进，或者没有关注政府法规的变更等。如果偶然地发生了某些这样或那样的事情（无论是否人为引起的），人们就会受到影响。在项目的整个期间内，人们会出现沮丧、愉悦、坚决、绝望、愤怒以及其他许多情感，它们影响着那些体会到这些情感的个人的具体工作——使工作更好或者更差。项目经理努力试图加以控制的正是这些迷惑、情感、容易犯错的本性以及偏执等特征的大杂烩。

所有这些问题总是包含着人和机械因素的组合，需要项目经理进行干涉和控制。在“杯子和杯口之间”总存在着数不清的“小错误”，特别是在技术或可交付成果很新且很陌生的项目里，项目经理像大多数经理人员一样，发现控制是一项很难开展的工作。有几个原因可以解释这一情况，其中的主要原因在于：项目经理（又与大多数经理人员一样）没有发现问题。经理们发现的是罗素・艾科夫（Russell Ackoff, 1974）曾经描述为“麻烦”（mess）的东西。“麻烦”是指系统的某种总体情形，当我们从经理人员的角度看时，对它的陈述就会是“%#^@*&+#”，然后一发不可收拾。正是对麻烦的发现才导致项目经理得出周围某处正潜伏着问题的结论。在像项目一样复杂的系统中，对问题进行定义是一项非常困难的任务，因此，了解需要控制的目标可不是件简单的事情。控制工作之所以困难的另外一个原因是：尽管通常在任何麻烦发生时，总是要为此找到某个人进行责备，但要了解清楚问题到底是源于人为的错误还是源于墨菲法则的随机结果，通常也几乎是不可能的。项目经理还会发现，很难实施控制是因为项目团队是一个“内部团体”，甚至那些大型项目的团队也是如此，团队的人是“我们”而外部的人都是“他们”。进一步讲，许多项目经理都会把控制工作看作一项特别的程序。每一个需要实施控制工作的问题都被看成是一个独一无二的事件，而不是一个重复发生的持续过程。威顿（Whitten，1995）提出了这样一种现象，即如果里程碑事件的实现正在受到威胁，项目就会失去控制。他也给出了如何解决这个问题并使项目重新回到控制中的一些指导性方针。

因为项目的控制是感觉和事实、人和机械、因果关系和随机结果的混合体，所以我们必须极其有条理地研究这一问题。在本章中，我们一开始先考察控制工作的一般目标，接下来将考虑控制程序的基本结构。我们将通过描述以机械式控制闭环形式出现的控制理论来解释这种结构。尽管多数项目几乎都没有提供什么机会来实际应用自动的反馈环，但这一系统还是综合而又简洁地向我们演示了从事任何系统控制工作所必需的各种因素。从这一模型出发，我们接着转向那些在项目中最经常得到应用的控制工作的类型。控制系统的设计工作需要考虑到不同的控制类型可能对受控人员造成的各种影响。与此同时，我们也讨论了控制系统对“平衡”的具体要求，其中有两个特殊的控制问题：对创造性活动的控制以及对变更的控制。

总的说来，在项目管理所有的重要工作中，控制是最起码和最基础的。然而大多数项目经理在扮演控制实施者的角色时都会感到不自在，因为许多人都会在实施控制时被看作顽固不化的纪律执行者。下面将给出一些建议，希望对读者有所帮助。避免经常批评那些知错就改的员工，而是对他们进行提醒。避免在任何情况下当众批评员工，而是应当对他们进行教育和指导，要相信为你工作的员工都很聪明并且不怀有恶意，除非你发现员工已经违反了规定。总之，作为项目经理，应该记住：发脾气并不能解决问题，而是应该在弄清问题后再考虑是否还有发脾气的精力和必要。

11.1 控制工作的基本目标

控制工作的两个基本目标是：

（1）通过改变行动使结果规范化。

（2）管理组织的资产。

有关控制职能的多数讨论都集中于监管行为。项目经理需要对监管工作和保护工作给予同样的关注。本章的主要部分（以及下一章的许多部分）关注的是项目经理作为监管者的角色，因此让我们在这里先重点谈一下保护者的角色。项目经理必须保护组织的有形资产、人力资源以及财务资源。保护这三种不同类型资产的程序也是不同的。

□ 有形资产控制

对有形资产的控制要求对有形资产的使用权加以控制，它所关心的是资产的维护问题，无论是采取保护措施还是纠正措施。维护或重置的工作何时进行，以及维护工作的质量水准也是需要考虑的问题。多年以前，新英格兰的一家啤酒厂收购了一个被近来刚倒闭的竞争对手废弃的老式酿酒工厂。某位项目经理带着如下指令被派去管理这家旧工厂：该工厂应该在 5 年后被完全淘汰，但是在这之前应该保证其全面运转。这就出现了一个有趣的问题：工厂在控制下逐渐淘汰，但与此同时又必须尽可能地发挥它的生产能力。很明显，两个目标不可能同时实现。

如果项目工作需要使用大量的设备，那么项目经理也会碰到如何维持进度计划的问题，以便既能够使设备保持良好的运转状态，又能够尽可能地减少对正常工作的打扰。关键的一点是，要在被称为“最后一分钟恐慌”的项目生命周期的最后阶段开始之前完成保护性的维护工作（必须承认，人们无法知道“最后一分钟恐慌”将在何时发生，这使得制定“最后一分钟恐慌”发生前的保护性维护计划变得有点困难）。

库存物资，不论它是设备还是材料，也都必须进行控制。在投入使用之前，它必须经过接收、检查（或确认），也可能对其进行储存。所有新进的货物记录必须得到认真的确认，以便向供应商付款。国内外外包行为的增加（甚至是项目与项目之间相互分包的行为），连同供应链的发展，给有形资产的控制加大了难度。对供应链的合理设计和应用，也称为供应链管理（Meredith et al.，2007，第 8 章；Lee，2003），与当今项目的成功息息相关。我们必须同样小心谨慎地从外部供应商和组织内部的供应商处采购货物，甚至诸如项目的图书馆、项目的咖啡壶、项目的办公家具等细节问题以及其他一些细微事项也都必须得到计算、维护以及保护。

□ 人力资源控制

人力资源的管理工作要求对人员的增长和发展进行控制和维持。项目工作为人才的培养提供了沃土。因为每个项目都是独一无二的，与任何其他项目相比有许多不同之处，所以项目的工作人员很可能在相当短的时间内就可以获得非常广泛的经验。

通过应用那些熟悉的审计程序可以对物质资源的保护工作进行衡量。人力资源保护工作的衡量则要困难得多。诸如员工评估、人员绩效指数以及用于委任、提升和储备工作的甄选方法等工具并不都是确保保护职能得到适当处理的满意工具。会计行业多年来一直致力于开发人力资源核算方法，尽管这种努力产生了某些很有趣的观念，但是人力资源核算方法并未得到会计界的充分认同。

□ 财务资源控制

尽管会计人员尚未成功开发出可以接受的人力资源核算方法，但是他们在财务资源保护（和监管）方面的技术工作无疑造就了卓越的财务控制工具。

很难将旨在保护财务资源的控制机制与旨在监管资源用度的控制机制割裂开来。大多数财务控制工作都会两者兼顾。资本投资的控制工作坚持要求：在花费任何资本之前，必须满足特定的条件以保护组织的资产，那些同样的条件通常还可以用于监管资本的使用，以便实现获取高额投资回报的组织目标。

包括保护和监管职能在内的财务控制技术方法已经广为人知，这些方法有：流动资产控制、项目预算以及资本投资控制。这些控制工作多数都是通过会计或监控职能所实施的一系列分析和审计工作得以展开的。这一职能对于项目团队来讲是必需的。适用于项目的技术结构与适用于企业总体运营的技术结构并没有太大的不同，但它们所适用的环境却有很大的不同。造成这些不同之处的一个原因是：项目对外部人员是负有责任的——比如对外部客户，或者对项目所属公司的另一个分支机构，或同时对两者而言。

在财务实践和账簿记录里正确地遵循组织和客户的控制标准，需要得到极大的重视。项目所属公司通过它的代理人——项目经理对那些由客户所拥有的，或者由项目所属公司所拥有的并向客户索取费用的资源负保护和适当使用的职责。客户会坚持主张诚实守信的原则，而法院也会要求在履行这种职责时必须遵循这一原则。尽管有些客户可能并不明了签约企业的这种职责，但政府却非常明了这一点。从本质上讲，诚实守信的原则要求提出项目建议的组织开展合理的调查和确认工作，并使用易于理解的语言披露每一项与企业实施项目的能力相关的重要事实，而不能遗漏任何从伦理角度讲可能会误导客户的事项。我们不可能以一个较为概括的方法精确地定义特定项目需要满足的所有要求，然而企业应该确保有优秀的法律咨询人员来帮助自己实现这些职责。

最后请大家注意控制人员的保护者角色。保护者的态度通常与项目经理的态度截然相反，后者的注意力很自然地集中于资源的用度方面，而不是集中在保护工作上面。保护者使人想起一则寓言中的图书管理员，当所有图书都被整齐地放置在书架上时，他感觉最幸福。项目经理经常同时身兼经理人员和控制人员两种职责，他们必须接受这一冲突，除此之外别无选择。这些相互斗争的态度必须尽可能地加以统一和相互妥协。布劳克（Block，1993）有一篇出色的研究文献，很好地论述了经理人员的管理员职能。

11.2 控制程序的三种类型

控制一个项目（或者任何系统）的程序要远比仅仅等待某些地方出错，然后在可能的情况下进行修复复杂得多。我们必须确定将要在项目的哪个点上实施控制、需要控制什么、如何对其进行衡量、在行动之前可以容忍多大的偏差、应该使用何种干预手段以及如何在潜在偏差发生之前就发现和纠正它们。为了使得这些以及其他诸如此类的问题得到处理，我们需要首先从对控制理论的简单阐述开始讨论控制问题。

不管对某一项目实施控制的目的是什么，我们都可以使用三种基本类型的控制机制：控制论中的机械式控制，行/不行控制和事后控制。本节我们对这三种类型进行描述，并且简要地讨论每种类型的信息要求。尽管项目控制中很少使用到控制论中的机械式控制系统，在此我们还是对它进行一些描述，因为它可以清楚地描绘出任何控制系统里面那些必然出现的要素以及控制系统的信息要求。

□ 控制论中的机械式控制

控制论中的机械式控制或者称驾驶控制，是目前为止最为常见的控制系统类型。控制论中的机械式控制的关键特征在于它可实现自动运转。参见图11—1所显示的控制论中的机械式控制的图解模型。

就像图11—1所显示的那样，系统依据某一程序对投入要素进行运作，并将其转化为产出，我们所希望控制的正是这一系统。为了实现这一点，我们必须对系统产出进行监督。这一职能由传感器实施，它们衡量产出的一个或多个方面，这些方面可能

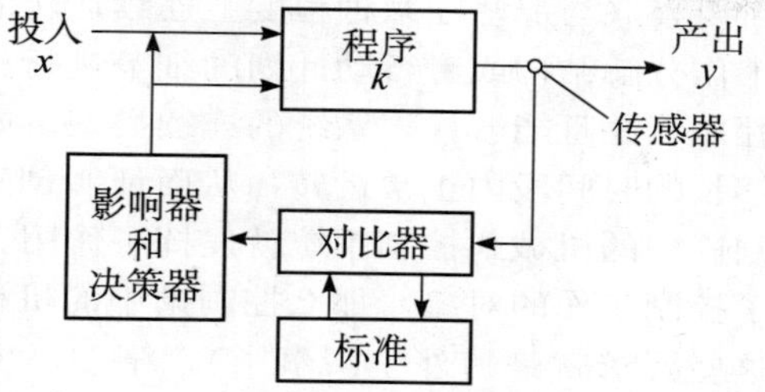

图 11—1　控制论中的机械式控制系统

只是我们希望控制的那些部分。传感器得到的衡量结果被传导给对比器，对比器将之与一套预先设定的标准进行比较。实际和标准之间的差异被传输给决策器，由它来确定差异是否大到需要纠正的程度。如果差异很大，并且需要采取行动，就会有一个信号被传输给传感器，它对程序或投入要素采取行动，以便生产出更符合标准的产品。

旨在减少标准偏差的控制论中的机械式控制系统被称作负向反馈环。如果系统产出朝某一个方向偏离了标准，控制机制就会采取行动使之移向另一个方向。控制运转的速度或力量一般来说与偏离标准的尺寸大小成正比（有许多关于负向反馈环行动的数学描述，参见 van Gigch，1978）。精确纠正偏差的各种方法都取决于运转系统的性质和控制者的设计理念。图 11—2 解释了三种不同的反应模式。反应路径 A 是直接而迅速的，而路径 B 则更具有渐进的特性，路径 C 显示了下降幅度的摆动过程。遵循 C 的模式，一架突然偏离稳定航道的飞机完全可以恢复正常。

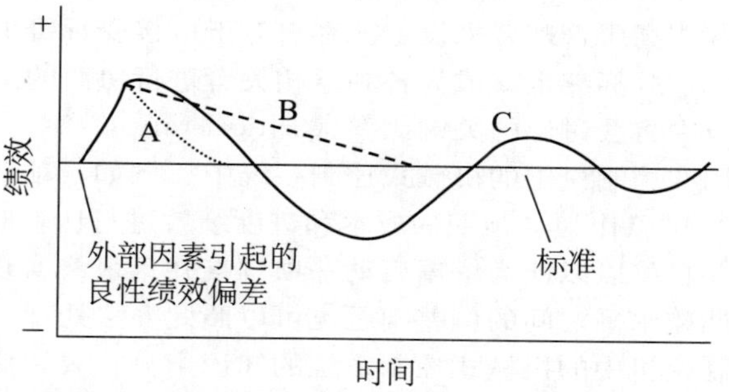

图 11—2　典型的对照标准给出的绩效偏差与纠正路径

控制论中的机械式控制系统信息要求

为了对整个系统进行总体控制，控制系统必须能够对系统可以采用的每一个行动采取相应的抵消行动。这一表述是对阿什比的必需品多样性定律（Ashby′s Law of Requisite Variety）的粗略解释（Schoderbek et al.，1989）。其隐含的意思是，项目经理或者控制人员十分清楚系统的全部容量。对于复杂的系统，特别是那些包含人力因素的系统而言，很简单，这一条件是根本不可能满足的。因此，我们需要一种战略来帮助项目经理开发一个控制系统，其中的一种战略就是使用成本—收益方法来实施控制——对系统中那些控制工作的预期收益大于预期成本的方面加以控制。这让我们想到一家生产锯齿刀片的企业，该企业建立了一个项目，希望在刀片制造过程中减少那些昂贵钢材的碎屑损失，最后，在这个为期 1 年的项目结束时，该企业发现自己花费了 9 700 美元，节约了 4 240 美元（当然，如果节约的数额会重复好几年，那么项目的收益率将是可以接受的，然而，这家企业的总裁认为，节约的数额将会逐渐减少，在项目终止时会完全消失）。

一般很少有项目要素（与那些在某种程度上连续运转的系统要素相反）可以自动服从控制工作。对工作分解结构或者行动计划的细节进行检测，将会揭示哪些项目任务主要具有机械的性质，并且能够代表系统的连续类型。如果存在这样的系统，并且它们能够在一个足够长的时间段内正常运转，从而证明创建自动控制的初期费用是值得支出的，那么控制论中的机械式控制系统就发挥了作用。

如果已经确定了控制工作的对象，那么控制论中的机械式控制系统的信息要求就很容易描述（满足这些要求就是另外一回事了）。第一，项目经理必须精确定义需要对产出（中期产出或者最终产出）的哪些特征施加控制；第二，必须为每一个特征设定控制标准；第三，必须使用传感器在特定的精确水平上衡量这些特征；第四，这些衡量结果必须转化为信号，并且能够与标准信号进行比较；第五，两种信号之间的差距被传送给决策器加以识别；第六，如果差距足够大，就需要将信号传送给影响器，以使运转系统重新做出反应，并对偏离标准的状况采取补救措施。如果控制系统的设计工作可以允许影响器采取一个或多个行动，我们就需要获得一些额外的信息。影响器必须具备一些内在的标准，以指导它的具体行动。

也许建立一个控制论中的机械式控制系统的最大困难就是对我们想要控制的产出物的每个要素的评价标准进行设定。对于许多要素，有一定的可以容忍的误差范围的单一标准也许能得到采纳，例如那些机械部分可以接受的准确程度。在有些案例中，一项标准的价值也许取决于项目的可交付成果的期望用途或者项目运营环境的某些方面，例如，一个温度自动调节器在白天维持某个特定的温度，而在晚上则维持另一个温度。然而，在大多数情况下，项目每一阶段的产出物的可接受标准必须由项目经理和/或客户和/或高层管理者来设定。客户对于可接受标准的观点和项目经理可能会大相径庭，因此这些标准也就成为各利益相关者进行协商的主要议题。

在下一节中将会讨论的关键比率（critical ratio，CR）和第10章中讨论的挣值分析都能够应用在控制论中的机械式控制系统中。例如，项目成本偏差和进度偏差指标（CPI 和 SPI）可以作为与预期的成本和进度绩效进行比较时的标准和特定偏差水平来输入系统，并且可以以此为依据启动一项调查并且最终实现对相关过程加以控制。与关键比率的期望水平之间的偏差问题也可以照此办法处理。

了解控制论机中的机械式控制系统的知识十分重要，因为所有的控制系统都是这种控制系统的变体、扩充或者人为的修正。由于大多数项目所具有的能够服从经典控制论中的机械式控制的机械要素相对较少，所以这种控制系统可以在某些事项要失去控制时，很好地跟踪整个系统，并自动通知项目经理。

项目管理实践

德里地铁项目

德里大型快速运输系统（MRTS），或称德里地铁项目，是一个位于印度德里市的快速交通运输系统，它由德里地铁有限公司（DMRC）负责运营。

德里地铁于2002年12月24日开工建设，是继加尔各答之后，印度的第二个地下快速运输系统。与加尔各答地铁不同的是，德里地铁包括高架轨道、地面轨道和地下轨道三个部分。运行平均时速一般低于80公里/小时，每一站停靠20秒。项目所用铁轨由ROTEM公司制造，轨距1 676毫米。2008年，地铁建成后的总长为68公里，有三条线路，共设 62 站（13 个地下站、48 个高架站和 1 个地面站）。

1960 年的德里总体规划首先提出了德里地铁系统的概念，并且于 1978 年的地铁规划中形成法律框架。

然而一直到 DMRC 成立后，地铁建设工作才于 1995 年 3 月 5 日开始实施。由于政治干预、技术问题和官僚主义的拖延影响，加尔各答地铁项目严重延期，并且花费了 12 倍于预算的成本，在有了这样的前车之鉴后，DMRC 被赋予充分的权力去雇用员工、决定招标和控制资金。

项目建设工程于 1998 年 10 月 1 日正式开工建设，2000 年铁道部不顾 DMRC 希望采用标准轨的要求而强迫其采用宽轨，这是项目中出现的最大问题，除此以外，项目建设的其他方面都进展顺利。地铁的 1 号线于 2002 年 12 月 24 日正式开始运营，并且整个项目的第一阶段也于 2005 年 12 月顺利完工，该项目在预算内提前于计划进度近 3 年完成，这样的成就被《商业周刊》誉为“完美的奇迹”。

第一阶段的网络总长 65.11 公里，其中包括被称作“地铁走廊”的长度为 13.01 公里的地下部分，以及被称作“铁路走廊”的长度为 52.10 公里的地面和高架部分。

第二阶段的网络包括长度为 128 公里的路线和 79 个车站，目前正在进行建设。该阶段的第一部分已于 2008 年 6 月开工建设，目标是 2010 年整体完工。

第三阶段（112 公里）和第四阶段分别计划于 2015 年和 2020 年完工，预计届时整个网络将长约 413.8 公里，总长度将超过伦敦的地铁（408 公里）。当城市的扩展超过了城市的极限时，就必须进行郊区网络的扩展，德里北部的郊区和更远的郊区以及东南部的郊区现在已经纳入了德里地铁 2021 年的总规划。北部的扩展将通过将黄线（2 号线）向北延伸来实现。项目也计划建设一条从 Noida 第 62 区到大 Noida 的新线路，它将与正在建设中的 Indraprastha-Noida 第 32 区线路（蓝线）形成交叉。

每列地铁都由四节车厢组成，可同时容纳 240 个坐席和 400 个站席。列车运行时间为早晨 6：00 到晚上 23：00，运行间隔为 3～4.5 分钟，车厢有良好的通风设备，并通过空调将车厢内的温度保持在 20℃～22℃。

超过 1 200 个闭路摄像头对所有的地铁站和列车进行全面监控，并且将在沿线车站和列车上配备受过特殊训练的德里地铁警察来处理法律和秩序的相关问题。列车地面和站台地面之间只有一个很小的平台差距，以方便乘客上下车。德里地铁也是世界上为数不多的平民化的高级地铁系统之一，为方便乘客与司机进行紧急通信，列车的每节车厢内都设有对讲机。

在整个系统中禁止吃东西、喝水、抽烟和嚼口香糖。每个车站都用印度语和英语两种语言进行自动报站。许多车站还设有自动取款机、食品外卖店、便利店和咖啡厅。

德里地铁项目的成就主要在于地铁的设计和建设的各个领域中都引进了当今世界上最先进的技术。通过这一努力，项目成功地保证了未来运输技术会进一步得到发展，并且将此模式推广到其他城市，这也使印度基本上实现了在地铁建设方面的自给自足。另一个值得关注的项目成就是将整个第一阶段的建设工期从计划的 10 年压缩到了 7 年，DMRC 也在项目中建立了关于建筑过程中质量和安全的标杆。DMRC 在项目建设过程中将对公众的不便降到最低，并采用高标准的环保措施，公众对这一点表示赞赏。

DMRC 还为印度引进了很多至今都不为该国所知的新技术。例如隧洞的开挖采用了土壤压力平衡机械挡板技术，低压力轨道技术，高速启动技术，具有自动列车保护功能的先进的信号系统，在列车和控制指挥中心之间的先进的通信系统，新设计的具有经济性和轻便特点的车厢以及可以做到万无一失的“非接触式智能卡”检票系统。

项目所用的预制混凝土会使得建成的轨道有更好的质量、具有美感，它是最适合快速轨道建设的选择。这种混凝土在德里地铁项目中的高架桥建设中也被大规模使用。在印度，过去不对这种预制混凝土的潜能加以利用的主要原因是，项目中实施预制混凝土技术所需要的基础设施的初始投入成本比其他建设技术要高很多，因此只有在项目成本很大并且结构的标准化成为可能时才具备经济性，同时，客户和承包商都要认识到预制混凝土建筑的优势和潜能。

因此，除了在既定预算内按时完成项目之外，德里地铁项目被人们所赞扬的原因还在于采用了创新技术来保证项目的成功实施。

资料来源：Interview with E. Sreedharan，Managing Director，Delhi Metro Rail Corporation Limited，in The Indian Concrete Journal，November 2002.

□ 行/不行控制

行/不行控制系统通过监测的方式来考察其些具体的先决条件是否得到了满足。项目管理中的大多数控制工作都属于这一类型。这一类型的控制工作几乎能够应用于项目的所有方面。对于绩效的许多方面而言，只要项目产出满足事先确定的规格就已经足够了，对于项目计划的成本和时间要素而言，也同样如此。

当然，我们很有必要在使用行/不行控制系统时使用自己的判断力。为了使产出满足客户的要求，必须保证产出的某些特性处于事先经过精确设定的范围之内，其他特性可以不必如此精确定义。为了保证满足时间和成本的要求，在不能完成项目既定计划时，可以施以惩罚措施。项目合同中通常都包括惩罚条款，这会使生产商延迟交付成果的代价变得非常昂贵，有时，提前交付成果也可能要支付罚金（例如，当涉及实时供货系统时）。

成本超支部分可以与客户一起分摊，或由项目来承担。有些合同规定，成本超支的第一笔 x 美元由客户和生产商一起分摊，以后的任何超支都属于生产商的责任。某一项目的行/不行控制的数目和类型仅受到合同当事方想象力和期望值的限制。

项目计划、预算和进度计划都属于控制文件，因此项目经理就有了一个事先设计好的控制系统，其中包含事先已确定好的里程碑作为控制检查点。此时也可以插入新的里程碑，比如为了确保实现项目投资收益的目标而对项目进行专门评估，或者对跟踪决策和终止决策有关的因素进行专门评估。控制工作实施的细致程度取决于计划、预算和进度计划的细节。例如，一架新型喷气式飞机的引擎零件被一件件地进行质量检查，这些就属于行/不行控制。零件可能能通过检查，也可能通不过检查，但是在投入使用之前，每一个零件都必须通过行/不行测试。同样，计算机程序也要进行缺陷测试，程序要么能通过测试，要么通不过测试。

行/不行控制系统只有在控制者使用它们时才会运转起来。在许多案例中，行/不行控制以事先设定的时间间隔定期运转。这种时间间隔通常由时钟、日历或者某些机器系统的运转周期来决定。这种定期性使得控制系统的管理工作变得很容易，但它经常容许错误在被发现之前积累加剧。例如，项目在 1/4 的进程检查刚刚完成之后就开始偏离轨道，在下一次 1/4 进程检查开始之前，有些事项可能已经严重失控。项目里程碑事件不会精确地按照设定的时间间隔发生，因此，控制工作应该与实际的计划和真实事件的发生联系起来，而不仅仅与日历相联系。高层管理者应该以合理的频率定期评估所有的项目。我们将简要地讨论这种报告，但是只根据严格的定期报告系统，项目经理是无法适当地实施项目控制的。

项目经理必须直接或者通过代理人跟踪项目的所有方面。优秀的职能经理都理解后续工作的重要性，项目经理的工作也不例外。控制工作在还有时间采取纠正行动时实施效果最好。从这个意义上讲，项目经理应该建立一个早期预警系统，以便使潜在的问题在转化成为灾难前就暴露出来并得到解决。建立这种预警系统的方法之一是设立一张项目预测数据表，在这张表上，按照时间阶段来预测产出或进程，然后一期一期地将实际产出或进程与预测值进行核对。

正如前文所提到的，为了使预警系统能够正常工作，我们必须明确一点，即带来坏消息的人不应受到惩罚，而任何隐藏问题和错误的人都应该受到惩罚。我们曾经说过，对任何下属而言，项目中最重要的规则就是那条“人生基本法则”：永远别让老板感到意外！控制工作有恫吓那些无安全感的人员并引起所有人产生焦虑心情的倾向，其结果就是回避控制工作，而回避正是项目经理所无法容忍的事情。除非偏离计划的情况被发现，否则就不可能采取纠正措施。因此，在项目各个层次的上下级之间保持信任是控制工作得以有效进行的基本前提。

1. 阶段通关过程

有一种比较流行的行/不行控制方式就是库珀（Cooper，1994）的阶段通关过程（正如在第 6 章中所提到的，也被称为控制闸门、质量门、阶段门等）。与其等到项目结束时才发现组织的目标并没有实现，不如在项目生命周期的各个控制点上通过阶段通关对过程加以控制，从而实时保障项目对于组织目标的一致性和有效性。阶段通关过程最常见的应用通常是在新产品/新服务的开发项目中，用来评审项目与动态的市场变化和产品/服务自身的技术变更的相符程度。在新项目立项之初，就把一系列的阶段通关计划好，假如项目无法顺利通过阶段通关的控制，公司将不再为该项目继续注入资本。最初的阶段通关可能是围绕概念的，中间阶段的可能是围绕绩效的，而项目后期的阶段通关可能是市场导向的更多一些，例如是否将原型机投放商用市场等。图 11—3 展示了一页用 PowerPoint 制作的幻灯片，其内容是如何用“质量门”系统向高层管理者汇报项目的进展情况。

各阶段通关的标准是在项目计划阶段就预先制定好的。项目在进程当中被终止的原因多种多样，例如，项目的大部分预期收益已经实现，继续投资的意义不大，或者项目产品的潜在市场已经发生了重大的变化。其他可能的原因也有很多，如项目关键成员离开组织，项目成本失控，竞争对手抢先推出了质优价廉的同类产品，等等。

我们建议高层管理者应该定期听取所有项目的状态报告。实践证明，以阶段通关的形式汇报项目的进展情况似乎是引起高层管理者注意唯一有效的方式。

2. 发现—驱动式的计划

麦格拉等人（McGrath et al.，1995）提出了行/不行控制的另一种更新的形式，它与评估过程相反，它并不试图决定项目在某个阶段是否实现了数量的要求，而是考察有关项目最初的那些假设是否仍然有效，这些假设包括：市场、客户需求、项目的进度完成情况、项目未来的预期绩效、迄今为止的项目成本和完工时的预期成本、迄今为止的项目进度和完工时的预期进度等。为每一阶段都准备一个假设条件的检查清单，最关键的假设条件排在第一位，并且当项目通过那个阶段时，相关的假设就被认为是仍然有效的，如果一个关键的假设条件没有得到满足，那么就必须重新对项目进行计划或者对假设进行适当的修订。如果没有任何计划能够满足所有的已经修订过的假设条件，那么项目就会被终止。

Milestone Tracking
CRS-J3

Quality Gate Milestone Tracking		Q9	Q8	Q7	Q6	Q5	Q4	Q3	Q2	Q1
		Business Review	Req'ts	HLD	Release Commit	Iteration Planning	Handoff to Test	Test Complete	Perf Results	GA
Products/Programs										
CRS-J3	Std Interval		5/14/04	7/9/04	8/6/04		11/5/04	12/31/04	12/31/04	11/14/05
	Commit		5/14/04	6/4/04	7/9/04					
	Revised			6/8/04	7/22/04					
	Actual		**5/14/04**	**6/8/04**						
% Over (Under) Plan			0.0%	13.3%	0.0%		0.0%	0.0%	0.0%	0.0%
Developers:		3	Testers:	0	Architects:	2	July Dev, Test, Arch	3	8	2

- **Quality Gate 8 approved on 05/14**
- **Successfully completed the Design Documents and Annotated MRD**
- **Quality Gate 7 approved on 06/08**
- **Quality Gate 6 is targeted for 07/22 (original 07/09 – Delay is due to the COMMCO work planning)**
- **Revised Targets:**
  - Gate 4 – 08/25
  - Gate 1 – 10/13
  - Customer Commit – 10/14

Operations Update – Engineering
6/15/04
Page 16

图 11—3 用 PowerPoint 制作的“质量门”示例

3. 行/不行控制系统的信息要求

运转行/不行控制系统所需要的大多数投入信息已经在前面的讨论中直接涉及或者有过相关的提示。项目建议书、计划、规范要求、进度和预算（还包括已批准的变更申请）都属于在项目中应用行/不行控制系统所需要的信息。里程碑事件是控制活动持续关注的关键性事件。里程碑事件是以进程中的产出或者最终产出的形式出现的项目可交付成果。如果这些里程碑事件都按照计划预定的时间、预算和质量水平产生，那么项目经理就能够从“一帆风顺”这一事实中获得安慰。高层管理者也同样会因此对项目感到欣慰——同时对项目经理也会感到非常满意。

除了一些重要的项目之外，高层管理者通常不可能每天或者每周都跟进项目进程，他们也不应该这样做，然而，他们确实需要按月或者按季审查所有项目的状况。项目状况报告书中列示了每个项目的重要里程碑事件及其各自的状况。如果许多项目都是类似的——例如建筑项目或者营销项目——那么里程碑事件也都会属于相似的类型，从而用一张表就可以显示多个项目的状况，尽管每一个里程碑事件可能并不适用于所有项目。益农动物健康公司（Elanco Animal Health Company，以前是礼来公司的一个部门，现在是一个公司）就使用了这样的报告。图 11—4 显示了益农公司项目状况报告书的通用版本。甘特图（参见第 8 章）也是一种向高层管理者汇报项目进展状况的简便方式。

这些项目报告的每一种形式都可以加以改变，以便将那些可能需要的额外信息全部包括在内。例如，可以给甘特图加上脚注，标注出资源之类的注意事项，以使某一

任务	项目		
	#1	#2	#3
设定优先次序	C	C	C
选择项目经理	C	C	C
RFP上的主要成员	C	C	C
上交项目建议书	C	C	C
项目建议书经过谈判获得批准	C	C	C
开发早期设计	C	C	C
设计获得批准	C	W/10	C
开发软件	C	W/12	N/A
设计产品测试过程	C	NS/NR	W/15
制定生产进度	C	W/30	W/8
设计工具、装置和设备	W/1	NS/HR	W/2
交付工具、装置和设备	W/2	NS/HR	W/8
完成生产工作	NS/HR	NS/HR	NS/HR
完成产品测试工作	NS/HR	NS/HR	NS/HR
产品营销工作结束	NS/HR	NS/HR	NS/HR

图 11—4 项目进展状况报告书样本

说明：N/A——不适用；W——在制品（数字指需要几个月）；NS——尚未开始；C——已完成；NR——需要资源；HR——拥有资源。

延误的里程碑事件得以重新回到进度计划上来；或者可以加上一个说明，指出那些需要获得监管机构批准的活动所必须做出的改变。这类扩展形式的标准报告所要求提供的信息必须符合特定的基础条件。这类信息中的大部分都可以轻易地在项目范围之内获得，但是偶尔也需要使用外部资源。如果项目经理能够保证，那些提交给高层管理者的进展状况报告书包含有足够及时的信息，并且足够据以采取相应的行动（而且总是能够在精确度方面满足控制工作的要求），那么就不需要再做什么工作来为决策者实施控制工作提供正确的数据了。有些企业现在把控制信息放在了因特网上，这使得世界范围内的所有当事方在需要时都可以立即获得这些信息。有关这一方法的具体内容请参见塞斯的著作（Seesing，1996）。

项目经理必须要坚持在状况报告书中说清楚那些可能无法得到高层管理者重视或理解的具体情况所隐含的意思。如果项目经理需要利用高层管理者和项目经理之间的会议来报告项目状况和进程，他就必须记住一点，即在这种会议中所使用的程序不应该是惩罚性或者威胁性的。我们在第 10 章中已经指出，惩罚性会议的弊端远远大于其益处。

□ 事后控制

事后控制（也叫事后绩效控制或评估，或者项目后控制或评估）被运用于事件完成之后。有人也许会在事后控制和“亡羊补牢”之间画上等号，但是事后控制并不是徒劳地试图改变那些已经发生的事情，相反，它是对乔治·桑塔亚纳（George Santayana）所观察到的现象——“那些不能记住历史的人会重演历史的悲剧”——的十足认同。控制论中的机械式控制和行/不行控制的目的在于实现某一进行中的项目的目标，事后控制的目的则是提高未来项目实现其目标的机会。PMBOK 认识到了“组织过程资产"(organizational process assets，OPA)的重要性，并提倡在项目中引入正式的方针、程序和指南。在项目时间管理一章有例为证，利用OPA中所记载的以往类似项目活动的历史信息作为共享经验，可以辅助项目进度计划的制定工作(PMI，2004)。

事后控制是通过一份相对比较正规的文件加以实施的，这份文件通常分为四个独立的部分：

1. 项目目标

事后控制报告将会包含对项目目标的描述。一般而言，这一描述会节选自项目建议书，并且整个建议书也经常作为事后控制报告的附件出现。正如我们所讲到的那样，项目目标体现了项目运行期间所有已经发布和批准的变更申请的影响。

因为实际的项目绩效部分地依赖于一些无法控制的事件(罢工、天气、信任的供货商没有履约、关键雇员的突然离职以及其他一些不可抗力因素)，所以这一部分的内容应该指出，在项目预算和进度计划的准备期间所需要做出的关于风险的各种主要的初始假设。报告这些假设条件时必须采取谨慎的态度，其内容不应该听起来好像在为绩效欠佳寻找借口。同时，请记住当书写关于常规项目的事后控制报告时要养成简明扼要的良好习惯，除非那些无法控制的事件容易频繁出现。尽管每个项目经理显然都有一定的特权(如果不是责任的话)，可以利用它保护自己，但是对特权的使用也要有所节制。

2. 里程碑事件、检查点和预算

事后控制文件的这一部分将项目的实际绩效与计划的进度和预算水平进行了全面的比较分析。在准备这部分内容时，可以将项目生命周期内的各种项目进展状况报告加以组合和编辑。实际的进度和预算偏离计划的进度和预算的重大情况应该得到着重强调。事后控制报告的下一个部分将会解释这些偏差发生的原因。

3. 项目结果的最终报告

在对实际的项目绩效同计划的项目绩效之间的重大偏差进行描述时，这种偏差情况究竟是有利的还是不利的实际上并没有什么区别。就像舌头总是舔向疼痛的牙齿一样，项目经理会把他们的注意力放在麻烦上面。尽管这很自然，但是也会导致对发生偏差的事件做出完整的记录，而对那些进行得特别顺利的事件则不做记录或者只做很少的记录。事情的两面，不管是好还是坏，都应该记载在报告里。

大多数项目不仅会产生在某种程度上可以接受的成果，而且会以某种程度上可以接受的程序运转。在这里人们关心的不是项目做了什么，而是有关如何做的问题。这一部分的最终报告基本上都是属于描述性的，其中应该对项目组织进行阐述，对项目的计划和管理方法进行解释，对沟通网络、监控系统和控制方法进行评估，此外还要对项目内不同工作小组之间的互动行为进行讨论。

4. 改善绩效和程序的建议

事后控制报告的高潮部分是一整套涉及改善未来项目工作方法的建议。前一部分出现的许多解释都与那些一次性的事件相关——例如疾病、天气、罢工或者新技术的出现，这些事件本身不太可能影响到未来的项目，尽管其他一些不同的一次性事件可能会影响到它们。有些项目偏差情况是由非常有可能再次发生的事件引起的。一再发生问题的例子可能是一位长期延迟交货的供应商、一个一贯配合不畅的职能部门、一位习惯性乐观的成本估算人员，或者一名非常消极的项目团队成员，有关这些事件的准备工作可以被分解进未来的项目计划中去，进而增加项目的可预测性和控制能力，这就是现实中的风险识别和管理。我们无论怎样强调本章节的重要性都不为过，它是OPA的关键因素。

同样重要的是，我们建议继续使用那些看上去非常有效的管理方法和组织系统，同时修改那些无效的惯例和步骤，这可以大大改善项目的组织工作和实施过程。通过这种方式，项目的实施工作将会变得更加顺畅，在计划的时间和成本约束内达到良好结果的可能性也大大增加。在考虑应采用何种方式改进未来项目的管理时，请记住关键的一点，我们没有必要等到下一个项目再介绍那些更有效的项目管理方法。当发现好的方法时，先得到项目经理或者其他控制组织的项目管理方案人员的批准，然后就可以介绍和使用这些管理方法了。项目管理是一门逐渐演进的科学，善于思考的项目经理和项目工作人员能够帮助它不断进步。

事后控制对项目运转的方式具有重大影响。一家以市场为导向的大型公司（专门生产家用消费品）在开发新产品的工作中，将各个项目按照矩阵的形式组织起来，而每一个项目又都与营销部门保持着职能性的联系。项目经理几乎总是从营销部门挑选出来的。代表研发部门的项目团队成员争辩说，他们应该承担领导者的角色，在项目生命周期的早期阶段尤其应该如此。营销人员则基于以下理由反对这一建议，即研发人员并不是以市场为导向的，他们不知道应该销售什么，只追求自己的“学术”乐趣。在看完事后控制报告中研发部门经年不断的请求之后，一条生产线上的工作流程经理决定按照研发部门的请求重组一个项目，结果，不仅这个项目获得了成功，此后一系列基于这一理念的项目都获得了成功。在这次实验成功之后，项目的组织方式得到了修正，现在，研发部门在项目的早期阶段就可以更多地投入项目工作。

我们没有必要在这里重复事后控制工作的信息要求，应该指出的是，我们还没有讨论事后控制审计工作，这项工作需要对项目的所有方面进行全面的评估和审计，我们将在第 12 章中讲述这些内容。项目后控制报告是项目后审计的主要信息来源。

11.3　控制系统设计

无论实施何种类型的控制，在我们设计各种控制系统时，都需要回答一些重要的问题：由谁设定标准？标准的可实现程度如何？它们的明确程度如何？它们是否会实现项目目标？什么样的产出物、活动和行动应当被监控？我们应当对人员进行监控吗？应当采用什么样的传感器？它们应当被放在何处？监控的适时性如何？报告工作应该多么迅速？传感器必须有多精确？标准情况和实际情况的差距多大时就应该采取纠偏措施？哪些纠偏措施是可行的？这些措施是合乎道德的吗？最适用于每一种情况的措施是什么？可以采用什么样的奖励和惩罚措施？谁来实施这些措施？

为了让将会使用控制系统的控制者和将会受到控制系统控制的被控制者能够接受控制系统，控制系统的设计应该具有一定的合理性，各种标准必须可以通过使用机械系统得以实现。控制限度必须适合客户的需求——也就是说，不仅显示出“我们有多么出色”。就像惩罚一样，奖励和惩罚都应该做到有的放矢。

除了合理性之外，一个好的控制系统还应当具有其他一些特点：

（1）系统应该具有灵活性。在可能的情况下应该能够对系统绩效中那些不可预见的变更情况采取行动并上报。

（2）系统应当具有成本有效性。控制的成本不应该超过控制工作本身的价值。上文中我们已经指出，控制并不都是成本低廉的。一项研究发现，项目控制的成本占到小项目全部成本的 5%，占大型项目总成本的不到 1%（Heywood et al.，1996）。

（3）控制系统必须切实有效。它必须能够满足项目的真实需要，而并非为了满足项目经理的个人要求。

(4) 该系统必须以符合伦理道德的方式运转。

(5) 系统的运行应当具有及时性。问题必须在有时间对其采取行动时就得到报告，而不是等到它们大到足以毁掉整个项目时才报告。

(6) 传感器和监控器应该足够细致与精确。以便将项目控制在对客户和项目所属公司而言真正能够发挥作用的限度之内。

(7) 系统的操作应尽可能简单。

(8) 控制系统应当易于维护。进一步讲，一旦发生运转失调的情况，控制系统应当能够向所有控制人员发出信号。

(9) 系统应当能够被拓展或修改。

(10) 控制系统应当在安装时进行完整备案，并且备案中应当包括一套完整的系统运营培训计划。

不论如何设计，我们所描述的所有控制系统都使用反馈作为一种控制程序，现在让我们来考虑一下控制工作的某些更为具体的方面。在很大程度上，项目经理往往试图预测问题，或者在问题刚开始发生时就“抓住”它们。项目经理希望让项目远离麻烦，因为高层管理者通常会根据项目的评估结果来制定提供增量资金的决策。典型的评估工作会追踪某些特殊的里程碑事件，并且（如果可行的话）根据授权继续推进到下一个评估点上。如果并非所有事项都能够顺利进行，管理人员就可以使用其他一些技术方法，或者当事项进行得很糟糕时终止项目。因此，项目经理必须十分密切地监督和控制项目。

对绩效、成本和时间的控制通常要求输入不同的数据。为了控制项目绩效，项目经理可能需要诸如工程变更通知、测试结果、质量检查、返工传票、废品比率、维护活动等方面的具体文件。这里特别重要的是，需要仔细控制任何变更的情况。通常客户都会有一种倾向，他们会随着时间的推移而了解到有关自己需求的更多信息，并进而要求对最终可交付成果进行改变，从而造成项目范围蔓延。然而，项目范围蔓延并不总是客户的错，有时项目团队成员自己在尽最大努力做好本职工作的同时，也无意中扩大了项目的范围。项目经理必须持续不断地小心识别这类变更情况。稍后我们将在第11.5节中再对这个问题进行更多的讨论。

对于成本控制工作而言，项目经理将进行以下几方面的比较：预算与实际现金流、采购清单、劳动力工时费、超时工作量、缺席情况、会计变化报告、会计预测、收入报告、例外成本报告以及类似的项目等。为了更好地控制进度，项目经理需要检查标杆报告（benchmark report）、定期活动和进展状况报告、例外事件报告、AOA和AON网络图、甘特图、项目总进度、挣值分析图，他们可能还会评估工作分解结构和行动计划。

我们将会在第12章中讨论项目审计工作，此处需要先进行一下简单的介绍。审计基本上是一项调查和计量的工作，其目的是对所有项目要素进行识别和确认。项目经理可能会发现某种项目活动特别令人费解，或者不明白为什么这种活动正在花费比预期计划多出很多的时间和成本，审计工作便可以提供各种数据来解释这些不寻常偏差的本质。项目经理可以选择亲自实施审计工作，或者让组织的会计人员实施这项工作。

最近出现了很多用于项目控制工作的新工具，例如标杆管理（本章稍后将会进行更详细的讨论）、质量职能部署、阶段通关处理、自我管理团队、设计—建造方法等。塞姆海恩（Thamhain，1996）对这些方法进行了描述，并且给出了根据项目具体情况选择并实施这些方法的一些建议。

项目经理可以获得的用于项目控制的重要分析工具如偏差分析和趋势预测，这两种工具在前文中都已经讨论过了。图 11—5 对这些工具的本质进行了说明。该图描绘了某项任务的预算、计划或者预期的时间或成本的增长曲线。接下来，当工作实际完成后，实际的数值被描画成虚线。在每一时间点上，源于实际数据的全新预测数据被用来预测在项目经理不加干预的情况下将会发生的后果。基于这种预测，项目经理可以决定，如果发生问题，存在哪些备选的行动方案，这些行动方案各自的成本和要求是什么，以及它们将会达到什么样的结果。趋势预测图甚至可以用来制作绩效、成本和时间的组合图，具体形式如图 11—6 所示。

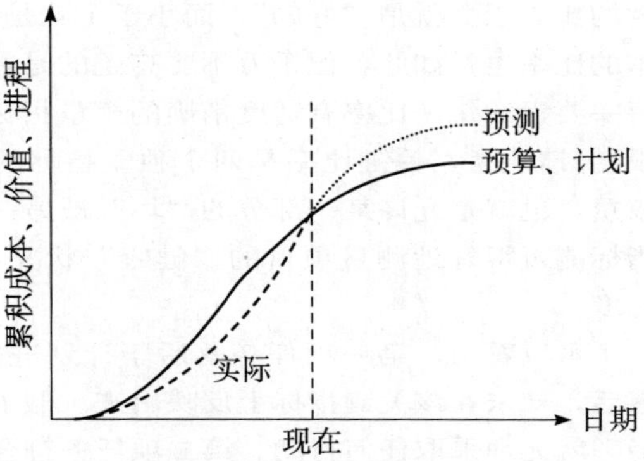

图 11—5　趋势预测

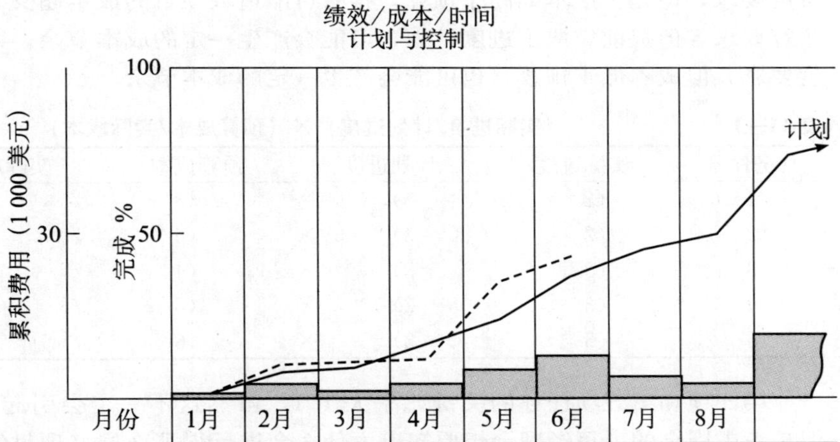

		初期调查		制定项目计划	可行性研究(概要设计)		详细设计		测试	实施
计划 实际	工作小时									
计划 实际	劳动力(美元)									
计划 实际	材料(美元)									
计划 实际	计算机费用(美元)									
计划 实际	总计									

图 11—6　绩效/成本/时间集成图

□ 关键比率控制图

在一些情况下，特别是对于大型项目而言，项目经理为全部项目活动计算出一套关键比率可能是很有价值的，这个关键比率就是：

（实际进度/计划进度）×（预算成本/实际成本）

关键比率由两部分组成：实际进度与计划进度之比以及预算成本与实际成本之比。在其他条件相同的情况下，引用有史以来任何一位经济学家的观点①，如果实际进度与计划进度的比大于1就是"好的"，而小于1就是"不好的"。同样，对于预算成本与实际成本的比率也是如此，但千万不要忘记的是在其他条件相同的情况下二者的不同。假设每一要素的每一比率有适度精确的衡量指标（即用最理想化的假设对比胆大妄为的假设）。请注意，关键比率是两个独立指标的乘积，这种组合方法赋予两项比率同样的权重，也就是允许某一部分的"坏"被另一部分同等程度的"好"所抵消。关于这种指标能否很好地测量项目的"健康"状况，有的项目经理持肯定态度，有的则持否定态度。

通过表11—1可以看出，第一项任务落后于计划进度但也低于计划成本，因此，虽然项目进度落后，却未在该关键指标上反映出来。假如拖延此任务对项目没有太大的影响，项目经理就无须采取任何行动。第二项任务符合预算要求，但是进度却有些落后。即使该项任务有一定的松弛量，项目的预算也很有可能超支。第三项任务符合进度要求，但是其成本要高于预算，很有可能造成项目的成本超支。第四项任务符合预算要求，但提前完成了进度计划，可能会产生一定的成本节余。第五项任务符合进度要求，但成本低于预算，也可能会产生一定的成本节余。

表11—1　（实际进度/计划进度）×（预算成本/实际成本）

任务序号	实际进度		计划进度		预算成本		实际成本	关键比率
1	(2	/	3)	×	(3	/	2)	=1.0
2	(2	/	3)	×	(6	/	6)	=0.67
3	(3	/	3)	×	(4	/	6)	=0.67
4	(3	/	2)	×	(6	/	6)	=1.50
5	(3	/	3)	×	(6	/	4)	=1.50

第四项和第五项任务的关键比率大于1，虽然这不一定会引起项目经理的注意，但是考虑周全的项目经理会想要知道为什么会进行得那么好（项目经理或许还想对信息系统进行检查，以确认这种意料之外的良好绩效）。第二项和第三项任务需要加以关注，第一项任务也应当引起重视。项目经理可以凭直觉设定一些关键比率的控制限度，他们可能还希望对不同的任务设定不同的控制限度，以便更为密切地控制那些关键路径（而不是那些拥有很多松弛量的路径）上的进展情况。

关键比率也可以用于挣值分析，但是要记住在挣值分析中的进度是用货币单位来表示的，并且只有三项衡量指标而不是四项，即实现价值EV，计划价值PV和实际成本AC。那么预算成本又指什么呢？逻辑上来看，它应该是计划价值，但是如果我

① 对那些从未学过经济学课程的人来说，这一拉丁词组指的是"在其他条件相等的情况下"。这一词组等价于物理学中的无摩擦平面，在现实生活中是不可能存在的。

们用 PV 来代替预算成本，可能就会面对如表 11—1 中的第一项任务那样的困境：虽然项目已经大大滞后于进度计划，但是关键比率却显示一切正常。此时比较好的做法是先进行挣值分析，再看关键比率，这样就可以发现问题，其结果就是关键指标转化为 CSI（成本进度指标）。

运用挣值法辅助预算成本并不能完全解决关键比率中存在的误导性问题。有许多这样的例子，实现价值小于计划价值的情况也是有的（问题所在），但是实际成本却大大低于预算成本，从而导致关键比率大于 1。反之，实际成本超出了计划价值（问题所在），而实现价值也大大超出计划价值，关键比率同样大于 1。

我们可以通过运用这些比率来对项目进行监督和控制。图 11—7 就是一个例子。请注意，项目经理可能会在某种范围内忽视这些关键比率，并且这些范围也不一定必然围绕着 1.0 呈对称分布。不同类型的任务可以有不同的控制限度，控制图还可以被用来帮助控制成本（见图 11—8）、劳动力水平以及其他一些项目参数。

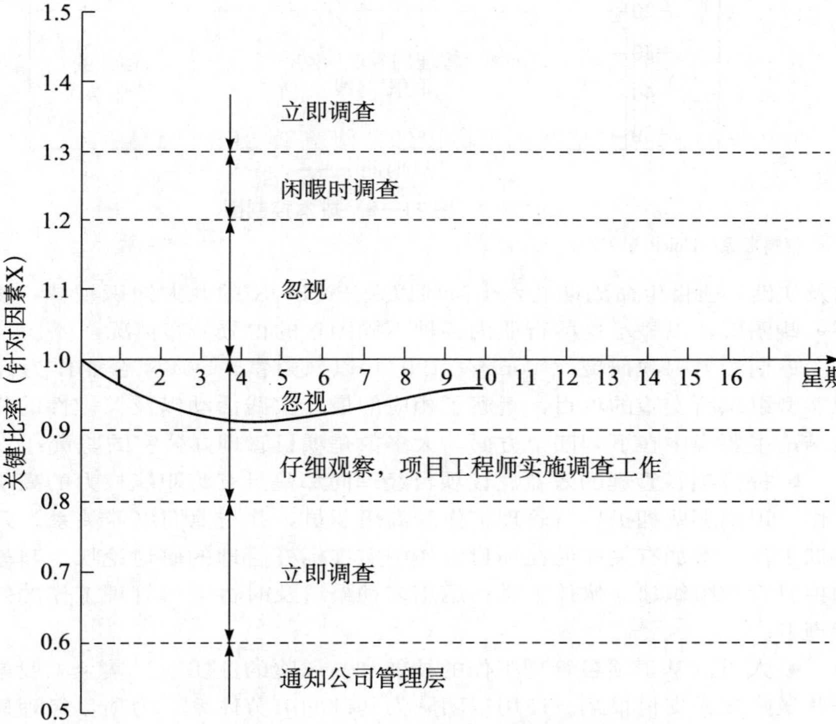

图 11—7　关键比率的控制限度

□ 标杆管理

最近，在项目控制工具库中添加了一种新的工具——标杆，即与其他组织中那些出类拔萃的管理实践进行比较。标杆管理更多的是管理项目的过程而不是项目本身。最近的很多出版物都对这一概念进行了阐释和说明（Byrne，1999；Thamhain，1996）。一项案例研究指出，需要将客户的意见包括在标杆管理研究之中，否则尽管数据可能很准确，但是不会帮助公司了解为什么客户没有认识到它们的卓越质量（Gupta et al.，1997）。一项有关标杆管理的研究（Ibbs et al.，1998）针对“项目管理成熟模型”收集了很多数据；该项研究考察了各行业项目的各种程序、工具、技术

成本预测报告	
系统—LMS雷达	日期
项目—阴影计算机	合同

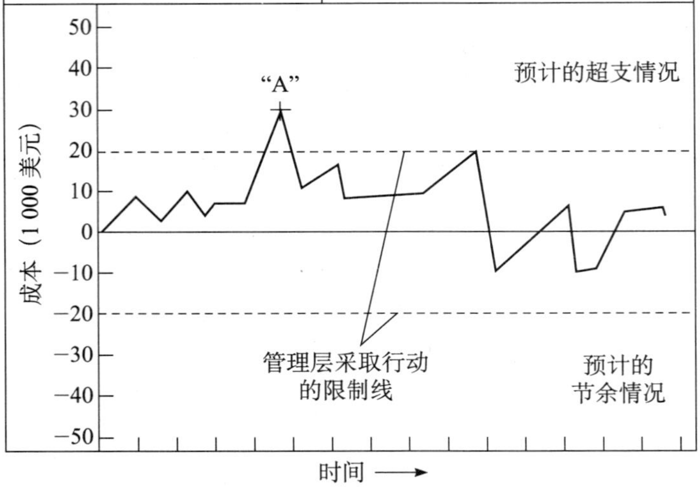

图 11—8　成本控制图

资料来源：Hajek (1977).

以及实践，项目生命周期的六个阶段以及 PMBOK 的九大知识领域，该项研究还绘制了一些图形，以显示这些行业内各种不同因素的得分分布情况。

近期的另一项研究（Toney，1997）以《财富》500 强企业作为标杆，针对那些职能型组织所实施的项目，考察了相应的最佳实践活动以及关键性的成功因素。研究的结论主要集中在下列四个方面，大多数是项目管理办公室的职责：

- 提升项目管理的效益。让项目经理向那些具有跨职能权力的高层管理人员汇报工作。识别那些拥护项目管理工作的高级职员，并与他们培养关系。开展项目管理的培训工作。参加有关如何在项目工作中实施标杆管理的研讨论坛。与教育性和专业性的项目管理组织建立伙伴关系。运用多种渠道及时将项目管理工作的效益通知给高层管理者。
- 人员。基于项目管理工作的技能和高风险的性质通过奖金、股票期权或者其他一些激励方式支付报酬。使用以团队为基础的酬劳体系。为项目经理建立工作说明书和职业生涯发展路径。开发一整套挑选和评估项目经理的标准。向项目经理提供个人发展计划、设计项目经理储备计划。为项目经理提供高级培训计划和后续教育计划。以项目工作技能、客户满意度、谈判技能等标准为基础，设计一个范围广泛的项目经理评估程序。
- 方法论。将组织的项目管理方法标准化。集成各种项目管理程序，将项目管理发展为组织的核心竞争力。建立变革管理的标准程序，建立冲突管理的标准程序。
- 项目管理的结果。衡量项目绩效以及项目对组织产生的影响。衡量那些源于项目的价值。衡量项目的风险程度。识别那些从项目中学到的经验和教训。

我们再添加另外一项由项目管理办公室实施的“最佳实践”：

- 项目管理实践的不断改善。当对现行的项目管理模式提出改进方案时，项目管理办公室应该立即对其进行评审，如果得到了批准，就应该尽快实行。

项目管理实践

澳大利亚新国会大厦的进度与成本控制

在超过 7 年的建设过程中，位于堪培拉的澳大利亚新国会大厦以及一系列的附属建筑共耗资 9.82 亿美元！这个建筑物旨在成为澳大利亚的价值观和未来期望的永久性象征。这一复杂的工程包括5 000个房间，40 000 件家具、50 000 平方米的石料、7 350 个大门和 170 000 平方米的预制墙。为了挖掘这座建筑的地基，总共移动了超过 100 万立方米的岩石，人们浇注了170 000立方米的混凝土才使地基浇注成型。在工程最繁忙时，这项工程平均每天花费成本达到 120 万美元。

由于这个项目十分庞大，用于控制其设计、建设和装修工程的信息系统同样也很复杂。人们设计了很多程序，以实施制定计划、成本控制、招标、合同生效签署、绘图和取样、采购、存货控制、合同管理、会计、一般管理和意外事故预防等一系列工作。单是独立的合同就有 540 份之多。人们准备了 20 000 份草图，并将其复印了 750 000 份。为此，人们开发了相关的计算机系统，以便处理那些与合同和招标、绘图、信息需求、现场指示、变更建议、办公室草图、资产注册、时间报告、成本报告、预算控制、合同偿付、咨询费用和补偿事项等相关的数据。

时间控制工作建立在四种不同详细水平的监督基础上，从而使项目各个方面的程序细节得到了逐步的深入。此外还专门为那些具体问题或要求设计了特殊目的的程序。除了例外报告之外，工作进程评估和协调会议也有助于管理层将注意力集中于他们所关心的领域。下图说明了整体的控制系统。

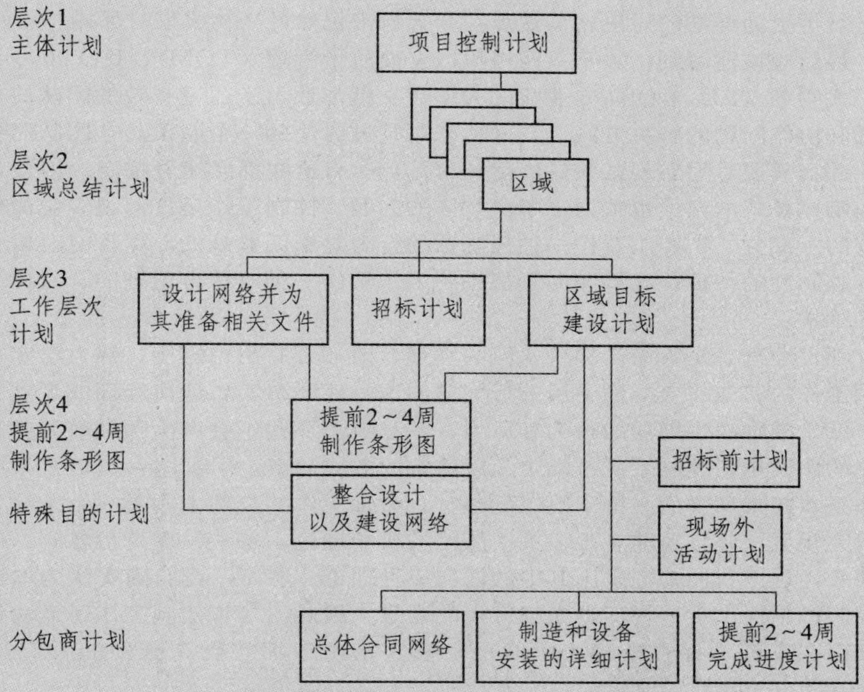

项目控制程序图

成本控制工作建立在以下理念之上，即80%的成本是计划中的成本，只留下20%的成本用于应对项目建设过程中发生的偏差。在设计过程中集中关注三个时点：项目早期，需要确定资金配置和偏差情况；项目中期，再次检查成本用度情况；最后一个时点则是项目完工的时刻。另外，对成本进行持续的控制也是十分必要的，每个月需要根据预算计划对绩效进行衡量。此外，还需要每六个月对预测数据进行一次修正，以便提前探查存在的问题。

工作人员对控制工作给予了如此之大的关注，澳大利亚人民完全可以相信，他们的新大厦可以顺利完工！

资料来源：T. R. Nixon, "Project Management at the New Parliament House, Canberra," *Project Management Journal*, September 1987.

11.4 控制——管理的一项主要职能

除了一些罕见的例外情况之外，项目控制都是通过人来实施的。组织中的高层管理者由首席执行官来管理，而首席执行官则由高层管理委员会和（或）董事会、理事会等团体进行管理。相应地，高层管理者又努力实施对项目经理的管理，而项目经理则努力对项目团队和项目中涉及的那些代表其他职能的人员实施管理。目的都是相同的——确保项目的实际进度、预算和项目可交付成果尽可能接近计划的进度、预算和可交付成果。在本节和下一节中，我们将讨论如何设计和运用控制系统，并且把一部分重点放在人们对各种不同的控制类型的反应上面。我们在这些部分内容里的许多观点都在威廉·纽曼1975年出版的《建设性的控制工作》（Constructive Control）一书中进行了更为详细的讨论，其观点在今天看来仍然像当初成书时那样"新鲜"。

最后应该注意到，关于六西格玛、全面质量管理（TQM）、ISO 9000标准、员工参与式管理（EI）和团队专业化的大多数文献都致力于通过有效的团队协作来开发创造性和协作问题的解决方案。几乎从未进行过讨论的一个假设是，团队需要具备方向感，并且需要尽力实现某些具体化的目标，所有这些都意味着控制。即使最毫无头绪的头脑风暴式的讨论也致力于解决具体的问题。控制工作是任何组织生命中所必需且固有的一部分。把控制看作一种强制性的行为是毫无益处的，尽管有时候它可能真的具有强制性的特征。我们倾向于将控制工作看作一种对符合伦理的、目标导向型的行为的维护。

项目经理总是听命于那些永恒的真理，诸如万有引力定律、热力学定律以及管理控制工作的实施将会导致下属的行为扭曲这一残酷事实。项目经理或者项目控制者的工作就是鼓励产生期望的行为和后果，并且阻止那些不会产生预期效果的行为。这里隐含的假设是，控制系统推动个人以特定的方式行事。尽管这一点似乎很明显，但它并非是看起来那样的一种干巴巴的断言。激励工作的全部主题是一个十分复杂和丰富的研究领域，并且目前有很多关于激励本质的理论，每一种理论都各有一些支持者和批评者，这里我们并不采用其中的任何一种理论。然而，我们确实认为本章中所描述的控制机制提供了一种促进激励产生的背景。因此，尽管控制工作还无法很好地解释激励存在或者不存在的理由，但是它确实指出了那些受到激励的人们行动的方向（Livingston et al.，1975）。

虽然控制工作不能保证被激励行为的发生，但是个人对于不同类型控制系统的反应确实会影响激励的水平。大致说来，人们总是按照下面三种一般方式之一来对控制系统所指引的目标做出反应：(1) 通过积极主动地参与和目标寻找；(2) 旨在避免损失的消极参与；(3) 积极地负面参与和抗拒——通常不是对目标的积极抗拒，而是拒绝实施那些有助于项目目标实现的活动。这三种方式中的哪一种类似于某一给定个人对控制工作的反应依赖于以下变量：所采用的具体控制机制、正在追寻的目标的本质、个人的自我形象、目标价值的评估、能够实现目标的预期以及承受控制压力的基本容忍度。

虽然人们对具体控制类型的反应不尽相同，但是我们还是有可能总结出一些共同点。

1. 控制论中的机械式控制

人们对于控制压力的反应一般都是正面的。如果被控制人感觉自己能够在规定的范围内完成工作，那么控制工作通常被看成是有益的，而不是一个不受欢迎的压力来源。与流行歌曲相反，它不是激励追寻“不切实际的梦想”，而是一个很好的成功的机会。

当然，对于控制压力的反应取决于个人对目标适度性的接受程度。实际上，如果控制的目标是无法接受的，那么控制系统也就是无法接受的。进一步来说，控制工作的缘由必须被人们认为具有合法性，这样的控制机制才能够被接受。

尽管看起来人们对控制压力的反应是正面的，但是人们对推动控制机制的监督系统所作出的反应就不一定是正面的了。格兰特等人 (Grant et al.，1988) 已经证明，计算机化的绩效监督和控制系统是一把双刃剑，它可能有助于发挥职能效用，也可能会造成功能紊乱的后果。这些监控系统虽然没有被应用于真实的控制论中的机械式控制工作中，但它们在软件项目中仍然相当常见。

2. 行/不行控制

人们对行/不行控制倾向于做出中性和负面的反应，其原因一般与各种控制系统的内在本质有关。在行/不行控制系统中，“勉强足够好”的结果就像“完美”的结果一样可以被接受。控制系统很难让员工从中得到成就感，因为系统并不识别质量的等级。除此以外，行/不行控制极为常见。我们不能轻率地设定控制限度，这种限制应当非常谨慎地进行设定。这类控制工作强调“足够好”的绩效，然而这不能成为漫不经心地使用随意性标准的借口。

行/不行控制是项目工作中使用最为频繁的控制类型，这类控制对项目团队的负面影响在我们看来似乎比纽曼 (Newman，1975，pp. 41-42) 所说的要少一点，也许这是因为项目团队绩效是控制的主要焦点，而并非个人所从事的具体工作。整体的项目质量（而不是某些细枝末节的质量）才是团队满意度的源泉。另外一点也很清楚，那就是项目的质量是流程满意度的一个验证。人们在项目环境中对控制工作的反应仍然有待更深入的研究。

3. 事后控制

事后控制通常被看作是和“报告卡”相同的事情，它们可能作为奖励和惩罚的基础，但是当项目人员收到它们时却太晚了，已经不能改变目前的绩效状况。至于事后控制的反应是正面的、中性的还是负面的，似乎取决于获得的这种信息的“等级”。在必须开展一系列的类似项目的情况下，事后控制被视为有助于对未来工作进行计划，但是应当非常谨慎地确保控制工作能够适应环境的不断变化。为了保证控制工作的效果，管理层必须激励项目经理去研究那些事后控制报告，以确定报告所披露的问题的纠偏程序，以及其他一些重复性的技术程序和非常有效的系统，因为同样的过程可能再次出现。由项目管理办公室所建议和测试过的、由于项目中途发生变更而导致的项目管理方法的变更被看成是非常有效的，特别是如果项目中途的变更涉及项目工作人员时。

因为事后控制都是着眼于项目的实施过程以及通常的时间、成本和绩效标准，所以它们可以被应用于很多领域，比如项目间的沟通、从事相关任务的小组之间的合作、项目管理工作的质量以及与客户之间互动，但是控制在这些方面的应用将会给测量工作带来严重的问题。例如，人们往往很难发现小组间沟通质量的整体差距，即便发现了，也很难将这些差距与那些能够得到控制的项目因素联系起来。我们说这些方面难以测量和控制，当然并不意味着它们不需要控制，项目绩效的那些软的方面在长期看来比那些“比较容易衡量”的硬的方面更为重要。

□ 控制系统中的平衡

在开发一套控制系统时，一个十分重要的内容就是使该系统保持良好的平衡。遗憾的是，平衡的概念很模糊——很难解释，很难实现，也很难确认。虽然不可能给出精确的定义，但我们可以描述出一个平衡的控制系统所具备的一些一般性特征，也可以指出一些控制者可以做的、有利于项目系统实现良好平衡的工作。

(1) 建立一个平衡的控制系统必须考虑如下事项：投资于控制工作的资金服从急剧下降的回报率曲线。成本以指数级增加，而控制程度则呈线性上升。最优的控制水平随项目规模的不同而不同（Heywood et al.，1996）。

(2) 一个平衡的控制系统应该具备如下特点：当控制程度的上升幅度越过某个点时，创新活动就会受到抑制，并且最终消失。

(3) 一个平衡的控制系统在于纠正错误而不是惩罚。这就要求我们明白，不论管理者如何呼吁，过去的事情已经无法改变。

(4) 一个平衡的系统只把工作实施到足以实现其目标的程度。很少出现丢了西瓜捡芝麻的情况，也不会客户只要求 1/10 的精密度，而把零件按万分之一的精密度加工。

(5) 一个平衡的系统会为了实现其目标尽量减少麻烦和冲突。控制者应当避免烦扰那些为了实现系统目标而需要共同合作的人们。

> 我的姐姐去世了，她的葬礼定于下周一举行。当我告知老板这件事情时，他说由于葬礼我会错过今年最繁忙的一天。接着他便问我能否把葬礼改到下周五，并且说：“那样对我会更好些。”

总之，一个平衡的控制系统应当是具有成本有效性的，它能够适合于最终目标的实现，并且不会过犹不及。引起不平衡的原因是人数众多，例如，所有团队成员都参与到控制工作中去通常就不是一个好主意。对待每个人都一样的做法只是在天真地追求平等的感觉。一般来讲，根据个人特点对待每个人才会取得更好的效果。

全面冻结支出或雇佣工作，往往会对那些已经花费过度或者超编的人员形成一种奖励，而对那些节俭和高效的人员则会形成一种惩罚。这种现象的副作用通常是非常古怪的。几年前，宝洁公司对一个工程开发实验室实施了一项雇佣冻结计划，缺兵少将的项目经理雇用了很多的临时劳动力，其中包括来自 Manpower 公司和其他类似企业的一些技术过硬的技术人员，宝洁公司的会计系统将那些临时员工的工资从材料账户中支出，而不是从工资账户中支出。这个例子告诉我们，那些富有创造性又具有结果导向的项目经理往往会将全面控制工作看作需要避免的挑战和障碍。

其他一些导致不平衡的常见原因还有：

(1) 对易于测量的因素赋予了过高的权重，对于难以测量的（软性）因素（即无形因素）则赋予了过少的权重。

(2) 以牺牲长期目标为代价强调短期效果，这也许是今天的企业普遍存在的严重问题。

(3) 忽视随时间流逝或企业环境的变化而发生的组织目标的结构性变化。例如，对于一家新企业而言，高质量和严格遵守交付进度的规定也许是极为重要的事情，但在以后，也许成本控制会变得更重要。

(4) 由一个激进的高层管理人员实施过度的控制工作经常会引起麻烦。为了赢得一个准时交付的良好声誉，一位过度热衷于此的项目经理将会对项目团队施加过大的压力，以至于按时装运的要求会优先于适当的测试程序。这样做的后果就是产品功能的严重紊乱以及随后而来的产品召回。

(5) 对各种问题进行监控和控制可能会导致很多人忽视那些没有得到测量的事情。“如果它没有被计算在内，那么它就不重要”就表明了这样一种态度。许多目标管理工作的失败都源于这一点。

实现控制系统的平衡，要求必须同时遵守很多原则，也许其中最重要的就是需要将控制直接和项目目标联系起来。有时候，企业也会在控制和目标之间建立曲折而间接的联系，这显然是基于如下理论：人们不应该明白或理解他们必须在其影响下工作的控制系统。似乎企业正在试图不道德地将员工拖入陷阱之中。这样的控制系统很少能够起作用，因为它们建立在两个谬误的假设之上：(1) 人们通常都是消极的，他们会避免付出努力去实现一个已知的目标；(2) 人们太愚蠢以至于无法看透错误的方向。

管理人员首先应该尽量精确地定义期望的结果，接着检查那些能够导致偏差的系统活动，并且为这些活动设计一些相应的控制措施。这种控制工作应该从那些可能会造成严重偏差的源头开始，特别是那些频繁导致错误出现或者事先没有征兆就引起麻烦的活动，比如项目范围的蔓延。

项目经理应当根据员工对将要实施的控制工作所作出的可能反应来检查所有的控制工作。他们应当问自己：“不同的项目团队成员对于这项控制工作将做出怎样的反应？”如果很有可能出现负面反应，就应当重新设计控制工作。

在长期和短期控制目标之间建立起一种良好的平衡是一个十分微妙的问题，不仅因为这种调和工作固有的困难，而且因为纠缠住项目经理的经常都是些紧急的短期问题，而非长期问题，长期问题总是可以被暂时地搁置在一边，而不管以后将会导致什么样的严重后果，甚至监控和控制工作的时间和顺序安排也可能影响时间和成本超出预算的可能性（Partovi et al., 1993）。

控制人员需要遵守的一条良好的规则就是：将控制工作尽可能紧密地与被控制工作放在一起，并且应当设计尽可能简单的控制机制。给予工作人员直接质量控制权力的做法在日本制造企业中和美国林肯电气公司的生产流程中都获得了极佳的效果。类似的方法还出现在一家大型家用产品生产商身上，在具体的生产方式上，木工、石匠、电工和其他工人都得到了大量的选择权。与那些使用标准方式的项目相比，使用这种方法的项目在质量方面获得了重大的改善。

在通常的控制系统设计工作开始之前，必须提前建立一个平衡的控制系统。制定项目计划的工作在每一个步骤上都必须围绕着对“凡是被纳入计划的工作也会被纳入控制”这一事实的理解展开。我们已经强调过，计划制定工作和控制工作就像硬币的两面，没有任何计划制定工作可以解决当前的危机，但是与恰当的控制机制的设计和实施工作组合在一起，计划制定工作就可以在相当程度上实现对危机的防范。

将计划制定和控制的功能集成在一起的一个绝好范例就是米德数据中心公司(Mead Data Central)，它是米德公司的一家分公司，专门进行大规模数据库系统的开发。米德公司在它的《项目管理开发指南》（Project Management Development Guide）一书中从自身的观点出发描述了项目生命周期的六个阶段，对于每一个阶段都详细列出并解释了其目标和可交付成果。例如，在可行性研究阶段的可交付成果就包括以下内容：项目说明、项目编号、初步业务计划、项目需求档案等，并且对于每一项可交付成果也都注明了负责的个人或小组，这也就是阶段通关系统的前身。

在项目每一个文件中都包括一套综合的关键术语，以使那些没有经验的项目工作人员能够理解一些专业术语的含义，比如“升级文件”、“职能型审计”、“里程碑”、“禁令目录”、“项目成本追踪”等。另外，该指南还总结了项目生命周期的每一阶段中每一个职能领域或者个人必须实施的任务，其中明确定义了创意总监、市场部经理、业务管理流程主任、项目评估委员会等的工作内容和职责。这样做的结果就是，每一个在项目组织中工作的人员都可以分享到计划制定和控制工作的有效集成。

一位在大型企业工作，每年都要开展许多项目的高层管理人员看待控制工作的视角稍有不同，他注意到计划和现实的差距通常都是项目经理所面临的问题，并且指出：“如果你正以比问题出现更快的速度来解决这些问题，那么项目就在你的控制之中，否则就不是。”

□ 对创造性活动实施的控制

我们应该简略地关注一下控制工作在诸如研发项目、设计项目以及类似的一些需要紧密依赖于项目成员和团队的创造性的项目的特殊实施情况。第一，涉及的创造性活动越多，项目产出的不确定性就越大；第二，过多的控制会对创造性活动产生抑制。这两个原则的适用条件并不是毫无保留的。控制并不一定就是创造性的敌人，同样，与流行的观点相反，创造性活动并不意味着完全的不确定性。尽管创造性活动的实际结果也许或多或少存在不确定性，但是获得结果的过程却通常并不是不确定的。潜在回报非常高的创造性活动，对细致的风险管理的需求水平也高。

为了控制创造性的项目，项目经理在解决问题时，必须采用下列三种综合方法中的一种或者它们的某种组合，这三种方法是：（1）过程评估；（2）人员的再分配；（3）投入资源的控制。

1. 过程评估

过程评估关注于实现产出的过程而不是产出本身。因为产出部分地取决于用来实现它们的程序，所以尽管它们可能带有一定的不确定性，但其程序还是可控的。例如，在研究性的项目中，研究者不可能对研究产出物负完全的责任，但是可以非常肯定的是，他们应该对于服从研究方案、项目预算和项目进度负有责任。即使精确的产出是无法控制的，整个过程还是可控的。

在项目的每一个里程碑都应该实施控制，这也是阶段通关控制的一个绝佳时机。如果研究的结果不尽如人意或者与期望不符，那么里程碑事件就提供了一个方便的机会去评价工作进程的状态、项目已实现的价值、在未来成功的可能性以及对研究设计所做的改变是否需要，等等。同时，控制工作的目标是确保研究设计的正确性，还要保证按照计划或修订的计划实施各项工作。评估过程应当是参与式的，来自高层的单方面判断往往不易被接受，或者毫无效果。我们还需要注意不要过于强调方法而忽视结果。方法是可控的，并且应该得到控制，但是结果仍然起着决定性的作用。

2. 人员的再分配

这一类型的控制工作是很直接的——保留高效率的员工，而对于低效率的员工则应该调离到其他工作或者组织中去，但是这样做也会带来相应的问题，因为它很容易导致产生精英团队。尽管少数几个得到赏识的人员获得了高度的激励，并会去努力工作以赢得更多的成绩，但是其他人的主动性很容易遭到压制。我们必须注意不要太过精细地实施控制工作，尽管识别哪些人的效率非常高和哪些人的效率非常低并不困难，但是对于那些效率处于正常范围内的员工进行明确的划分则是非常困难的。

3. 投入资源的控制

在这一部分中，我们关注的焦点是效率问题。管理投入资源的能力与对产出实施紧密的控制是联系在一起的。显然，效率不等于创造性，创造性也不等于效率，但创造性也同样不等于浪费性地使用资源。

由创造性活动带来的产出有批量出现的趋势。大量的资源投入可能并不能得到可见的结果，但是随后，似乎突然之间就可能交付很多产出物，因此我们必须十分谨慎地挑选那些需要实施资源控制的里程碑事件。那些在研究性项目实现前决定扣留资源的控制者往往很容易成为一位外部控制者。

有人明智地建议，在对创造性项目实施控制时，最好综合使用这三种方法。第一种和第三种方法关注过程，因为过程具有可观测性并且能够施加影响，但过程不是问题的关键，结果才是。第二种方法要求我们在产出发生时能够测量它（或者至少识别它），这往往是十分困难的。那么明智的项目经理就应当同时采用这三种方法：检查过程和方法、控制资源并且剔除那些不能或者没有创造绩效的人员。

11.5　对变更和范围蔓延的控制

在前面的章节中，我们讨论过这样一个事实，即项目的原始计划在项目结束时几乎肯定都会发生变化。我们已经注意到，项目变更通常是由三种基本原因引起的：（1）项目工作和项目成果所采用技术的不确定性；（2）知识基础或客户/用户提高项目的复杂程度所引起的项目范围蔓延；（3）应用于项目实施程序或项目产出物的规则被修改。这三方面的原因在软件项目中都十分常见，其范围蔓延很具传奇性。当项目过程和项目产出物都发生变化时，几乎总会引起预算和进度的变化。

最近几年来与 500 多名项目经理的谈话使我们确信，项目经理将应对变化和改变优先权视为所面临的最重要的单一问题——或者即使不是最重要的，也肯定是最让人感到头痛的。如果一家玩具制造企业的高级财务人员对玩具的颜色草率地做出负面评价，并且引发了对玩具的整体重新设计，进而使一个已经批准的设计、进度计划和预算作废，那么项目经理和设计师此时就有可能要考虑杀人了（很有可能一个知识渊博的陪审团将会证明他们的行动是无可厚非的）。

胡赛因和维恩（Hussain and Wearne，2005）对 1 000 多名项目经理进行了一个设计严密的问卷调查，调查内容就是“项目管理中最重要的问题是什么？”他们的发现不同于我们在项目管理研讨会上对与会者进行的调查，他们发现“组织”、“资源”和“时间”这三大要素是项目管理中最重要的问题，而“变更”排在 11 个问题的第7位，但在我们随机开展的开放式的调查中，对于“在你所在的项目中什么问题给你带来最大的困扰”这个问题，最多的回答是“变更”（设计、进度计划、人员、资源、范围等）。尽管如此，我们还是建议读者对胡赛因等人的研究给予足够的关注。

最常见的变更往往是项目的客户或者项目团队成员试图进一步改进和提升项目的产品和服务所引起的。项目初期尚未被客户意识到的新需求和绩效要求会在项目过程中逐渐显现出来。对项目团队来说，新技术随着工作的深入逐渐变得可行或者逐渐出现了一些更好的主意。就像前面提到的那样，项目中的这些变化发生得越晚，完成的难度就越大，成本也越高。如果不加以控制，一些小规模变化的持续累积就会对项目的成本和进度造成严重的不良影响。

莱芬威尔（Leffingwell，1997）建议，项目团队和客户间的互动行为应当通过建立伙伴关系而得到改善，这样，客户就可能在管理项目范围的工作中承担一些正式的责任。当客户成为项目组织的一部分时，问题通常就会变得更加困难。部门间的妒忌、不信任和冲突（例如市场营销部门和工程部门之间的传统争斗）会导致不可控的范围蔓延，并不可避免地造成延期和预算超支（Gibson，1998）。

然而，没有任何人可以为项目变更进行风险投保。如果项目可交付成果和用于其生产的程序是深思熟虑的团队仔细研究的成果，并且项目团队成员代表项目中各利益相关者的利益，如客户、高层管理者、项目团队和所在社区的利益，那么全面质量管理和员工参与式的管理方法就是非常有助益的。同样，对于生产过程的全面透彻了解将有助于避免一些与生产制造相关的工程变更（Saeed et al.，1993)。既然阻止变化的产生是不可能的，那么项目经理的最大希望似乎就在于控制这些变化赖以发生和实现的程序，由此，变更控制就成为项目风险管理的首要任务之一。

这是通过正式的变更控制系统来实现的，在有些行业中，它是负责在整个系统开发周期中集成和协调变化的配置管理系统的一部分，这种正式变更控制系统的目标是：

（1）评估项目所需要实施的变更（包括内容和步骤）；

（2）识别对所有任务的影响；

（3）将这些影响转化为项目绩效、成本和进度；

（4）评价所要求的这些变更的收益和成本；

（5）识别能够实现相同结果的可替代的变更措施；

（6）接受或者拒绝需要实施的变更；

（7）与所有的当事方就变更进行沟通；

（8）保证变更能够得到正确的实施；

（9）准备月度报告，总结到目前为止所有的变更以及它们对项目的影响。

下面这些指导性建议如果在保证合理的严格性的前提下加以应用，就能够被用来建立一个有效的变更控制过程。这些指导性建议如果能够被纳入项目风险管理体系，可以作为管理因项目范围蔓延所带来的风险的有效手段。

（1）所有的项目合同或者协议必须包括一个关于如何在项目计划、预算、进度计划和可交付成果中引进和处理需要实施的变更的描述。

（2）一旦项目被批准，项目中的任何变更都将以变更令（change order）的形式存在，变更令将包括对达成一致的变更，以及由于项目变更所引起的在计划、预算、进度和可交付成果方面的变化的描述。对于任何一项细微的变更，都应当进行风险识别和分析研究。为了更好地研究变更的潜在影响，通常还可以进行模拟性的研究。

（3）在准备和批准变更之前，项目经理必须接受对所有预期变化的咨询。然而，项目经理的批准并不是必需的。

（4）各类变更都必须获得书面的批准，这种批准是由客户的代理人或者负责实施项目的企业高层管理者的适当代表来完成的。

（5）一旦变更令准备完毕，并且获得了批准，那么项目的主体计划就应该根据变化的内容进行修改，同时变更令也成为项目主体计划的一部分。

项目管理实践

波士顿“Big Dig”隧道项目的范围蔓延

波士顿“Big Dig”高速公路/隧道项目被认为是美国公路建设史上规模最大、最为复杂、技术难度最大的高速公路项目之一。2003 年初，波士顿“Big Dig”项目的最初预计成本不到 30 亿美元，但是当项目在 20 年后完成时，计划和建设的耗资却超过 140 亿美元。如果没有完工，这个项目显然不能为这座城市带来任何价值，因此这个项目继续进行，最终远远超过了计划者最初认为的值得投资的标准，这主要是由于该项目 85%的成本由联邦政府承担。虽然项目预计每年将由于减少交通拥堵、污染、交通事故、燃料成本和迟到而带来 5 亿美元利润，但是项目的总投资却高达 146 亿美元（超支 470%），这样，需要花费 78 年才能收回项目成本。超支的原因主要可以归结为两个主要方面：(1) 初始项目范围的低估，这是政府项目的通病；(2) 缺乏控制，特别是对成本的控制，以及对公共领域和私人领域的冲突的控制。这个项目给我们的一个明显的教训就是：除非国家和地方政府至少为这样的大型项目承担一半的成本，否则政府的支持方和反对方会产生激烈的争议。

资料来源：S. Abrams，“The Big Dig,” Kennedy School Bulletin，Spring 2003，pp. 30 - 35；Project Management Institute，“Digging Deep,” *PM Network*，August 2004，p. 1.

控制变更的过程其实并不复杂。如果是大型项目，罗曼建议成立一个变更控制委员会（Roman，1986，p. 274），这个委员会代表所有利益相关者，并处理所有的项目变更要求。然而，对于典型的中小项目，处理变更的问题并不需要太复杂。麻烦的主要来源是很多项目经理试图避免项目中的官僚作风，他们采用一种非正式的过程来处理项目变更的要求。误解通常来源于这种非正式的工作，项目经理会发现：项目正在承诺交付一种变化了的产出，其范围被延伸，但他必须自行消化这部分额外的成本，同时还要去迎合原来的、未经改变的进度表。

在软件和信息系统项目中，非正式地处理变更令会导致很严重的问题。我们不认为计算机导向型的项目在这方面与其他类型的项目完全不同。管理项目的精确技术并不能独立于那些应用于项目的各种技术之外。与建设项目和研发项目相比，服务行业的项目通常要求不同的计划和控制方法。

在软件项目中处理变更通常是十分严重的问题，在我们看来，这主要来自两个互相联系的因素：首先，软件和信息系统专家经常没有向客户全面解释他们所开发的系统的实质；其次，客户通常不能尽最大努力去认识那些已经变成他们组织命脉的系统。所有这些问题不断发生，使得系统开发者只关注系统的技术需求，而忽视了客户的需求。同样经常存在的问题是，使用者将系统开发者视作从事神秘艺术工作者，不能按常规思维去理解。如果“我们之间是沟通的失败”，那么客户就没有真正了解软件项目中的变更所涉及的事项，尽管这种变更将提供并没有包含在项目初始要求中确定的功能。软件专家为了取悦客户而答应提供某种用途，但没有向客户解释清楚这项工作所需要花费的努力和时间。如果项目滞后或超支，客户就会生气。这些情况反复出现，双方都不会从中受益，而我们前面所建议的那种应对变化的正式程序有可能会减少误解和不协调的程度。

尽管可能很困难，控制工作仍然是每一个项目经理工作中一个重要的组成部分。也许我们能给项目经理最有帮助的建议就是20世纪70年代常说的“松散控制”。我们所熟悉的一位卓有成效的项目经理告诉他的项目团队：“我不会接受下午4：30以后出现的危机，并且你们每天的危机最多只能有一次。危机不是累积性的，如果今天你一个也没遇到，那么明天你也无权提出两个。”当然，这么说非常幽默，项目成员知道项目经理并不严厉，但是他的项目却格外顺利。危机确实是在不断发生的，但是项目团队中的每个成员通过采取有效及时的控制工作完全可以预防它们的发生。

项目管理实践

强生公司对研发项目实施的优化控制

强生公司的自动化系统小组在对他们的产品开发实施控制的过程中遇到了很多麻烦，具体表现是：每个项目的管理方式都不尽相同，由谁对哪些问题承担责任也无法形成统一的看法，公司的快速发展导致了一些项目的失败，以及新员工在融入公司文化的过程中遇到了麻烦等。为了寻找解决办法，他们找来公司中最有经验也最为成功的项目经理，并且将他们的知识压缩成四个详细的步骤以实施项目管理工作。因为这些步骤现在成为了所有项目的共同知识，所以能够用来进行新员工的培训、使各种操作标准化、创造共同语言、将公司的各个职能部门联系起来、建立共同的经验、按照隐含的工作说明行事以及创造一种积极的总体项目管理文化。

第一个步骤是要对资金支出和资源使用的授权建立项目批准制度。销售部门必须在管理层批准项目之前，首先提供一系列的产品或者市场信息，其中包括财务数据、项目范围、关键日期以及工程的资源需求等。这样，在项目启动和花费成本之前，项目得到了更仔细的检查——当更多的问题被提出并且涉及更多的人时，就更容易做出更好的决策。

第二个步骤是工作说明书，用以确定项目的各种协议和假设条件。在项目产品设计工作开展以前，项目的客户和高层管理者都必须签字，这样将减少对于产品细节、价格、里程碑事件以及无形的产品要求、明确的例外事件和共有的绩效目标的误解。在项目整个生命周期中保存这种记录文件有助于避免那些由于客户的原因而造成延迟的项目变化所引发的问题，在那些历时3～5年、人员经常轮换的项目中更是如此。然而，客户也许对这种文件并不十分赞同，因为在项目后期，当他们更多地了解到自己的需求时，这样的记录却限制了他们变更时间、价格和规范要求等方面的能力。

第三个步骤是工作分解结构，其中包括从定义到生产制造的九个关键项目生命周期阶段。这九个阶段的每一阶段都包括4项关键要素，即任务、每项任务的时间、负责人和并行工程的会晤日期（强生公司的一个正式步骤）。

第四个步骤是一系列的管理评估，这对于项目的成功完成是十分重要的。这些评估的内容和时间提前就被规定好了，并且在高层管理者批准这一阶段规定的要求、目标和质量标准之前，项目下一个阶段的工作是不可能开始的。在这一步骤中也规定了必须加以解答的问题和必须由高层管理者评估的工作。

通过采取这些步骤（这些步骤不断根据每一个新项目的经验进行更新和改进），组织不断学习，并且将各种经验应用到未来的项目中。

资料来源：W. D. Reith and D. B. Kandt，“Project Management at a Major Automotive Seating Supplier，” *Project Management Journal*，September 1991.

小结

作为本书项目实施部分的最后一个主题，这一章描述了在计划—监督—控制循环中的项目控制程序，并且探讨了控制的必要性和三种可行的控制类型。接下来我们论述了控制系统的设计，其中包括管理层的作用、实现适当的平衡以及获得对创造性活动和变更管理工作的控制。

1. 控制工作是以绩效、成本和时间为导向的。

2. 控制工作的两个基本目标是通过改变活动来规范结果以及保护组织的有形资产、人力资源和财务资源。

3. 三种主要的控制程序类型是控制论中的机械式控制、行/不行控制和事后控制。

4. 事后控制报告包括四个部分：

—项目目标；

—里程碑和预算；

—项目结果的最终报告；

—改进建议。

5. 预算曲线、关键比率和控制图都是非常有用的控制工具。

6. 控制系统与激励有极为密切的关系，并且两者应当实现良好的平衡，也就是说，要具备成本有效性，与期望的最终结果相契合，并且不应采取过分措施。

7. 控制创造性活动的三种方法分别是：过程评估、人员的再分配和投入资源的控制。

8. 项目经理最头疼的问题就是变更控制。

在下一章中，我们将开始讨论本书有关项目终止的部分，我们将首先从评估和审计工作开始，这一主题与本章中所讨论的事后控制工作有着密切的联系。

关键术语

冠军（champion） 一个拥有组织赋予的权力并且对项目的成功完成承担个人责任（虽然不一定是日常管理）的人。

控制（control） 是现实与期望或者计划相一致的保证。通常包括在限制条件下维持行动的过程，以此来确保既定结果的实际产生。

控制图（control chart） 一张用来测量绩效的图，它通常是基于时间的和定性的，并且通过与期望均值、上限与下限的比较来说明绩效的变化。

关键比率（critical ratio） 一项基于进度比率（实际/计划）和乘以成本比率（计划/实际）的指标。

控制论（cybernetic） 一个包括不良反馈循环的自动控制系统。

早期预警系统（early warning system） 一个能够在问题出现时向项目经理发出预警的监控系统。

行/不行控制（Go/No－Go） 起初，这是一种能够迅速检测物体的各维度是否在所给定的限制内的测量工具。在项目管理中，这种控制能够帮助项目经理判断是继续、变更还是终止一个活动或项目。

问题

内容复习问题

1. 控制的目的是什么？它控制什么？

2. 控制系统的三种主要形式是什么？控制系统的功能是什么？

3. 项目经理能用什么工具来进行项目控制？请列举出一个良好控制系统的特征。

4. 关键比率的数学表达是什么？它能告诉项目经理什么？

5. 请描述激励与控制的关系。

6. 如何实现对创造性活动的控制？

7. 什么是行/不行控制？

8. 什么是冠军？

9. 请描述一个控制论的控制系统。

10. 事后控制报告应当包含什么？

11. 应当怎样进行变更控制？

12. 请描述质量门过程。

课堂讨论问题

1. 项目经理如何在一个项目控制系统中集成各种控制工具？

2. 如何在项目管理中实施关于客户问题的不良绩效反馈系统？

3. 如何应用挣值方法实现图11—5趋势预测曲线中的目标？

4. 控制图应当应用哪些其他项目的测量指标，并且如何设定限制？

5. 控制系统通常分为预防性和反馈性两类。这一章是如何将三种控制系统与这两类相联系的？

6. 如何区分内部和外部控制？

7. 实施项目控制的难点有哪些？

8. 应当如何收集控制系统所需的信息？

9. 如何通过控制系统进行项目成果信息收集？

10. 如何区别创造型项目和普通项目的控制？

11. 对于项目经理管理公司资源的方法，什么地方可能引发道德问题？

12. 为什么对项目经理来说变更控制是个难题？变更控制系统能如何帮助他们？

13. 请举一个例子来说明采用CSI作为关键比率会导致错误。

有关"项目管理实战"的问题

德里地铁项目

1. 什么是基础设施项目成功实施的关键因素？

2. 如何从已有项目中获得对基础设施项目有益的经验？

3. 当实施项目时，什么是采用创新技术的障碍？

澳大利亚新国会大厦的进度与成本控制

1. 如何在项目中实施成本控制？

2. 项目合同应该如何实现对项目范围蔓延的控制？

波士顿"Big Dig"隧道项目的范围蔓延

1. 你认为项目中的什么要素导致项目超支470%？

2. 如果该城市被迫支付另一半的成本，你希望有什么结果？

强生公司对研发项目实施的优化控制

1. 总结强生公司在项目中实现控制的特殊方法。

2. 过去项目的范围蔓延是如何造成的？现在哪一个步骤可以对此实施控制？

3. 这四个步骤中，哪一个对成功的项目管理是最为关键的？

4. 在四个步骤中的高层管理者评估与本章的哪一部分相关？

习题

1. 根据以下信息，计算关键比率并且指出哪些活动达到了目标，哪些需要进行调查，并逐一进行分析。

活动	实际进度（天）	计划进度（天）	预算成本（美元）	实际成本（美元）
A	2	2	40	35
B	4	6	30	40
C	1	3	50	70
D	3	2	25	25

2. 根据以下信息，计算关键比率并且指出哪些活动达到了目标，哪些需要进行调查，并逐一进行分析。

活动	实际进度（天）	计划进度（天）	预算成本（美元）	实际成本（美元）
A	4	4	60	40
B	3	2	50	50
C	2	3	30	20
D	1	1	20	30
E	2	4	25	25

3. 根据以下关于陈列室翻修项目的信息，判断哪些活动未按时完成，哪些活动已提前完成以及哪些活动落后于进度。

活动	预算成本（美元）	实际成本（美元）	关键比率
A：计划变更	60	40	1.0
B：招标	25	50	0.5
C：选择承包商	45	30	1.5
D：排程	20	20	1.5
E：开始翻修	50	50	0.67

4. 现有一个计算机安装项目，它的关键比率设计和计划设置为一线性过程，0～200 的挣值在 100 天的计划工期内平均分配，但实际上，前 20 天的进度分别为：2，3，4，6，7，9，12，14，15，17，20，21，21，22，24，26，27，29，31，33。你认为该项目的绩效如何？

5. 现有一个网站建设项目，它的关键比率设计和计划设置为一线性过程，0～1 000 的挣值在 100 天的计划工期内平均分配，但实际上，前 15 天的日花费分别为：11，10，9，10，11，12，11，9，8，9，10，12，14，11，7。你认为该项目的绩效如何？

6. 工业建筑有限公司有两个基本相同的项目团队，并且同时在两个城市为客户建设 4 层的商业建筑。两个项目的计划日成本为 100，而挣值也为 100 ，前六天每个项目团队的进度如下：

天数	项目 A：挣值	项目 B：挣值	项目 A：成本	项目 B：成本
1	90	90	95	95
2	92	88	98	94
3	94	95	101	102
4	98	101	106	109
5	104	89	116	99
6	112	105	126	118

请通过关键比率来比较两个项目的总体进度情况。

7. 三星建筑有限公司为问题 6 中的项目客户建设同样的商业建筑，项目前 6 天的挣值和成本为：挣值：90，88，95，101，89，105；成本：92，88，93，98，85，100。请将此项目与问题 6 中的两项目进行比较。

8. 以下信息是一个因特网营销项目第 40 天的进度情况。请判断项目是不是按照日期进行的时间和成本控制。如果不是请说明项目超支或者节约的情况。

活动	工期	预算	实际成本	完成百分比
1—2：合同起草	10	300	250	100
2—3：招标	8	400	450	100
2—4：设计广告	12	350	380	100
4—3：评估成本	0	0	0	
3—5：传单广告	18	405	400	70
5—6：户外广告	16	450	—	0

9. 判断以下的营销测试项目在第 6 周时是否处于控制之中。如果不是，什么造成了失控？如果是，预算和进度是否都在控制中？

活动	紧前活动	工期（周）	预算（美元）	实际成本（美元）	完成百分比
A：建立指标	——	2	300	400	100
B：选择商场	——	3	200	180	100
C：启动计划	A	2	250	300	100
D：设计广告进度	A	5	600	400	20
E：检查销售成果	B，C	4	400	200	20

10. 在一个投放电视购物的项目的第24周，项目经理担心项目预算会上升到7 500美元。从目前的情况来看，成本超支了吗？如果是，超支了多少？项目进度是落后了还是提前了？项目是否在控制中？

活动	紧前活动	工期（周）	预算（美元）	完成百分比
A：起草项目计划	——	6	900	100
B：媒体选择	——	6	1 200	100
C：主持人选择	A	6	1 200	100
D：签订合同	A	12	1 800	100
E：获取赞助	B，C	14	1 400	100
F：进度计划	B，C，D	10	1 500	40
G：投放商品	D，E	16	800	0

案例讨论

特色服务有限公司

特色服务有限公司是一家致力于提供电脑维修服务的小型商业企业，它在7个州设有分公司，员工人数在50～240人不等。在过去的两年里却出现了几乎让该公司管理停滞的不良影响，那就是公司的事故率和缺勤率都直线上升，这已经严重影响了公司对客户的服务。特色服务公司的7个分公司都没有加入工会组织，公司的管理层想要维持这一现状，并且希望能够谨慎和低成本地解决这一问题。杰森·霍恩作为人力资源部助理经理，被任命为项目经理来解决这个棘手的问题。7个分公司的经理都将与他合作来开展这项工作。

杰森与这些分公司的经理沟通很顺利，并且很快就解决问题的三个步骤达成了一致：

1. 建立一套统一的日出勤报告体系，并且每周向上级通报出勤情况（虽然在实际工作中每个分公司的操作情况有所不同，但是至少都包括了出勤情况的月报制度）。

2. 制定一套正式的纪律性管理政策，对员工行为加以约束。

3. 启动一项员工教育计划以此来强调保证出勤的重要性。

该项目团队还决定在最终提交这项建议以前进行测试，他们决定在其中一个分公司测试该计划两个月。杰森希望控制并评估这项测试，并且直接向上级部门报告测试结果，以此来决定是否按照现行计划来试试计划。

问题：

监控和控制方法是否准备充分？潜在的问题是什么？

夜间照明建设公司

夜间照明建设公司是一家从事小型发电站建设和管理的专业公司。公司两年前获得了一个建设电站的合同，合同中规定项目总工期为3年，每延期1个月就支付1%的罚款。项目报告显示目前项目只完成了50%的工程量，并且持续不断地遇到问题。公司领导十分关注潜在的损失，进而对项目进行了调查并且得出以下结论：项目实施过程中出现了过多的设计变更、较高的返工率和人员不足。于是，她任命项目经理开发一套更好的项目控制系统，并且将在董事会会议上进行展示。

问题：

如果你是项目经理，你认为新的项目控制系统应该具备什么样的特性？一个新的控制系统是否足以解决所有问题？它将控制项目的范围蔓延吗？请给出解释。

课堂综合练习项目

决定并描述你准备使用何种项目控制系统，如果你有自己的团队，你可以在这个控制过程中使用分团队的领导者。然后给这个项目设计一个你在项目过程中准备使用的关键比率控制图。这个项目的成本主要是投入人员的成本，你将如何确定实际进度呢？

参考文献

ACKOFF, R. L. "Beyond Problem Solving." *Decision Sciences*, April 1974.

BLOCK, P. *Stewardship*. San Francisco: Berrett-Koehler, 1993.

BYRNE, J. "Project Management: How Much Is Enough?" *PM Network*, February 1999.

COOPER, R. G. "The New Product Process: A Decision Guide for Management." *Journal of Marketing Management*, Vol. 3, No. 3 (Winter), 1994.

GIBSON, L. "Project Scope Creep." *Today's Engineer*, Spring 1998.

GRANT, R. A., C. A. HIGGINS, and R. H. IRVING. "Computerized Performance Monitors: Are They Costing You Customers?" *Sloan Management Review*, Spring 1988.

GUPTA, V. K., and D. J. GRAHAM. "A Customer-Driven Quality Improvement and Management Project at Diamond Offshore Drilling." *Project Management Journal*, September 1997.

HAJEK, V. G. *Management of Engineering Projects*. New York: McGraw Hill, 1977.

HEYWOOD, G. E., and T. J. ALLEN. "Project Controls: How Much Is Enough?" *PM Network*, November, 1996.

HUSSAIN, R., and S. WEARNE. "Problems and Needs of Project Management in the Process and Other Industries." *Transactions of the Institution of Chemical Engineers*, Part A, April 2005.

IBBS, C. W., and Y.-H. KWAK. "Benchmarking Project Management Organizations." *PM Network*, February 1998.

LEE, H. L. "Aligning Supply Chain Strategies with Product Uncertainties." *IEEE Engineering Management Review*, 2nd Qtr. 2003.

LEFFINGWELL, D. "Engage! Involve the Customer to Manage Scope." *PM Network*, August 1997.

LIVINGSTON, J. L., and R. RONEN. "Motivation and Management Control Systems." *Decision Sciences*, April 1975.

MCGRATH, R. G., and I. MACMILLAN, "Discovery-Driven Planning." *Harvard Business Review*, July–August 1995.

MEREDITH, J. R., and S. M. SHAFER. *Operations Management for MBAs*, 3rd ed. New York: Wiley, 2007.

MURDICK, R. G. *Information Systems for Modern Management*, 3rd ed. Englewood Cliffs, NJ: Prentice Hall, 1984.

NEWMAN, W. H. *Constructive Control*. Englewood Cliffs, NJ: Prentice Hall, 1975.

PARTOVI, F. Y., and J. BURTON. "Timing of Monitoring and Control of CPM Projects." *IEEE Transactions on Engineering Management*, February 1993.

PROJECT MANAGEMENT INSTITUTE. *A Guide to the Project Management Body of Knowledge*, 3rd ed. Newtown Square, PA: Project Management Institute, 2004.

PROJECT MANAGEMENT INSTITUTE. "Q&A: On Track." *PM Network*, October 2002.

ROMAN, D. D. *Managing Projects: A Systems Approach*. New York: Elsevier, 1986.

SAEED, B. I., D. M. BOWEN, and V. S. SOHONI. "Avoiding Engineering Changes through Focused Manufacturing Knowledge." *IEEE Transactions on Engineering Management*, February 1993.

SCHODERBEK, C. G., P. P. SCHODERBEK, and A. G. KEFALAS. *Management Systems*, 4th ed. Homewood, IL: Irwin, 1989.

SEESING, P R. "Distributing Project Control Database Information on the World Wide Web." *PM Network*, October 1996.

THAMHAIN, H. J. "Best Practices for Controlling Technology-Based Projects." *Project Management Journal*, December 1996.

TONEY, F. "What the *Fortune* 500 Know about PM Best Practices." *PM Network*, February 1997.

VAN GIGCH, J. P. *Applied General Systems Theory, 2nd ed.* New York: Harper & Row, 1978.

WHITTEN, N. "Managing Priorities Effectively." *PM Network*, July 1995.

案例

下面的案例说明了一家小型企业的总经理是如何通过控制活动成功地实施了一个项目，他的努力不但保全了公司，而且开辟了新的事业。事实上，虽然项目的实施过程中涉及很多新技术，并且曾有很多危机，但由于要求对项目的控制进行跟踪，并且更重要的是对项目人员和行为进行控制，该项目取得了最终的成功。这个案例中包括了项目经济分析的一些重要数据，以下就让我们看看这是怎样的一个项目吧。

无敌的激光处理器公司

Jack R. Meredith, Marianne M. Hill, and James M. Comer

泰德·蒙泰格是无敌电锯公司的所有者兼总经理，这家公司和它的子公司——无敌激光处理器公司坐落于美国俄亥俄州。此时，他坐在位于公司二楼的办公桌前，翻阅着一份长约8页的关于购买三套激光系统的合同书，该激光系统是功率为1 200瓦的电脑控制二氧化碳激光切割器。他简直不敢回想三年前他是如何面对相同的情况的。现在环境完全变了，并且他惊喜地发现，电锯市场瞬息万变，特别是对于无敌电锯公司来说，它已经从一个无名小卒变成了业界的技术领头羊。表1和表2中的市场和财务数据就说明了企业和它所处环境的具体情况。

表1　无敌电锯公司财务数据（1983年）　单位：美元

销售额	5 028 067
成本：	
原材料	1 860 385
劳动力	905 052
可变成本	1 106 175
一般费用与行政费用（G&A）	553 087
利润	603 368

表2　销售和市场数据（1983年）

年份	销售额（百万美元）	市场占有率（%）
1983	5.028	29
1982	3.081	27
1981	2.545	25
1980	2.773	25

无敌电锯公司的历史

无敌电锯公司于1931年的经济大萧条时期成立于俄亥俄州的哥伦比亚，主要为福特汽车公司提供锯片。它在大萧条中幸免于难，并于1971年由于未加入工会组织以及高质量的带形锯和圆形切割锯而小有名气。

当时公司的内部状况并不乐观。很多机器和流水线都过于陈旧并且经常发生故障，因此导致积压了近20周的工作量。然而，公司的所有者即将退休并不愿意再为设备更新进行投资，长此以往，公司挤压了近一年的订单。

1974年，公司陷入了危机。OPEC的石油禁运成了最后一根救命稻草，和其他许多行业一样，电锯市场也陷入了混乱，企业纷纷囤积稀缺资源和主要原材料，人为地制造资源短缺的假象。此时，泰德·蒙泰格进行了外部融资并且从公司的原所有人手中收购了该企业。泰德拥有食品流水线的经营经验，并且十分关注与金属制造商的合作和交易。泰德发现，将他的40名员工中的13名作为管理人员，27名作为销售人员是比较合理的人员分配，特别是该企业希望再度崛起，员工们也很有干劲。

无敌电锯公司在贸易禁运中活了下来，挺过了1974年的经济萧条，在1976年初，泰德的业务已经干得得心应手了。此时，他发现了更加重要的问题，那就是聘请制造经理和制造工程师。此时康的出现帮他解决了燃眉之急。无敌电锯公司的设备大多是超过30年的打磨器和升降机等老旧设备。虽然没有将这些设备完全淘汰，但是决定安排资金进行设计并且制造新的设备来替换老设备。1977年，企业搬迁到离哥伦比亚不远的格罗夫波特的一个新区，并且比原先增加了7 000平方米的生产车间，同时从德国订购了 7 部新的打磨器和 5 部新的升降机。为了掌握生产车间的效率和不足，泰德还起用了成本跟踪系统。

激光切割技术

1978 年，市场竞争日益激烈，国内外的竞争者大幅增加，日益严重地威胁着普通的电锯生产商，使其不得不在同等质量下进行低价销售。另外，许多用户开始自己生产生产锯片，并且自己从事切割，这样造成了销售市场的萎缩。销售额减少但成本却在增加，并且现有设备也在不断老化。泰德和康期待着新的锯片切割技术的出现，他们觉得数控机床已经不能满足他们的需求，并且由于激光切割技术不够精良，现在已经不再具有很强的市场竞争力了。

1981 年年初，激光切割技术得到了广泛的推广和关注。泰德和康决定参加一个由 Coherent 组织的研讨会，其中一位参会者就是工业激光技术的领头羊，但遗憾的是，他们最终没能参加这次研讨会。

泰德此时已经对来自各方面的压力感到筋疲力尽。刻不容缓的形势使他签订了三份购买最尖端技术设备的合同。在办公桌前，他看着与明斯特公司签订的合同条款，就在此时，康拿着一小块钢片走了进来，钢片上有一个平整的切口。

事情大致是这样的：有一个销售人员从研讨会的注册名单上看到了泰德和康的名字，于是决定登门拜访。他带来了一片用激光切割过的钢片，并且展示给康，这就是康拿到泰德办公室来的钢片。泰德对钢片样本印象深刻。他将正在审阅的合同放到一边，与销售人员聊起来。谈话之后，泰德立刻启程赶往加州的帕洛阿尔托，那是 Coherent 公司的总部所在地，泰德要去看看现场演示。

1981 年 7 月，泰德和康来到帕洛阿尔托，被 1978 年以来激光切割技术的巨大进步深深地震撼了。这些技术和设备启动更快、效率更高，切割得也更加整齐。帕洛阿尔托之行后，他们又于同年 9 月赴德国参加在那里举办的汉诺威博览会，以便了解欧洲的最新技术。在那里，他们得知，更新并且功率更大的激光切割机甚至可以切割 1/4 英寸厚的钢片。

11 月，泰德和康回到帕洛阿尔托，亲自测试了一下那里的设备。泰德感到很满意，并签署了一项合同，以 400 000 美元的价格买下了一台 700 瓦的激光切割器，这是当时最大型的设备了，尽管该设备要到 1982 年 9 月才能提货。

除了来自激光技术方面的风险之外，泰德和康还面临一个严重的问题：获取那台激光切割机的相关软件。泰德和康需要一套能够离线操作的软件，而且机器应该是菜单操作式的，方便那些仅具高中文化程度的员工进行操作（而多数厂家雇用的是激光机工程师），此外，机器还必须有模式搜索功能。

Coherent 公司并不从事离线软件业务。由于泰德和康并不想由自己的公司编写切割机软件，Coherent 建议他们参加一个研讨班，在那里，他们或许能找到需要的合作伙伴。

康参加了那个研讨会，被其他与会者的故事深深地震撼了。会上，有人建议他与位于哥伦布的巴特勒实验室联系，寻求帮助。虽然对这家实验室的高价望而却步，但也别无他法，泰德和康便安排与巴特勒实验室的人进行洽谈。

1982 年 3 月的那次会晤给泰德和康带来了巨大的希望。泰德给出了对软件的详细要求，令人吃惊的是，他们现在竟然能够将其实现，然而，价格高昂，大概是100 000美元，需要 7 个月的时间完工。在时间上这是完全可行的，因为泰德要求 9 月底完工，这正好与激光切割机提货的时间相吻合。在接下来的 7 个月中，康与巴特勒实验室密切合作，反复设计和校验软件，以增强其功能，避免将来出现问题和麻烦。

最后，在 1982 年 9 月，一个两英寸高的 Fortran 语言程序被加载入 DEC PDP-Ⅱ计算机，通过 RS-232 界面与新进的激光切割机相匹配。遗憾的是，当打开系统开关时，系统没有任何反应。正如泰德所言，那真是“世界末日”！软件问题在一天之内得到解决，但是激光切割机却要在原地全部重组。在后来的100多天中，整个程序系统都处于完全混乱的状态。

经过数月的调试，工作系统终于在1982年底开始运行。与此同时，泰德和机器操作工史蒂夫每个星期五上午都要在巴特勒培训4个小时，学习如何使用系统。康和另一个操作工则在星期五下午接受同样的培训。康和泰德后来回忆道，培训中最困难的部分就是在键盘上搜索按键。

起初，泰德和康以为他们会有足够的业务订单，保持机器每天一班的运转，但事实是，对于计算机系统，程序的运作比他们想象的要独立得多。尽管工厂里的任何人都能学习系统操作，但操作人员要想完成工作，必要时，仍必须学习如何使用技巧来控制操作系统（比如，让机器跳过某些程序而直接进入另一些程序）。泰德称这是“一个痛苦的学习过程”。只有熟练的操作员才能通过系统完成理论上可实现的工作量。然而，一旦彻底熟悉了系统，一个操作员就能轻而易举地同时操作两台甚至三台切割机了。

在接下来的17个月中，无敌电锯公司将4 000种锯型的设置输入系统，并开始每日运行两班。为了应对不断增长的需求，他们又新增了一台激光切割机，用同一个电脑系统控制，到1983年11月，两台机器都实现了两班运转。

市场定位和竞争效益

到1984年，无敌电锯公司的运作有了长足的进步，市场方面也有了一些重大变化。1979年该公司的订单提货期是14周，部分原因是旧的工具无法完成某些工作，有25%的订单不得不和客户重新协商，这极大地影响了工作进程，而有了激光切割机之后，提货期已经缩短到3周，而加热处理则成为主要瓶颈。

尽管该公司生产的并不是1979年所不能生产的产品，但其产品的结构发生了重大变化。1979年主要生产8英寸、10英寸、12英寸和14英寸的锯片，而新的激光切割器具有新的功能，能够处理种类更多、更为复杂的锯片，事实上，现在能以更低的成本生产工艺更为复杂的锯片。比如说，有了新的激光切割机，现在切割锯片的时间是以前的1/7，所需机器操作员的人数是以前的1/8，由此带来平均每个锯片节省5%～10%的成本，个别种类的锯片最多可节约45%的成本。生产成本的降低允许无敌电锯公司对其产品进行降价，更为重要的是，该公司提高了产品质量，缩短了送货时间，并且具备了更大的生产能力。

生产能力尤为重要。无敌电锯公司发现，客户订货方式不断改变，此前也没有料到能够满足这些要求。由于生产能力的提高，现在很少有重复的订单（尽管每一批的尺寸是相同的），并且客户方提出了一些更具“创造性”的要求。现在的订单通常是规格相同，但一定会有改进的产品。客户在利用无敌电锯公司的新技术不断改进自己的锯片，在其体积、生产力或者质量上，哪怕只是在此前的基础上进行小小的改进。无敌电锯公司发现，虽然看似纯属偶然，但是这已经成为公司的一大竞争优势。

泰德对于激光切割机复兴无敌电锯公司兴奋不已。他说，只按照回收期或者投资回报率来预测对激光切割机的投资回报是不够的，重要的是，在激光切割机已经取得成功的今天，即便再去查数据，他仍然无法简单地用投资回报率去估算收益。关键在于，新技术改变了无敌电锯公司的销售市场，尽管客户还是原来的老客户。激光切割机实际上创造了自己的市场，这个市场在采用新技术之前根本不可能为它所占有，它满足了连客户都不知晓的需求。

尽管激光切割机的工作效率提高了，却没有任何必要裁员，但是每个雇员的工作都发生很大的变化。激光系统经过了特别处理，现有雇员都能操作它，甚至有些只有高中学历的雇员也不例外。

泰德在国外同行激烈竞争冲击美国本土各大公司的情况下，不断致力于推广其小巧、高端的技术领先型企业的理念。

他将新技术带来的好处归结为以下几点：

1. 有效降低生产成本；
2. 提高产品质量；

3. 使用成熟技术的能力；

4. 可以承接新的工作，对市场的回应更加灵活；

5. 激发客户对公司的兴趣；

6. 为公司赢得正面形象；

7. 为公司注入活力，带来成功秘诀；

8. 为进入新领域打开渠道。

1984年的无敌公司

1984年9月，泰德新组建了一个分公司，名叫无敌激光处理厂，用以处理锯片以外的其他激光切割业务。此时，激光切割机已经有了10 000小时的工作记录，系统已经可以生产6 000种型号的产品，并且以每月300种的速度增长。由于有客户提出了一些以前从未想到过，甚至做梦也没梦到过的要求，巴特勒实验室经常修改和改进软件。泰德注意到，尽管这样的修改会一直持续下去，但公司不可能出钱雇用专职的软件工程师，而且这项工作的单调乏味也不足以使人愿意以此为业。

泰德和康感到眼下普通的计算机设计/计算机辅助生产系统（CAD/CAM）对他们的情况无计可施。由于一些不需要的存储部分使系统速度下降，而在他们的新业务中，除了质量因素外，最大的竞争力就来自完成工作的速度。

无敌公司另外雇用了两名销售代表，一个负责市场联络，一个负责内部事务。他们还聘请了一位工程师，专职为无敌激光处理厂开发新的应用领域和产品。正如康所言："问题的关键就是必须在完成你的工作的同时，要认识到新的市场在哪里。"比如说，他们发现，可以为自己的双盘打磨机生产梭子，从此无须再购买了。

无敌公司目前在激光切割行业有五个国内竞争者，而德国和日本则是主要的国外竞争者来源地。泰德认为未来激光处理会有更好的发展前景，也会更好控制。他发现激光处理的应用呈几何级数增长，还可以应用于焊接和其他配件加工。他还发现其他技术也颇具竞争力，如喷水式推动器和放电加工机（EDM）。

对于无敌公司，泰德的短期目标是将锯片的提货期缩短到两周，提供更好的客户服务，甚至有可能为其客户提供一个产品目录。泰德的长期目标则是让公司成为一个管理运营方面的"典范"，提供全球范围的最佳技术和质量。正如泰德所言，一个公司就像一棵树，只有不断生长，它才能壮大，机会在哪里，你就应该在那里生长。全世界所需的锯片数量是有限的，但是技术却是无限的。我们的想象力、创造力和热情都被以技术导致生产的传统想法束缚了，这是我们的局限所在。最根本的问题归结为一点，就是铁路运输到底只是一条铁路还是一个运输系统？我们到底只是一个电锯公司，还是一个能够根据客户需求将生铁打造成一切有用东西的公司？

问题

1. 既然无法用回收期或者投资回报率来测算收益，那么为什么说激光切割机挽救了无敌公司？这是否意味着自动化系统的经济价值不重要，至少对无敌公司不重要？

2. 现在泰德要对是否购买1 200瓦激光机进行决策，请将此情况与1981年他打算购买三台冲压机的情形做比较。画出每种情形下投资决策结构图（假定一台电脑花费20 000美元，软件花费80 000美元，包括培训费）。考虑成本、收益和风险这几个因素。决策环境发生了哪些变化？泰德是否对此决策感到得心应手？这个决策是更难还是更容易？请说明原因。

3. 你认为购买1 200瓦激光机的潜在问题是什么？潜在的收益又是什么？这台激光机会给业务带来同样神奇的效果吗？这些决策中战略性的变量有哪些？

4. 为这个新系统做一个成本收益分析，估算一下成本和产出。应用图1的可变成本数据，假设激光机每分钟切割40英寸，而一个典型的14英寸锯片的售价为25美元（一次性订购100件的折扣为33%），同样的计算机和软件现在就可以投入使用。一条10英寸条形铁的上机时间是1分钟。假设轴孔直径为3英寸，而切割齿是该切割距离的两倍。你如何估算新系统可能带来的无形收益？这个新系统的收益是从经济角度来评估的吗？如何使这个系统在经济评估上比第一台激光机更具可预测性?

5. 在这项购买中有哪些组织和行为上的考虑?他们和第一次购买激光机的情形相同吗?如何使这个系统在非经济评估上比第一台激光机更具可预测性?

6. 三种控制系统——机械式控制、行/不行控制和事后控制——哪种对第一台激光机而言更为有用?为什么?对于新激光机情形又是怎样?为什么?

7. 泰德正在考虑为其最大的25家客户提供服务,使客户能实现直接从办公室和他们的系统链接。这项措施会给客户和无敌公司带来哪些收益?还可能引发哪些问题?

8. 请给泰德一些关于购买激光机的建议。

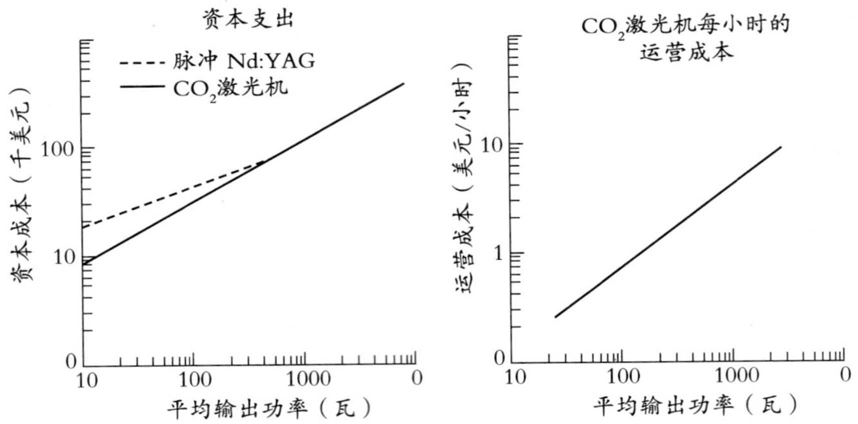

图1 激光机的规格参数

资料来源:S. S. Charschan and R. Webb "Considerations for Lasers in Manufacturing," in M. Bass, ed. *Laser Materials Processing*, North Holland, 1983.

指导阅读

下面这篇文章是一份关于数百名项目经理和他们在成功实施项目控制工作的过程中所面临的挑战和困难的报告。文中对那些会引起进度滞后和预算超支的潜在问题进行了确认,并将它们与那些可以直接观察到的原因进行了比较。同时,针对这些有关进度滞后和预算超支方面的问题,本文对项目经理关注的原因和总经理关注的原因进行了比较,并指出了两者之间的显著差异。最后,本文还列举并讨论了一些对项目的控制工作非常重要的准则。

这篇文章对于经理人员的价值在于:它向管理者提出了需要控制哪些方面的问题才能使项目获得成功。其中的主要因素是要制定一份详尽的项目计划,其内容要包括确定所有的关键性项目工作人员,在项目团队成员和客户之间对计划工作达成一致,获得管理层的承诺和认可,定义可以测量的里程碑事件以便尽早发现问题。

根据计划实施项目控制工作①

H. J. Thamhain and D. L. Wilemon

如果说项目管理工作需要根据已经制定的计划来实施项目控制工作,那么很少会有项目经理对这一说法表示质疑。问题的关键是要能够有效地应用那些可行的工具和技

① Criteria for Controlling Projects According to Plan. *Project Management Journal*, June 1986. ©1986 by the Project Management Institute. Reprinted by permission.

术，也就是说，要在给定的时间和限定的资源范围内，以目标为导向领导各种职能人员来实施管理工作。即使是那些最有经验的实践者也经常会发现对项目进行控制是十分困难的，即使在计划、人员参与和承诺等方面都很详细、明确的情况下也是如此。正如表 1 所归纳的那样，有效的项目管理是一种正确定义工作、预算和进度计划，并监测具体过程的职能。同样重要的是，它也与下列能力有关，即如何使人员参与到工作中去，并使他们对工作保持兴趣；如何从高层管理者或团队哪里获得或强化承诺；如何解决有关技术、人员和组织方面的某些十分复杂的问题。

表 1　基于计划实施项目管理工作的过程中面临的挑战

序号	挑战	频率（被项目经理提到的次数百分比）
1	遵从进度计划设定的最后时间	85
2	遵循资源的限制	83
3	在不同的任务组之间进行有效的沟通	80
4	从团队成员那里获得承诺	74
5	建立可测量的里程碑事件	70
6	应对各种变化	60
7	制定项目计划，取得团队的一致同意	57
8	从管理层获得承诺	45
9	处理冲突问题	42
10	管理供应商和分包商	38
11	其他挑战和障碍	35

基于这个出发点，我们实施了一项实地调查，专门调查项目经理在实践中的项目控制经验。具体而言，这一研究项目所需要调查的问题包括：

1. 项目经理所经历的项目控制问题的类型；

2. 项目管理的实践和绩效；

3. 有效实施项目控制工作的准则。

调查方法

数据采集工作历时三年，样本为 400 多名以技术性任务为主的项目领导，他们所管理的项目内容涉及诸如电子、石化、建筑、制药等领域。收集到的数据大部分来自对项目管理论坛和研讨会成员的问卷，也包括作者在工程咨询现场实施的调查。我们同时还有选择地在问卷调查之后进行了一些个人访谈。所有的数据都对相关的来源进行检查，以保证问卷的填写人都符合我们所设立的项目领导资格标准。这些标准包括：有两年的项目管理经验，领导了至少三位其他项目人员，并能够对项目的最终结果负责。

样本的特点

最终的合格样本包括了来自 183 个技术性项目中的 304 名领导者。这些领导者平均都有 5.2 年的项目管理经验。正如 σ/标准差①所示，该样本数据的分布非常广泛：

样本中项目领导者的数量	304
样本中项目的数量	183
每个项目中领导者的数量	1.66（σ=1）
项目的规模（平均）	850 000 美元（σ=310 000）
项目的工期（平均）	12 个月（σ=4）
跨学科性（平均）	8 个团队成员（σ=5）
项目经理的项目管理经验	5.2 年（σ=2.5）
项目经理曾经管理过的项目数量	6（σ=4.5）

① 样本数据的分布是倾斜的。括号中所列示的 σ/标准差只与正的一面相对应。

这些数据是按以下三种具体模式进行采集的：(1) 开放式的提问，这样收集到的数据具有广泛性和多元性，就像表2所提炼的那样，它们可以用来进行广泛的分类和深入而又具体的调查；(2) 对于那些具体的问题而言，则像图1所示的那样，需要按照五分制评级法进行回答，这些分数可以对随后的数据进行评级，并作出相关性分析；(3) 访谈工作可以引起人们对以前所发现的问题进行讨论，也能激发对项目经理及其上级对项目管理实践和经验进行深入而又卓有成效的讨论。

所有的相互关系都通过采用肯戴尔(Kendall)的τ评级排序相关性方法进行测量。项目经理及其上级对项目控制工作问题的产生原因所形成的一致性观点都是通过使用非参数的克罗斯卡尔-沃利斯(Kruskal-Wallis)的单向方差评级分析方法进行测试的，文中对那些在各种置信水平上达成的一致或不一致的观点采用的都是零假设的方法。

表2　导致进度滞后和预算超支的潜在问题①

1. 在更详细地定义工作方面存在困难
2. 在计划制定期间项目人员参与少
3. 组织和建立项目团队的问题
4. 项目计划没有取得职能管理层的正式同意
5. 对项目的关键人员没有指定明确的规章制度
6. 没有对项目团队组织进行充分的定义
7. 没有对项目人员进行明确的角色/职责界定
8. 项目启动工作草率匆忙
9. 项目遭到人们的忽视
10. 没有应急预案和措施
11. 无法测度项目的真实绩效
12. 与上级管理者无法进行有效的沟通
13. 与客户或监管人员无法实施有效的沟通
14. 对组织之间的衔接缺乏深刻的理解
15. 跨越不同职能界限的工作具有一定的困难
16. 项目绩效和奖励系统之间没有联系
17. 项目领导工作不尽如人意
18. 很少从上级管理层获得辅佐和帮助
19. 项目领导者没有与项目团队打成一片
20. 忽视预警信号和反馈情况
21. 管理冲突的能力较弱
22. 工作负责人的责任心和信用问题
23. 评估风险的工作存在一定的困难
24. 组织文化或价值计算系统不够灵活
25. 正式的项目程序指导原则不够完备
26. 项目团队或管理层的态度不积极
27. 团队成员之间互不信任
28. 未解决、职能失控的冲突
29. 权力争斗
30. 过分依赖已有的成本核算系统

① 表中所列的各项潜在问题都是根据对项目成员和管理层的访谈资料总结出来的。

对调查结果进行的讨论

这项研究的结果分为如下四个部分：第一，对项目控制工作绩效不佳的原因所进行的分析是通过将它们同那些预算超支和进度滞后联系起来而进行的。第二，对这些项目控制工作的部分无形标准进行讨论。这部分内容说明了许多导致项目绩效不佳的原因，例如项目前端计划制定工作不够完善，低估了项目的复杂程度和范围等，这些原因事实上都是源于某些不太明显的组织、管理和人际关系的问题。第三，对项目绩效和项目管理问题之间的关系进行了讨论。第四，总结了有效实施项目控制工作的准则。

项目控制工作绩效不佳的原因。图 1 通过调查将对不良绩效产生影响的因素概括为 15 个方面的问题。具体来说，项目经理和他们的上级（例如，职能部门经理和总经理）使用 5 分制评级法表明了他们对进度滞后和预算超支现象应该归咎于某些问题的频度的看法。数据表明，项目的领导对这些方面的问题有着某种不同于其上级排序情况的看法。

排列标准：总经理	排列标准：项目经理	原因或问题	总经理和项目经理的一致性
1	10	前端计划工作不充分	不一致
2	3	不现实的计划	非常一致
3	8	低估项目的范围	不一致
4	1	客户或管理层的改变	不一致
5	14	应急计划制定得不充分	不一致
6	13	无能力去追踪进度	不一致
7	5	不能及早察觉问题	一致
8	9	检查点的数目不充足	一致
9	4	员工问题	不一致
10	2	技术复杂性	不一致
11	6	优先权的转移	不一致
12	11	没有人员对计划进行承诺	一致
13	12	没有合作精神的支持小组	一致
14	7	日益低落的团队士气	不一致
15	15	不合格的项目人员	不一致

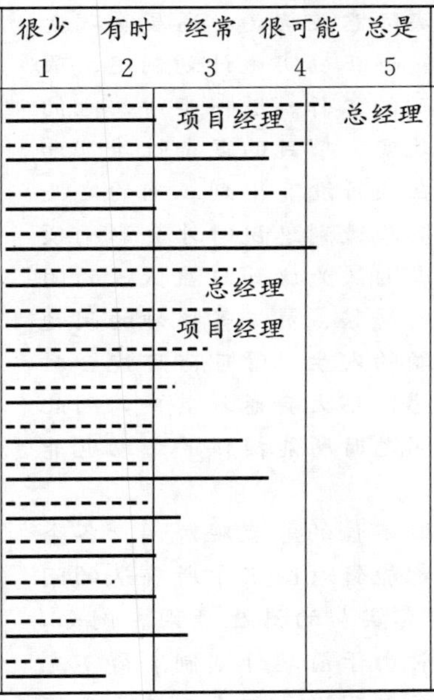

图 1　导致进度滞后和预算超支问题的直观原因

一方面，项目的领导者最经常将项目绩效不佳的原因归纳为以下几个方面：

1. 客户或管理层的变化；
2. 技术复杂性；
3. 不现实的计划；
4. 员工问题；
5. 不能及早察觉问题。

另一方面，高层管理者则将问题的原因按照一种略微不同的顺序进行了排列：

1. 前端计划工作不充分；
2. 不现实的计划；
3. 低估项目的范围；
4. 客户或管理层的变化；
5. 应急计划制定得不充分。

综合来看，这些数据支持那些在随后的访谈中得出的结果，即项目的领导者更关心外在的影响，如变化、复杂性、员工问题以及优先次序等，而高层管理者则更加关注应该采取哪些措施以及如何才能避免问题的发生。实际上，项目领导者和高层管理者之间在视角上的差别可以利用克罗斯科尔-沃利斯的方差评级分析方法进行统计测量，这一分析基于下面的测试统计数据：

非常同意：在>99%的置信水平上可以接受；

同意：在>90%的置信水平上可以接受；

勉强同意：在>80%的置信水平上可以接受；

不同意：在80%的置信水平上拒绝接受。

除了以上原因之外，项目领导者与其上级对其他原因的重要性评级也不相一致。这就是说，尽管两组管理人员对于造成进度滞后和预算超支问题的基本原因实际上达成了一致，但他们各自对这些原因赋了不同的权重。这一发现的实际意义就是，高层管理者希望项目领导者能够正确实施计划制定、项目组织和项目追踪的工作。进一步讲，他们相信诸如客户的改变、项目的复杂性等“外部的”标准只有在项目没有得到正确的定义以及合理的管理实践遭到忽视时才会影响项目的绩效。管理者则认为诸如日益低落的团队士气、优先权的转移、员工等微妙的问题不太可能导致问题的发生。管理者可能会对这些斗争不太敏感，不大会卷入其中，因此他们在解决这些问题时所能提供的帮助也非常有限。

导致项目绩效不佳的非直观原因。各个层次的经理人员都能针对图1中所确认的问题列出一长串“真实”的产生原因。例如，他们会指出，尽管由于前端计划制定得不充分而最终使项目陷入困境，但真正的元凶还是非常不容易被人们觉察和发现。表2总结了这些微妙的原因，并揭示了一个常见的规律，它们与组织、管理、人员等方面的因素有着很直接的联系。事实上，那些最经常被提及的导致项目绩效不佳的原因可以分为五大类：

1. 与项目团队的组织工作有关的问题；
2. 项目领导工作较为薄弱；
3. 沟通问题；
4. 冲突和混淆的现象；
5. 高层管理者参与不足。

表2中的大部分问题都是与经理人员培养一种有利于跨学科团队的工作环境的能力相联系的，这种环境能够很好地激励项目成员，并激发他们的工作兴趣，使其积极参与，并使大家建立相互信任。这种培养高效项目环境的能力需要在领导、技术、人际关系和行政等方面具备高超的技能。为了实现项目的高效运行，项目经理必须考虑到项目的方方面面，以及任务、人员、工具和组织方面的问题。那种项目经理只靠技术专家或者单纯的管理技巧开展项目管理工作的日子已经一去不复返了。今天的项目经理必须既掌握技术又懂得处理社会和人际关系，能够理解组织的文化和价值体系。研究①和经验表明，有效的项目管理直接与运用这些管理技能的熟练程度相关。这也反映在我们对30个潜在问题（见表2）和序列相关性（见表3）的研究总结中。正如表3所示，当相关系数$\tau=-0.45$时，项目经理对图1中的原因感觉得越强烈，他们也就会对表2所列示的项目绩效不佳的原因感觉得越强烈。这一相关性在99%的置信水平上最具统计上的显著性，并支持如下结论，即两类问题是相互关联的和需要类似的高效管理技能。

管理实践和项目绩效。经理人员在列举实际和潜在问题时显得非常自信。在这些经理人员的头脑中有一种明确的认识，即图1和表2中所概括的问题实际上是与项目的不良绩效相关的，但是如果没有表3中所显示的那些额外的数据和具体的统计测试，得出这样的结论也是不太容易的。表3中指出，在项目绩效和（1）潜在的问题（$\tau=-0.55$）与（2）实际的问题（$\tau=-0.40$）之间存在明显的负相关关系，其中每一个问

① 本研究的进一步详细讨论请参见 H. J. Thamhain & D. L. Wilemon, “Skill Requirements of Project Managers,” *Convention Record*, *IEEE Joint Engineering Management Conference*, October 1978 and H. J. Thamhain, “Developing Engineering Management Skills” in *Management of R&D and Engineering*, North Holland Publishing Company, 1986。

题的出现都将导致项目产生不良绩效。具体而言，项目经理越是强烈而又频繁地经历这些问题，高层管理者对其从总体上按照时间和预算要求实现项目绩效的判断也就会越低。

表 3　　项目管理实践与项目绩效的相关性

潜在的问题和实际的问题	(1) 潜在问题（表 2）；(2) 由直接观察得知的预算和进度滞后的原因之间的相关性（图 1）	$\tau=+0.45^{*}$
潜在的问题和绩效	(1) 导致预算和进度滞后的潜在问题（表 2）；(2) 项目绩效（最高管理层的判断）之间的相关性	$\tau=-0.55$
实际的问题和绩效	(1) 由直接观察得知的预算和进度滞后的原因（图 1）；(2) 项目绩效之间的相关性	$\tau=+0.40$

* 置信水平为 99%（$p=0.01$）。

所有的 τ 值为 Kendall Tau 的评级顺序相关度。

进一步讲，我们可以指出一个有趣的现象，即越是微妙的潜在问题越是与不良的项目绩效紧密相连（$\tau=-0.55$）。事实上，通过分别分析每个问题和项目绩效的联系，我们已经得出了一些特别的认识。综合来看，它表明下列问题似乎都是获取项目优良绩效的关键障碍：

1. 项目的组织和员工问题；

2. 工作不被重视，没有挑战性，缺乏成长的潜力；

3. 在计划制定期间，团队和管理层参与度低；

4. 冲突、混乱、权力斗争；

5. 缺乏来自团队和管理层的承诺；

6. 项目界定不够清楚；

7. 在跨越组织层面时在理解和工作方面遇到困难；

8. 项目领导工作较弱；

9. 测量问题；

10. 变化、应急和优先权问题；

11. 缺乏沟通，缺乏管理层的参与和支持。

为了保证项目工作的效率，项目的领导者不但要认识到那些对项目绩效产生影响的潜在障碍，还应该知道它们最有可能在整个项目周期中的什么阶段出现。卓有成效的项目领导者会在项目生命周期的早期采取预防性措施，并且能够塑造一种有助于积极参与活动、使工作更有情趣、便于沟通和管理层参与以及降低冲突发生概率的工作环境。

实现有效的项目控制的准则

到目前为止，我们的研究结果集中在不良绩效的产生原因上，也就是说，项目控制在什么地方出了问题以及为什么要进行分析工作。本文的这一部分则重点关注那些从研究中以及从旨在调查优秀项目绩效驱动力的访谈中得出的经验教训。相应地，这一部分概括了一些根据计划实施项目控制工作的重要准则。这些总结内容采取的是建议的形式，并且伴随于项目生命周期的各个阶段。

1. 制定详细的项目计划。在制定详细项目计划的过程中，让所有的关键人员都参与进来，并且对需要实施的具体工作、时限、资源和责任等做出规定。

2. 将整个项目分解为具体的阶段和子系统。运用工作分解结构（WBS）作为一种计划制定的工具。

3. 结果和可交付成果。对项目目标和整个项目及其子系统的规格、进度计划、资源以及主项目和子项目的可交付成果等事项进行定义。

4. 可测量的里程碑事件。确定可测量的里程碑事件和贯穿整个项目的检查点。可测量性可以通过定义具体结果、可交付成果以及对比进度和预算的技术绩效指标来予以强化。

5. 承诺。从所有关键人员哪里获取关于项目计划及其测度数据和承诺的结果。这种承诺可以通过让团队成员参与到项目计划的早期制定工作得到强化和维持，其工作内容包括对结果、可测量的里程碑事项、进度计划和预算等进行界定。正是通过这种参与，团队成员获得了对将要履行的工作职责的详细理解，培养了他们对项目的专业热情和成功欲，并最终使他们做出指向具体任务和项目整体目标的坚定承诺。

6. 项目之间的相互参与。我们都知道，交叉的项目团队（例如工程和产品制造团队）不仅在任务交接时，而且在项目的整个过程中都在同步进行工作。这种跨阶段的相互介入对保证工作的有效性是十分必要的，并且能够确保对支持该项目的各种职能部门的现实状况做出行动和反应。这一点可以通过明确地定义在每个阶段跨越点上双方一致同意的结果或者可交付成果来予以加强。除此以外，一个简单的终止程序，确定由谁负责对哪项工作进行收尾，对于建立明确的终结检查点及加强不同阶段间团队成员的相互参与和合作都是很有用的。

7. 项目跟踪。定义和实施一个适当的项目追踪系统，有助于方便地掌握和处理那些用于评估和管理行动的项目绩效数据。

8. 可测度性。用来保证对项目的绩效数据进行准确的测量，尤其是对实际和预期的技术进展状况进行比较。

9. 定期评估。项目应该得到定期的评估，并且评估工作需要在工作包（子系统）和整个项目这两个层次上展开。

10. 签字。在项目或每项任务的最初阶段进行项目成员的“签字”程序似乎对于正确理解项目目标、具体任务和个人承诺都是非常重要的。签字的步骤在《新机器的灵魂》一文中有很好的描述。每个团队成员坐下来对具体的工作、整个项目的目标以及专业的兴趣和获取支持的需求进行讨论，可以极大地推动这项工作的完成。

11. 有趣的工作。在对项目成员的任务进行讨论时，项目领导者应该尽量协调专业人员的专业兴趣和愿望。项目的绩效取决于管理者提供专业化的激励和激发工作兴趣的能力。这项工作可以提高人们对项目的参与程度，实现更好的沟通，降低冲突，并且可以获得更有力的承诺。这就营造了一种人人都以项目目标为导向的工作环境和氛围，从而使管理控制的要求减小到最低限度。尽管某一项目的范围可以是固定的，但项目经理通常会在不同工作人员之间分配任务时发挥调节的作用。

12. 沟通。良好的沟通对于有效的项目工作是非常关键的。提供合适的沟通工具、技巧和系统是工作负责人的职责，并且最终也是项目经理的责任。这些沟通工具不仅包括现状分析会议、评估工作、进度计划以及报告系统，还应该包括目标说明、规范要求、可交付成果清单、工作收尾程序和关键路径分析。项目领导者有责任协调各种工具和系统，并充分发挥其效能。

13. 领导。确保正确的项目方向并领导项目团队完成整个项目是项目领导者的第一要务。这项工作包括项目工作的界定、组织团队、协调任务、确认问题和寻求解决问题的方法。

14. 威胁最小化。项目经理必须引导建立一种良好的工作环境，在这个环境中，个人的冲突、权力的斗争、意外事件以及不现实的要求都很少。相互信任的氛围对于项目人员尽早对各种问题和相互关注的焦点进行及时而坦诚的沟通是非常必要的。

15. 设计一个项目成员评价和奖励系统。该系统应该和每个人的责任保持一致。

16. 保证高层管理者对项目的持续介入、承诺和支持。这项工作可以保证项目获得高度的重视，加强它的可预见性，并强化对整个项目及其目标的各项承诺。

17. 个人激励因素。项目经理能够通过他们的个人行为影响整个项目的工作氛围。对项目团队成员给予充分关注，将个人目标和项目成员的需求与项目的目标统一起来，激发员工对项目工作的热情，这些做法都有助于形成一种高效的激励气氛，促使项目成员积极参与和沟通，最终获得不俗的绩效。

最后说明

对工程项目实施管理，并努力实现既定的绩效、进度和成本目标，这项工作不只是要求制定一个计划，它需要全面投入组织的运作过程，需要项目启动人和客户方面的介入和帮助。成功的项目经理都会十分重视而且认真地完成项目计划的制定工作和控制系统的设计工作，以及结构和权力关系的设计工作，所有这些都对实施有效的项目控制至关重要。其他的组织问题，例如管理风格、成员的评价和报酬、内部的项目沟通等都必须加以认真考虑，以促使项目不断地自我强化。也就是说，组织的所有成员都必须感知并参与到项目工作中，实现自己的需求和愿望。进一步讲，项目成员必须确信管理层的介入将对他们的工作有所帮助。项目成员还必须确信，尽早地确认项目的进展状况，就潜在的问题进行沟通，对解决问题、取得更多的跨部门支持、最终使项目成功以及认可他们所取得的成绩是很有帮助的。

总之，对工程系统或项目实施有效的控制需要具备以下这些能力：

1. 制作一份详细的项目计划书，并且让所有的关键成员都参与其中；

2. 在项目成员和客户/监管者之间就项目计划达成共识；

3. 从项目团队成员那里获得承诺；

4. 从高层管理者那里获得承诺；

5. 定义可测量的里程碑事件；

6. 吸引和留住高级人才；

7. 对每一个工作包都要建立控制权；

8. 及早发现问题。

问题

1. 为什么项目经理和总经理对项目困难和障碍的产生原因会有不一致的看法？

2. 为什么与现实的问题相比，潜在的问题与不良绩效之间的联系更为紧密？

3. 综上所述，你认为不良项目绩效的产生原因是什么？

4. 请结合本文中的结论对“项目管理实践”专栏中的德里地铁项目和强生公司的项目管理程序进行讨论。

5. 在本章所讨论的控制类型中，本文属于哪一种？

第 12 章 项目评估

在前面的章节里，我们讨论了事后控制工作。事后控制工作不能改变过去，但是它试图抓住项目成功或失败的精髓，使未来的项目能从过去的经验中受益。要从过去的经验中获益，我们就必须理解它们，因此必须做好项目的评估。项目评估不仅局限于事后分析，项目结束后固然要进行整个项目的评估，但是在整个生命周期的一系列时间点上也应该进行评估。

项目审计是一种主要的项目评估工具（但绝不是唯一的），它比较正式地调查了项目的各方面。我们通常把审计理解成一种具体的财务方面的审查，但是项目审计是高度灵活的，可以将重点放在高层管理者所希望了解的任何一件事情上。请注意，还有其他一些类型的审计，比如道德审计。在聘用项目经理时，道德审计是非常重要的。例如，沙弗尔等人（Schaefer et al.，1998，p. 40）指出："道德规范不是关于对与错的问题，它是企业据以评估决策的一个过程"，是一个和项目管理工作密不可分的过程！除了项目审计，还有一些其他类型的项目评估，如项目后评估等，具体内容可以参阅桑格姆斯瓦仁的文献（Sangameswaran，1995）。

"评估"这个术语是指确定价值或评价。项目评估评价了项目实际的进展情况和绩效与计划或其他类似项目的进展情况和绩效的差距。这种比较是根据一些不同的标准对项目进行衡量来实施的。项目评估工作还对项目的所有决策形成支持。因此，项目评估的实施方式必须保证所有与管理相关的数据都被考虑到管理工作中去。项目评估工作必须在管理层和项目团队的眼中具有可信性，因为评估结果是由管理层使用的，项目团队则是评估工作的对象。因此，项目评估过程应该和项目本身一样，得到仔细的实施和控制。

在这一章中，我们将会讲述项目审计/评估工作，这些工作多样化的形式和目的以及项目审计/评估工作中遇到的典型问题。迈耶（Meyers，1981）对评估工作进行了出色的整体性研究。

12.1 项目评估的目的——系统的目标

当然项目评估里最主要的因素是看项目是否成功。在一项对不同类型和规模的工业项目的研究中，127 位项目经理以自己的角度，从四个维度列举了项目成功的 13 个要素（Shenhar et al.，1997）。第一个且最直接的维度是项目在满足预算和进度要求两方面所表现出来的效率性。我们自始至终强调项目管理和控制的重点就是实现项目进度、成本和绩效的目标。第二个且最复杂的维度是客户的印象/满意度。这个维度不仅包括达到项目的技术和运营规范要求，而且包括关系到客户忠诚度和重复购买的那些因素：满足客户的需求、客户的实际使用、解决客户的重大运营问题和客户满意度的长期挑战。

第三个维度是商业/直接成功，通常通过商业成功的程度和市场份额来度量。然而，对于内部项目来说，通常包括产出、周期次数、程序步骤、质量等测量标准。最后一个维度是未来的潜力，它比较难以确定，而且非常模糊。这一维度包含的因素与开辟一个新市场、开发一条新的产品线或服务种类有关，或者对于内部项目来说，与开发一项新技术、技能或竞争实力有关。接下来，我们还会讨论申哈尔等人（Shenhar et al.，1997）未涉及的有关项目评估的其他一些维度。

除了直接考察项目是否成功之外，评估工作的另外一个基本目的是协助确定项目目标的实现对于公司目标的实现所做的贡献。为了实现这一目的，需要研究项目的各个方面，以清楚界定项目的优势和劣势。这对项目管理来说类似六西格玛管理或全面质量管理，对实施中的项目和未来的项目给出了一些改进的建议：

- 更早地识别问题；
- 明确绩效、成本和时间之间的关系；
- 提高项目绩效；
- 为未来的技术进步寻找机会；
- 评估项目管理的质量；
- 减少成本；
- 改进风险识别和管理的过程；
- 加速实现目标的过程；
- 识别错误，纠正错误，并在将来避免错误；
- 向客户提供信息；
- 重新确认组织在项目中的利益所在以及组织对项目的承诺。

为简化起见，我们把所列出的这些项目目标（包括客户满意度）作为项目的直接目标。然而，这忽略了那些没有被项目本身、项目团队成员和项目所属公司明确规定出来的成本和收益目标，比如说之前的项目进步记录。这些没有明确的目标都是辅助性的，不被列入计划之内，但非常重要，对项目及其公司也有一定的作用，评估工作对它们也常常能提供很多帮助。与这些辅助目标有关的建议包括：

- 增进人们对项目以何种方式对组织创造价值的理解；
- 改进组织工作和项目管理的过程；
- 为项目团队成员的创造性工作提供一个融洽的环境；
- 识别组织在项目人力资源、管理能力以及决策技术和系 统方面所具有的优势和劣势；
- 识别风险并改进公司在使用项目时对风险因素的反应；
- 允许外部利益相关者参与对项目方针的决策；
- 改进项目工作帮助项目团队成员实现职业成长的方式；
- 识别那些具有较高领导潜能的项目成员。

要识别出辅助目标是一项复杂而困难的工作，而且从政治的角度讲非常微妙。虽然“辅助”这个形容词还不足以表达其全部含义，但这是我们能找到的最恰当的单词，其同义词还包括“帮助性的”、“补充的”、“附属的”等，我们对所有这些词汇也都考虑过。另外，辅助目标通常都没有得到明确的界定，与项目决策者进行访谈可能会有助于找到项目想要实现的这些辅助目标。大多数情况下，它们是偶然（而不是故意）被隐藏起来的，找到它们需要进行演绎推理。组织的决策和行为都会揭示其目标，这些目标通常都非常具体，只是没有直接写在组织手册中。例如，大多数总裁都希望员工在自己的工作中，以及与他人的合作中得到享受，但这些内容不会被写进公司手册。很少有公司会否认这个目标，它们只是没有将其明示出来。即便是这样，在我们所知的公司范围内，几乎每一家公司在制定决策时都受到了这一特定目标的影响。

有时候，辅助目标以及对之感兴趣的支持方可以很容易地识别出来。比如：一个项目也许会包含有关动物保护方面的目标；需要大量处理项目输出信息方面的目标（如医药项目）；或者控制项目生产过程的目标（比如反污染）。不管是否已被清晰地识别出来，也不管日后是否要进行考核，辅助目标都影响着项目的所有决策。

尝试去识别尽可能多的项目目标是非常有价值的。通常，要识别一个辅助目标就需要我们去了解原因并制定一些项目决策。比如说赋予一个毫无经验的人一项特别的项目职责，也许就暗含着要考验这个人的管理潜质的目的。辅助目标增加了项目评估的维度。

要找到项目的辅助目标会遇到很多困难。首要的且可能最重要的问题是，人们无法度量一个未知目标的绩效。因此，如果一个目标没有公开说明过，项目成员就不需要担心它的绩效会受到人们的很大关注。那些在项目建议书里出现的目标则必须被识别，这也会给项目成员造成些紧张感，但是没有写出来的目标常常就被忽略了。需要再次指出的是，辅助目标很少被否认，它们只是没有被提到罢了。

不管对于实现辅助目标是否值得人们如此焦虑，但在当前企业重组的热潮中，焦虑的情形比比皆是。人们担心评估工作不会得到公平的实施，担心评估人员不是看重结果而是过分强调缺点。如果项目团队的自我形象非常强悍，找到辅助目标的障碍会小一些，但也一定是存在的。

在寻找项目辅助目标的过程中还会遇到第二个问题：个人在为组织工作时也追求自己的目标，虽然有时候人们也许不愿意承认个人的目标——一些也许在他们看来与组织目标不相一致的目标。例如：一个员工也许为了学习一项新技能而要求参加一个项目，因为这种技能可以为他的职业生涯增加砝码。有时候，研发项目的方向更多地是由进行此项目研究的科学家来决定的，而不太符合项目本身的技术需求。虽然这些私人目的并不是违法的或不道德的，但是它们很少被人承认。

第三个问题是由于信任缺失造成的。当项目中存在审计或评估人员时，项目成员不会感到很自在。如果评估者是一个外来人员而不是项目团队中的一员，项目团队成员就会担心自己不能被理解。虽然这些担心很少是具体的，但它们是真实存在的。如果审计/评估人员是内部成员，人们又会担心评估者可能有私人目的，会为了自己的利益而损害其他人的利益。内部人员和外来人员同样不受信任。因此，项目团队成员就不会或很少会坦率承认他们的个人目标或项目的辅助目标。

最后还有第四个问题：和其他服务于人的组织一样，项目也是有多重目标的。直接目标和辅助目标、项目目标和个人目标之间存在着种种冲突，不会有完全统一的认识（或接受）。项目团队的众多成员对于目标重要性顺序的看法也各不相同。不直接提出问题，就不需要去解决谁对谁错的问题。只要各种项目目标和重要事项没有得到清楚的界定，项目团队成员就不会对具体做什么事情的问题达成一致，而且也不必在做这些事情的原因上达成一致（甚至都不会进行讨论）。因此，如果一些项目目标没有得到公开的讨论，每个项目成员就都能够容忍团队其他同事的不同意见。没有人被强迫进行选择，他们甚至没有必要跟同事讨论这些问题。

总而言之，寻找项目辅助目标的工作是很困难的。许多评估简单地忽略了它们，但是建议项目经理关注这一领域，并要求评估工作将项目和公司的辅助目标（如果不涉及个人目标的话）包括进来。即便人们总得满足于辅助目标的粗略测量结果，但是这些信息还是很有价值的，它会提供对以下问题的深入认识：是什么激励人们参加项目工作？哪些因素可以最有效地激励项目工作人员？每一个项目工作人员的主要关注点是什么？

在第 5 章中，我们曾经间接提到项目的“作战指挥室”（项目管理办公室）作为项目团队开会的地点所具有的重要作用。项目管理办公室是一个陈列项目进度图表的地方，是项目文件和报告的储藏中心，同时也是项目经理和其他项目管理者的办公室，还是项目团队成员的“俱乐部”，起着重要的辅助作用，它对项目来说就像当地的酒吧对“我的那帮伙计”一样，在运作良好的成功项目中充满着的同志友情，为团队成员提供了极大的满意度，因此，项目管理办公室在实现了世俗的、直接的管理目标的同时，还满足了一种情感的需求。最好的项目管理办公室给组织提供最好的项目领导力并且以此为荣，并享受其他愿意成为这个以未来为导向且运行良好的团队的一分子，从而在管理上获得支持和崇敬（Baker，2007）。

项目管理实践

从审计 110 位客户/服务商和开放系统项目的工作中得出的经验教训

一位审计师在 11 年中审计了 110 位客户/服务商和开放系统项目，并将成功项目和失败项目之间的区别划分为四种基本概念：

（1）对工作范围、预算、完成日期和解决方案的设计保持客观性。在这些领域缺乏客观性是导致项目失败的根本原因之一。在对有关启动项目和为项目工作建立各种参数的工作进行决策时，必须小心谨慎，防止出现偏差或努力程度不足的情况。

（2）在项目的各个层次上都要配备经验丰富的人员。在客户和分包商方面拥有丰富经验的人员对很多领域都很有益处。例如：保持解决问题的合作态度；强调里程碑和产出的结果；使用专业的项目管理技术并保证客户的持续参与。

（3）权责一致。项目通常是在一定范围内建立起来的，同时必须遵循预算和进度计划的限制，因此项目经理需要有权在这些项目中做出权衡。这种权力不应该只反映在客户事务方面，还应该反映在分包商方面。

（4）所有方面都应该保持充分的责任感，以保证各方面人员实现最初的承诺，或明确承担自己的责任。责任事项需要在最初的合同和采购订单中详细列出，其中应该包括各种有关的项目拥护者、最初的评估人员、供应商、客户群和用户，以及分包商群体的细节问题。将项目的工期尽量缩短（比如保持在 6 个月内）可以避免人员交换所导致的责任混淆。

资料来源：T. Ingram，“Client/Server and Imaging：On Time，On Budget，As Promised，” *PM Network*，December 1995，pp. 13－18.

12.2 项目审计

项目审计是对项目管理的一种彻底检查，检查管理的方法和程序、文件记录、财产情况、预算和费用支出情况以及工作的完成情况，它可以对项目进行整体检查，也可以只对项目的一部分进行考察。正式的报告可能有许多形式，但是至少应包括下面几点内容：

（1）项目目前的状态。已经完成的工作是否达到了计划要求的水平？

（2）未来的状态。是否可能会发生重大的进度变化？如果是的话，请说明变化的本质。

（3）关键任务的状态。那些决定项目成败的任务有什么进展？

（4）风险评估。项目失败或财务损失的可能性有多大？

（5）其他与项目有关的信息。正在接受审计的项目的哪些经验可以用到组织正在实施的项目中去？

（6）审计工作的局限性。哪些假设条件或局限性对审计数据产生了影响？

审计报告的这六个部分将会在本章的下一节中给予讨论。

注意项目审计不是财务审计，这两种审计过程的相似之处在于它们都是对审计对象的一种仔细的调查，但是这两种过程的输出结果有很大的不同。首要的不同在于财务审计的范围有限，它着重于组织资产的使用与保存。项目审计在范围上更为广泛，对象可以是项目的整体或项目的某个或某些组成部分。表12—1列出了财务审计和项目审计的基本不同点。

表12—1　　财务审计和项目审计对比

	财务审计	项目审计
状况	对业务状况是否达到满意水平进行考察	必须为每一个项目的现状考察工作确立基础
测量	公司对经济状况进行的公示	项目的未来状况
测量结果	大多使用财务术语	财务术语加进度计划、工作进展情况、资源用度和辅助目标的情况
记录保存系统	格式受法律规定和职业标准的约束	没有标准的系统，使用组织所喜欢的任何系统
是否存在信息系统	开展审计工作所需要的记录文件非常少	不存在文件记录，开展审计工作必须设计并应用数据库
建议	通常很少有或没有	常常是必需的，可能会包括项目的任何一方面，或者项目管理工作
局限条件	受条件的局限，但不会遇到强大的管理压力	受审计工作弱点的局限（例如，缺少专家、缺少资金或时间）

虽然项目审计可能与项目管理的任何一方面有关，但它传统上并不是一种管理审计。管理审计的基本目标在于保证组织的管理系统正常运转。项目审计的工作不止这些，除此之外，项目审计旨在保证项目得到适当的管理。一些管理系统可以很好地用于所有项目，例如计划、进度、预算等，而有些项目管理实践又需要根据不同类型的项目而加以改变。罗斯金等人（Ruskin et al.，1985）对项目管理审计进行了颇为有

趣的讨论，而桑格姆斯瓦仁（Sangameswaran，1995）和科宾（Corbin，2001）则为审计工作的注意事项提供了一些指导。

在前面的章节，我们提出软件项目和其他项目没有特别的不同，我们坚持这一立场，但是我们也需要注意到，软件项目拥有一些值得了解并做出反应的独特之处。例如，基于计算机的项目通常是劳动密集型的，而加工制造项目却是资本密集型的。一位深思熟虑的管理者不会对这两种项目使用同样的管理方法。参与式的管理风格如六西格玛管理、全面质量管理、员工参与等对于劳动密集型的项目非常适合，因为这类项目中总会出现结构偏差的问题。如果项目是资本密集型的，并且出现的问题也都具有良好的结构，那么参与式的管理风格在这里发挥的作用和价值也就消失殆尽了（读者不要误认为这是对参与式管理方法的贬低，它只是在有些情况下具有的价值比其他情况下更大一些罢了）。

总而言之，管理审计主要关注管理系统和它的应用，项目审计则是在特定组织环境下将特定项目的财务、管理和技术等诸多方面集成起来进行研究。

□ 审计工作的深度

实践中多种因素都会限制项目审计人员实施调查工作的深度，其中时间和金钱是两个最普遍也是最明显的限制因素。当然，在审计/评估工作实施过程中，还有一些超出了专业人士和普通员工日常的工作时间而导致的成本。对审计数据的积累、存储和维护也是重要的成本因素。这些存储的数据对于“尽职调查”工作可能有关键的作用（另外请牢记，毁坏商业数据在某些特定环境下是非法的）。

还有两种成本因素也很重要，但是不那么容易量化，因此经常会被忽视。首先，不管评估者的水平有多高，审计/评估工作总是使项目成员精神涣散。没有一个项目，其每个项目成员都有很高的自信（被 Ambrose Bierce（1991）定义为“不当评估”），从而能够毫无担心地配合评估工作。对审计结果的担心可能会导致过度的自我保护行为，这种行为进而又会降低人们对项目工作的投入程度。再者，如果评估报告不是以建设性的口吻写出来的，项目团队的士气就会受损。① 根据士气受损的程度，项目工作会经历一定的倒退。

根据各个项目的独特环境和需要而对调查工作采取不同的深度是非常合理的。审计工作可以根据组织的需要在各个层次上展开。有三种不同层次的审计工作可以很容易被识别，应用也很广泛，它们是：总体审计、详细审计和技术审计。总体审计通常受到时间和资源的限制，往往对项目给出一个总体评估，并一般性地接触到我们前面所提及的六项内容。一个典型的详细审计是总体审计工作的继续，通常是总体审计发现项目中有一些不可接受的风险或绩效不佳时，就需要进行详细审计。

有时，详细审计对问题的调查无法达到一个令人满意的技术层次，因为审计人员不具备所需的技术知识，在这种情况下，就需要进行技术审计。技术审计通常是由一位具备资格的技术人员在项目审计师的指导下实施的。如果技术非常先进或者必须保密，就可能无法在组织内部找到合格的技术审计人员。在这种情况下，公司往往会雇

① 评估者要记住两个基本规则：（1）建设性的批评对被批评者来说不一定感觉是建设性的；（2）首先解决问题，然后再指责他人——如果你还有精力的话。

用一些签署了保密协议的学术顾问。尽管情况不一定总是这样，但是技术审计往往是最为细节性的审计工作。

□ 审计工作的时间安排

鉴于所有具备一定规模或者重要性的项目都需要审计，首次审计通常在项目早期进行。问题发现得越早，解决起来就越容易。早期审计往往着眼于项目的技术问题，保证技术问题得到解决，或者及时采取有效措施。一般来说，在项目后期进行的审计工作对项目本身没有太多的即时价值，但是对公司却有更大的价值。随着项目的发展，技术问题往往越来越不被关注，保证实现进度和预算的要求变成了项目最首要的问题。管理问题是项目后期审计工作的重点（如设备的报废或项目人员的重新配置）。

项目后审计在实施过程中具备几个基本目标：第一，项目后审计通常是客户在合同里具体要求的，因此是法律上必须进行的；第二，项目后审计是项目后报告的一个主要部分，因此是公司获得管理反馈的主要来源；第三，在审查项目的所有财产和支出情况时需要进行项目后审计。

表12—2对审计工作的时间安排及其相应的价值进行了进一步的分析。

表12—2　　项目审计/评估工作的时间安排及其相应的价值

项目阶段	价值
启动	进行早期审计工作（在项目启动阶段完成25%之前进行）非常有价值
可行性研究	非常有用，尤其对技术审计来说
开始计划/进度预算	非常有用，尤其对设定测量标准的工作非常重要，它可以帮助项目工作更好地满足标准要求
进度基线	不太有用，会导致计划僵硬、团队的灵活性受限
项目团队对数据的评估	瑕瑜互见，团队会对审计工作发现的结果产生戒备心理
实施	其作用取决于项目的工作方法对最后能否顺利成功所具有的重要性
项目后	其重要性取决于发现的结果对将来的项目所具有的使用价值

12.3 审计报告的制作和使用

被审计的项目的类型和审计工作的最终目的决定了审计报告的一些具体格式。在任何一个组织中，建立一个所有审计报告都必须遵循的总体格式是很有用的，这可以使项目经理、审计人员和组织的管理层等各方面都能够对审计报告的沟通作用达成同样的理解和预期。如果审计报告是作为一个沟通工具来准备的，就必须为这些文件同时准备好预定的分发列表。如果分发工作受到了高度的限制，那么审计报告几乎肯定会成为人员之间和团队之间的冲突和紧张的焦点。

尽管有一些项目经理坚持认为，应为自己的项目量身定制一个格式复杂的报告，但是格式还是越简单、越直接，效果就越好。报告中组织信息时，应该便于在预测数据和实际结果之间进行对比。实际结果大幅偏离预测数据的情况应该得到重视，并应该给予一些说明来解释。这会方便读者阅读，也可以使问题集中在重要问题上，而不必受琐事的困扰。这种安排还可以使高层管理者免于事必躬亲，不必在每个数据、每个句子上都投入太大的精力。再次提醒项目经理记住下面这句格言：“永远不要让老板感到意外。”

应该避免对项目有关个人或团体进行负面的评价。撰写项目报告时要清楚、专业、不带个人感情色彩，内容应该与项目的信息和问题相关。审计报告里至少要包括下面几条内容：

1. 介绍

这部分应该包含对项目的描述，这样为读者提供一个理解的框架。项目目标必须清楚地进行描述。如果目标比较复杂，那么将相关的解释部分列为附录也许会很有用。

2. 目前状态

状态应该在审计时进行汇报，此外，还应该包括对下面这些绩效的度量：

（1）成本：这部分把实际成本和预算成本进行对比。对比工作的时间跨度应该进行清楚的界定。如第 7 章里说的，报告应该聚焦在项目的直接变化上。如果需要说明项目总成本，包括所有的相关管理费用，就应该为这种成本数据增加一套附属表格。

（2）进度：计划事件或里程碑的绩效应该进行报告。项目中已经完成的部分要清楚识别，如果没有完成的任务可以做出相应的估测，也应该明确其完成的百分比情况。要保证估计完成率的方法不会对读者造成误导。

（3）进展情况：这部分将资源的使用情况和工作的完成情况进行对比。如果需要，可以使用挣值分析图表，但它们可能不够详细。这里对信息的要求是有助于找出特定任务的具体问题。基于这种信息，管理人员就可以确定计划资源的剩余部分的投入时间和数量。

（4）质量：这个问题是否关键，取决于被审计项目的类型。质量用来度量系统的产出是否满足规范要求。对于有些项目来说，规范要求非常宽松，要达到这些要求不是大问题。有时，项目的产出远远高于最初的规范要求。例如，一个项目可能规定一个子系统要达到某个最低标准，而公司已经生产出了一个完全超过目前要求的子系统。使用以前设计好的系统也许会很有效率，也不会造成有效性方面的损失。如果项目本身附带有具体的质量特性要求，那么报告中的这一部分就应该包含对质量控制程序的总体评述，同时应该有质量检测的最新结果数据。

3. 未来的项目状态

这部分包括审计人员对项目进展情况的总结，以及对剩余任务需要在技术方法、进度计划或预算方面做出的改变提出建议。除非发生特殊情况，例如目前的数据明确地显示出一些预定任务无法达到要求，否则审计人员的报告应该只考虑那些已完成或正在进行中的工作。审计人员不应该对仍在调查中的技术问题做出任何假设。项目审计/评估报告不应该只是项目建议书的翻版。

4. 关键的管理问题

所有审计人员认为需要高层管理者密切监控的问题都应该包含在这一部分中，同时还要对这些问题和项目目标之间的关系做出简要的解释。对时间/成本/绩效的权衡关系进行讨论，可以向高层管理者提供有助于未来的项目决策工作的信息。

5. 风险管理

这一部分应该对项目的主要风险以及它们会对项目时间/成本/绩效造成的影响进行评论。如果存在可以在很大程度上改变未来风险的替代性决策，就可以在报告的这部分中写出。再次强调，项目审计报告不是项目建议书的翻版。项目后报告，从另一个方面来说，常常包括这样的内容：“要是我们当初知道……我们现在就会了解……”

6. 警示、限制条件和假设

报告的这一部分可以放在最后，也可以作为介绍的一部分。项目审计人员应该对报告的准确性和适时性负责，但是高层管理者仍然需要对报告的解释和依据报告所做的任何行动负全责。基于此原因，审计人员应该对影响到报告精确度或有效性的限制条件做出特别的说明。

□ 项目审计人员/评估人员的责任

首先，审计人员应该讲真话。这句话并不像表面上那么简单。我们必须认识到，任何项目在真实性方面都有多种多样的程度。审计人员必须使用客观和道德的方式去进行审计工作，并对审计报告所包括和排除的内容负责。审计人员必须清楚项目的各利益相关者（包括审计人员自己）的偏见，如果审计人员希望消除这些偏见，就必须加倍小心（有时候连信息本身也是带有偏见的）。对于审计人员专业技术领域之外的调查内容，需要明确列示出来。如果有需要的话可以寻求帮助。审计人员/评估人员在审计过程中应该保持政治上和技术上的独立性，为所有收集到的信息都要保密，直到审计结果正式公开的时候。

沃克等人（Walker et al.，1980）对审计人员的独立性提出了更为严格的要求。他们认为独立性对于管理层适时和准确处理信息的能力非常重要。他们为审计工作列出了以下步骤：

- 建立一个由经验丰富的专家组成的团队；
- 让该团队熟悉项目的各项要求；
- 对项目进行现场审计；
- 完成之后，听取项目管理人员的汇报；
- 根据规定的格式生成报告；
- 把该报告分发给项目经理和项目团队成员来收集他们的反馈；
- 跟踪了解各项建议是否得到了贯彻实施。

如果高层管理者和项目团队都能严肃地对待项目审计/评估工作，那么所有的信息都必须真实可靠。数据的准确性要仔细检查，所有的计算也要仔细得出。审计人员必须对报告所包括和排除的信息慎重考虑。最后，审计人员应该对审计过程进行持续的评估，力求在审计工作的有效性、效率性和价值等方面做出改进。

项目管理实践

审计亚特兰提斯化学实验室一个出问题的项目

20世纪90年代晚期，亚特兰提斯化学实验室（ASCL）从欧瑞泰克公司（Oretec）接受了一份合同。欧瑞泰克公司在自己的实验室为商业目的进行研究时，合成了一种新的合金，他们希望亚特兰提斯化学实验室对其进行一种特殊类型的化学分析。该合同对研究工作的质量和实验分析的进度都提出了要求。合同的截止日期是不确定的，每月的费用是100 000美元。欧瑞泰克公司的联络员有权随时了解亚特兰提斯化学实验室的工作情况。

随着工作的进行，这位联络员出于时间的考虑而不断施压，要求研究团队改变方法，并略去一些重复验证的程序。在两次偶然的机会中，亚特兰提斯化学实验室的研究团队所进行的分析表明，可以制造出一种能够获取商业成功的产品，联络员对这些工作非常满意，并要求他们提供商业化生产的建议。但欧瑞泰克公司的测试表明：这些方法都无法奏效。随着项目的进程过半，对分析工作的结果和数量施加的压力日益增加，该联络员越来越容易冲动，并难以满意。在此之后不久，亚特兰提斯化学实验室的总裁收到欧瑞泰克公司的一封信，信中提出了大量的抱怨，并要求立即终止合同。这位总裁对客户的不满感到很意外，因为他从来没有从项目内部收到过任何可能会出麻烦的报告，于是总裁决定对该项目进行一次全面审计。

审计结果显示如下：

1. 总体观点

● 项目最初的方法没有什么问题，但被客户的联络员做了改动，即使如此，该项目还是取得了很多重大的研究成果。

● 分析工作所采用的方法本身都是正确的。

● 项目实施过程中有多项分析结果（每一种都提供了具体说明）。

● 商业化的工作不是亚特兰提斯化学实验室的责任，而是欧瑞泰克公司的事，尽管亚特兰提斯化学实验室提出了一些可能性建议。

● 该联络员过度参与了项目的管理工作，并且过于频繁地改变了研究工作的方向。

● 项目管理的决策和改变都没有被亚特兰提斯化学实验室文件化，并且也没有及时与客户进行沟通。

2. 对客户批评的分析

（大约一半的批评理由是充分的，描述具体细节。）

3. 进一步的分析

● 亚特兰提斯化学实验室所提出的商业化过程实际上在类似的例子中都取得了成功，客户的检验结果是不正确的。

● 亚特兰提斯化学实验室所提供的报告（被客户认为不完整）实际上是在联络员的影响下草草准备的，对项目取得的分析成果所进行的报告无法让客户的管理层理解，只能够让技术人员和联络员看懂。

● 管理层在客户关系方面没有给该项目领导人提供充足的指导/支持。

4. 建议

在签署合同的阶段就为识别高风险的项目建立一套正规的程序，并对其偏离计划的情况做出认真的监控。那些构成高风险的因素包括：没有得到充分的资金、时间，成功的机会很小，客户不够成熟却给客户过多参与项目进程的机会。

资料来源：J. Meredith, consulting project.

12.4 项目审计工作的生命周期

到目前为止，我们把项目审计和项目评估工作看作是相同的，在大部分情况下确实是这样的。审计工作包括了评估的内容，而评估人员也必须实施某些审计工作。现在让我们将审计工作看作与客户签署的合同里所规定的内容。如果客户是联邦政府，项目审计工作的性质就会得到某种程度的精确规定，审计程序也是如此。

如同项目本身一样，项目审计工作也有自己的生命周期，其生命周期由六个秩序井然的程序构成。这六个程序如下所示：

1. *启动项目审计工作*

这一步骤包括启动审计程序，界定审计工作的目标和范围，以及为确定合适的审计方法来收集充足的信息。

2. *界定项目基准线*

这一阶段通常包括界定需要评估的绩效领域，通过标杆或其他过程确定每个领域的标准，明确管理层对每个领域的预期绩效，以及收集足够的信息来决定合适的升级方法。

偶尔会出现一些没有现成的标准存在或无法通过标杆管理的方法确定适当标准的情况。例如，一个商品定价模型作为一个大型营销项目的一部分而被开发出来，没有现成的基准线数据可以用来评估这个模型。因为商品是通过公开竞价来销售的，所以该公司使用了标准的投标程序。相应的结果可以作为基准线数据，对该定价模型进行假设条件下的检验。表12—3显示了这种检验的结果之一。CCC是这家公司的名称，表中还显示了该公司投标并中标的合同以及相应的收益数据（产品净价×批量）。模型C也显示了类似的信息，该模型是用来在假定条件下以模型C的收益栏显示该模型可能中标的标价。

3. *建立一个审计工作数据库*

一旦建立基准线标准，审计工作就正式开始了。下一步就是为审计工作团队建立一个数据库。例如，考虑表12—3中检验CCC定价模型所需要的数据库。根据审计工作的范围和目的，该数据库可能包括项目组织的评估、管理和控制工作，过去和现在的项目状态，进度绩效，成本绩效，产出质量和项目未来的计划等所需要的信息。这些信息既可以是高度专业化的绩效描述，也可以是对项目团队成员之间的互动表现的行为描述。

由于各个项目审计工作的目的和范围都不同，同一项目在不同时间对审计工作突出的要求也不同，因此审计数据库的内容往往非常广泛。项目审计工作所需的数据库应该在项目主体计划中加以明确。如果做到了这一点，那么当需要相关信息时就可以得到。尽管如此，还是要避免收集“所有可能有用”的信息，因为这会在项目信息收集和存储方面给项目造成额外的压力。

表12—3　　依据基准线数据计算得出的绩效数据

19××年模型“C”的报价信息——＿＿＿＿状态						
标的	批量	CCC公司的报价	中标结果		CCC公司的收益（美元）	模型C的收益（美元）
			模型C的报价	产品净价（美元）		
D1—2	3 800		×	4.11		15 618
D1—7	1 600		×	3.92		6 272
D2—7	1 300		×	4.11		5 343
D3—2	700		×	5.13		3 591
D3—3	500	×		5.22	2 610	
D3—4	600		×	5.72		3 432
D3—5	1 200		×	5.12		6 144
D3—6	1 000		×	5.83		5 830
D4—6	700		×	4.88		3 416
D4—8	600		×	5.34		3 204
D5—1	500	×		3.54	1 770	

续前表

19××年模型“C”的报价信息——______状态						
标的	批量	CCC公司的报价	中标结果		CCC公司的收益（美元）	模型C的收益（美元）
			模型C的报价	产品净价（美元）		
D6—1	1 000	×	×	4.02～3.92	4 020	3 920
D6—2	900	×		4.35	3 915	
D6—5	200	×		3.75	750	
D6—6	800		×	3.17		2 536
D7—5	1 600	×	×	5.12		8 192
D7—8	2 600		×	5.29		13 754
D8—2	1 600		×	4.83	7 728	7 728
D8—3	2 400		×	4.32		10 368
				总收益	20 793	99 348
				总批量	4 700	21 500
				平均净价	4.42	4.62

4. 对项目进行初步分析

在标准设定和数据收集工作完成以后，就到了做出判断的时候。有些审计人员认为，应该将这种既精确又责任重大的判断留给高层管理者去做，但是做出判断通常需要对项目技术方面，以及/或者统计和概率方面有着透彻的理解，而这经常会难倒很多管理人员。在这样的情况下，审计人员的责任是分析数据，并将能够准确表达审计人员的研究结果的分析报告上交给项目经理。审计人员有责任在审计报告正式发布之前向项目经理简要地报告所有的发现和判断，它不应该给项目经理增添麻烦。

5. 审计报告的准备

项目审计生命周期的这一部分包括按照所选用的具体格式准备审计报告的工作。审计报告还包括一整套建议以及一整套相应的实施计划。如果这些建议超出了组织常规的实践范围，它们就需要得到决策层管理者的支持。审计人员需要在发布这些建议之前就主动寻求并确认这种支持。如果暂时不能得到支持，审计人员就应该对这些建议进行修改，直到管理层满意为止。图12—1就是一整套全面而又详细的建议中的一页，这些建议是从某私人社会服务机构的一个评估项目中总结出来的。

6. 项目审计工作的终结

和项目本身一样，等到审计工作完成了预定的任务，审计程序就终结了。一旦最后的报告和建议公布出去，就需要对审计程序进行评估。当评估工作完成后，审计工作就圆满完成，而审计团队也应该正式解散了。

12.5 项目审计/评估工作的要点

为了更加熟练而又准确地完成项目审计/评估工作，也为了得到高层管理人员、项目团队和客户的信任和接受，审计工作必须满足几项关键性的条件。审计/评估团队必须经过认真的挑选，所有记录和文件都必须做好充足的准备，而且应该保持同项目成员之间的顺畅沟通。

最终报告、机构评估、分委员会、厂房设施、办公室管理、人事工作
建议摘要

对于委员会采取行动的建议：

1. 委员会应该继续努力为工资项目寻求增量资金。

2. 为每一位员工支付蓝十字/蓝盾保险计划的成本应该由________承担。

能够通过总裁指令的方式得到各委员会、员工和其他方面实施的建议。

3. 房屋委员会应该首先促成供热和空调系统的更换，此外，该委员会还应该协助并支持执行董事的秘书开展维护和修理工作。

4. 就算是需要聘用兼职工人来完成这项工作，也应该建立一个专业图书馆。

5. 我们的保险需求需要进行重新评估。

6. 所有与会议食品有关的活动都需要执行董事秘书之外的人员来负责。

7. 大多数人的观点：行政助理和图书馆管理员的职位将来需要更多的工作时间。少数人的观点：行政助理、图书馆管理员和统计助理的职位应该合并为一个。

8. 人事工作委员会应该研究图书馆管理员和统计助理的职位说明书，并为这两个职位和行政助理的职位建立薪金范围标准。

9. 执行董事、执行董事的秘书和行政助理之间应该继续保持对话，以使得办公程序流线化，减少文件工作。

10. 人事工作委员会应该在文件中规定：成员中应包括一位非专业员工的代表。

11. 人事工作委员会应该对兼职员工和全职员工的工作进行研究。

图 12—1　一家社会服务机构的建议书样本

□ 审计/评估团队

审计/评估团队的选择对整个过程的成功有很关键的作用。或许看起来没有必要根据对审计/评估工作作出贡献的能力来选择团队成员，有时候某些人员被选中只是因为他们是可供调遣的。团队的规模通常是项目规模和复杂程度的函数。对于一个小型项目来说，常常一个人就可以完成审计/评估工作的所有任务，但是对于一个大型项目，团队或许就需要由来自多个不同机构的代表组成。审计/评估人员所涉及的典型领域包括：

- 项目本身；
- 会计/财务控制部门；
- 客户；
- 技术专业领域；
- 营销部门；
- 高层管理者；
- 采购/资产管理部门；
- 人力资源管理部门；
- 法律/合同管理部门。

审计/评估团队的主要角色就是对项目或其某些具体的方面实施一项完整而又具体的检查。团队必须确定哪些问题应该提请管理层重视，它应该以工作效用最大化的方式来汇报信息和提出建议。团队有责任根据自己成员的知识和经验来提出各种建设性的观察结果和建议。这些成员必须远离项目团队成员之间的冲突和各项目之间的敌对状态。审计/评估程序具有严明的纪律，所有的团队成员都必须自愿地、认真地服从制度。

□ 获取记录的渠道

为了使审计/评估团队能够有效地工作，他们必须能够自由地获取所有与项目相关的信息。出于对国家安全的考虑，这种做法在一些政府项目中可能会遇到一些困难。在这种情况下，审计/评估团队应该组织具备资格的（无任何嫌疑的）人员成立一个分队。

审计/评估团队的大部分信息都来自项目团队、项目管理办公室以及各有关部门，如会计、人事和采购部门的记录资料。显然，收集信息是项目审计/评估团队的责任，这种工作不应该由项目管理团队来承担，虽然项目团队有责任在项目的整个生命周期内随时收集最新的项目数据，并保存相应的项目记录。

除了正式的项目记录之外，还有一些非常有价值的信息来自日期上比项目还早的文件，例如，客户方面的影响会导致产生项目动议，项目评选委员会的备忘录和高层管理委员会的备忘录决定了技术研究的特定方向。显然，项目状态报告，相应的技术备忘录、变更令，有关项目组织和管理方法的信息，以及财务和资源的使用信息也都是很重要的。审计/评估团队也可能需要从其他项目文件里将这些信息提取出来，因为这些信息通常不是以我们需要的形式存在的。数据的收集工作非常耗时，但是认真工作对有效而又可信的审计/评估工作来说绝对是必需的。

这些信息在收集上来以后，就必须通过系统的方法进行组织并存档。在分离有用信息的工作中需要开发系统的方法。最重要的是，为了防止数据收集和处理工作过于追本溯源，必要时可以采用终止原则。必须为各种信息设定优先次序，以保证在那些不太重要的分析工作开始之前，先完成重要的分析工作。此外，还必须保证不要做重复性工作。认真地开发各种格式和程序有助于使整个工作尽可能标准化。

□ 接近项目工作人员和其他人员的渠道

在项目审计/评估团队成员与项目团队成员之间，或者在审计/评估团队和组织中了解项目信息的成员之间，应该保持畅通的联系，但是项目审计/评估团队成员和客户之间的联系例外，这种联系如果没有高层管理者的特别批准是不可以进行的。这种限制即便是客户派出了参加审计团队的代表也依然应该坚持，而且对于内部客户来说也是如此。

任何情况下，在与项目的工作人员接触时都应该遵守几项准则。必须谨慎行事，以避免在项目审计/评估团队成员和项目团队成员之间发生冲突。项目工作人员应该时刻对正在进行中的审计/评估工作保持了解。应该避免生成批评性的评论。更为严重的错误是，在工作现场随意发表不适当或不能代表项目审计/评估团队成员的一致意见的观点和言论。

项目审计/评估团队毫无疑问会在自己的工作中遇到政治性敌对的情况。如果项目的政治关系非常紧张，反对的一方就非常有可能试图指派（或离间）审计/评估团队的成员，团队成员应该尽可能避免卷入其中。有时，项目审计/评估团队成员会秘密得到一些信息，他们应该小心谨慎，以保证这些信息是从非保密的渠道得到的。如果这种情况无法得到证实，这些信息就不应该被采用。审计/评估人员必须保护保密信息的来源，千万不要成为未经证实的项目信息的传播渠道。

12.6 绩效度量

绩效度量工作是项目审计/评估过程的一个有机组成部分。许多关于绩效度量的对象和方法在前面的章节（特别是第2章）中已经讨论过。幸运的是，项目需要绩效度量的多个方面都很明显，而且很容易进行绩效度量。对于大部分情况，要知道里程碑是否完成和何时完成并不困难。我们可以直接观察实际情况，建筑物的根基已经浇筑完成，公司年度报告所需的所有材料都已经收集完成并交给了打印员，为公寓小区的修理工作签署好了所有的合同。当然有时候里程碑的完成也不是这么明显。我们也许很难搞清一项化学试验是否已经结束，一个复杂的计算机程序也几乎不可能保证做到没有缺陷。然而，大部分情况下，里程碑的完成还是可以充分度量的。

类似地，根据计划中的预算要求和进度计划情况，对实际工作的绩效进行绩效度量，一般也没有什么大问题。也许我们尚不能确定一个九天的工期中是否包括了周末的时间，但大部分组织都会通过传统的做法去解决这些较小的计算问题。根据预算计划对项目的实际支出情况进行绩效度量要更困难一些，它需要审计人员能够深刻地了解会计部门的各种工作程序，人们往往会对成本数据的真实性和准确性要求过高。

如果项目目标都用利润、回报率或折现现金流的方式来表示（如第2章里讨论的财务选择模型那样），那么测量问题往往会变得更为顽固。问题一般不会出在使用的会计惯例上，尽管如果我们没有明确各种会计惯例，会使人们对成本在各个项目之间如何分配的问题产生很大的争议。更为困难的工作在于，如何确定各项收益在项目之间的分配。

例如，假设一家制药公司为研制一种新药而设立了一个项目，同时该公司还设立了另外一个项目，以便为这种研制的新药和另外两种现有的系列药品开发和实施营销战略。我们进一步假设整个系统成效显著，并且获得了大量的收益，那么究竟应该有多少收益分配给药品研发项目呢？营销项目又该分得多少收益呢？在营销项目中，每一种药品的分项目各自应该分配多少收益？如果我们把整个系统看成是一个项目，问题就会简单一些，但是研发和营销是公司的两个职能部门，每一职能部门都应该按照各自对公司的利润贡献程度来进行评估。部门经理的年底分红都是部分（常常是很大部分）取决于自己所管理的部门的盈利情况。图12—2展示了为一种新产品建立的项目基线数据，该图显示了包括价格、销售量、市场份额、研发费用、资本支出以及其他一些绩效测量标准在内的多种测量标准。

对于这样的测量问题没有理论上可接受的解决方法，但是会有一些政治上可以接受的解决途径。所有成本—收益分配决策都必须在各种项目全部启动后开始制定。如果这一点可以做到，战斗就转移到了“前线”，成本—收益分配的平衡问题也就不那么严重了。只要我们按照某个公式进行分配工作，各种重大的冲突就可以得到避免，或者至少可以得到一定的缓解。

如果我们在项目选择工作中不使用财务模型而是使用多目标评分模型，那么测量问题从某种意义上讲就会更为严重。我们有更多的因素需要测量，其中有些因素比较客观，容易测量，但有些因素非常主观，为了保证测量工作的可靠性，我们必须使用一些标准化的测量技术。为了认真完成项目评分工作，我们必须谨慎地使用访谈和问卷的方法。标准权重和评分程序在项目开始之初就要确定。

项目________________　　　　　　　　日期________________

市场________________

首次上市的时间：美国________

美国以外________

	第一年			第二年			第三年			第四年			第五年			合计		
	最小值	B.E.*	最大值	最小值	B.E.	最大值	最小值	B.E.	最大值	最小值	B.E.	最大值	最小值	B.E.	最大值	最小值	B.E.	最大值
1. 总体市场规模																		
2. 预计市场份额																		
3. 公斤数或件数																		
4. 预计销售价格																		
5. 总销售量																		
6. 预计的产品销售成本（%）																		
7. 毛利																		
8. 预计的营销成本																		
9. 边际营销成本																		
10. 给其他产品的利润造成的损失																		
11. 预计利润																		
12. 开发成本																		
13. 资本支出																		

* Best Estimate，最佳估计值。

图 12—2　一种新产品的营销基线数据

□ 对评估/审计人员的提示

一位好心的评论家，也是我们的同行，在向他的学生们解释项目审计/评估中的安排访谈内容、实施访谈工作、收集结果、限定活动范围以及各项日常事务等工作时，提出了几项“工作守则”。虽然“工作守则”这一说法看起来有点刻板，但我们对评估/审计人员确实也有类似的一些建议。

首要的一点是，审计/评估人员需要获得“进入系统的授权”。我们很难解释“进入系统的授权”这种说法的精确含义，但是每一位有经验的审计/评估人员都能够理解。高层管理者可以为审计/评估团队任命一位领导人员，但是这并不表明项目工作人员会接受那个人为合法的审计/评估人员。如果审计/评估人员不被接受，就会出现一些迹象，比如，给审计/评估人员的回复电话只有他不在时才会打来。提供信息的要求会被礼貌地接受，但是得到的信息却很少或者根本没有——尽管那些让人半信半疑的借口听起来很充分，抱歉的话语也非常真诚。和项目成员的访谈不能获得实质性内容，试图确定项目的辅助目标却不会成功，试图将项目团队成员召集起来讨论团队内部冲突问题的努力也不会有任何效果。每个人都表现得很友好，但是合作共事的承诺总是不能变成现实。人们总是会有充足的借口，或者干脆睁大无辜的双眼。

如果审计/评估人员表现得非常友善，并且能够保持平静放松的态度，项目团队通常就会逐渐增加信任。通常第一步是允许审计/评估人员获取项目的有关信息，那些遗失的项目正式文件会忽然被全部找到，然后审计/评估人员就会被尝试性地允许进入这一系统。如果审计/评估人员能够温和地处理这些信息，既不忽略项目的缺点，也不吹毛求疵，还能发现和欣赏项目的优势，信任程度就会得到加深，那么“进入系统的授权”就容易获得了。

建立信任是一个缓慢而细致的过程，并且容易受到挫折。审计/评估人员应该了解项目团队成员之间的政治关系和人际关系，他们还必须仔细认真地对待那些保密性的信息。在此基础上，他们之间才可以建立互相的信任，审计/评估工作才会卓有成效。

小结

本章开始讨论本书的最后一部分内容——项目终止。项目终止过程的一项主要结论性工作就是对项目的过程和结果进行评估，或者称为审计。我们在本章中研究评估工作的目的和内容是：审计过程和测量方面的考虑、对审计人员提出的要求以及最终报告的编制和设计。

本章的要点如下：

1. 评估工作的两个目的都是以项目目标为导向的，第一个目的是帮助项目达到其自身的目标，第二个目的是帮助项目达到那些没有明确规定出来，有时甚至是隐藏的，却是项目一贯坚持的辅助目标。

2. 审计报告应该至少包括项目的目前状态、预期的未来状态、关键任务的状态、风险评估、对其他项目有用的信息以及各种警示信息和限制条件。

3. 审计工作的深度和时间安排都是审计的关键要素，原因有很多，例如，在较晚实施审计的情况下，再想调整项目会非常困难。

4. 审计人员的艰难职责是，必须对提交的审计结果坚持诚信原则。要做到这一点有时还需要对数据做出相应的解释。

5. 审计工作的生命周期包括启动审计工作、确定项目基线、建立数据库、对项目工作进行初步分析、准备审计报告以及终结审计工作。

6. 审计工作要做到成效显著，必须满足几项关键性的条件，如审计/评估团队诚信可靠，可以获得充足的记录信息，可以充分接触到项目工作人员。

7. 测量数据，尤其是收益数据，是一个特殊的问题。

在下一章中，我们将进入项目管理过程的最后一个阶段——项目终止。在该章中我们将会讨论项目终止的时间以及实施终止过程的各种方法。

关键术语

审计（audit）　对一个系统某方面的一个正式的调查。

基线（baseline）　为以后比较所建立的一些早期的绩效标准。

评估（evaluate）　为评价设定一个值。

风险分析（risk analysis）　一个对政策的可能产出结果和出现的几率进行的评估，通常用来比较两种或更多政策。

问题

内容复习问题

1. 给出一些辅助目标的例子。

2. 在项目过程中什么时候应该开展审计？有没有一个最佳时间？

3. 在审计生命周期的每个阶段会出现什么？

4. 在审计报告中应该包括什么内容？

5. 一个准确的审计需要什么路径？

6. 为什么绩效度量是审计里的一个特殊的问题？

7. 什么是“基线”？

8. 风险分析的目的是什么？

9. 一个可信审计的必要条件是什么？

课堂讨论问题

1. 在一个典型项目里，是频繁简要评估好还是周期性的主要评估好，为什么？

2. 你觉得付出项目评估成本值得吗？

3. 什么步骤能够减轻外部评估对项目团队成员带来的威胁？

4. 项目团队应该从评估中得到什么反馈，如果有的话？

5. 在项目审计中，如果系统的信息处理方法不被接受，大量的时间会被浪费。简要解释这种系统方法该如何创建。

6. “项目评估是项目控制的另外一种方法。”请对此给予评价。

7. 为什么依靠多种信息来源比依靠少量信息来源好？

8. 下面几种信息来源的优缺点是什么：(1) 图表；(2) 书面报告；(3) 直接观察。

9. 为什么用外部审计者比用熟悉公司和项目的内部审计者好？

10. 什么样的报告可能会寄给客户？

11. 你认为审计者的道德责任是什么？

有关“项目管理实践”中的问题

从审计 110 位客户/服务商和开放系统项目的工作中得出的经验教训

1. 你觉得哪四个概念最重要？

2. 请对第三项展开说明。

3. 哪些是你认为是却没有包括的教训？

审计亚特兰提斯化学实验室一个出问题的项目

1. 这是审计概念的一个好的应用吗？

2. 这个项目的主要问题是什么？

3. 尽管 ASCL 已经有一个“问题项目”清单和适当的系统，为什么你认为它可能没能把握住这个特殊的项目？新程序会更好些吗？

案例讨论

Gerkin 退休金服务

戴纳·拉斯克是一个项目的项目经理，这个项目的目标是决策把 Gerkin 公司的一部分重要计算能力转移到另一个地点的可行性。计划的项目完成时间是 28 周。戴纳带领自己的项目团队工作，在第 20 周快结束时，项目就即将完工了。

在下一个礼拜的午餐谈话中，戴纳发现财务副总裁对团队做出的计算机应该转移的假设有严重的怀疑。

戴纳在此后的两次会议里尝试去说明他是错误的，但是没有成功。事实上，他们谈得越多，副总裁就越相信戴纳是错误的。项目现在进行到了一定程度，不可能在不造成重要延误的情况下去改变任何假设。另外，副总裁可能要承担关于实施任何经过批准的新计划的责任，因此，戴纳觉得在项目的计划完成时间前解决这个不一致意见是必需的。戴纳要求任命一个项目审计者来审计项目，对识别哪些是要转移的计算机的假设给予密切关注。

问题：

这是审计技术使用的一个好例子吗？

General 造船公司

General 造船公司和海军部签署了一个关于在今后五年中造三艘新航空母舰的合同。在第一艘航母的建造过程中，项目经理组建了一个审计团队，对三艘航母的建造过程进行审计。在挑选了团队成员以后，他要求制定一系列项目的最低要求，并作为审计的一个基线。当检查合同文件时，一个审计人员发现了合同最低要求和海军最低要求之间的矛盾。基于他的发现，他告诉项目经理自己已经决定和当地海军合同办公室联系并告诉他们这个问题。

问题：

如果你是项目经理，会如何解决这个问题？一个客户如何确信合同会令人满意地完成？

课堂综合练习项目

在这一点（或者也许如果一个特殊的问题在项目中已经产生了），老师应该审计项目。可能的审计者包括已经完成项目任务的班级成员、历史学家、老师自己或者项目之外的某个人。根据这一章的指导来进行审计，另外一个方法是显示历史学家的报告是如何和项目后评估联系起来的。

参考文献

BAKER, B. "In Common." *Project Management Journal*, September 2007.

BIERCE, A. *The Devil's Dictionary*. New York: Dell Publishing, 1991.

CORBIN, D., R. COX, R. HAMERLY, and K. KNIGHT. "Project Management of Project Reviews," *PM Network*, March 2001.

MEYERS, W. R. *The Evaluation Enterprise*. San Francisco: Jossey-Bass, 1981.

RUSKIN, A. M., and W. E. ESTES. "The Project Management Audit: Its Role and Conduct." *Project Management Journal*, August 1985.

SANGAMESWARAN, A. "A Key to Effective Independent Project Reviews." *PM Network*, April 1995.

SCHAEFER, A. G., and A. J. ZALLER. "The Ethics Audit for Nonprofit Organizations." *PM Network*, April 1998.

SHENHAR, A. J., O. LEVY, and D. DVIR, "Mapping the Dimensions of Project Success." *Project Management Journal*, June 1997.

WALKER, M. G. and R. BRACEY. "Independent Auditing As Project Control." *Datamation*, March 1980.

案例

下面的案例是关于一个多阶段美国军队导弹研制项目。第一阶段很困难，六个连续的飞行测试都失败了，花了承包人数百万美元，但是接下来的测试成功了。美国国防部准备直接跳到项目的下一个阶段——设计和生产研制成果。在这样做之前，美国政府责任办公室要求对项目到目前为止的程序做一个审计。这个案例揭示了审计者发现的问题，给项目经理提供了经验教训。

高空战场区域防御的五个失败和计算[①]

Tom Cross，Alan Beckenstein，and Tim and Laseter

约翰·韦斯特和乔伊·亚当斯自1992年参加THAAD项目以来已经经历了很多。在项目定义和风险减少阶段（PDRR）已经进行了11次THAAD飞行测试，在第10次飞行测试中，第一个成功的弹道导弹拦截在1999年6月10日完成。韦斯特和亚当斯向上级报告了他们学到的合同管理方面的经验教训。

GAO研究——1999年6月

国防部在研究中识别出THAAD项目潜在的问题：

1. 压缩的飞行测试日程不允许充分的地面测试，结果导致不能在飞行测试前识别检测问题。进度表也没有为飞行测试、飞行后分析和修正活动留下充足的时间。

2. 快速开发一个原型系统的要求转移了

政府项目管理人员对正常拦截机研发程序的注意，造成了拦截机没有充分的仪器导航装备来提供最佳的测试数据。

3. 质量保障没有受到重视，部件生产的资源也不够，导致了部件不可靠。

4. 拦截机研发的合同是成本加成不固定价格合同，这种合同把所有的项目财务风险都加到政府身上，而没有规定承包商对未达到最佳绩效所应负责的合同条件。

飞行测试的失败基本是由生产缺陷而不是先进技术造成的。失败妨碍了军队表明他们会信任地使用对项目成败起决定作用的"hit-to-kill"技术。项目重组着手解决项目的四个潜在问题：

(1) 延长了飞行测试的进度，增加了地面测试；

(2) 去除了对于原型拦截机的可扩展方面的要求；

(3) 提高了合同对承包商在质量方面的要求，包括它的义务、领导和质量保障人员安置；

(4) 修改了成本加成不固定价格合同以实现基于绩效的奖惩并引进了项目完成度指标。

尽管做了这些变化，但由于大部分部件是在合同质量保障系统不充分的情况下生产的，剩余的拦截机飞行测试仍然是一个需要关注的问题。

合同绩效经验

- THAAD PDRR 导弹还没有显示任何军事能力，因此要从现在的设计中获得大量的导弹去支持一个应急配置计划是不明智的。残留导弹的硬件是数年前制造和获得的，只能进行小的改进和升级。只有更换了新的生产硬件，建立了产品保证和测试程序，THAAD 导弹的研究才会有大的改进。

- 稳定的项目基金和指导对于项目成功很重要，对于像 THAAD 这样复杂的项目尤其重要。创造一个原型机、削减预算、项目重组和修订测试原则等方面的错误所造成的压力都对项目决策产生了重大影响。由于预算和进度是由用户运营评估系统的早期配置条件所决定的，所以项目管理办公室和承包商都做出必要的妥协，这对达到预算和进度计划是必需的。

- 在拦截机的生产过程中，改进部件设计、合格检测、质量控制程序、产品保证和测量程序是必要的。改进部件质量检测来确认设计和质量将大大提高可信度，并为集成导弹子系统和整个系统提供信心。

- 对 THAAD 导弹，特别是自导导弹的装配进行更全面的地面和半实物硬件模拟测试是必须进行的。多亏了 DOT&E 的强烈影响，项目管理办公室才能够计划成立一个评价承包商和政府半实物硬件能力的测试小组。这个小组将对允许端对端集成导弹和重要子系统（例如转移姿势控制、自导导弹、电子设备预装件等）进行测试所需的提高方案提出建议。

合同管理经验

- 在项目生命周期早期，一个稳定的团队环境，包括所有 THAAD 的利益相关者（DCMA，THAAD 项目经理，主要承包商和分包商）对于解决一些主要里程碑/资金结算点之前面临的问题是非常关键的。这需要一个有准备的、以解决问题为导向的、能实时解决问题的工作环境。

- 主要承包商 DCMA 指挥官、THAAD 利益相关者需要积极参加成本加成加奖励的奖励资金确定过程，保证整个项目的成功。

- 电子数据管理系统的应用给所有用户提供了关于项目所有方面的实时信息，从合同修改到空际航行记录等极为重要的信息。

THAAD 项目在 2000 年进入工程化和生产开发阶段（EMD），与 Lockheed Martin Space System 公司签订了 38 亿美元的合同。韦斯特和亚当斯把学到的合同经验用到了 EMD 合同里。

2000—2003 年，THAAD 的工程师重新修正了整个系统，解决了许多原来存在的问题和冗余。在 2004 年 5 月，16 个飞行测试导弹开始在 Lockheed Martin 公司的亚拉巴马州 Pike 县的新生产实验室生产。系统预期在 2007 年进入实验生产阶段。

在项目后续发展阶段，为了使 THAAD 系统尽快到达士兵手中，THAAD 实施了一个模块开发策略，尽量使用最新的技术，持续推敲和完善整个系统设计，这可以通过持续的部件设计和开发活动、稳固的地面测试和质量保障工作来实现。飞行测试将于2004年年末在白沙导弹发射场重新开始，在2006年转到太平洋导弹发射场去测试对抗代表威胁一方的类似系统。

问题

1. 你认为这是一个财务审计、项目审计还是一个管理审计？为什么？

2. 这个审计是机械式控制、行/不行控制还是事后控制？请解释。

3. 你猜测审计的目的是改进未来的项目还是寻找没有达到项目目标的原因。如果是后者，它是直接目标还是辅助目标？

4. 你认为GAO是一个审计项目的最佳选择吗？它会得到项目人员的信任吗？

第13章 项目终止

项目与世界万物一样，终归要结束。有时，项目终止得非常迅速，并且干净利落，但多数情况下，它是一个非常漫长的过程，有时我们还没做好准备，项目终止过程就已经开始了。如何处理好项目终止和接近终止时的事情，对项目结束后的各方面影响很大。项目终止阶段很少会对项目的技术成败产生重大影响，但与客户、高层管理者以及项目团队成员对项目的看法以及对导致项目成败原因的认识密切相关。

至此，探索的乐趣已经成为过去，问题或已经被解决，或被避开，或艰难度过，或被忽视。计划已经实施完毕。客户可能高兴，可能生气，也可能相当满意。对于工程类型的项目，只要项目基础结构保持完整，终止问题就很顺利，整个项目团队将转移到下一个挑战上去。对于一次性的项目来说，终止问题与一个家庭的解散很类似。当家庭成员的翅膀已经长硬，需要各奔前程时，家庭也就必须解散了，这时候需要划分或处理家庭的财产，做好个人今后生活的打算。做出改变是一件很难的事情，除非项目的生命周期只有几周或几个月。如果项目组织结构是弱矩阵型的，那么项目组中只有很少的人，也许只有项目经理一个人，这意味着比解散一个大的项目组织更有压力，因为此时只能得到很少或者根本得不到其他人的支持。

项目终止过程从来就不是一件简单的事情，而经常是一件非常烦琐的事情，几乎所有人都想避免此过程，然而，它又是难以避免的。问题是如何尽量减少麻烦和管理混乱以完成项目终止中的一些标准规范。

在本章，我们首先研究有关项目终止常见的几种形式。其次，我们将介绍用于做出项目终止决策的一些决策辅助模型，为此我们将回顾项目评估的话题，并讨论项目成败的标准。再次，我们将讨论降低项目终止的负面影响和一些步骤以及为减少项目终止带来的一些管理问题所遵循的程序。我们还将关注导致项目终止的典型原因。最后，我们将介绍项目终止过程中不可缺少的一项工作——编制项目最终报告。

13.1 项目终止的方式

我们认为当出现以下几种情况时，就是我们所说的项目终止：项目的实质性工作已经停止或要想取得进一步的进展已经不再可能；项目已经无限期延误；项目资源已经转移给其他项目；或者项目专业人员（特别是项目经理）已经不受高层管理人员信任而在公司被冷落。当出现以上几种情况时，表面看来项目还有一线生机，但是要想恢复到健康状态几乎是不可能的，项目极少会重新崛起、再度辉煌（Baker，1997）。项目团队虽然有坚持到最后的信念，并使出浑身解数以挽救项目，但在很多时候无法指望死灰复燃。项目经理必须懂得，古代海军虽然有船长必须与船共存亡的传统，但献身的做法无论对舰队、船员、船只还是船长本人来说都不是最好的。

但是船长也不能在刚出现危险信号时就仓皇弃船而逃。在本章的下一节中，我们将介绍许多表明项目可能正处于麻烦之中的征兆和信号。此时，所考虑的应该是项目以何种方式终止的问题。存在四种截然不同的项目终止方式，即完全式、附加式、集成式和资源限制式。

□ 完全终止方式

这种项目终止的原因可能是已经成功完成了项目的目标：新产品已经开发完毕，并交付给客户，或软件已经安装完毕，并开始运行。也可能是因为没有成功地完成目标或者项目被取代了：新药物没有通过药效检验；存在更好、更快、更便宜、更美观的替代项目；要实现预期的绩效成本太高，耗时太长。此外，外部环境的变化也可能使项目终止。挑战者号航天飞机的爆炸，一夜之间导致许多航天项目终止。

一个通过完全方式来终止项目的特殊情况是"通过谋杀来终止"[①]。其中，谋杀手段有多种，既可能是政治暗杀，也可能是制造意外谋杀，而项目的"谋杀"有可能是因为原来反对项目的高层管理者在新的一轮职位角逐中占了上风的结果。公司合并经常会使某些项目成为多余的。NCR 合并到 AT&T 时，就被迫取消了一些项目；近来，NCR 又从 AT&T 中撤出，可能会有更多的项目被取消。

针对有预谋或没有预谋的谋杀终止方式，有两个重要特征：一是项目突然死亡；二是没有明显的征兆。

当做出通过完全方式终止项目的决策时，最显著的特点是项目的所有实质性活动都被停止。然而，仍有大量的组织活动需要去处理。如果项目团队成员仍会留在原公司中，则必须对他们的解散和重新任命做出安排。项目的资产、设备和材料，必须在符合项目合同的规定或遵守项目组织的规定程序的情况下对其进行分配。最后，还必须准备项目结束报告，即项目历史记录。这些内容将在本章的后面详细讨论。

□ 附加终止方式

许多项目属于内部项目，也就是项目团队开展项目为公司所用。如果项目取得成功，将可能以正式地归为公司的一部分的方式终止。例如，NCR 公司（在并入 AT&T 之前和撤出 AT&T 后）采用这种方法把其中的一个项目转到公司的某一部门

---

① 作者在此谨向萨缪尔·G·泰勒教授（Samuel G. Taylor，怀俄明州立大学）为我们指出完全终止方式下的这一特殊情况表示感谢。

的管理之下，如果证实经济前景稳定，就可以把它转为一个独立的子公司。大学里将原属于某系的几个专业划出来成立一个新系的做法与此如出一辙。例如，多数的软件工程系或信息系统系就是这样由软件工程或商学院的类似专业转变为一个完整的系的。

当这样的项目被列为公司的重点时，就像小孩总是会受到长辈的关爱一样，通常会在被保护的状态下度过第一年——与其他成熟项目相比，承担较少的管理费用。然而，随着时间的推进，“小孩”会逐渐被要求去承担“成年人”应有的经济责任。

当项目取得成功并采取附加方式终止时，其转换过程明显不同于完全终止下的转换过程。虽然两种方式下项目都终止了，但后来的进程却不一样。前者是将项目人员、财产和设备都从濒临消亡的项目中转移到新生的部门，无论这种转换是从项目到部门，还是到分公司，都伴随着新的变化：预算和管理方式必须符合项目所属公司的标准程序，对上缴利润的要求也不同了，项目阶段享有的政策性保护可能也减弱了，实际上，项目运作已经纳入组织内部常规的、事务性的与日常的运作体系之中。

然而，有的情况下，一些富有挑战意识的项目团队成员会要求转移到其他项目上或寻找开启新项目的机会。项目的整个生命周期是令人兴奋的，一些团队成员对项目组织中沉稳和中规中矩的现状感到不舒服，因为从项目到部门机构的转变使自由感消失了。

对项目经理来说，这一时期要做到顺利过渡会面临很多困难。在本书的第Ⅰ篇，特别是第3章，我们曾反复强调项目经理不可或缺的素质之一——政治敏感性。为了成功地实现从项目到部门的过渡，就要求项目经理具有更高的政治敏感性。有的时候项目是处在保护之中的，因为围绕着项目存在着很多纷争。在大多数公司中，常规业务部门要面对高层之间的明争暗斗是司空见惯的事。

□ 集成终止方式

这种终止方法是应对成功项目的最常用方法，也是最复杂的。项目的资产、设备、材料、人员和职能被分配到组织的现有各机构之中。项目的输出变为组织或客户运行系统的一个标准部分。

在某些情况下，项目的集成问题相对较少。比如，安装一个新软件的项目团队向客户进行有关的操作和维护的培训之后，项目团队就会解散，可能会遗留一些小问题，但是对有经验的经理来说不足挂齿。如果安装一个含有多个终端和多个不同软件的服务器，那么集成的复杂性则十分高。通常情况下，组织或客户在以下两方面的经验水平越高，处理集成问题越容易：（1）被集成的技术；（2）其他项目成功集成的经验，不考虑技术。

附加终止方式中的大多数问题也会在集成终止方式下出现。在集成终止方式下，项目本身不会被排斥，而调配到组织指定单位中的项目专业人员则被认为是闯入的竞争者。同样，在保护下“茁壮成长”的项目在残酷的现实世界中可能并不能健康运行。从事项目的人员可能回到原岗位，并且分配了新的责任，因此也有可能对老项目失去兴趣。

集成终止方式下，在分配项目职能时，必须考虑以下几个重要方面：

1. 人员

项目团队将何去何从？是否仍作为团队予以保留？如果仍然需要团队实施项目职

能，那么由哪些人来做这些工作？如果团队成员被分配到一个新项目中，那么在什么条件或环境下可以临时抽调这些人员来协助原有项目？

2. 生产

培训充分吗？能否获得原料和必需的设施？生产布局是否需要重新规划？此项变化是否带来了新的瓶颈或打破了原来的平衡？需要新的操作或控制程序吗？新的操作工序集成到公司计算机系统中了吗？

3. 会计/财务

项目的财务周期是否已经结束并通过了项目审计？运营的新部门预算是否包含项目所需的附加工作？是否建立了新的财务簿记，簿记账号是否已经传达？所有的项目财产和设备是否按照合同或商定的协议进行了分配？

4. 工程

所有的图样是否完备并已存档？操作手册和变更手续是否易于理解？是否针对新员工对培训计划进行了调整？是否对维护进度也进行了调整？我们是否有适当的备用库存？

5. 信息系统/软件

是否对新系统进行了全面的测试？软件是否被证明有效并进行了全面的评价？新系统与当前的系统是否完全兼容？是否对新系统的用户进行了适当的培训？

6. 营销

销售部门是否意识到了变化？营销是否考虑了交货时间？市场对新产品是否满意？是否为具体的实施制定了新的营销策略？

7. 采购、分销、法律等

是否所有的职能部门都意识到了新的变化？是否每个部门都按照标准的组织方针完成了从项目到正常业务的转变，并且制定了标准的管理程序？

8. 风险识别和管理

上述1～7个方面所述的大多数问题和条件描绘了成功集成的风险。每一项都应该与其他项目风险一样纳入风险管理体系，加以分析和应对。

□ 资源限制终止方式

这是项目终止的第四种类型，严格来讲，它根本就不算是一种终止方式，而是通过减少预算的方式使项目慢慢消亡。当业务长期萧条时，项目中的所有员工几乎都必须面对预算削减。预算削减或预算消耗是很常见的现象。正是由于比较常见，它们有时被用来当做项目终止的借口。

对于高层管理人员为什么不希望终止一个不成功的或过时的项目，可能有许多原因。例如，在一些公司中，如果高层管理人员承认他负责了一个失败的项目，那么将会面临很大的政治风险，并且终止一个未完成自身目标的项目暗示着承认了失败。在上述的例子中，项目预算可能被大幅削减，或者经历多次的小幅削减，这些预算的削减足够阻止项目的进展，不得不重新任命许多项目团队成员。项目实际上已经终止了，但是它仍旧作为一个合法的实体而存在，并且有充足的人员维护某些现场，比如秘书每年都要发布项目无进展报告。通常，调查这些项目或者对为什么项目还没完成刨根问底被认为是不合时宜的。

项目管理实践

印度产业的项目终止实践

项目终止阶段是项目生命周期的最后一个阶段，在项目成功完成方面扮演着一个重要的角色。项目终止过程并不是一项简单的任务，它与项目生命周期的其他阶段一样，需要制定计划、预算和进度。有时，为了完成终止过程，需要引进特殊的终止经理。尽管项目终止是整个项目中一个有意义的构成部分，但是它经常被项目经理所忽视。我们引入了发生在印度的案例，用来分析当项目终止时项目经理所面临的问题。

此案例研究揭示，一旦安装的设备或服务开始运行，项目经理就失去了对项目的掌控。在把项目交付给客户的过程中，对最后的少许缺陷进行调整会持续很长一段时间，当这些缺陷调整好以后，新问题又突然出现了，需要花费时间做进一步的调整。通过观察发现，设备的正式移交必须具有初步验收证明书，而且还得把最后出现的少许缺陷调整完毕。在从客户那里获得最终验收证明书之前，这就成了一个恶性循环。由于客户没有兑付最后的合同金额，组织面临着资金缺乏的情况，特别是当组织从事多个项目时。例如，一个制造原材料处理设备的公司为某个发电公司开发输煤设备，在项目成功终止之前，由于项目没能通过性能测试，导致此项目进行了将近 10 年的时间。另一个困难是确认项目终止阶段的开始时间。在完成制作、试运行和测试活动后，项目经理利用自己的直觉和判断力来确认终止阶段的开始时间。

对案例研究数据的分析揭露，以下几个问题是在项目终止阶段被印度企业考虑最多的：

（1）与客户就有关要求进行协商；

（2）遵守规定的需求；

（3）最终分期付款的收据；

（4）性能检测；

（5）处理供应商的要求。

资料来源：De. P. K，*Project Termination Practices in Indian Industry：A Statistical Review*，Inernational Journal of Project Management，Volume 19，Issue 2，pp. 119－126，February 2001.

13.2　何时终止项目

想要尽早做出终止一个项目的决定，无论采用什么方式，都不是一件简单的事情。正如我们在第 4 章所强调的，项目都有自己独特的生命规律，这与项目是否成功无关。在早期有关终止 R&D 项目的文章中，布艾尔（Buell，1967）曾怀疑过是否能阐明决定终止项目所遵循的特定方针和标准，他对“能够把任何事情以定量的数学表达式表示出来”持强烈的怀疑态度，他提出了通过回答一系列问题的方法来指导决策。尽管这些问题是针对研发项目提出的，但是它们具有广泛和普遍的适用性。对这些问题进行分析并做出局部修正后，其指导意义大大扩展了。这些问题如下：

（1）项目是否仍然与组织目标一致？

(2) 项目是否具有可操作性和可用性?

(3) 管理人员是否十分积极地支持项目的实施?

(4) 项目的范围是否与组织的财力匹配?

(5) 项目是否与组织技术利益、技术“年龄”和成本达到平衡?

(6) 当开始实施项目时,项目是否得到了所有相关部门的支持(例如:财务、生产、营销、信息技术、法律部门等)?

(7) 组织对项目的支持范围是否太窄?

(8) 对单个项目的支持是否足以使其成功?

(9) 与目前的技术相比,项目所代表的技术是否太先进或太落后?

(10) 项目团队是否依然富有创新性或已经“身心俱疲”?

(11) 能否通过专利、版权或商业机密等形式对新知识进行保护?

(12) 能否在不影响项目质量的情况下对其进行分包?

(13) 目前的项目团队能否继续胜任项目?

(14) 组织是否拥有成功实施或开发项目所需的技能?

(15) 项目所涉及的领域是否已经被完全开发?

(16) 项目是否流失了关键员工或支持者?

(17) 项目团队对成功抱有热情吗?

(18) 通过采购或分包而不是自己实施来达到项目预期效果是否更有效?

(19) 是否只能实现部分项目目标?是否仍然有利可图?是否能保证工期?

我们也可以为布艾尔的清单增加一些其他问题,例如:

(1) 项目是否已经被其他公司开发的新技术或生产的新产品、提供的新服务所取代?

(2) 项目产品是否仍具有成本效益?项目的风险水平是否发生了显著的变化?

(3) 现在是否到了把项目纳入组织日常运营体系的时候?

(4) 如果今天提出项目议案,要求在规定的时间和成本之内完成项目,我们是否会支持此项目?

(5) 对项目的资金、时间和人员的使用还有更好的可替代方案吗?

(6) 环境的变化是否改变了对项目产品的要求?

很明显,这些问题存在交叉之处,并且还可以很容易地对这个清单进行进一步的扩展。迪恩(Dean,1968)通过对管理人员的调查发现,技术和/或商业失败是项目终止的两个最重要的原因(参见表13—1)。通过与20世纪80年代之前的关于项目选择决策的大量研究和思考进行比较我们可以发现(也可参见第2章),关于终止决策方面的研究成果相对来说非常少,即使这样,这类成果还是比有关定义项目成功的研究成果要多。到了20世纪80年代中期,人们研究项目终止的兴趣开始增加,同时,对应如何理解项目成功的兴趣也在增加。平托等人(Pinto et al.,1987,1988)通过对一些经验丰富的项目经理进行调查,发现了项目成功实施的十个关键因素(参见表13—2)。吉安格等人(Jiang et al.,1996)通过“商务专家”信息系统对平托等人提出的十个关键成功因素的相对重要性进行了调查,最终得出了大致相似的结论。贝克等人(Baker et al.,1983)研究了影响研发项目成败的类似因素。

贝克等人的一个重要发现是,与项目成功相关的因素因行业的不同而不同。贝克等人的工作局限于研发项目,平托等人的研究则包含多个不同类型的项目,他们发现,与成功相关的因素随着项目类型的不同而变化,例如,研发项目成功的因素与建

表 13—1　　终止研发项目时所考虑的重要因素的排序（36 个公司）

因素	认为此项是重要因素的公司数量
技术方面	
达成技术目标或商业化成果的概率较低	34
使用现有的研发技术不能解决技术或生产问题	11
具有优先权的其他项目需要本研发项目的人力或资金	10
经济方面	
较低的收益率或投资回报率	23
单独开发此产品成本太高	18
市场方面	
市场潜力低	16
竞争因素或市场需求的变化	10
其他方面	
实现商业成果所需时间太长	6
对其他项目或产品有负面的影响	3
专利问题	1

资料来源：Dean(1968).

表 13—2　　关键成功因素重要性排序

1. 项目任务——项目开始时，清晰定义的目标和总体方向
2. 最高管理层的支持——最高管理层愿意为项目的成功提供必需的资源和授权/权力
3. 项目进度/计划——对项目实施的行动步骤进行详细的说明
4. 客户咨询——与所有相关方进行沟通和咨询，并积极听取他们的意见
5. 员工——为项目团队招聘、选择和培训所需的人员
6. 技术任务——为完成具体的技术行动步骤，所需的技术和专家的可获得性
7. 客户认可——项目产品被最终用户所接受
8. 监控和反馈——在实施过程的每个阶段都及时提供全面的控制信息
9. 沟通——在项目实施过程中，为所有的关键参与者提供合适的传递网络和必需的数据
10. 问题处理——处理突发事件和纠正计划偏离的能力

资料来源：Pinto et al. (1987).

筑项目不同。至少，这些因素以及它们之间的重要性根据产业、项目类型的不同而不同，我们认为，可能在不同的公司之间也有差别。

针对这方面的研究，学者们根据项目的特征或实践，提出了一些用来预测项目成败的模型。平托等人利用平托的研究成果对与项目失败相关的因素进行了描述，而且这些因素随着项目类型（比如研发项目与工程项目）、项目在生命周期中的阶段和定义失败的方式的不同而不同。格林等人（Green et al.，1993）发现，公司现有的技术专长与现有市场领域和渠道之间不太匹配是项目终止的一个较好的预警。克劳潘伯格等人（Kloppenborg et al.，1991）对实施专家系统的项目成败的先兆进行了描述。比勒等人（Beale et al.，1991）则构建了针对项目内在、外在因素以及项目团队内部、外部因素的不同模型。

面对多样复杂的成功因素，我们发现通过采用布艾尔所提出的问题，一些项目并不能做出令人满意的回答，原因如下：

1．未按项目需要建立项目组织结构

建立的项目组织结构并不适应特定的项目任务或项目环境。公司必须清楚地了解建立项目组织结构的条件。

2．高层管理者的支持不足

项目对资源的需求不会是一成不变的，与职能部门之间就这些资源经常发生争论，如果没有高层管理者的支持，项目在争夺资源的战斗中十有八九将以失败告终。

3．任命了不合适的项目经理

本书已经旗帜鲜明地表明了项目经理的重要性。一个常见的错误是：任命的项目经理技术能力非常突出，但是管理能力很低，或缺乏此方面的培训。

4．糟糕的计划

这是项目失败的一个常见原因。人们经常忙于实现项目的目标，却忽略了制定周详的计划。在一些实例中，危机管理成为家常便饭，困难和错误经常出现，项目慢慢地远离了预定的进度和预算。实际上，几乎所有的实证研究都表明，详细的计划与项目成功直接相关——尽管汤姆·彼得（Tom Peter）的《准备，射击，瞄准》（Ready，Fire，Aim）一文所持的观点与之相反。合适的计划是项目成功的保证，而糟糕的计划注定会导致项目失败（Black，1996）。

除了以上原因，还有其他一些导致大多数项目失败的原因。这些失败的原因大部分源于以下几项，例如：

- 没有借鉴先前项目的最终报告，而这些报告中包含了许多有关项目实施的建议。
- 进行时间/成本估算的不是真正对此负责的人。
- 项目开工延后，项目经理还没有做好充分的计划就投入到工作之中。
- 项目人员调动却未对计划做相应调整，或任命了新人但在项目需要人手时却无法到位。
- 项目审计人员/评估人员怠于做出详细而有价值的评价。
- 允许因无效益被停工并长期搁置的项目继续实施。
- 无法评估出在项目生命周期的早期阶段出现问题的原因是没有准备充分还是没有进行风险评估和管理工作。

上述这些有关项目失败的原因都说明了在项目的所有阶段都要进行仔细评估的必要性。同时，需要特别向读者指出的是，虽然对终止问题的关注大多集中于正在走向失败的项目，但是，适时地终止成功项目也同样重要或更为重要。一个影响到许多组织但很少被提及的问题是，成功的项目经理无能力或不愿意终止正在实施的成功项目，终止组织内部的项目就更加困难了。项目经理（和项目团队）不愿把项目交给客户或组织的部门。一个负责项目沟通的优秀技术专家兼管理人员被解雇，仅仅因为她坚持对实质上已经完工的项目保持监控，而不把项目交付给用户，她的理由是这些项目还需要“进一步测试”或“完善地调试”。

同样，如何做出终止决定以及由谁来做出决定也很少被提及。我们认为由高层管理人员组成的委员会可能是最好的选择。该委员会应该能排除干扰并承受伴随终止而来的各种政治压力，比如成功项目和失败项目的终止决策。委员会应该尽可能地将所采用的标准公布，并对一些细节做出解释。重要的一点是，委员会不能机械地为做出决定而制定标准，有时要对超出标准的提议做出正确取舍、对所做的承诺做出正确决断，提建议的人或做承诺的人是谁也要加以考虑（Baker，1997）。

本书的一个读者提出，书中讲了太多的项目终止的技术原因，而没有谈到许多项目都是由于非技术原因而被终止的。虽然导致项目终止的非技术原因多种多样，但多数与冲突有关，甚至在项目伊始大家就预知要发生的冲突也无法避免。

1. 政治型的项目终止

在讲到“谋杀项目”时，我们已经提到过这种项目终止类型。这种终止一般是高层管理者之间冲突的典型结果，冲突中的一方很可能随着项目的终止而离开公司。

2. 文化差异造成的项目终止

有时跨国项目的失败是由于不同文化组群没有或不能进行良好的沟通，或者因为他们的工作风格没有或不能相互协调，详见第 3 章中的实例。当较差的沟通或不同的工作风格导致不同文化之间争夺优势地位或进行输赢对抗时，冲突就出现了。同样，当不同职业背景的人员（比如销售人员和技术人员）一起工作时，跨文化力量起作用，也会出现类似的冲突问题。

3. 淡出型的项目终止

许多项目的终止是因为高层管理者、项目倡导者、项目经理，甚至关键的项目工作人员对项目失去了兴趣。项目无所谓成功或失败，只是被冷落在一旁。同时，其他一些新的有创意的想法变为项目，组织的焦点（和资源）就此转移。新旧项目之间的冲突可能不是那么激烈，那是因为旧项目主动让位给新项目罢了。

项目管理实践

终止特大型超导对撞机项目

1993 年 10 月 19 日，美国国会做出了终止特大型超导对撞机项目（SSC）的决定，结束了这一耗时 11 年、花费超过 20 亿美元的宏大工程，也使 2 000 人因此失去了工作。此项目的预算为 110 亿美元，目标是在地下 54 英里的一个圆形容器中把亚原子微粒加速到接近光速，并在 40 万亿单位的电子电压下将它们击碎。该实验对于社会的利益未知，一些人认为它给社会带来的利益将是巨大的，而其他人，包括国会议员，对此并不确定。

这一项目也因“身份”问题的争议而受到责难。由于项目初期其他国家承诺投资 10 亿美元，该项目应该是国际合作科研项目，还是美国前所未有的基础科学项目，便成为悬而未决的问题。尽管 SSC 项目的成本迅速增加，但是导致其终止的主要原因是失去了政府对它的政治支持。* 尽管 SSC 项目得到了来自大专院校和科研团体的支持，但是项目潜在的效益却不会使克林顿政府受益，因此，政府的反应很冷淡。当项目出现 40 亿美元的预算赤字时，SSC 项目最终被终止了。

资料来源：B. Baker and R. Menon，“Politics and Project Performance：The Fourth Dimension of Project Management，” *PM Network*，November 1995. pp. 16 - 21.

* 本书的作者认为失去支持的原因是得克萨斯州是该项目唯一的直接受益方。

13.3 项目终止过程

终止过程分为两个不同的阶段，即终止决策阶段和终止实施阶段。

□ 终止决策阶段

项目终止的辅助决策模型一般分为两类：一类是基于符合项目成功（或失败）的一系列因素及达到这些因素的程度做出决策的模型；另一类是基于完成项目任务和目标的程度来做出决策的模型。

一些研究者认为，项目选择模型不适用于项目终止决策（Balachandra et al.，1980；Raelin et al.，1985），其他研究者如库马尔等人也持相同的观点（Kumar et al.，1996，p. 277），争论的焦点是项目选择模型要求的数据获取工作量庞大，而且成本很高；或项目因素在项目生命周期的不同阶段评估的结果不同，如技术成功可能性这一因素的评估值在项目初期时接近1.0，但是随着项目的进行，技术问题会逐渐显露，其评估值也就逐渐降低，他们认为，以此为依据评估项目，会使决策倾向于新项目而不利于正在进行的项目。

李等人（Lee et al.，1986）认为，争论的焦点与实际不符，因为实际所采用的项目选择模型规模是适中的。正如本书的其他章节所述，多数项目的不确定性一般与实现项目目标所需的时间和成本有关，而与在技术上是否可行无关。选择标准可能从项目开始到项目结束这一段时间内不断改变的这一事实，并不能成为反对使用项目选择模型的可靠理由。事实上，无论项目终止的评估标准是什么，都要由组织做出终止决策时的政策来决定，而不是由这之前的政策决定。

我们排除沉没成本与当前的投资决策之间的关系，那么评估项目继续开展还是终止的首要标准是，在项目当前状态和当前预计产出的条件下，组织是否愿意就完成项目所需的时间和成本进行投入。我们在此强调，此标准适用于任何项目。

沙弗尔等人（Shafer et al.，1989）在附带约束条件的加权因素评分模型（见第2章）的基础上，开发了一个项目终止决策支持系统（DSS）。目前最流行的电子表格软件可以实现对评分模型的直接模拟和设置专用菜单，并使决策者随着使用DSS经验的增加能够对模型进行修改和完善。每个组织的决策标准、约束、权重和环境数据都是不同的，因此对该（或任何）决策模型的使用都各有特点。沙弗尔等人（Shafer et al.，1989）详细论述了许多使用这一规则的模型，图13—1说明了这一模型的结构。

□ 终止实施阶段

一旦决定终止项目，就必须将此决定实施到底。实际中的终止过程既可以按计划有序地进行，也可以快刀斩乱麻。前一种做法显然效果会更好，因此，我们建议终止实施阶段应该与项目生命周期其他阶段的做法一样，都要制定计划、编制预算和安排进度。图13—2说明了某一项目的终止实施过程。阿奇博尔德（Archibald，1992）编制了一份内容广泛的有关项目的管理部分和实质部分的收尾工作清单（见图13—3a和图13—3b）。

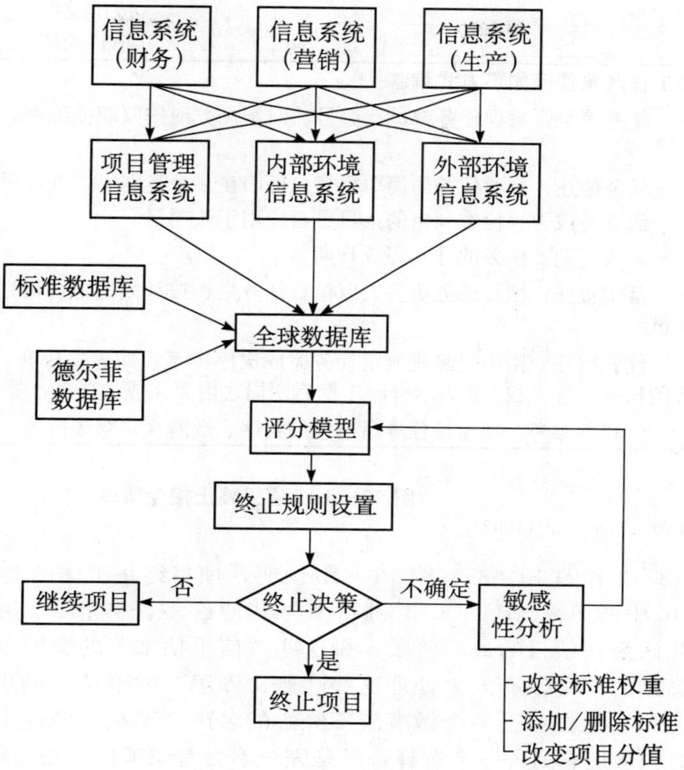

图 13—1　项目终止决策 DSS 结构图

资料来源：Shafer et al.（1989）.

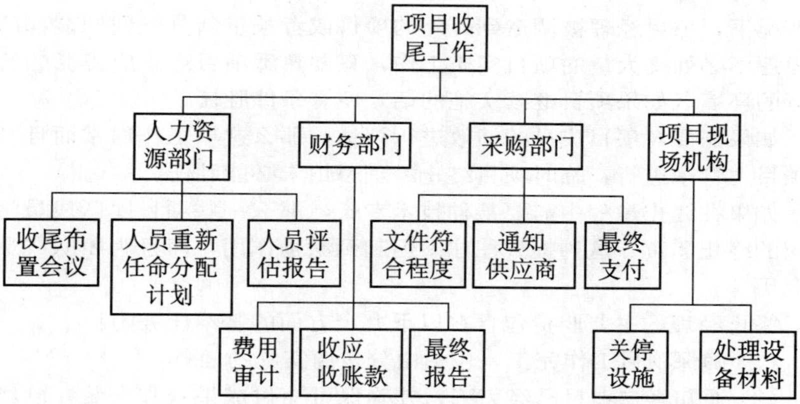

图 13—2　项目终止实施过程设计

在一些组织中，项目收尾工作是在项目经理的直接领导下进行的，但是这种情况下经常造成一些窘境。对于许多项目经理来说，项目终止意味着领导地位的丧失。如果项目经理将负责新项目，那么问题可能不太严重，但是，如果没有其他的项目，并且项目经理面临着回到职能部门从事枯燥的工作，那么他难免会在终止过程中滥用职权。

项目名称____________	完工日期____________
合同编号____________	成本类型____________
客　　户____________	项目经理____________

项目收尾工作清单按照如下方式编制：

第1栏——任务编号：每项任务都进行编号、归类；类别按照职能编制，而不是按照组织或设备来编制

第2栏——任务描述：是对任务的简单概括，可归在多个类别中，也可列入最适合的类别

第3栏——回答是或否：检查列出的条目是否应用于该项目

第4栏——完成日期：任务的计划完成日期

第5栏——落实责任：填写任务负责人以检查任务是否按计划完成，可以是项目办公室成员或职能部门人员

第6栏——优先次序：由项目经理制定任务完成次序体系，如优先权＃1表示所有必须在合同工期前完成的任务，优先权＃2表示合同工期后两周之内要完成的任务，等等

第7栏——注释、参考：填写该任务所遵循的程序、政府规定与规范等

图 13—3a　项目终止指令清单

资料来源：Archibald (1992).

图13—2和图13—3a、图13—3b说明，项目终止工作的实施是一个复杂的过程。图13—3b中的A-4、B-4、C-3和G-2与其他许多任务相比，实际上是一些小项目，如果就此认为在项目的最后阶段，做这些"信手拈来"的文字游戏轻而易举的话，则是非常愚蠢的。必须有人来处理这些"舞文弄墨"的事情，如果项目经理在此方面丢三落四，那么他将留下一个做事漫不经心的名声，不利于职业生涯的成功。

项目经理还有另外一个选择，就是完全不去考虑项目终止实施过程。既然对项目的评估已经做出，项目褒贬已经无法改变，与其做费力不讨好的事情，不如将项目收尾工作交给项目主管去处理。项目团队成员可能有类似的想法和反应，在项目实际结束之前，他们可能会寻找新的工作或机会，在此阶段某些工作拖沓也在所难免。

有时，特别指派项目终止负责人对于处理这一漫长而棘手的工作是有效的。在这种情况下，项目经理被调遣到另外的项目或者被重新分配回职能部门。专职的项目终止经理不必处理大量的项目实质工作，只要熟悉项目终止应遵循的管理程序及项目将运行的环境（如果项目继续实施的话）便有条件胜任。

如果需要对项目成员的绩效进行评估，那么这项工作通常而且必须由原项目经理或项目主管来进行，临时项目终止经理恐怕未必能胜任。

如果在终止过程中需要某种技术专长，那么一些项目团队成员将被提升，并承担相应的终止职责。这种提升往往不但起到激励作用，而且为团队成员的个人发展提供了资历。

终止经理的主要职责包含在以下九个方面的基本任务中：

(1) 确保项目工作完工，包括由分包商实施的任务。

(2) 通知客户项目已经完工，并确保可交付成果（和安装）已经完成。项目的验收必须得到客户的认可。

(3) 确保项目文件资料完备，包括项目交付部分的最终评价书和项目最终报告。

(4) 完成支付手续，并督促与客户的结算工作。

(5) 把人员、材料、设备和其他资源分配到合适的地方。

(6) 完成项目终止的法律手续。如果合适，则申请专利。对所有非公开的文件做好记录和存档。

任务编号	任务描述	是否用于项目		完成日期	负责人	优先次序	注释参考
		是	否				
A.	**项目办公室（PO）和项目组（PT）**						
1.	主持项目收尾工作会议						
2.	制定 PO 和 PT 解散和重新任命计划						
3.	进行必要的人事调整						
4.	为 PO 和 PT 中每个成员进行绩效评价						
B.	**对以下指令和程序问题进行说明**						
1.	撤销 PO 和 PT						
2.	对所有的工作任务和合同进行收尾						
3.	报告程序的终止						
4.	最终报告的准备						
5.	项目文件的完成和处理						
C.	**财务**						
1.	清理财务文档和记录						
2.	审计最终的费用和成本						
3.	准备最终的项目财务报告						
4.	收应收账款						
D.	**项目定义**						
1.	编制最终批准的项目范围书						
2.	准备项目分解结构并纳入项目文件中						
E.	**计划、预算和进度**						
1.	记录所有合同可交付成果的实际交付日期						
2.	记录所有合同责任的实际履行日期						
3.	准备最终的项目和任务的状态报告						
F.	**工作授权和控制**						
1.	结束所有的工作命令和合同						
G.	**项目评估和控制**						
1.	确保安排的所有行动任务都已完成						
2.	准备最终评估报告						
3.	召开项目最终审核会议						
4.	终止财务、人力资源和进度报告程序						
H.	**向管理人员和客户汇报**						
1.	把最终报告提交给客户						
2.	把最终报告提交给管理人员						
I.	**营销和合同管理**						
1.	对所有的最终合同文件及变更单、弃权书和有关信件进行整理、汇编						
2.	按照合同条款核实并编制文件						
3.	对运输证明和客户验收证书进行汇编						
4.	正式通知客户合同完成						
5.	对客户进行索赔						
6.	做好对客户的反索赔工作						
7.	向社会公布终止合同						
8.	准备最终合同状况报告						
J.	**项目延期或新项目**						
1.	对项目或合同的延期或开始新项目的可能性提出书面建议						
2.	获取延期的承诺						
K.	**项目记录控制**						
1.	完成项目文件并传送给指定的经理						
2.	以规定的程序处理其他的项目记录						
L.	**采购和分包**						
	对所有的采购订单和分包合同：						
1.	记录符合程度和完工情况						
2.	核查项目的最终支付情况和财务记录						
3.	通知供货商、分包商合同完成						
M.	**工程文件记录**						
1.	将工程文件记录汇总、归档						
2.	准备最终技术报告						
N.	**现场作业**						
1.	结束现场作业						
2.	处置设备和材料						

图 13—3b　项目终止任务清单

资料来源：Archibald (1992).

(7) 确定保留哪些档案（手册、报告和其他的文字资料）。确保这些文档得到妥善的保管，并将保管的责任转交给项目组织中的档案管理人员。

(8) 查明所有的生产支持需求（例如，备件、售后服务），确定何时提供服务和如何分配责任。

(9) 监督项目文件的最终整理工作。

在项目终止过程开始之前，可能任务1到任务3已经被项目经理处理完毕。如果必须由终止经理实施这些任务，绝大多数情况下肯定需要技术上的支持。当然，如果项目规模不太大，清单上列出的许多任务都是非常简单的，但是即使处理的是小规模或中等规模的项目，项目经理也应该确保所有的问题都被考虑到。针对常规的项目，例如，维护项目，制作一个简单的任务清单肯定会有帮助。

我们应该对上述清单中第5项任务进行进一步的讨论（第5项任务确有夸大之嫌）。在真正的项目终止过程开始之前，项目经理应当做大量的工作以减少项目终止过程中出现的问题。正如我们在第2章中提到的，在项目建议书和/或合同中应包括对项目资产、设备的分配和处置方面的内容。显然，这不能解决所有的纠纷，但能起到减小纷争的作用，而对人员问题的处理却复杂得多。

大多数项目经理会尽量拖延对员工的新的任命或解散问题，其中有三个主要原因：(1) 一种不愿面对因公布新的任命或解雇而引起团队内部人员纠纷局面的强烈抵触情绪；(2) 担心员工一旦知道上级正在考虑终止项目，就会对项目失去兴趣，甚至停止工作；(3) 特别是在纯粹的项目组织中，担心团队成员会为了避免项目终止而尽可能地拖延工作。

在项目完成之前，只要项目经理向职能经理报告项目成员中有人偷懒、怠工或拖沓，职能部门势必要动用常规的制裁手段。项目经理应该使团队所有成员清楚一点，中途辞职和职位长期不变同样不能被接受。

如果项目被一个管理能力较差的项目经理所控制，就会出现问题。譬如周五下午在项目公告栏上宣布了派遣和解雇人员名单，然后项目经理自顾自地去度周末，这就说明此项目经理的管理能力很差。一个比较有效的做法是与每个项目成员单独面谈或进行小组会谈，让他们知道项目终止方案，并为每个人提供咨询服务，目的是帮助他们走上新的岗位或寻找新的工作（可以选择在合适的时间向全体项目成员公布，因为面谈过程可能持续几周或几个月）。不让任何人知道终止计划是不可能的，直接面对问题常常能够减少谣言。

在大型项目中，除非得到高级助理人员的协助，否则项目经理无法进行上述面谈，也可以委派项目人事经理或项目所属公司人事部门的代表代替项目经理完成这一任务。表面看来，这种做法似乎是多此一举，但善待部下的声誉会对项目经理为下一个项目召集人员起到不可估量的作用。

在“谋杀”式终止方式下，按照上述建议来处理项目人员问题会变得非常困难，因为项目终止经常在几乎没有征兆的情况下发生，以至于项目经理和项目成员几乎同时得到消息，甚至有时候项目经理还是从项目团队成员那里获知这一信息。

在上述情况下，项目经理能做的只有尽量减少损失。项目经理应当尽全力快速地把项目团队召集起来，并尽自己的最大能力使大家明白发生了什么事情。此时，项目经理应该启动重新任命或解散程序。

清单中的第6项和第7项，还有图13—3b中的一些条目（特别是I，K，L和M）都是关于在项目组织档案文件中保留项目相关文档方面的。至于为什么文档保留是一件非常重要的事情，有以下几个方面的原因。随着项目的完工，组织和客户可能在最终产出物究竟是什么方面存在分歧，这就要求有关可交付成果的协议，包括所有的变更清单必须被所有的相关方写下来并签字认可。双方可能在对未公开的协议内容的记忆方面存在分歧，此问题可通过保留所有的文档来避免，当然这不包含被认为是保密的材料。多数未公开的协议要求对保密的材料加以标明。如果非要弄清项目文档中的保密信息的内容，有时，在遵守查阅者承诺的情况下可以查看，但是要保证项目文档不能暴露给竞争者或非法人员，查阅者必须自觉保护保密的信息。最后，组织和客户可能在对项目生命周期各阶段中，哪些事情是被审核批准的哪些不是的认识上存在分歧。实际上，对组织来说，保证项目生命周期各阶段都进行签字记录是非常关键的，因为在给下一阶段的工作投入资源时，要依赖于目前阶段的审批。① 我们强烈建议组织就有关文档保留问题咨询律师。

13.4　项目最终报告——项目历史记录

良好的项目管理系统需要拥有一个记录体系，即组织过程资产（OPA），其具体化形式为项目最终报告。最终报告不是对项目的另一种评价，而是项目的真实历史记录，它记录了在项目的生命周期中，哪些事情是对的，哪些事情是错的，谁在项目中起了什么作用，为了完成项目做了哪些工作以及这些工作是如何被管理的。只有把经验保存下来并加以学习，我们才能够从经验中受益（Whitten，1999）。PMBOK 第3版（PMI，2004）强调了保存和回顾历史经验是谱写新篇章的序曲。

下面列出了应包含在项目最终报告中的一些要素。在考虑这些要素时，弄清楚原始资料的出处也是有益的。大部分所需的资料都包含在项目主计划之中，即包含项目建议、行动计划、预算、进度计划、变更令以及更新内容的文件。除了项目主计划外，所有的项目审计和评估的记录也是必要的数据资料。项目最终报告中所需的每一项内容几乎都是经过项目经理和其他项目人员的深思熟虑才确定的。所需的文件应该保存在哪里不是问题——应保存在项目档案中，应特别注意的是，要确保文件确实得到了妥善保管，并且内容得到了及时的更新。

不必太在意项目最终报告的具体形式，而要注重报告的内容。一些报告是按照时间顺序编写的，另一些则按照项目的技术和管理方面的特征来编写的。有些报告以叙述性的风格编写，有些报告则把所有的项目报告罗列在一起并附上简短的评论。重要的是，无论采用何种形式，在项目最终报告中应包括以下几方面的内容：

1. 项目绩效

报告的一个关键要素是项目实际完成内容（项目最终评估报告）和项目预计完成内容（项目建议书）之间的比较。此项比较的内容可能比较宽泛，并且应该包括对实际与计划之间存在的所有明显偏差的解释。此处进行项目最终挣值分析也是有用的，因为最终的报告不是一个正式的评估，它能够体现出项目经理对项目成败的原因所做的判断。在进行了这种比较后，应提出在未来实施类似项目时处理这类技术问题的一

① 我们在此向 T. D. Mantel，Esq 表示感谢，作为律师，他们深知文件保留是法律规定的义务，并为本段落的这一部分做出了贡献。

些建议。

2. 管理绩效

人们往往更重视项目的实际结果而忽略项目的管理成效，只有发生了管理问题，管理才能得到足够的重视。有一个严重的倾向，即几乎每个人都对“管理人员”有偏见。虽然项目管理并不能解决技术问题，但是它能够使好的技术得到发挥（或相反）。我们应该对管理实践进行回顾总结，尤其是那些效果很好或很差的管理做法。如果可能，对其中的原因进行报告也是非常重要的。如果想要采取好的而避免差的管理做法，就有必要去了解在特定的组织环境中，为什么有些工作表现良好而其他的则表现不佳，这成为我们在讨论的过程中给出建议的基础。

3. 组织结构

项目所采用的各种组织形式都有其独特的优势和劣势。项目最终报告应该包括对组织结构如何促进或制约项目进展这一问题的相关评论。如果需要对组织目前采用的组织形式进行调整，或者采取不同的组织形式会对项目管理有益，应该提出相应的建议。显然，提出建议的同时应附带详细的解释和理论根据。

4. 项目团队和管理团队

有时，能力较强又有魅力的项目成员在需要较高水平的人际关系沟通和团结合作的活动中却表现不好。在向组织的高层管理者递交的项目最终报告的保密部分中，可建议在今后的项目中不选派这些人。同样，项目经理也可以就哪些人适合在今后的项目中组成团队而发挥好的作用，或适合从事公司的日常事务提出建议。

5. 项目管理技术

由于项目的结果与进行项目预测、计划、预算、进度计划、资源配置、风险管理和项目控制的技术息息相关，因此必须对完成这些任务所使用的方法进行检查。如果项目预测、预算和进度计划不准确，应该提出一些改进建议，也应当对项目计划、控制和风险管理所采用的技术进行详细的审查。

针对项目最终报告中的每一个要素，应该制定并解释改变当前做法的建议。可能的话，最好记录下每个潜在变更的含义。一项经常被忽视但非常重要的事情是对开展特别良好的项目进行评论和建议。大多数的项目、项目团队和项目经理都有一些非正式的程序，用来加快预算编制、简化进度计划、改进项目预测等活动。项目最终报告是整合这些知识的智囊库。一旦被编入这个智囊库，这些知识就能够得到检验，而且如果它们具有普遍适用性，则能够被组织采纳作为批准的项目管理方法。

项目最终报告的基本目的是改善未来的项目，项目最终报告最终关注的还是项目本身和实施项目的整个过程。项目中的有关数据和结果能够在项目生命周期中的许多期中报告、审计报告和评估报告中获得，但是项目实施过程中的数据大部分来自项目经理的搜集整理。为保证不遗漏重大的事件记录，项目经理应该经常写项目日志。项目经理的日志并不是正式的项目文件，而是由个人收集的对项目事件的看法、反应和评论。具有一定思想深度的项目经理的项目日志可称为丰富的、非同寻常的智慧源泉，它也可以当作年轻并富有进取心的项目经理的学习来源，至少，它是在繁杂的项目活动中为防止遗忘而对想法所作的记录。

个别情况下，项目日志会另有他用。明尼苏达高速公路工程公司的一位项目经理有坚持写项目日志的习惯，这主要是出自个人的兴趣和爱好。在工程实施过程中，公司由于一个事故而被起诉，原告宣称在事故发生时，高速公路两侧的路肩没有完工，也没有“正在施工”的标牌，而该项目经理的日志记载了项目每天的进程，它显示：

在事故发生的前几天，该路段已经完工。该公司因此而胜诉。现在公司所有的项目经理都在写项目日志，该公司的副总裁称，项目经理们所写的项目日志跟他正在上高中的女儿的日记是一个类型。

13.5 最后声明

在以前的版本中，我们在结语中提到了几大尚未解决的、对项目有较大影响的问题。

问题1："需要一个通用的信息系统"，目前已经得到了解决，至少在某些组织范围内得到了解决。项目管理协会（PMI）最新出版的PMBOK（PMI，2004）中强调了记录项目成功、失败、事故、感悟和问题对项目的价值，他们把这些记录看作组织的资产，这一形容恰到好处。聪明的项目经理会时常翻看以往的项目记录作为借鉴。

问题2："关于矩阵型管理结构中的冲突管理"，近年来已经被各种著作反复论述，提供了大量管理建议，剩下的问题就是实施了。我们提出一个忠告：不要忘记，创新经常源自富有创造性的人员之间的冲突。一味压制所有的冲突会导致消极的妥协。

问题3："需要奖励优秀人员的新方法"，还没有解决，但这并不是项目管理单方面能解决的问题，它与经济大环境紧密相关。当项目经理成功完成项目后，他们往往希望得到职位上的提升，从此不再管理项目。如果出现奖励这些人员的新方法，那么我们应该予以采纳，而不用再让项目经理去从事无法发挥其项目管理技能的新工作。随之，帕金森定律将被废除。

有关其他的项目管理问题及需求，请参见侯赛因等人（Hussain et al.，2005）的著作。

小结

我们终于来到了项目的最后阶段——项目终止。在本章中，我们阐述了项目终止的方式、项目终止的决策过程、项目终止的实施过程和编制项目最终报告。

本章的要点如下：

1. 项目的终止方式有四种：完全式、附加式、集成式和资源限制式。

2. 在项目完工之前决定终止项目是一件困难的事情，但是许多因素能够用来帮助制定终止决策。

3. 大多数项目失败是由于下列原因中的一条或多条：项目组织形式不当；没有得到高层管理者的充分支持；任命了不合适的项目经理；计划不周。

4. 研究表明，与项目成功相关的因素随着行业和项目类型的不同而不同。

5. 与成功相关的因素，或管理所需的任何因素都能够被用于项目终止决策模型。

6. 经常由特派的项目终止经理负责项目的收尾工作，这也是必需的。此项任务包含8个主要职责，其工作本身就是一个项目。

7. 项目最终报告是项目过程经验知识的总结。除了是对项目的记录外，项目最终报告也是我们从项目中学习经验的宝库。它应该包括以下内容：项目绩效评价；管理绩效评价；组织结构评价；项目人员评价（可能为保密内容）。

关键术语

附加式终止（termination by addition） 把项目作为一个独立的、正在发展中的实体添加到组织中。

预算式消耗（budget decrement） 对一项活动所拨资金的减少。

完全式终止（termination by extinction） 一个项目的所有活动都结束，没有任何形式的扩展，比如并入或集成。

集成式终止（termination by integration） 把项目活动合并到组织中，并把它们分配到现有职能部门。

谋杀式终止（termination by murder） 在没有征兆的情况下突然终止一个项目，终止的原因通常不涉及项目的目的。

资源限制式终止（termination by starvation） 在没有实际“扼杀”项目的前提下，逐渐减少项目的预算，从而停止进程。

终止经理（termination manager） 一个负责处理项目完成具体事务的管理人员。

问题

内容复习问题

1. 列举并简单描述项目终止的方式。
2. 当目前的项目将要终止时，如果项目经理没有负责其他项目，那么将发生哪些问题？
3. 终止经理的主要责任有哪些？
4. 当终止一个项目时，项目中的信息搜集将发生哪些变化？
5. 什么是预算消耗？
6. 识别项目终止的四个原因。
7. 项目最终报告包括哪些内容？
8. 在决定终止一个项目时，哪些因素被认为是最重要的？
9. 当使用集成终止方式时，需要考虑哪些问题？

课堂讨论问题

1. 讨论终止对项目团队成员的积极和消极的影响，如何减轻消极影响？
2. 如果实际的项目终止本身变为了一个项目，那么这个项目的特征是什么？它与其他项目的不同之处在哪里？
3. 讨论为什么当项目最终报告完成后应该永久保存到公司中。
4. 终止过程中的哪些要素会阻碍项目成功？
5. 如何把判别分析应用到项目管理之中？
6. 优秀的终止经理的特征有哪些？
7. 如何选择终止方法？
8. 为什么一个失败的项目不能够被终止？
9. 如何避免除了项目目标未完成以外其他原因造成的项目终止。
10. 当制定计划、预算、监控和终止项目时，项目经理必须做哪些工作？
11. 四种主要终止类型中的哪个属于政治终止？哪个属于文化差异造成的终止？哪个属于淡出型的终止？
12. 你对大多数项目的终止是因为“非技术”方面的原因持怀疑态度吗？为什么？

有关“项目管理实践”的问题

印度产业的项目终止实践

1. 为什么项目终止阶段很重要？
2. 在项目终止阶段，项目经理的作用有哪些？
3. 在项目终止阶段，需要考虑哪些重要因素？

终止特大型超导对撞机项目

1. 这一项目属于哪种终止类型？
2. 本文作者认为，政治是项目实施的一个重要元素。你赞同这一观点吗？本项目因为“政治”而终止意味着什么？

案例讨论

电子扫把和供应公司

43 年以前，IMSCO 公司就开始为工业客户生产和配送电子扫把。IMSCO 公司的总裁布雷霆先生根本没有对使用该公司的制造和配送经验去开发消费者市场进行过认真考虑，他决定向消费者销售任何目前的产品。如果 IMSCO 公司全力以赴地开发消费者市场，布雷霆强烈感觉到其第一个产品应该具有一些新意和创新，以帮助确立公司的名声。他认为开发新产品所需的专门技术能够在公司内找到，但是没有人在组织和管理这一项目方面拥有真正的经验。幸运的是，布雷霆先生与当地一家著名的咨询公司比较熟，该咨询公司在项目方面保持着领先的地位，于是，他与这家公司进行了联系。

项目开展三个月后，布雷霆先生联系了项目经理/顾问，并表示他担心如果公司目前开发创新的消费产品，将会带来大量的风险，他还担心项目太强调研究导向而对相关的商业问题考虑不周（这与他三个月之前完全同意并批准了提交的第一个计划时的感觉完全相反）。

布雷霆先生建议咨询顾问修改现有项目，在 IMSCO 公司的新产品确定和测试完之前，引入一个“仿造”的产品。布雷霆先生认为有关“仿造”产品的经验将为 IMSCO 公司的管理提供有价值的经验，并且将提高新产品的绩效。他允许项目的一部分研发继续进行，但是“仿造”产品在资源方面将占有较高的优先权。咨询顾问答应将认真考虑这一建议，并在下周与他联系。

问题：

如果你是咨询顾问，将给布雷霆先生提供什么样的建议？你将和他继续保持业务关系吗？

Excel 电子技术公司

Excel 电子技术公司所开发和生产的新型袖珍电话传真网络（Phone-Fax-Internet，PFI）设备项目历经 3 年即将完成。PFI 比普通的香烟盒还小，但是它拥有与常规设备相同的功能和特征。装配线和所有的生产设备将在 6 个月以后完成，第一批设备将于 7 个月后生产。工厂经理认为现在是时候去接管项目了。他考虑了三个终止项目的方法：完全式、附加式和集成式终止，但是他不能确定哪个方式是最好的。

问题：

你推荐三个方式中的哪一个？为什么？

课堂综合练习项目

到了项目终止的时候了。决定哪种终止方式适合本项目？应该包括哪些终止责任？如何分配项目结果？项目中的员工将何去何从？

参考文献

ARCHIBALD, R. D. *Managing High Technology Programs and Projects*, 4th ed. New York: Wiley, 1992.

BAKER, B. "Great Expectations." *PM Network*, May 1997.

BAKER, N. R., S. G. GREEN, A. S. BEAN, W. BLANK, and S. K. TADISINA. "Sources of First Suggestion and Project Success/Failure in Industrial Research." *Proceedings, Conference on the Management of Technological Innovation*, Washington, D.C., 1983.

BALACHANDRA, R., and A. J. RAELIN. "How to Decide When to Abandon a Project." *Research Management*, July 1980.

BEALE, P., and M. FREEMAN. "Successful Project Execution: A Model." *Project Management Journal*, December 1991.

BLACK, K. "Causes of Project Failure: A Survey of Professional Engineers." *PM Network*, November 1996.

BUELL, C. K. When to Terminate a Research and Development Project. *Research Management*, July 1967.

DEAN, B.V. *Evaluating, Selecting, & Controlling R&D Projects*. New York: American Management Association, 1968.

GREEN, S. G., M. A. WELSH, and G. E. DEHLER. "Red Flags at Dawn or Predicting Project Terminations at Start

Up." *Research-Technology Management*, May–June 1993.

HUSSAIN, R., and S. WEARNE. "Problems and Needs of Project Management in the Process and Other Industries." *Transactions of the Institution of Chemical Engineers, Part A*, April 2005.

JIANG, J. J., G. KLEIN, and J. BALLOUN. "Ranking of System Implementation Success Factors." *Project Management Journal*, December 1996.

KLOPPENBORG, T. J., and D. A. PLATH. "Effective Project Management Practices during Expert Systems Implementation." *Project Management Journal*, December 1991.

KUMAR, V., A. N. S. PERSAUD, and U. KUMAR. "To Terminate or Not—An Ongoing R&D Project: A Managerial Dilemma." *IEEE Transactions on Engineering Management*, August 1996.

LEE, W., and S. J. MANTEL, Jr. "An Expert System for Project Termination." *Proceedings, First International Conference on Engineering Management*, Arlington, VA, September 1986.

PINTO, J. K., and S. J. MANTEL, Jr. "The Causes of Project Failure." *IEEE Transactions on Engineering Management*, November 1990.

PINTO, J. K., and D. P. SLEVIN. "Critical Factors in Successful Project Implementation." *IEEE Transactions on Engineering Management*, February 1987.

PINTO, J. K., and D. P. SLEVIN. "Project Success: Definitions and Measurement Techniques." *Project Management Journal*, February 1988.

PROJECT MANAGEMENT INSTITUTE, *A Guide to the Project Management Body of Knowledge* (PMBOK®), 3rd ed., Newtown Square, PA: Project Management Institute, 2004.

RAELIN, J. A., and R. BALACHANDRA. "R&D Project Termination in High-Tech Industries." *IEEE Transactions on Engineering Management*, February 1985.

SHAFER, S. M., and S. J. MANTEL, Jr. "A Decision Support System for the Project Termination Decision." *Project Management Journal*, June 1989.

WHITTEN, N. "Are You Learning from Project to Project?" *PM Network*, March 1999.

Project Management: A Managerial Approach, 7th edition (International Student Version)
by Jack R. Meredith, Samuel J. Mantel, Jr.

图书在版编目（CIP）数据

项目管理：管理新视角：第7版/梅雷迪思，曼特尔著；戚安邦等译．
北京：中国人民大学出版社，2010
（工商管理经典译丛）
ISBN 978-7-300-12977-8

Ⅰ．①项…
Ⅱ．①梅…②曼…③戚…
Ⅲ．①项目管理
Ⅳ．①F224.5

中国版本图书馆CIP数据核字（2010）第215852号

工商管理经典译丛
项目管理：管理新视角（第7版）
杰克·R·梅雷迪思　小塞缪尔·J·曼特尔　著
戚安邦 等　译
Xiangmu Guanli：Guanli Xinshijiao

出版发行	中国人民大学出版社		
社　　址	北京中关村大街31号	**邮政编码**	100080
电　　话	010－62511242（总编室）		010－62511398（质管部）
	010－82501766（邮购部）		010－62514148（门市部）
	010－62515195（发行公司）		010－62515275（盗版举报）
网　　址	http://www.crup.com.cn		
	http://www.ttrnet.com(人大教研网)		
经　　销	新华书店		
印　　刷	北京宏伟双华印刷有限公司		
规　　格	185 mm×260 mm　16开本	**版　　次**	2011年1月第1版
印　　张	33.5 插页2	**印　　次**	2021年1月第8次印刷
字　　数	832 000	**定　　价**	78.00元

教师教学服务说明

中国人民大学出版社工商管理分社以出版经典、高品质的工商管理、财务会计、统计、市场营销、人力资源管理、运营管理、物流管理、旅游管理等领域的各层次教材为宗旨。

为了更好地为一线教师服务，近年来工商管理分社着力建设了一批数字化、立体化的网络教学资源。教师可以通过以下方式获得免费下载教学资源的权限：

在“人大经管图书在线”（www. rdjg. com. cn）注册，下载“教师服务登记表”，或直接填写下面的“教师服务登记表”，加盖院系公章，然后邮寄或传真给我们。我们收到表格后将在一个工作日内为您开通相关资源的下载权限。

如您需要帮助，请随时与我们联络：

中国人民大学出版社工商管理分社

联系电话：010－62515735，62515749，82501704

传真：010－62515732，62514775　　　电子邮箱：rdcbsjg@crup. com. cn

通讯地址：北京市海淀区中关村大街甲 59 号文化大厦 1501 室（100872）

教师服务登记表

<table>
<tr><td>姓 名</td><td></td><td>□先生　□女士</td><td>职　　称</td><td colspan="2"></td></tr>
<tr><td>座机/手机</td><td colspan="2"></td><td>电子邮箱</td><td colspan="2"></td></tr>
<tr><td>通讯地址</td><td colspan="2"></td><td>邮　　编</td><td colspan="2"></td></tr>
<tr><td>任教学校</td><td colspan="2"></td><td>所在院系</td><td colspan="2"></td></tr>
<tr><td rowspan="3">所授课程</td><td>课程名称</td><td>现用教材名称</td><td>出版社</td><td>对象（本科生/研究生/MBA/其他）</td><td>学生人数</td></tr>
<tr><td></td><td></td><td></td><td></td><td></td></tr>
<tr><td></td><td></td><td></td><td></td><td></td></tr>
<tr><td colspan="2">需要哪本教材的配套资源</td><td colspan="4"></td></tr>
<tr><td colspan="2">人大经管图书在线用户名</td><td colspan="4"></td></tr>
<tr><td colspan="6">院/系领导（签字）：
院/系办公室盖章</td></tr>
</table>

WILEY
Publishers Since 1807

John Wiley 教学支持信息反馈表
www.wiley.com

老师您好，若您需要与 **John Wiley** 教材配套的教辅（免费），烦请填写本表并传真给我们。也可联络 **John Wiley** 北京代表处索取本表的电子文件，填好后 **e-mail** 给我们。

原书信息

原版 ISBN：
英文书名（Title）：
版次（Edition）：
作者（Author）：

配套教辅可能包含下列一项或多项

教师用书（或指导手册）	习题解答	习题库	PPT 讲义	学生指导手册（非免费）	其他

教师信息

学校名称：
院 / 系名称：
课程名称（Course Name）：
年级 / 程度（Year / Level）： □大专 □本科 Grade: 1 2 3 4 □硕士 □博士 □MBA □EMBA
课程性质（多选项）： □必修课 □选修课 □国外合作办学项目 □指定的双语课程
学年（学期）：□春季 □秋季 □整学年使用 □其他（起止月份__________）
使用的教材版本： □中文版 □英文影印（改编）版 □进口英文原版（购买价格为____元）
学生：______个班共______人

授课教师姓名：
电话：
传真：
E-mail:
联系地址：
邮编：

WILEY - 约翰威立商务服务（北京）有限公司
John Wiley & Sons Commercial Service (Beijing) Co Ltd
北京市朝阳区太阳宫中路12A号,太阳宫大厦8层 805-808室，邮政编码100028
Direct +86 10 8418 7815 Fax +86 10 8418 7810
Email: iwang@wiley.com